宋 慈 说 案

黄瑞亭 陈新山 编著

科 学 出 版 社

北 京

内 容 简 介

本书以说案形式介绍宋慈《洗冤集录》及其记载的案例、观点和检验方法，也介绍宋慈《洗冤集录》对后世的影响和成果。本书分为上、中、下三篇：上篇对宋慈《洗冤集录》产生的历史文化条件，宋慈其人其书，宋慈《洗冤集录》的法律思想、学术思想、法医理论探索，宋慈洗冤文化等进行介绍；中篇对宋慈《洗冤集录》记载的检验法令、诬告、现场、尸体现象、损伤、窒息、中毒、病死、烧死等案例进行全面研究；下篇作为对宋慈及《洗冤集录》的继承与发展，对林几法医检验以"现代法医洗冤"进行介绍。

本书可供公、检、法、司、卫的法医学工作者、法律工作者参考，也可供其他对法医学感兴趣的读者阅读。

图书在版编目（CIP）数据

宋慈说案 / 黄瑞亭，陈新山编著. —北京：科学出版社，2017.6
ISBN 978-7-03-053151-3

Ⅰ. ①宋⋯ Ⅱ. ①黄⋯ ②陈⋯ Ⅲ. ①法医学鉴定-中国-南宋②《洗冤集录》–研究 Ⅳ. ①D919.4

中国版本图书馆 CIP 数据核字 (2017) 第 127864 号

责任编辑：沈红芬 / 责任校对：张小霞
责任印制：肖 兴 / 封面设计：吴朝洪

科 学 出 版 社 出版
北京东黄城根北街 16 号
邮政编码：100717
http://www.sciencep.com

中国科学院印刷厂 印刷
科学出版社发行 各地新华书店经销

*

2017 年 6 月第 一 版　　开本：787×1092　1/16
2018 年 5 月第二次印刷　　印张：21 1/2
字数：500 000

定价：69.00 元
（如有印装质量问题，我社负责调换）

作 者 简 介

黄瑞亭　1958 年 1 月生，福建罗源人。1984 年毕业于福建医科大学医学系，先后在西安医科大学、同济医科大学和中山医科大学法医系学习。现为福建省高级人民法院司法鉴定管理办公室主任、主任法医师、硕士研究生导师，中国法医学会理事、中国法医学会医疗损害鉴定专业委员会副主任委员、《中国法医学杂志》编委，中国政法大学法庭科学研究院研究员，福建医科大学、福州大学、福建公安学院兼职教授。1991 年获福建省科技进步二等奖一项。著作有《中国法医学史》《中国近现代法医学发展史》《〈洗冤集录〉今释》《话说大宋提刑官》《林几法医生涯录》《法医探索》《司法鉴定概论》《鉴证：图文解说中国法医典故》《林几》《真相》《档案》《说案》《证据》《证明》等 15 部；论文有 100 余篇。

陈新山 1954年7月生，湖北黄冈人，博士，博士研究生导师。1978年7月毕业于武汉医学院（现华中科技大学同济医学院）医疗系，并留本院病理学教研室工作，现为华中科技大学同济医学院法医病理学教研室教授、武汉法医学会法医病理学专业委员会主任委员、湖北省法医学会法医病理学专业委员会副主任委员、中国法医学会医疗损害鉴定专业委员会副主任委员、中华医学会病理学分会心血管疾病学组副组长、国际法科学学会（IAFS）和美国心脏协会（AHA）会员，《中国法医学杂志》、FMAR、IJFSP和AJA等杂志编委。主要从事心血管疾病猝死病理、医疗纠纷、损伤与疾病和道路交通事故等方面的研究。先后赴德国、加拿大和美国进修学习（高级访问学者）4次。参加和承担国家自然科学基金、国家教委、湖北省科委和武汉市科技局等课题20余项。主编《法医学》(英文版)、《中国法医学史》、《〈洗冤集录〉今释》和《话说大宋提刑官》等专著5部，副主编《法医现场学》教材1部，参编《法医病理学》教材及其他专著20余部；在美国、加拿大、法国、德国、丹麦、韩国等国际学术会议上交流学术论文20余篇；发表论文120余篇。

前　言

　　宋慈的《洗冤集录》是我国重要的历史宝藏和文化遗产。然而，它的渊博厚重和知识浩瀚，却令许多人望洋兴叹；即使是法医学者，亦有一种敬畏之感。如何使之"降尊下凡"，普及到广大读者和群众，这是作者三十多年来一直在思考的主要问题之一。

　　2000 年，作者发表《宋慈〈洗冤集录〉与法医昆虫学》，2004 年发表《〈洗冤集录〉与宋慈的法律学术思想》，2006 年发表《宋慈〈洗冤集录〉与宋朝司法鉴定制度》，2009 年发表《〈洗冤集录〉的现代价值》，2010 年发表《对〈洗冤集录〉中特殊方式窒息死亡论述的探讨》等。论文发表后，受到广大读者的欢迎，不少读者纷纷来信切磋、交流和鼓励。

　　2008 年，作者所著《〈洗冤集录〉今释》一书出版，该书从现代法医学角度诠释《洗冤集录》，使广大读者得以了解"宋慈断案绝招""宋慈如何为尸骨鸣冤、让死人说话""宋慈如何与亡灵对话、为生命作证"！该书现已多次重印，反映出了读者对宋慈的热爱和对《〈洗冤集录〉今释》的喜爱。

　　2011 年，在《〈洗冤集录〉今释》出版 3 年后，作者收到许多读者的来信、邮件和网络留言，希望进一步了解宋慈其人、其事和其法医生涯。于是，作者以"专家讲《大宋提刑官》故事"的形式介绍《洗冤集录》，书名为《话说大宋提刑官》。

　　2015 年下半年，福建省政法委"清朗天空"官方微信以"宋慈精神，洗冤系列"介绍宋慈，迄今已推出作者的作品 50 多期。2016 年 4 月 13 日，作者受邀参加福建省司法厅在宋慈故乡建阳举办的"宋慈精神，司法鉴定核心价值"座谈会暨《世界法医学奠基人宋慈》邮票首发式。2016 年 9 月，福建省政协召开全国性纪念宋慈诞辰 830 周年研讨会，邀请作者与会。由此，福建省委、省政府、省政协对宋慈精神、宋慈文化的挖掘、推广、宣传做了大量工作。在此背景下，广大读者迫切需要一本关于宋慈法医思想、检验理念、实际断案、解说案例的书，以便全面了解宋慈。应读者要求，作者再次以法医专家的视野，从读者感兴趣的角度，用写人说案讲故事的方式，介绍宋慈及其《洗冤集录》，取名《宋慈说案》。

　　《宋慈说案》一书试开先例，力求按时序性将史、地、人、事、检验、侦查、断案、审判做一席"佳肴"，以飨读者，以贻后人。

我们不能渲染宋慈，更不能神话宋慈，而是要正确评价宋慈，还原真实的宋慈。宋慈是活生生的一个人，而不是"神"，《洗冤集录》是实实在在的法医学著作，而不是"神验"，宋慈提炼的检验方法是科学知识的结晶，而不是天生就有的"神探手段"，本书就是许许多多真实案件的总结。

本书通俗易懂，见书可诵。著者的立场观点，抑扬褒贬，尽在字里行间。读之可晓历史大要，领略先辈大家风范；熟诵可悟法医真谛，明是非、辨真假，破案断案；看后可"走进"真实的宋慈，揭开各类疑难案件的神秘面纱。

面对浩瀚史海，本书仅作敲门之砖，以引人们与法医结缘，深读细研。相信有志于宋慈研究者，以及对法医学感兴趣者，以此为匙，一定会被宋慈之魅力所吸引、所震撼！

本书是宋慈诞辰 830 周年献礼作品，以对宋慈表示诚挚的敬意！

书中引用了一些专家的观点、思想或论述，在此一并致谢！

由于编者水平有限，书中难免有不足之处，敬请广大读者指正！

黄瑞亭　陈新山

2017 年 3 月

目　录

上篇　宋慈其人其书

一、宋慈精神与时代价值 2

二、法医的"空船"思想 6

三、宋慈《洗冤集录》产生的历史文化条件 8

四、宋慈《洗冤集录》的法律思想 13

五、宋慈《洗冤集录》的学术思想 14

六、宋慈《洗冤集录》的法医理论探索 16

七、古代洗冤文化 20

八、从宋慈"丁忧"说起 25

九、也说辛弃疾的提刑生涯 27

一〇、宋慈其人其书 28

一一、亲民恤民 30

一二、洗冤泽物 31

一三、宋经略安抚使 33

一四、听讼清明 34

一五、宋慈检验艺术 35

一六、宋慈语言 37

一七、宋慈说话有讲究 39

一八、《洗冤集录》中的"面" 42

一九、不能让"黑狗偷食白狗受罪" 44

二〇、宋慈给法医检验工作划底线 45

二一、谁来做鉴定 48

中篇　宋慈验尸绝招

检验与法律 50

二二、检验不廉 50

二三、检验不为 52

二四、检验不公 53

二五、推勘 54

二六、刑寺长贰 55

二七、宋代验尸主动纠错追责制度 57

二八、宋代验尸保密制度 60

二九、巡检司 ·· 62

三〇、看详 ·· 63

三一、机括 ·· 64

三二、越诉 ·· 65

三三、回避案 ·· 67

三四、录囚与广州狱案 ·· 68

三五、免招词诉 ·· 70

三六、喊冤案 ·· 71

三七、一念之差 ·· 73

三八、瞒天过海 ·· 75

三九、私请受赂与枉致人命 ··· 77

四〇、自立定见 ·· 78

四一、五服听检 ·· 79

四二、宪治 ·· 80

四三、验尸受财 ·· 81

四四、证据说话 ·· 82

四五、宋慈眼里的证人 ·· 83

验尸与程序 ··· 84

四六、宋慈的验尸绝招 ·· 84

四七、受差 ·· 87

四八、部送 ·· 88

四九、夜宿 ·· 89

五〇、察访 ·· 90

五一、递铺 ·· 94

五二、调查访问的侦查方法 ··· 96

五三、广布耳目 ·· 97

五四、鞫问 ·· 98

五五、验尸与口供 ·· 99

五六、检验本意 ·· 100

五七、画押 ··· 101

诬告与检验 ··· 103

五八、深藏的罪恶 ·· 103

五九、不可信凭 ·· 105

六〇、榉皮案 ··· 106

六一、染骨案 ··· 107

六二、火篦烙痕 ·· 108

六三、妄认尸体案 ·· 109

六四、妄指他尸案 ·· 110

六五、争讼轻生讹诈案 ·· 110

现场与验尸 ··· 112

六六、焦尸案 ··· 112

六七、捉贼 ……………………………………………………… 114

六八、聚骨扇 …………………………………………………… 116

六九、古代环境法医学 ………………………………………… 117

验尸体现象 ………………………………………………………… 119

七〇、微赤色 …………………………………………………… 119

七一、死后分娩 ………………………………………………… 120

机械性损伤 ………………………………………………………… 121

七二、他杀疑案 ………………………………………………… 121

七三、无痕之验 ………………………………………………… 124

七四、拦刀伤 …………………………………………………… 125

七五、刀与鞘 …………………………………………………… 126

七六、左手王二案 ……………………………………………… 127

七七、背上杖疮 ………………………………………………… 129

七八、头撞伤 …………………………………………………… 129

七九、是"砸"伤还是"磕"伤 ……………………………… 131

八〇、致命伤之验 ……………………………………………… 132

八一、皮不卷 …………………………………………………… 133

八二、红色路 …………………………………………………… 133

八三、三木之验 ………………………………………………… 134

八四、"杀子谋人"与张三驴杀婴案 ………………………… 136

八五、醉饱后筑踏内损死 ……………………………………… 137

八六、打板子也会死人 ………………………………………… 138

八七、车轮捵死 ………………………………………………… 140

八八、雷击案 …………………………………………………… 141

八九、虎咬死 …………………………………………………… 142

烧死与检验 ………………………………………………………… 146

九〇、烧猪案 …………………………………………………… 146

九一、作闹 ……………………………………………………… 147

机械性窒息 ………………………………………………………… 148

九二、八字不交 ………………………………………………… 148

九三、算杀假作自缢 …………………………………………… 150

九四、隔物勒死 ………………………………………………… 151

九五、肚水胀 …………………………………………………… 152

九六、屋下井 …………………………………………………… 153

九七、枯井疑案 ………………………………………………… 156

九八、挖穴埋炭 ………………………………………………… 157

九九、曹墨案 …………………………………………………… 158

一〇〇、自勒死 ………………………………………………… 159

一〇一、假作 …………………………………………………… 160

中毒与检验 ………………………………………………………… 162

一〇二、王臻辨葛 ……………………………………………… 162

一〇三、斑蝥 ………………………………………………… 162

一〇四、鼠莽草 ……………………………………………… 163

一〇五、断肠草 ……………………………………………… 164

一〇六、酒望 ………………………………………………… 165

一〇七、小官审大官 ………………………………………… 167

一〇八、砒霜 ………………………………………………… 168

一〇九、红丸案 ……………………………………………… 168

一一〇、腹中毒蛇案 ………………………………………… 172

一一一、蛊毒 ………………………………………………… 174

一一二、蛇腥案 ……………………………………………… 175

病死与检验 ………………………………………………… 176

一一三、假死 ………………………………………………… 176

一一四、活死人 ……………………………………………… 177

一一五、伤病关系 …………………………………………… 178

一一六、作过死 ……………………………………………… 179

碎尸与检验 ………………………………………………… 181

一一七、尸首异处 …………………………………………… 181

昆虫与检验 ………………………………………………… 183

一一八、晒镰案 ……………………………………………… 183

一一九、鱼玄机杀人案 ……………………………………… 184

一二〇、死后虫鼠犬伤 ……………………………………… 186

一二一、昆虫记 ……………………………………………… 188

人文与检验 ………………………………………………… 191

一二二、牡丹亭 ……………………………………………… 191

一二三、窦娥冤 ……………………………………………… 193

一二四、从验女使看古代家暴 ……………………………… 194

一二五、员外 ………………………………………………… 197

一二六、从县令崔东壁断狱考古说开去 …………………… 199

一二七、杨三姐告状 ………………………………………… 200

仵作与稳婆 ………………………………………………… 202

一二八、无头女尸案 ………………………………………… 202

一二九、稳婆 ………………………………………………… 204

一三〇、阴阳人 ……………………………………………… 205

一三一、验处女 ……………………………………………… 210

验隐蔽部位 ………………………………………………… 211

一三二、火烧钉 ……………………………………………… 211

一三三、验雕青 ……………………………………………… 214

一三四、验孔窍 ……………………………………………… 215

自杀案背后 ………………………………………………… 217

一三五、自杀背后 …………………………………………… 217

医生与检验 219
 一三六、从《洗冤集录》看宋代医生参与检验 219
 一三七、别医检验 221
 一三八、宋慈看重医生诊断 222
 一三九、验胎月 224

救死与检验 225
 一四〇、经验方 225
 一四一、救死方 227

环境与检验 229
 一四二、验尸防护 229
 一四三、检验与考古 230

骨骸与检验 231
 一四四、红伞验骨案 231
 一四五、龟胸案 233
 一四六、蔡人骨 234
 一四七、禁止发冢 235
 一四八、验发冢 237
 一四九、钦差验骨 238

滴骨与验亲 239
 一五〇、滴骨亲 239

下篇　现代法医洗冤

 一五一、现代洗冤 244
 一五二、从哲学层面理解法医学 245
 一五三、骨质血荫 247
 一五四、碎尸案 249
 一五五、倒提浸缸 251
 一五六、僧衣兽骨案 252
 一五七、墓土验毒 254
 一五八、尸蜡之验 256
 一五九、烫尸之谜 257
 一六〇、糟肉验毒 258
 一六一、恐水疑案 259
 一六二、银钗验毒 262
 一六三、箱尸疑案 265
 一六四、尸骨鸣冤 266
 一六五、移岸假缢 267
 一六六、烫伤案 269
 一六七、血凳疑案 271
 一六八、动脉之血 273

一六九、月饼疑案 ··· 275

一七〇、杀人堕胎 ··· 278

一七一、金丹丸案 ··· 279

一七二、蒙药之谜 ··· 281

一七三、夹竹桃 ··· 282

一七四、医师无罪 ··· 284

一七五、刻画顽囚心理 ··· 286

一七六、镜鉴 ··· 289

一七七、一线之光 ··· 291

一七八、眼盲之鉴 ··· 293

一七九、打架后服毒死亡案 ··· 304

一八〇、醉酒后落水溺死案 ··· 305

一八一、猝毙原因 ··· 306

一八二、一刀三两痕 ··· 309

一八三、木乃伊尸体上验伤 ··· 310

一八四、验濒死伤 ··· 311

一八五、猝死也有季节性 ··· 313

一八六、法推洞垣 ··· 314

一八七、从文化角度谈我国历史上两个划时代法医人物的出现 ··········· 315

参考文献 ··· 319

附录1 国内流传的《洗冤集录》各种增补本、校译本和注释本 ············· 321

附录2 宋经略墓志铭 ·· 323

附录3 探访宋慈故里昌茂坊 ·· 325

后语 ··· 330

上　篇

宋慈其人其书

一、宋慈精神与时代价值

宋慈（1186～1249），字惠父，
福建建阳人

随着我国司法改革深化和鉴定能力提升，我国法医的地位和影响力不断增强，学术交往也越来越频繁，文化交流就是其中重要的一个方面。用各种方式讲好中国法医故事，特别是研究宋慈精神和宋慈文化，对促进我国法医事业发展具有十分重要的意义。

文化的交流是心灵的沟通。我们在法医鉴定中，如能了解宋慈文化，则会提高法医的责任感和尊荣感。宋慈是世界法医鼻祖，他出生在福建建阳，活跃在南宋检验界，700多年长盛不衰，得到国际认可，这是中华民族的荣耀，也是我国法医学界的荣耀。由此，我们想到，中国法医学家要登上国际舞台，就要使中华优秀的法医文化在全世界范围内进一步得到传播；我们后人如何继承和发展，这不仅体现对宋慈文化的尊重，也是对法医科学的尊重。出于这个考虑，2016年福建省政府、省政协举办"世界法医学奠基人宋慈"纪念活动，不仅推介宋慈文化，也增加对司法鉴定的认同，更重要的是弘扬宋慈精神，体现时代价值。

那么，什么是宋慈精神，宋慈精神有何时代价值？

笔者认为宋慈精神主要有如下几点：

一是担当精神。宋慈写《洗冤集录》，不是谁叫他写的，而是出于自己对法医鉴定的责任和担当。换句话说，没有人逼迫宋慈写书，而是他的"忧"，这种"忧"与他的社会角色和物质待遇并不挂钩，但他却矢志不渝地坚持，他写完《洗冤集录》两年后就去世了，自己并不知道后人如何评价。因此，宋慈的责任担当令人感怀。他在《洗冤集录·序》中这样说："年来州县，悉以委之初官，付之右选，更历未深，骤然尝试，重以仵作之欺伪，吏胥之奸巧，虚幻变化，茫不可诘。每念狱情之失，多起于发端之着；定验之误，皆原于历试之涉。遂博采近世所传诸书，自《内恕录》以下凡数家，会而粹之，厘而正之，增以己见，总为一编，名曰《洗冤集录》，刊于湖南宪治；示我同寅，使得参验互考。"这段话的意思是，当下鉴定很多是由不内行的人在做，还有人在捣鼓，鉴定问题很多，我有责任写《洗冤集录》，纠正错误，防止冤案。这就是宋慈的担当精神。他的这一担当精神促成了《洗冤集录》的问世，也成就了他被公认为世界法医鼻祖的地位。

二是敬畏精神。宋慈说："诸尸应验而不验；受差过两时不发；或不亲临视；或不定要害致死之因；或定而不当，各以违制论。"其意思是，"应验而不验、受差过两时不发、不亲临视、不定要害致死之因、定而不当"这五种情形，都是法律规定对法医的处罚范畴，也是法医准则，鉴定不是爱做不做或随便做做就可以的事，而是要求每个法医都要知道法律。从另一个层面我们可以分析，"诸尸应验而不验"，把新鲜尸体说成"坏烂尸体"而不验，这是说谎；"受差过两时不发"，这是欺骗；"不亲临视"就出报告，这是隐瞒；"不定要害致死之因"，这是业不精；"定而不当"，把伪装自缢说成他勒、把自服毒说成投毒、把伪造伤说成生前伤等等，使得无辜者入狱，被"视作诬告"。由此，宋慈认为，要成为好法医的标准或准则：第一，不说谎；第二，不欺骗；第三，不隐瞒；第四，业要精；第五，不诬告。这就是世界伟大的法医鼻祖宋慈的做人准则和成功的秘密。是不是标准太低了？"不说谎、不欺骗、不隐瞒、求业精、不诬告"就是伟人的"准则"了吗？按理说，世界级的法医鼻祖至少应是忠于祖国、忠于人民或胸怀祖国、放眼世界之类。怎么仅此而已呢？后来我们通过系统研究宋慈及其《洗冤集录》，特别是对宋慈的成长过程进行全面分析，就明白了：伟人荣誉取得并非开门就是高山大海，同样需要日积月累，集腋成裘。宋慈的法医准则，就是始于"不说谎、不欺骗、不隐瞒、求业精、不诬告"。违反这些基点、突破这样的底线，为法医所不容。事实上，这五个处罚和怎样不受罚，贯穿宋慈一生，也贯穿整部《洗冤集录》，这就是对法律的敬畏精神。有些人不懂法，糊涂做鉴定，最后被法律处罚，后悔都来不及。法医职业与其他职业是有很大区别的，这也是宋慈《洗冤集录》与现代法医书籍的区别，现代的书很少涉及这些内容。

三是自律精神。哲学上，精神的定义，就内涵而言，是过去事和物的记录及此记录的重演。也就是说，精神是留给后人好的印象和榜样。2016年《世界法医学奠基人宋慈》邮票首发面世，又有更多的人记住宋慈，其中最显著的特点就是宋慈的"高大上"形象，集中在一点，其实很简单，就是宋慈确实能管好自己。宋慈说，"凡检官遇夜宿处，须问其家是与不是凶身血属亲戚，方可安歇，以别嫌疑"。你看，连晚上外出检验住宿这个细小节点，都要问清楚，确实与当事人没有瓜葛了，才愿住下休息。这是什么精神，这就是自律精神。

四是工匠精神。先说说历史，二十四史之一的《宋史》，对宋慈半字未著。清陆心源编撰《宋史翼》补续了《宋史》，才把宋慈列入"人物志"。清纪晓岚修纂《四库全书》摘要介绍《洗冤集录》，却对"宋慈始末未详。"20世纪80年代末的《中国通史》，90年代末北京大学出版的《中华文化之光》，也没有宋慈名录。1953年，宋慈故乡福建建阳县文化部门在昌茂村发现断碑一块，对照道光《建阳县志·古迹》有"宋惠父慈墓，崇雒里昌茂坊"的记载，认定此处即宋慈墓地。好在当年在福建建阳任县令的宋慈好友刘克庄留下墓志铭才有今天的研究。1986年，建阳县和中国法医学会召开了宋慈诞辰800周年纪念会。这里要说的是，宋慈当年并没有"开山巨匠"称呼，没有"世界法医鼻祖"名号，完全是默默无闻检验、认认真真办事的官员。正如宋慈所说：检验要做的事，包括"务要从实"、"不可辟臭恶"、"须是躬亲诣尸首地头"、"须是多方体访，切不可凭信一二人口说"、"审之又审，不敢萌一毫慢易之心"。换句话说，宋慈是把法医检验当成艺术品来雕琢，按宋慈的话说是"贵在精专"。这是什么精神，这就是活脱脱的一种"工匠精神"，一种精益求精的"工匠精神"。

五是专注精神。宋慈说："慈四叨臬寄，他无寸长，独于狱案。"意思是，宋慈四任提刑，只有断案这一专长。是的，宋慈一生只专注做法医检验这一件事。人的精力是有限的，但专注做一件事时，就会做好。很多工作本身并不难做，也不是别人不会做，但许多人就是做不好，原因何在？就是因为不够专注。宋慈一生专注小事、专注难事、专注问题、专注过程，只有专注才会专业，只有专注才会造就成功。也只有专注才会发现现象背后的真相、案件背后的事实。比如宋慈说："凡溺死之人，若是人家奴婢或妻女，未落水先已曾被打，在身有伤；今次又的然见得是自落水，或投井身死，于格目内亦须分明具出伤痕，定作被打复溺水身死。"意思是，凡溺死之人，若是人家奴婢或妻女，未落水先已曾被打，在身有伤；这次落水或投井身死，检验有伤痕，应定作"被打复溺水身死"。因为宋代妾、婢可视作家庭成员，奴婢自杀背后可能存在"家暴"。大多数法医把死因检验出来就算完成任务，但是宋慈还要调查案件背后的真正原因，找到犯罪的根源，否则类似的案件会一而再、再而三地出现，还有更多的奴婢成为下一个犯罪的目标。这可以解释为什么宋慈在《洗冤集录》中多处提到了关于女使奴婢的检验，并可以解释为什么宋慈在某些案件要"讨契书辨验"。同样处理一个案子，宋慈却把眼光放在案件背后真正的原因和长远的未来，确实值得我们深思和借鉴。事实上，宋慈对奴婢死亡检验时，都提到"向雇主要契书，看看契书上怎么写"的字样，目的是辨明死者身份，确定案件性质，揭露犯罪事实。这就是宋慈的过人之处，也是其专注精神的体现。

六是使命精神，或责任精神。责任意识和好人办好案，这是无数事实证明的道理。我们知道，在福建建阳乃至闽北古代名人中，朱熹和宋慈产生了世界性的影响。朱熹在建阳长期著书立说，宋慈则在建阳生活了 41 年，但人们对宋慈的了解少于朱熹。宋慈后人至今下落不明。宋慈在仕途上也不太顺，32 岁中进士乙科。54 岁宋慈才为广东"提刑"。广东前任提刑昏庸，未结案 200 多件。宋慈深入查访，用 8 个月就裁决了积案，拯救了无辜受害者。后来宋慈四任提刑，做了更多的好事，但宋慈只风轻云淡地说这是"洗冤"。看来，宋慈把法医检验理解为"洗冤"，老百姓理解为做"好事"，这是一个道理。其实，在宋慈看来，法医鉴定就是做人。宋慈也有名言，检验"切勿轻易，差之毫厘，失之千里"；如果办错案，则"不免深谴"，而"枉致人命，事实重焉"。所以，"好人办好案"是规则，更是标尺。

现在再谈谈，我们今天纪念宋慈，有何时代价值？

一是对法医鉴定的深刻理解。我们现在把法医鉴定都定义为"在诉讼活动中鉴定人运用科学技术或者专门知识对诉讼涉及的专门性问题进行鉴别和判断并提供鉴定意见的活动"。这就是应用专门知识解决与法律有关的医学问题的定义，或者叫"应用说"。可宋慈在那时是这么说的："狱事莫重于大辟，大辟莫重于初情，初情莫重于检验。"意思是，鉴定就是诉讼案件的证据，是案件重中之重，判人死刑，没有检验证据无从谈起！所以，法医鉴定就是"洗冤泽物"或"起死回生"。也就是说，宋慈强调"洗冤说"或鉴定的"目的说"。"洗冤说"有两层意思：一层意思是通过鉴定来洗除冤枉；另一层意思是，错误鉴定也会出现冤枉，这是鉴定的本质所在。用现代语言来说，这是抓主要矛盾和矛盾的主要方面。换句话说，宋慈是从哲学层面给法医鉴定下定义。这就是宋慈对法医鉴定的深刻理解。

二是榜样作用。前面讲的宋慈留给后人的六种精神，都是把宋慈当做榜样来学习的。这里要讲的榜样是一种威严。还是用刘克庄在墓志铭中的话来表达："听讼清明，决事刚果，抚善良甚恩，临豪猾甚威。属部官吏以至穷闾委巷，深山幽谷之民，咸若有一宋提刑之临其前。"可见宋慈的权威，在于宋慈清明公正，在于"属部官吏以至穷闾委巷、深山幽谷之民"都服判，在于一看到鉴定就会感到"有一宋提刑之临其前"。这是何等威严！这就是榜样的力量，也是今天我们正在呼唤的榜样！

三是对法医鉴定的立法、执法要求。读《洗冤集录》不能只看宋慈如何破案、断案，什么神探、神验，都是误区。看《洗冤集录》要把重点放在研究宋慈如何应用法律和程序办案这一线索上，以及研究宋慈如何结合案件提出立法建议。因为科学不仅仅是定理定律，更主要的还是做事的方式，也就是按程序和规矩办案。法律程序好比歌曲的节奏，没节奏不成音乐。宋慈说，"今看详：命官检验不实或失当，不许用觉举原免。余并依旧法施行"。意思是，检验不实或不当，不能自首而免责，建议依法处罚。具体地说，法医是鉴定案件，而不是制造案件，错误鉴定使无辜人受罚，就是法医制造案件，是绝对不允许的。宋慈还说，"辄以他故诬人者，根据诬告法"，"检验不实同诈妄"。也就是说，因鉴定错误使人冤枉入狱，或利用鉴定诬告人，或检验不实妄做鉴定致人错判，都应受到法律制裁，这些都是宋慈对法律的理解。换句话说，错误鉴定时无辜的人受罚，鉴定人是要负责的。最近，公安部出台刑事案件错案纠正办法，其中第八条指出，鉴定人错误鉴定导致出现错误执法的，鉴定人负主要法律责任。前不久，某县一鉴定人出具多份虚假轻伤鉴定意见，造成当地侦查机关错误立案 14 起、12 名无辜人被诬告陷害的严重后果，社会影响极其恶劣，被法院追究刑事责任，该鉴定人被判处 14 年有期徒刑。由此可见，研究宋慈及其《洗冤集录》，特别是有关检验的立法、执法和宋慈对其的深刻理解，对当前鉴定立法、执法及其鉴定管理，都有历史借鉴和现实价值。

四是证据规则。当前我国证据制度还未完善，尤其是司法鉴定制度的问题不少，鉴定人证据意识薄弱，证明标准较为空泛。反观宋代检验制度，由取证、采证、查证、认证等组成的证据规则有其合理性和操作性，值得借鉴。因为科学规范的证据规则体系既有利于防止鉴定人的滥权擅断，同时又有利于确定各类证据的证明力，最大化地反映案件的真实性。此外，我国古代检验制度中有关检验管理、处罚制度，特别是检验规范和检验问责机制，对我国司法鉴定体制改革也有十分重要的借鉴意义。因为当前鉴定机构过多、人员素质参差不齐、启动鉴定的门槛低、较随意，以致出现重复鉴定、多头鉴定、错误鉴定、虚假鉴定等问题。因此，有必要针对司法鉴定制定专门法律，对司法鉴定中出现的违法行为进行问责、处罚，对鉴定机构的设置和鉴定人员的准入和从业进行规范管理，促进我国司法鉴定的健康发展。

五是制度设计。宋代检验制度相当严密，初验、复验程序，事前、事中、事后都有防范措施，形成了鲜明的检验制度和技术规范，特别是思维方式、理论研究、检验内容、检验方法、评价标准等对今天法医学发展有深远的影响，值得后人学习。诬告检验对古代法医学制度和检验技术发展有研究价值，对理解分析我国古代法医学书籍、史料和古代检验方法也有帮助。目前，一些错误鉴定、故意延误鉴定时机、虚假鉴定、伪造证据致使他人蒙受牢狱之灾，应借鉴前人经验对鉴定人进行检验问责和刑事处分，同时对鉴定机构进行处罚。在鉴定制度上也应进行设置，除尽快制定统一的鉴定准入条件和鉴定法外，从立法上订立问责、问罪条款，避免冤假错案的发生。

六是倒逼机制。宋慈以洗冤为检验目的和要求。作为违背法律的错误检验是重点研究对象。从宋慈《洗冤集录》研究可以知道，宋代法律规定检验与政绩挂钩。于是，形成诬告、检验、政绩三者关系。检验人员为提高绩效，避免受处罚或被罢黜，必须认识发现诬告和检验识破诬告，这就形成法律上的倒逼机制。这样，诬告、检验、政绩的内在压力及其三者间不协调性，为推动和提升检验水平凝聚必要的动力和推力。所以，我国古代为防止诬告提高检验水平促进了法医学的领先发展和辉煌成就。换句话说，我国司法鉴定领先西方是法律逼出来的，这一情况很多人没有了解，只知道我国古代法医学多么辉煌、多么荣耀，为什么，不知道。这就是宋慈的伟大，他做了总结，连外国人都把"世界法医鼻祖"的称号给宋慈！大家知道，西方与我国不同，鉴定人不是官员而是由技术人员承担，在刑事诉讼中遵循"疑罪从无"原则，认可被告人"沉默权"，同样也使鉴定人在鉴定技术及其证明力上发挥作用，形成了西方法医学。我们要从比较法医学角度出发，对中外法医学发展史进行深层次研究，从而探讨不同路径、各具特色的中外法医学发展史，挖掘对历史和现实的研究价值。

"把平凡法医工作做伟大、把单纯法医鉴定做精致"——这就是宋慈，这就是我们今天要研究、宣扬和纪念的人。

历史是昨天的现实，现实是明天的历史。宋慈用智慧著述了一部法医学巨著、以实践谱写了一篇法医大文章，得到后人好评。今天我们做得好不好，同样后人也会评价。我们一定要认真学习宋慈，继承和发扬宋慈精神，努力工作，取得好的成绩留给后人评价。

二、法医的"空船"思想

空船一词出自庄子《外篇·山木》："方舟而济于河，有虚船来触舟，虽有偏心之人不怒；有一人在其上，则呼张歙之；一呼而不闻，再呼而不闻，于是三呼邪，则必以恶声随之。向也不怒而今也怒，向也虚而今也实。人能虚己以游世，其孰能害之！"

这段话的意思是：如果一个人乘舟渡过一条河流，有一只空船撞到了他的小船，即使他是一个脾气很坏的人，他也不会生气。但是如果他看到有一个人在船上，他将会对其大声喊叫，让他驶开。如果他的喊叫没有被听到，他将会再度高喊，而且他还会开始大骂，这一切都是因为有人在那只船上；但如果那只船是空的，他一定不会大声喊叫，他一定不会生气。如果你可以将自己的船空掉来跨越世间的河流，那么就没有人会来反对你，没有人会想要来伤害你。

河中"空船"

庄子要说的是，只要我们能够使自己的船空掉，就不会发生冲突，从而就解决了使人烦恼、痛苦的问题。在庄子看来，只要空掉自己的船，就能够远离烦恼，免于痛苦了。但到底为什么要空掉自己的船，怎么空掉自己的船呢？

空掉自己的船，便是庄子所说的"虚己"，即忘掉自己的存在，忘掉自我，放弃追逐名利之心，并时时保持宽容大度的胸襟。正如庄子所说："人能虚己以游世，其孰能害之！"这就是说，一个人如果能听任外物、处世无心而自由自在地遨游于世，天底下就没人能够去伤害他。

空掉自己的船，是针对争名逐利的心态而言。庄子生活在一个战争频繁、社会动荡的时代，他在深刻剖析了社会矛盾的根源之后，坚定地认为文明的发展和人类的物欲是导致社会动荡不安的根源。因而他才说当人们碰到空船的时候不会生气，而一旦当人们发现有人在那船上时，那颗被名利物欲所蒙蔽的心早已喧嚣不堪，便很容易烦恼、骂人。正是因为人们的船已被物欲填满，再也容不下一点美好的东西，所以庄子才主张要让那艘被名利所累的船空掉，这样心灵才会轻松、纯粹。

当你空掉自己的船的时候，就会让自己变得完全的空。当自己那颗追求名利、追求成功的心不复存在的时候，不会有喧嚣，不会有争夺，失望、痛苦也就不复存在，而喜悦一直会伴随着你。这时你的船完全空了，你的本性就会真正显现出来，这就接近了"道"。

那么，法医如何才能做到空掉自己的船呢？

空船碰撞过来，绝不会有人抱怨。既然如此，那么你就让你自己变得空，抛掉自己的存在，去接纳他人。只要你空了，你不存在了，别人就不会有骂你的想法，也就不会影响到你。换言之，你也不会影响到别人，而实际上是帮了别人。这样，帮别人做一件事就会心无旁骛，摒弃私心杂念，放空精神世界，达到一种心灵透彻的境界。

宋慈说："慈四叨臬寄，他无寸长，独于狱案，审之又审，不敢萌一毫慢易心。若灼然知其为欺，则亟与驳下；或疑信未决，必反复深思，唯恐率然而行，死者虚被枉滥。每念狱情之失，多起于发端之差；定验之误，皆原于历试之浅。遂博采近世所传诸书，自《内恕录》以下，凡数家，会而粹之，厘而正之，增以己见，总为一编，名曰《洗冤集录》，刊于湖南宪治，示我同寅，使得参验互考，如医师讨论古法，脉络表里先已洞彻，一旦按此以施针砭，发无不中。则其洗冤泽物，当与起死回生同一功用矣。贤士大夫或有得于见闻及亲所历涉，出于此集之外者，切望片纸录赐，以广未备。"

宋慈一生专心做一件事：狱案检验。从不"慢易心"，只为避免"狱情之失"。自己这样做不够，还把前人所传和自己所得汇编成册，取名《洗冤集录》，还要求别人继续"片纸录赐以广未备"，以便"参验互考"，"洗冤泽物"。宋慈确实放空自己，心无旁骛，接纳他人，这成就了世界公认的最早的、系统的法医学著作问世。

庄子的空船，还包含着整体思想。当你完全空掉的时候，你没有留下一点痕迹。当你抛掉一切的时候，你就是完全的空，你已经跟世界万物融为一体，因此你也就是整体了。试想，一旦有了整体思想为之奋斗，国家利益至上，不为己利，事业就容易成功。

我国现代法医学奠基人林几教授曾说过："法医学为国家社会应用科学之一，凡立法、司法、行政三界以致全社会无不有需于法医学。"林几也放空自己，体现了整体思想。他一生只从事法医学事业，自己的利益完全服从国家的利益。他早年留学德国获法医学博士学位，为实现科学救国之梦，回北平大学从事法医学事业；之后，任司法行政部法医研究所第一任所长；再后，在北平大学医学院、西北联大、中央大学、南京大学医学院任教，一直孜孜不倦地教学、检验和研究。林几继承古代法医学成就，接纳世界先进技术，面对事业总是恬淡、冷静、超然。他受到称赞之后，总是悄悄地回到实验室和讲台，继续法医科学的探索和实践，好像什么也没有发生过一样。林几以国家利益为重和崇高的职业责任感，使他没有想过要自我张扬。他编写的鉴定书时至今日还给后人以教诲，特别是每份鉴定书末尾的几行字："本说明皆据学理事实"、"本鉴定皆公正平允、真实不虚"，把他的人格魅力淋漓尽致地表现出来。所以，林几最后被世人公认为中国现代法医学奠基人！

由此可见，庄子的空船思想是一种高尚的境界，做到自清自宁，一般的人要想达到这样的境界，必须使自己完全放空。所有的自我、烦恼、失意、痛苦甚至争斗等，都将不复存在。可见，空掉自己的船和天地自清自宁是一致的。历史上，追名逐利的思想和行为的人有之，法医也不例外，但往往这样，一些本有潜质的人变得暗淡无光，不为世人所公认，时间一久，就被人淡忘了！

中国政法大学证据科学研究院内的
宋慈塑像

作为法医科学家应该把"空船"思想理解为一种乐观、豁达的积极生活态度。人在世上如同渡河，必须使自己成为空船，才能交流。同样，把那人、那事当做"空船"，宽容人、不责备人。人要做到以空船渡任何人、任何事。也就是说，法医要有"空船"思想才会成功！"空船"思想成就科学家成长，成就世人公认，成就法医科学事业！宋慈、林几就是最好的例证！或许，这才是法庭科学的真谛！

今天，法医也加快跟随时代发展的步伐。在追求各种物质利益的同时，法医内心的船也会被物欲的负担压得喘不过气来。倘若这时，法医能吸取庄子"空船"思想的积极意义，放空精神世界，寻求一种乐观、潇洒、豁达的生活态度，那么法医世界就会更精彩。

三、宋慈《洗冤集录》产生的历史文化条件

宋慈是公认的世界法医鼻祖，《洗冤集录》是世界第一部系统的法医学著作，这没有争议。但是，为什么在中国南宋时期会出现宋慈及其《洗冤集录》呢？为什么发祥地是福建建阳呢？这是引起专家关注的问题。作者试从历史文化等角度讨论宋慈及其《洗冤集录》产生的条件。

（一）历史条件

1. 法医学发展

我国的法医检验有悠久的历史。林几研究认为："中国名法医药诸学，自古已昌，书

曰'惟刑之恤'，诗曰'在泮献囚'"。"惟刑之恤"指经检验确定为老、幼、废、疾者予以减刑悯恤；"在泮献囚"指经检验尸首核实战功以行赏赐。《尚书》是有关史料的记载，收录了商、周特别是西周初期的一些重要史料。《诗经》是中国最早的诗集，收录了自西周初年至春秋中叶 500 多年的诗歌（公元前 11～前 6 世纪）。据《礼记·月令》记载："命理瞻伤、视折、审断，决狱讼。"据汉人蔡邕的解释："皮曰伤，骨曰折，骨肉皆绝曰断。"此句中的"理"是治狱之官，表明我国在《礼记》成书的战国年代已有专门的治狱之官，他们根据伤、创、折、断的深浅及大小来定罪的轻重。1975 年，在湖北云梦睡虎地十一号墓中，发掘得大批秦简，其中有一卷"治狱案例"记载了法医检验的珍贵资料，这项重要发现，证实我国在战国时代已确立有法医检验制度。后来，历代文献中屡见有法医检验资料。五代时，有"和凝"父子将历代折狱事例汇集成《疑狱集》一书。宋代出现了更多的治狱之书，有无名氏的《内恕录》、《结案式》，郑兴裔的《检验格目》（1174），郑克的《折狱龟鉴》（1200），桂万荣的《棠阴比事》（1211）等。以上书籍，大多是案例记录，尚不是体系完整的法医学著作，但已积累了大量的经验。这标志着我国法医学发展逐渐成熟，说明了宋慈《洗冤集录》产生的时代背景与历史条件。

2. 转折时期

（1）两个典故

一是"杨时立雪"的典故："宋有杨时。师事程颐。雪深一尺。侍立不移。"这个典故说的是，北宋时有个叫杨时的福建人，读经书和史书很用心。中了进士之后，朝廷调他去做官。杨时不肯就，而是先到颖昌拜了理学家程颢为师。等到杨时回去时，程颢目送说道："吾道南矣！"程颢去世以后，杨时又到洛阳去，向程颢弟弟程颐受业。这时杨时已经40 岁了，可是侍奉程颐仍十分恭敬。有一天，程颐偶然闭了双眼坐着。杨时和另外一个福建学生游酢，在程颐旁边侍立着不去。等到程颐醒时，门外已经下起了大雪，有一尺多厚。这就是"杨时立雪"的典故，表示对学问的尊重。

二是"吾道南矣"的典故。所谓"吾道南矣"是理学家程颢的感言，意思是：儒家思想的研究不久就要南移了！朱熹对"吾道南矣"有专门一副对联："道南首豸山，学共龟山同立雪；理窟从洛水，本归濂水引导源。"朱熹这副对联明确指出当时福建承担文化南移的任务，而到朱熹时的"道南理窟"则表明福建已然是我国的文化中心。但朱熹认为，"杨时立雪"正是杨时和游酢等人把儒家思想从北方带到福建的根源。朱熹这副对联还有一层意思，就是杨时在二程理学和朱熹之间起了承前启后的作用。具体地讲，北宋时，福建文化对河洛文化有了承接与创新，顺应了中国古代社会于唐宋间由前期向后期过渡，政治、经济、文化重心由北方向南方转移的趋势。"吾道南矣"表明中华文化文脉的向南延伸；"道南理窟"的形成，表明以福建朱熹为代表的学者继往开来，以儒学为主干，吸收融汇佛、道思想，创新儒学，完成中国文化重心完整南移的历史任务。

（2）南移福建：福建僻处东南海隅，文化开发较迟。自西晋"永嘉南渡"及唐末五代几次南迁，中原河洛文化也随着进入福建，带动福建经济、文化的发展。北宋末的"靖康之难"，出现了中国历史上又一次人口大迁移。中原士族及民众纷纷迁移到南方，迁移到福建。中原先进的生产技术、发达的文化随之南移，与福建文化撞击、融合。

宋代是中国历史上很有特点的阶段。民族矛盾激化，外患频仍，官场腐败；经济、科技发展迅速，生产力空前提高，创造出超过汉唐盛世的社会物质财富。同时，随着社会生产力的提高，社会结构也发生新的变化，产生了新兴的市民阶层。思想文化领域，佛学道学盛行，形成儒、佛、道三家鼎立的局面，儒家文化的主导地位逐渐丧失。思想文化的发展到了需要选择的关键时期。

北宋时期，儒、佛、道交融的中心在北方。福建学者纷纷北上，投入倡道于河南的程颢、程颐门下，主要有游醇、游酢、杨时、罗从彦、陈渊、陈瓘、王平、胡安国等。由于游酢、杨时等的"道南"活动，濂、关、洛学南移，福建逐渐成为理学基地。

"吾道南矣"是思想文化发展处于转折时期的历史条件。作为当时儒学学术文化首领的二程似乎意识到战乱频仍的北方，容不下理学的存在与发展。随着经济重心的南移，以及佛学、道学、文学艺术重心的南移，作为文化重心和核心部分的理学也必然南移。事实表明，二程的这种判断是正确的，是富有远见的。经游酢、杨时、罗从彦、李侗等学者"倡道东南"，使洛学在福建开始扎根，儒学的学术重心也移至福建。

（二）文化条件

1. 朱子文化

钱穆先生说，"在中国历史上，前古有孔子，近古有朱子。此两人，皆在中国学术思想史及中国文化史上发出莫大声光，留下莫大影响。旷观全史，恐无第三人堪与伦比"。正是福建人朱熹带领中国进入了"四书"时代，也就是成熟发展的中华文化新时代。朱子理学在中华文化发展史上完成了对儒家文化的消化与吸收，使中华文化在哲学层面、道德层面、价值观层面走在前列，并使儒家思想法律化，进一步完善了中华法系。朱熹用了40年的时间编注确立了"四书"，而且是在福建确立的。因此，朱子文化是有贡献的，具体地说是福建文化的贡献。这还得从福建文化对中华文化的三大贡献说起。福建对中华文化有三次大贡献，第一大贡献是海洋文化与南岛语族迁移，距今5000年左右；第二大贡献是朱子理学，发生在南宋；第三大贡献是闽都文化与走向世界，发生在近代。从文化角度出发，福建文化对中华文化第二大贡献——朱子理学，是宋慈《洗冤集录》产生的文化基础。具体地说，福建于五代末年逐渐开化成"文儒之乡"。到了宋代，特别是南宋以朱熹为代表的儒教理学的出现，福建文化已有凌驾于"中州之势"。事实上，宋慈在法医学著作《洗冤集录》中把个别的具体事例进行全体性、系统性综合。而12世纪，"金元四大家"对医学进行体系化建设，将身体内部各种功能和病理进行统一、整体的说明。这些都与儒学哲理化推动科学体系形成有关。因为南宋理学注重哲学思辨，客观上推动了科学体系的构建。这是宋慈及其《洗冤集录》出现的文化条件。

2. 民间文化

民间文化是指在不同的生态环境和人文环境中，以及受到一些内外因素的影响而出现的并在其历史发展过程中不断积累、传承的特有的文化类型。其中，民间谚语在人们心目中有深刻的烙印。宋慈生活的闽北一带民间文化中有个经典谚语，叫做"黑狗偷食，白狗受罪"。偷食的是黑狗，主人责罚的却是白狗。意思是真正的罪犯逍遥法外，清白的人却蒙冤受过。宋慈认为，这就是错案造成的后果，错案就是冤，洗冤就得找到真正的罪犯，罪罚其当，不纵不枉。所以，闽文化在宋慈心目中占有重要位置，贯通整部《洗冤集录》，也贯通宋慈一生。

3. 检验文化

检验文化是《洗冤集录》产生的重要条件，在我国医学史和法医学史上占有重要地位，一向为中外法医学史研究的重大问题。既往有六种主张：一是《洗冤集录》在南宋出现，与当时所设立的讼学校、业嘴社等讼师养成所的需要有关；二是《洗冤集录》与当时医学发达有关，尤其与正骨科和外科的发达有关；三是与我国精神文化中"恻隐之心"有关；四是与中华民族"有残忍性，利欲心强，缺乏道义，好为细小的问题而争斗"有关；五是诸葛计的"以疑狱集、折狱龟鉴等书，以及宋代的条例、格目为取材来源，并吸收了民间流传的医药学知识和官府检验经验，编辑而成"；六是中国医科大学贾静涛的"封建法典的需要、宋代检验制度发展、唐宋时期检验盛行、《疑狱集》刑侦书籍影响、《内恕录》等早期检验书籍影响、祖国医学有关法医学的成就"，贾静涛的检验文化与《洗冤集录》关系的主张，具有代表性。

（三）地理条件

北宋时期，北方少数民族南下使大量移民进入福建。移民不仅人口迁徙，而且也随之将中原文化带入福建。到了南宋，政权更是移至与福建只"一墙之隔"的杭州。随着政治、经济、文化中心的南移，宋朝成为闽北群英荟萃的辉煌时代，出现了婉约派宗师柳永、抗金民族英雄李纲、文学理论家严羽、历史学家袁枢、理学大师游酢、西昆体诗歌领袖杨亿等。特别是朱熹的出现和真德秀、吴稚等人的继承发展，造就了孔孟之后的儒学发展，形成十分规范的"理学"体系。之后，又出现历朝历代崇尚"理学"和理学法律化、行政化乃至国家化；以后理学又走入大众之中，深入民族之中，而理学创立者、学习者、实践者不少生于斯长于斯，并从此走向全国。此外，南宋时期的建阳是全国著名的三大雕版印刷中心之一，素有"图书之府"的美誉。政治、经济重心南移加之印刷业的发达，成就了宋慈《洗冤集录》出版的地理有利条件。

（四）法律条件

唐宋法律影响。唐宋时代的社会已建立了严密的法典，当时的律令对于法医检验已提出明确的要求，从宋朝法律制度角度出发，宋朝的提刑官制度是在宋初的宋太宗、宋真宗时期逐步建立起来的。鉴于五代时期武将专权之弊，宋朝比较强调重用士人以儒学治国。而在刑狱方面，则遵奉儒家的宽刑方针，以纠正五代时期的严刑峻法之弊。《宋史·刑法志》说，宋太宗淳化年间，"始置诸路提点刑狱司，凡管内州、府十日一报囚帐，有疑狱未决，即驰传往视之，州、县稽留不决，按谳不实，长吏则劾奏；佐史、小吏许便宜按劾从事，由提刑官直接处理"。提刑官及各地断狱之官均逐步选用儒生出身的士人，以求断狱平允。其后，宋太宗因"诸路提点刑狱司未尝有所平反，诏悉罢之"。可见设置提刑官，主要是出于断狱公正、宽平的思路。至宋真宗景德四年，"复置诸路提点刑官"，宋真宗同时下诏说："所虑四方刑狱官吏，未尽得人。一夫受冤，即召灾。"于是，由宋真宗亲自挑选朝官中"性度平和有执守者"为各地提刑官。从中亦可看出宋真宗决定恢复提刑官的断狱力求公允的思路。所以，提刑官的平反冤狱不仅是提刑官的个人品质问题，在其背后，还有从民本主义思想出发的，纠正五代严刑峻法倾向，加强对府、县监督的政策思路。这是宋慈《洗冤集录》出现的法律基础。

（五）个人条件

1. 受教理学

宋慈（1186～1249）出生在福建建阳，与理学大师朱熹同乡。朱熹晚年定居福建建阳，在"考亭书院"讲学，四方学子不远千里前来求学，研究理学，著书立说，创建学术史上令人瞩目的"考亭学派"。当时朱子理学盛行。这是一个庞大、完整而又十分精致的思想体系。宋理宗（1225～1264）时，朱子理学被抬到至高无上的地位，成为不可争议的官方统治思想。其代表人物周敦颐、程颢、程颐、朱熹等被分别谥为"元公""纯公""正公""文公"，并从祀孔子庙，荣耀至极，可见此时理学影响之大。宋慈自幼聪明好学，拜同乡前辈吴稚为师，吴稚又是朱熹的高足，宋慈无形中成了朱熹的再传弟子。宋慈20岁赴杭州，就读于南宋最高学府太学，拜主持太学工作的闽北老乡祖籍浦城的真德秀为师。宋慈刻苦用功，文章写得好。以朱熹为宗的真德秀，盛赞宋慈的文章出于"内心性灵"，对他格外垂青。宋慈思想中烙印了朱熹"格物致知"和"穷究真理"的痕迹，为他日后的成功铺垫了思想基石。

2. 家学影响

宋慈出生于书香门第、官宦之家，祖上曾兴建"霄峰精舍"，集书充栋，讲学著述。宋慈深厚的家学沉淀对他产生了较大的影响。

3. 个人经历

宋慈年轻时就有校勘书籍的经历，他曾亲手校勘过朱熹的《资治通鉴纲目》一书。宋慈还有过修撰地方志的经历。淳祐元年（1241），宋慈知常州军州事时，曾参与重修《毗陵志》。

4. 断狱经历

宋慈早年充任江西提点刑狱叶宰的参谋，随后经历了四任提点刑狱官，具有相当丰富的法医检验经验。

5. 法医认识

法医鉴定通常定义为"在诉讼活动中鉴定人运用科学技术或者专门知识对诉讼涉及的专门性问题进行鉴别和判断并提供鉴定意见的活动"。这就是应用专门知识解决与法律有关的医学问题的定义，或者叫"应用说"。宋慈认为："狱事莫重于大辟，大辟莫重于初情，初情莫重于检验。"意思是，法医鉴定就是诉讼案件的证据，是案件重中之重，判人死刑，没有证据无从谈起！所以，法医鉴定就是"洗冤"。也就是说，宋慈强调"洗冤说"或鉴定的"目的说"。"洗冤说"有两层意思：一层意思是通过鉴定来洗除冤枉；另一层意思是，错误鉴定也会出现冤枉；这是鉴定的本质所在。这就是宋慈对法医的认识和深刻理解。

6. 职业抱负

宋慈在四任提刑官中，办案"审之又审，不敢萌一毫慢易心"，在法医学理论上和实践中表现出求实求真精神。此外，宋慈的《洗冤集录》还有"洗冤泽物""起死回生"的崇高职业抱负和历史责任感。这是宋慈及其《洗冤集录》出现的个人因素和内在条件。

总之，我国法医检验早期发展是宋慈及《洗冤集录》产生的历史条件，朱熹理学影响是宋慈及《洗冤集录》产生的文化条件，南宋建阳政治文化发展是宋慈及《洗冤集录》产生的地理条件，完善的南宋检验制度是宋慈及《洗冤集录》产生的法律条件，宋慈在《洗冤集录》中把个别的具体事例进行整体性、系统性综合是个人努力和总结的结果。因此，南宋时期出现宋慈及其《洗冤集录》是中华文化的一部分，是历史必然和文化传承至一定阶段的产物，更是中华文化结晶和法医文化遗产。

四、宋慈《洗冤集录》的法律思想

宋慈著《洗冤集录》与他的法律思想是分不开的。

1. "恤刑慎狱"的法律思想

宋朝的法律思想属中华法系定型时期，基本形成儒家法律思想体系。这一时期，朱子法律思想处主导地位。朱熹的"恤刑慎狱"的法律思想对宋慈影响很大。朱熹说："狱讼，系人性命处，须吃紧思量，犹恐有误也。""明慎用刑而不留狱。"宋慈《洗冤集录》序就开宗明义说："狱事莫重于大辟，大辟莫重于初情，初情莫重于检验。盖死生出入之权舆，幽枉屈伸之机括，于是乎决。""慈四叨臬寄，他无寸长，独于狱案审之又审，不敢萌一毫慢易心。"宋慈认为，只有通过严密的检验，才能保证断案审判不冤不枉，才能体现儒家"决狱谨慎"的主流法律思想。

2. "礼法并用"的法律思想

这里主要是孔子的"为政在人"、《唐律疏义》的"德礼为政教之本，刑罚为政教之用"的法律格言，即重视官吏职业道德，把法律强制与德礼教化结合起来。宋慈在《洗冤集录》中录入了《宋刑统》《宋刑统疏》的法令、检验制度、检验人员失职罚则等内容以及检验的注意事项。宋慈反对验尸时"遥望而弗亲，掩鼻而不屑"，要求官吏亲自验尸。即"躬亲诣尸首地头"，提倡对案子"审之又审的"职业道德。

3. "重证据"的法律思想

张斐说："夫刑者，司理之官；理者，求情之机；情者心神之使。论罪务本其心，审其情，精其事，近取诸身，远取诸物，然后可以正刑。"这就是重实据、不轻信口供，重事实、依理断案的法律思想。宋慈《洗冤集录》中明确指出："凡体究者，必须先唤集邻保，反复审问。如归一，则合款供；或见闻参差，则令各供一款，或并责行凶人供吐大略，一并缴申本县及宪司。县狱凭此审勘，宪司凭此详复。""须是多方体访，务令参会归一，切不可凭一二人口说，便以为信。"宋慈在《洗冤集录》(卷二·五)记载这样一个案例："广右有凶徒，谋死小童行而夺其所赍。发觉，距行凶日已远。囚已招伏：'打夺就，推入水中。'尉司打捞，已得尸于下流，肉已溃尽，仅留骸骨，不可辨验，终未免疑其假合，未敢处断。后因阅案卷，见初验体究官缴到血属所供，称其弟原是龟胸而矮小。遂差官复验，其胸果然，方敢定刑。"这种"重证据、不轻信口供""直理刑正"的法律思想贯通宋慈《洗冤集录》全书。

4. "用法宽仁"的法律思想

宋慈说，《洗冤集录》受《内恕录》以下诸书(包括《疑狱集》《折狱龟鉴》等)的影响。"内恕""折狱""疑狱"都体现"用法宽仁""罪疑狱从赦"的法律思想。唐太宗主张执法"务必宽平"，因为他最担心的是司法官吏"意在深刻""利在杀人"的职业病。宋慈说："疑信未决，必反复深思，唯恐率然而行，死者虚被涝漉。"这种"内心宽平"的法律思想主宰宋慈一生提刑生涯，也是《洗冤集录》的全部内容。

五、宋慈《洗冤集录》的学术思想

宋慈之前的零散"断狱"记载，总体上属于"检验技巧"，经过宋慈的系统总结后成为一门介于法学与医学之间的边缘学科法医学。宋慈《洗冤集录》问世后，历代不断增补、扩充、注释，版本繁多。国外也不断见到译本，流传甚广，受到世人关注。美国学者 Brian E. Mcknight 就直接把《洗冤集录》译成《十三世纪的中国法医学》(*Forensic Medicine in Thirteenth Century China*)，我国学者贾静涛也说，现代法医学就是在《洗冤集录》的基础上发展起来的。但是，为什么只有《洗冤集录》能受到世人上述那样的关注呢?这有其内在因素。笔者认为，《洗冤集录》有其非常鲜明的学术思想。

1. 以医师讨论医案的方式研究尸体检验的学术思想

早些时候，有学者因为书中有丰富的侦查、审问、解剖、外科和尸体检验内容而说成是各科经验总结。但是，经过研究，这是一部利用各学科知识为尸体检验服务的独立科学，即《洗冤集录》是一部法医学著作。问题是《洗冤集录》从学术角度出发，它的知识结构如何，属哪一类型科学，如何总结出来?这一点笔者赞同诸葛计的说法："以《疑狱集》《折狱龟鉴》等书和医药学知识及刑狱检验的实际经验编辑而成。"宋慈也说：《洗冤集录》是"博采近世所传诸书，会而粹之，厘而正之，增以己见，总为一编"。宋慈又补充说：《洗冤集录》"如医师讨论古法"。刑狱案集和祖国医学都属于经验总结的科学，加之自己的经验积累，所以我们说，从学术角度而言《洗冤集录》是一部参考医师讨论医案的方式研究尸体检验的以经验为主的法医学书籍。

2. 以法官思维研究尸体检验的学术思想

宋慈《洗冤集录》不是单纯的"医师讨论医案"，而是法官围绕检验的审案、断案，这种检验本身就是审判的一部分。宋慈把解决"狱情之失"与"定验之误"摆在同等的地位，足见他对检验的重视。宋朝检验制度规定检验由官吏行使，仵作只"喝报伤痕"而已，地位极低，检验"委官定验"，检验之误也由官吏负责。所以，我们从学术角度出发也可以这样理解：《洗冤集录》是以法官思维研究尸体检验、利用医学知识解决审判问题的一门科学，即现在所称的法医学（forensic medicine or legal medicine）。《洗冤集录》应用有关学科知识创立了独特的科学体系——法医学，这是与其他书籍的最大区别点。国外学者将《洗冤集录》译成《验尸官教程》（Instruction to Coroners）在某种程度上是有道理的。但是，"验尸官"（coroners）是专门审判死因的法官，法官并不直接检验，而是委托病理学家鉴定，鉴定错误由病理学家负责，这与宋朝的官吏检验制度还是有区别的。

3. 务求尸体检验知识系统全面的学术思想

宋慈著《洗冤集录》的初衷之一是给官吏断案时"参验互考"，以"洞彻"、"针砭"检验中发现的问题，达到"发无不中"和"洗冤泽物"的目的。为此，《洗冤集录》必须全面系统反映检验的完整内容，否则，难以实现之。在这一学术思想的指导下，宋慈"博采诸书"，结合自己四任提刑的几十年检验经验，反复修改、更正、提炼，终成大著。宋慈说自己"他无寸长，独于狱案审之又审"，一直在收集、整理、总结检验材料，终在南宋淳祐七年（1247）出版《洗冤集录》。1249年宋慈病逝于广州任内，可以说，宋慈一生只从事一个职业——检验断案，一生只专心著述一本书——《洗冤集录》。该书包括尸体现象、机械性窒息、机械性损伤、高低温损伤、现场尸体检查、猝死、中毒、自杀、医疗事故、堕胎、杀婴、妇科检查等，据作者研究，还涉及法医昆虫学的研究。

4. 尸表检验与由表及里的学术思想

《洗冤集录》应封建礼教、宋朝法典、检验制度和官吏检验需要而产生，其内容也必然受维护外表尸体的检验制度所制约，从书的内容看也几乎都是根据尸体外表检查得到的，所以《洗冤集录》按其思维方式和学术角度出发是一部指导尸体外表检验的法医学书籍。宋慈说，《洗冤集录》"如医师讨论古法，脉络表里，先以洞彻"。也就是说，《洗冤集录》是用传统医学方法、由表及里、由尸表现象探究死亡本质的书籍。《洗冤集录》问世后，不断出版，成为历代检验经典书籍，并传至朝鲜、日本等国成为邻国的检验书籍。我国古代的法医学对朝鲜、日本、越南等亚洲国家法医学的发生、发展具有决定性的影响。

5. 尸体检验与实验研究密不可分的学术思想

我国古代法医学中通过科学实验研究尸体现象、损伤和死亡原因的范例很多，如张举烧猪、彭刺二形、李公验桦等。《洗冤集录·疑难杂说下》介绍一个案例：有一村民被人用镰刀砍死，没人承认。检验官吏便召集村民将所有镰刀收集来，夏天的阳光下，七八十把镰刀中有一把"蝇子飞集"。于是，检验官吏指认刀主为凶手，"杀人者叩首服罪"。这便是利用"血腥集蝇"的原理破案的一个科学实验。《洗冤集录·疑难杂说下》说："验尸并骨伤损处，痕迹未见，于露天以新油绢或明油伞覆欲见处，迎日隔伞看，痕即见。"这是利用阳光下新赤油伞发生红外线的原理检验伤痕的科学实验。由于古代法医学限制于尸表检验，不能切开皮肤研究是否有皮下出血，只能利用当时其他学科研究成果进行有效的实验以提高检验水平，从学术角度出发，检验与实验结合的学术思想，也是《洗冤集录》的另一学术特点。

六、宋慈《洗冤集录》的法医理论探索

宋慈认为，人有"气系""血（脉）系""食系"三系，人活着的时候就有"气息"（呼吸运动）、"血脉"（血液循环）、"吞吐"（吞咽运动）。如果生前受伤，检验中可以在尸体上找到"依因"。按现代法医学的说法就是生前的生活反应，如果是死后伤，就没有生活反应。

1. 关于生前烧死还是死后焚尸的鉴别

宋慈认为，生前烧死的人，用"鼻息取气"，而"人未死时被火所逼奔争，口开气脉往来，呼吸烟灰入口鼻内"。这就是生前烧死者在口腔和鼻孔里有大量烟灰的缘故，而这一原理可以解释为什么死后被焚尸者口、鼻没有烟灰。

2. 关于机械性窒息的检验

宋慈强调，生前勒死、缢死、闷死、溺死者应留下勒、缢、掐死等相应索沟或指痕，因"气系"受阻或"气系""脉系"均受阻出现"面赤淤肿"窒息征象，生前入水者"盖其人未死必争命、气脉往来、搐水入肠、口鼻水沫泥沙流出、腹内水胀"；而死后伪装缢、勒、掐或死后抛尸没有上述征象。这就是机械性窒息及其生前死后鉴别的法医学基本原理。

3. 关于"血聚肉硬"的原理

"血聚肉硬"指的是钝器打击致皮下出血出现红斑、肿胀、触硬，宋慈解释说，这是活着的人"血行"之故。钝器外伤使皮下软组织血管破裂，由于人活着，血液循环存在，继续出血积聚成血肿，皮肤颜色呈紫红色，加之渗出、水肿，局部肿胀变硬。利用"肉硬"判定是生前伤，特别是"项部肉硬"而索沟"白痕"的情形，判定是"被打后假作自缢"，而"白痕"的解释，"死后被人用绳系项，其人已死，气血不行，虽被系，其痕不紫赤，有白痕可验。死后系者，无血荫，系痕虽深入皮，即无青紫赤色，但只是白痕"；利用皮下出血"血荫"判定生前伤，宋慈认为，血荫的颜色、范围与钝器外伤严重程度有关，其演变与存活时间有关，如"损痕颜色其至重者紫黯微肿，次重者紫赤微肿，又其次紫赤色，又其次青色"，"凡打着两日身死，分寸稍大"，皮下出血的血红蛋白分解成还原血红蛋白、正铁血红蛋白、含铁血黄素、胆红素、胆绿素，随存活时间推移出现红、紫、蓝、绿、黄一系列颜色变化，范围也变大，而死后伤无以上改变；皮下出血变化用"血荫"一词十分恰当，"荫"通"晕"，形如日月之"晕"，中间色浓四周慢慢变淡，颜色生动，层次分明。宋慈认为"痕周匝有血荫方是生前打损"，并可用来辨别真伪伤。宋慈认为，涂或烙上的"伤痕"呈青黑一片、呆板单调，容易区别，"若将榉木皮罨成痕，假作他物痕，其痕内烂损黑色，四围青色，聚成一片，而无虚肿，捺不坚硬"，"又有假作打死，将青竹篾子火烧烙之，却只有焦黑色，又浅而光平，更不坚硬"。

4. 关于刃伤的生前死后鉴别

宋慈总结为，"出血""皮肉卷缩""皮肉血多花鲜色"。这是因为，人活着时被刀伤，皮肤和血管破裂，血液流出体外，同时血液也浸润创缘组织，流出的血液不久凝固并贴于创缘肉上形成暗红色或红色有光泽的血块，水冲不易去；而"皮肉卷缩"也称"创口哆开"，是由于人活着时皮肤、血管、神经、肌肉有张力，刀伤时创缘的皮肤、肌肉、血管均收缩、卷曲、创口哆开，这就是生前"刃伤"证明和法医学原理，死后割伤"肉白""无血花""皮肉不紧缩"，"盖人死后血脉不行也"。

5. 关于尸斑形成的原理

宋慈《洗冤集录·死后仰卧停泊有微赤色》说："凡死人项后、背上、两肋、后腰、腿内、两臂上、两腿后、两曲、两脚肚子上下有微赤色。验是本人身死后一向仰卧停泊，血脉坠下，致有此微赤色，即不是别致他故身死。"这段话意思是，人死后在项后、背上、两肋、后腰、腿内、两臂上、两腿后、两曲、两脚肚子上下会出现淡红色斑。如果是尸斑，就不是其他原因死亡；如果排除尸斑，要考虑其他原因死亡。这里宋慈所说的"微赤色"，就是现代法医学所说的死后尸体现象之一的尸斑。宋慈《洗冤集录》记载，我们至少可以了解到：其一尸斑特点。宋慈介绍："凡死人项后、背上、两肋、后腰、腿内、两臂上、两腿后、两曲、两脚肚子上下有微赤色。"说明当时宋慈已了解人死后会出现"微赤色"尸体现象，以及分布在"死人项后、背上、两肋、两腿后"等尸斑分布的特点。其二尸斑形成。宋慈介绍："验是本人身死后一向仰卧停泊，血脉坠下，致有此微赤色。"说明当时宋慈已了解人死后尸斑系血管内血液下坠所致，即尸斑形成原理。其三无关外伤。宋慈介绍："致有此微赤色，即不是别致他故身死。"意思是，不要把尸斑误认为外伤；当然，也不能把外伤误认为尸斑。其区别的要点，就是"验是本人身死后一向仰卧停泊"。也就是说，尸斑与死后尸体位置有关。另外，与颜色有关，如果出现不能解释的"尸斑"，就要考虑是否是"别致他故身死"。宋慈《洗冤集录》对后世法医学发展贡献很大，其中尸斑的形成特点及其原理就是一大贡献。

6. 关于利用蝇蛆生长规律推断死后间隔时间原理

宋慈《洗冤集录·四时变动》说："夏三月：尸经三日，口鼻内汁流、蛆出。""更有暑月九窍内未有蛆虫，却于太阳穴、发际内、两胁、腹内先有蛆出，必此处有损。""盛热：尸三、四日，皮肉渐坏、尸胀、蛆出。""秋三月：尸经四、五日，口鼻内汁流、蛆出。"这是利用蝇蛆生长规律、生活习性推断死后间隔时间的基本原理，也是现代法医昆虫学重要内容之一。

7. 关于自缢索沟原理

宋慈《洗冤集录》说："自缢者索痕沿耳后发际，并在脑后分八字，索痕不相交。如取侧卧或俯卧位自缢者，索沟经过不同。索沟的深度因脚是否到地，死者的肥瘦及绳索的粗细等不同而出现不同的索痕。如绳带缠绕颈上两遭，则有上下二道索痕，上一道绕过耳后入发际。今须仔细点检死人在身痕伤。一或差互，利害不小。"这段话的意思是，上吊自杀的人，由于悬吊身体重量的作用，使套在颈部的绳索拉紧而压迫颈部形成吊痕。检验颈部可见吊痕沿耳后发际，并在脑后分"八字"，索痕是不相交的。所以，自缢的索痕通常被称作"八字不交"。取侧卧或俯卧位自缢者，索沟有所不同。如果绳带缠绕颈上两圈，则有上下二道索痕，上一道绕过耳后入发际。当现场检验尸体时，千万要注意检验死者身上有无伤痕。还要注意，被人勒死后假作自缢等情形，一旦出错，麻烦就大了！宋慈《洗冤集录》表述的自缢者缢沟"八字不交"记载与现代法医学的原理及内容完全一致。

8. 关于死后动物毁坏尸体的原理及鉴别

宋慈《洗冤集录》说："凡人死后被虫鼠伤，即皮破无血，破处周回有虫鼠啮痕踪迹，有皮肉不齐去处，若狗咬则痕迹粗大。"这段话意思是，有一个现象要知道，那就是人死后还会被虫鼠等损毁，其特点是"皮破无血"，其检验原理是没有生活反应。检查可发现"虫鼠啮痕"。假如死后尸体被犬类毁损，则咬痕粗大。这是宋慈从法医学生前死后损伤原理角度谈死后昆虫、动物对尸体的破坏。

9. 关于致伤方式及其原理

宋慈《洗冤集录》说："假如用左手把刃而伤，则喉右边下手处深，左边收刃处浅，其中间不如右边，盖下刃大重，渐渐负痛缩手，因而轻浅，及左手须似握物是也。右手亦然。""若用左手，刃必起自右耳后，过喉一二寸；用右手，必起自左耳后，其痕起手重收手轻。如他杀，刀伤处，其痕头尖小，无起手收手轻重。"宋慈说的是，对颈部自刎而言，如果用左手持刀，喉右侧被切开处深，左边收刀处浅，中间的刀创不如右侧深。这是因为自杀切颈者，所持的刀大而重，切颈过程中疼痛使之缩手，因而比开始切时要浅了。右手持刀自刎刚好相反。左手自杀切颈，自右耳后，过喉一二寸；右手自杀切颈，自左耳后，过喉一二寸；其特点是"起手重、收手轻"。如果是他杀，刀伤创没有起手和收手轻重之分了。宋慈这番话分析得鞭辟入里，令人佩服。从现代法医学角度出发，在推断和认定致伤物的同时，要分析其致伤方式方法，以进一步验证是否与损伤相符。这就是法医学上致伤方式方法的分析，包括力的方向、力的大小、损伤顺序和左利手或右利手致害等。宋慈对左右利手自杀、他杀案的检验方法，符合现代法医学致伤分析原理。

10. 关于验骨的基本原理

宋慈《洗冤集录·验骨》说："骸骨各用麻草小索，或细篾串讫，各以纸签标号某骨，检验时不至差误。"意思是，对现场收集的骸骨各用麻草索或细篾串好，各以纸签标号某骨，判断是否完整骨骼抑或破碎骨骼，是否一具尸骨抑或零散骨骼，核对骨的完整性、有无损伤及是否同一人等，检验时就不会出现差错。宋慈的检验方法与现代法医人类学骨骼检验原理基本一致。

11. 关于现场凶器收集的基本原理

宋慈《洗冤集录·验骨》说："凡行凶器杖，索之少缓，则奸囚之家藏匿移易，妆成疑狱，可以免死，干系甚重。初受差委，先当急急收索；若早出官，又可参照痕伤大小、阔狭，定验无差。"意思是，要尽快现场收集致伤物证据，否则被藏匿转移造成疑案，关系重大。最初检验很重要，应当先考虑收集证据，并和尸体检验的伤痕进行致伤凶器比对，这样检验就可靠了。致伤物的推断及其致伤方式分析是法医学鉴定的一个难题，尽快收集致伤物是法医首先要着手进行的工作，也是法医现场学的基本工作原理。当被害人遭受凶器损伤而死亡时，可以从伤者或死者身上的损伤对致伤物、致伤方式进行比对分析，以确定犯罪嫌疑人，达到直接认定罪犯的目的。宋慈的现场收集致伤物的介绍与现代法医现场学的基本原理一致。

12. 关于"一刀三两痕"的原理

"一刀三两痕"指的是一刀致伤形成二至三个创口。宋慈《洗冤集录·杀伤》说："又如刀剔伤，肠肚出者，其被伤处，须有刀刃撩划三两痕。且一刀所伤，如何却有三两痕？盖凡人肠脏盘在左右胁下，是以撩划着三两痕。"这段话的意思是，在杀伤中有一种利器可以致人远距离受伤，那就是枪矛伤。枪是以坚韧而有弹性的材料，如白蜡杆为柄，以带侧刃的枪刺为尖，最主要的攻击手段是刺和撩划。不管是骑在马上攻击，还是地面持枪攻击，都可以借助枪矛的长度而远距离中伤对方。所以宋慈说，枪矛刀剔伤，肠肚出者，其被伤处，可以看到枪矛刀刃撩划三两痕。为什么枪矛刀剔伤会出现一刀三两痕？因为人的肠子盘在左右胁下肚子里，枪矛刀刃刺入肚子穿透撩划肠子而出现一刀三两痕了。千万不要把肠子三两痕看作刺了三两刀，这是枪矛刀刃撩划所致。这是冷兵器时代的枪矛伤特点，但宋慈讲出了其成伤原理。其实，现代火器伤的特点也一样，只是距离更远，杀伤力更强，击中肠子一枪三两创，其原理是一样的。只是枪矛刀剔伤以持枪人为动力远距离击伤对手，而火药枪则以火药为动力，并有火药的射伤特点。

13. 关于"醉饱后筑踏内损死"的原理

宋慈《洗冤集录·醉饱后筑踏内损死》说："凡人吃酒食至饱，被筑踏内损，亦可致死。其状甚难明。其尸外别无他故，唯口、鼻、粪门有饮食并粪带血流出。遇此形状，须仔细体究，曾与人交争，因而筑踏。见人照证分明，方可定死状。"这段话的意思是，酒醉饭饱后被人膝顶足蹬腹部，会使内脏受伤而致命。这样死亡，不易查出死因，尸体外表看不出伤痕，只有口、鼻有食物外溢，肛门有带血粪便流出。遇到这种情况，应仔细问清死者曾与什么人交手争斗，因而被人膝顶足蹬腹部，要有目击者作证，并有尸体检验对照印证，才能作出结论。宋慈认为，这种情况符合腹部内脏受伤致使饱食的酒饭反流至口鼻，又堵塞了呼吸道窒息死亡。用现代法医学的术语，就是"腹部遭受外力致食物反流引起吸入性窒息死亡"或"殴斗中食物反流致吸入性窒息死亡"。什么原因导致胃内容物反流至肺使人窒息死亡？宋慈解释说"醉饱后筑踏内损死"。现代法医学解释这一现象的形成机制是：腹部受到较强暴力，刺激迷走神经，使胃肠和腹壁肌产生收缩，腹压增高，贲门开放引起呕吐；同时由于自主神经功能紊乱，在呕吐时声门开放，在吸气状态时将呕吐物吸入呼吸道内引起窒息。这种情况，也可以没有饮酒，但胃内要有一定的食物充盈。在法医检案中，食物反流所致的吸入性窒息，常发生在意识丧失的情况下，如醉酒、一氧化碳中毒、癫痫、脑震荡等以及在殴斗中颈、胸、腹等部位受外力作用引起反射性呕吐致吸入性窒息死亡。较少见到，溺水引起胃内容物吸入致窒息死亡。偶尔见到，高度紧张的行窃者在逃跑中诱发中枢性反射性呕吐致吸入性窒息死亡。

14. 关于狱中杖刑致死两种原因分析

宋慈《洗冤集录·受杖死》说："背上杖疮，横长五寸，阔三寸，深五分。如日浅时，宜说：兼疮周回有毒气攻注青赤、挞皮、紧硬去处。如日数多时，宜说：兼疮周回亦有脓水淹浸、皮肉溃烂去处，将养不较致命身死。"这段话的意思是，背杖创痕，横长五寸，宽三寸，深五分。第一种情况，如果离受杖刑不久死亡的，写明杖伤创周严重的皮下出血、肌肉间出血和水肿渗出，出现肿胀、皮肤发亮，触之坚硬。第二种情况，如果离受杖刑数日之久后死亡的，写明创伤周围出现化脓感染和皮肉溃烂，因调养无效而死。这里"紧硬"，指皮下出血、肌肉间出血、水肿渗出严重，出现肿胀、皮肤发亮，触之坚硬。这种情况表明皮下聚积有大量血液。宋慈在文中还说，这种死亡在"日浅时"，即伤后不久。现代医学研究表明，大面积皮下、肌肉间出血可在短时间内（24 小时）致失血性休克、创伤性休克死亡。"日数多时宜说，兼疮周回亦有脓水淹浸、皮肉溃烂"，这指伤后时间长，创周出现化脓感染和皮肉溃烂。现代医学研究表明，如果大面积皮下、肌肉间出血，伤后时间长（如超过 24～48 小时）、出现肾衰的，应考虑"挤压综合征"死亡；如果有化脓、溃烂，可考虑继发感染死亡。

过去认为，宋慈《洗冤集录》属于经验的总结，现在看来，宋慈已经从理论层面进行了深入研究。应该说，宋慈把法医学检验手段和经验上升到理论高度，对我国乃至世界法医学发展都作出了巨大的贡献，是《洗冤集录》最精华的内容之一。

七、古代洗冤文化

宋慈《洗冤集录·疑难杂说上》中，有一起原认为"两人相拼"后改为被人"挟仇并杀两人"的案件。宋慈介绍后说，如果没有检验正确，被杀的两个人就"二冤永无归矣"。这里宋慈对"冤"的解释有扩大，一是"冤"不仅包括冤狱，也包括冤死，二者都要"洗冤"；二是"冤"也包括没有抓到真凶，让凶手逍遥法外也是"冤"；三是"洗冤"还是一种文化，对生人有交代，对死者也要有交代，否则"二冤永无归矣。"

1. 什么是洗冤

我们从宋慈"洗冤文化"来分析什么是"洗冤"。宋慈《洗冤集录》的书名就有其特殊的含义。"洗"，不是"改"或"无"，也不是"平"或"洗除"，而是"洗雪"。这与宋朝"理雪制度"有关，即被告不服而申诉，由官府"理雪"。"冤"，不是简单指"错误"，而是指"屈枉""冤枉"。这一点在宋慈《洗冤集录·序》里讲得很清楚："盖死生出入之权舆，幽枉屈伸之机括，于是乎决。""名曰《洗冤集录》与起死回生同一功用矣。"人一旦有"冤"，生前不能"洗雪"，死后也要"洗冤"。宋慈认为，从"洗冤文化"角度出发，应该还"冤"者一个公道说法，因为"冤"是"屈枉""冤枉"，必须"洗雪"。那么，"冤"由谁来"洗"呢？宋慈认为，古代检验以洗冤命名，顾名思义，为蒙受牢狱之灾或冤死的人"洗脱冤枉"，行使"洗冤"的人是官府官员，可称之为"恩赐说"。宋慈的"洗冤文化"思想，值得深入研究。

2. 什么是检验

说到检验，还应说说北齐颜之推的《还冤志》。据颜之推《还冤志》记载案例三则：一是"吕庆祖案"："无期早旦以告父母，潜视奴所住，壁果有一把发，以竹钉之。又看其指，并见破伤。录奴语，验具伏。"二是"平桓玄后以刘毅为抚军案"："抚军昔枉杀我师，我道人自无报仇之理，然何宜来此，亡师屡有灵验，云天帝当收抚军于寺，杀之。"三是"汉世何敞为交趾刺史案"："今欲发汝尸骸，以为何验？女子曰：妾上下皆着白衣青丝，履犹未朽也。掘之，果然。"需要说明的是，《还冤志》书中三则案例记载，都提到检验的"验"，但是这三则案例或者故事的"验"，都是透过"冤魂"的告知才证实真凶是"谁"。就"验"的意义来说，其证明不是来自于前后相符的官员检验的"验"，或者现实中的检验，或者物理上的检验，"洗冤"必须要靠"神迹"或者来自"冥界"的力量，看起来并不科学也不具备证据的基础，但是这种来自"冥界"的"验"以及作为破案启发的"冤魂"，到现代中国，并没有消失，虽然不能作为呈堂证供，但是仍经常作为一种证据的类型而出现。"检验"在秦汉就有，到《唐律疏义》才具备完整的体系，检验开始具有法律的意义。但是"检验不实"这种罪在唐律不存在，在宋慈之前，办案的技术中已经包含检验，但是检验还不是办案主要依据的手段。从以上资料可以看出，北齐颜之推的《还冤志》只记载早期检验案例，但还不是检验著作。宋慈深谙有关"冤魂""神迹""冥界""还冤断狱"等民间文化，但他在《洗冤集录》中已把其化作检验文化，如宋慈曾办过一个死者被杀死抛尸路旁的案子，开始疑盗者杀之，及点检沿身衣物俱在，遍身镰刀砍伤十余处。宋慈就说："盗只欲人死取财，今物在伤多，非冤雠而何？"这里"冤雠"就是指前世的仇人或"夙世冤家"。关于"秽"，宋慈所指"辟秽方"的"秽"不是"冤魂秽气"之类，而是腐败气体。用中草药"三神汤辟死气、苏合香丸辟恶气"。又如，宋慈《洗冤集录》说："多有人家女使、人力或外人，于家中自缢；其人不晓法，避见臭秽及避检验，遂移尸出外吊挂。""若避臭秽，不亲临，往往误事。"所以，宋慈"洗冤文化"强调的是"亲临验"，而不是"神验"。

3. 什么是断狱

历史学最基本的学科规范、学术要求是"无徵不立"。这里"徵"指的是文献。没有文献，就没有证据。就这一点来说，宋慈《洗冤集录》记载了我国古代法医检验史，是重要的历史文献。宋慈说："诸验尸，州差司理参军，县差尉。""诸尸应复验者，在州申州；在县，于受牒时，牒尸所最近县。""凡检验承牒之后，不可接见在近官员、秀才、术人、僧道。""所有尸帐，初、复官不可漏露。仍须是躬亲诣尸首地头。""凡检复后，体访得行凶事因，不可见之公文者，面白长官，使知曲折，庶易勘鞫。"宋慈以上表述，把我国古代官验文化和权利义务都说清楚了，包括申请检验（申官）、委托检验（受牒）、决定检验（差官）、检验人员（验官）、实施检验（验尸），以及保密、汇报等。

宋代检验官员与现代鉴定人权利义务的比较

宋代	现代
检验官员的权利	鉴定人的权利
（1）有权提起检验	（1）有权受托查阅有关资料
（2）有权决定检验	（2）有权勘验现场、解剖尸体
（3）有权勘验、尸表检验	（3）材料不齐有权提出补充
（4）有权接受复检	（4）出庭有权不回答无关问题
（5）有权独立作出鉴定	（5）有权独立作出鉴定意见
检验官员的义务	鉴定人的义务
（1）规定时间躬亲验尸	（1）在规定时间完成鉴定
（2）规定时间完成检验	（2）按照委托要求出具鉴定
（3）遵守案件保密规定	（3）根据法律规定申请回避
（4）重大案件汇报义务	（4）根据有关规定出庭作证
（5）不守法负法律责任	（5）不遵守法律负法律责任

　　从上表比较可以看出，现代鉴定侧重技术方面，较之古代检验单纯得多，古代检验官员行使调查、侦查、审判职能，责任重得多。这就是"断狱文化"，从立案开始，到断案结束，承办官员负责到底，并有规范检验制度加以管理，这是我国古代"洗冤文化"的又一特点。

　　4. 什么是疑狱

　　如果把"断狱"作为一个检验和审判的过程，那么"疑狱"就是一种检验思想。关于"疑狱"的文化，《梁尝有疑狱》是这样记载的："梁尝有疑狱，群臣半以为当罪，半以为无罪，虽梁王亦疑。梁王曰：陶之朱公，以布衣富侔国，是必有奇智。及召朱公问曰：梁有疑狱，狱吏半以为当罪，半以为不当罪，虽寡人亦疑。吾子决是，奈何？朱公曰：臣，鄙民也。不知当狱。虽然，臣之家有二白璧，其色相如也，其径相如也，其泽相如也，然其价一者千金，一者五百。王曰：径与色泽相如也，一者千金，一者五百金，何也？朱公曰：侧而视之，一者厚倍，是以千金。梁王曰：善，故狱疑则从去，赏疑则从与。梁国大悦。"这段话讲的是何为"疑狱"，"疑狱"如何处理？"故狱疑则从去，赏疑则从与。梁国大悦。"这里历史上有两种理解：一是案件难断就从轻发落，奖赏有疑问就赏与；二是有疑虑的案件就依从不判罪，有疑虑的奖赏就依从奖赏。后来前者演化为"疑罪从轻"，后者演化为"疑罪从无"。但宋慈的观点倾向于后者。宋慈《洗冤集录·序》说："疑信未决，必反复深思，唯恐率然而行，死者虚被涝潳。"宋慈的"疑狱"检验思想贯穿宋慈一生，同样贯穿《洗冤集录》全书。

　　5. 什么是冤狱

　　这里指录囚或冤狱检验。据《汉书·隽不疑传》记载："每行县录囚徒还，其母辄问隽不疑：有何平反，活几何人？"这里"录囚"就是验囚，指向囚犯讯察决狱情况、平反冤狱、纠正错案或督办久系未决案，检验是录囚的重点，亦称虑囚。宋慈于嘉熙三年（1241）提点广东刑狱。宋慈录囚发现所属官员多不履行职责，出现累讼积案，有拘押数年的案犯，都未理清曲直。于是，制定办案规约，责令所属官员限期执行，自己亲自办案，仅8个月就处理了200多个案件。宋慈《洗冤集录·条令》："因及非理致死者，仍复验，验复讫，即为收瘗。"我国古代法医书籍不少以"疑狱""折狱""洗冤""无冤"等出现，而大量记载的案例就是对已判囚犯是否"有冤"的检验，成为古代检验文化的一大特点。作为文化传承，对狱中死亡的案件进行复检的做法迄今存在，按照法律规定，检察机关的法医对囚犯死亡尸体进行复检，这是检察机关监督职责之一。这对查明囚犯是否有"冤情"，是否受刑讯逼供致死抑或病死起决定性作用。

6. 法医文化人

宋慈对担任检验的官员提出要求，他说："年来州县，悉以委之初官，付之右选，更历未深，骤然尝试，重以仵作之欺伪，吏胥之奸巧，虚幻变化，茫不可诘。""贵在精专，不可失误。""不可姑息诡随，全在检验官自立定见。""切须仔细辨别真伪。""贵在审之无失。""见得端的，方可检验。""若被人打杀，却作病死，后如获贼，不免深谴。"可见，宋慈认为，那些初任官员许多是进士出身，学历不能说不高；那些武官、副手经常参与检验，阅历不能说不深；那些心术不正的官员、仵作经历不能说不多。学历、阅历、经历只是前提，但不是绝对的，要达到"洗冤"的目的，必须躬亲检验、审查无误、辨别真伪、问心无愧，这就是法医文化。换句话说，要成为有文化的法医人，要满足以下五个方面：一是自身修养；二是内心自觉；三是约束自律；四是专业主见；五是良心办案。

7. 甘棠之惠

同"甘棠之爱"。甘棠系木名，即棠梨。汉·杨雄《甘泉赋》："函甘棠之惠，挟东征之意。"周武王时期，大臣召伯奉武王之命巡行南方地区，广施仁政，减轻了百姓的负担，但遭到其他大臣的反对，纷纷诬陷召伯。召伯为表忠心与清白，死在甘棠树下。召伯死后，民众怀念他，从此不再砍伐甘棠树。我国古代法医学书籍就命名为《棠荫比事》，把法医学检验为民洗冤比作"甘棠之爱"。宋慈《洗冤集录·序》："洗冤泽物，当与起死回生同一功用矣。"这里"洗冤"是官府责任，是一种"起死回生"的"爱"。所以宋慈认为，检验是为案件寻找证据，为蒙受牢狱之灾的人"洗脱冤枉"，如果不能做到这一点，就不能达到"洗冤泽物"的目的。这是宋慈从哲学层面对"洗冤文化"的深刻理解。

8. 鉴定如镜

宋慈《洗冤集录·疑难杂说上》说："理有万端，并为疑难。临时审察，切勿轻易。差之毫厘，失之千里。"这里宋慈提出一个问题，法医学是什么样的一个学科？法医学关键是"鉴定如镜"，事实与检验要反映一致。否则，"差之毫厘，失之千里"。古人"鉴"同"镜"。《玉篇》云："镜，鉴也。"郑克《折狱龟鉴》就是我国古代法医著作。这里还有另一层意思，就是鉴定人不能夹杂私念，要"内心如镜"，才会"鉴定如镜"！鉴定人只有内心安静才能办事公正，否则就会造成冤案。我国古代法医典故、法医文化都围绕洗冤折狱这一主线展开。从先秦的惟刑之恤、在泮献囚、决狱审断，到出现《疑狱集》《内恕录》《折狱龟鉴》《洗冤集录》，其中不乏智慧、精华，更给后人以启迪、教诲！

9. "参验互考"与文化现象

宋慈说:"《洗冤集录》,刊于湖南宪治;示我同寅,使得参验互考。"又说:"贤士大夫或有得于见闻及亲所历涉出于此集之外者,切望片纸录赐,以广末备。"意思是,宋慈写《洗冤集录》,是总结前人和自己的成败得失,"参验互考",今后有经验及教训,再不断加以完善。宋慈撰写《洗冤集录》有他的初衷:①为法律需要而作;②为官吏断案而作;③为弥补官吏检验知识缺憾而作;④为案件复检而作;⑤起"断例"和"比"的作用。"断例"类似现在的"判例汇编","比"即"比附",是指"律无正条"时选择已判案例作依据,又称"决事比",《洗冤集录》起到上述作用。事实上,《洗冤集录》一经刊出,即不胫而走,宋之后元、明、清历朝检验官吏无不作为办案必备之书,甚至成为考试内容,并收入四库全书目录。《洗冤集录》出版后 700 多年里,历代重刊再版可以查证的就达 39 种之多。在国外,《洗冤集录》传至邻邦及欧、美,各种译本达 9 国 21 种之多。《洗冤集录》传至国外有各种途径。例如,1873 年英国剑桥大学东方文化教授嘉尔斯(H. A. Giles)在宁波时,见官府升堂时案桌上摆着一本书,官员被派到现场验尸时也带着一本书,随时翻阅参考。他一问,这本书叫《洗冤集录》。于是,他以极大兴趣着手翻译。译文名为《洗冤录或验尸官教程》,译后分期刊于英国皇家医学杂志,并有单行本。又如,有的译本是通过外国之间文化交流而流传的。1862 年,荷兰人葛利斯(De Grys)译有荷文本,布莱坦斯坦因(H. Breitenstein)转译为德文本,名为《中国法医学》(*Gerichtliche Medizin des Chinesen*)。1882 年,法国法医马丁(Ernest Martin)著有《洗冤录介绍》发表于《远东评论》(*Rev. Ext. Orient*)。马丁介绍后,霍夫曼(Hofmann)将其译为德文。1910 年,法国人李道尔夫(Litolff)由越南本《洗冤录》译为法文,取名《改错误的书:十三世纪的中国法医学》(*The Washing Away of Wrong:Forensic Medicine in Thirteenth Century China*)。外国人高度评价《洗冤集录》,认为宋慈在 13 世纪任提刑官时写出了世界第一部系统的法医学专著,是公认的世界法医学之父。

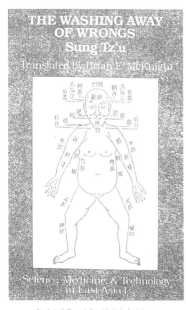

《洗冤集录》美译本封面

宋慈《洗冤集录》以及后人以《洗冤集录》为蓝本的各种版本"洗冤"书籍成为我国特有的法医检验的文化现象。宋慈的理性感悟和哲学思考,给我国法医文化留下宝贵遗产。这一点,中西文化还是相通的,我国古人云 "以人为鉴",就是指将别人的成败得失作为自己的鉴戒。而《圣经·传道书》说:"已有的事,后必再有。已行的事,后必再行。"也指出借鉴前人经验教训的哲学思考。宋慈成为世界法医学奠基人也与他的哲学思辨有关。

10. 做自己最擅长的事

古语有云:"鹤善舞而不能耕,牛善耕而不能舞,物性然也。"意思是,做自己最擅长的事,会让自己的能力得到充分的发挥,工作有事半功倍的效果。如果问宋慈成功的条件是什么?回答是"性格"。宋慈的成功、宋慈的一生奋斗史,根本上是源于其倔强、坚强的性格。成功者心中都有一把丈量自己的尺子，知道自己该干什么。宋慈说："慈四叨臬寄，他无寸长，独于狱案。"意思是，宋慈只做自己最擅长的事，那就是检验。是的，宋慈最大的长处就是检验和经验。他成功地奠定了自己在这个事业的坚实基础。在从业以后的 20 多年里，他一直不改初衷，"顽固"地在检验领域耕耘，最后取得了成功。宋慈还说，检验"贵在精专"，这道出了法医职业的特点，法医工作不是三五年就会成为专家的，需要几十年的长期积累；法医职业门类很多，知识面很广，要在自己最擅长的专业上长期坚持下去，才会成功。这也成为法医文化的一部分。

11. "覆盆必照"与检验自信

《抱朴子·辨问》："日月有所不照，圣人有所不知……是责三光不照覆盆之内也。"意思是，覆盆之冤指无处申诉的冤枉，有时日月、圣人都无法解决。但宋慈认为："（《洗冤集录》）如医师讨论古法，脉络表里先已洞彻，一旦按此以施针砭，发无不中。"意思是，"日月有所不照，圣人有所不知"，但法医检验能洗脱覆盆之冤！宋慈这种"覆盆必照"的思想是一种检验自信的法医文化。但要如何做到呢？宋慈说："告状切不可信，须是详细检验，务要从实。""理有万端，并为疑难。临时审察，切勿轻易。差之毫厘，失之千里。""若避臭秽，不亲临，往往误事。"我国古代法庭上有"明镜高悬"和"日出东海"的图案，是一种古代衙门文化。但是，在宋慈看来，如果没有亲历亲为的检验文化，很难做到办案公正。宋慈的这一检验文化尽显于《洗冤集录》之中，也贯穿于宋慈一生。

八、从宋慈"丁忧"说起

古代朝廷官员的父母如若去世，无论此人任什么官职，从得知丧事的那一天起，必须回到祖籍守制二十七个月，否则要受到惩罚，其间不婚嫁，不庆典，任官者并须离职，叫丁忧。为什么是二十七个月？是因为孔子说了，孩子从小生下来的前三年，都是在父母的怀中长大的，要二十七个月才能够独立行走，自己进食，所以必须还二十七个月尽孝，回报父母养育之恩。

宋慈（1186～1249），字惠父。宁宗嘉定十年（1217），宋慈中进士乙科，时年 31 岁。次年，朝廷派宋慈去浙江鄞县任尉官，因父丧丁忧而未赴任，在福建建阳守丧三年。宋理宗宝广二年（1226），宋慈出任江西信丰县主簿，时年 40 岁，从此正式踏上了仕宦生涯。宋慈于绍定一至三年（1229～1231），在郑性之幕下参与军事，平定莲城七十二寨，宋慈参赞功劳大；绍定四年（1232），宋慈为福建长汀知县；嘉熙元年（1237）任邵武军通判；嘉熙二年（1238）调南剑州通判；嘉熙三年（1239）任提点广东刑狱；嘉熙四年（1240），移任江西提点刑狱兼赣州知县；淳祐元年（1241）知常州军事；淳祐七年（1247）任直秘阁提点湖南刑狱并兼大使行府参议官；淳祐八年（1248），进直宝谟阁奉使四路，皆司司法刑狱；淳祐九年（1249），拔直焕阁知广州、广东经略安抚使。

从履历看，宋慈一生主要从事：一是军事，如于绍定一至三年（1229～1231），在郑性之幕下参与军事；淳祐元年（1241）知常州军事；淳祐九年（1249）广东经略安抚使。二是行政，如宋理宗宝广二年（1226）出任江西信丰县主簿；绍定四年（1232）为福建长汀知县；嘉熙四年（1240）兼赣州知县；淳祐七年（1247）兼大使行府参议官；淳祐九年（1249）拔直焕阁知广州。三是司法刑狱，如嘉熙元年（1237）任邵武军通判；嘉熙二年（1238）调南剑州通判；嘉熙三年（1239）任提点广东刑狱；嘉熙四年（1240）任江西提点刑狱；淳祐七年（1247）任直秘阁提点湖南刑狱；淳祐八年（1248），进直宝谟阁奉使四路司法刑狱。

宋慈一生的活动地点，主要在福建（建阳、邵武、南平、长汀）、江西（信丰、赣州）、江苏（常州）、湖南（长沙）、广东（广州）。宋慈一生三个职位是同时并进的，其中，以军事官员开始，又以军事官位最高（广东经略安抚使）。但宋慈以提刑为主要职业，正如宋慈在《洗冤集录·序》中说："慈四叨臬寄，独于狱案。"说到宋慈，可以找出与宋慈职位相近的南宋人物辛弃疾做一下比较。辛弃疾于淳熙二年（1175）四月茶商赖文政起事湖北，后转入湖南、江西，数败官军。辛弃疾于淳熙二年（1175）四年六月十二日为江西提点刑狱，节制诸军，进击茶商军。七月初离临安至赣州就任，自言"第缘驰驱到官，即专意督捕。日从事于兵车羽檄间。坐是侜偬，略无少暇"。九月，辛弃疾诱赖文政杀之江州茶商军平，加祕阁修撰。淳熙三年（1176），辛弃疾时任江西提刑。孝宗淳熙十一年（1184）辛弃疾知潭州兼湖南提刑、安抚使。由此可见，辛弃疾也是"提刑和安抚使"一肩挑的官员。

宋慈是武官还是文官，若从宋慈一生履历，很难做出结论。但宋慈是文进士，而从他的军事、行政和刑狱职业生涯来看，宋慈堪称"文武双全"的官员了。不过，我们再看看宋朝历史，就可理解宋慈一生官职变化。宋朝的提点刑狱公事是提点刑狱司的长官，由朝廷选派，三年一换。提点刑狱司是"路"级的司法机构，主要掌管刑狱之事，并总管所辖州、府、军的刑狱公事、核准死刑，兼管农桑等，也有权对本路的其他官员和下属的州、县官员实施监察。还是举辛弃疾为例，辛弃疾在做湖南提刑官时，就平定了茶商的叛乱。所以提刑官的副手多为武臣，在出现规模较大的社会动乱时，甚至用武臣做提刑官。

宋慈何时接触法医检验？有人认为，从宋慈上任江西信丰县主簿算起，但主簿系古代县级主官属下掌管文书的佐吏，并不直接办刑狱案件。严格讲应该从绍定四年（1232）任福建长汀知县开始，之后，嘉熙元年（1237）任邵武军通判；嘉熙二年（1238）调南剑州通判；嘉熙三年（1239）任提点广东刑狱；嘉熙四年（1240）移任江西提点刑狱；淳祐七年（1247）任直秘阁提点湖南刑狱；淳祐八年（1248）进直宝谟阁奉使四路皋事。

宋慈何时开始写《洗冤集录》，何时完成？宋慈《洗冤集录·序》说："《洗冤集录》刊于湖南宪治。"也就是说，在"淳祐七年（1247）任直秘阁提点湖南刑狱"时完成，具体何时开始写未提。但从宋慈《洗冤集录》记载的内容来看，其检验内容多来自第一手资料，检验也是从现场勘验、初验、复验、邻县验尸、提刑验尸、尸体现象、各种腐败检验、死亡过程、致伤物检验、致伤根据推断、死因确定到中毒检验及伪装死亡或诬告检验等，这些资料从任"长汀知县"开始收集，应该有依据的。这样算来，从绍定四年（1232）福建长汀知县到淳祐七年（1247）任直秘阁提点湖南刑狱，完成《洗冤集录》整整 15 年。但若从宋理宗宝庆二年（1226），宋慈出任江西信丰县主簿算起，则是 21 年。不过，宋慈重点讲到"慈四叨臬寄，独于狱案"。这样，案件可能集中在嘉熙三年（1239）任提点广东刑狱开始至淳祐七年（1247）任直秘阁提点湖南刑狱的 8 年间。宋慈于淳祐九年（1249）在广东经略安抚使任上病逝，其七万多字的世界级法医巨著在他去世前两年已完成。

九、也说辛弃疾的提刑生涯

辛弃疾（1140～1207）20 岁时，就在家乡历夸（今山东济南）参加了抗金起义。起义失败后，当过南宋许多地方的长官。他极力主张收复中原，却遭到排斥打击，长期不得任用，闲居近二十年。辛弃疾的诗词，大都抒写他梦寐以求、终身不变的抗敌救国的理想，以及壮志未酬的悲愤心情。因此，在人们心目中，辛弃疾是受人景仰的爱国诗人。但是，你知道吗，辛弃疾也和宋慈一样，当过三任提刑官。

淳熙二年（1175）四月茶商赖文政起事湖北，后转入湖南、江西。辛弃疾是年六月十二日为江西提点刑狱，节制诸军，进击茶商军。七月初离临安至赣州就任。闰九月，辛弃疾诱赖文政杀之江州茶商军平，加祕阁修撰。淳熙二年（1175～1176），辛弃疾时任江西提刑。孝宗淳熙十一年（1184）辛弃疾知潭州（今长沙）兼湖南提刑、安抚使。此间，李正之去四川任提刑，辛弃疾作诗。

满江红·送李正之提刑入蜀

辛弃疾

蜀道登天，一杯送、绣衣行客。还自叹、中年多病，不堪离别。
东北看惊诸葛表，西南更草相如檄。把攻名、收拾付君侯，如椽笔。
儿女泪，君休滴。荆楚路，吾能说。要新诗准备，庐山山色。
赤壁矶头千古浪，铜鞮陌上三更月。正梅花、万里雪深时，须相忆。

虽然辛弃疾有爱国热情和诗人情怀，但被重用时间不多，倒是有在江西、湖南、福建三任提刑、安抚使的经历。1181 年，42 岁的辛弃疾就被革职在家。光宗绍熙二年（1191），辛弃疾出任福建提刑官，不久就担任福州知州兼福建安抚使。辛弃疾担任提刑官时，曾主持军事。他时常叹道："福州临近大海，是盗贼的藏身之所，上四州百姓凶暴蛮横不安定，而帅府空虚，一旦有紧急情况该怎么办？"于是，他以安抚为务，不到一年积累下铜钱五十万缗，称为"备安库"。辛弃疾认为福建地少人多，年成歉收时就到广南买粮，现在幸好连年丰收，皇族和部队官兵来买米，就出库粮卖给他们。等到秋天粮价低时，用"备安库"的钱买入二万石，这样就有备无患了。辛弃疾又想造万套铠甲，招募身体强壮者充实军队，严格训练，这样就不用担心盗贼作乱了。这件事还没实施，辛弃疾就被御史台的官员王蔺弹劾，于是他便请求辞官回乡。

光宗绍熙三年（1192）九月，辛弃疾被弹劾免去提刑官时，陈端仁给事为辛弃疾送行，

辛弃疾作诗:

水调歌头·壬子被召
辛弃疾

长恨复长恨，裁作短歌行。何人为我楚舞，听我楚狂声？
余既滋兰九畹，又树蕙之百亩，秋菊更餐英。门外沧浪水，可以濯吾缨。
一杯酒，问何似，身后名。人间万事，毫发常重泰山轻。
悲莫悲生离别，乐莫乐新相识，儿女古今情。富贵非吾事，归与白鸥盟。

辛弃疾从 1181 年到 1203 年，基本上是在上饶带湖和铅山瓢泉过着闲居的生活，其间有 6 年被起用又被罢官，来往于闽、浙、苏等地。1203 年，辛弃疾任绍兴、镇江知府等职。1205 年秋，又被罢官，不久病逝。

很多人认为提刑官就是验尸官员，其实不然。提刑官职责，除了复核、审理州县的案件外，维持地方社会的治安也是重要职责，包括剿除、捕获盗贼及镇压起义。例如，前述辛弃疾在做湖南提刑时，就平定了茶商的叛乱。在刑狱、治安之外，宋代的提刑官有时还监督某些赋税的征收，或监督地方仓储的管理。

宋慈提刑与辛弃疾提刑不一样，宋慈毕生以法医检验为己任，并有《洗冤集录》问世。从这一点出发，我们为出现世界法医学奠基人宋慈及《洗冤集录》而感到庆幸和骄傲！

一〇、宋慈其人其书

宋慈《洗冤集录·序》："狱事莫重于大辟，大辟莫重于初情，初情莫重于检验。盖死生出入之权舆，幽枉屈伸之机括，于是乎决。法中所以通着今佐理据者，谨之至也。年来州县，悉以委之初官，付之右选，更历未深，骤然尝试，重以仵作之欺伪，吏胥之奸巧，虚幻变化，茫不可诘。纵有敏者，一心两目亦无所用其智，而况遥望而弗亲，掩鼻而不屑者哉。慈四叨臬寄，他无寸长，独于狱案，审之又审，不敢萌一毫慢易心；若灼然知其为欺，则虽与驳下，或疑信未决，必反复深思，唯恐率然而行，死者虚被涝漉。每念狱情之失，多起于发端之着；定验之误，皆原于历试之浅。遂博采近世所传诸书，自《内恕录》以下凡数家，会而粹之，厘而正之，增以己见，总为一编，名曰《洗冤集录》，刊于湖南宪治；示我同寅，使得参验互考。如医师讨论古法，脉络表里先己洞彻，一旦按此以施针砭，发无不中，则其洗冤泽物，当与起死回生同一功其矣。淳祐丁未嘉平节前十日，朝散大夫、新除直秘阁、湖南提刑充大使行府参议官宋慈。贤士大夫或有得于见闻及亲所历涉出于此集之外者，切望片纸录赐，以广未备。慈拜禀。"

序言大意是，在所有案件的审理中，最重要的就是死刑的判决；要对犯人判处死刑，最要紧的就是要查明案情的线索及实情；而要弄清案子的线索和实情，最关键的就是要依靠检验勘查。因为人犯是生是死，断案是曲是直，全都取决于检验结论。这也就是为什么法律规定州县审理案情的所有刑事官员必须亲身参与检验勘查的缘故，一定要谨慎小心才行啊！近年来各地方衙门，却把如此重大的事项交给一些新任官员或是武官去办理，这些官员没有多少经验，便骤然接手案子，如果再有勘验人员从中欺瞒，衙门里办事人员居中作奸捣鬼，那么案情的扑朔迷离，仅仅靠审问是很难弄清楚的。这中间即使有一些干练的官员，但仅凭着一个脑袋两只眼，也很难看出破绽，何况那些远远望着尸体不肯近前的官吏！宋慈四任提刑官，别的本事没有，唯独在断案上非常认真，审之又审，不敢有一丝一毫的马虎。如果发现案情中存在欺诈行为，必然驳斥矫正，决不留情；如果有谜团难以解开，也一定要反复思考找出答案，生怕独断专行、让死者死不瞑目。案狱之所以会出现误判，很多都是缘于细微之处出现的偏差；而勘查验证失误，则是因为办案马虎、经验不足造成。有鉴于此，广采博引近世流传的相关著述，包括《内恕录》在内的几本书，取其精华，去其谬误，再加上自己检验积累，编成一本书，起名《洗冤集录》，在湖南任上刊印出来，给同僚们研读，以便他们在审理案子时参照。这就如同医生学习古代医书处方一样，在诊治病人之前，事先就能够厘清脉络，做到有章可循，再对症施药，则没有不见效的。就审案来说，其所起的洗清冤屈、还事实于本来面目的结果，与医生治病救人、起死回生的道理也是完全相同的。朝散大夫、新除直秘阁、湖南提刑充大使行府参议官宋慈惠父，作序于淳祐年丁末嘉平节前十日。各位贤良，如果所见所闻以及亲身参与办案中，发现有与本书中列举的审理、勘查、方法有例外情况，恳请以片纸记录下来，并惠赐，以便把遗漏增补。宋慈再拜禀告。

电视剧《大宋提刑官》根据宋慈《洗冤集录》序言，写了主题歌，也十分贴切：

满　江　红

千古悠悠，有多少，冤魂嗟叹。

空怅望，人寰无限，丛生哀怨。

泣血蝇虫笑苍天，孤帆叠影锁白链。

残月升，骤起烈烈风，尽吹散！

滂沱雨，无底涧。

涉激流，登彼岸。

奋力拨云间，消得雾患。

社稷安抚臣子心，长驱鬼魅不休战！

看斜阳，照大地阡陌，从头转！

宋慈《洗冤集录》序言和《大宋提刑官》主题歌，讲的都是宋慈其人其书。

一是为什么写《洗冤集录》。"序言"开宗明义就说，检验决定生死予夺，检验是断狱的关键，所以要规范检验，要写一本关于检验的书。而"主题歌"则认为，"冤魂"太多，"冤案"丛生，要有一本"洗冤"的书。

二是宋慈是什么人？"序言"说了，宋慈四任提刑官，"他无寸长，独于狱案"，一门心思断狱洗冤。而"主题歌"不这样认为，说"残月升，骤起烈烈风，尽吹散"。换句话说，宋慈是专门为"洗冤"而生的！

三是什么是"冤"？"序言"把不该入狱而身陷囹圄、本该狱中服刑而逍遥法外、因错检被判死刑的，或检验官员不负责、不胜任、不谨慎、不会识破伪装而造成冤假错案的，都叫做"冤"。而"主题歌"则说，千百年来多少错案造成老百姓"空怅望"，错案就是"冤"！

四是什么是重点？《洗冤集录》最大的内容其实是讲法医应当具备的人格问题。当然，这是从哲学的角度去讨论。"序言"中"唯恐率然而行，死者虚被涝漉"，表明宋慈以人格担保绝不草率鉴定使人蒙受不白之冤。而"主题歌"中"孤帆叠影锁白链"，则强调宋慈耐得起寂寞的人格魅力。我们知道，如果把《洗冤集录》当法医技术书籍，那只是第一层；如果以法律角度出发，要求法医依法鉴定，那是第二层；如果以哲学角度出发，从"洗冤"角度出发，具备很高要求的法医人格并应用法医学知识解决与法律有关的医学问题，才是第三层。

五是写《洗冤集录》的目的。"序言"说了，把亲身经历和经验教训写成书，给同行看、给后人看，避免走弯路，其目的是"洗冤泽物"，"起死回生"，希望提点意见。"主题歌"从另外一个角度告诉世人，其实宋慈能写出《洗冤集录》不简单。经历千辛万苦，"滂沱雨，无底涧。涉激流，登彼岸。奋力拨云间，消得雾患"。之所以能完成《洗冤集录》，靠的是"社稷安抚臣子心，长驱鬼魅不休战"。当然，回报是丰厚的，"看斜阳，照大地阡陌，从头转"。《洗冤集录》一面世，就给我们中国人长了脸，宋慈被公认为世界法医学鼻祖，当之无愧！

一一、亲 民 恤 民

宋慈《洗冤集录·检复总说上》说："骚扰乡众，此害最深，切须戒忌。"

古代官员亲自到案发地调查案件

这里"骚扰乡众"指的是验尸时骚扰了民众的生活、习俗、作息及生产等，也包括给民众带来不便等。意思是，本来验尸断狱是为民办事的，但事情还在办理中却给民众带来新的麻烦，这种骚扰乡众的行为害处极大，必须戒除。

《洗冤集录》是宋慈将自己"亲民恤民"思想融入作品的体现。宋朝以前的司法检验虽然也在进行，但是由于缺乏系统性和专业性，检验技术尚不成熟，检验人员无据可依，司法检验活动过于简单；加上检验官员有"官本位"思想，这就使他们在办案过程中流于形式，忽视民生，以至于出现冤案、错案。检验是司法活动的一项关键技术。宋慈将其毕生关于司法检验的心血凝聚在《洗冤集录》中，其目的就是希望后世之人以此书为凭借，在司法活动的过程中专注于检验本身，保持其公正性与严密性，避免冤假错案的发生。

同时，多为老百姓着想，不侵害民众利益。《洗冤集录》除了法医学检验外，还涉及其他自然科学和社会科学中的多个学科专业，如侦查学、昆虫学、物理学、心理学等以及某些法科学技术等。为后世的司法检验活动提供了根据，并与现今的一些检验技术有异曲同工之妙，后朝后代的检验者以宋慈的法律理念为准则，以宋慈的检验技术为参考，以宋慈的检验步骤为依据，不断提高办案的精确度，检验活动也逐步专业化、程序化。司法检验如今依然是司法活动的重头戏，宋慈的《洗冤集录》所展现的司法技术水平之精良以及内含宋慈职业素质之高尚为现在的司法活动提供了蓝本，鼓励后人以此为鉴不断进步。

宋慈出生、成长都在建阳，考入进士后仍有较长时间在建阳。宋慈的成长环境和教育环境，对于他后来的法律思想有深远影响。宋慈早年师从朱熹的高徒之一吴雉，入了太学后又师从另一位理学大师真德秀。可见，学习上升阶段宋慈的知识架构属纯正理学派。所以，我们看宋慈的法律思想亲民恤民，体现的是德礼政刑的德刑观。换句话说，成长教育背景密切关系着宋慈的工作生涯；而宋代司法制度的不健全、社会现实的黑暗，也成为宋慈著书的动因。宋慈最终成为一代扬名中外的法医学大家，其法医学成就可以说是里程碑式的收获。

《洗冤集录》之所以能被看做珍贵的历史文化传承至今，它所能提供的经验和意义绝不可能单存在于某个学科，而是通过对于社会文化的详细呈现具有多学科的交叉理论价值，特别是亲民恤民理念值得后人推崇和学习。因此，了解宋代的法律制度和法律思想，参读《洗冤集录》可以说是一个独特的视角。这样我们就很好理解，宋慈当年之所以著成此书有以下几个方面的原因：一是南宋的检验需要此书加以规范；二是官吏判案断狱需要此书加以借鉴；三是官吏司法知识需要此书加以充实；四是案件复检程序需要此书加以完善；五是检验亲民恤民需要此书加以强调。

鉴于以上种种，以"恤刑慎狱，礼法并用，直礼刑正，用法宽仁"这十六个字来涵盖宋慈的法律思想是恰如其分的。宋慈担任广东、广西、江西、湖南地方提刑官，二十多年检验亲力亲为、心系百姓，其工作态度正是其亲民恤民法律理念的反映。

一二、洗冤泽物

宋慈《洗冤集录·序》说："博采近世所传诸书，自《内恕录》以下凡数家，会而粹之，厘而正之，增以己见，总为一编，名曰《洗冤集录》，刊于湖南宪治；示我同寅，使得参验互考。如医师讨论古法，脉络表里先已洞彻，一旦按此以施针砭，发无不中，则其洗冤泽物，当与起死回生同一功用矣。"

这段话意思是，宋慈写的这本书，广采博引了近世流传的检验著作，包括《内恕录》在内的好几本书，认真消化，取其精华，去其谬误，再加上自己长期检验的经验积累，编辑成书，起名《洗冤集录》，在宋慈湖南提刑官任上刊印出来，供同行阅读，以便在检验案子时参考。宋慈这本书的内容，就如同医师讨论古法针灸一样，在诊治病人之前，事先厘清脉络表里，一旦找到穴位下针，则没有不见效的。而就检案来说，其所起的洗除冤屈、还事实于本来面目的结果，与医生治病救人、起死回生的道理也是完全相同的。

从宋慈《洗冤集录》的表述来看，其实质与儒家"无讼"思想是一致的。《论语·颜渊》记载："听讼，吾犹人也，必也使无讼乎。"　意思是孔子断案和别人没有什么不同，但是孔子的目标在于使人们不争讼。"无讼"不是没有诉讼或"无讼",而是服判,不争讼。据说,孔子为鲁国司寇时,有父亲状告儿子。孔子把儿子关押起来,直到父亲请求撤诉时,孔子才放出儿子,赦免其罪过。宋慈的"洗冤泽物"思想,也是如此。用《洗冤集录》这本书指导检验,使冤枉得以洗除,减少累讼,检验使人服气,对讼诉裁判没有异议,最后达到服判不争讼的效果。我国古代社会儒家思想处于绝对支配地位,"持中、贵和、尚中"检验思想成为中国传统法律文化的特征。

宋慈之后,元代的王与在《洗冤集录》的基础上写了《无冤录》,其内容与宋慈《洗冤集录》基本一致,主要加入了自己的检验经验和案例。王与在《无冤录·序》中记载:"洗冤不如民自以不冤,平冤又不如天下之无冤。此《无冤录》之所以继作也。"由此,王与的"无冤"目的是通过检验解决"人命至重、检验最难"问题,达到"平反疑案、摘奸发伏、抑强扶弱"和案结无冤的目的。也就是说,通过检验,使人服判,案结事了,不再缠讼,在心里也就没有冤(无冤)的疙瘩了。这种"无冤"思想与宋慈的检验思想是一致的。

研读宋慈《洗冤集录》整部著作,我们可以看到:

一是检验目的为了洗冤泽物。对尸、伤及现场进行认真仔细的勘查、检验,验官要重视对现场周围以及相关人员的调查和访问,只有把各方因素综合思量之后,方能获取正确而有效的证据,以使得自己的检验结果得到印证,探明案件真相。他四任提点刑狱司,以身作则,慎重狱事,真正做到了"独于狱案,审之又审,不敢萌一毫慢易心","则其(检验)洗冤泽物,当与起死回生同一功用矣"。宋慈提出了一个合格检验官员标准——洗冤泽物!

二是躬亲检验为了洗冤泽物。事必躬亲指检验亲历性。北宋时期太宗曾对宰相说:"颇闻台中鞫狱,御史多不躬亲,垂帘雍容,以自尊大。鞫按之任,委在胥吏,求无冤滥,岂可得也?"宋慈在条令中亦称"不亲临视者",当"以违制论"。事必躬亲要求检验官必须仔细审察、判别、监督,以防发生误验、漏验之事及仵作、吏胥作弊等,而非仅仅在场遥遥相望,甚至"掩鼻而不屑"。

三是差官检验为了洗冤泽物。"州县检验之官,并差文官,如有阙官去处,复检官方差右选。检验之官自合依法差文臣。如边远小县,委的阙文臣处,复检官权差识字武臣。"由于武官"更历未深",若再碰上"仵作之欺伪,吏胥之奸巧",将会使案件变得扑朔迷离,从而难以查究。"如边远小县",实在缺文官,"复检官权差识字武官"。

四是检验规则为了洗冤泽物,"诸验复差无亲嫌干之人"。宋慈的检验思想是事事至公。宋代法律规定官员三年一易,且不可在家乡任职,这对于防止检验活动中亲嫌、故旧、仇隙关系的干扰起到了很好的防范作用。宋慈反复强调检验案件,事关人命"当是任者,切以究之"!他认为,检验官在接到检验公文之后,为防止奸欺,切"不可接见在近官员、秀才、僧道",因为这些官员、秀才、僧道等在地方上有一定的势力,上能通官府,下能聚集民众,一旦参与颠倒案情之事,将对探明案情真相极为不利。

由此可见,宋慈不单纯把检验作为一项工作任务来完成,而是当做"洗冤"的目的来实施。这一检验思想贯穿《洗冤集录》整部著作,也贯穿宋慈一生。

一三、宋经略安抚使

最近不少读者来信，说读了《〈洗冤集录〉今释》和《话说大宋提刑官》后，对宋慈很感兴趣；并说宋慈是文官，怎么也担任武官职务呢？宋慈担任广州安抚使又是什么官，官职几品？关于这些内容，要从宋代历史讲起。

宋代在诸路置经略安抚司，以朝臣充任，掌一路军政之事，称帅司。北宋沿边大将都兼"经略"。此后，大多经略安抚使统管军民。宋慈最后官至广东经略安抚使（掌管一路之军事行政），后人称宋慈叫"宋提刑"外，也叫宋慈为"宋经略安抚使"。刘克庄写的宋慈墓的墓志铭，全名就叫《宋经略墓志铭》。

经略安抚使，简称安抚使，是宋代承袭前代而来，北宋由文臣出任的安抚使和经略安抚使逐步取代由武臣担任都部署为主帅。由于具体职能的不同，安抚使主要可以分为赈济类和军事性质类两大类型，而最能体现安抚使军政权力的就是经略安抚使。

南宋分为 16 路，所谓路，均指转运使分路而言。宪司、帅司分路则不同。其中有两浙路（兼知杭州，今浙江杭州市），江南东路（兼知升州，今江苏南京市），江南西路（兼知洪州，今江西南昌市），淮南东路（兼知扬州，今江苏扬州市），淮南西路（兼知庐州，今安徽合肥市），福建路（兼知福州，今福建福州市），荆湖北路（兼知荆南府，今湖北江陵市），荆湖南路（兼知潭州，今湖南长沙市），成都府路（兼知成都府，今四川成都市），广南东路（兼知广州，今广东广州市），广南西路（兼知桂州，今广西桂林市）。宋慈就是广南东路（兼知广州，今广东广州市）的经略安抚使。

为了进一步了解南宋建制，下面介绍四种监司的配置。

南宋的路有四种监司，各司其职，没有集权于一人一司，府州有事仍可直达中央。

第一个长官是转运使（漕司）。宋朝把全国的州县，州、府州，分成若干个区，每一个区有四个长官来分管转运使，专管这一路漕司，就是管这一路的财政，收赋税，这是第一个长官。

第二个长官是安抚使（帅司）。安抚使，简称帅司，专门管一路的军事。

第三个长官叫提点刑狱使（宪司）。提点刑狱使，简称宪司，专管一路的司法。

第四个就是提举常平使（仓司）。提举常平使，简称仓司，专管一路的粮食，储备粮食，管农田水利。

南宋一个路由四个长官来管不同的四个职责，总称监司。这四个使，管的区域也不完全一样，有交叉。有的地方，经济比较发达的，转运使对这个路分得多；有的地处军事边界上的，军事比较重要的，安抚使就分得多。转运使可能就一个，安抚使有两个、三个，有的地方因为经济发达，安抚使就一个，转运使可能有两个到三个。这样没有一个长官可以掌握一路的全部权力，就是说，没有一个完整的路是由一个长官来管，也就无法割据。

据《宋会要》载："（安抚使）诸路灾伤或边境用师皆特遣使安抚，事已则罢。"又据《宋史·职官·安抚使》记载："中兴以后，职名稍高者出守，皆可兼使，如系二品以上，即称安抚大使。"所以，安抚使由路级官员的五品至高年资"大使"的二品官员不等。宋慈在广州任职经略安抚使，因其任职不久尚未到"大使"之职就病逝了，之前曾四任提刑官（提点刑狱使），在病逝时应为三品至二品官员，相当于现在的副省级官员。

一四、听讼清明

宋慈《洗冤集录·验坏烂尸》说："若避臭秽，不亲临，往往误事。""官吏获罪犹庶几，变动事情、枉致人命，事实重焉。""贵在审之无失。""贵在精专，不可失误。"

这段话有四句，在《洗冤集录》中俯首可拾，可总结为两个"亲"字和两个"贵"字。第一个"亲"是亲临现场检验，如果怕脏怕臭，不亲临检验，就不能揭露案件真相，往往误事；第二个"亲"是换位考虑，亲身体验要是自己被冤枉怎么办，所以官吏获罪是小事，枉致人命是大事。第一个"贵"是慎重下结论，要审之又审，保证万无一失，对案件负责，也对人格负责；第二个"贵"是精益求精，从技术层面保证不失误。这就是古人所谓的"听讼清明"。其实，这是宋慈的办案风格，也是刘克庄对宋慈的评价。

刘克庄对宋慈也是有影响的人物之一。这里从刘克庄任建阳县令的时候说起。刘克庄（1187～1269），字潜夫，号后村居士，福建莆田人，是南宋著名诗词家。其人为官正直、爱民，宋宝庆元年（1225）在建阳目睹百姓生活艰辛，设法筹款，向大户购粮三千石，补满县义仓，适时放粮，以解民忧。刘克庄在建阳任中，宋慈因父丧正在建阳家中守制，二人相遇。刘克庄清廉爱民，宋慈耳闻目睹。两人情投意合，遂成莫逆之交。宋慈比刘克庄年长一岁，刘克庄称之为兄。刘克庄还将宋慈引为"尤所敬爱者"。宝庆二年（1226），宋慈出任江西信丰主簿，当时江西南部三峒里少数民族发生变乱，赣南数百里地方都很混乱，宋慈将入军幕平定叛乱，临行，刘克庄置酒为他饯行，并作诗送别：

满江红·送宋惠父之江西幕

刘克庄

满腹诗书，余事到，穰苴兵法。
新受了，乌公书币，著鞭垂发。
黄纸红旗喧道路，黑风青草空巢穴。
向幼安，宣子顶头行，方奇特。

溪峒事，听侬说。龚遂外，无长策。
便献俘非勇，纳降非怯。
帐下健儿休尽锐，草间赤子俱求活。
到崆峒，快寄凯歌来，宽离别。

诗的大意是，宋慈满腹诗书，平定叛乱应该是不难的事，战国司马穰苴兵法而已。受命出征，整装待发，我要和宋慈说几句话。当年（指嘉定元年，1208 年）广西东部曾爆发黑风峒瑶民起义，辛弃疾（字幼安）、王佐（字宣子）的做法（只斩首领）效果很好。还有，汉时良吏，为渤海太守，用招抚方法平盗贼，大兴农事，已有先例。诗人在其中表现出了一种可贵的爱民情怀，不仅希望宋慈尽快平定叛乱，快点回家，也劝友人不要残酷镇压起义的乡民，而应采取招安的措施，嘱咐朋友要妥善处理好这件事。"帐下健儿休尽锐，草间赤子俱求活。"嘱咐朋友不要对反叛的"乱民"不分青红皂白地剿灭，希望将他们看成是因为求活铤而走险的"赤子"，谅解其苦衷，保全其活路。

这次平叛很成功，宋慈也正如刘克庄说的那样"招抚平盗"。这次经历后，宋慈正式走上仕途，也就是后来的四任提刑官。之后，宋慈和刘克庄再也没有相聚。但他们的友谊一直保持着，特别是为官清廉、躬亲爱民的风格在各自从政生涯中互相影响。

看了以上介绍和宋慈的成长、经历、交友、办案风格、人格魅力，就不难理解宋慈为什么日后能够成为世界法医学鼻祖，以及迄今还有人在研究和评价宋慈的人品和技术。

我们还得感谢刘克庄。宋慈和刘克庄离别三十余年后，刘克庄惊闻宋慈逝世，含悲为他撰写墓志铭，时间为宋景定二年（1261），其时刘克庄75岁，宋慈已逝去十多年。墓志铭叙述了宋慈躬亲检验的风范和关心民间疾苦的情怀。这是我们现在所能够看到的最早的，也是最直接的有关宋慈家世、身世的记载。

当然，还是宋慈的生前好友刘克庄在墓志铭中的评价最准确："听讼清明，决事刚果，抚善良甚恩，临豪猾甚威。属部官吏以至穷闾委巷，深山幽谷之民，咸若有一宋提刑之临其前。"

一五、宋慈检验艺术

宋慈《洗冤集录·自缢》说："或在屋下自缢，先看所缢处楣梁、枋桁之类尘土衮乱至多，方是。如只有一路无尘，不是自缢。先以杖子于所系绳索上轻轻敲，如紧直，乃是；或宽慢，即是移尸。大凡移尸别处吊挂，旧痕挪动，便有两痕。凡验自缢之尸，先要见得在甚地分、甚街巷、甚人家？何人见？本人自用甚物？于甚处搭过？或作十字死结系定，或于项下作活结套。却验所着衣新旧。打量身四至：东西南北至甚物？面觑甚处？背向甚处？其死人用甚物踏上？上量头悬去所吊处，相去若干尺寸？下量脚下至地，相去若干尺寸？或所缢处虽低，亦看头上悬挂索处，下至所离处，并量相去若干尺寸？对众解下，扛尸于露明处，方解脱自缢套绳，通量长若干尺寸？量围喉下套头绳，围长若干？项下交围，量到耳后发际起处，阔狭、横斜、长短，然后根据法检验。凡验自缢人，先问原申人，其身死人是何色目人？见时早晚？曾与不曾解下救应？申官时早晚？如有人识认，即问：自缢人年若干？作何经纪？家内有甚人？却因何在此间自缢？若是奴仆，先问雇主讨契书辨验，仍看契书上有无亲戚，年多少？更看原吊挂踪迹去处。如曾解下救应，即问解下时有气脉无气脉？解下约多少时死？切须仔细。"

这段话的意思是，第一步，宋慈要对缢死（吊死）的现场和尸体进行眼光打量。首先，地上只有一行脚印和梁上只有一条绳子印痕的上吊现场考虑伪造的可能大。这是宋慈到达现场的第一印象。为什么？因为要自杀之人，一定会思前想后，怎么会一路直奔上吊的地点？当然，在屋下自缢，楣梁枋桁因位于高处，很少打扫，一定积着一层灰尘。因此，宋慈要看所缢处楣梁枋桁，如果自缢，因人的体重和死前有挣扎，就会使梁上的尘土衮乱至多，这才是自缢。如果被人打死或勒死后挂上去，没有像活人那样挣扎，那么梁上灰尘只有一路绳子痕迹，这就不是自缢了。自杀者多思多虑，故在死前往返走动的脚印会有许多路；同样，吊死时挣扎梁上绳子印痕也会有许多路才对。他杀伪装自杀的地面上脚印和梁上绳子印痕才会只有一路，挂上人马上离开。第二步，宋慈要对吊绳松紧度进行检测。死者还挂在梁上，不急于解下来，用杖子在所系绳索上轻轻敲，如绳索紧直，是自缢；如果宽慢，是移尸。为什么？还是前面的解释，生前吊死人除体重外还有人挣扎形成的下坠力，使绳子更紧直，而他杀把死者挂上走人，绳子没那么紧直而宽慢。至于何种情况算"紧直"，何种情况算"宽慢"，宋慈没说，凭经验，这是亲身经历的感知，实践中得到的技能。第三步，宋慈要了解索沟怎么形成。宋慈说了，大多勒死后移尸别处吊挂，颈部的缢痕挪动，就有两道痕，一道是生前勒痕，另一道是死后挂上去所形成的索沟痕，要仔细检查清楚。第四步，宋慈在检验前的五问：一问死亡地点属于何人管辖？二问什么街巷什么人家？三问什么人见到？四问死者生前上吊时用什么绳索？五问与什么位置搭过房梁？第五步，宋慈检验的六看：一看吊绳节套是十字死结套还是活结套，这跟死者生前职业可能有关，比如拴牛结；二看死者着装，是穿崭新衣服还是旧装，因为有的人自杀会穿新的干净的衣服；三看尸体周围放些什么东西，死者面朝哪个方向，背向哪个方向；四看脚垫物，上吊时死人用什么脚垫物踏上；五看吊绳套高度，测量人踏上脚垫与头悬所吊之处相差多少尺寸，离地面多少尺寸，如果够不着或相差很多，考虑是死后被人挂上去的，所缢处低，也要测量；六看套绳，对众解下，把尸体抬到光线好的地方，方解脱自缢套绳，测量套绳多少尺寸；七看索沟，测量围喉下套头绳，围长多少，项下交围，是否符合自缢的"八字不交"索沟特点，如果是，就测量到耳后发际起处，阔狭、横斜、长短。最后，第六步，宋慈在检验后的七问：一问原申人，自缢身死人是何职业；二问见到自缢尸体的具体时间；三问曾与不曾解下救应；四问向官府报案的具体时间；五问如有人认识死者，就问自缢人年多大、作何营生、家内有什么人、为何在此间自缢等；六问特定人自缢，若是奴仆，先问雇主讨契书辨验，看看契书上有无亲戚，年多少，还要看看原吊挂踪迹去处；七问解救情况，如果曾解下救应，就要问解下时有气脉还是无气脉、解下约多少时死去等。

宋慈《洗冤集录》描述的法医检验，倒像一部小说，宋慈更像那些从事与生活、人类活动、情感、感性和情绪等有关工作的艺术家。自身中的某种生来就有的东西形成了宋慈性格中的一部分，那就是法医的艺术。从宋慈《洗冤集录·自缢》介绍，至少我们可以体会到：

一是法医的艺术是"经验"的体现。从本质上讲，法医业务活动是一种与感性有关的实践活动。正因为这种与感性相关的实践性，法医检验方法才被视为艺术。实践是经验性的，其艺术性也只能从实践中来。换句话说，好比"医生越老越值钱"一样，法医更注重技巧，法医知识来自经验，由实践得来知识或技能，是感知的积累，因而不能把单纯检验称为法医技术。宋慈《洗冤集录·序》就说，自己四任提刑官经验，写《洗冤集录》是别人留下的案例、自己二十多年经验和长期检验技巧的"集录"（总结）。宋慈《洗冤集录·自缢》记载"验自缢"六个步骤，如果不是从实践中摸索，无论如何是写不出来的。宋慈自己也说过，顽凶"先期走避"或"不伏于格目内凶身下填写姓名押字"，或抓到后胡乱"塞责"，甚至乱说一通，但"按此以施针砭发无不中"，证据可以说话，顽凶再狡辩也没用。有人看了宋慈写的《洗冤集录·自缢》这一段话后感慨地说，即使没干过法医，看了这样的检验过程也会心服口服的，更何况犯案的人，抵赖不过的。正如刘克庄说的，"官吏以至穷阎委巷、深山幽谷之民，咸若有一宋提刑之临其前"。宋慈确实把检验升华成法医艺术的高度而受人尊重。

二是法医的艺术是"理念"的体现。艺术的本质，就是人对世界的感受。艺术是个人的事，所有的艺术都要有个性，表达自己内心的一种体悟。艺术的形式多种多样，表达的内容也不同，但要有内涵、有精神在里面，而不是矫揉造作的，那就是艺术。宋慈的法医艺术，以宋慈《洗冤集录·自缢》记载为例，强调个人理念、印象、经验、技巧，表达检验完整性、细腻性以及业务感受和内心体悟，使得检验无懈可击。这种法医艺术不是每个人都能达到的，需要很深的道行，好比有的人一辈子只能成为"工匠"，有的人掌握技巧成为"大师"一样，宋慈做到了，成为世界法医鼻祖。

三是法医的艺术是"技巧"的体现。据宋慈《洗冤集录·自缢》介绍，第一步打量现场和尸体形成初步印象，但不先入为主；第二步观察吊绳松紧程度确认方向；第三步宋慈了解索沟怎么形成；第四步检验前第一次问询了解基本情况；第五步检验分清是否自缢；第六步检验后第二次问询确定自杀、他杀。这六个步骤环环紧扣，严丝合缝，就像作家写侦探小说一样。当然，作家写不出宋慈的水平，特别是检验前的五问和检验后的七问，问得滴水不漏，问得如临其境，这就是法医的艺术！

四是法医的艺术是"素质"的体现。内在地把握人的本性、人的头脑活动和人的作案动机是法医的另一个极为重要的素质。宋慈《洗冤集录·序》说："狱事莫重于大辟，大辟莫重于初情，初情莫重于检验。盖死生出入之权舆，幽枉屈伸之机括，于是乎决。法中所以通差今佐理掾者，谨之至也。"这么重要的事情叫你法医来做，能不能胜任啊？法医受托于死伤检验之际，效命于是非曲直之间。我们平时习惯将法医业务称为办案，在办案当中就体现了许多方法、技巧、策略、谋略及技术运用和方法设计等，有人将其统称为法医办案技能，但如果我们将其总结、归纳、加工和提炼，即可使之升华到艺术的高度。所以，我们将一名优秀法医的办案技能称之为艺术，也就有了一定的合理性。可以这么说，法医办案的本身就是一种艺术。法医艺术，就是法医的工作技巧。它贯穿于法医执业工作的全部过程，包括了取证艺术、证据艺术、断案艺术及推理艺术等。法医艺术指的就是法医将自己的知识与实践相结合的办案技巧，这就是法医素质。法医不是所有人都能做和做好的职业。

法医艺术是必备的办案技能，而这些技能也是我们目前所缺少的，于是特作分享，期望引起共鸣。

一六、宋 慈 语 言

宋慈《洗冤集录·检复总说下》说："若自缢，即脑后分八字，索子不交。""量井之四至，系何人地上？其地名甚处？"

闽语中保留了古汉语用字

宋慈说的是，假如检验自缢上吊，吊绳在脑后八字分开不相交。假如检验投井溺死，要量井的周围四至，是谁家的井，地名叫什么？

宋慈是闽人，福建话中的古汉语在《洗冤集录》中多处出现。闽语像古汉语活化石。因为闽语的形态很古老，你会觉得福建人说话就是在说古汉语：你叫汝，他叫伊，吃叫食，走叫行，脸叫面，黑叫乌，锅叫鼎，绳叫索（如"索子"），翅膀叫翼，图章叫印，房子叫厝，棉袄叫裘，错叫差，搞叫弄，"你名字叫什么"说成"汝名号甚"，如前面提到的"其地名甚处"就指"地名叫什么"，如此等等。闽语说"你走先"，而不说"你先走"，语序是主语+谓语+状语。闽语的语序脱胎于中原汉语。因此，中古汉语的语序很可能是闽语式的，而不是普通话式的。

闽语中保留了大量的古汉语用字。把"是"读如"系"，就是一个典型的例子。如"量井之四至，系何人地上"，但这种情况，在古书里却屡见不鲜。闽语还用"行"表示"走"（"行路"即"走路"），用"食"表示"吃"（"食饭"即"吃饭"），用"落"表示"下"（"落雨"即"下雨"）等等，都是典型古汉语用法的例证。

在语言中，日月星辰、衣食住行等基本词汇最能反映古代语言信息的原貌，因此研究古语，也多从基本词汇入手。在闽语里，太阳叫"日头"，月亮叫"月光"。"日""月"是古汉字，"头""光"是修饰词。此外，雨伞叫"遮"，吃早饭叫"食朝"，吃午饭叫"食昼"，倒酒倒茶叫做"筛酒筛茶"等。"筛酒"这个词，曾在《水浒传》里频频出现，是当时一句日常用语。还有，闽语把杀猪、杀鸡叫做"迟猪、迟鸡"。所谓"迟"，就是用刀宰杀的意思。古代有一种酷刑，叫做"凌迟"。"凌"就是凌乱，"迟"即用刀割。所谓"凌迟"，就是拿刀宰割，让囚徒受尽折磨痛苦而死。

中原汉人的大规模入闽，是在西晋末年永嘉丧乱以后。那时中原人每六个就有一个渡江避乱，"望族"随皇室定居在江浙，而且把宁镇一带的方言从吴语变成了官话；有继续往南的所谓"衣冠八族"入闽。入闽的路线大约有海陆两路，定居点则有三个中心，即建瓯、福州、泉州。迁徙的时间也主要有三次：第一次在南梁，主要定居于闽北；第二次在初唐，主要定居于闽中、闽南；第三次在五代，主要定居于闽中、闽东。王审之是五代十国闽国的开国国主，因在福建建国，死后被葬在福州。中原汉人三次入闽之后，闽方言便定型了。

研究宋慈《洗冤集录》，对研究闽语保留中原古汉语，对典型古汉语的特征用法，对中古汉语语序的闽语式，以及中原汉人迁徙入闽带来的变化都有语言学的价值。当然，了解这些语言特征，对进一步研究宋慈《洗冤集录》并挖掘这一历史遗产的科学价值，均具有历史和现实意义。

一七、宋慈说话有讲究

《洗冤集录》从汉语语言学角度研究有如下七个特点：

一是词汇继承性。我国古代法律具有较强的继承性，法律条令多沿袭前代之用。同时，由于法律要服务于当时社会，因此决定了它必然反映社会的各个方面。《洗冤集录》是宋慈收集当时和以前有关法医检验的实践经验，加以综合、校正，再结合本人四任司法官吏的心得写成。宋代是中央集权主义加强时期，法制也就显得尤为重要。官吏的司法检验水平和能力是宋代官吏考核制度的重要方面。因此，在法律法规的制定和颁行及官员的任命方面非常重视。《洗冤集录》的法律词汇的构成大体上可以分为以下几类：继承古代基本法律词汇。《洗冤集录》继承了前代法律词语，其中基本法律词汇居多。如"法、律、刑、罪、讼、狱、盗"等就是法律词汇中最基础、最重要的部分，从古至今完整地保留下来。法，即刑法，亦泛指法律、法制、法则。《洗冤集录》亦继承古代之义。例如："尊长诬告卑幼，荫赎减等，自依本法。"《洗冤集录·条令》："余并依旧法施行，奉圣旨依。"条令这些词在《洗冤集录》中是被完全继承的。这些词语仍有相当的生命力，它们一般有三个特点：它们所反映的法律现象、所指称的法律事务、所表示的法律概念，至南宋仍然存在，而且比较稳固，变化不大；对于这些法律专业术语所反映的法律现象，所指称的法律事务，古今认识相同或相近；这些法律专业术语自身结构合理、语义精确，较为准确地反映了所指称的法律事务的本质特征。法律词汇中的合成词就是以原有的基本词汇作为词根构成的，并且以一定的方式组合成新词。例如"审问"一词，由基本词汇"审和问"构成，《洗冤集录》中出现："竞主，审问事因了，点数干系人及邻保，应是合于检状着字人。齐足，先令扎下硬四至，始同人吏向前看验。"《检复总说上》："凡体究者，必须先唤集邻保，反复审问。"《检复总说下》："或不得已而用之，只可参互审问，终难凭以为实，全在斟酌。更再三审问干系等人，如众称可变，方据检得异同事理供申。"

二是词汇通俗化。随着古代法律制度和诉讼活动的发展，在思想交流与法律活动中需要更多的法律词汇来表达，法律词汇的使用逐渐在普通民众中普及。而继承上古时代的基本法律词汇和以这些基本词汇创造出的新词已不能满足社会的需要了。这时大量的普通词汇随着频繁使用也逐渐进入法律领域，充当起法律词汇的角色，尤其是对当时民间通用语的运用。如"声说"一词在《洗冤集录》中出现多次："本所看详，检验之官，自合依法差文臣，如边远小县，委的阙文臣处，复检官权差识字武臣。今声说照用。"《洗冤集录·条令》："定致命痕，内骨折，即声说；骨不折，不须言，骨不折，却重害也。"《检复总说下》："如是他物及刃伤骨损，宜冲洗仔细验之，即须于状内声说致命，岂可作无凭检验申上。"《洗冤集录·复检》："甚处有旧疮疖瘢，甚处是见患，须量见分寸；及何处有黶记之类，尽行声说。如无，亦开写。"《验未埋瘗尸首》："凡检被勒身死人，将项下勒绳索，或是诸般带系，临时仔细声说。"《被打勒死假作自缢》："只看尸所浮在何处，如未浮打捞方出，声说在何处打捞见尸。"《洗冤集录·溺死》："若打折脚手，限内或限外死时，要详打伤分寸阔狭后，定是将养不较，致命身死。面颜岁数，临时声说。"宋代出现"声说"一词，是一个同义复合词，最初只是一个普通词语，意为说明，在《洗冤集录》中用作司法检验术语，跟原来的意义有所区别。再如"申说"，指申辩说明。《洗冤集录》出现例，指解释说明。例如："检溺死之尸，水浸多日，尸首膨胀，难以显见致死之因，宜申说头发脱落，头目膨胀，唇口翻张，头面连遍身上下皮血，并皆一概青黑退皮。""其水浸更多日无凭检验，即不用申说致命因依。"《洗冤集录·火死》："或检得头发焦卷，头面连身一概焦黑，宜申说，今来无凭检验本人沿身上下有无伤损他故，及定夺年颜形状不得"这类词语数量不少，如"检验、供招、签押、口词、审问、埋瘗、点检、干连、争竞"等都是以这样的方式成为法律词语的。

三是词汇专门化。涉及有关当时司法检验的法律规定条文律例，司法检验的原则、程序、规定及较为全面的司法检验技术和方法。同时包括能体现法律行为和法律思想的民间通用词语，它涵盖法医概念、法医思想、法医行为、法医文化、法医制度以及与法医有关的物件设施等诸多方面，如检验、验尸、初检、复检、溺死、缢死、勒死、他勒、自缢、外物压塞口鼻、跌死、塌压死、牛马踏死、车轮拶死、雷震死、蛇虫伤致死、酒食醉饱致死、筑踏死、死后被虫鼠伤、服毒、疾病死、中风猝死、病死、猝死、中暑死、冻死、饥饿死、致死之因、致命之因、致命痕、凶器、活套头、死套头、杀伤、骨折、刀刃杀伤、他物斗打、拳手殴击、勒杀、投水、被人弱杀、火烧死、口鼻内有烟灰、砒霜、野葛毒、鼠莽草毒、酒毒、断肠草、服毒中毒死、针灸死、针灸瘢痕等，而这些词汇至今仍然大量使用。此外，《洗冤集录》作为检验指南性质的专书，验尸人员在检验尸体时涉及人体器官，因此书中出现了不少有关人体器官组织的名称，如囟门、颏、后脑勺、骨盆、脊骨、椎骨、锁骨、肩胛骨、横颊骨、肩胛骨、臂骨、尺骨、肱骨、髋骨、骶骨、九窍、肛门、腓骨等。

四是词汇民间化。由于在司法检验过程中，难免涉及询问原被告和见证人等，因此在语言方面不能过于专业化。具体表现为：复音词增加、多用口语词和多用法律术语。《洗冤集录》的词汇大多是复音词，只有少部分单音词，尤其是法律词汇多为复音词。如检验、审问、点检等都是单音词发展为双音词的很好证明。它们均由两个语素组合而成，而这两个语素之前都是单音词，因此由单音词作为语素构成的双音词与原来的单音词意思相同。这些词语也都是联合式结构。偏正式构词法在《洗冤集录》中比较常见，如干证、公吏、供状、检状、竞主、口词、两争、谋死、生词、尸帐、实迹、悬案、淹死、验官、验状、赃证、众证、非理死、干连人、干证人、公人法、监当官、殴伤法、杀人贼、杀人者、体究官、诬告法、行凶人、行凶日、元申人、招罪人、司理参军等都是由这种构词法构成，形成修饰和被修饰的关系。多用口语词和人们日常生活用语，如词缀厅子、钉子、索子、男子、肾子、蝇子、髻子、女子、饼子、胎子、环子、笾子、荆杖子、目瞳子、簟子、龟子、膏子、杖子、角子、小刀子，这类口语词很具有代表性，它们是由词根加词缀构成的合成词。

五是单义专用术语。"保辜"是一个典型的单义专用术语，是一种对殴伤的期限责任担保。指按照规定，凡是殴伤人的，要对官府立下担保期限，如被殴人在限期内因伤致死，殴伤者须负杀人的刑事责任，否则只负伤人的刑事责任。例如："诸保辜者，手足殴伤人限十日，以他物殴伤人者二十日，以刃及汤火伤人者三十日。限内死者，各依杀人论。"再如"引虚"，古代法律术语。动宾结构，虚，即不实，假也；引，有自承义。引虚字面意思是指自己承认不实。《洗冤集录》："谓言殴死之类，致官司信凭已经检验者。不以荫论，仍不在引虚减等之例。""觉举"是单义专用术语。觉举指公事上的过失犯罪，在未被发觉前，自行交代。如《洗冤集录》："即凭验状致罪已出入者，不在自首觉举之例。"再如"出与入"法律含义为罪名。把有罪判为无罪或重罪判为轻罪的情况为"出"；把无罪判为有罪或轻罪判为重罪的情况为"入"。出于故意的，为"故出"、"故入"；出于过失的，为"失出"、"失入"。《洗冤集录》中"入人罪"，指的是把无罪改成有罪，或把轻罪改成重罪的情况，出于故意的为"故入人罪。如《条令》："若实病、死及伤，不以实验者，以故入人罪论。"

六是反映宋代词语。《洗冤集录》对同时代词语的反映，如标记、地头、递铺、干系、干证、格目、公人、供状、极典、迹状、见证、事理、司理、提点、条令、巡捕、巡检、验官、狱司、赃证、滴骨亲、破伤风。《洗冤集录》说："先用纸数重包定，次用油单纸三四重裹了，用索子交眼扎，系作三四处，封头印押讫，用桶一只盛之，上以板盖，掘坑埋瘗，作堆标记，仍用灰印。"又如："仍须是躬亲诣尸首地头，监行人检喝，免致出脱重伤处。""验官到地头，见一尸在小茅舍外，后项骨断，头、面各有刃伤痕；一尸在茅舍内，左项下、右脑后各有刃伤痕。""仍未得凿定日时于牒，前到地头约度程限，方可书凿，庶免稽迟。"

七是对汉语史断代专书词汇研究的意义。词汇研究是语言研究的基础，在语言研究方面具有重要意义。而"近代汉语是汉语发展史上一个独立的重要阶段"，也是研究汉语史不可缺少的重要工作，对于深入研究现代汉语也有重要作用。而作为近代汉语词汇的研究，专书研究也是一种重要手段。有人指出："专书词汇研究也是近代汉语词汇研究的一项基础工作，一个时代的词汇面貌，或者一个时代和另一个时代词汇的差异，都可以通过专书词汇的研究得到比较清晰的了解。"《洗冤集录》中的法律词语和口语词可揭示其使用状况和特点，展示法律词语在当时社会生活中的适用范围。南宋的司法检验制度继承了前面各代的经验与方法，具有很高的科学性和实用性。在当时的社会生活中发挥着不可替代的作用。《洗冤集录》语言通俗易懂，普通民众都能看得懂，使得本书在当时广泛传播，不但在官府司法检验方面，其法律思想还深入社会基层民众，一些救死扶伤的方法在当时具有很强的实用性。书中的法律词语体现了南宋司法检验制度的发展状况，也展示了中国古代有关尸伤检验方面的法律文化形态，口语词则反映了当时社会中词语的使用情况和范围。因此，对这个词汇系统进行多角度、多层面的研究，无疑加深了对南宋法律词语的特点和功能的认识。

总之，《洗冤集录》不仅是伟大的法医学专著，还是供后人研究的语言学巨著，是中华民族宝贵的文化遗产。

一八、《洗冤集录》中的"面"

宋慈《洗冤集录·验未埋瘗尸首》说："额角、面脸上所刺大小字体，计几行或几字？是何军人？若系配隶人，所配隶何州？军字亦须计行数。""用温水洗了，先使酒醋蘸纸，搭头面上、胸胁、两乳、脐腹、两肋间，更用衣服盖罨了，浇上酒醋，用荐席罨一时久，方检。""凡检复后，体访得行凶事因，不可见之公文者，面白长官，使知曲折，庶易勘鞫。""凡尸在身无痕损，唯面色有青黯，或一边似肿，多是被人以物搭口鼻及罨揞杀。""若多有人相斗殴了，各自分散。散后，或有去近江河、池塘边，洗头面上血、或取水吃，却为方相打了，尚困乏；或因醉相打后头旋，落水淹死。""验官到地头，见一尸在小茅舍外，后项骨断，头面各有刃伤痕。""复检，如尸经多日，头面胀，皮发脱落，唇口翻张，两眼迸出，蛆虫咂食，委实坏烂不通措手。""夏三月，尸经一两日，先从面上、肚皮、两胁、胸前肉色变动。""凡检验无凭之尸，宜说，头发褪落，头面、遍身皮肉并皆一概青黑，坏烂，及被蛆虫咂破，骨殖显露去处。""自缢者面带紫赤色，口角及胸前有吐涎沫，两手须握大拇指，两脚尖直垂下。""溺死者，头发脱落、头目胀、唇口翻张，头面连遍身上下皮血，并皆一概青黑、退皮。""应验他物及手足殴伤痕损，须在头面上、胸前、两乳、胁肋傍、脐腹间、大小便二处，方可作要害致命去处。""如在汤火内，多是倒卧，伤在手足、头面、胸前。"

宋慈在《洗冤集录》中记载人的解剖部位，只用"面"，而不用"脸"。唯一一个"额角、面脸上所刺大小字体"的记载，其中用了"面脸"，其实指的是"面颊部"，因为宋代对发配军人、囚犯，在前额角和面颊部刺字。由此，宋代较少用"脸"字，更多使用"面"。

为什么会这样呢？我们还得从中国文字发展来加以研究。

原来，魏晋以前的汉字中是没有"脸"字的。当时表示"脸"意的字是"面""颜"等。"脸"字最早出现时，也没有"颜""面"之意，只是"颜面"上的某个部位。南朝梁武帝《代苏属国妇》诗："帛上看未终，脸下泪如丝。"其中的"脸"是"睑"的意思，也就是指眼皮。梁·简文帝《妾薄命篇十韵》"玉貌歇红脸，长颦串翠眉"，还有白居易的《昭君怨》"眉销残黛脸销红"，这里的"脸"都是"颊"的意思，是眼下可以施粉的部位。没有"脸"以前，"面"就是"脸"。这样的例子不胜枚举。《说文》："面，颜前也。"《汉·匈奴传上》中的"匈奴法，汉使不去节，不以墨黥其面，不得入穹庐"，《后汉书·东夷传·倭》里也有"男子皆黥面文身"。文中的"面"都是"脸"的意思。至于《三国志·魏志·毛玠传》中的"汉律，罪人妻子没为奴婢，黥面"的"面"，更是此意。因此，"魏晋以前没有'脸'"。

唐宋以后开始有"脸"。唐岑参的诗句"岸花仍自羞红脸"中的"脸"已经是"脸"了。北宋《水浒传》第二十一回："婆惜也不曾睡着，听得宋江骂时，扭过身回道'你不羞这脸！'"此处的"脸"当然也已是脸了。

但是，唐代诗人题诗作赋也照样不用"脸"。如白居易"犹抱琵琶半遮面"，崔护"人面桃花相映红"中的"面"如果换成"脸"，就大煞风景了。宋慈《洗冤集录》也是如此。

因此我们可以这么说，唐宋有"脸"也不给"脸"。

也就是说，"面"在当时依然盛行，今天还在流传的"面子""面红耳赤""不看僧面看佛面"中的"面"仍是"脸"的意思。沿袭到现在，脸和面范围虽然一致，但我们通常把"脸"当做口头用语，而把"面"当做书面用语了。

从上面文字演变和《洗冤集录》文字研究，我们可以体会到：

一是宋慈《洗冤集录》作为古代知名原著，其文字必须从字义、字面乃至文字习惯、文字演变等加以研究，才能准确介绍其本意内容。

二是宋慈《洗冤集录》是一部法医检验书籍，其中有很多医学、法律术语，必须从医学、法学等角度加以理解。比如，同样是"面"和"面脸"，有人用现代语言译为面部或脸部，但从宋代法律中"黥面"刑罚，就很好理解"面脸"所指眼睑附近的面颊部，因为"黥面"不是在犯人的鼻部、口唇、下颌等处都刺字，而是局限于前额角和面颊部。

三是宋慈《洗冤集录》中所介绍的文字有很强的技术含量，所以除指外观外，更主要指解剖部位，比如"面色青黪"指面部外观看上去淤青发黑；又如"头面胀"指头面部外观看上去全部肿胀；再如，"头面各有刃伤痕"指的是头面部各有刀砍伤，等等。

四是宋慈《洗冤集录》反映宋代的检验制度，其中初验、复验、提刑官检验，有严格规定，比如，"凡检复后，体访得行凶事因，不可见之公文者，面白长官，使知曲折，庶易勘鞫"，这里的"面白"指上级复验官员调查案件时，下级验官对于文字以外的内容，必须如实向上级官员当面汇报。

五是宋慈《洗冤集录》反映宋代法律。《宋史·刑法志》中明确记载，黥面之刑一律用针刺，因而又称为黥刺。宋朝法律还规定，犯人的罪状不同，刺的位置及所刺的字样排列的形状也有区别。凡是徒罪和流罪要刺在面颊上或额角，所刺的字排列成一个方块；若为杖罪，所刺的字排列为圆形。凡是犯有重罪必须发配远恶军州的牢城营者，都要黥面，当时称为刺配。所以，宋慈《洗冤集录》用"面"，而不用"脸"，是有其根据和用意的。

六是宋慈《洗冤集录》"面"字在书中用法十分固定，范围很确定，所指面部解剖位置明确，用词也恰当。《洗冤集录》是宋慈亲手用笔撰写的，不像现在有些人那样由秘书或他人代笔，所以全书观点、用语、用词、用字规范且一致，这是研究者得出的共识。

七是《洗冤集录》于宋慈病逝前二年问世，后人争相刊印，加入自己的观点和案例，文字上有所改动，但都说是宋提刑的原作。不过，明眼人一看，已面目全非。其中，原著中的"关键词""专用语""习惯语法"等不见了，包括"面"变成了"颜"或"颜面"或"脸"。这很不给"面子"，一看就不是宋慈原著。

宋慈《洗冤集录》是世界名著、历史遗产、中华瑰宝、民族骄傲，值得大家认真学习。

一九、不能让"黑狗偷食白狗受罪"

宋慈为《洗冤集录》所作的序文

宋慈《洗冤集录·序》说:"狱事莫过于大辟,大辟莫重于初情,初情莫重于检验。盖死生出入之权舆,幽枉屈伸之机括,于是乎决。""名曰《洗冤集录》……则其洗冤泽物,当与起死回生同一功用矣。"

宋慈《洗冤集录·序》开宗明义地说,断狱最重的刑罚就是死刑,要判重刑就得有证据,而最初的检验就是重中之重了。这样检验应理解为关乎生与死、罪与非罪的关键一环。这是宋慈写《洗冤集录》的目的,就好像"洗冤泽物",与"起死回生"是一样的。

有人提出,宋慈这本书其实是检验书籍,为什么叫《洗冤集录》呢?

其实,宋慈《洗冤集录》的书名有其特殊的含义。"洗",不是"改"或"无",也不是"平"或"洗除",而是"洗雪"。这与宋朝"理雪制度"有关,即被告不服而申诉由官府"理雪"。"冤",不是简单指"错误",而是指"屈枉""冤枉"。由谁来"洗",由政府来"洗"。怎么"洗",通过检验获得证据来"洗"。

关于"集录"一词。宋慈在"序"里也讲得很清楚:"博采近世所传诸书,自《内恕录》以下凡数家。会而粹之,厘而正之,增以己见,总为一编,名曰《洗冤集录》。"《内恕录》一书早已失传,内容无法考证。《内恕录》以下数家指和凝所撰《疑狱集》(北宋)和郑克所撰《折狱龟鉴》(南宋)两部书籍,可能还包括桂万荣所撰《棠阴比事》(南宋)。就是说,《洗冤集录》是参考《内恕录》及《疑狱集》、《折狱龟鉴》和《棠阴比事》等数家之书,结合实践经验、研究成果和个人见解编撰而成的。

宋慈写《洗冤集录》还有一个深层次意思:"法中所以通差令佐理掾者,谨之至也。年来州县悉以委之初官,付之右选,更历未深,骤然尝试,重以仵作之欺伪,吏胥之奸巧,虚幻变化,茫不可诘。纵有敏者,一心两目,亦无所用其志;而况遥望而弗亲,掩鼻不屑者哉。慈四叨臬寄,他无所长,独于狱案审之又审,不敢萌一毫慢易心。若灼然知其欺，则亟与驳下，或疑信未决，必反复深思，唯恐率然而行，死者虚被涝漉。每念狱情之失，多起发端之差，定验之误，皆原于历试之浅。……《洗冤集录》刊于湖南宪治，示我同寅，使得参验互考。如医师讨论古法，脉络表里，先以洞彻，一旦按此以施针砭，发无不中。"

原来，宋慈要告诉世人，一直忙于为申诉人"洗冤"，倒不如一开始就重视鉴定质量，提高检验水平，认认真真办案，避免冤案出现。《洗冤集录》就是要起到这个作用。

宋慈是福建人，当然受到闽文化的熏陶。福建有个流传广泛的民间俗语："黑狗偷食，白狗受罪"，意思是真正罪犯嫁祸于人而逍遥法外，清白的人却蒙受冤屈代人受过。如果案件中发生这种情况怎么办？宋慈说，通过检验来发现问题。如何发现问题？宋慈说，从接到案件开始就要重视检验。宋慈认为，错案就是冤，洗冤就是找到真正罪犯，罪罚其当，不枉不纵。所以，闽文化在宋慈心目中占有重要位置，贯通整部《洗冤集录》，也贯通宋慈一生。

二〇、宋慈给法医检验工作划底线

宋慈《洗冤集录·初检》说："凡初检时，如体问得是争斗分明，虽经多日，亦不得定作无凭检验，招上司问难。须仔细定当痕损致命去处。防备后来官司再检复。"

这句话的意思是，初验时如果明确死者系双方斗殴致死，虽然死后多日，也不得以"无凭检验"为借口不验尸，这样会招到上司的问责。必须仔细检验，确定致命部位，以防复查。这实际上是宋慈给检验人员划底线，不许因尸体腐败躲避检验以致不能查出真正死因。

古代衙门大堂"日出东海"壁画和"明镜高悬"牌匾

这里介绍元代一个案件，对宋慈这段话加以说明。

元代大德六年（1302）三月，中书省收到一个报告，梅张保和赵马儿斗殴，梅张保突然死亡，含山县令不亲临检验，致案件错判。复查时，历阳县尉也不亲临视，一错再错。赵马儿不服，州府派官再次复验，发现原检与事实不符。案件是这样的：庐江路含山县梅张保突然死亡，有个叫梅开先妄告赵马儿踢死。初检官含山县令、复检官历阳县尉并不亲临视，只听从仵作行人刘兴、王永兴定验梅张保作脚踢身死，屈令赵马儿虚招。及赵马儿称冤，委官缉问，验得梅张保却系患丁肿身死，具上其事。中书省下刑部议，各官所犯，罪经释免，合解见任，别行求仕，记过刑部。都省准拟。初检官含山县令、复检官历阳县尉不亲临视解职！这个案件，虽然有斗殴，但不是踢死，真正死因是系患丁肿疾病身死。

实际上，宋慈不止这样一个告诫，他从六个方面给检验工作详细划了底线。

1. 违制

宋代检验是官员的职责，也称"验官"。官员必须遵守"官员职制"，相当于现在公务员条例。宋慈认为，官员检验时，报案过两个时辰不出发的、受案两个时辰不请官的、请官违法或受请违法而不言的、或请官验尸的公文到来应当接受而不接受的、或初验和复验的官员（包括吏役、仵作行人）相见及透露所检验的情况的，都要受到职制处罚，这里宋慈把仵作也列入，因仵作协助官员检验。

2. 违法

一是检验不为。宋慈认为，有"不定要害致死之因和定而不当"两种情形，各以违制论。

二是检验受财枉法。宋慈说："诸监临主司受财枉法二十匹，无禄者二十五匹，绞。若罪至流，及不枉法，赃五十匹，配本城。诸诈病及死、伤，受使检验不实者，各根据所欺减一等。若实病死及伤不以实验者，以故入人罪论。《刑统·议》曰：上条诈疾病者，杖一百。检验不实同诈妄，减一等，杖九十。" 宋慈认为，官员检验受财，也包括"诸行人因验尸受财，根据公人法"。意思是，在检验过程中，如果官员，包括受雇参与检验的行人仵作收受贿赂的，就得按照法规予以处罚。

三是检验受财不枉法。指官吏收受贿赂，没有为行贿人但作歪曲法律的处断。宋慈说："不如是，则私请行矣。假使验得甚实，吏或受赂，其事亦变。官吏获罪犹庶几，变动事情，枉致人命，事实重焉。"意思是，检验不真实有私下交易行为。这种情况下，就算检验正确，官员接受了贿赂，其性质也发生变化属枉法裁判。按"受财不枉法"条规定，若罪至流，及不枉法，赃五十匹，配本城。无禄人受财不枉法减一等处刑。

四是错鉴致错案。宋慈认为，检验是办案，不得制造案件。错误检验使人"出""入"，就是制造新案件。宋慈说："诸尸虽经验，而系妄指他尸告论，致官司信凭推鞫，根据诬告法。"意思是，虽然尸体经过官府检验，但是出于妄指他人的尸体提出控告，致使官府听信而据以进行审问的，按照诬告法论处。

3. 差官

宋慈重视检验，如何派官员检验也有底线。宋慈说：诸验尸，州差司理参军、县差尉。县尉阙，以次差簿、丞。监当官皆阙者，县令前去。初官、右选、历未深，不适合检验，诸检复之类应差官者，差无亲嫌干碍之人。

4. 免检

宋慈强调有法律规定才免检，即"制度免检"，禁止"私和免检"。宋慈说：因病死而应验尸者，若死者的同居缌麻服以上亲属或分居大功服以上亲属到死所愿意免检的；如果和尚道士有眷属，小道士小和尚有本师，未死前生活在死所，而寺观的主持人负责证明各无其他问题的可以免检；有的和尚道士虽然没有眷属，但有寺观主持人或僧道负责证明没有问题的可以免检；命官因病死亡，如果已录取口词或因突然病死，而所在地方有寺观主持人或店户及邻居、本地有关人等证明无其他问题的，经所在官府审查，也听从免检。免除检验，可以节约司法资源，同时加快案件进展与结案。但免检是有底线的，只有"病死者"人证属实，才"听免检"。这一做法，对今天法医学检验也有价值，目前法律没有规定，值得借鉴。

5. 检验结论中不得遗漏的内容

检验是规则之鉴，可能案件背后有着复杂的情况，要有技术底线，有些检验发现不得遗漏载入检验书。一旦遗漏，可能出现冤案。

一是隐蔽部位。宋慈说："应检验死人，诸处伤损并无，不是病状，难为定验者，先须勒下骨肉次第等人状讫，然后剃除死人发髻，恐生前被人将刃物钉入囟门或脑中，杀害性命。"

二是伤因认定。宋慈说："今须仔细点检死人在身伤痕，如果不是要害致命去处，其自缢、投水及自服毒皆有可凭实迹，方可保明。"宋慈认为，即使确认死者系自缢、投水、中毒，也要看身上损伤是否致命。

三是核对案情。宋慈说："凡初检时，如体问得是争斗分明，虽经多日，亦不得定作无凭检验，招上司问难。须仔细定当痕损致命去处。防备后来官司再检复。"宋慈认为，检验要确定致命死因，还要符合案件事实。

四是如实记载杖刑伤情。宋慈说："新旧官杖疮疤，或背或臀；并新旧荆杖子痕，或腿或脚底；甚处有旧疮疖瘢?甚处是见患?须量见分寸；及何处有黥记之类，尽行声说。如无，亦开写。"宋慈认为，对刑讯逼供的案子，检验人员看到什么就写什么。

五是伪装自缢。宋慈说："唯有生勒未死间，实时吊起，诈作自缢，此稍难辨。如迹状可疑，莫若检作勒杀，立限捉贼也。"宋慈认为，是自缢还是勒死伪装自缢稍难辨，有勒死可疑要立案备查。

六是谋害置水。宋慈说："若身有绳索及微有痕损可疑，则宜检作被人谋害置水身死。不过立限捉贼，切勿恤一捕限，而贻罔测之忧。"宋慈认为，水中尸体"身有绳索及损伤"要记录备查。

七是打复溺水。宋慈说："凡溺死之人，若是人家奴婢或妻女，未落水先已曾被打，在身有伤；今次又的然见得是自落水，或投井身死，于格目内亦须分明具出伤痕，定作被打复溺水身死。"宋慈认为，家庭成员溺死，检出伤痕这一发现不得遗漏，要以"被打复溺水身死"上报备查。

6. 觉举

宋慈说："检验不当，觉举自有见行条法；今检验不实，则乃为觉举，遂以苟免。今看详：命官检验不实或失当，不许用觉举原免。"意思是，对于检验不实的情形，要求实行"自首"从宽的，实际上是逃脱罪责，这个底线不能突破。官员要对检验负责，凡命官检验不实或不当的，一律不准援用"自首"规定加以宽免。也就是说，检验不实或检验不当就是不按法律规定办案，就是不公，就得受法律处罚。

宋慈从六个方面给检验工作划底线，对今天法医学检验仍有实际价值，值得研究。

二一、谁来做鉴定

宋慈《洗冤集录·序》说："年来州县，悉以委之初官，付之右选，更历未深，骤然尝试，重以仵作之欺伪，吏胥之奸巧，虚幻变化，茫不可诘。"

这段话的意思是，近年来各地方衙门把检验工作交给一些新任官员或是武官去办理，这些官员没有多少经验便骤然接手案子。如果再有仵作、吏胥从中欺瞒、作奸捣鬼，那么案情就会变得扑朔迷离了。

宋慈这段话有两层意思，检验要交给业务精专、有经验的人去做比较放心，交给新任官员或是武官去办理不放心；另一层意思是鉴定过程中还存在各种各样的干扰因素，不得不加以认真考虑。实际上，宋慈提出了什么人做鉴定问题。

为了理解宋慈这段话，这里介绍吴承恩笔下《西游记》里的一个故事。

《西游记》第五十七回里有个"真假孙悟空"的故事。"六耳猕猴"化作孙悟空的模样，打了唐僧，又斗孙悟空，打得天昏地暗、上天入地。唐僧念紧箍咒，两个都喊疼，看不出哪个真假；玉皇叫托塔天王拿"照妖镜"来照也看不出；观世音也看不出。阎罗请"谛听"听过之后，"谛听"说："我看出来了，却不敢说。"最后，还是如来佛用"金钵盂"罩住，"六耳猕猴"才被孙悟空一棍子打死。这就是小说家吴承恩笔下《西游记》里一个鉴定问题。鉴定什么？鉴定谁是真的孙悟空。你看，唐僧，天天在一起，看不出来，不行。托塔天王，道行功夫不够，不行。观世音，太慈悲了，不行。阎罗的"谛听"，阴间法庭，不敢说，也不行。最后，如来佛自己来，鉴定"六耳猕猴"是假的，一棍被孙悟空打死了。

吴承恩有点不服，什么事都要如来佛才能解决，以后都叫如来佛做好了。吴承恩还有个不服，唐僧、孙悟空是去西天取经的，由如来佛做鉴定，要回避啊。还有一个最让吴老先生不服的是地狱"谛听"说"看出来了不敢说"。地狱法庭也卖人情！这大概是吴承恩《西游记》里对鉴定的思考，很深刻。

历史上，鉴定由谁来做一直在闹。肯定不能如来佛做了，观世音不行，也不能那么多人参与，由谁做？现在全国人大说了，司法鉴定由科学家来做，而且要让人服气，要公正，要排除各种干扰因素，要到法院呈堂证供加以证实。这是 2005 年全国人大常委会决定对司法鉴定的重大改革。法院、司法行政部门不做鉴定，公安、检察负责侦查的鉴定，社会鉴定机构经登记负责法医、物证、声像资料三类鉴定。法医类鉴定、物证类鉴定、声像资料鉴定这三类以外根据诉讼需要由国务院司法行政部门商最高人民法院、最高人民检察院确定的其他应当对鉴定人和鉴定机构实行登记管理的鉴定事项。

这一"审判为中心"的司法鉴定改革，实际上是开始与国际接轨。英国有死因裁判法官、法医病理学家和警察外科医生。法庭上，辩诉双方的鉴定人针锋相对。美国也实行多元化鉴定体制，除警察系统外，高校及科研机构也有法庭科学实验室。美国鉴定人由法官和陪审团来确定。法国警察系统设法医机构，在需要进行物证鉴定和尸检勘查时，检察官或警察指定具备相应专业资格的人参与；如果被指定者不是最高法院或上诉法院注册的鉴定人，则他必须以书面形式宣誓，保证以自己的人格和良心发誓为法院提供服务。法国实行鉴定权制度，一个案件是否进行鉴定，是否启用有资格的鉴定人，由刑事预审法官决定。

中　篇

宋慈验尸绝招

检验与法律

二二、检验不廉

古代牢狱大门

宋慈《洗冤集录·条令》说:"诸监临主司受财枉法二十四,无禄者二十五匹,绞。若罪至流,及不枉法,赃五十匹,配本城。……诸有诈病及死伤,受使检验不实者,各依所欺减一等。若实病死及伤不以实验者,以故入人罪论。《刑统·议》曰:上条诈疾病者,杖一百。检验不实同诈妄,减一等,杖九十。"

这段话的意思是,宋朝法律规定,主管检验的官吏因公受下属之财,如果受贿达二十匹绢而枉法检验的,处以绞刑;没有俸禄的吏人,受贿枉法达二十五匹绢的,也同样处以绞刑。如果所犯的罪只够流罪以及受贿而未枉法屈人赃物为五十匹绢的,配到本地牢城管制服苦役。凡由伪装疾病、死亡和损伤造成检验不实的,按各该诈欺者所犯罪减轻一等论处。如把真病、死和伤验成假病、死和伤的,按"故入人罪"论处。《宋刑统·疏议》规定,伪装疾病者,处杖刑一百,检验不实者与诈欺罪相同减轻一等,处杖刑九十。

由上分析,宋朝对检验不廉处罚很重,甚至处以极刑。宋朝对非法占有公私财物犯罪归纳为六种,也称"六赃",要求官吏廉洁奉公,严惩利用职权谋取私利或贪赃枉法的行为。在量刑上,对于官吏以权谋私、贪赃枉法的行为,宋刑统中均规定了较常人犯财产罪更重的刑罚。赃指非法取得的财物。六赃的名称始于唐,并为宋朝所沿用。宋朝六赃是受财枉法、受财不枉法、受所监临财物、强盗、窃盗和坐赃。计算赃物的标准,宋代以绢的尺与匹为标准,每匹长四十尺,幅一尺八寸为标准。宋慈《洗冤集录》所指检验不廉有三种:

一是"受财枉法",指官吏收受贿赂,为行贿人作出歪曲法律的处断。宋代律典对此种赃罪处罚严峻。宋刑统诸监临主司受财枉法二十匹,无禄者二十五匹,绞。据记载,戍边军官月给例物钱为绢十匹,士兵为绢五匹。宋朝熙宁八年(1075)五月,在辽兵侵扰广信军和安肃军过程中,受伤的士兵,"军士斗敌伤重,赐绢二十匹;伤轻赐绢十匹"。也就是说,官吏收受贿赂相当于戍边官兵三四个月工资或相当于戍边受重伤官兵的抚恤金额度就可以处死了,而收受贿赂绢二十匹就是"量"的标志。

二是"受财不枉法"，指官吏收受贿赂，没有为行贿人作歪曲法律的处断。它比受财枉法的罪轻。宋刑统"监主受财不枉法"条规定，若罪至流，及不枉法，赃五十匹，配本城。无禄人受财不枉法减一等处刑。这种俗话说的"拿人钱财不为人消灾"的行为，被世人讽刺为"连腐败道德都不讲了"。而针对此类官员腐败现象，现时立法中确有不周尽之处。此外，宋朝职制篇还规定有"事后受财"即"诸有事先不许财，事过之后而受财者，事若枉，准枉法论；事不枉者，以受所监临财物论"。此类规范对时下官员贪污行为中的"权力期权化"的防范，很有借鉴意义。

三是"受所监临"，指主管官不是因公事而受下属吏民的财物。宋刑统"受所监临财物"条规定，赃一尺笞四十；每一匹加一等，至流二千里。与财人比照受财人减五等处罚，至多杖一百。官吏主动索取财物的，加一等处刑；如果是用威力索取财物的，依照受财枉法论罪。宋朝职制篇规定，官吏出差，不得在所到之处接受礼物；主动索取或强要财物的，加重处罚。监临主守官盗取自己所监临财物或被监临人财物的，比窃盗加二等处罚；赃满二十匹者即绞。甚至规定，不得向被监临人借用财物，不得私自役使下属人员或利用职权经商谋利；否则依情节分别处以笞杖或徒刑。宋刑统还规定，官吏应约束其家人不得接受被监临人的财物；若家人有犯，比照官吏本人减等治罪。

这里"受财枉法"与现在的贪赃枉法一样；"受贿而未枉法屈人"则类同于现在的徇私舞弊；"检验不实"按"故入人罪"论则类似现在的滥用司法权办错案；"检验诈妄"类似现在的"挟私检验"或"挟私保护"。所以，检验不廉就是检验腐败。因为古代官吏既是行政管理者，也是司法执法者，二者集为一体，检验权由官员行使，检验腐败就指司法腐败。

用现代的话来说，所谓司法腐败，实质上就是司法权的商品化，就是钱权交易、色权交易和权权交易。司法官员接受一方当事人的贿赂，违反法律规定而作出不利另一方当事人的裁判。受损的不仅是输掉官司者，法律的尊严和法院的公信力同样也受到严重的践踏。司法腐败涵盖所有司法机关的腐败行为，司法权一旦越出权力范围，干涉其他社会关系，其后果往往相当严重，执法机关因偏袒当事的另一方，本可依法处理，却因强势权力及钱物的影响而出现严重失衡，司法权威受到损害。这也可称之为司法权力滥用。

我们再把宋慈所指检验不廉和现代司法腐败进行比较。我国现代司法腐败的表现形式有四大类：一是贪赃枉法，索贿受贿，暗中收取好处费，又称"金钱案"；二是徇私舞弊，办"人情案"、"关系案"；三是滥用司法权，又称"权钱案"；四是司法中挟私保护，包括地方保护主义等。由此可见，宋慈《洗冤集录》所指"受财枉法、受财不枉法、受所监临财物"当今仍然存在。司法腐败、裁判不公是中国几千年来历代王朝想解决而又没有解决的历史顽症。从西周的"五过之疵"到唐宋的重典治吏，以及近代的依法司法，其目的都是杜绝司法腐败，维护司法公正。宋慈《洗冤集录》所指三种检验不廉的相应处罚办法以及法律手段防范措施，值得当下进一步探讨。这也是我们今天研究宋慈《洗冤集录》的原因所在。

二三、检验不为

古代立于狱门的狴犴

宋慈《洗冤集录·条令》说："诸尸应验而不验；或受差过两时不发；或不亲临视；或不定要害致死之因；或定而不当，各以违制论。诸被差验复，非系经隔日久，而辄称尸坏不验者，坐以应验不验之罪。诸验尸，报到过两时不请官者；请官违法，或受请违法而不言；或牒至应受而不受，各杖一百。诸县，承他处官司请官验尸，有官可那而称阙，若阙官而不具事因申牒，或探伺牒至而托故在假避免者，各以违制论。"

电视剧《大宋提刑官》有这样一个故事：西郊明泉寺后山发现死尸，是锦玉班的女旦小桃红。宋慈验尸后发现，小桃红系被扼颈而死，结合尸体现象所见，认为小桃红死于两天前。锦玉班主姜氏认为是刑部小吏竹如海所杀。柳青证实说，两天前竹如海来找过小桃红，当夜回到小院，又见窗台上留有竹如海的雨伞。次日一早，竹如海神情慌急地来探问，小桃红是否回来？竹如海在公堂说，昨晚子时，有人来报，小桃红被拘明泉寺，他马上赶往明泉寺。在后殿听到有女子低泣，叫唤小桃红，果然应声。二人刚刚相会，和尚们追赶过来，便摸黑往山上逃，慌不择路，小桃红惨叫一声，滚下陡坡，从此不见踪影。然而，明泉寺住持出来作证，前晚寺内十分安静。又有车夫张大力作证，竹如海曾雇他的车，拖上一个裹着被子的死人。宋慈根据已知证据与线索，作出推论：竹如海暗恋小桃红，那日闯入屋内求欢而不得，一时恼起，扼颈至死，不得已黑夜里移尸郊外。判定竹如海为杀人凶犯，将其关进死牢。竹如海在狱中自杀，留有一纸遗书。调查时，姜氏说出真情，四天前城里富户朱某请小桃红去家中唱戏，再没见其人。朱称，那天小桃红刚来，就有几个人抬了宫轿将她接走了。宋慈找柳青，人已离去。另外，明泉寺住持不知去向。脚夫张大力淹死在护城河。小吏姚千说有竹如海所藏之物欲转交与宋慈。宋慈赶到姚千住处，此人已被毒杀。捕头抓回柳青。柳青讲出实情：有人以保她大红大紫为诱饵，让她夜间假扮小桃红在明泉寺与竹如海相会，逃往后山时，又假装跌落陡坡。宋慈突然想起，当时尸体曾被浸于西郊明泉寺后山凉水中，而该山涧水池的水很凉！所以，尸体看过去是两天前死亡，但实际上死于四天前。之所以当时宋慈认为死亡两天是根据尸体现象认定，是因为被掐死的小桃红尸体四天前被刁光斗先泡在冰冷的水里，使尸体腐败变缓，设套让宋慈检验为两天前死亡。布局陷害竹如海，更重要的是以检验"定而不当"罪报复宋慈。好在宋慈据理力争，揭露刁光斗阴谋。

所谓"检验不为"就是指鉴定不作为。宋朝法律明确规定，检验官员必须重视检验，不得"检验不为"。因此，规定六种"检验不为"要受处罚：一是应验而不验；二是受差过两时不发；三是不亲临视；四是尸坏不验；五是牒至应受而不受；六是托故不验。但宋朝还对有经验的官员设定了视为"检验不为"的两种情形：一是不定要害致死之因；二是定而不当，各以违制论。这八种"检验不为"情形中，只有"定而不当"一种可能在宋慈身上设套陷害。于是，刁光斗演出了上述的把戏，宋慈及时发现及时纠正。

我们今天看宋慈《洗冤集录》主要看其法律意义和学术价值。对于"检验不为"法律规定和实际意义在于，尸体要早期检验，否则尸体腐败，一些证据就会消失殆尽。同样，在活体上损伤检验，也存在相同的情况。因此，拖延时间检验或找借口不检验是"鉴定人不作为"的表现，应受到法律应有的处罚。同样，嫌犯杀（伤）人后也尽量毁坏尸体或拖延时间使尸体腐败或是损伤消失，鉴定人接案后要尽快检验，收集证据，揭露犯罪事实。从这一点出发，今天介绍宋慈《洗冤集录》有关"检验不为"内容，对完善司法鉴定制度，制定相关规定，规范司法鉴定工作，仍有重要的历史和现实意义。

二四、检 验 不 公

宋慈《洗冤集录·条令》说："初复检官吏、行人相见及漏露所验事状者，各杖一百。……诸行人因验尸受财，依公人法。"

宋慈说，官员在初检验尸或复检验尸，与有关人员相见及泄露检验内容的，要受一百杖刑。所有检验人员验尸受财的，同样要受一百杖刑。所谓"验尸受财"指检验时收到当事人的钱财。宋慈认为，验尸受财，接受贿赂，拿当事人好处，必然手软而检验不公，要依法处置。

宋慈对检验不公的处罚，来自于宋朝的法律处罚规定，也来自于道德层面的谴责。同样，将法律规定写入《洗冤集录》中还有警示价值。

说到警示教育，还得从远古讲起。《左传·昭公二十八年》："贪婪无厌，忿类无期。"意思是贪心无法满足。我国古代传说有一种怪兽，名字叫"贪"。这个怪兽，四蹄似牛，头上长角，身上有鳞，尾巴翘得很高，嘴巴张得很大，两眼突出，欲吞食前方海平面升起的旭日。传说，一天，"贪"到海边喝水，望见太阳的影子在大海中漂浮，以为就是太阳，想把它吃掉，结果跳入大海后被淹死。古代衙门的照壁通常会画这个怪兽。将"贪"画在壁上，主要是警戒官员要克己奉公，清正廉洁，不要贪赃枉法，否则将会像"贪"一样自取灭亡。

福建闽安衙门的青石壁雕"贪"

我国古代警示壁画，不仅见于公堂，有的还见于衙门门口的广场墙壁上。建于宋代的福建闽安巡检司衙门的广场墙壁就有一幅青石壁雕"贪"，大概是告诫所有人不要贿赂官员，官员也不得接受贿赂。不然，就会像"贪"一样在大海里淹死。

福建闽安巡检司衙门，宋代始建，为监镇卫，相当于军州级衙署。坐北朝南，占地 1768 平方米，其高度依皇制规格为二丈四尺，五落进木构厚瓦结构。在福建闽安衙门前面广场壁上一个青石壁雕"贪"引人注目。

二五、推　　勘

宋慈《洗冤集录·验状说》："死人尸首元在甚处？如何顿放？彼处四至？有何衣服在彼？逐一各检刬名件。其尸首有无雕青、灸瘢？……皆要一一于验状声载，以备证验诈伪，根寻本原推勘。"

这段话的意思是，现场发现尸体时，要考虑尸体是否移尸的可能。如果是移尸的，原来尸体是在何处呢？现在的尸体如何放置呢？现在尸体位置如何？现场有无衣物留置？逐一登记在册，并写在检验报告中。还有尸体上有没有发现文身、灸瘢都要记录清楚，以备检验时排除诈伪。只有这样处理了，才能使得裁判符合原本事实，断案公正平允。

上述宋慈所说的推勘指裁判或审断，也是制度。

《宋史·刑法志》："鞫狱官推勘不得实，故有不当者，一案坐之。"宋·司马光："须合差官体量相度，点检磨勘，刬刷催促，推勘定夺。"在宋代，三司推勘公事系官名，嘉祐五年（1060）置。翻异别勘制度是被告推翻原口供而另行安排勘问、推鞫的重审制度。分为原审机构改派同级他司重审的"移司别推"与上级机构差官重审的"差官别推"两种。宋哲宗元符三年规定："大辟（死刑）或品官犯罪已结案未录问，而罪人翻异或其家属称冤者，听依司别推。"宋宁宗庆元四年规定："州狱翻异，则提刑司差官推勘；提刑司复翻勘，则以次至转运、提举、安抚司。本路所差既遍，则又差邻路。"但依《宋刑统》卷二十九："应犯诸罪临决称冤，已经三度审结，不在重推之限。"南宋时至少有五次以上翻异也要审理之令，表明已不限三次翻异别勘。历史上，推勘有特别法律规定和特定含义。宋代为强化中央集权，加强对司法审判的控制，一些重案、要案及疑难案件的审理，多由皇帝亲自选派或地方路级监司差派官员组成临时性的审判机构独立审判。前者为制勘，后者为推勘。推勘是指由地方路级监司、州军差派官员，在案件发生地的临近州军设置的"推勘院"而进行的审判活动。推勘院主要审理地方上比较重大的案件，一般由所属路一级的监司选差临时法官组成，但必须经朝廷允许，并且选差后要将被选差官的姓名和职位申报中央备案。可见，宋代的临时推勘官不能随意选差，必须经过严格的程序，且临时推勘官必须是强干能勘事人。宋代经推勘院复审的案件主要有以下几种：一是大辟（死刑）或品官犯罪翻异案；二是命官脏私案件，这类案件一般由皇帝敕令地方监司选派官员或诏令不相干的州差派官员置院推勘；三是地方郡县按发的命官案件，以及牵连地方长官的大案；四是监司巡历州县发现的疑难案件。差官置院推勘，在宋代的司法审判中运用得十分普遍，其受案范围也较大，是宋朝审判案件的一大特点。

宋代的推勘制度一直被后人所沿袭。为了明了检验在推勘中的作用，这里举一个清代

《拒奸杀人之判》案例：有陶文凤者，涎其弟妇丁氏美貌，屡调戏之未得。一日，其弟文麟因事赴亲串家，夜不能返。文凤以时不可失、机不可逸，一手执刀、一手执银锭两只，从窗中跳入丁氏房中，要求非礼。丁氏初不允，继见执刀在手，因佯许也。双双解衣，丁氏并先登榻以诱之。文凤喜不自禁，以刀置床下，而亦登榻也。不料丁氏眼疾手快，见彼置刀登榻，即急趋床下，拔刀而起，文凤猝不及意，竟被斩死。次日鸣于官，县不能决，呈控至府。时任莱州知府张船山办理此案。张船山推勘丁氏无罪：

（1）审得陶丁氏戳死陶文凤一案，确系因抗拒强奸，情急自救，遂至出此。又验得陶文凤赤身露体，死在丁氏床上。衣服乱堆床侧，袜未脱，双鞋又并不齐整，搁在床前脚踏板上，身中三刃：一刃在左肩部，一刃在右臂上，一刃在胸，委系伤重毙命。本县细加检验，左肩上一刃最为猛烈。当系丁氏情急自卫时，第一刀砍下者，故刀痕深而斜。右臂一刃，当系陶文凤被刃后，思夺刀还砍，不料刀未夺下，又被一刃，故刀痕斜而浅。胸部一刃，想系文凤臂上被刃后，无力撑持，即行倒下。丁氏恐彼复起，索性一不做二不休，再猛力在胸部横戳一下，故刀痕深而正。

（2）又相验凶器，为一劈柴作刀。正与刀痕相符。而此作刀，为死者文凤之物。床前台下，又有银锭两只，各方推勘，委系陶文凤乘其弟文麟外出时，思奸占其媳丁氏，又恐丁氏不从，故一手握银锭两只，以为利诱，一手执凶刀一把，以为威胁。其持刀入房之际，志在奸不在杀也。丁氏见持凶器，知难幸免，因设计以诱之。待其刀已离手，安然登榻，遂出其不意，急忙下床，夺刀即砍，此证者诸死者伤情及生者供词，均不谬者也。

（3）按律《因奸杀死》载：妇女遭强暴而杀死人者，杖五十，准听钱赎。如凶器为男子者免杖。本案凶器，既为死者陶文凤持之入内，为助威强奸之用，则丁氏于此千钧一发之际，夺刀将文凤杀死，正合律文所载，应免予杖责。且也强暴横来，智全贞操，夺刀还杀，勇气佳人，不为利诱，不为威胁。苟非毅力坚强，何能出此！方敬之不暇，何有于杖？此则又敢布诸彤管载在方册者也，此判。

该案由《清朝名吏判牍》所载，表明古代十分重视检验在审判中的作用，值得研究。

二六、刑寺长贰

宋慈《洗冤集录·条令》说：刑寺长贰详议：检验不当，觉举自有见行条法；今检验不实，则乃为觉举，遂以苟免。今看详：命官检验不实或失当，不许用觉举原免。余并依旧法施行。奉圣旨根据。

宋慈这段话的意思是，经刑部、大理寺的两长审议：对于检验不当的情形，要求"觉举"从宽的，按现行条令执行；对于检验不实的情形，也要求实行"觉举"从宽的，实际上是逃脱罪责。现审阅研究认定：凡命官检验不实或不当的，一律不准援用"觉举"规定加以宽免。依法办理，按圣旨执行。也就是说，检验不实或检验不当就是不按法律规定办案，就是不公正，就得受法律处罚，就要掉乌纱帽。

古代象征公正的獬豸和法冠

寺的名称与古代官名有关。宋时以礼、户、吏、兵、刑、工六部尚书及都察院都御史、大理寺卿、通政司使为九卿，所居称"寺"。秦时，凡宦官任外廷职务的，官合通称为寺，如大理寺、大常寺、鸿胪寺等。后来，官府都引申为"官寺"。

宋在中央设大理寺、刑部、御史台分掌中央司法职能。大理寺行使中央司法审判权，审理中央百官与京师徒刑以上案件。凡属流徒案件的判决，须送刑部复核。死刑案件必须奏请皇帝批准。同时大理寺对刑部移送的死刑与疑难案件具有重审权。大理寺的主要职能是中央司法审判。刑部下设刑司、都官、比部和司门等四司。刑部有权参与重大案件的审理，对中央、地方上报的案件具有复核权，并有权受理在押犯申诉案件。宋代刑部负责大理寺详断的全国死刑已决案件的复核及官员叙复、昭雪等事。还设御史台作为中央监察机构，专门负责监督中央和地方各级官吏，可称得上是皇帝的"耳目之司"。御史台有权监督大理寺、刑部的审判工作，同时参与疑难案件的审判，并受理行政诉讼案件。

宋在地方设"提点刑狱公事"的提刑官。宋代在"路"（与"省"相近）这一级先后设了提点刑狱司机构，从中央派文臣担任提点刑狱公事即"提刑官"。同时，"提刑官"负责地方刑狱、诉讼。提刑司多设在占据交通要道的州府，"提刑官"则每年定期到所辖的州县巡查。"提刑官"的职能，除了监察地方官吏之外，主要是督察、审核所辖州县官府审理、上报的案件，并负责审问州县官府的囚犯，对于地方官判案拖延时日、不能如期捕获盗犯的渎职行为进行弹劾。宋代杖刑以下的犯罪，知县可判决；徒刑以上犯罪，由知州判决，而"提刑官"主要负监督之责；州县的死刑犯一般要经过"提刑官"的核准，提刑司成为地方诉讼案件的最高审理机构。"提刑官"还负责审理疑难案件，平反冤狱，以及接受民众的上诉。

电视剧《大宋提刑官》介绍这样一个故事：兵部侍郎史文俊通敌被打入天牢。冯御史当主审，宋慈、吴淼水为副审，参与查案。宋慈对史文俊没好感，但认为此案有蹊跷，私去史府查探。宋慈到史府查验小凤尸体，见其衣衫被扯破，头发披乱。判断杀人凶器为单锋剔骨刀，而非原先认定的史文俊随带长剑。衙役在后花园莲花池中摸出一把厨房用的剔骨刀。宋认为这才是真正的凶器，唐二宝系真凶。宋慈私下调查被诬入狱。宋皇允诺宋慈戴镣自查，洗清身上的冤情。宋慈在狱中审查所有证物案卷。对被认定史文俊私通敌国罪的文书，宋慈取清水一盆，将信纸投入水中，即见那纸片散成小块了。原来，所谓"史文俊通敌文书"实际上是由许多小片碎纸拼起，在炭火上烘干成一封书信。宋慈用此方法揭穿了假证，为史文俊洗脱罪名，也为自己洗清冤情。

在宋代法律中，非常重视审与判的分离。京畿官员涉嫌犯罪，均须下大理寺狱，并会同御史台与刑部共同审理，有些甚至须由皇帝亲自控制的审刑院负责。所以，电视剧《大宋提刑官》的上述介绍有些出入；此外，宋慈有否被判入狱和狱中审案也无考证。但是，宋慈确实在《洗冤集录》中再三提到官员必须遵守的检验原则：

一是检验必须遵守法律规定。宋慈提到的刑部、大理寺审议的既定法律必须遵守，不得自行变通执行。

二是检验不当必须受处罚。宋慈提到检验不当的觉举（自首）减轻处罚，有条文严格规定，不得自行减轻。

三是检验不实必须受到处罚。宋慈提到检验不当都有条文严格规定不得自行减轻，那么，检验不实更不得因觉举（自首）而减轻。

四是官员检验必须坚持原则。宋慈坚持原则及其亲自到现场和检验尸体的做法，在《洗冤集录》中多次提到，因而宋慈坚持自己正确意见的做法是可信的。这一点，电视剧《大宋提刑官》把握得好。正如宋慈说的："余并依旧法施行。奉圣旨根据。"

从以上介绍我们发现，宋代的检验中对不实检验或不当检验，都要做出不同程度的处罚，轻者降级或掉乌纱帽，重则身陷囹圄，其目的是减少检验错误发生，这是宋代检验的立法特色之一。反观现代，司法鉴定出现错误做出反应不多或相应处罚不严，甚至造成反复鉴定、重复鉴定，更造成司法不公的严重影响和司法资源的严重浪费。因此，很有必要在这一方面汲取古代的有益立法经验。

二七、宋代验尸主动纠错追责制度

宋慈《洗冤集录·验邻县尸》说："凡邻县有尸在山林荒僻处，经久损坏，无皮肉，本县已作病死检了，却牒邻县复。盖为他前检不明，于心未安，相攀复检。"

这段话的意思是，山林荒僻处发现一具尸体，初检时尸体经久损坏，无皮肉，当初本县以病死结案。这次又发牒请邻县来复检。为什么这样处理呢？因为前检病死的结论可能不可靠，于心未安，相约请邻县复检，待检验可靠了再上报审批，以免上级提出复检。这是一种主动纠错的检验制度，如果本县原检有误，通过邻县第三方介入检验，发现问题，改变检验结论，使案件得到正确的处理；如果原检有误，直接报上级州府或提刑官复检，发现问题，同样要纠错，但原检要受处罚。宋慈认为，因检验错误可能或已经使无辜者被错定为有罪或者轻罪错定为重罪的，或因检验错误可能或已经使有罪者错判为无罪，或者将罪重者以轻罪论处的，都应通过检验主动纠错并追责。这就是宋代主动纠错追责制度。

《大宋提刑官》介绍这样一个案件：太平知县吴淼水破获一起凶杀命案，凶犯曹墨供认因夺爱玉娘而将王四打死抛尸水中，并交出了杀人时所穿的血衣一件。该案凶犯上报待诀。一年后，宋慈前往太平县视察狱事。是夜，宋慈翻阅案卷，发现曹墨案疑点很多。而吴知县却半夜悄悄来到死牢，嘱曹墨不得翻供，并许诺：只要坚持原先的供词，可免其一死。宋慈赶到现场。发现这是一条横卧水中的石坝，旱时作桥，汛时为坝，当初王四进山收取货银，这是必经之地，显然三天大雨，王四因过河而发大水溺死。宋慈认定，王四系自己落水溺死并非曹墨所杀。而此时离曹墨的行刑日期仅存几个时辰！宋慈这一现场勘验，在问斩期限将至时救了被刑讯逼供认罪的曹墨一命。

这里要了解宋代的初复检制度和提刑检验制度。

初检。宋《庆元条法事类·检验》规定了亲属不在场的死亡、非正常死亡、杀伤死亡、囚犯死亡等应有官吏进行初检。宋慈说："有可任公吏使之察访，或有非理等说，且听来报，自更裁度。初验，不得称尸首坏烂，不任检验，并须指定要害致死之因。初检尸有无伤损讫，就验处衬簟，尸首在物上，复以物盖。交与复检。若是疑难检验，仍不得远去，防复检异同。"（见《洗冤集录·初检》）可见，"初检"除尸体检验外还包括现场调查和现场勘验，类似现在的"现场法医学"的内容；"初检"不是初步检验或初步结论，检验官吏要对检验负责并有明确的检验结论；"初检"完成后应保护现场、保护尸体；"初检"是一种检验程序，遇刑案或疑难案件必须复检。

复检。宋《庆元条法事类·检验》规定非正常死亡、杀伤死亡、囚犯死亡等应由官吏复检。宋慈说："与前检无异，方可保明具申。万一致命处不明，痕损不同，如以药死作病死之类。前检受弊，复检者乌可不究心察之，恐有连累矣。检得与前验些小不同，迁就改正，果有大段违戾，不可依随。更再三审问干细等人，如众称可变，方据检得异同事理供申；不可据己，便变易。复检官验讫，如无争论，方可给尸与尸亲属。无亲属者，责付本都埋瘗，勒令看守，不得火化及散落。如有争论，未可给尸，且掘一坑，就所簟物，异尸安顿坑内。上以门扇盖，用罨瘗作堆，周回用灰印印记，防备后来官司再检复，乃责看守状附案。"（见《洗冤集录·复检》）可见，"复检"同样包括尸体检验、现场调查和现场勘验等内容；复"检"不是重新检验，它是根据案件性质，按法令要求进行的；"复检"与"初检"的正确与否无关，检验官吏要对复检负责并有明确的检验结论；"复检"完成后，如有争论应保护尸体；"复检"也是一种检验程序，杀伤等刑案或疑难案件是必需复检的，往往在差初检官时就申请复检。"应复验者，并于差初检官日，先次申牒。"（防复检异同见《洗冤集录·条令》）复"检"没有明确的次数限制，因案件需要或发现问题或申诉引发官司等可启动二次以上复检。

检复。宋慈说："凡初、复检讫，血属、耆正副、邻人，并责状看守尸首。……凡检复后，体访得行凶事因，不可见之公文者，面白长官，使知曲折，庶易勘鞠。近年诸路宪司行下，每于初、复检官内，就差一员兼体究。凡体究者，必须先唤集邻保，反复审问。如归一，则合款供，或见闻参差，则令各供一款，或并责行凶人供吐大略，一并缴申本县及宪司。县狱凭此勘，宪司凭此详复。或小有差互，皆受重责。"（见《洗冤集录·检复总说下》）可见，"检复"是复"检"的一种情形，但是，又是对"初、复检"的审查，同样是一种检验程序。宋慈提到的"宪司行下"，指提刑及其下派官吏的检验，有审核或复核检验的性质。也就是说，检复是对复验的再次审查。

提刑检验。北宋太宗朝开始设立"提点刑狱公事"，到真宗朝逐渐制度化，设置了提刑司的衙门。提刑司多设在占据交通要道的州府，提刑官则每年定期到所辖的州县巡查。对于地方官判案拖延时日、不能如期捕获盗犯的渎职行为进行弹劾。提刑官还负责审理疑难案件，平反冤狱，以及接受民众的上诉。北宋太宗朝开始设立提点刑狱公事。朝廷选派文臣到地方，审理疑难案件，清理积压的旧案，主动纠错；到真宗朝逐渐制度化，设置了提刑司的衙门。宋代提刑职能，主要是审核所辖州县官府审理、上报的案件，并负责审问州县官府的囚犯，对于地方官判案拖延时日的渎职行为进行弹劾（《宋史·职官志七》）。宋代杖刑以下的犯罪，知县可判决；徒刑以上的犯罪，由知州判决，而提刑官主要负监督、纠错职责；

州县的死刑犯一般要经过提刑官的核准，提刑司成为地方诉讼案件的最高审理机构。

综上所述，宋代的初验是尸体的初次检验，复验时官府主动复查，如果初验有误，复验主动纠错，而检复是对复验的再次审查，如果复验有误，检复可以再次主动纠错。提刑检验则是监督和审核，发现有错，同样主动纠错。

宋代检验主动纠错有哪些措施呢？还是以宋慈《洗冤集录》介绍加以说明。

一是初验纠错。前面已介绍，本县官员对原检不放心，请邻县来复检，并规定："诸尸应牒邻近县验复。"这样规定，目的是尽快发现问题，主动纠错，并尽快报上一级复检。

二是复检纠错。宋代法律规定："诸尸应复验者，在州申州；在县，于受牒时牒尸所最近县。"由此可见，州所在地的郭下县复检案子就直接请所在地州复检；县一级可以报州复检，也可以请最近县复检。

三是初检与调查有矛盾的纠错。宋慈说："凡初检时，如体问得是争斗分明，虽经多日，亦不得定作无凭检验，招上司问难。"就是说，尸体腐败严重，初检时没有结论，但调查发现有激烈打斗和目击证人证明系打死的。这种情况，要仔细检查找到死因，否则，上级复验会主动纠错并追究责任。

四是初验有责任保护现场和尸体以便主动纠错。宋慈说："初检尸有无伤损讫，就验处衬簟，尸首在物上，复以物盖。候毕，周遭用灰印，记有若干枚，交与守尸弓手、耆正副、邻人看守，责状附案，交与复检，免至被人残害伤损尸首也。若是疑难检验，仍不得远去，防复检异同。"也就是说，如果因为初验水平所限而出现错误，要保护现场和尸体，复验官员要以最快的速度赶来复验，发现问题，主动纠错。宋慈还说："年来州县，悉以委之初官，付之右选，更历未深，骤然尝试。"县一级"初官"可能经验不足，出现错误，请复检官员主动纠错。

五是复检官员未能履行纠错的责任。宋慈说："与前检无异，方可保明具申。万一致命处不明，痕损不同，如以药死作病死之类，不可概举。前检受弊，复检者乌可不究心察之，恐有连累矣。"也就是说，初验错，复验再错，还可能复查而主动纠错，原初检、复检官员都要同时受到法律处罚。

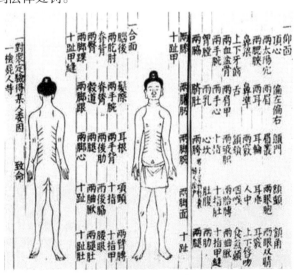

元代《元典章》中的验尸仰面、合面图

六是复检对前检的纠错方法。宋慈说："检得与前验些小不同，迁就改正；果有大段违戾，不可根据随。更再三审问干系等人，如众称可变，方据检得异同事理，供申；不可据己见便变易。"这就是说，复检发现前检有小的错误怎么办？比如，左边伤写成右边伤，伤的偏左或偏右，诸如此类，发现什么错误就改什么错误。如果有"大段违戾"怎么办？宋慈说"不可根据随"，要进一步调查，并经集体讨论加以说明，不能"据己见便变易"。最后还得报更高一级复检，主动纠错。

七是防患于未然主动纠错。宋慈说："凡抄札口词，恐非正身，或以他人伪作病状，代其饰说，一时不可辨认，合于所判状内云：日后或死亡，申官从条检验。"要做好笔录，以防两种情形：一是"非正身"的可能，搞错了检验对象；二是"以他人伪作病状代其饰说，一时不可辨认"的可能，张冠李戴，行奸作诈。这样一旦"日后或死亡"，可"申官从条检验"，就不会被动，并可主动纠错。

八是提高检验水平的主动纠错。宋慈说："若被人打杀，却作病死，后如获贼，不免深谴。"原检把打杀定做病死，一旦抓到凶手，要主动纠错，而初检官员也要受到处罚。

九是初检定性不准确要主动纠错。宋慈说："移尸事理甚分明，要公行根究，开坐生前与死后痕。盖移尸不过杖罪，若漏落不具，复检官不相照应，申作两痕，官司必反见疑，益重干连人之祸。"初检定性错了，复检官员只会主动纠错，而不会考虑"照应"初检错误，因为复检官员也怕受连累。

十是翻异别推制度要求主动纠错。宋慈举例说："曾有验官，为见头上伤损，却定作因打伤迷闷不觉倒在水内；却将打伤处作致命，致招罪人翻异不绝。"检验错误，有人提出申诉，就要启动翻异别推制度，请别的官员或上级检验，确有问题就得主动纠错。如果不这样，就会"翻异不绝"。

十一是录囚制度要求主动纠错。宋代录囚指上级对下级司法行为的监督。录囚是审录在押的囚犯，检查下级机关的检验行为是否合法、是否有差错，以便及时平反冤案、及时审决案件，是主动纠错的一个重要司法制度。前面"曹墨案"就是典型案例。宋慈说："若灼然知其为欺，则亟与驳下，或疑信未决，必反复深思，唯恐率然而行，死者虚被涝滴。"宋慈于嘉熙三年（1241）提点广东刑狱。宋慈录囚发现所属官员多不履行职责，出现累讼积案，有拘押数年的案犯，都未理清曲直。于是，制定办案规约，责令所属官员限期执行，自己亲自办案，仅8个月，就处理了200多个案件。

宋代检验主动纠错追责制度有它可借鉴的地方。反观现在的司法鉴定，不少案件来自于错误鉴定，而主动纠错追责制度不完善，给社会造成一些不良影响，有必要加强这方面的立法研究和处罚力度。

二八、宋代验尸保密制度

宋慈《洗冤集录·条令》说："诸验尸，初复检官吏、行人相见及漏露所验事状者，各杖一百。"

这段话的意思是，初验官员和复验官员之间相见泄露检验消息，或者初验行人和复验行人之间相见泄露消息，或初复验官员与行人相见及漏露所验事状者，各杖一百。这是宋代严禁初复检官吏、行人私下接触及漏露检验内容的验尸保密制度。实际上，宋慈这段话有两层含义：一是什么叫验尸保密常识？宋慈明确把验尸保密常识说得很明白，只要"初复检官吏、行人相见及漏露所验事状者"都叫泄密，都是法律禁止的；二是什么是验尸保密意识？宋慈也说了验尸保密意识，不遵守验尸保密常识就会受法律处罚。这就是宋慈《洗冤集录·条令》介绍的宋代验尸制度中两个"识"即验尸的保密知识和验尸的保密意识。宋慈把它写在第一章《洗冤集录·条令》开篇之中，足见宋慈对这两个"识"的重视。

宋代以后，检验的保密制度基本一致。现举清代一个案件加以说明。

1781 年，汪辉祖在浙江龙游知县王晴川当幕府。那年正月十三日，当地农民卢标在外出观赏灯的时候，和邻居余某发生冲突。卢标和余某互不相让，发生殴打，余某踢伤了卢标的小肚子，卢标疼得连话也说不出来。当天晚上，卢标的家属将卢标抬到余某家，要求处理。案件上报后，经过检验伤痕，官府将卢标交付余某进行保辜。

当年二月初二日是文昌神会，卢标久病初愈，也去逛神会，大醉而归。第二天起来，卢标身体发热不止。卢标痛苦不已，就让自己的弟弟找来内科大夫汪某诊治，不见好转。卢标每况愈下，病情愈演愈烈，到了二月初九日，竟然不治身亡。因为此前余某曾经殴打过卢标，并且由官府确定由余某对卢标进行保辜，现在卢标死亡，卢标的家属就要求余某对卢标的死亡承担责任。

卢标的家属和余某相持不下，报告官府。县府衙门立即对卢标的尸体进行了检验，检验是由邻近县份的何某代为进行的。检验的结果是卢标小肚子上面有伤痕，该伤痕和原来余某踢伤卢标后，官员检验的伤痕尺寸大小、颜色深浅完全吻合。

知县王晴川决定对这个案件进行重审。汪辉祖提出，如果说是余某踢伤卢标的小肚子，导致卢标死亡，余某踢伤卢标造成的一定是致命伤。按照一般情形，被害者死亡的时间，从致伤之日起算，不会超过三天。而卢标是二月初九日死亡的，距离余某正月十三日踢伤卢标，已经有二十七天的时间。

汪辉祖再用医理提出自己的观点：一般说来，皮下青紫外伤，在停留一段时间后，伤痕就会逐渐消失。卢标死亡的时候，距离余某踢伤卢标已经过去了二十七天，在何某检验卢标尸体的时候，怎么卢标小肚子上面的伤痕还和余某踢伤卢标后司法官员的检验结果一模一样，连同伤痕的尺寸大小、颜色深浅都完全一样？分明是前检透漏消息！

汪辉祖因此对于何某所作的卢标尸体检验提出质疑，建议知县王晴川在讯问相关检验人员后，对案件进行重审。

当年十月份，对卢标案件进行了会审。但何某固执己见，坚持说自己作出的卢标尸体检验是正确可靠的。

但是，知县王晴川感到了问题的严重性而专门提请上报，由上级指示另行选派检验官员对卢标的尸体进行检验。上级选派兰溪县梁君进行检验，检验的结果是，卢标的尸体腹部已经完全腐烂，无法检见伤痕。对此，进行尸体检验的梁君也大吃一惊，不敢填写检验报告。

为查明真相及处罚泄密，当年十二月，王晴川再请杭州知府复检。复检结果报吏部，何某及前检验官员因而受吏部免职。

古代检验有哪些保密制度措施呢？还是从宋慈《洗冤集录》记载来说明：

一是不懂验尸保密受处罚。宋慈说："初复检官吏、行人相见及漏露所验事状者，各杖一百。"不懂这一规定，没有这一"常识"和"意识"，就是越了验尸保密制度的红线，就要"受杖一百"，严重的要受到吏部免职。也就是说，不仅要"打屁股"，而且还可能"丢饭碗"。

二是验尸保密制度落实到细处。宋慈还介绍："凡检验承牒之后，不可接见在近官员、秀才、术人、僧道，以防奸欺及招词诉。"这说明，宋慈认为，"检验承牒之后"的初验，如果检验官员"接见在近官员、秀才、术人、僧道"，就有可能泄露检验秘密，也被视作违反检验保密制度。

三是防范验尸泄密。宋慈提出防范验尸泄密的措施主要是，"仍约束行吏等人不得少离官员，恐有乞觅"。意思是官员自己不越线，也要约束身边行吏等人与涉案人私下接触，避免"有乞觅"的可能，而触犯验尸保密制度。

四是杜绝违反验尸保密制度的可能。宋慈说："遇夜行吏须要勒令供状，方可止宿。"连晚上住宿都要写下保证书，不与涉案人接触，坚守保密底线。

五是验尸现场的保密制度。宋慈说："凡官守，戒访外事。""凡初、复检讫，血属、耆正副、邻人并责状看守尸首，切不可混同解官，徒使被扰。"也就是说，现场保护和尸体看护也要有保密措施，避免尸体被毁坏。

六是验尸调查的保密制度。宋慈说："凡检复后，体访得行凶事因，不可见之公文者，面白长官，使知曲折，庶易勘鞫。"对于检验以后，要把结果报直接主管上级，其他人员甚至其他官员，不得泄露，以免违反检验保密制度而受到追责。

由上可知，检验属于司法办案的一个程序，有许多需要保密的地方，遵守检验保密制度是必要的。宋代检验的保密制度，特别是检验"保密知识"和检验"保密意识"的规定及其理解，在当下仍有其现实意义。

二九、巡 检 司

宋慈《洗冤集录·条令》说："百里内无县者，听就近牒巡检或都巡检。"

这段话的意思是，复验的案件，应当发公文给最近的县，但在百里之内没有县的，就近发文给巡检司或都巡检司，请求检验。这一做法是宋代法律规定的，目的是尽快检验。因为古代交通主要靠脚力和马力，如不这样做，往往尸体腐败而无法检验。这里宋慈提到巡检司和都巡检司，这是什么机构？又有什么职能呢？

巡检司始于五代，盛于两宋。巡检司主要设在沿海、边远、多县交界或大都市周边交叉管辖等地区，如福州的闽安巡检司，设在福州市亭江镇闽安村。元代仍设为巡检司，清为协统衙门。现存的闽安巡检司，由门廊、回廊、大厅、后堂、天井等组成，占地面积1768平方米，院内有宋元祐六年（1091）石槽等。

在宋元明清代，巡检司系列中以社区捕盗官属性最为典型。但从宋慈《洗冤集录·条令》记载，巡检司也有检验职能，前提是"在百里之内没有县"的时候，巡检司接受临近县的复验，其检验结果同"邻县复验"。

永泰县初在辜岭置巡检司，元时移至漈门，明清时设在嵩口，"嵩口司"位于永泰县、德化县、尤溪县和仙游县交界处。自宋元明清以来，福建一直流行溺女恶俗。如《宋史》中王鼎"徙建州，其俗生子多不举"，这里建州指闽北。明代同安教谕金星徽《上两台风俗书节署》中说，"漳南之俗，止育一女，多则溺之"，这里漳南指闽南。同治时期刊刻的《省例》中列闽省恶习，就有"溺女"。据永泰县志记载，清同治时，嵩口巡检陆元熙，廉洁自律，自视很高。不计吃穿，不置私产。一个九品"半通之绶"的小官，却勤政爱民、教化百姓，为官一任造福一方。其中值得一提的是，力挽当时嵩口溺女陋习，并创办"拯婴局"，救活了很多婴儿。或许这"奉宪永禁溺女碑"，正是他任上所设。

在闽侯县青口镇也有一块清代"永禁溺女"碑。此碑高 1.17 米，宽 0.48 米，花岗石质地。碑正面中间阴刻有"宪奉永禁溺女"楷书大字，字径约 20 厘米；上下款分别刻有"光绪二年"（1876）"还珠里保婴局公立"等字样，字径 12 厘米，迄今已有 130 多年历史。

由此可见，在宋元明清代巡检司为县级衙门底下的基层组织，佐以行政权力，也多有通判等官职设置。巡检司之设置，除关津之外，还有私开矿业处所、商贾辐辏之地、民族交错地方、州县交边区域、距治所遥远之地、流民往来集聚之处等。巡检司不仅设于城镇，亦设于乡村；不仅设于繁华之地，亦设于荒僻之处，甚或山林深阻、或地僻人稀、或湖水广阔、或山荒湖漫。具体而言，巡检司负责所在地方的盗贼缉捕、治安巡防和镇压寇乱等，也处理部分类似"邻县复验"的检验，以及由上游邻县河道漂来的"溺女"案件的检验。

闽侯青口"永禁溺女"碑

三〇、看　　详

宋慈《洗冤集录·条令》说："《刑统·制》曰：谓奉制有所施行而违者，徒二年。若非故违而失错旨意者，杖一百。"《刑统·议》曰：诈疾病者，杖一百。检验不实同诈妄，减一等，杖九十。"《刑统·疏》：以他物殴人者，杖六十。"《申明刑统》：以靴鞋踢人伤，从官司验定：坚硬，即从他物；若不坚硬，即难作他物例。""本所看详：检验之官自合依法差文臣。如边远小县，委的阙文臣处，复检官权差识字武臣。今看详命官检验不实或失当，不许用觉举原免。"

这段话的意思是，《刑统·制》指违反职制者判二年徒刑。如果不是故意违反杖打一百。《刑统·议》规定伪装疾病者杖打一百。检验不实同诈妄，减一等，杖打九十。《刑统·疏》规定：以他物殴人者，杖打六十。《申明刑统》解释，以靴鞋踢人伤，经检验坚硬的，从他物；若不坚硬，难作他物例。根据既往规定，检验之官自合依法差文臣。如边远小县，委的阙文臣处，复检官权差识字武臣。检验不实或失当，不得自首免罪。这里宋慈引用了宋代与检验有关的各种法律法规，如条令、制、疏、议、申明、看详等。

宋神宗将四种法规形式统一为律（敕）、令、格、式。宋神宗认为"律不足以周事情"，规定"凡律所不载者，不断以"。为了便于区分，宋神宗曾下过这样的定义："禁于已然之谓敕，禁于未然之谓令，设于此以待彼之谓格，使彼效之之谓式。"据《宋史·刑法志》的解释：凡属有关犯罪与刑罚方面的规定叫做律，有关约束禁止方面的规定叫做令，有关吏民等级及行赏方面的规定叫做格，有关体制楷模方面的规定叫做式。四种形式具有同等法律效力。

宋代法律形式除律（敕）、令、格、式外，还有疏议、编敕、制、申明、指挥、看详、断例等。

《宋刑统·疏（议）》是我国一部系统完整的刑法，其中引用的律（敕）、令、格、式达三十卷、十二篇五〇二条。

"编敕"是把皇帝若干年内所颁布的针对一时、一事的"敕"整理成册，经皇帝批准后颁布的法律形式。

"制"指职制，类似现在的公务员条例。

"申明"是中央主管官署就某项法令所作的解释。解释刑统的称"申明刑统"，"申明"也具有法的效力。

"指挥"是中央官署对某事临时所作的指示或决定。一经有过指挥，此后对同类事件就具有约束力，往往与令并行。

"看详"是中央和上级主管官署，根据过去的令或其他案卷所作的批示或决定。主管部门所作的看详，也可以作为以后处理同类事件的依据。《宋会要辑稿·刑法一》记载，哲宗元年（1086）八月十二日，曾"修成六曹条贯及看详共三千六百九十四册"。

"断例"是中央司法机关大理寺、刑部编集而成的判例汇编。断例之流行，大致始于北宋神宗时，此后断例之编集成为经常性的立法活动，如神宗时的《熙宁法寺断例》、南宋高宗时的《绍兴刑名断例》及孝宗时的《乾道新编特旨断例》等。"断例"与现代的"判例"不同，"判例"是法官做出的，"断例"是中央司法机关汇编的。另一个就是"比"，即"比附"，这是汉朝的法律形式，是指在律无正条的情况下，选择已判决的案例作司法审判的依据，又称"决事比"。在南宋时期，世人对"比""断例"似乎已不太严格。当时所设立的"讼学校""业嘴社"等讼师养成所里都在教授包括检验在内的断案课程，有的书籍就以准"断例"或"决事比"的形式出现，如《棠阴比事》等。宋慈著《洗冤集录》可能也受这些书籍的影响。

了解宋代的法律制度，有助于阅读宋慈《洗冤集录》并理解其真谛。

三一、机　　括

宋慈《洗冤集录·序》说："盖死生出入之权舆，幽枉屈伸之机括，于是乎决。"

这段话的意思是，案犯是生是死，案件是曲是直，关键在于检验，犯罪事实只有经过检验才能作出决断，这就是断狱。

关于机括，有两种解释。一是弩上发矢的机件，或机械发动的部分即机关；二是喻治事的权柄或事物的关键或计谋。清代有个叫王士祯的，官至刑部尚书。康熙四十三年（1704）被罢官归里。王士祯对官场十分了解，曾著《池北偶谈》一书。《池北偶谈》是一部有价值的笔记。议论文章的流别，或解析经史的疑义，以至国家典故、历代沿革、名臣硕儒的言行等，记录整理自己在京二十年间的见闻。《池北偶谈》分成四目：一是谈故，记叙清代典章与科甲制度等；二是谈献，主要记叙明中叶至清初名臣等；三是谈艺，评论诗文、采撷佳句；四是谈异，记叙神怪传闻故事。

《池北偶谈》有"机括"的解释："十月二十八日，男上中宫本。盖中宫危则皇长子危，长子危则宗庙社稷危，此回天机括，曲突徙薪上策。男赤心为国，奋不顾身，冒昧陈言，致皇上震怒，拿送镇抚司考讯。人臣尽忠报国，独立敢言，谁为主使。皇上初震雷霆，计且不测。幸赖二祖列宗在天之灵……"这是王士祯解说向皇上上疏的事，因皇上不高兴让自己回家务农。康熙后期，在诸子争位的斗争中，王士祯曾与几度被废的太子胤礽诗酒唱和过，这无意中触怒了康熙皇帝。于是，皇帝借故罢免了他。一向居官异常谨慎的王士祯，无意中成了政治斗争的牺牲品。但实际上，王士祯是受王五案失察牵连，被以"瞻徇"罪革职的。这里王士祯所说的"机括"是指治事的权柄或事物的关键，甚至关系社稷安危。

宋慈《洗冤集录》把检验提到司法案件的关键，是有其用意的：

一是关键环节。宋慈所说的"机括"，不仅指弩上发矢的机件，也喻事物的关键或治事的权舆。检验是"死生出入之权舆"，指事物的关键或治事的权舆；检验是"幽枉屈伸之机括"，指关键程度如弩上发矢的机件。宋慈重视检验可见一斑。

二是关键部位。宋代检验，"诸验尸，州差司理参军，县差尉。县尉阙，即以次差簿、丞。监当官皆阙者，县令前去"。这一关键部位，必须由正印者担当。

三是关键权舆。这里权舆就是司法鉴定权。而这个权舆，是关系到"死生出入"和"幽枉屈伸"。用现在的话来说，司法鉴定就是案件的证据，证据是案件最关键的部分。证据就是证明案件事实的材料，证据问题是诉讼的核心问题，全部诉讼活动实际上都是围绕证据的搜集和运用进行的。证据是法官在司法裁判中认定过去发生的事实存在的重要依据，在任何一起案件的审判过程中，都需要通过证据和证据形成的证据链还原事件的本来面目。

重温宋慈《洗冤集录》，思考当下司法鉴定改革，对司法鉴定机构审批、人员配置、技术培训及鉴定立法、鉴定制度等，都要提到很高的地位加以考虑，体现司法鉴定的关键作用。

三二、越　诉

宋慈《洗冤集录·检复总说下》说："顽囚多不伏于格目内凶身下填写姓名、押字，公吏有所取受，反教令别撰名色，写作被诬或干连之类，欲乘此走弄出入。近江西宋提刑复位格目，申之朝省，添入被执人一项。若虚实未定者，不得已与之就下书填。其确然是实者，须勒令佥押于正行凶字下。不可姑息诡随，全在检验官自立定见。"

这段话的意思是，顽固的案犯多不认罪，要当场在验尸表格"凶身"项下填写姓名押字。有时公吏人员有所勒索受贿，反教案犯别出花样，写成被诬陷或受牵连之类，企图乘此机会变动案情，免受刑罚。近来江西宋慈提刑官重新修订了验尸表格，上报朝廷、尚书省备案，增添进了"被拘捕人"一项。如果遇到虚实未定的案犯，就得在这一项下填写被拘捕人姓名；对于那些确属罪犯的，就必须使令他们在"正行凶人"那一项下面签名画押。检验官必须按程序办，这是检验官员的责任所在，自己要掌握好。这样做的目的是避免以后翻供，甚至上访、越诉。检验官员处理得当就不会出现类似的情况了。

宋慈避免上访的做法，实际上是完善检验程序。但宋朝有的官员不这样做。宋熙宁年间，河北路几个县的老百姓"相率诣阙诉"，结伙要到汴京上访。原来，由于程昉在河北大兴水利，许多农户的"庐舍坟墓"都被水淹没、毁坏，还耽误了秋季庄稼的耕种。有二百余名农户不肯忍气吞声，便决定进京告状。程昉闻讯大惊，急忙把几个县的县令叫来：你们是怎么做工作的?怎么让人跑到京城上访去了?还不赶紧派人给堵回来!程昉采取手段截访，使得越诉未成功。原来，各县令听程昉一说，不敢怠慢，立即派人截访。截访人员快马加鞭，在半路截住了：你们想上访是吧? 带回去打一顿。上访团谎称他们并非去上访，而是想到京师登闻鼓院送谢表。截访人员马上说：谢表还是我们来帮写吧，你们写的恐怕文理不通。也不劳你们跑一趟，我们马快，叫两个吏人送到京师登闻鼓院就行了。河北结伙上访就这样流产了。京城登闻鼓院以为河北水利出色，却不知程昉搞了截访把戏。

程昉的行为无疑违背了宋朝的立法精神。宋王朝在京师设立登闻鼓院、登闻检院，目的之一便是想建立一条快捷、通畅的"民告官"制度渠道，让受到冤屈或权力侵害的老百姓有机会直诉于朝廷，获得司法救济。这登闻鼓院和登闻检院有点像直诉法院，凡有诉状，原则上都要直呈御前，再由皇帝委派官员审理，而不是退回给地方政府处理。按照登闻鼓、登闻检二院的受理程序，"诸人诉事先诣鼓院，如不受，诣检院，又不受，即判状付之，许邀车驾，如不给判状，听诣御史台自陈"。意思是说，告状人先到登闻鼓院递状，如果鼓院不受理，再到登闻检院递状。如果检院也不受理，必须出具书面判状。告状人可以拿着判状拦驾告御状。如果检院不给判状呢?可以到御史台申诉。显然，宋王朝希望通过周密的制度设计，给予民众一种复合式的直诉机会。

不过在北宋中前期，鼓院和检院对诉状的受理也有条件限制："除官典犯赃、袄讹劫杀，灼然抑屈，州县不治者方许诣登闻院。"也就是说，除非发生"官典犯赃、袄讹劫杀、灼然抑屈"这类大事，否则必须一级一级上诉，如果直接就跑到鼓院告状，那叫做"越诉"，类似于今日所说的"越级上访"。鼓院通常是不会受理越诉的。

不过南宋时期制定了"越诉法"，以一系列法令"广开越诉之门"。越诉案的出现，多数情况下都与当地政府官员的不法行为有关。那么宋人在什么情况下可以越诉呢?

一是不合程序。宋朝要求诉讼结案后，官府必须给两造出具"断由"，"如元官司不肯出给断由，许令人户径诣上司陈理"。宋慈坚持当场检验、签字画押的方法，避免越诉。

二是司法不公。如"民间词诉……苟情理大有屈抑，官司敢为容隐"，当事人可越诉。

三是枉法滥权。审案时，若法官"辄紊常宪法，置杖不如法，决罚多过数，伤肌肤，害钦恤政"，受害人可以越诉推勘官及行杖人。

四是侵占私产。如"官司占田不还，许越诉"。

五是横征暴敛。如"州县于数外妄有科折……以加耗为名，大秤斤两，如有违戾，许民越诉"。

六是乱收费。如"累降指挥约束州县，不得因公事辄科罚百姓钱物。许人越诉"。

七是勒索商贾。如"现任官员收买饮食服用之物，并随市值，各用现钱。不得于市价之外更立官价，违者，许人户越诉"。

八是贪污腐化。如"命官犯入己赃，许人越诉。其监司不即按治者，重行黜责"。

也就是说，宋人如果遇到上述几种情况，可以直接到各级官府乃至京师的登闻鼓院控告，地方官员是不允许截访的。

三三、回　避　案

宋慈《洗冤集录·疑难杂说下》说："诸检复之类应差官者，可差所在州县晓事识字巡检前去，如无亲嫌干碍之人。不亲临，往往误事。官吏获罪犹庶几，枉致人命，事实重焉。凡检官遇夜宿处，须问其家是与不是凶身血属亲戚，方可安歇，以别嫌疑。"

古代"瀍"字从水、从鹰，表示法度公平如水

这段话说的是，初检以后，案件要报到州一级复验。州一级复检时，要求由通晓检验的文官前去，还得是与案件无关的官员参与检验。如果是有利害关系的，就得回避。官员不亲临检验，往往误事。官员因检验不实而被判刑还是小事，重要的是误判他人死刑，枉致人命，后果就严重了！凡检验官员，去办案时，遇到晚上住宿时，要问清是否是与案件有关人的家属或其亲属的家，不是，才能住下，以免被怀疑。

《大宋提刑官》第一集，电视剧开篇时有这样一个镜头：宋慈京试得中进士，与同科好友孟良臣相约酒肆。孟良臣已请命受任梅城知县，宋慈对好友单枪匹马奔赴险途甚为担忧，意欲回家完婚后陪好友同赴边城。完婚之日，父亲迟迟未归，全家人翘首盼望。就在新人拜堂之际，一辆马车骤然而至，马车载回的是宋慈父亲的遗体——宋巩一生从事刑狱审戡，从无出错，却因一次误判人命而以死谢罪。老推官留下遗书，不许宋门后人涉足刑狱！宋慈父亲宋巩因"误判"而自杀？为何会误判？是什么案件能使老推官误判？《大宋提刑官》有个潜台词，就是"宋慈对好友单枪匹马奔赴险途甚为担忧"。担忧什么？梅城！原来，梅城有个冤案，因为梅城案在初验时就被有利害关系的人做了手脚。

刑狱，仕途，险途，宋慈决心要规范检验。"瀍"字，从水、从鹰，法度公平如水，何惧之有！但要注意识破做手脚的人！

宋慈至少要告诉检验官员明白什么是检验回避原则：

一是检验官员。宋代初检、复检必须派懂行的官员，武官要回避，没有经验也要回避；不懂行不要硬撑，因为人命关天，办错案要受罚的！

二是关系人员。宋慈指出，检验官要派与本案无利害关系之人；有"干连"的不得前往，必须回避，以利于检验公正进行。

三是亲临检验。宋慈说，复检是对初检的复核程序，目的是监督初检中有无弊情和失误。此时，检验官员要躬亲检验，否则容易被忽悠。如果因尸体污秽回避检验，而叫手下去检验，手下就有可能瞒骗上级。错案官员受罚是小事，枉致人命才是大事！

四是罪犯亲属。宋慈认为，在检验勘查中，为了避嫌，住宿时也要注意回避凶犯血亲。如果真的晚上没有地方可住，就得在没有人住的地方或庙宇或闲置房将就一下，总比被人说闲话的好！

五是背后原因。错误检验只是结果，原因是什么？大多数是受人指使或受财检验或有某种意图或自身原因（武官、初试官员等）或检验官员不愿亲自验尸而任随手下摆弄或复检官员不愿得罪初检官员而玩忽职守或复检官员与初检官员同流合污，其背后隐藏的原因很多，存在该回避而不回避的情形。比如，本该检验有明确结果的，却出现另一种结论，这里面有很深的水！正如宋慈说的那样："年来州县，悉以委之初官，付之右选，更历未深，骤然尝试，重以仵作之欺伪，吏胥之奸巧，虚幻变化，茫不可诘。纵有敏者，一心两目，亦无所用其智，而况遥望而弗亲，掩鼻而不屑者哉！"换句话说，不少妄勘妄验、检验不实、检验不当、妄指尸身等，有其背后的原因，有的还是利用检验诬陷人或设套害人。宋慈父亲谢罪案和梅城案可能都是如此！

综上，宋慈所指的检验"回避"，除了有利害关系等对象外，还指检验资格、资历、检验、检验受财、设套检验等，比现在的回避范围要大得多。当然，宋代检验由官员进行，带有行政问责和法律问责的性质，但从立法角度出发，鉴定属司法行为之一，严格立法管理对避免冤假错案是十分必要的，也是可行的。现在全国披露出来的不少冤案、错案、假案与鉴定有关，因此，宋慈关于追查错误鉴定之背后原因的做法有现实意义，值得研究。

三四、录囚与广州狱案

宋慈《洗冤集录·序》说："慈四叨臬寄，他无寸长，独于狱案，审之又审，不敢萌一毫慢易心；若灼然知其为欺，则亟与驳下，或疑信未决，必反复深思，唯恐率然而行，死者虚被滂滩。"

宋慈于嘉熙三年（1241）提点广东刑狱。宋慈录囚发现所属官员多不履行职责，出现累讼积案，有拘押数年的案犯，都未理清曲直。于是，制定办案规约，责令所属官员限期执行，自己亲自办案，仅8个月，就处理了200多个案件。

关于"录囚"，还得提到汉、唐的两个故事。据《汉书·隽不疑传》记载："每行县录囚徒还，其母辄问隽不疑：有所平反，活几何人？"这段话的意思是，有个叫隽不疑的官员，每次到自己管辖的监狱里去审查有无囚徒系冤枉而入狱，其母亲都会问办得如何？有所平反，活几何人？这里"录囚"就是验囚，指向囚犯讯察决狱情况、平反冤狱、纠正错案或督办久系未决案，检验是录囚的重点，亦称虑囚。唐太宗也亲自录囚。有一年，唐太宗监察天下刑狱有无冤滥（即录囚）时，发现有390名被判死刑的囚犯犯罪情有可悯。我国古代时令行刑制度，死刑在立秋后，应天之肃杀之气而执行，也就是常说的"秋后问斩"。为体现法中之仁，唐太宗将这些囚犯放归回家与家人团聚，并限定这些囚犯于秋日回狱中就刑。结果这些罪犯都感激太宗的仁慈之心，个个都依照期限到朝堂听候处决，没一个逃亡隐匿。唐太宗认为这些情有可悯的罪犯，人之善性未泯，是可以教育好的，于是下令免除死刑。这就是"唐太宗纵囚"的故事。

隽不疑录囚

唐、宋录囚，除讯察已决囚犯是否有冤错外，还重视久系未决案。宋慈在广州的狱案录囚，就是对200个未决累讼积案进行清理。明、清代无官吏定期录囚制度，而代以秋审、朝审时由中央有关官署会审、复查重罪案件的办法。我国古代法医书籍不少以"疑狱""折狱""洗冤""无冤"等出现，而大量记载的案例就是对已判囚犯是否"有冤"的检验，成为古代检验的一大特点。

说到唐太宗录囚故事，还得提提福州"监狱之神"。虽然其与"洗冤"无关，但与教育囚犯"心灵向善"和对待囚犯"恻隐之心"有关，一起介绍。在福州，罗山曾公祠始建于明万历年间，是全国唯一现存供奉"监狱之神"的庙宇。原位于福州三大藏山之一的罗山山脉，即福州南门的于山北麓，是古代福州府属闽县关押犯人的监牢所在地，也称"闽邑牢堆口"。罗山曾公祠主祀典狱长曾扬立，湖南安仁人，为人宽厚。有一年将近除夕，众囚犯思亲大哭不止。曾上前问为何如此，众囚犯道："岁将近，合县之人家家团聚，唯我们这一批穷囚，因交不起租税被关，在这里服役二三年，父母、夫妻、孩儿不能相见，怎不悲伤？"曾扬立闻之动了恻隐之心，说："明天是廿四，我放诸位回家与家人团聚，但在正月初四前一定要回监狱，你们要是有一个失约，我就要犯天条被处死。"众囚犯皆守约不误，初四日取册点名，不少一个。过一年，曾扬立又将三百名囚犯释放回家，岂知春节后，几场暴雨，闽江、乌龙江浪潮汹涌，渡船无法过江。初四日，闽侯、福清、长乐方向的囚犯被洪水阻拦在江对岸，包括尚干囚犯林玉，因母病重，也无法复命。是日，府衙查狱，加罪于曾扬立。当夜，曾扬立吞金自杀，时年三十七岁。民间流传，囚犯与家属哭声震天，土地公禀报城隍、玉帝，玉帝感其笃诚心灵向善，批为"监狱之神"。自明清以来及至当今，曾公祠均有修建，今移迁至福州朱紫坊。曾扬立做法不当而自杀，世人念其恻隐心而建庙，"监狱之神"留名人间，说明人们对仁慈监狱制度的厚望。

从古代办理录囚案件，我们可以看到宋慈办案的特点：一是从"录囚"立法本意来看，宋慈认为录囚狱案关系重大，体现用刑的宽仁。这种从立法高度来认识"录囚"狱案检验的做法，使得宋慈在四任提刑官要职过程中始终"审之又审不敢萌一毫慢易心"。这也可解释为什么宋慈能几十年如一日，"独于狱案"，坚守岗位，有极强的事业心和责任感。二是从"录囚"检验态度来看，宋慈不能像李世民那样，对狱中"情有可悯"的犯人有权"免除死刑"。但是，作为提刑官的宋慈，为狱中"冤枉而入狱"的人"洗冤"，这有点像汉代"隽不疑录囚"。不过，宋慈比隽不疑责任要大、任务要重，宋慈管理的是路一级刑狱录囚。所以，宋慈一到广州就任，就马上对广州监狱里犯人进行重新审理，逐一审查，对疑难案件审之又审，一点也不含糊。三是从"录囚"检验对象来看，除像李世民那样赦免罪犯外，宋慈录囚主要有以下几种：首先是原来检验"有欺"，就是原来检验系作伪证致使人蒙受牢狱之灾的；其次是原来检验"有疑"，就是原来检验系错误结论使人坐牢的；再次是"拘押数年未理清曲直的案件"，囚犯有罪无罪都搞不清楚的；最后是"累讼积案"，就是囚犯在狱中，囚犯和家属一直在喊冤，而一直没有给一个答复的。这些囚犯必须通过录囚加以解决。四是从"录囚"检验做法来看，宋慈录囚有三种做法：首先，自己要亲自办案，每个案件"审之又审"；其次，一旦发现问题，"知其有欺"就重新再审；再次，对"疑信未决"的案子，再审时，要告知审案人员"深思"再决；最后，反对狱案"率然而行"的做法，因为这样会使无辜的人"虚被涝漉"，受牢狱之灾，甚至不明不白地死于狱中！五是从"录囚"检验结果来看，古代录囚有其特殊地位。先说隽不疑每次到监狱审查囚犯都会救活几个人，说明狱中确实有不少冤枉入狱。再说宋慈广州录囚，8 个月就处理了 200 多个案件，说明狱中录囚对纠正错案、冤案具有重要意义。汉、唐、宋代采取录囚，明、清代采取秋审、朝审，都是古代纠错、"洗冤"的司法制度。

三五、免 招 词 诉

古代官员大堂审案

宋慈《洗冤集录·检复总说上》说："凡验官多是差厅子、虞候，或以亲随作公人、家人各目前去，追集邻人、保伍，呼为先牌，打路排保，打草踏路，先驰看尸之类，皆是骚扰乡众，此害最深，切须戒忌。凡检验承牒之后，不可接见在近官员、秀才、术人、僧道，以防奸欺及招词诉。仍未得凿定日时，于牒。前到地头，约度程限，方可书凿，庶免稽迟。仍约束行吏等人，不得少离官员，恐有乞觅。遇夜行吏须要勒令供状，方可止宿。……凡承牒检验，须要行凶人随行，差土著、有家累、田产、无过犯节级、教头、部押公人看管。如到地头，勒令行凶人当面，对尸仔细检喝；勒行人、公吏对众邻保当面供状，不可下司，恐有过度走弄之弊。如未获得凶人，以邻保为众证。所有尸帐，初、复官不可漏露。仍须是躬亲诣尸首地头，监行人检喝，免致出脱重伤处。凡检官遇夜宿处，须问其家是与不是凶身血属亲戚，方可安歇，以别嫌疑。"

原来这是宋慈对开始检验尸体之前的要求，目的是"免招词诉"。为什么宋慈在《洗冤集录》这一专业检验书籍中，用如此大的篇幅写开始检验尸体之前的注意事项呢？这要从宋代的检验制度说起。

宋代检验制度包括官验制度、检验、职制，在检验开始就有明确规定。宋朝从中央狱史台（狱司）、大理寺和刑部（法司）到在地方各路提点刑狱（宪司）、各州县地方长官对刑案负全责。这样，县、州一级地方政府行政长官不仅参与检验而且必须"亲临视"。宋朝的结案期限或叫"审限"实行"三限制"："听狱之限，大事四十日，中事二十日，小事十日，不他逮捕而决者，毋过三日。"（《宋史·刑法志》）并规定违背三"限"准用《官书稽程建》处罚。

宋朝检验启动就得注意的有：一是报官，指发生人命案时由保正报到官府，按法律规定派官员去检验并处理尸体，也称报到或报案。二是告状，指发生人命案时除保正报官外，亲属或知情人向官府的告诉，又称"告"或"举"。三是请官，本县对发生死亡案的尸体进行初验后发现确属他杀命案，还要请邻县派官进行复验，叫请官。四是"申"，上行公文。五是"牒"，主要是平行的公文，如"诸验尸，应牒最近县"（见宋慈《洗冤集录》之一条令）。

宋朝检验开始就有明确规定的有："诸尸应验而不验；或受差过两时不发；或不亲临视；诸验尸报到过两时不请官者；请官违法，或受请违法而不言；或牒至应受而不受；或初、复检官吏行人相见，及漏露所验事状者；诸县承他处官司请官验尸，有官可那而称阙；若阙官而不具事因申牒；或探伺牒至而托故在假被免者，各以违制论。诸行人因验尸受财，依公入法。"（见《洗冤集录》卷之一条令）还有，检验官吏及参与检验的人员同时受罚的制度。"其事状难明，定而失当者杖一百，吏人行人一等科罪。"（见《洗冤集录》卷之一条令）再有，回避制度及其违反回避的处罚。"初、复验官吏行人相见，及漏露所验事状者，各杖一百。"（见《洗冤集录》卷之一条令）"诸检复之类差官者，差无亲嫌干碍之人。"（见《洗冤集录》卷之一条令）另外，错检追究和连带责任制。除上述的"吏人行人一等科罪"外，宋朝还规定了复检纠正初检、检复纠正前检的检验责任制。如前"检受弊，复检者乌可不究心查之，恐有连累矣"（见《洗冤集录》卷之二（七）复检）。

看了宋朝在开始检验之前的法律规定，我们就可以理解宋慈为什么一到现场验尸就对自己和手下以及相关人员"约法三章"。

我们把宋慈检验前的注意事项归纳为"三要三不要"：一要轻车简从到现场验尸，不要讲排场，骚扰乡众；二要在时间、地点、人员、保密、接见、住宿就餐、待人接物等方面按规定办理，不要随心所欲、信口开河、无所顾忌、毫无避嫌而招致词诉；三要注意亲临到场、躬亲检验、公开检喝、核对伤情，不要出脱、漏检、漏露伤情，"以别嫌疑"，"恐有过度走弄之弊"。看来，宋慈到现场验尸要怎么做、不要怎么做，有其实用性、可行性和科学性，今天仍有现实价值。

三六、喊 冤 案

宋慈《洗冤集录·疑难杂说上》说："曾有验官，为见头上伤损，却定作因打伤迷闷不觉倒在水内，却将打伤处作致命，致招罪人翻异不绝。"

古代击鼓喊冤

这段话说的是，有一个案件，一位官员检查到一具水中打捞起来的尸体头部有伤，就将死者定为头部致命伤跌入水中死亡。可是，实际上被害人头部打伤并不重，系被打后，到河边洗血迹，"不觉倒在水内"而溺死。这样官员判打人者有伤人致死的重罪，而"罪人"就会大叫冤枉。如果不改判，"罪人"还会不断喊冤的。当然，出现上述情况，是因为检验错误！

这里"翻异"指异议。翻异别勘是宋朝的一种诉讼审判制度，指在诉讼中，犯人推翻原来的口供，即翻异，不断上诉，因其事关重大，一般由另一官吏重审别勘的制度。如果这个案件没有及时改过来，"罪人"就会喊冤；如果这个案件到了上级复查，就得由另一官吏重新检验做出裁判；如果这个案件"罪人"还是认为审判不公而不服，上级还得指定检验定谳。这种因检验失误而使"罪人"不断提出异议的情形，称作"翻异不绝"。

宋朝与"翻异别勘"制度相对应的还有"理雪制度"，即案件审断后，如犯人及家属不服判决者，允许逐级进行申诉，称为"理雪"。申诉有理，官府受理，受案后则必须重新调查、检验、取证。但申诉必须逐级进行，过三年不得理雪。上述这个案件，如果因错误鉴定而错判，"罪人"入狱了，其家属还会不断申诉。而经复查，发现检验有错误或审判有错误，官员是要被问责的，可见检验的重要性。

如果说"理雪"是一种通常程序的上诉，有一种非常程序的上诉叫"登闻鼓"，即于朝堂外悬鼓，如有申冤者，可击鼓上闻。晋代已设登闻鼓。宋朝时设置有登闻鼓院，专门受理击登闻鼓申诉的案件。这个案件，家属可能走"击鼓"申冤的路子。可见检验错误引发问题的严重性和后果的复杂性。顺便说一句，"击鼓"申冤的形式，在现代司法制度中还可见到，比如在台湾地区还有在法院门前"按铃"提告的做法。

宋慈在《洗冤集录》中举这个案子，至少出于下面几点考虑：一是从检验角度来看，一见到头部有伤的死者就把头部定为致命伤，这种检验套路要改，要找出真正的死因。二是从死亡因果关系来看，一个人死去肯定有其原因，这个案件死者头部伤不重却溺死，为什么？宋慈在《洗冤集录》中的另一处做了解释："有人相斗殴了，各自分散。散后，或有去近江河、池塘边，洗头面上血；或取水吃，却为方相打了，尚困乏；或因醉相打后头旋，落水淹死。"可见，这个案件只用一种解释多么危险，多么不科学！三是从死因调查角度来看，这个案件缺乏调查，也缺乏问询，如果了解受伤情况，或现场查看落水情况，或仔细检查受伤的程度，这个案件就不会出错了。四是从法律角度来看，一个错案出现"翻异不绝"，必然启动"翻异别勘"或"理雪制度"，甚至"击鼓"申冤，如果查出系检验错误所致，问责甚至问罪就会接踵而至，官员仕途受影响是一方面，更重要的是让无辜的人受罪！五是从申诉角度出发，检验错误引发问题的严重性和后果的复杂性，其中，"翻异不绝"是每一个检验人员都不愿看到的。与其这样，不如认真检验！这也是宋慈介绍这个案例的话外之音。

由此，宋慈《洗冤集录》提出的检验重要性，有其现实意义。

三七、一 念 之 差

宋慈《洗冤集录·疑难杂说上》说："理有万端，并为疑难。临时审察，切勿轻易。差之毫厘，失之千里。"

这段话的意思是，法医检验中，死亡类型和损伤的原理多种多样，都是疑难。检验务必详细，切不可草率。要知道差之毫厘，就会失之千里。这段话有两层意思：一层是，检验时要认真负责，这是基本功；另一层是，法医检验出现错误就在一念之差，这是有经验教训的，要及时纠正，否则后果不堪设想。

《大宋提刑官》的镜头是这样开始的：南宋建阳学子宋慈，自小着迷于断案释疑，在睡梦中解开一个骷髅之谜，醒来豪言，此生必得成就刑狱伟业。宋慈勤奋好学，宁宗嘉定十年（1217），中进士乙科，朝廷派他去浙江鄞县任尉官（掌一县治安）。京榜题名的宋慈，为即将步入"断狱生涯"而无比兴奋。可是，这一年，父亲突然"病逝"，为父守丧丁忧而未赴任。父亲一向身体健康，怎么就说走就走了呢？宋慈十分纳闷、不解。

但从父亲的遗容，宋慈感觉可能死于中毒。于是，宋慈向老管家询问。老管家只得呈上宋父的遗书。原来，四十年刑狱从无错案的宋巩，却是因误断命案而服毒自杀以死谢罪。父亲的遗书给儿子留下一道"终身不得涉足刑狱"的遗命。此时，从小立志子承父业的宋慈从此心灰意冷，整日以酒浇愁。

宋慈张开遗书，看到宋巩这样写道：张王氏系嘉州一村妇，嫁与农夫张三儿为妻。农忙时节其夫在山间劳作，张王氏为夫送去茶饭。村妇张王氏拎着篮子行走至地头，将篮中饭菜及水罐取出，招呼丈夫吃饭。

她被山坡的野花吸引上山去采花了。张三儿吃着午饭，见瓦罐无盖，顺手摘了几片植物叶盖着。瓦罐上的植物叶渐渐浸入茶水之中。

张三儿吃罢饭取水罐咕咚咕咚地大喝了几口，放下瓦罐，重新取那植物枝叶盖在罐口上又下地干活。

张王氏采得一捧山花回到地头。"这花好看吗？我把它采回家用水养着半个月都不会凋谢的。"张三冷声说："花插半月不凋谢，女人能不能守半年妇道不出丑？"张王氏惊诧地问："你这话什么意思？"张三儿生硬地说："没什么意思。只是提醒你少和你那表兄王可勾搭，免得让村里人见笑。""你！整天疑神疑鬼，真后悔嫁给你这样的男人！算了，懒得跟你说！"张王氏扭头气呼呼地下山走了。

他们夫妻这番对话被一个偶然路过的村人听得清清楚楚。那人暗自窃笑着正要离去，忽听张三儿一声惨叫，惊回头只见张三儿捂着肚腹滚在地上。他赶紧奔了过去。

倒在地上的张三儿口吐白沫，断断续续挤出几个字："淫妇……毒……"身子一挺死了。

不多时推官宋巩随村人来到现场。披头散发的张王氏赶来一见此状"啊"的一声昏过去了，邻里赶紧以土法施救。张王氏终于缓过气来，呻吟道："我下山的时候他还是好好的呀，怎么走得那么快呀，天哪……"宋巩蹲在尸体前仔细验尸，边验边向书吏报唱："男尸体壮。腹部有小疱成片，肤色青黑，双眼突出，嘴唇微裂，两耳略肿，肚腹膨胀，肛门肿胀，十指甲青黑，耳鼻眼角有紫黑血流出……"宋巩取一根银针插入尸体喉头，少顷拔出，银针呈黑色。又走到瓦罐前随意地将盖在瓦罐上的植物枝叶往旁边一拨，捧起茶罐晃了几晃，尚有剩水。将瓦罐交书吏，轻声吩咐道："好生带回衙门去，找条犬试试。小心别倾了罐内的一滴剩水。"报案的村人挨近宋巩轻声道："张三儿死前留下过半句话呢。"宋巩问："什么话？"村人瞥一眼张王氏，扯了扯宋巩。宋巩会意，随那村人走到一棵大树后去。

张王氏问道："宋大人，我夫到底是怎么死的呀？"宋巩厉声道："是被毒死的！"张王氏一听，一声惊呼又昏过去了。

夜已深沉。宋慈在书房看着父亲的遗书。

宋父在遗书中写道："当时验尸确定死者中毒而亡。又将剩余茶水喂犬，犬饮后当即倒毙。目击证人亲耳听见妇人失德而引起的夫妻争吵，更有邻里佐证张王氏与表兄王可过往甚密。当日将王可拘传到案。王可也当堂供认与张王氏的通奸之实。既有通奸情节，还有目击旁人，更有下了毒的剩茶为证。纵然奸夫淫妇拒不招供投毒谋命，本案却也铁证如山。依大宋刑律，判张王氏通奸失节，谋杀亲夫，处以凌迟；奸夫王可通奸谋命，斩首示众！"

读到这里他忽感轰然一声，浑身一麻、手一松，遗书飘落在地。

他怔了好一会儿才缓缓弯腰去拾起遗书再读下去。

遗书上写道："此案过去三年，父偶尔得知当地山上长有一种剧毒野草，名为断肠草，其毒性更甚于砒霜。为父继而又从当年剩水的瓦罐中发现了两片早已干枯的断肠草叶。为父重新审阅当年案卷才发现，张王氏与王可通奸杀夫一案中存有一大破绽。要是张王氏预谋毒杀亲夫，又怎么会蠢到把毒下在她亲手送到地头的茶水之中啊？冤魂在天，宋巩死不足以弥补误判之罪啊！"

宋慈痛苦不已，起身向外奔去，用力拉开书房门，却见老家院正堵在门外，一时竟无言以对。他强忍着悲痛，伸手在老家院肩头按了一下。老家院心领神会让过一边。

是听从父命就此"终身不涉足刑狱"，还是圆自己大志从事"刑狱伟业"。宋慈做出艰难选择，于宋宗宁宝广二年（1226），初任江西信丰县主簿。之后，先后四任提刑，后来进直宝谟阁奉使四路，一生从事司法刑狱。

不过，宋慈也遇到过宋慈父亲那样的案子。《大宋提刑官》的"竹如海一案"中，宋慈开始错定了死亡时间，因而判错了案子，刁光斗突然造访的时候给了他一瓶"金鸡破啼"毒药，然后说你的父亲当年判错案子自食断肠草，一命抵一命，这才是有血性的男人！但宋慈早已通过重新验尸，排除"竹如海作案"，找到真凶，避免冤案。这就是宋慈，一个愿意承担责任、愿意主动纠正错案的人。

三八、瞒天过海

宋慈《洗冤集录·复检》说："前检受弊，复检者乌可不究心察之，恐有连累矣。"

这段话的意思是，复查时，对原来的检验要留心。如果原检有作弊，复检没有发现，被瞒天过海，案件爆发，复检者就会受到连累。这里有两层意思：一是有人受弊利用法医鉴定做文章；二是复检者没有识破作弊，也会受处罚。

《大宋提刑官》有这样一个镜头：杜松妻子李玉儿离家三月未归，杜母街坊里听到风言风语，拖着病体到豆腐坊责问儿子。妻舅李丁也怒气冲冲赶到，喊着要杜松还他的姐姐。太平知县刁光斗在河边垂钓，来了位讼师贾博古。二人心照不宣，谈定了交易。随后，杜松被传上大堂，刁知县好言好语，说只要杜松交出李氏，街上盛传他谋杀妻子的谣言便不攻自破。无奈杜松交不出人来。刁知县条分缕析，推理杜松因妻子不贤而起狠心，将李氏谋害，抛尸河中。杜松当堂喊冤，刁知县却也不怒，好言道若交不出李氏，只得将杜收监，李氏何时出现，本案何时具结。时隔半年之后，贾博古来催知县结案。刁光斗绵里藏针地问贾何以对此案如此尽心？贾只得再奉上一张银票。于是，刁知县便对杜松动了酷刑，无奈杜松死不认罪。宋慈下县暗访，路遇李丁运姐姐尸骨回家。宋慈问一堆尸骨何以就能确认死者是令姐？李丁说敢认下姐姐的尸骨，全凭一对祖传银镯。宋慈取镯细看良久，或有发现，遂假称高人，劝李丁停棺七日再下葬。李丁听从了。宋慈入城后，在茶肆听到议论，棺材店老伙计说李氏尸骨里藏着蹊跷。宋慈当即就去桃花渡作实地考察，果然可疑。渡船上，又意外得知向官府报称找到李氏尸骨的正是这位以摆渡为业的船家。

宋慈向杜松母亲探问事因。老人迟疑地说起一件事：去年夏天，她亲眼见儿媳玉儿与秀才老爷说些调笑之语。老人怕惹祸水，便将此事压在心里。宋慈赶到李丁家，对那具李丁接回的尸骨进行检验。结果，原来那是一具男子的尸骨，且也是被谋害致死。宋慈把贾博古作为本案最大的嫌疑人。但不久发生了两件奇事：一件是摆渡的老人在风雨亭"上吊"了；另一件是贾博古突然失踪了。

大堂上，刁知县假作善意，声称愿替杜松供养老母。杜松感念知县大恩德，举笔正要画押，宋慈突然走上堂来，说是受杜母之托，前来打这场官司的。宋慈用其让人称绝的推理，把此案始末一一道来，所谓"杜松杀妻案"，原是贾博古为夺人之爱而设下阴谋；而身为县官的刁光斗则明知此案有假，而将错就错，不惜以百姓的生命换取钱财。刁光斗知道事情不妙，把宋慈请到后堂说话。

起先这刁光斗恭恭敬敬地向宋提刑行礼，说："宋大人，卑职才疏学浅，竟未能识破奸计，差点儿误判善良，卑职愧为朝廷命官啊！"

刁光斗这开场白，可以说是毕恭毕敬，对宋慈也是避让三分，显然他的言下之意是这次是自己的失误，还望宋大人能够网开一面，双方各退一步，也免得再生事端。在说这一番话时，刁光斗的眼神中可谓流露出了那份恳切之情，言语间映射出他身为一个官员的伪善与虚假。再看宋慈此时的表情，可谓是颇为不屑，显然他知道刁光斗的话外之音，但他定然不会善罢甘休。宋慈极具攻击性地回应了一句："刁大人，怎么突然谦恭起来了？"

这突然二字用得巧妙，当即揭破了刁光斗的伪善面目，言下之意便是刁光斗此前并不谦恭，如今态度突然转变怕是另有深意吧。

刁光斗依旧毕恭毕敬地回应道："不是谦恭，却是无能啊。"他故意放低了自己的姿态，给宋慈留了面子，心存侥幸希望宋慈能就此罢手。这宋慈显然是抱定了决心要继续说下去，他说："不对吧，刁大人，满朝文武谁人不知，你的才学丝毫不在宋某之下。初入仕途，你的官职是比宋某高啊，怎么屡屡干出这种聪明反被聪明误的事情来？几年前就因我参你一本，你降官贬职，才到此地当了个知县，谁知你不知悔改反而变本加厉。"宋慈这段话可谓挑明了意思，一针见血，既指出了刁光斗说自己无能是推托之词，同时用往日之事说明他有过前科，却不思悔改。显然，宋慈已经不准备给刁光斗留下余地了，这也激怒了刁光斗。

刁光斗的神情和姿态已经发生了变化，他的眼神中透露出对宋慈的惊讶。同时，他也在思忖着接下来的对策。接下来，宋慈又通过贾博古案，指出刁光斗贪赃枉法，瞒天过海。

终于，刁光斗的反击开始了。

刁光斗：宋大人什么都明白，可唯独就是在这人情世道上一窍不通啊！这么说吧，圣人曰：人非圣贤，孰能无过。几年前，你抓住刁某的过失，就一纸奏章欲将刁某置于死地。

宋慈：姓刁的，似你这般满腹经纶，得修修官德，何至于自寻绝路，落个千古骂名。

刁：哈哈哈

宋：你居然还笑得出来！

刁：宋大人，你可真逗啊，就你一个小小的提刑官，能把我刁某怎么样啊？

宋：刁光斗，你无非是用这些不义之财笼络大贪官，来保住你这个小贪官罢了。

刁：哈哈哈，说得对，可是，也不全对，高官要保的并不是我刁某，而是他们自己。

宋：刁光斗，我就不信，大宋的王法会治不了你！

看了前面的案子，我们对法医就会有更深刻的认识。现代法医学的定义是：在诉讼活动中鉴定人运用科学技术或者专门知识对诉讼涉及的专门性问题进行鉴别和判断并提供鉴定意见的活动。这就是应用专门知识解决与法律有关的医学问题的定义，或者叫"应用说"。你看宋慈怎么说："狱事莫重于大辟，大辟莫重于初情，初情莫重于检验。"意思是，鉴定就是诉讼案件的证据，是案件重中之重，判人死刑，没有证据无从谈起！所以，法医鉴定就是"洗冤泽物"或"起死回生"。也就是说，宋慈强调"洗冤说"或鉴定的"目的说"。"洗冤说"有两层意思：一层意思是通过鉴定来洗除冤枉；另一层意思是，错误鉴定也会出现冤枉，这是鉴定本质所在。用现代语言来说，这是抓主要矛盾和矛盾的主要方面。换句话说，宋慈是从哲学层面给法医下定义。这就是宋慈对法医的深刻理解。

需要强调的是，前面的案子中，宋慈识破刁光斗的伎俩，使其"瞒天过海"阴谋不能得逞，案件得以公正处理。法医错案纠正有其特点，"解铃还须系铃人"，需要自我纠正或复检法医纠正，这需要勇气和智慧。在宋慈看来，法医是鉴定案件，而不是制造案件，错误鉴定使无辜人受罚，就是法医制造案件，是绝对不允许的。法医在办案中，因故意错鉴使人冤枉入狱，或利用鉴定诬告人，或检验不实妄做鉴定致人错判，都应受到法律制裁。换句话说，错误鉴定时无辜的人受罚，鉴定人是要负责的。最近，公安部出台刑事案件错案纠正办法，其中，第八条，鉴定人错误鉴定导致出现错误执法的，鉴定人负主要法律责任。前不久，某县一鉴定人出具多份虚假轻伤鉴定意见，造成侦查机关错误立案 14 起、

12 名无辜人被诬告陷害的严重后果，社会影响极其恶劣，被法院追究刑事责任，该鉴定人被判处 14 年有期徒刑。由此可见，研究宋慈及其《洗冤集录》，特别是对当前鉴定立法、执法及其司法鉴定改革，都有历史借鉴和现实价值。

三九、私请受赂与枉致人命

宋慈《洗冤集录·疑难杂说下》说："不如是，则私请行矣。假使验得甚实，吏或受赂，其事亦变。官吏获罪犹庶几，变动事情，枉致人命，事实重焉。"

这段话意思是，检验要真实，否则就有"私下交易"的可疑行为！这种情况下，就算检验正确，官员接受了贿赂，其性质也发生变化。官员获罪算小事，制造冤案，枉致人命，是大事。从另外一个层面分析，徇私、贪财是个人行为，但不收手就会枉法裁判，是犯罪。

《大宋提刑官》里有两个镜头：

一是吴淼水任太平知县时，仅用三天就破得一桩凶杀命案，凭一句玩笑话就认定曹墨因垂涎玉娘美色意欲夺爱而杀了其夫王四，严刑逼供，屈打成招。曹墨的老母为使儿子免受皮肉之苦，竟狠心制作了一件血衣，致使人证物证俱全，更成铁案。一年后，宋慈前往太平县视察狱事，发现了诸多疑点。于是，亲探牢狱，细查现场，终于揭示出事实的真相。吴淼水罔顾人命，为自己的升迁捞取资本，急功近利，丢了官。

二是吴淼水复出，已是临安知府。在审理史文俊婢女小凤被杀和其卖国投敌案中，为讨好官居吏部尚书、当朝一品薛大人，想继续升官，不惜栽赃陷害。在吴淼水看来，天地良心能值几个大钱？偏偏又遇到了较真的宋慈，宋慈只认事实，吴淼水再次丢了官。

吴淼水制造的两起冤狱，尽管情节不同，目的却只有一个：为了升官及其背后"财富"这一私情。因为有了官就有了一切。为了官职的升迁，可以贪赃枉法，草菅人命，不择手段。吴淼水两次栽在宋慈的手下，但他不服输、不缩手，不回头。第一次丢官，他就向宋慈叫板："我吴淼水在官场上一定还会和你见面的！"第二次丢官，仍然猖狂大叫："该不会认为这是我吴淼水最后的结局了吧？"

据说人生下来的时候，手都是握着的，因为总想得到更多。等到死了之后，才肯把手松开。因为这世上的一切都与他无关了，才不得不撒手而归。曹雪芹《红楼梦》有这样一副对联"身后有余忘缩手，眼前无路想回头"，意思是，钱财多到死也用不完，还是贪婪地聚敛；直到走投无路时才想到要改邪归正，但为时已晚。也就是说，能缩手时不缩手，还有退路时不回头，继续痴迷贪婪地走下去，到了没有退路时想退都退不了了。

《红楼梦》里"身后有余忘缩手，眼前无路想回头"这句话是写给贾雨村的。贾雨村因官场受到挫折，曾抽空到乡下散心。有一天，他信步来到"智通寺"门口，见到一副破旧的对联，上面写着"身后有余忘缩手，眼前无路想回头"。他觉得"文虽甚浅，其意则深"，估计庙中必有"翻筋斗来的"高人，便进去看看。但他只碰到一位煮粥的老僧，既聋又昏，答非所问，实在不耐烦，只好扫兴而归。其实，老僧是来点化贾雨村的。可惜贾雨村有眼无珠，失去这一机会。

"身后有余忘缩手，眼前无路想回头"。人生在世，不要只知道伸手而不知道缩手。等到眼前无路再想回头，已来不及。正如宋慈所说，徇私、贪财是个人行为，但不缩手就会枉致人命，就要受到法律制裁，那时恐怕是来不及了。这就是法医检验中"私请受赂与枉致人命"之间的因果关系。原来，宋慈《洗冤集录》不仅有大智慧，还有处世大哲学，真了不起，值得研究。

四〇、自立定见

宋慈《洗冤集录·检复总说下》说："不可姑息诡随，全在检验官自立定见。"

这段话的意思是，不可苟且盲从，全在检验官自己拿定主见。为什么宋慈说"不可苟且盲从"呢？因为随行的吏役及其他有关人员，常利用职务，徇私卖放近邻，事先纵使他们逃避，只捉一些远邻或老人、妇女以及未成年的人拿来敷衍塞责。又有的行凶人怕紧要的见证人照直供述，对他有所妨碍，而故意叫其躲藏起来，自以亲信人或庄客佃户等到官出庭，串通捏造假证，不可不知。还有顽固的囚犯不认罪签字，公吏人员有所勒索受贿，反教罪犯别出花样，写成被诬陷或受牵连之类，企图乘此机会变动案情，制造出入。原来，在案子的背后，要防随行公吏人员受贿可能，自己要有主见。

如何做到"自立定见"呢？

"贪"的壁画

一是自警。宋慈的"不可姑息诡随，全在检验官自立定见"就是典型的自警格言。这和南宋监察御史刑部尚书端明殿学士的晋江人洪天锡自书春联自警是一样的，"生平要识琼崖面，到此当坚铁石心"。

二是自勉。宋慈这句话也可以理解为自勉，要求自己不能随波逐流，要有主见，否则自己也要受害。这种自勉已成为古代官员廉洁从政的一种文化。比如，在官府的大堂上，经常有一副"贪"的壁画。将"贪"画在壁上，主要是警戒官员要克己奉公，清正廉洁，不要贪赃枉法，否则将会像"贪"一样自取灭亡。

三是修己。宋慈这句话还可以理解为修己，只有自己业务"精专"，才能做到"自立定见"。因此，宋慈四任提刑官生涯，最集中的一点，在于终身注重检验实践，并毕一生之力著述《洗冤集录》，目的在于指导实际检案和避免错案。

四一、五 服 听 检

宋慈《洗冤集录·条令》说："诸因病死（谓非在囚禁及部送者）应验尸，而同居缌麻以上亲，或异居大功以上亲至死所，而愿免者，听。"

这段话的意思是，凡由于病死（指不是正在囚禁中及押送中的）应当验尸，但与死者生前居住在一起的远亲属，或与死者生前不居住在一起的近亲属，亲自到死所提出愿意免验的，官府才同意免验。

五服指的是古代斩衰、齐衰、大功、小功、缌麻五种丧服，以丧服来表示亲属之间血缘关系的远近以及尊卑关系。五服听检就是按照五服所表示的亲属关系远近及尊卑，来作为申请免检的依据。具体原则是：服制越近，即血缘关系越亲，提出申请，官府易审批。如果服制越远，则表明血缘关系越疏远，这种情况下，提出申请，官府难审批。

五服具体指的是斩衰（指丧服）、齐衰、大功（功同工，指做工，大功即做工粗）、小功（做工细）、缌麻。斩衰是用很粗的生麻布做成，不缝边，像用斧斩一样，故名斩衰。穿这种丧服服丧三年，用于臣、子、妻、妾为君、父、夫服丧。齐衰则是缝边的生麻布做成。大功和小功则是用熟麻布做成，只是做工不同。缌麻是细的熟麻布做成。服丧时间依次减少，有一年、九个月、五个月、三个月。

从自己开始，上到父亲、祖父、曾祖父、高祖父，下到子、孙、曾孙、玄孙，同时还有上述亲属的旁亲，都是有服亲，叫内亲。母亲一系叫外亲，服制只有一世，仅包括外祖父母、舅父、姨母、舅表和姨表兄弟，其他人则是无服亲。同时，期亲指父系亲属，大功亲指祖父系亲属，小功亲指曾祖父系亲属，缌麻亲指高祖父系亲属，母系亲属均列入缌麻亲中。

《水浒传》二十四回"王婆计啜西门庆 淫妇药鸩武大郎"：郓哥与武大设计捉奸，武大被打卧床，王婆设计陷害武大。金莲用砒霜毒死武大。西门庆心怀鬼胎，宴请团头何九叔，何疑之，看了金莲并武大尸首后惊倒。武松公差回县……且说武松到门前揭起帘子，探身入来，见了灵床子，又写"亡夫武大郎之位"七个字，呆了；睁开双眼道："莫不是我眼花了？"叫声"嫂嫂，武二归了"。那西门庆正和这婆娘在楼上取乐，听得武松叫一声，惊的屁滚尿流，一直奔后门，从王婆家走了。那妇人应道："叔叔少坐，奴便来也。"原来这婆娘自从药死了武大，哪里肯戴孝，每日只是浓妆艳抹和西门庆做一处取乐；听得武松叫声"武二归来了"，慌忙去面盆里洗落了脂粉，拔去了首饰钗环，蓬松挽了个髻儿，脱去了红裙绣袄，旋穿上孝裙孝衫，方从楼上哽哽咽咽假哭下来。武松道："嫂嫂，且住。休哭。我哥哥几时死了？得什么症候？吃谁的药？"那妇人一头哭，一头说道："你哥哥自从你转背一二十日，猛可的害急心疼起来；病了八九日，求神问卜，什么药不吃过，医治不得，死了！撇得我好苦！"隔壁王婆听得，生怕决撒，即便走过来帮他支吾。武松又道："我的哥哥从来不曾有这般病，如何心疼便死了？"王婆道："都头，却怎地这般说；'天有不测风云，人有暂时祸福'，谁保得长没事？"那妇人道："亏杀了这个干娘。我又是个没脚蟹，不是这个干娘，邻舍家谁肯来帮我！"武松道："如今埋在哪里？"妇人道：

"我又独自一个，哪里去寻坟地，没奈何，留了三日，把出去烧化了。"武松道："哥哥死得几日了？"妇人道："再两日，便是断七。"武松沉吟了半晌，便出门去，径投县里来，开了锁，去房里换了一身素白衣服，便叫士兵打了一条麻绦系在腰里……

武松为何怀疑武大死得蹊跷？一是武大死亡突然；二是武松进门只看到武大牌位，不见人，潘金莲的"孝裙孝衫"显然是刚换上的，而潘金莲本应着生麻布斩衰服在灵堂守灵祭奠亡夫；三是武松了解到武大死后潘金莲未申请免检，由何九叔验尸，何九叔讲出西门庆送金子十两的事，证实了自己的推断，于是，杀了潘金莲和西门庆，然后到府衙自首。

由上我们了解到，宋代对于病死的尸体强制要求检验，但有"五服听检"的免检制度：

一是从《洗冤集录·条令》记载看，缌麻亲包括高祖父系亲属及母系亲属可以申请免检，但条件是与死者生前居住在一起，还必须"亲自"到官府正式提出。

二是从《洗冤集录·条令》记载看，大功亲包括祖父系及父系亲属，可以申请免检，条件是与死者生前可以不居住在一起，但必须"亲自"到官府正式提出。

三是"五服听检"免检制度的重点是亲属提出申请，官府审批，其条件是因"病死"才能提出免检，这样规定的目的是避免他杀案件以"病死"报官，武大系被打后又砒霜毒死，不敢申请免检，而用钱收买检验人员何九叔，企图蒙混过关，但被武松识破。

四是"五服听检"的免检制度不适用于狱中死亡和被押送犯人死亡。狱中死亡和被押送犯人死亡必须检验，而且要求由提刑司检验，避免刑讯逼供之死以病死瞒报，草菅人命。

宋代对病死的尸体要求检验，免检要提出申请。可见，当时的检验制度相当严格。

四二、宪　　治

宋慈《洗冤集录·序》说："洗冤集录刊于湖南宪治，示我同寅，使得参验互考。"

这段话的意思是，宋慈撰写《洗冤集录》，刊于湖南提刑官任上，是写给同行看的，并作为检验参考书使用。

这里"宪治"指提点刑狱，为地方最高司法机构。《红楼梦》第八十六回："生即奔宪治，知兄误伤张姓，及至囹圄。"说的是，兄弟二人，弟弟叫生，弟弟生知道哥哥误伤张姓而坐了牢，就到宪治（提刑司）喊冤叫屈。

与"宪治"（提刑司）同是司法机关的还有"宪台"。唐杜甫《哭长孙侍御》诗："礼闱曾擢桂，宪府屡乘骢。"仇兆鳌注："御史所居之署，汉谓之御史府，亦谓宪台。"

"宪件"指上级的诉讼文书。清黄六鸿《福惠全书》："某词讼，或钦件，或宪件，为某事，于某年月日，奉某衙门批审，曾否详复批示。"

由此可见，"宪治"不是指湖南有个宪治县，而是指湖南提刑司。

四三、验尸受财

宋慈《洗冤集录·条令》说："诸行人因验尸受财，根据公人法。"

这句话意思是，在检验过程中，如果受雇参与检验的行人仵作收受贿赂的，就得按照官员相关规定予以处罚。

按照宋慈《洗冤集录》记载，验尸受财有几个来源：一是"血属"贿赂；二是乡绅"走弄"贿赂；三是"诬人者"行贿；四是明示收"夫马饭食钱"而接受贿赂。后者很隐蔽，因此，宋慈再三告诫，"凡检验承牒之后，不可接见在近官员、秀才、术人、僧道，以防奸欺及招词诉。"换句话说，以多收"夫马饭食钱"的形式接受钱财就是接受贿赂。

古代清廉官员的功德碑

何为"夫马饭食钱"？简单讲，就是辛苦费。我们看看清代三台县衙石碑所刻《三台县书差规费条规十八则》就知道了。该石碑现在还立于四川省三台县衙前。按"规费条规"规定："寻常词讼一案，差役传唤，无论原、被告人数多寡，原告支给差头饭食辛力钱二千文（二两），被告支给差头饭食辛力钱三千文"；"刑房送案开单，每案原告共给纸笔辛力钱八百文，被告共给钱一千文"；"寻常案件，刑仵下乡斟验，五十里以内者，原、被告各给夫马钱四百文，各给饭食钱二百文；五十里以外者，照里数加增，最远者以三千文为止"；"吏、户、兵、工、盐、仓、礼各房下乡斟查，原、被告给夫马饭食钱，均如刑房之数"。也就是说，《三台县书差规费条规十八则》是县衙讼诉收费的标准和告示，所有案件按此收费。一般由报案人、地保等先行统一缴费后县衙"派差"，其他人不得收费。粗略统计，仅民、刑案件每件各个环节收费至少十五两银子。三台县每年办案二百件计，收费可达三千四百两，再加上契税、检查等其他收费，估计有五六千两之多，但这些钱除下乡办案伙食定制开支外，一律交公后再分给个人。从《三台县志》看，未纳入财政预决算上缴，三分之一用作办公杂费，余下约四千两作为七十七名衙役工资补贴，每人再分配五六十两。按当时中等生活水平每人每年需银十两计，一名县吏一年列入财政预算的六两工资加上县财政补贴五六十两，供养五六口人。

现在明白了，宋慈对明收、暗收、诬人和吃拿卡要，都认定为验尸受财，不管是"公人"还是"雇员"，只要是办案期间受贿，都要受到法律制裁。

宋慈《洗冤集录》的精辟之处绝非一两个学科就可以概括。制度化、法律化的检验规则系统完善和通过程序规范官吏的权力运作是宋代检验制度的两大特色。宋代司法检验原则涉及回避、保密及程序等方方面面。而司法检验制度，又包括检验职制、检验违制以及对于检验官员（包括受雇人员）追责和刑罚等方面，这点对于今天司法检验制度有着启迪和借鉴的意义。因此，我们有必要以更富有历史积淀之笔来释义宋慈《洗冤集录》的巨大价值，为当前司法改革服务。

四四、证 据 说 话

宋慈《洗冤集录·疑难杂说上》说："理有万端，并为疑难，临时审察，切勿轻易，差之毫厘，失之千里。"

这段话的意思是，对刑事证据而言，千头万绪，疑难重重。官员要亲临现场检验尸体，不要轻易下结论。要用证据说话，因为证据是否准确，关系到案件审判的公正，差之毫厘，失之千里。这里"临时"指当其时其事。《后汉书·段颎传》："臣每奉诏书，军不内御，愿卒斯言，一以任臣，临时量宜，不失权便。"

最近，网络上对我国历史上"三大神探"进行评价。有人喜爱狄仁杰，有人青睐包拯，有人专爱宋慈，说法不一。但一说刑事证据方面，评价就一致了，就是宋慈。

有网友说：官阶最高的是狄仁杰，断案是他的业余爱好；名声最大的是包拯，但基本是假的；最专业的还是宋慈，中国古代法医第一人，证据学的鼻祖，专业无可指责，一本《洗冤集录》是实在的，不像前两个民间传说太多，掩盖了真实形象。

有网友说：狄仁杰当过宰相，官最大。宋慈跟包拯没法比，不过断案这方面宋慈优势很明显，是法医学专家。包拯为官时期杀贪官比较多，更多的是廉明，断案肯定不如宋慈了。

有网友说：包拯在很多故事里面都被神化了，他有的事迹是不可信的，前两个人的专长是执政，办案是辅助的，还是宋慈最厉害。

有网友说：狄仁杰是政治家，虽然说是神探，但流传于史书中的基本以政治上的作为为主。包拯因为不畏强权，陈述于《宋史》之上的案件只有"牛舌案"，所以真正的包拯不是专攻破案的。宋慈是我国古代著名的法医，以尸检侦破数案，著有《洗冤集录》一书，也为后来西方的法医学提供了很完善的资料，可谓法医鼻祖了。

有网友说：宋慈很牛的，中国刑警学院里面的雕像就是宋慈。前两个，狄仁杰、包拯破案主要靠逻辑推理，宋慈则更多地靠科学技术。现代来看，宋慈的方式更科学严谨，是刑事科学技术的鼻祖，开启了法庭科学的先河。他的物证更有说服力。

有网友说：狄仁杰故事多是出自清代《狄公案》和民国时期《大唐狄公案》，狄仁杰破的多是政治案；包拯故事多是出自清代古典名著《三侠五义》，被塑造成为国为民、清正廉洁、刚正不阿、不畏强权、为民做主的形象；而宋慈自己写了检验实证《洗冤集录》，其功绩是刑狱验死验伤，被现代法医界追捧。

高手在民间，对宋慈的评价尽在其中，而点出的"证据说话"十分贴切。

一是宋慈《洗冤集录》集中在"洗冤"两个字。为什么有冤，证据不足而断案使其有冤；用什么洗冤，用证据说话洗除冤屈；"远在千里断案"或"旧案新推"高明，还是"亲临现场检验尸体"高明？这就是网友更青睐宋慈的原因：找线索，尊科学，讲证据。

二是宋慈《洗冤集录》是实实在在的案件再现。狄仁杰、包拯的一些故事是编的，更多的是希望后人要像狄仁杰、包拯那样公正廉明；而宋慈讲求实在，亲临检验，不妄下结论，对事实负责，因为对证据而言"差之毫厘，失之千里"，不实检验使人坐冤狱，必须临时审察，切勿轻易，要检验到位。

三是宋慈《洗冤集录》是全面看问题的思维。狄仁杰、包拯集中在政治和清廉方面，宋慈则集中在具体案件证据收集的全面分析上。证据学上可能有的效力强、有的效力弱，"理有万端，并为疑难"，要抓住重点，筛出要害，但不轻易下结论，要全面分析，避免冤案。

四是《洗冤集录》是宋慈检验实证记录。网友说，狄仁杰故事出自清代《狄公案》、包拯故事出自清代《三侠五义》，多为后人赞誉；而《洗冤集录》是宋慈自己一笔一笔写下的，写后两年就病逝了，后人学习他的检验技术和思维，外国学者看到后惊呼 13 世纪中国就出现世界级法医鼻祖。因此，宋慈是被古今中外公认的实实在在的人，《洗冤集录》是被公认的一部世界最早的、系统的法医学著作。

四五、宋慈眼里的证人

宋慈《洗冤集录・检复总说下》说："随行人吏及合干人，多卖弄四邻，先期纵其走避，只捉远邻或老人、妇人及未成丁人塞责。……又有行凶人，恐要切干证人真供，有所妨碍，故令藏匿；自以亲密人或地客、佃客出官，合套诬证，不可不知。"

这段话的意思是，随行的吏役及其他有关人员，常利用职务，徇私卖放近邻，事先纵使他们逃避，只捉一些远邻或老人、妇女及未成年的人来当证人，敷衍塞责。又有的行凶人怕证人照直供述，对他有所妨碍，而故意叫他们躲藏起来，找亲信人或庄客佃户等来当证人，串通捏造假证，不可不知。

关于证人，宋慈对史上的案件记载是了解的。《北齐书・苏琼传》有个苏琼办案的故事。有个名叫乙普明的百姓，兄弟俩争夺土地，多年没有裁决。都各自寻找证人，竟有一百多个。苏琼把乙普明兄弟叫来，告诉众人说："天下难以得到的是兄弟，容易得到的是土地。如果让你们得到了土地而失去了兄弟情谊，怎么样呢？"说着便掉下了眼泪，那些证人也无不哭泣，乙普明兄弟两个叩头和解。宋慈对这个案件是有思考的，这个思考不在于案件本身，而在于这个案件中"一百多个证人"的证明力。

宋慈对案件中证人的要求十分严格，有一套工作方法：

一是抓要点。案件中充当证人有什么条件？在宋慈眼里，证人是案件的见证人或证明案件事实的人，但如果被人操纵就会适得其反。同样，官员到当地办案，人生地疏，容易被"忽悠"。当然，证人条件把握不准也是原因之一。因此，宋慈根据自己的经验，亲自办案，抓住要点，对随行的吏役及其他有关人员，严格管理，防止走漏消息，避免证人证词失去其真实性和可靠性。

二是问清楚。以苏琼办案的故事为例，双方当事人请来作证的"一百多个证人"，你能问清楚吗？因此，宋慈除了对身边人加强管理外，把证人进行排队，问清楚哪些人可作为证明事实的真正证人，哪些人证明力不够（只捉拿远邻或老人、妇人及未成丁人塞责），哪些人是假的"证人"（亲密人或地客、佃客出官，合套诬证）。

三是办扎实。宋慈对"苏琼办案的故事中请来作证的一百多个证人"不信任，对"随行人吏及合干人卖弄四邻先期纵其走避"的证人证词不信任，更对行凶人藏匿证人而叫"亲密人或地客、佃客出官"不信任。因此，在宋慈在《洗冤集录》中明确告知官员对上述证人加以注意，"不可不知"。

今天，我们重读《洗冤集录》中宋慈对"证人"的要求，深感宋慈办案的严谨性和科学性，同时也深感宋慈证据、证人收集的现代价值和有益启迪。

验尸与程序

四六、宋慈的验尸绝招

宋慈为什么能"让死人说话"，他有哪些验尸绝招？

宋慈有"让死人说话、尸骨鸣冤"的验尸绝招，这是许多读者公认的"观后感"。但是，宋慈有哪些验尸绝招，为什么有这些绝招，其法医学原理是什么？大家一定很想知道。

在大家对前面有关内容有了深刻印象后，现在着重从法医学思维和原理两个方面介绍为什么宋慈有"让死人说话、令尸骨鸣冤"的验尸绝招，进而了解宋慈所著的《洗冤集录》流行近800年、传播到世界各地并成为传世之作的原因所在。

第一招是"律"。宋慈验尸前心中有一本账，这就是法律条文。哪些尸该验，哪些尸该怎么验，哪些尸由谁验，哪些尸必须复验，哪些尸已不能验，哪些尸应调查与检验并举，哪些尸是"应验而不验"之错，哪些尸是"检验不实"之误，哪些尸是"定而不当"之嫌？宋慈精通法律，对各种尸体检验及其法律规定了如指掌，真正做到"脉络表里，先已洞彻"，针对具体案件"以施针砭，发无不中"。宋慈这一招，很多人难以达到，因为法律与医学是两大不同的门类科学，如何找到结合点，并应用于实践中解决问题，是法医学的本质所在。宋慈做到了，这是他的成功之道。在我国历史上，还有一位法医学者叫林几，他也精通医学、法律，为我国现代法医学发展作出了卓越的贡献，成为公认的我国现代法医学奠基人。

第二招是"问"。宋慈针对不同案件、不同尸体、不同场所、不同人群"问"的内容不同。"问"官员、公吏、报案人、家属、左邻右舍、行凶人、同狱人、在场人、奴婢的主人（包括契约），还有"问"天气情况、河流地形、火源风势、季节更换、人员往来、民俗习惯、风土人情，有时还要"问"凶手或被害人生前左利还是右利、被害人或自残者职业工种及性格爱好、死者生前疾病情况、有无看病及医案、何时报案？"问之又问"、"审之又审"，问得"一清二楚"，审后"洗冤泽物"。宋慈"问"招，在《洗冤集录》中记载得非常详细、清楚。但是，"问"招的科学性在于其职业性，有些案件正是证据未固定或未"问"明白就验尸，结果检验不到位，以后尸体腐败，检材不可复得，致使案件反复，出现"致招罪人翻异不绝"、不断上访的局面。宋慈"问"招，是《洗冤集录》的精华之一，也是所有法医学工作应该具备的基本技能之一。

　　第三招是"看"。"不看不知道，一看吓一跳。"宋慈看到什么？看到自缢者拿着白练扣好死结上吊、看到凶手把他人绞死后伪装上吊、看到一个人被活活砍死、看到死者被人死后分尸、看到一个人被凶手钉入铁钉后死亡、看到投河或死后入水、看到一个人跳楼或死后抛尸、看到一个人在火灾中烧死或死后被焚尸，林林总总，不胜枚举。宋慈是通过看现场、看痕迹、看周围环境、看尸体、看伤口、看死者所为抑或他人所为。"看"与"问"结合起来，恢复原来事件，分析是自杀现场、他杀现场或意外现场，从而得出上述结论，现代称之为"事件重建"。"问"与"看"有机结合，形成了"现场法医学"。具体地说，了解案情、案由、案发经过，结合案发现场布局、遗留痕迹、尸体位置、损伤情况等进行综合分析，看出破绽、看出真伪，以及看出自杀、他杀或意外，使案件水落石出，这是宋慈的另一绝招。

　　第四招是"借"。善于借助不同学科、不同门类、不同手段的研究成果。例如，借助于印度医学《五藏神》中关于不同孕期的胎儿大小不同的变化规律研究法医学上的堕胎，请接生婆检查处女、阴道、怀孕、活产、死产、浸软尸，同时借助于医学对外伤后"胎动不安"、"腹内气刺痛"才能定是否为外伤性流产，以及男性外生殖器损伤、睾丸损伤、性交过度致死等，形成了早期"法医性科学"的研究；借助于苍蝇喜血习性破获镰刀杀人案，观察在口、鼻、阴道、肛门尚未出现蛆虫而在其他部位发现蛆虫时，断定死者生前其他部位被刀伤出血吸引昆虫到来，研究尸体上蛆虫生长发育与死后间隔时间的关系，以及其他昆虫对尸体的啃食规律，加上有毒昆虫对人体的伤害等，形成了早期"法医昆虫学"；借助于光学原理检验尸体上皮下出血和骨折出血的证据，在阳光（由红、黄、橙、绿、青、蓝、紫七色组成）下用明油伞遮罩检查伤痕，通过明油伞的阳光被部分吸收和过滤，剩余光线集中在伤痕上，使伤痕清晰可辨，这一方法在沈括的《梦溪笔谈》里有介绍，宋慈用作检验，这与现代法医学上用紫外线照射检查伤痕的原理一致。善于借助不同学科、不同门类、不同手段的研究成果为法医学检案服务，不断提高检验水平，是宋慈的又一绝招。

　　第五招是"鉴"。善于找出不合理的地方进行鉴别。不合理的地方包括：其一，与法不符，如应验而不验、不亲临视、不定要害死因、定而不当、请官违法、受请违法、过二时不请官、病重不责口词、妄勘诬告等，宋慈把其作为检验或复检的重点，同时他创立了研究"法医法学"的先例；其二，与情理不符，如自杀"上吊"颈部有勒或指痕、尸体检查发现死后涂桦的"伤痕"或火烙痕或刀割痕，以及在高坠、溺尸、火场、汤泼、服毒中发现死后他人所为现象，是宋慈检验的视野范围，事实上宋慈提出了"法医学死后造作或伪装"的研究课题；其三，与损伤部位不符，宋慈认为"他物伤""拳脚伤""刃伤""车马伤"都有其规律，但有些违背其常规，如后枕或后背自身不可及创口（他伤）、右利手者割颈左高右低、起手重收手轻的创口（自刎）、隐蔽部位被刀伤或打伤（如阴道刀伤、头部打伤）等，是宋慈检验的重点对象，把各种损伤加以归类后，宋慈实际上已提出了比较完整的"法医损伤学"的研究内容；其四，与窒息征象不符，宋慈以大量文字介绍了生前缢死、溺死、勒死出现面瘀肿、胀红、眼睑出血等窒息征象及其缢痕、勒沟、溺液等，但也进行了特殊类型窒息死亡的研究，如用湿纸搭口鼻没有任何损伤而窒息征象明显、把人倒提浸入水中身上无痕无溺液而窒息征象不明显、体弱老人被捂口鼻后死亡无痕无明显窒息征象、隔物背勒在项部有横行中断索沟的窒息死亡和颈部两道痕的猛吊窒息死，这些特殊方式的窒息死亡在现代法医学书籍里也很少如此全面地提及，把各种机械性窒息与特殊方式窒息死亡结合起来，已构成相当完整的"法医学机械性窒息"的研究内容；其五，与尸体腐败现象不符，宋慈除介绍尸体腐败规律的"四时变动"外，记载了与常规不同的"白僵死"（尸蜡）、"猝死"（干尸）等保存型尸体，还记载了瘦、弱、老不易腐败，而肥胖、小孩易腐败，同一季节南北气候不同，山区平原不同尸体腐败征象不同，此外，上游深潭水和下游水中尸体腐败征象也不同，把尸体"四时变动"和不同情况、不同类型尸体结合起来研究，构成了较为完整的"法医学尸体现象"研究内容；其六，与正常人不符，宋慈介绍了"雕青""刺配纹""痣""疤痕""佝偻胸""蔡人骨"等，还有实例介绍，这是早期"法医人类学"的研究内容；其七，利用不同疾病和不同中毒死亡的症状不同来研究猝死和毒死，是早期"法医死亡学和中毒学"的研究内容。认真鉴别，善于找出不合理的地方，发现问题，解决问题，是宋慈探案、破案、断案的又一法宝。

第六招是"理"。按宋慈的说法就是对据以定案的法医检查所见要有"依因"。"医理讲得通，才会一通百通。"宋慈认为，人有"气系""血（脉）系""食系"三系，人活着时就有"气息"（呼吸运动）、"血脉"（血液循环）、"吞吐"（吞咽运动），按现代法医学的说法就是生前有生活反应。①关于生前烧死与死后焚尸的鉴别，宋慈认为，生前烧死的人，用"鼻息取气"，而"人未死时被火所逼奔争，口开气脉往来，呼吸烟灰入口鼻内"，这就是生前烧死者在口腔和鼻孔里有大量烟灰的缘故，而死后被焚尸者口、鼻没有烟灰。②关于机械性窒息的检验，宋慈强调，生前勒死、缢死、闷死、溺死者应留下勒、缢、掐死等相应索沟或指痕，因"气系"受阻或"气系""脉系"均受阻出现"面赤瘀肿"窒息征象，生前入水者"盖其人未死必争命、气脉往来、搐水入肠、口鼻水沫泥沙流出、腹内水胀"；而死后伪装缢、勒、掐或死后抛尸没有上述征象，这就是机械性窒息及其生前死后鉴别的法医学基本原理。③关于"血聚肉硬"，即钝器打击致皮下出血，出现红斑、肿胀、触硬，宋慈解释说这是"血行"之故。钝器外伤使皮下软组织血管破裂，由于人活着，血液循环存在，继续出血积聚成血肿，皮肤颜色呈紫红色，加之渗出、水肿，局部肿胀变硬。利用"肉硬"判定是生前伤，特别是"项部肉硬"而索沟"白痕"的情形，判定是"被打后假作自缢"，而"白痕"的解释，"死后被人用绳系项，其人已死，气血不行，虽被系，其痕不紫赤，有白痕可验。死后系者，无血荫，系痕虽深入皮，即无青紫赤色，但只是白痕"；利用皮下出血即"血荫"判定生前伤，宋慈认为血荫的颜色、范围与钝器外伤严重程度有关，其演变与存活时间有关，如"损痕颜色其至重者紫黯微肿，次重者紫赤微肿，又其次紫赤色，又其次青色"，"凡打着两日身死，分寸稍大"，皮下出血的血红蛋白分解成还原型血红蛋白、正铁血红蛋白、含铁血黄素、胆红素、胆绿素，随存活时间推移出现红、紫、蓝、绿、黄一系列颜色变化，范围也变大，而死后伤无以上改变；皮下出血变化用"血荫"一词十分恰当，"荫"通"晕"，形如日月之"晕"，中间色浓、四周慢慢变淡，颜色生动，层次分明，宋慈认为"痕周匝有血荫方是生前打损"，并可用来辨别真伪伤，他认为涂或烙上的"伤痕"呈青黑一片、呆板单调，容易区别，"若将样木皮卷成痕，假作他物痕，其痕内黑色，聚成一片，而无虚肿，捺不坚硬"，"又有假作打死，将青竹篦火烧烙之，却只有焦黑色，又浅而光平，更不坚硬"。④关于刀伤的生前死后鉴别，宋慈总结为，"出血""皮肉卷缩""皮肉血多花鲜色"，这是因为人活时被刀伤，皮肤和血管破裂，血液流出体外，同时血液也浸润创缘组织，流出的血液不久凝固贴于创缘肉上，形成暗红色或红色有光泽的血块，水冲不易去，而"皮肉卷缩"也称"创口哆开"，是由于人活着时皮肤、血管、神经、肌肉有张力，刀伤时创缘的皮肤、肌肉、血管均收缩、卷曲，创口哆开，这就是生前"刃伤"证明和法医学原理，死后割伤"肉白""无血花""皮肉不紧缩"，"盖人死后血脉不行也"。宋慈把法医学检验手段提高到理论水平来研究，对我国乃至世界法医学发展都作出了巨大的贡献，是《洗冤集录》最精华的内容之一。

四七、受　差

宋慈《洗冤集录·条令》说："诸验尸，受差过两时不发；报到过两时不请官者；请官违法或受请违法而不言；或牒至应受而不受；或初复检官吏、行人相见及漏露所验事状者，各杖一百。若验讫，不当日内申所属者，准此。"

这段话的意思是，验尸时限有明确的法律规定，报案过两个时辰不出发的；受案两个时辰不请官的；请官违法或受请违法而不言的；或请官验尸的公文到来应当接受而不接受的；或初验和复验的官员、吏役、仵作行人相见及透露所检验的情况的，各处杖刑一百。这里"受差"指接受报案后在两个时辰内必须出发，不管是水路还是旱路，都得赶路，否则要受处罚。

宋代还规定，受差去检验的官员不得一个人去，主审官和检验吏、文书一干人都要到现场，检验官员到现场要"躬亲检验旨地头"。这里，"地头"指发案现场。

古代官员受差办案

元代《公事量程了毕》记载："诸官司所受之事，各用日印，于当日月付绝。事关急速，随至即付。常事五日程，谓不须检复者；中事七日程，谓须检复者；大事十日程，谓须计算簿账，或咨询者。并要限内发遣了毕，违者，量事大小，计日远近，随时处罚。""格例虽立小事、中事、大事之限，府州司县，上至按察司，皆不举行。"元代把检验案件完成时限分小事五日、中事七日、大事十日。大事十日程要计算簿账向上汇报包括开支等有关事项，才能结案。也就是说，发案两个时辰出发到现场检验，检验案件完成还要有时限规定，不得拖拉，分小事五日、中事七日、大事十日。不能按时完成也要受罚。

据《元典章·检尸法式》记载："如遇检尸，随即定立时刻，行移附近不干碍官司，急速差人投下公文。仍差委正官，将引首领官吏、惯熟仵作行人，赍就原降尸帐三幅，速诣停尸去处，呼集应合听检并行凶人等，躬亲监视，当众明示，自上而下，一一分明仔细检查。指说沿身应有伤损，即时于原画尸身上比对被伤去处，标写长阔浅深各分各数，定执端的要害致命根因，经检尸官吏于上署押，一幅给苦主，一幅粘连入卷，一幅申连本管上司，同时于当日保结回报，明白承说各处相离里路，承发检验日时，飞申本管上司。"

也就是说，按时出发验尸，按时完成检验任务，都得分别给死者家属看，还要把详细情况以书面形式粘贴在市井告示，并报送给上司看，否则也要因责任心不够而受罚。

这里有几个问题需要梳理清楚：

一是及时到场。为什么宋慈要求鉴定人要在限定时间内赶到现场进行检验呢？因为尸体会随着时间的推移而发生死后变化，甚至腐败，故要求及时到场。

二是及时检验。为什么宋慈具体把两个时辰出发检验写入《洗冤集录》内呢？因为古代没有机动车辆，扣除保甲发现尸体、报案到县城衙门、启程到现场，至少一天以上，甚至两天。为避免尸体死后变化影响检验，宋慈必须在时间上做文章，尽快验尸。

三是及时复验。为什么要限定检验时限呢？也就是说鉴定要尽早出报告，并给家属、市民和上级交代，因为复验是宋朝的检验程序之一，上级官员认为有必要或有人喊冤，都得进行复验。复验也要求尽快进行。

四是严厉处罚。为什么不及时出发、不报、不按时完成都要按杖一百处罚呢？这里"不及时出发、不报、不按时完成"的情形，有的可能是不重视，有的可能是人力不够，有的可能是故意拖延，有的可能是官员责任心不够，有的可能是官员不作为。古代杖一百、流三千里、徒一年基本相当，所以对检验不及时的处罚很严厉。

由上可知，古代对检验十分重视，立法也很科学严谨，值得我们研究和借鉴。

四八、部　　送

古代押解囚犯及所用的囚车

宋慈《洗冤集录·条令》说："诸死人未死前，无缌麻以上亲在死所，若禁囚责出十日内及部送者，同。并差官验尸。"

这段话的意思是，如果没有近亲人在身旁，或囚犯受责十日后死亡，或囚犯在押送途中死亡，都要派官验尸。这里所谓"部送"，指经刑部审批押送受审或押解犯人服刑。被押解的犯人要戴枷，路途远时，用手推囚车。

最初戴枷是在周时，但主要起限制人身自由的作用，比如对犯人进行长途押运时使用。北魏时，枷项才被官方正式确认为刑罚。孝文帝曾规定只有重刑才可以施用大枷。宋朝，枷有十五斤、二十斤、二十五斤三种。枷有项枷、手枷、脚枷三种。此后这一刑具延续到清朝。

宋慈认为，非正常死亡、受杖刑死亡或押解中死亡，都应进行尸体检验，以确定死者生前是否受杖刑或其他刑讯逼供之死。

其实，受押送审，特别是押解去刑场执行死刑的犯人，心理压力很大。明·刘玉《己疟篇·屋顶上的太监》记载："明朝初年，皇宫内遗失了一个黄金宝罐的盖子。经四处追查盘问后，认定是某位执事太监所偷。皇上知情，非常震怒，下诏杖打一百，将这名太监戴枷绑赴刑场，斩首示众。正要执行时，赦免令突然赶到。原来，金罐的盖子找到了。这名太监在幸免一死之后说：当他被押解到刑场时，心里万分恐惧，但忽然觉得自己脱离躯壳直往上飘，飘坐到一户人家的屋顶上，低头看到下面有一个人双手被反绑，跪倒在地上，眼看就要被砍头了。这时听到有人高呼：赦免令到！他才从屋檐上飘下来，和自己的身体再度合而为一。"

四九、夜　宿

宋慈《洗冤集录·检复》说："凡检官，多是差厅子、虞候前去先驰看尸之类。""遇夜，行吏须要勒令供状，方可止宿。""遇夜宿处，须问其家是与不是凶身血属亲戚，方可安歇，以别嫌疑。"

这里凶身指杀人凶手，血属指被杀死者家属。宋慈认为，检验官员外出检验时，多是叫捕快等先到现场。但路途遥远的地方，晚上歇息时，书吏、仵作、捕快都要写"不与外人接触"的保证书。还要问清楚过夜住处是否凶手或被害人家属亲戚，不是，才能安歇。否则宁愿在破庙过夜。换句话说，宋慈除做好自我约束外，对捕快等探路并不放心，连"夜宿"都要对他们再三交代，避免带来不必要的麻烦。

看过《大宋提刑官》，大家都对电视剧里一个叫"捕快王"的印象很深。宋慈非常信任"捕快王"，很多宋慈自己做不到的事情都叫他去办。而且，"捕快王"武功过人，忠诚履职，为宋慈破案立下汗马功劳。

但是，宋慈对捕快真的那么信任吗？从前面宋慈《洗冤集录》记载来看，并不是那样。而恰恰相反，宋慈对捕快，有信任一面，也有怀疑一面；有放手一面，也有约束一面。而约束一面似乎起主导的作用。

那么，为什么宋慈要对捕快进行管束呢？这个问题，还得先说说捕快的由来。

根据我国的史书记载，大禹治水时，有一次他约集各个部落首领讨论治水的问题，其他各个部落首领到了，只有一个叫"风后"的部落首领，迟迟不来。大禹就命人对其抓捕并进行了审理，予以处斩。这是我国史书记载最早的——在奴隶社会的初期，对某一个犯罪人进行抓捕、审理，并予以斩首执行的故事。在这个故事里，出现了某一些人来抓捕，某一些人来找证据，某一些人来审，某一些人来执行的分工。早期既管捕、管审，又管执行处罚，逐渐就演变成职业分工。

当然，从事捕快这个职业的人有好有坏，史书都有记载。

先说好的。隋末唐初有一个叫秦琼的人，是山东府齐州的捕快。他经常能侦破一些疑难案件。于是，秦琼获得了"山东小孟尝"的雅号。有一次，秦琼去滁州公差办案，在一个小客栈住宿。由于身上带的银子花光了，没有钱回家，无法结账。这时候，店小二就不让秦琼走。秦琼把自己的马卖掉，换得银钱才得以回家。这就是"秦琼卖马"的故事。

秦琼卖马

再说不好的。在各类衙役中，捕快收入是最低的，但他的职业又是最具风险性的，往往是提着脑袋干事。一提起捕快这个职业，人们往往会说，表面上收入少，实际上收入并不少，很多人愿意送钱卖官当捕快。因为当上捕快一本万利。那些恶的捕快，往往会找到各种法子给自己捞银子。有部《小豆棚》的小说，记载了山东府济宁州的一个捕快故事。这个捕快的名字叫张二愣。他为人凶悍，鱼肉百姓。在他当捕快的时候，有一年山东发生了大旱灾，老百姓流离失所。有一次，张二愣在官道上，看见一辆独轮车，车上面坐了几个小孩。一看就知道这是大灾之年，有人"贩卖小孩"。看到这种情况，张二愣就走过去，喝一声："站住！光天化日之下，竟然敢贩卖人口，这可是触犯当朝律法的重罪！走，跟我见官去。""大爷饶命！小人知错！""知错！是不是得表示啊。""哎呀！明白，这二百两银子是小的孝敬您大爷的！"张二愣这才把人贩子放走。放走以后，他又把这些小孩打死，把小孩尸体一家一个，放到了当地富户的门前，讹诈这些富户。他找到富户家里，说你家门口死了人。富户没有办法，只能掏钱免灾。于是，张二愣又赚了一笔难民财。

宋慈明白，捕快协助提刑侦查、抓捕、寻找证据，很重要。但没有约束，很容易出事。因为捕快在某种程度上是代提刑办案。如果像秦琼那样"好的捕快"，可能就办得很好。但是，如果像张二愣那样"坏的捕快"，假公济私，不知道会捅出多少娄子。宋慈把他的经验写入法医检验专著《洗冤集录》，目的就是要告诫后人，不仅要管好自己，还要管好协助自己办案的身边人，甚至在"夜宿"这样的细节上都要注意，避免节外生枝。

宋慈很清楚，提刑官办案，必须对整个案件负责任，要指挥好下属，给下属"约法三章"，这叫"脑袋指挥手脚"。但是，如果下属动了手脚，案件负责者仍然是提刑官，这时情况刚好相反，提刑官被下属"牵着鼻子走"，这叫"手脚指挥脑袋"。因为"大风起于青萍之末"，这个末是什么呢？就是"下属动了手脚"，以及隐藏着干扰证据收集的背后目的。

由此可见，宋慈《洗冤集录》不仅包括检验技术和方法，而且包括检验程序和对法律的理解，还包括收集证据的缜密思维以及透过现象看本质的能力，值得后人研究和借鉴。

五〇、察　　访

宋慈《洗冤集录·初验》说："告状切不可信，须是详细检验，务要从实。有可任公吏使之察访，或有非理等说，且听来报，自更裁度。诫左右人，不得鲁莽。"

这段话的意思是，对于告状，切不可全信，不要"状书"说什么就是什么，必须经过详细检验，务必根据检验来核对事实。所以，一旦有人告状，就应该派出可信任的吏役人员进行访察。对有关不明原因死亡或可疑横死等方面的说法，细细倾听，听完汇报后，自己再作裁酌定夺。要告诫左右手下人，不可鲁莽从事。

这里说明一下，宋代主张官府官吏"躬亲检验"，但到明、清代改为检验官吏"躬亲监视"。于是，明、清代检验官吏到现场验尸，不像宋慈那样"躬亲诣尸首地头"，而是"监视检喝"，但是宋慈《洗冤集录》检验、察访方法还是代代相传，经办官员必须亲临现场监视验尸，只是人员有所变动。这样明、清代出现了一群专门为官员出谋献策、频频出现于验尸现场的人。这群人不是政府官吏，其薪俸由官府老爷自己掏腰包，但这群人必须精通刑律，更熟稔宋慈《洗冤集录》察访和检验的套路。官府官吏称这群人叫"幕僚"或"师爷"，最著名的就是所谓的"绍兴师爷"。

前不久，电视剧《绍兴师爷》播出，有人问剧中师爷是否真有其人。历史上，确有其人，这个人就是汪辉祖。汪辉祖（1730～1807），字焕曾，号龙庄，浙江萧山人。早年多次应试未中，随入幕僚为绍兴师爷。汪辉祖于乾隆四十年（1775）35 岁时得中进士，中进士后还继续当了十二年"师爷"，直至乾隆五十二年（1787）57 岁时才当上湖南宁远知县，乾隆五十六年（1791）为道州牧。于嘉庆十二年（1807）病逝，终年 77 岁。临终前几年撰书《病榻梦痕录》，或称《梦痕余录》，讲述师爷和县官检验生涯。

汪辉祖在《病榻梦痕录》中记载了三个检验、察访案件，介绍如下：

1. 沈二案

1767 年，汪辉祖在乌程县给蒋志择当幕僚。蒋志择让汪辉祖审查"沈二案"。汪辉祖经过审理，查明沈洲是沈二的弟弟，沈洲和蒋四两家合用一只船。当年六月中旬，沈洲和蒋四将船只停下来维修。就在其间的一个晚上，沈二突然死亡。

沈二的家人到官府报案。通过检验尸体，蒋志择发现沈二的头上、脖子上都是绳子的痕迹，就怀疑是有人勒死了沈二。通过勘查现场，办案人员了解到，就在沈洲和蒋四停泊船只的地方，修有两间房子，里面住着一个妇女张氏。

经过侦破，办案人员查明张氏和死者沈二有瓜葛。这个张氏先是和沈二通奸，后来又和沈洲通奸。沈二、沈洲俩兄弟共用一个情妇张氏！办案人员试图从张氏身上找突破口。

果然，张氏供述，沈洲因为沈二此前和她相好、通奸，就产生嫉妒，想杀死沈二，并请蒋四来帮忙。张氏说，她听到外面有吵闹声音，就出门来看，看见沈洲和蒋四共同动手杀死沈二，就回到自己家中，关门休息了。至于沈二的尸体是怎么样吊上去的，她并没有看见。

面对残酷刑讯，沈洲和蒋四只能认罪。沈洲承认因张氏以前和沈二相好、通奸，就产生嫉妒，请蒋四帮忙，共同杀死了沈二。

蒋志择认为，有证人张氏的证言，又有沈洲和蒋四自愿认罪的供词，可按照谋害人命罪给沈洲和蒋四定罪了。于是，将沈洲和蒋四押入死牢，并将案件逐级上报。

但案件刚刚上报到府里，沈洲和蒋四就推翻口供，拒不认罪。

作为蒋志择幕僚的汪辉祖，对沈洲和蒋四谋害沈二人命案有自己的看法。

汪辉祖提出三问：一是张氏之前和沈二相好，发现沈洲和蒋四谋害沈二怎么会无动于衷，关门睡觉？二是即使按照他们的说法，也只有沈洲因为沈二此前和张氏有奸情而图谋报复，而蒋四和沈二并无冤仇，蒋四怎么会平白无故帮助沈洲杀死沈二？三是即使是沈洲和蒋四真的谋害了沈二，按照一般情理，沈洲和蒋四也会转移尸体，消灭罪证，这也是并不是什么难事，沈洲和蒋四怎么会漠不关心，将沈洲的尸体悬挂在自己家的船只上面，这不是在等待官府捉拿他们吗？这几点都不合情理，沈洲和蒋四谋害沈二案件存在问题，不能认定。

对于汪辉祖提出的许多问题，蒋志择点头称是。但蒋志择还是不愿意推翻沈洲和蒋四谋害沈二人命案件。汪辉祖只好善意提醒蒋志择说，沈洲和蒋四谋害沈二人命案件如果真的像原来一样定案就会后患无穷。

正如汪辉祖推断的，蒋志择并没有就沈洲和蒋四谋害沈二人命案件改变方向的意思。汪辉祖因此提出自己要离开蒋志择。蒋志择自然明白汪辉祖这个时候提出离开的意思。认识到问题的严重性，便再三挽留汪辉祖。

其实，汪辉祖提出要离开蒋志择，也只是提醒他。见蒋志择已沉默思考，汪辉祖就提出沈洲和蒋四谋害沈二人命案件的种种疑点。汪辉祖看到蒋志择态度转变，就提议蒋志择对于沈洲和蒋四谋害沈二人命案件进行重新检验。这样蒋志择只能同意汪辉祖的意见，对沈洲和蒋四谋害沈二人命案件进行重新检验。

汪辉祖重新审查的结果是，沈二死亡的那一天，沈洲和蒋四并没有见到沈二。不仅如此，那段时间，沈洲和蒋四根本就没有在自己的船上住宿。

不仅沈洲和蒋四在沈二死亡的时候不在现场，就是沈洲和蒋四谋害沈二人命案件的所谓主要的目击证人张氏，其实也根本没有在现场。张氏那几天，实际上不在自己的那两间房子里面住，而是回了她的娘家。这不只是张氏的单面之词，张氏的娘家人也向官府证实，那几天张氏就住在自己家中。这些情况官府也向沈二的邻居进行了调查，他们也证实沈洲和蒋四那个时间没有在他们的船上。在那段时间，张氏也不在她的那两间房子里，而是回了她的娘家。

众多证人证言环环相扣、相互印证，原来确定的沈洲和蒋四谋害沈二人命案件不能成立。

汪辉祖就建议蒋志择将沈洲和蒋四谋害沈二人命案件重新审理，并报请上级参与勘查，以便捉拿真正的凶手。

2. 卢标案

1781年正月十三日，浙江龙游县农民卢标在外出观赏灯时和邻居余某发生冲突，被殴打。余某踢伤了卢标的小肚子，卢标疼得连话也说不出来。当晚，卢标的家属将卢标抬到余某家。案件上报后，经检验，官府将卢标交付余某进行保辜。

保辜，是我国古代刑法中的一种保护受害人的制度。清律保辜期限条注："保，养也；辜，罪也。保辜谓殴伤人未至死，当官立限以保之，保人之伤，正所以保己之罪也。"凡是斗殴伤人案件，被告要在一定期限内对受害人的伤情变化负责，如果受害人在限期内因伤情恶化死亡，被告应按杀人罪论处。

保辜制度的确立，是因为在古代的科技条件下，对于内脏损伤、内出血等当时是没有办法检验定性的。如果治疗好了，减轻处罚；如果死亡，按律处罚。西汉初年规定保辜的时限是二十天，这是现存最早关于"保辜"的法律条文。唐律规定："手足殴伤人限十日，以他物殴伤人者二十日，以刃及汤火伤人者三十日，折跌肢体及破骨者五十日。"明清两代的辜限作了一些延伸，即手足、他物、金刃及汤火伤，限外十日以内；折跌肢体及破骨、堕胎，限外二十日以内；如受害人确系因原伤身死，对被告也要处以杀人罪。

既然衙门已经确定由余某对卢标的伤情进行保辜，余某就得积极为卢标进行治疗，以避免承担刑事责任。为此，余某立即请来外科大夫对卢标进行了治疗，余某也对卢标进行了精心护理。在医生的积极治疗和余某的精心护理下，卢标的病情好转。正月二十八日，卢标在告知余某后，卢标步行回到了自己的家中。

当年二月初二日是文昌神会，卢标久病初愈，耐不住寂寞，也去逛神会，大醉而归。第二天起来，卢标身体发热不止。卢标痛苦不已，就让自己的弟弟找来内科大夫汪某诊治，不见好转。卢标每况愈下，病情愈演愈烈，到了二月初九日，竟然不治身亡。因为此前余某曾经殴打过卢标，并且由官府确定由余某对卢标进行保辜，现在卢标死亡，卢标的家属就要求余某对卢标的死亡承担责任。

卢标的家属和余某相持不下，报告官府。县府衙门立即对卢标的尸体进行了检验，检验是由邻近县份的何某代为进行的。检验的结果是卢标小肚子上面有伤痕，该伤痕和原来余某踢伤卢标后，官员检验的伤痕尺寸大小、颜色深浅完全吻合。

知县王晴川决定对于这个案件进行重审。汪辉祖提出，如果说是余某踢伤卢标的小肚子，导致卢标死亡，余某踢伤卢标造成的一定是致命伤。按照一般情形，被害者死亡的时间，从致伤之日起算，不会超过三天。而卢标是二月初九日死亡的，距离余某正月十三日踢伤卢标，已经有二十七天的时间，也超过了法律规定的保辜期限。

汪辉祖分析，余某和卢标两家相距有一里多的路程。正月二十八日，卢标从余某家步行走回自己家中，足以说明卢标的伤情已经治疗痊愈。事情的起因是踢伤余某，官府确定由余某对卢标进行保辜，如果卢标的伤情没有治疗痊愈，即使是根据常理推断，卢标也不会离开踢伤自己、并对自己进行保辜的余某家。

汪辉祖进一步分析，卢标在二月初三日治疗的时候，不请外科大夫，而请内科大夫，也证明卢标治疗的不是余某所踢导致的伤，而是其他疾病。

知县王晴川仔细倾听了幕府师爷汪辉祖的分析，觉得非常有理，立即找到为卢标看病的内科汪大夫，仔细进行询问，并且调出汪大夫为卢标治疗的药方和医案。果然不出汪辉祖所料，卢标当时治疗的就是因为伤寒而引发的病。

汪辉祖再用宋慈《洗冤集录》检验医理提出自己的观点：一般说来，皮下青紫外伤，在停留一段时间后，伤痕就会逐渐消失。卢标死亡的时候，距离余某踢伤卢标已经过去了二十七天，在何某检验卢标尸体的时候，怎么卢标小肚子上面的伤痕还和余某踢伤卢标后司法官员的检验结果一模一样，连同的伤痕尺寸大小、颜色深浅都完全一样？

汪辉祖因此对于何某所作的卢标尸体检验提出质疑，建议知县王晴川在讯问相关检验人员后，对案件进行重审。

当年十月份，对卢标案件进行了会审。但何某固执己见，坚持说自己作出的卢标尸体检验是正确可靠的。

但是，知县王晴川感到了问题的严重性而专门提请上报，由上级指示另行选派检验官员对卢标的尸体进行检验。上级选派兰溪县梁君进行检验。检验的结果是，卢标的尸体腹部已经完全腐烂，无法检见伤痕。对此，进行尸体检验的梁君也大吃一惊，不敢填写检验报告。为查明真相，当年十二月，王晴川携带卢标尸骨到杭州复检。何某因而受吏部弹劾免职。

3. 争山案

1787年，汪辉祖任宁远知县时，发生了刘开杨与成大鹏争山一案。在这个案件里，刘开杨乘其弟刘开禄病重垂危之际，叫来杀手王闫喜把其弟弄到山上，将他活活用刀杀死，付给银子三十两，达到争山、夺产二目的。

刘开杨还到衙门击鼓"鸣冤"，声称是为了山地，其弟刘开禄被成大鹏杀害，要求申冤。成大鹏也狂喊冤枉，争山实有此事，但没有与刘开禄殴斗杀害之事。

汪辉祖深感内中必有缘故。刘开禄病重垂危如何走到山上？到山上就是为与成大鹏争山？刘开禄病重垂危如何与成大鹏殴斗？检验刘开禄尸体，发现死者身上没有抵抗伤痕，系胸部一刀毙命！于是，汪辉祖认为该案有疑问，决定先将成大鹏下狱听审。

但成大鹏入狱当天就有人举报，一向手头拮据的王闫喜却整日出入赌场，做起了大款的样子。汪辉祖县令还了解到，王闫喜夜里一人偷偷摸摸到离村三里的关帝庙敬香拜佛。王闫喜是当地农夫，如何整日出入赌场，确实一反常态。王闫喜是否与争山案有什么关联？

次日夜里，汪辉祖吃过晚饭，带衙役三人，穿上便服，来到关帝庙。三衙役躲在关公神像背后，汪辉祖独自一人蹲在关公神像前面的神桌下面。约过一个时辰，见有一鬼鬼祟祟的人走进庙内，点燃香烛，跪在神桌前的拜凳上，口中念念有词道："关老爷啊关老爷！我叫王闫喜，今年三十九岁，家住附近村子，因前几天经刘开杨的要求，叫我把刘开禄带到山上杀掉，刘开杨给我三十两银子。但我运气不好，都已输光，并且县府对此案查得很紧。请关老爷保佑我平安无事，渡过这一难关。"

王闫喜的话音刚落，汪辉祖县令与三衙役突然出现，抓住王闫喜，带他到衙堂。这时被吓破胆的王闫喜，像竹筒倒豆子一样，全部招供了。

次日升堂，成大鹏被当场释放，幕后唆使犯刘开杨丧尽天良，竟对自己亲弟弟下毒手，天理难容，与杀手王闫喜一起被判处斩刑，避免了成大鹏一桩冤案。

五一、递　铺

古代递铺制度中的马递

宋慈《洗冤集录·验罪囚》说："凡验诸处狱内非理致死囚人，须当径申提刑司，实时入发递铺。"

这段话的意思是，一旦各地监狱里发现了囚犯非正常死亡的，必须直接申报到提刑司，申报的文书马上交付递铺按驿递规定递送。

我国驿递制度起源很早，殷商时就有了陆路驿递。刘勰《文心雕龙·书记》记载："三代政暇，文翰颇疏；春秋聘繁，书介弥盛。"春秋之际，列国纷争，相互之间多有交往，驿递书信变多。唐代始有递铺之设，专门传递文书。到了宋代，统治者为了加强中央集权，对邮驿制度进行改革，建立起一套较为健全的递铺制度，递铺专门承担文书及官物的传递任务及向过往官员使者提供马匹。

据沈括《梦溪笔谈·官政》记载，宋代递铺分为步递、马递和急脚递三种。步递指人力传递，是递铺的基础。马递指人骑马传递，所传文书主要是重要公文。急脚递采用马匹接力、昼夜兼程的传递办法，主要传递朝廷紧急文书。

宋周应《景定建康志》也记载：县路十一铺，每铺相去二十里。递铺之间的距离应以一匹马在负重的情况下能够急驰的最远路程为宜，从《景定建康志》的记载可知这个距离为二十里。按照二十里一处递铺计算，宋代的递铺当有数千处之多。人员多为身强力壮的兵卒，按一处递铺十人计算可达数万人之多。这些递铺有的与驿路衔接，有的则分布在没有驿路的地方，以州县为中心向四方辐射，铺铺相连，形成了遍布全国的递送系统。驿馆递铺的设置主要还是为了保证官方文书的通达和来往官员使客的畅通无阻，私人信件没有保障。

递铺的重要性毋庸置疑，还有历史教训，当然也是笑料。明代有个进士叫毛羽健，1628年由知县升为御史。刚调京城不久就养了二奶。一天老婆温氏从老家突然赶到京城，打了二奶，罚毛羽健跪地一天。毛羽健想老婆怎么来得这么快，一问，驿站！驿递原本只为递送使客、飞报军情、重大检验、转运军需物资等，却被官员用作办家事、送私信。于是，毛羽健便上疏崇祯，要求废除驿递制度。但崇祯没有批。刑部刘懋也向皇上建议裁驿，理由是，如果将裁掉的驿卒的工资和马匹的给养等用在对付满洲人身上，实在是两全其美之计。正在为财政伤脑筋的崇祯，听了正中下怀，立马裁驿。刘懋为崇祯节省了银子，但成千上万的驿卒失业后加入了造反大军，其中就有李自成。此时，内患有西北李自成暴动，外患有东北清军入关。崇祯几员大将杨嗣昌、左良玉、洪承畴等要么死在战场上，要么调回东北。结果李自成攻进北京。假如崇祯没有裁撤驿卒，那么西北的农民叛乱可能就有时间、有能力平定，而计划"安内之后攘外"也可能实施。至少，崇祯不会被曾是失业驿卒的李自成逼得上吊。

从宋慈介绍及其递铺历史和教训来看，至少有以下需要说明：

一是宋慈介绍"狱中死亡"案件通过递铺直接送交提刑司检验的做法，说明宋代对囚犯检验的高度重视；而宋慈提到的"狱中死亡"案件"入发递铺"，也说明宋代把"验罪囚"作为官府重大事情来看待。

二是递铺递送是按"驿递规定"进行的，除了快速、及时到达外，也有法律保障。古代发生战事，不斩送信人，况且平时递铺密布，保障公文畅通无阻，这就是"狱中死亡"案件要通过递铺送达的一个原因。

三是宋代的递铺有数千处之多，人员达数万人之多，都是公差人员，财政拨款，发给薪饷，递铺人员（驿卒）递送文书必须对国家负责，有很高的保密性和安全性，这又是"狱中死亡"案件要通过递铺送达的另一个原因。

四是为什么"狱中死亡"案件要通过递铺直接送交提刑司检验呢？主要考虑该类案件拖延时间、瞒报等因素，造成刑讯逼供或各类狱中非刑的证据因尸体腐败而消失，要求及时检验，把其放在"递送要件、飞报军情、转运军需物资"同等地位看待，实属不易！

五是从法律地位来看，宋代"狱中死亡"案件要通过递铺直接送交提刑司检验的做法，属于专门案件、专人递送、专人检验、专人审断，有其特殊法律地位，也是当今值得思考和借鉴的地方。

五二、调查访问的侦查方法

古代官员到现场调查访问

宋慈《洗冤集录·疑难杂说上》说："验失脚处高下、扑损痕瘢，致命要害处，仍须根究曾见相打分散证佐人。"

这段话的意思是，以高坠为例，鉴定时要验失脚处高度是多少？跌落后损伤情况如何？致命伤在哪里？这样做的目的是判断到底是不是真的高坠，因为高坠有其特定的损伤特征。即使这样做了，仍然需要调查目击者在场证人。特别是有打架斗殴后发现有高坠死亡的情况，尽管人已走了，也要找到目击者问询，以便搞清楚案件的来龙去脉。

后魏时期的司马悦在豫州当刺史时遇到过这样一个案子：有人在路上死去了，现场留有一把刀鞘。司马悦在处理这个案子时，顺藤摸瓜，由刀鞘找到刀，由刀找到刀匠，由刀匠找到买刀之人，顺利破案。在这个案例中，刺史就采用了调查访问的侦查方法，穿针引线捕获凶手。这是运用公开调查方法的一个例证。对郑克的《折狱龟鉴》案例进行整理，发现其中运用调查访问方法的案例高达十余件。我国古人已经能十分娴熟地运用调查访问方法开展侦查工作了，这一手段多应用于排摸环境下的查证，大多能够准确有效地反映侦查人员所想得到的答案。在中国古代对于有犯罪现场的案件，调查访问工作往往与现场勘验同步进行，重点访问对象是现场目击者、知情者；对于没有犯罪现场的案件，重点访问对象是犯罪嫌疑人和被害人的家属、邻居、同僚。

宋慈提出法医检验中要用侦查方法进行调查访问：

一是宋慈提出了尸体检验的重要性。宋慈在勘查过程中注意死者的伤痕与尸体位置，调查访问。调查访问是侦查人员在案发地或犯罪嫌疑人可能出没的地点，走访相关目击者，进行必要的调查，以发现犯罪线索、犯罪证据的一种公开侦查方法。比如，鉴定高坠，就要考虑是否与高坠的特征相符，特别对曾有打架的情形，要考虑有无把人打死后伪装高坠。

二是询问见证人的重要性。自古以来中国的司法环境就是讲究口供重要性，而与案件有紧密联系甚至有可能还原案件真相的证人的地位却始终不受重视。但是，证人证言对于辅佐证据力度的重要性不可小觑。《洗冤集录》提出对诬告陷害、假证伪证现象需要立法来规范的观点。办案人员应当听取多方之言，探究案件背后隐藏的一些秘密。只有这样才可能让证人作证有法可依，有理可循，促进司法环境的公正严明。一个案件的发生可能会出现目击者或知情人。那么，宋慈通过见证人的情况了解案件也在《洗冤集录》中有所记载。比如宋慈说："凡检验，不可信凭行人，须仔细查看。"也就是说虽然有见证人的案件，检验官员必须事先心里有所思量，不能随意听信他人，妄自断论。这可以说是对见证人可信度的一个说明，只可作为参考，还是应当由检验官员按事实说话，让尸体还原案件的经过。这是在侦查检验过程中尤其要注意的一个禁忌。那么在什么情况下见证人的作用较为突出呢？前面高坠检验，在难以区分死亡案件的性质时见证人可能会起到至关重要的作用。虽然此类案件痕迹的情况需要检验官员推敲，但根本上还是应当从见证人处寻找实实在在的证据。关于询问证人技巧，宋还记载"其行凶人与被伤人是与不是亲戚？有无冤雠？"这里从宋慈的描述不难看出，见证人对于凶手辨认的规定非常详细，类似于现代侦查鉴定中的模拟画像。这里的询问也是有程序可循的，包括询问见证人有没有看到行凶之人，行凶之人有没有体貌特征，再要询问凶器是什么，有没有被检拾并呈于检验人员查看。这有点类似于我们现在的描述，侦查技术人员根据证人的证词画出凶器的样子，有助于开展侦查工作。

三是询问报案人的重要性。一个案件得到官府的受理，通常是由报案人向官府喊冤。宋慈根据多年的办案经验认为，有的时候报案人会与官府玩心理游戏，自己犯案后又自己报案，试图洗脱嫌疑。那么，对于报案人的一些情况宋慈也在《洗冤集录》中有所提示，警示后人在办案中注意报案人的细节，以寻找突破口。宋代的取证方法，亦由传统的以刑讯逼取犯人口供为主转向以调查、勘验、法医鉴定为主的取证方式。报案人关系错综复杂，有的时候也可能出现诬告的情况。特别是在社会上，等级分明，宋慈是通过对诬告者的处罚措施来阐述其中常发的一些诬告情况。比如有"诸以毒物自服，或与人服，而诬告人"；"诸缌麻以上亲因病死，辄以他故诬人者"；"诸诈病及死、伤，受使检验不实者"等。南宋社会多发的诬告情景，侦查人员应当对其进行详尽的勘查，避免诬陷无辜之人，让居心叵测之人有机可乘。这可以说是官府接到一个案件时预先应当注意的事项。具体到个案，宋慈在《洗冤集录》以自缢为例："凡验自缢人，先问原申人，其身死人是何色目人？见时早晚？曾与不曾解下救应？申官时早晚？如有人识认，即问：自缢人年若干？作何经纪？家内有甚人？却因何在此间自缢？若是奴仆，先雇主讨契书辨验，仍看契书上有无亲戚，年多少？更看原吊挂踪迹去处。如曾解下救应，即问解下时有气脉无气脉？解下约多少时死？切须仔细。"可以说宋慈将自缢案件从案情调查到具体勘查完全反映在报案人的言辞上。这时就要求我们的侦查人员细致观察、全面了解。报案人言辞闪烁或是前后不一，可能就会成为案件的嫌疑人，而他的言词证据就可能会被推翻。

重温宋慈用侦查方法进行调查检验的做法，对当今司法鉴定仍有现实意义！

五三、广布耳目

宋慈《洗冤集录·检复总说下》说："惟检验一事，若有大段疑难，须更广布耳目以合之，庶几无误。若不访问则不知也。"

这段话意思是，唯独检验这件事，一旦遇有重大疑难案件，必须从各个方面、各个渠道调查，使之有个合理的解释，才能避免错误。不这样做的话，就无从揭开案件真相了。

清代采衡子《虫鸣漫录》中记载了这样一个案子：江西省永新县有个木匠叫张形成，和他的父亲寄居在一座破庙中。张形成的父亲已经年过七十，不能再挑担干活。张形成给人家干木匠活。张形成的父亲待在破庙中。张形成隔三差五地给父亲送些衣服、食物。一天晚上，破庙的门紧锁着，张形成的父亲被杀害。第二天，正好张形成到破庙中看望父亲，发现父亲死了，头上留有铁器打击的痕迹。张形成立即报官。官府经过侦查，没有发现什么线索，只能吩咐张形成安葬自己的父亲。时隔不久，举人李英到县府衙门举报，说是张形成因为向他的父亲要钱娶妻子，父子二人不和，张形成杀死了自己的父亲。举报者是堂堂正正的举人。县衙立即将张形成捉拿到案。张形成矢口否认杀害父亲。一天，县府衙门又在审理案件。刚刚审讯完毕的一个盗窃犯看到张形成，自言自语地说：张形成，你也在这里，你的父亲因为握有一笔钱财不给人，被人杀害了，现在你又被冤枉等死了。那个盗窃犯在随心所欲地说话，张形成听到了也没有感觉到有什么不对。但是，细心的县官大人却听到了其中的奥妙。这个盗窃犯说张形成的父亲因为握有一笔钱不给人，而被人杀害了，听他的话音，不像是张形成杀害自己的父亲。尤其是这个盗窃犯直截了当地说张形成是被冤枉等死了。可见，张形成的父亲不是张形成自己杀死的，凶手另有他人，起码这个盗窃犯也是知情人。想到这里，县官立即叫住这个盗窃犯，要他如实交代张形成的父亲死亡的来龙去脉。盗窃犯只能老实坦白，承认自己伙同他人杀死了张形成的父亲。原来，这个盗窃犯认识张形成的父亲，知道他虽然住在破庙里面，但是手中有钱，就纠集两三个同伙去张形成的父亲所住的破庙盗窃。但是，他们几个窃贼翻箱倒柜，没有找到什么值钱的东西。这时，张形成父亲醒来，认识其中一个窃贼，就说"原来是你"。那个窃贼听到张形成的父亲说出自己的名字，害怕他报官，就杀人灭口。县官找来其他盗窃犯讯问，他们也对盗窃不成、杀害张形成父亲一事供认不讳。至此，张形成父亲被害一案真相大白，张形成被当堂释放。张形成想到举人李英信口雌黄，诬告陷害自己，就要求县衙追究举人李英诬告陷害责任，结果李英的举人被除名。

综上分析，宋慈这段话实际上有三层含义：一是亲自部署并派人调查，这样做的目的是有个合理解释；二是从各个方面、各个渠道的调查，其形式不拘一格，甚至调查过程中听到、看到或想到，只要与案件有关，都不能放过，都需要调查；三是检验案件都要这样做，但遇到重大疑难案件，更要全面调查，以保证万无一失。

五四、鞫 问

宋慈《洗冤集录·检复总说下》说："若不访问，则不知也。虽广布耳目，不可任一人，仍在善使之；不然，适足自误。凡行凶人不得受他通吐，一例收人解送。待他到县通吐后，却勾追。恐手脚下人妄生事骚扰也。"

这段话的意思是，如果不去访问，那就无从得知了。只是广布耳目，不可专任一人，仍在善于使用他们，不然，恰足以自误。凡行凶人，捕到后不要做口供笔录，一律派人押解去县。等他到县里全部供出口供后，就立即追捕同案犯。太早行动，恐怕吏役下人，妄自生事，骚扰乡民。这里"通吐"指口供，何时访问，何时录口供，何时逮捕人，都有讲究。这就是宋慈的"鞫问学问"，也叫过堂学问或审问技术或鞫问技术。

宋慈的"鞫问学问"受后人追捧和使用，元代人林兴祖就是其中一个。《元史·良吏传》记载：林兴祖，字宗起，福州罗源人。至治二年，考取进士，被授予承事郎，同时主持黄岩州的事务，三次晋升而执掌铅山州的事务。铅山州一向有许多造假钞的人，首领是吴友文，远到江淮、燕蓟等地都有其伪造的钱币。吴友文狡诈、蛮横、凶狠。因伪造假币而致富，于是分别派遣四五十名品行恶劣的年轻人，到县衙做差役，窥探有人告状，就先使人杀掉他，前后杀人很多，又抢夺别人的妻女十一人做妾。百姓遭受的祸害，含冤而不敢申诉达十多年。林兴祖到任，说："这些祸害不铲除，何以治理百姓！"立即张榜告示禁止伪造钱币，并且立即嘉赏出面告发的百姓。不久就有一个告发的人到，林兴祖假装以不符合实情的理由斥责他离去；又有人告发并抓获了两个伪造钱币的人和赃物。林兴祖就在府里大堂审问。吴友文亲自到官府来营救，林兴祖命令逮捕了他。不一会儿，来控诉吴友文的有一百多人，林兴祖选择了其中罪行重的一两件事审问吴友文，案卷立刻写出。逮捕了吴友文的同党二百多人，全部给予法办。百姓的祸害解除后，林兴祖声誉提高。升任南阳知府，改任建德路知府，都没有到任。至治八年，特别降旨升官为道州路总管。赴任途中设计击退匪徒。赴任后洞瑶人三年没有入境。粮食丰收，停建土木，赈济贫民，减轻徭役和税收，郡里非常太平。宪司考核，认为道州最好。因林兴祖年岁大，辞去官职，终老在罗源。

从宋慈提出"鞫问技术"，到熟读《洗冤集录》的林兴祖个案审问，我们可以了解到：一是访问。宋慈认为调查非常重要，可了解基本情况。林兴祖执掌铅山州的事务时，调查了解到以吴友文为首造假钞，铅山、江淮、燕蓟等地都受害，决定铲除祸害。二是广布耳目。宋慈认为，一个人调查不够，要多人、多地调查，收集更多的情报，确定事件的性质。林兴祖就四出调查了解到，吴友文为首造假钞集团，还派遣四五十名品行恶劣的年轻人到县衙做差役，打探消息，杀人灭口，又抢夺别人的妻女十一人做妾。林兴祖感到"这些祸害不铲除，何以治理百姓"！三是口供。宋慈认为，凡行凶人，捕到后不要就做口供笔录，一律派人押解去县。等到县里全部供出口供后，就立即追捕同案犯。为什么这样做？因为抓到的人，在现场有顾忌，口供可能不实，也可能乱讲一通，需要到县里审问。林兴祖以"张榜告示"形式嘉赏出面告发的百姓。不久就有一个告发的人到，林兴祖假装以不符合实情的理由斥责他离去；又有人告发并抓获了两个伪造钱币的人和赃物。林兴祖就在府里大堂审问。第一次告发，林兴祖已差人去抓人，但不审问，押于府里，第二次告发并抓获了两个伪造钱币的人和赃物。然后，大堂审问。宋慈的"鞫问学问"林兴祖玩得很转，效果很好。大堂审问不久，来控诉吴友文的有一百多人，林兴祖选择了其中罪行重的一两件事审问吴友文，案卷立刻写出。逮捕了吴友文的同党二百多人，全部给予法办。百姓的祸害铲除后，林兴祖声誉提高，升为道州路总管。四是政绩。古代办案和其他业绩一样是受定期考核的。宋代宪司指诸路提点刑狱公事，负责调查疑难案件、劝课农桑和代表朝廷考核官吏等事，即后世按察司之职。元代基本沿袭宋代，宪司考核，认为道州最好。林兴祖虽告老回乡终老罗源，但他的业绩记入《元史·良吏传》之中，为后人所赞颂。

五五、验尸与口供

宋慈《洗冤集录·检复总说下》说："凡行凶人，不得受他通吐，一例收人解送。待他到县通吐后，却勾追。"

这段话的意思是，杀人现场抓到行凶人，先押送，别录口供。待尸体检验后，到县里与口供相验证。这就是宋慈尸体检验与罪犯口供相验证的观点。具体地讲，指"由证到供"的检验思路。

宋慈的做法确实与一般做法不同。一般来说，官府抓到罪犯后，立即讯问，然后再以罪犯的口供为线索收集其他证据。如果收集的其他证据与罪犯的口供有出入，就继续讯问。整个案件基本上都是围绕罪犯的口供来进行。用现在的话说，为"由供到证"。但往往犯罪人际关系多，有保护层，逃避力强。过早讯问犯罪人会打草惊蛇，必然导致毁灭证据、串供、逃跑等行为。同样，过于倚重犯罪人口供和各种人证，必然要导致刑讯逼供。

如果因过于重视口供引起刑讯逼供，就会使真正的犯罪人逃脱制裁。相反，先取证后询问犯罪人，通过讯问核实其他证据的真伪，这样就可以提高检验和断案能力。用现在的话说，为"由证到供"。

由此可见，"由证到供"的检验学术思想，早在宋慈《洗冤集录》中已有专门记载。过去我们将"由供到证"视为封建司法产物是没有科学依据的。在古代刑事案件中，是先取得口供再取得其他证据，还是先取得其他证据再取得口供，是由案件的具体情况决定的，宋慈已娴熟掌握。

五六、检 验 本 意

宋慈《洗冤集录·条令》说："诸尸应验而不验；或受差过两时不发；或不亲临视；或不定要害致死之因；或定而不当，各以违制论。其事状难明定而失当者，杖一百。吏人、行人一等科罪。"

这段话的意思是，从法律程序角度出发，检验本意是官员有"应验而不验、受差过两时不发、不亲临视、不定要害致死之因、定而不当、定而失当"六种情形要受法律处罚，配合官员工作的检验人员（吏人、行人）一样受罚，从受杖到科罪不等。

为了理解宋慈对鉴定所下的定义，我们举清代"小白菜案"说明之：

小白菜案，即葛毕氏案，后世又称杨乃武与小白菜案。该案同治十一年农历三月，浙江余杭县人葛品连与新婚妻子葛毕氏租住了举人杨乃武的房屋。葛毕氏，本名毕秀姑，很有几分姿色，平时喜爱下穿白裙，上穿绿衫，故绰号"小白菜"。此间，葛品连在杨家打工，小白菜与杨乃武亦有接触。葛品连对此心中不悦，曾盯梢、偷听二人行踪、谈话。除了发现杨乃武教葛毕氏读书识字外，并未发现奸情。别人知道后就在居里巷间传开，成为当地人茶余饭后的谈资。此后，葛家就张罗搬家。第二年六月，葛家搬至亲属王心培家隔壁居住。葛品连也不在杨家打工了。有一次葛品连与妻子因腌咸菜琐事发生争吵，动手打了小白菜。过后，小两口恢复常态，葛品连每日照常出去打工。十月初七这日，葛品连感到身体不适，时冷时热。初九，病情加重，医生诊断为霍乱，下午四时左右经医治无效死亡。葛母见死去的儿子脸色发青，疑是中毒致死。又联想到儿媳平时举止轻浮，更加怀疑了。于是便以死因不明，恳求检验为名，请地保王淋到县衙代为告状。余杭县令刘锡彤接诉状后并未立即升堂，先派人"秘密初查"。初查人回来作了汇报，自然是杨乃武与小白菜的"绯闻"灌满了刘的耳鼓。之后，刘县令带领办案人及法医沈祥等验尸。此时尸体已经腐败，尸表呈青黑色，沈祥便报称"服毒身死"。刘锡彤当场将小白菜带回县衙审问。小白菜大呼冤枉，但在"大刑伺候"下屈认以前曾与杨乃武通奸谋害了亲夫。刘锡彤接着传杨乃武到庭对质，杨拒不承认。后被刑讯逼供，杨乃武屈招。结案意见是：葛毕氏、杨乃武拟判为凌迟、斩首。清朝死刑案件是五审制。同治十三年四月，本案第五审即终审开始。审讯中，杨乃武、小白菜均推翻原供词，所以没能审结。光绪元年四月，皇上令刑部详细研究案情。刚毅被任命为主审官。经刑部审查卷宗，认真研究，讯问犯人，调查证人，决定重新检验尸骨。刑部大审，开棺验尸，认定葛品连并非中毒而死，属检验不实。刑部复审勘验情况上奏。最后，检验人员沈祥被斩，浙江巡抚杨昌浚、钦差胡瑞澜、知府陈鲁被革职，刘锡彤被充军黑龙江，其余承办此案的知县也被革职削官。至此，杨乃武与小白菜冤案得以平反。

由上介绍，我们知道，古代对鉴定十分重视，鉴定立法十分完善，对错误鉴定的处罚相当严厉。特别是古代把鉴定定义为为司法服务，一旦出现检验不实等六种情形必须受罚。换句话说，古代把鉴定作为司法活动的一个重要组成部分，六种情形所造成的司法不公必须受罚。按宋慈对鉴定的要求：公正鉴定造福人类（洗冤泽物），不公鉴定有冤受罚（科罪甚至处死）。

反观现在，有的鉴定以营利为目的，昧良心鉴定有之，随意鉴定有之；对错误鉴定的处罚滞后、惩罚不严、追责不到位、鉴定立法缺位甚至错误鉴定不受罚而反复鉴定的情形时有发生，给司法公正带来负面影响，应引起高度重视。

五七、画　　押

宋慈《洗冤集录·检复总说下》说："顽囚多不伏于格目内凶身下填写姓名押字。其确然是实者，须勒令佥押于正行凶字下。"

这段话的意思是，凶恶的囚犯多不认罪，不愿在验尸表格"凶身"项下填写姓名画押。对于那些确属实的罪犯，检验官吏就必须勒令其在"正行凶人"项下签名画押。

为了说明"画押"的作用，这里介绍《水浒传》中"武松杀嫂证人画押"的故事。

《水浒传》第二十二回，武松因打人逃到柴进府避难，刚好宋江因杀了阎婆惜也投奔柴进。宋江偶遇武松，叹道"如同天上降魔主，真是人间太岁神"。武松告知宋江："吃酒醉和人相打，时常吃官司。哥哥武大郎被害得常要随衙听候，没有安心日子过。此番便准备回乡寻兄。"武松别过宋江，过阳谷县景阳冈，借一身酒胆，乘醉打了大老虎。阳谷知县抬举武松做都头。一日，武松在清河县街上巧遇武大郎。原来，武大郎在清河县自从讨了潘金莲，成天门外不少地痞流氓骚扰。无奈，只好搬家到阳谷县。却说知县在任上赚了好些金银，要送东京去打点上级，好求升官，怕路上被人劫，想起了武松。武松不负所望，完成了任务。潘金莲和西门庆通奸之后，被丈夫武大郎知觉，潘金莲与奸夫合谋毒杀武大郎。武松觉得哥哥死得蹊跷。先是去找了敛尸团头的何九叔，然后找到卖梨的郓哥，收集了人证、物证，去告官。可是，知县问了何九叔与郓哥的口供："这件事难以理问。"西门庆知道武松告官，当日就让心腹来县里送银两，上下打点。知县贪图西门庆钱财，还因为西门庆是"地方一霸和能把持官府的人"，告诉武松说："都头，你休听外人挑拨与西门庆做对头。这件事不明白，难以对理。圣人云：'经目之事，犹恐未真，背后之言，岂能全信？'不可一时造次。"武松无奈，心想："但凡人命之事，须要尸、伤、病、物、踪，五件事全，方可推问得。"武松对知县说："既然相公不准所告，且却又理会。"武松先是让士兵安排饭食留着何九叔和郓哥，然后带着三两个士兵离开县衙，买好笔墨印泥纸砚，又令两个士兵买了鸡、鹅、猪头并一些果品，放在家里。他接着安住潘金莲，只说是明日亡兄断七，要答谢各位邻舍街坊，请了王婆，拖了隔壁开银铺的姚二郎、开纸马铺的赵四郎、卖冷酒的胡正卿等四位邻舍到家里，教士兵把着前门不放他们出去。当着众人面，武松怒审潘金莲和王婆，让见证人录下两人口供，然后所有人都"点指画押"。这才将潘金莲于众人面前开膛破肚："那妇人见头势不好，却待要叫，被武松脑揪倒来，两只脚踏住他两只胳膊，扯开胸脯衣裳。说时迟，那时快，把尖刀去胸前只一剜，口里衔着刀，双手去挖开胸脯，抠出心肝五脏，供养在灵前；一刀便割下那妇人头来，血流满地。四家邻舍眼都定了，只掩了脸，看他忒凶，又不敢劝，只得随顺他。"之后，武松又将西门庆给杀了。他提了两人之头，先在亡兄灵前祭奠，然后带着"点指画押"证人陈词，前往官府自首。

这里，"点指画押"就是用沾有印泥的食指在供词上摁压完成"画押"。画押，其实就是署名、签字的意思。画押也称"花押""签押""署押""花字""花书"等等。画押的作用与印章或"本人签名"一样，是一种辨认方法和证明方式。

从《水浒传》武松对在场证人"点指画押"的故事，我们可知，"画押"不仅仅用于署名、签字，也不仅仅用于民间契约之类，还可用于取证的固定。也就是说，"画押"使用范围很广，包括公文、契约、私人信笺、艺术作品署名等等。

武松是阳谷县都头，他的做法，是他在官府里对犯人取证的做法。人犯如果在审讯时招供了，就要在书吏记录的供词上画押，以示认罪。画押之后再想翻案可就难了，即便说是屈打成招也没人相信。

画押

不过，"画押"不仅仅只有用食指的"点指画押"一种。古代对于犯人的转移关押、流配等，为了防止掉包，要求犯人在交换文件上押"拇指押"，将大拇指沾上墨迹签押。逐渐官方开始将这个签押用于百姓，而民间的百姓有的由于忌讳（以前是犯人的专用）则采取了在画押的位置"画个圈"代表"拇指押"。有的就直接用笔"画圈画押"。因为签名或押字对目不识丁的人是个难题，于是人们便以"画圈画押"代之。

但是，"画押"实际上是文人墨客的杰作，古代很多名人都会自己设计"签押"，比如，宋徽宗赵佶的花押设计"天下一人"，一字含四字。

要说"画押"，话就长了。

先要说签名。签名起源于原始的记号和一些手工制品的标记。氏族社会，刻在陶器上的图腾符号，很多就是一个部落的标志。在我国，自从文字出现，作为个人的标志，签名也开始运用。

次说"签押"。春秋末期，社会成分复杂了，表明身份、履行职能、上下沟通都需要凭证。由于笔迹容易被别人模仿，于是逐渐被"签押"图章所代替。《韩非子》一书中有"田婴令官具押券"，可见战国时人们已经使用"押"的形式在文书中进行签署了。

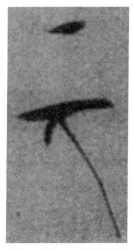

宋徽宗赵佶的花押"天下一人"

再说"花押"。到了宋朝，出现一种"花押"签。这种手写的"花押"签是文人笔走龙蛇的鬼画符一样的东西，将几个字连在一起写成一个字，使人难以辨别是什么字。由于其难以模仿，于是反而成了一种验证身份的手段。由此，"花押"签逐渐被广大文人阶层以至官僚体系所接受。从宋朝起就有了专门设计花押签名的签名馆。凡考中进士的人，都要到京城的签名馆买签名，俗称"买花押"。然后，闭门练习几天，把练好的花押交到吏部备案，换回官印。此后，无论这个人到哪里做官，在其呈送给朝廷的文件上都要有自己的"花押"，以验证身份。

再后来才用于官府办案需要，要求人犯在笔录上"画押"。

现在我们回过头再看宋慈《洗冤集录》中为什么要求凶犯"画押"，就会明白，宋慈这样做的目的有两个：一是官员履行职责，把凶犯带到现场指认和参与验尸。其做法是，凶犯被带到现场观看验尸，在验尸表格"凶身"项下"画押"，对于明确是杀人者，就必须在"正行凶人"项下"画押"；二是官府办案要求必须"画押"，不仅证明"凶身"验尸时在场，而且证明"凶身"对验尸过程的认可，日后若翻供，"凶犯"无法抵赖。"画押"本是"个人签名"作用，一旦在刑事案件的特定场合使用，就有一种辨认方法和证明方式，甚至固定证据的作用。宋慈把"画押"文化写入《洗冤集录》，把"画押"作为证明手段在刑案中应用，并沿用至今。而宋慈把人犯带到现场，与受害人家属、官府办案人员、地保等若干人一起参与观看验尸，同时起到知情和监督作用，也让人犯心服口服，在今天看来仍有现实价值。

诬告与检验

五八、深藏的罪恶

宋慈《洗冤集录·论沿身骨脉及要害去处》说："被打若在生前，打处自有晕痕；如无晕，而骨不损，即不可指以为痕。""先问雇主讨契书辨验，仍看契书上有无亲戚，年多少？"

这段话的意思是，若奴婢仆人生前被打，伤处就有皮下出血的痕迹，如果没有体表损伤和骨折，就不可以认为伤痕。先向雇主要契书，看看契书上怎么写，有无亲戚，年龄多大。宋慈这段话有两层意思：一是要查清是生前伤抑或死后伤及其致伤工具；另一层意思是，要查明死者与可疑致害人或雇主间的关系，单纯检验死因还不够，要弄清案件背后的真正原因，揭露隐藏的罪恶。

《大宋提刑官》有这样一个镜头：是夜，月亮未升起，暗夜风冷。史文俊府上男仆唐二宝唆使丫环小凤外逃，被察觉，刚回府的史文俊提剑追寻。混乱之中，丫环小凤惨叫一声，已被刺杀，倒地身亡。

这是唐二宝的报案陈词。事情果真如此吗？宋慈表示怀疑。

史文俊被押至临安府受审。史文俊无所顾忌，从容走入临安府。宋慈见状疑惑又生。知府吴淼水升堂审案。原告唐二宝声称表妹小凤被拐卖至史府，遭史文俊强暴，故而出逃，却被史刺杀。史文俊大怒，说绝无此事。该案由冯御史当主审，宋慈、吴淼水为副审。

宋慈查验小凤尸体，见其衣衫被扯破，头发披乱，伤处没有皮下出血的痕迹，只有一处生前刀创。判断杀人凶器为单刃别骨刀，而非原先认定的史文俊随身带的双刃长剑。接生婆用绵丝缠在手指上，查验出小凤仍是处女，排除了史文俊对小凤施暴的指控。宋慈对唐二宝提问：那夜二更后才出现月光，如何看得见杀小凤的情景？唐有些惊慌，答非所问。宋慈再三追问唐的家境，唐越发惊慌失措，慌急而逃。衙役在后花园莲花池中摸出一把厨房用的单刃别骨刀。宋认为，这才是真正的凶器。

宋慈叫手下人查看丫环小凤身世，验看"丫环契书"，小凤不是唐二宝表妹！又寻找男仆唐二宝来龙去脉，并把唐二宝进入史文俊府的前前后后都查清。这样，宋慈心中有了数。

次日，宋慈请薛庭松等人看傀儡戏：一男一女有了私情，女人怀了身孕，女儿出生后女人被男人逼死。女儿长大后竟遭父亲调戏，愤而自尽，母女俩一同向那负心男人报仇……薛庭松失态地叫起来：把他们抓起来！幕后面走出一个人，竟是宋慈，刚才是他在后面串演这出傀儡戏。

宋慈说出案情真相：小凤原是薛庭松的弃女。薛偶尔得知此事，让唐二宝混入史府，诱出小凤，谁知弄巧成拙，唐二宝于混乱中失手刺杀小凤，无奈只得编了谎话，说是史文俊所为。薛庭松因亲女被杀，愤而报复史文俊。

这个案件，宋慈很清楚，奴婢被害背后可能存在不可告人的深藏罪恶。换句话说，案件不能只看表面现象，要寻找案件根源。许多法医把死因检验出来就算完成任务。但是，宋慈还要调查案件背后的真正原因，找到犯罪的真凶，否则，类似的案件会一而再再而三地出现，还有更多的被害人成为下一个犯罪的目标。这就可以解释为什么宋慈在《洗冤集录》中多处提到了关于女使奴婢的检验，并可以解释为什么宋慈在某些案件要"讨契书辨验"的原因。同样处理一个案子，宋慈却把眼光放在案件背后真正原因和长远的未来，令人深思。这正是宋慈过人之处，值得后人学习。

宋慈一生只专注做法医检验这一件事。宋慈说："慈四叨臬寄，他无寸长，独于狱案。"人的精力是有限的，但专注做一件事时，就会做好。很多工作本身并不难做，也不是别人不会做，但许多人就是做不好，原因何在？就是因为不够专注。宋慈一生专注小事、专注难事、专注问题、专注过程，只有专注才会专业，只有专注才回造就成功，也只有专注才会发现现象背后的真相、案件背后的事实。

五九、不 可 信 凭

　　宋慈《洗冤集录·检复总说上》说："凡血属入状乞免检，多是暗受凶身买和，套合公吏入状。检官切不可信凭，便与备申，或与缴回格目。虽得州县判下，明有公文照应，犹须审处。恐异时亲属争钱不平，必致生词，或致发觉，自亦例被，污秽难明。"

　　这段话的意思是，凡死者的血亲递状请求免除检验的，多是暗受凶手买通，串同公吏呈递的，验官切不可听信，便给备文呈报免验，或让缴回验尸状。免检的另一种情况是找不到尸体的情形，"生不见人，死要见尸"，即使州、县有批示下来，明明有公文照应，也仍然需要慎重处理。恐怕以后死者的亲属因争钱不平，必将引起诉讼，问题倘或发觉，验官自然也要被牵累。这时污秽满身，也就难于辩明了。

　　宋代有个若水推官的故事。一次，有一个富民家的女仆逃走，不知所踪。女仆的父母诉讼于州衙，知州命录事参军审理此事。录事以"究劾富人父子数人谋杀女仆并且弃尸水中"立案。由于无法找到尸首，疑犯富人父子主谋、从属按律都应论罪处死，且疑犯无法自明，拷打富人父子后承认在案。案件上报，知州审查没有异议，认为此案证据确凿。然而，钱若水却不以为然，把这个案宗压了下来。录事找钱若水："你是不是受了富民的贿赂，想为他们开脱吗？"钱若水说："案子牵涉好几条人命，怎么能不慎重处理呢？"案子在钱若水这里羁留了十多天，知州屡次催促都没成功，衙署上下都不理解钱若水，反而怪他多此一举。这一天，钱若水拜见知州，屏退其他的人说："我之所以羁留此案，目的在于秘查访女仆的去向，现在我已经把她找到了。"

古代官员提审犯人

知州惊诧地说："真的还在吗？"钱若水点头。于是，女仆被秘密地送到知州这儿，钱若水把女仆隐藏在门帘之内，问女仆的父母说："你们今天见到你女儿还认识吗？"女仆的父母急切地说："哪里有不认识的道理？"于是从帘内把女仆推了出来，女仆的父母激动得哭着说："是我的女儿呀！"于是，知州让衙差带富民父子过来，给他们解开刑具，把他们释放了。古人有"生不见人，死要见尸"的说法，即要找到真实证据，符合现代法医学调查和检验原理。

　　清代时，福建有个叫陈福生的，给富人洪大寿家做佣工，偶因口角，被洪大寿痛打一顿，回家不久就伤重发作而死。他在临死前嘱咐妻子："我被洪大寿痛打，但他是富人，想必告他不倒。"他的妻子遵照他的遗嘱，在他死后去找那洪大寿，只是说："那天被责罚后，回家得病身死。望家长可怜孤寡，做个主张。"洪大寿没有说话，给予银两，厚加殡殓，又许了时常周济他母子。陈福生有个族人陈三，想借这件事敲诈洪大寿一笔，就来撺掇陈福生的妻子，教她到衙门告状。陈福生妻子说："福生被打死，但死后，他殡殓有礼，我只自家认了晦气罢。"陈三说："这样富家，一条人命，好歹也起发他几百两生意，如何便是这样罢了？"陈福生妻子说："贫莫与富斗。打起官司来，我们先要银子下本钱，哪里去讨？不如做个好人住手，他财主或者还有不亏我处。"陈三见说她不动，又到洪家去吓诈："我是陈福生的族长，福生被你家打死了，你家私下买通他妻子，便打点把一场人命糊涂了。你们要我不出面，也要给我一点好处。不然，明有王法，你也躲不过！"可洪家也不理他。陈三见洪家也没有动静，就盘算道："告人命必须是死者的亲人，他妻子不出头，我自己出名，告他不得。"于是，他就到官府去告发陈福生妻子在丈夫死后与仇人"私和人命"，这在当时也是个死罪。当地官府推官不准陈家妻子免检申请。陈家妻子只得把尚未安葬的棺木抬出来，检验结果，报了致命伤两三处。推官立刻要定洪大寿到衙门受审。按清代法律规定：家长殴死雇工，徒两年半的刑罚，可以用钱财赎罪，外加赔偿丧葬费用，并不抵命。

六〇、榉 皮 案

宋慈《洗冤集录·疑难杂说下》说："南方之民，每有小小争竞，便自尽其命而谋赖人者多矣。先以榉树皮罨成痕损，死后如他物所伤。何以验之？但看其痕，里面须深黑色，四边青赤，散成一痕而无虚肿者，即是生前以榉树皮罨成也。盖人生即血脉流行，与榉相扶而成痕。若以手按着痕损处，虚肿，即非榉皮所罨也。若死后以榉皮罨者，即苦无散远青赤色，只微有黑色。而按之不紧硬者，其痕乃死后罨之也。盖人死后血脉不行，致榉不能施其效。更在审详元情，尸首痕损，那边长短能合他物大小，临时裁之，必无疏误。"宋慈强调榉皮造假伤的特点："若将榉木皮罨成痕假作他物痕，其痕内烂损、黑色，四围青色，聚成一片而无虚肿，捺不坚硬。"宋慈总结说："如果是用榉树罨敷成痕，假作为他物伤痕的，则其痕内烂损黑色，四围青色，聚作一片，而没有虚肿现象，用手按捺也不坚硬。"

这段话的意思是，在南方一些地方，有人每每为了某个小小的争吵，便自尽其命以图诬赖他人的情况是很多的。办法是先用榉树皮在身上罨敷成一种伤痕，死后就像是用他物打伤。这要怎样来辨验呢？只要看其痕里面是深黑色，四边青赤，散成一痕，而又没有水肿的，就是生前用榉树皮罨敷成的了。这是因为人活着血脉流行，与榉皮相辅而成痕的缘故。意思是，如果用手按下，痕损处虚肿，那就不是榉皮罨敷成的了。如果是死后用榉皮罨敷的，就没有扩散青赤色。只是微有黑色、按之不坚硬的，这样的伤痕就是死后罨敷出来的了。这是由于人死以后，血脉不行，致使榉皮不能发挥效用的缘故。更在于详细观察研究案件的初始情节，尸体伤痕的那边长短，能合乎什么器物大小，临时斟酌，定无差误。

宋慈《洗冤集录》的这段记载，在郑克《折狱龟鉴》中也有一个类似的法医案件。这个案子是这样：李南公在任长沙县知事时，有人互相殴打，甲强乙弱，各有青红伤痕。南公用手捏后说，乙是真伤而甲是伪伤。经讯问，果然如此。原来，南方有榉树，用树叶敷在皮肤上，用火烫之，就像棍伤，水洗不去。但真正打伤的，由于血聚而肿胀，而伪伤的，却不肿胀。

从现代法医学角度出发，当一个人生前被他人殴打身体致伤时，会出现皮下出血、青紫、肿胀，这是生前伤的生活反应。而人死后不会出现皮下出血、青紫、肿胀等生活反应；

用榉树叶敷在皮肤上，虽然出现"青色"，但无肿胀，可以辨别之。

关于造作伤（病）、诈伤（病）的案件古今中外都有，我们不妨看看：古希腊神话中有个亚马逊（Amazon）族女人的故事。传说，亚马逊族女人也跟男人一样上战场打战。但不知何故，在某一战场上突然出现大批女人肢体不动、失明、黄疸，有的在战场上受轻伤，但久病不愈，全身无力。这个谜久久未解开。最后，"神"道出了奥秘：原来亚马逊族女人不堪忍受战乱之苦，采用诈（伤）病的方法达到目的。以后，"Amazon"这个本代表女人的词，则被用作诈（伤）病的代名词了。验伪伤、造作伤、伪病、造作病是法医学常见的事，所以在宋慈所著《洗冤集录》中多处可见。

六一、染 骨 案

宋慈《洗冤集录·论沿身骨脉及要害去处》说："行在有一种毒草，名曰贼草。煎作膏子售人，若以染骨，其色必变黑黯，粗可乱真。然被打若在生前，打处自有晕痕；如无晕，而骨不损，即不可指以为痕。切须仔细辨别真伪。"

宋慈这段话的意思是，在南宋行都临安一带地方，有一种毒草名叫贼草，熬成膏子出卖与人。如果用以染骨，骨色就变得黯黑，几乎可以和真伤相混淆。不过被打是在生前，伤处应该有晕痕；如果没有晕痕而骨又不损，就不能定为伤痕。遇到这样的案件，千万要仔细辨别真假，否则就会被蒙骗而出现冤假错案。

宋慈为什么要介绍"人为在尸骨上染色伪造伤"的案件呢？

原来，在实际检案中，宋慈遇到五种造作伤案件。

一是染骨案（如前所述）。

二是遮伤案。宋慈说："仵作行人受嘱，多以芮一作茜草投醋内，涂伤损处，痕皆不见。以甘草汁解之，则见。"

三是榉皮案。宋慈介绍，以"榉木皮罨成痕假作他物痕"。

四是烙痕案。宋慈介绍，用箸在火中烧热然后在尸体上烙形成痕，制造"伤痕"。

五是假作案。宋慈提到："假作烧死、他勒假作缢死、假作溺死；打死人后，以药灌入口中，诬以自服毒药；亦有死后用绳吊起，假作生前自缢者；亦有死后推入水中，假作自投水者。"

为了理解宋慈鉴别死后伪造伤的价值，我们再举两个例子：

《律例馆校正洗冤录》记载：有奸民，买尸做伤，妄告人命，访得人家新葬，问其是女是男，多者数十金，少则十数金，贪财奸民，不顾亲属，情愿卖与检验，自己投做证人，又买仵作，以皂矾五棓苏木等，制造浅淡青红等伤，任口喝报，此系法外之奸，务须审出实情，以惩习恶。

黄六鸿《福惠全书》记载：在尸体上加工"尸伤"，伪造证据，然后进行诬告，以骗取钱财。尸体经过"尸伤"加工之后，有可能成为诬告的证据，尸体成为对付对手的有效工具。

在尸体上染色、染骨、遮伤痕、烙尸痕、造吊痕、买尸做伤、借尸敲诈、加工尸伤等等，在《洗冤集录》以及我国古代法医学书中屡屡提及，十分详细地介绍了检验方法，并有识破造假、揭穿诬告的实例。按宋慈的话说，"人为造作尸伤这种现象"的行为背后一定有不可告人的目的，这就是诬告。因此，我国古代检验很大一部分是检验伪造伤，形成了具有鲜明特色的我国古代检验方法。可以这么说，即使在现代法医学专著中，也很难看到如此全面的介绍。

这当然与我国诬告及诬告反坐法律有关，官员如不能识破诬告，并通过检验揭露犯罪，出现错案，就会使人逃脱法律制裁或冤枉无罪的人入狱坐牢甚至处决；一旦出错，官员也被视作诬告而受刑罚；这一机制迫使官员研究"人为造作尸伤"这种现象，继而提高了法医检验水平。

我国古代为防止诬告提高检验水平促进了法医学的领先发展和辉煌成就。西方与我国不同，鉴定人不是官员而是技术人员，在刑事诉讼中遵循"疑罪从无"原则，认可被告人"沉默权"，同样逼迫鉴定人在鉴定技术及其证明力上发挥作用，推动了西方法医学发展。我们要从比较法医学角度出发，对中外法医学发展史进行深层次研究，从而探讨不同路径、各具特色的中外法医学发展史，挖掘对历史和现实的研究价值。

六二、火篦烙痕

宋慈《洗冤集录·验他物及手足伤死》说："有用火篦烙成痕，但红色或焦赤，带湿不干。""又有假作打死，将青竹篦火烧烙之，却只有焦黑痕，又浅而光平。更不坚硬。"

这段话的意思是，很少有人介绍有关死后用竹片或铁片烧热后在死者颈部、全身皮肤上烫、烙，伪造生前伤的检验。有人用火烤热竹篦在尸体上烙成痕，但仔细一看就可见破绽，篦烙痕呈红色或焦红色带湿不干。还有一种情况是，在尸上用青竹篦火烧烙成痕，只有焦黑痕，又浅而光平，用手按压也不坚硬。显然是死后用火篦烙痕伪装生前伤。

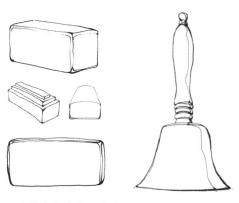

古代断狱很大程度上靠"堂上动刑"或"荆棒伺候"，按现在的话说是"刑讯逼供"。当堂上嫌犯不招供时，"惊堂木"一响，大刑就上。紧接着，屈打成招，签字画押。这种招供的"画押证据"有多少真实成分，令人怀疑。像"用火篦烙成痕"的伪装伤，往往造成冤狱。宋慈不这样，他认为必须"罚其当"，"死生出入"全靠检验。宋慈也是手拿"惊堂木"的人，但他是重视检验、重视证据的持"惊堂木"提刑官，留下好名声。

古代官府大堂的惊堂木和民国法庭的摇铃

前面说到"惊堂木"，有人会问，法槌使用之前的民国时期用什么。回答是，民国时期已不用"惊堂木"，而改用"摇铃"，主要功用是维持法庭秩序。法槌其实最早起源于我国古代的"惊堂木"，以往我国法院审判，尤其是在基层法院庭审中有时会出现法庭秩序问题，而法官往往采取大声呵斥等做法，不仅影响执法者形象，也有损法庭尊严。最早使用法槌的是福建省厦门市思明区人民法院。2001 年 9 月 14 日，时任思明区法院院长的陈国猛敲响了我国法院庭审第一槌。时隔将近一年，作为我国司法改革的一部分，法槌的使用正式推广到全国各地法院。

《洗冤集录》反复强调了宋慈的"以民命为重、人命重于天"理念，促成了有关检验人员用证据说话、用证据量刑的行为方式，这是一种科学真理，也是《洗冤集录》留给后人最宝贵的精神财富之一。

六三、妄认尸体案

宋慈《洗冤集录·条令》说："诸尸虽经验，而系妄指他尸告论，致官司信凭推鞫，根据诬告法。即亲属至死所妄认者，杖八十。"

这段话的意思是，虽然尸体经过官府检验，但是出于妄指他人的尸体提出控告，致使官府听信而据以进行审问的，按照诬告法论处。如亲属到死所妄认的，处杖刑八十。

宋慈所指的"妄指他人的尸体"情形，早在后汉时期就发生过。据和凝《疑狱集·周纡尸语》记载："后汉时期，有个叫廷掾的，惮纡严明，欲损其威。乃晨取死人，断其手足，立于寺院门口。纡闻报后，立即莅验。至死人边，好像与死人共谈笑状，暗中观察其口眼中附有稻芒，密问寺门人说，谁运载稻草入城？对曰：唯有廷掾，别无他人。又问下属官吏说，外面有无怀疑我与死人谈话的人？对曰：廷掾怀疑你与死人谈话。乃收廷掾拷问，廷掾完全顺服曰：不是杀人，只是取路边死人也。自此以后，不敢再犯。"

这是个利用"附着物"破案的例子，其关键在于物证稻芒的勘验使周纡找准了侦破的方向。周纡见死者口眼附有稻芒，立即引起注意。他凭稻芒的线索知是运载稻草人移尸，再结合其他情况而破案，给廷掾惩处，使之心服口服。历史上这个"周纡尸语"的故事流传极广，故事中县令周纡亲自查看尸体又通过查找物证与尸体"低语"观察作案人从而找出真凶。

北魏时，扬州一位刺史叫李崇，也遇到"妄指他人的尸体"情形。

扬州有两兄弟是从北方的定州（河北定县）流放过来的罪犯，哥哥名叫解庆安，弟弟名叫解思安，都是强横之徒。一天，解庆安到衙门报案，说弟弟被人杀死了。官府检验尸体后认定死者是解思安，就销落解思安的户籍，发布了通缉凶手的文告。没过多久，解庆安又向官府指控邻人苏显普和李盖杀了自己的弟弟，还找来了一个女巫做人证。这个女巫说自己白日见鬼，解思安的鬼魂向她哭诉是被这两个邻人所害，百般受苦，在地狱里又饥又渴，只等报仇。本地的官员居然相信女巫的描述，把两名疑犯抓来严刑拷打，这两人受刑不过，只好承认杀人。案子上报到刺史李崇那里审批，李崇觉得这案子有些蹊跷，女巫的指证就很玄乎，那两人供述的杀人情节又和检验认定的伤痕出入很大。于是，他就派了两个非本州出身的公务人员，伪装成外乡人样子，去到解庆安家里，说：我们是从北方来的，离扬州有三百里路。前一阵子有个人到我家寄宿，说话间有点怪怪的，被我们盘问出是从扬州逃走的流放罪犯解思安。他求我们不要去报官，说："我大哥解庆安，住在扬州相国城里，嫂子姓徐，家里小有资财。你们不去报官的话，可以到扬州我大哥那里，他肯定会给你们好处。我可以留在这里当人质，如果没有得到好处，再把我送官不迟。"我们就把他留在家里，特意前来请教。你看给多少来解救你弟弟好呢？解庆安听了怅然失色，请这两人再等几天，容他筹措。那两人回报李崇后，李崇就下令逮捕解庆安，劈头就问："你弟弟分明是逃跑了，你为什么要妄认尸体？"解庆安一惊之下，乱了方寸，只好全部交代。原来，他弟弟解思安确是逃跑了，而那具尸体是解庆安在扬州城外发现的，和弟弟的体形相貌差不多，为了掩护弟弟，他就以这具野尸到官府报了案。死者的辨认主要依靠亲属，这两人又是外乡人，本地人都不熟悉，所以官府也没有检验出破绽。本来他的目的已经达到了，可后来又想乘机除掉平时和自己关系不好的邻人苏显普和李盖，就买通了当地的一个女巫来诬陷他们，没想到弄巧成拙反而坏了事。李崇接着提审了苏显普、李盖，好言相慰，那两人也翻供了。过了几天，解思安在外地被抓获送回，两兄弟全都被加刑。李崇又把那个女巫抓起来打了一百鞭子。

六四、妄指他尸案

宋慈《洗冤集录·条令》说："若官司妄勘者，根据入人罪法。"

这段话的意思是，虽然尸体经过官府检验，但是出于妄指他人的尸体提出控告，致使官府听信而据以进行审问的，这种官府妄审，按"入人罪法"论处。宋慈这段话有两层意思，一是检验官员把其他尸体认定作为案件来检验，致使案件错判，适用诬告法处罚检验官员；二是检验官员没有发现他人系"妄指他尸"来告状，致使案件错判，检验官员同样要以诬告法处罚，而如果官府妄审的，按"入人罪法"论处。

事实上，这样的案件还是不少，"妄指他尸"告状或威胁告状等案件屡有发生，甚至还出现讹诈的案件。

明代有个"尸腿讹诈案"。

据《拍案惊奇》记载：一个名叫陈珩的秀才，被一个名叫卫朝奉的流氓欺负，夺了庄园。陈秀才十分苦闷，在河边散步时，见到漂来一具死尸，陈秀才吩咐家仆打捞上尸体，砍下一条腿来，然后给卫朝奉设了一个套，让一个名叫陈禄的仆人投奔卫朝奉门下，然后逃走。接下来，陈秀才带一帮人上卫朝奉家找人，在花园里挖出一条人腿来，讹诈卫朝奉杀了仆人。同时，报官诬告。按明朝法律，"妄指他尸告论，依诬告法。妄认者，杖八十。"但卫朝奉仗势夺庄园无理在先，理亏，也不知道其中原委，不敢告秀才陈珩。陈秀才摸透卫朝奉心理，也钻了法律空子，卫朝奉只好把侵占陈秀才的房产退了出来，官府了案。

六五、争讼轻生讹诈案

宋慈《洗冤集录·服毒》说："广南人小有争怒，赖人，自服胡蔓草，一名断肠草。"

这段话的意思是，南方之民，每为小小争竞，便自尽其命，多以图诬赖他人。广西人小有争斗，愤怒赖人，自服胡蔓草，亦名断肠草。宋慈这段话有两层意思：一是南方人争竞不胜自杀，是一种"谋赖人"的手段；二是广西遇到"小有争斗而愤怒赖人，自服胡蔓草（断肠草）"的案件。宋慈要求检验时特别加以注意。

其实，历史上不仅在广西有这类案件，在福建也有。

清顺治年间，《连江县志》记载，王章，号酉山，莱阳人，进士。顺治末，任职连江县令。连江有个风俗，乡民争竞不胜，辄服钩吻。王章曰："凡有自毒，不轻为理，浇风渐息。"

清康熙三十六年，《永定县志》记载：尝考旧案，每见断肠毒草立毙人命。或因鼠牙相角，服之轻生；或缘产业不清，食之殒命。嗜利如怡，命同草菅。独不思患病临危之人犹欲延医祷神，以冀回生；为之子若孙者呼天抢地，愿以身代，足征乐生恶死，人有同情。讵尔愚民，一朝小忿，无病捐躯，气绝难续，骨肉永离，田园抛弃。其不肖父兄子孙因而讹尸吓诈，统凶抄洗，希图渔利泄忿。及至到官，自尽无抵偿之条，打抢有难逭之罪。斯时也，死者宁不饮泣于九原？生者亦必追悔而莫及，是不能害人而适以自害矣。嗣后，凡有真正谋故殴杀人命，许地方人等登时飞报。本县不惮辛劳，立即亲赴检验，按律抵偿。倘系服毒、雉经、投水、刎颈等项假命，即令尸亲买棺收殓，不许故行停暴，纠合地棍，乘机打抢。若人命情虚，诈抢是实，不惟不断烧埋，定行反坐其罪。

第一个案件是福建《连江县志》记载的，县令王章对连江"乡民争竞不胜而辄服钩吻"风俗，采取"凡有自毒不轻为理"的做法，加以遏制，此类案件变少。

第二个是福建《永定县志》记载的，对"争讼轻生、借尸讹诈案"予以惩罚。大意是，官衙遇有"服断肠草自尽"案件。多因琐事争讼而轻生，或由于财产纠纷而寻短见。把个人利益视作糖膏那样无比重要，而把自己的生命视如菅茅那样无足轻重。唯独不曾想到患病严重快要死的人，还请医生诊治，或祷告神明以求延长生命；死者的子孙更是悲恸欲绝。为了一时气愤而自尽，和家人永远分离，田园荒芜也不考虑。更有甚者，死者的父兄子孙却凭借尸体进行讹诈，率领众人掠夺财物，企图发泄悲情，从中得到利益。这种不法行为，被人举报到官府，经官府判决：自杀并无偿命的条文，而打砸抢却有不可饶恕的罪责。死者在九泉之下不会安心，而生者也可能因自己所为而追悔莫及。事实上，凭借自尽案件进行讹诈、要挟的行为，害己害人。凡属各类谋杀、斗殴致死的人命案件，经举报后，本县官一定不辞辛苦，及时前往事发地点调查，核实事实后依法处理。如果属于自服毒、自缢、投水、刎颈等，应令其家属自行买棺收殓，其家属不得借故拒不发丧，纠合歹徒乘机抢夺财物。倘若实行讹诈抢夺，要追究死者家属的罪责。

前面两个例子有三个共同点：一是都来自小小的口角或争竞不胜；二是都服用"钩吻"（断肠草）自杀；三是都诬赖人以求官府处理，前者官府"不轻为理"使案件渐渐变少；后者官府对自尽讹诈案件以法律治罪，使案件平息。这样的做法，还得归功于宋慈总结前人的案例和自己的经验，并写入《洗冤集录》，使后人得以借鉴。

问题是，宋慈怎么发现，又是怎么验证的呢？

第一，宋慈发现这类案件的起因很小，案情调查，口角或争斗在短时间内就已结束了。

第二，死者是口角失利或争竞不胜的一方，现场没有人看到争斗双方倒地、严重受伤，也没有人看到当场服毒，至于是在死者家里还是对方家里，或者说先口角后服毒，或先服毒后口角，都没说，但可以认为与"口角失利或争竞不胜"有关。

第三，宋慈经检验，发现死者身上可能有伤，但很轻微，不至于致命。

第四，死亡原因是中毒，尸体上看到断肠草中毒的尸体现象。

第五，宋慈思考的是，损伤很轻微，死因是中毒，可排除投毒，继而可集中到解决"中毒怎么形成"这一问题上来研究。换句话说，宋慈要问的是，现象背后隐藏着什么秘密呢？

第六，大多这类案件会出现"家人凭借尸体进行讹诈，率领众人掠夺财物，发泄悲情，从中得利"。宋慈认为，这是"自尽其命而谋赖人"，这就是这类案件的本质。

我们说，现象是外在方面，是表面的、多变的；本质是内在方面，是深藏的、单纯的。因而现象是可以直接认识的，通过检验看到的；本质则只能间接地被认识，通过分析找到的。本质只能通过现象表现出来，现象只是本质的显现，他们之间是表现和被表现的关系。这里宋慈透过"争斗损伤和服毒死亡"的现象，揭露隐藏在现象背后的"争讼轻生讹诈"真实目的。法医要认识这类案件，才能解决疑难问题，否则就会办错案。由此可见，宋慈《洗冤集录》有着深奥的哲学道理，值得我们进一步研究和借鉴。

现场与验尸

六六、焦 尸 案

宋慈《洗冤集录·火死》说："又若被刀杀死，却作火烧死者，勒仵作拾起白骨，扇去地下灰尘，于尸首下净地上，用釅米醋酒泼，若是杀死，即有血入地，鲜红色。"

这段话的意思是，一个人被刀刺死后被焚尸。检验时，把尸骨捡起，扇去地下灰尘。在尸体下方地上，用釅米醋酒泼，若是杀死的，一定有出血，并渗入地下，呈鲜红色。

电视剧《大宋提刑官》有个案件叫"焦尸案"，讲的是，梅城县新任知县孟良臣在赴任途中死于客栈起火的案件。梅城县有个叫捕头王的，力请宋慈赴梅城破案。梅城县新任知县孟良臣是宋慈的好友，孟良臣的猝然遇难，使宋慈十分不安。加之父亲去世不久，宋慈心情很不好。但在母亲的开导下，宋慈顿然领悟父亲临终遗书的良苦用心：老推官是以自己的过失和生命的代价，告诫儿子一个"人命大如天"的至理。母亲解开了心头的郁结，宋慈毅然出发，带着捕头王，义无反顾地赶赴梅城。梅城县果然水深难测、暗含杀机。以杨主簿为首的一班县吏早有防备，以致宋慈到梅城后每每碰壁，处境艰难。梅城县新任知县孟良臣已烧成焦尸，如何判断生前被害呢？

宋慈心绪烦乱，想起了父亲遗书中提到过的一着验法，遂往火烧现场验证孟良臣死因。用釅醋泼地，果然见卧尸之处，浮现出一大片血迹。正在宋慈验地之时，杨主簿率县吏们突然赶来。宋慈临危不乱，机智应变。在知州府，宋慈向卢知州道明了孟良臣死于谋杀的疑点，并问县衙是否有人出身仵作？卢知州告之杨主簿正是仵作出身。涉案的衙役"六月红"负伤醒来，经审讯终于道出真相，梅城县两任知县谋杀案昭然若揭，宋慈向岳父请命收网。大堂上，卢怀德在宋慈无以辩驳的案情推理之下，却狂笑宋慈找不到谋杀孟知县的证据。谁料宋慈却用惊世骇俗的检验之法，将孟良臣被谋杀后又遭焚尸灭迹的证据从卧尸的地面上验了出来。宋慈初次出山，就建下奇功，令朝野震动，被破格擢升大理寺正六品主事。

清代《折狱奇闻》里就有这样一个故事。有个法官名叫王之佐，镇江人。明末时，他为秀才，曾经上书朝廷议论国事，那封上书因为明朝灭亡前政局混乱，没有被人注意到。后来清朝入关，大臣洪承畴在北京皇宫搜检明朝档案，发现了这件上书，觉得其中对于政治的意见非常有见地，大感惊异。平定江南后，派人找到王之佐，请他出来为新的大清皇朝服务。王之佐先任严州（浙江建德）通判，因为属下的武康县知县"丁忧"（因父母去世请丧葬假期），王之佐被委派署任（代理）武康知县。王之佐到任不久，当地有个山民来报案，说是自己的哥哥被老虎咬死。王之佐就要起身去验尸，那报案人却说尸体已经火化了。王之佐顿时感到有疑，他不动声色，挥手把那报案人打发走了。第二天他就带人出其不意地来到山间，直奔那报案人的住所进行搜查。报案人大惊失色，也无法阻拦，衙役竟在他的床底下搜出了一截染满鲜血的长矛。王之佐严词审讯这个报案人，却没有得到任何口供。王之佐说："你以为把尸体烧了就没法治你罪了吗？我验尸给你看！"王之佐熟读宋慈《洗冤集录》的检验方法。他把那人带到焚尸现场，用烧红的木炭烘烤地面，再在炽热的地面上洒上芝麻，把浮面上的芝麻轻轻扫去，地面上就显出了整个人形。原来，尸体所在地方因为有人体的油脂而粘上了芝麻。芝麻在人形的左胸、腹脐等处明显更密集，这两处就是伤口所在。王之佐指着地面上的人形，问那人："你伏罪吗？"那人见状，吓得浑身发抖，趴在地上连连磕头，说："大老爷真是活神仙，我不敢不服。"当地人从此把王之佐誉为包公再世，不敢轻易触犯法令。

宋慈断案时用的是酽醋和酒，所谓"酽醋"也就是浓度相对高的醋。但是，以现在分析纯的乙酸（醋酸）和乙醇（酒精）在没有浓硫酸催化、没有加热的条件下，要变成溶解剂乙酸乙酯是很难的。宋慈《洗冤集录》用酽醋泼地，见卧尸之处，浮现血迹。在《洗冤集录》中有种叫地窖酒醋验骨，首先挖一个小坑，二尺多深、五尺多宽，然后用火烧里边，把土全部烧红后倒上酒和醋，倒进去时高温就会产生蒸汽，这时把骨头往里一蒸，蒸的过程中骨头上原来的痕迹，包括血迹就会显现出来。那么，显现血迹的应该是醋，酒的作用是作为有机溶剂将渗入骨头的血浸提出来，以使之可以与醋反应。

那么，醋的作用是什么呢？血斑污迹在生活中较为常见，出现的机会也较多。我们先介绍清洗化学方法，并分析其原理：

一是新鲜血迹。任何织物上的新鲜血迹，都可使用水洗去除。洗时应先用干净的冷水洗，再用肥皂水或洗衣粉洗。如用热水洗，不仅达不到清除目的，还会在衣服上留下洗不掉的痕迹。

二是衣物上较陈旧的血迹。可用硼砂 2 份、浓度 10% 的氨水 1 份和水 20 份的混合液揩擦，待血斑去除后，再用清水漂洗干净。陈旧血渍还可以用柠檬汁加盐水来洗。

三是考究的染色丝毛织品服装上的血迹。其上的血迹可采用淀粉加水熬成浆糊，调好后用浆糊涂抹在血斑上，让其干燥。待全干后，将淀粉刮下，先用肥皂水洗，再用干净清水漂，最后用醋 15 克兑水 1 升制成的醋液清洗，效果颇佳。

四是白色服装上的血斑。可用硫代硫酸钠 1 份加水 50 份稀释溶解后加热至 35℃，把白色衣物浸入此热液中泡至血色消失，再用水洗涤。

可见，醋对动物蛋白有溶解的作用，并且人们早已经学会用醋来洗血渍了。

然后，我们来看血液的成分以及血渍的成分。血液的主要成分是水和蛋白质（纤维蛋白、纤维蛋白酶原等），其次还有少量的葡萄糖、低密度脂蛋白、无机离子等。血液凝固的本质是血浆内的可溶性纤维蛋白原转变为不溶解的纤维蛋白。而日久的血渍水分蒸发殆尽，于是我们可以知道，血渍的主要成分是动物性蛋白质。

现在我们便知道，宋慈显现血迹的断案原理是醋与血渍中凝固了的蛋白质作用，使之溶解显现。所以，醋浇现形实际上是一种化学的方法，就是说醋浇上了以后能跟人体的血发生化合反应，因而能显示出血迹来。现代的法医在案发现场已经不用醋了，取而代之的是联苯胺和过氧化氢，如果现场曾有血迹，那么就会发生化学反应，呈现特有的颜色反应，称联苯胺试验阳性。从现代法医学出发，这种在现场寻找血迹等法医学检验，称为法医现场学。

六七、捉　　贼

宋慈《洗冤集录·检复总说下》说："如有疑虑，即且捉贼。捉贼不获，犹是公过。若被人打杀，却作病死，后如获贼，不免深谴。"

这段话的意思是，在办案中，如果有疑虑，就应该缉拿真凶，且待捉到凶犯后再定也不迟。如果未抓获真凶就定案，特别容易造成错案。就好比一个人明明是被杀，却定作病死，日后抓获真凶，案件就翻了过来。这样的话，经办官员就难免要受到重罚。这里"捉贼"就是缉拿真凶。

《清代名吏判牍七种汇编》记载这样一起强盗案：该案，冯景文与堂弟冯星文、冯叔文素来关系不睦，经常发生纠葛。有一天，冯景文外出，恰逢小雨，冯景文当晚没有回家。当晚，冯景文家来了强盗，家中多人被打伤，还抢去了许多东西，冯景文的家人隐隐约约认得强盗中有个叫乔老松的，于是到县衙报案，县衙立即派出人马捉拿乔老松。但乔老松闻风而逃，衙役只能抓到乔老松的侄儿乔四观去交差。乔四观熬不过衙役刑讯，胡编乱造，先供述出秦惠南、马虎虎，后又供述出冯星文、冯叔文。县衙抓获冯景文，而冯景文也受不住刑罚，便添油加醋，说强盗是撞破门窗进来的，自己的祖母手腕被打折，母亲也遭到炮烙，十岁的婢女秋英亲眼看见，是秦惠南或马虎虎动手炮烙的。冯景文还说，冯星文将抢去的布匹裁制成了裤子。清代对强盗案件的处罚非常严厉，按照《大清律例》，凡是强盗案件，案犯不论是首犯，还是从犯，都要判处死刑。县令从冯星文家查获了一条裤子，就将冯星文、冯叔文、乔四观、秦惠南、马虎虎五人全部捉拿归案，都判了死刑。

案子上报给湖北巡抚胡林翼（1812～1861）。胡林翼看出案件中的破绽，其中最为重要的是逃犯乔老松，必须将乔老松抓获归案，详细审讯，然后才能确定乔四观所供述的强盗帮凶是否属实。现在真凶乔老松在逃，只听他的侄儿乔四观的供述，就难以确定强盗案件及其主犯、从犯。况且，作出供述的乔四观，自己从来没有做过强盗，对于一个从来没有做过强盗的人，而强迫让他扯出强盗帮凶，重刑之下，有什么口供是不能得到的？恐怕只有冤枉无辜好人，办成冤假错案。

而根据冯景文所供述，强盗撞击房门、破门而入，他的祖母被打，手腕折断，母亲被炮烙，逼着交出财物。可见，当夜的强盗，来势凶猛，穷凶极恶。而冯星文、冯叔文，与冯景文的住房只有一墙之隔，当时强盗明火执仗、猖狂实施犯罪，即使不说同族本家的情谊，只是考虑乡邻发案，冯星文、冯叔文也应当挺身相助，而不可能坐视不管。而现在所谓的案情却截然相反，因此，不能不怀疑，冯星文、冯叔文的报案本身就存在问题。

然而，根据冯星文等的供述，说是当晚小雨，毫无动静；又询问他们的邻居，也说当晚夜深人静，平安无事。两相比较，大相径庭，矛盾重重。再者，强盗离开以后，冯星文等人也根本没有前去救援。在强盗案件发生之后，冯景文回到家中，按照通常情理，首先应当询问被抢劫的具体情况，并且，不可能不谴责冯星文等人坐视不救的罪过，即使冯景文不这样做，在他向县衙报案时，也应当请县官审讯冯星文，查讯冯星文等人明知强盗作案而坐视不救援的原因。

案件中这些情形都是扑朔迷离，含糊其辞，直到乔四观扯出冯星文、冯叔文，才开始重整旗鼓进行讯问。因此，可以作出推测，冯景文家遭遇强盗抢劫这个案件，强盗偷偷进出冯景文家毫无疑义。冯景文家所报强盗点燃火把、破门而入等，难以避免是夸大其词，其目的是嫁祸于人。

官府还查明，指认实施炮烙的人，一开始说是秦惠南，后来又说是马虎虎，供述闪烁其词。还说，炮烙的情形是婢女秋英所见。但秋英只有十岁，当时已经与冯母一同被拘禁在西房，秋英又怎么能够偷偷出来窥探炮烙？从常理推断，更难相信婢女秋英的话。因此，婢女秋英的证言，自然不能作为定案的依据。另外，这个案件中，从冯星文处查获的布裤一条，根据冯星文的供述，裤子的来历是冯星文用偷得的冯景文家的布匹，裁剪缝纫做成的。布匹虽系官府查获，但如果没有特别的记号，也不能确认为强盗赃物。

按宋慈的观点，案件真凶未获是关键，逼供所获证据是疑点。胡林翼审案也证实了宋慈的观点：一是供述该案的并非真凶乔老松，而是其侄儿乔四观，乔四观本人根本就没有参与强盗犯罪，怎能说得如此逼真？一定是乔四观害怕刑罚，刑讯逼供的缘故。二是根据冯景文的报案，强盗破门而入，炮烙伤人，自然声响很大，但冯景文又说，那夜风平浪静，只有些许雨声，邻家也没有人听到声响前来搭救，冯景文在一开始报案时，也没有以未搭救为由追究冯星文等人的罪责，说明冯景文报案严重不实。三是动手炮烙的人究竟是马虎虎，还是秦惠南？相关的口供变化多端，前后不一，难以认定。四是见证炮烙的婢女秋英只有十岁，她的证言自然难以确信。况且，当时秋英与冯景文的母亲同时被关在西房里面，秋英又怎么能偷偷出来窥视。五是贼赃是从冯星文家查获的一条裤子，既无印记，又无暗号，怎能确认这条裤子就是强盗的赃物？真凶未获，疑点重重，于是胡林翼将被判死刑的冯星文、冯叔文、乔四观、秦惠南、马虎虎等五人无罪释放。胡林翼这一判决，不是疑罪从有、疑罪从轻，而是疑罪从无。

事实上，宋慈的观点当下仍有其价值。就现代司法理念而言，疑案从无是我国几十年来刑事法律实践经验和教训的总结。疑案最终有两种可能，一种可能是有罪；另一种可能是无罪。在证据尚不充分的情况下，认定有罪，可能伤害无辜；认定无罪，可能放纵犯罪。

在不能作出两全判决时，采取无罪原则。这样处理，司法机关在获得了新的、充分的证据之后，还可以重新起诉，这时候事实清楚、证据充分，自然可以宣告被告人有罪。

六八、聚 骨 扇

宋慈《洗冤集录·检复总说上》说："初受差委，先当急急收索。"

这段话的意思是，首次被派去现场搜查和检验尸体的官员，当务之急，就是尽快找到证物，只要以外部特征、物质属性、所处位置以及状态证明案件情况的实物或痕迹，都要"急急收索"，保存好，留待检验。这里宋慈告诉检验官员，凡是能够作为证物的都要收集，越快越好。杀人凶器肯定要收集，至于还要收集其他哪些东西，要看情况，宋慈没具体说。

宋代人手上经常会持物，如同现代许多人手上持有手机一样，走到哪里会带到哪里。在南方夏天，女人手拿香丝帕，男人手拿聚骨扇，是常有的事。有诗为证：

蝶恋花·聚骨扇

完颜璟

几股湘江龙骨瘦。

巧样翻腾，

叠作湘波皱。

金缕小钿花草斗。

翠条更结同心扣。

金殿珠帘闲永昼。

一握清风，

暂喜怀中透。

忽听传宣须急奏。

轻轻褪入香罗袖。

这是一首咏物词。所咏之物"聚骨扇"，也叫折叠扇。郭若虚《图画见闻志》载："宋熙宁丙辰冬，高丽遣使来至中国，用折叠扇为私觌物，其扇用鸦青纸为之，是折叠扇，宋时即有之。"据金刘祁《归潜志》载，这是金章宗的一首题扇词。这小小聚骨扇，在作者笔下，是那样高雅而妩媚，仿佛是一位华贵脱俗而又玲珑小巧的美人，脉脉含情，凌波起舞。

词的上部，生动传神地描绘了聚骨扇的形象。首句写制扇材料。独取湖南湘江湘妃竹造扇，湘妃故事已为扇平添风韵，又用"龙骨"形容湘竹的样子，足以想见这聚骨扇的精美华贵。一个"瘦"字

聚骨扇

不禁让人顿生爱悦，接着写扇子的式样，张开叠拢时有如水波起伏。"金缕"句形容金缕

扇面上所绣的花草争妍斗艳，一个"斗"字把名花异草的情态写得活灵活现，更见扇的精美。"翠条"句写扇骨聚头处如同心扣结在一起。读至此，仿佛看见一装饰华美的湘妃，饰同心扣临风而立。

词的下部，由扇及人，因物抒情，作者于金殿珠帘中闲情偶坐，把扇清玩。于"金殿珠帘"中，是多么的显赫："闲永昼"又表明此时作者的心境是多么的怡然自乐。扇子微摇，仅仅"一摇"的清风正入怀中，能不喜不自胜？正物我两忘间，递进的紧急文书（"急奏"）使得暂时"褪入香罗袖"。是小扇暂时收起，还是这种逍遥闲适的心情暂时收起，就不得而知了。"轻轻"二字把真情尽观。

古人的扇子可能是定情信物，扇子上的题词和图案也可能是证物。"聚骨扇"是不是案发时要收集的证物呢？

电视剧《大宋提刑官》介绍了这样一个案子：青阳县发生了一桩令人发指的杀人奸尸案，白贤老知县从现场发现一把写有城里首富吕文周大名的扇子，白老知县将书生吕文周捉拿归案。

宋慈和白贤去童家了解案情，在童家内房的窗台前，宋慈忽见王二老婆珠儿正在对门楼上向童家探望。宋慈猛然醒悟，急急赶往王二酒店，珠儿细说了当时王传和几个读书人在此喝酒的情景。正说着，王二突然上楼，说他终于想起来，王传家住邻县凤阳。宋慈注意到王二鞋底沾着黄泥。宋慈赶到凤阳，拿出扇子，王传说诗是他作的，但扇面上的字却像出自他好友郑鉴手笔。捕头王率捕快赶到黄泥岗郑鉴家时，却见陈鉴早已中毒身亡。现场遗留的一股浓郁的酒香，让宋慈猛地想到了真凶正是酒肆王二。

法堂上，宋慈仍推白贤高坐，自己陪审。

王二因在楼上窗口窥见对门何氏美貌，趁童四出门在外，深夜潜入童家，意欲行奸，何氏拼死不从，王二遂杀何氏奸尸，事后设下遗扇嫁祸之计，使吕文周蒙冤，眼看案情败露，又杀为他扇面题字的郑鉴灭口，宋慈将案情推得如临其境。王二却说没有实证而不能定其死罪。宋慈开棺验尸，死者刀伤右浅深、右窄而左宽，正是王二这个左撇子所为。

宋慈为何急急赶往酒店找证物呢？因为怀疑读书人作案，书生手上的"聚骨扇"不能不考虑吧！

宋慈为什么注意扇面上文字呢？因为书生喜欢舞文弄墨、在扇面上题字，字迹的辨认也在情理之中吧！

宋慈发现王二鞋底沾黄泥，推断他去过凤阳县黄泥岗。这样宋慈断定王二因在楼上窗口窥见对门何氏美貌，趁童四外出，深夜潜入童家，行奸不成，杀何氏奸尸，事后设下遗扇嫁祸之计，使吕文周蒙冤，又杀扇面题字者郑鉴灭口。最后，在证据面前，王二只好认罪伏法，吕文周得以重见天日。

宋慈寻找证物的思维在今天仍然有其实用价值，不是吗？

六九、古代环境法医学

宋慈《洗冤集录·检复总说上》说："凡到检所，未要自向前，且于上风处坐定。"

这段话的意思是，到了尸体现场检验时，先不要就向前检验，要观察一下风向，问询相关人员后，于上风处坐定。这样做的目的，是因为尸体腐臭气体污染了的空气会往下风处流通，对检验人员不利，也对问询相关人员不利。于上风处坐定，然后问询、现场勘验，再检验尸体。宋慈这里提到尸体腐败所致空气污染及其如何防护，这是古代环境法医学的一部分。尸体本身腐败可以对环境造成污染，服毒死亡的尸体也可对环境造成污染。同样，动物腐败尸体以及人类毒鱼造成河流污染，也应该引起注意。换句话说，环境有害物质对人体产生的影响，属于法医学研究范畴，也称环境法医学。

我国古代对鼠莽草毒性已有了解，明·李时珍《本草纲目·草六·莽草》："此物有毒，食之令人迷惘，故名。山人以毒鼠，谓之鼠莽。"鼠莽草除毒鼠外，也被用作毒鱼，官府加以禁止，因为污染水源，以致"毒人"。

清光绪元年《署砖坪抚民分府严拿匪类告示碑》（安康碑文）记载："烧山毒鱼，祸生。嗣后如蹈前辙，准乡保查明，送案究治。"砖坪，即陕西省安康市岚皋县。清光绪九年正月《宁陕抚民分府严禁烧山毒河告示碑》："钦赐花翎升用府正堂署宁陕抚民分府出示晓谕事。照得烧山毒河，大干禁例。虽经前任出告示严禁，乃无知辈藐玩如故，实堪痛恨。为此示仰关属军民人等知悉，嗣后毋得再行放火烧山、毒河捕鱼，以免毒河致饮水之人先中此毒。自示之后，一经发觉，定即从重究办，决不宽恕。各宜凛遵毋违，特示。"

北川羌族自治县开坪乡的
清代禁止毒鱼石碑

古人用来毒鱼的植物就是莽草。对于莽草的毒性，《神农本草经》记载："莽草，味辛温，生山谷，杀虫鱼。"成书于西汉初年的《淮南万毕术》有云"莽草浮鱼"。阜阳汉简《万物》里记载说，"杀鱼者以莽草也"。用莽草毒鱼的方法，在唐代苏敬等撰的本草专著《新修本草》和李时珍的《本草纲目》皆有所记载，那就是把新鲜的莽草叶子捣烂与米或陈粟米粉合在一起，然后抛入水中，鱼一吞食就会中毒死亡而漂水面。沈括的《梦溪笔谈》记载说：宋代的蜀道、襄、汉、浙江湖间山中皆产有莽草，而襄汉鱼人竞相把它采来捣在饭中用来饲鱼，鱼皆遭毒翻白。

关于古代毒鱼记载，从现存更多的禁止毒鱼的碑文还可以了解到。

在北川羌族自治县开坪乡两河口有块清代禁止毒鱼石碑。碑额"禁止毒鱼"，碑文末有"大清道光三年（1878）仲春月"。碑文显示，因"尝思朝廷有法律，乡党有禁条"，乡人遂约定"两岔河、刘家坪、石磨拐头、德胜沟"等三河两水之地，在"临春及冬河苦涸"的时候，严禁"不利之徒沿河放毒江河鱼"，有"宗户铺店招留远来之人沿河放毒或毒鱼之人"，将一同受罚。

清朝道光二十五年（1845）浙江丽水莲都区高溪乡高溪村立的"高溪公禁"一块禁碑，碑文记载：毒鱼的毒水行则青苔俱枯，堤防尔因之不固，而灌溉曷资邻里？所赖以庇荫者乔木也，杀执起则无枝可依。禁碑提出：要禁毒鱼虾，上至高桥头，下至木伪潭。

湖南益阳县有个禁毒鱼碑，全称"奉宪永禁药毒河鱼碑"，立碑时间为光绪十五年（1890）。禁碑立于宝庆至益阳的古驿道上杨洪岩风雨桥边。

这些禁毒鱼的碑，有的是官府"立碑禁止"，有的是"乡党禁条"，有的是"自发公禁"，但都有处罚规定，是官府所禁止的，一旦出现危害，由官府调查，特别是湖南益阳县禁毒鱼碑提到"奉宪永禁药毒河鱼"，表明政府禁止毒鱼，也表明毒鱼成为检验对象。也就是说，古人禁止毒鱼以致"毒人"，并有告示碑予以警示，是古代环境法医学的雏形。

验尸体现象

七〇、微　赤　色

宋慈《洗冤集录·死后仰卧停泊有微赤色》说："凡死人项后、背上、两肋、后腰、腿内、两臂上、两腿后、两曲、两脚肚子上下有微赤色。验是本人身死后一向仰卧停泊，血脉坠下，致有此微赤色，即不是别致他故身死。"

这段话意思是，人死后在项后、背上、两肋、后腰、腿内、两臂上、两腿后、两曲、两脚肚子上下会出现淡红色斑。如果是尸斑，就不是其他原因死亡；如果排除尸斑，要考虑其他原因死亡。这里宋慈所说的"微赤色"，就是现代法医学所说的死后尸体现象尸斑。

明代有这样一个案件：一天，大理寺和刑部的官差到咸定侯府验尸。随着大理寺卿庄之祯的一声令下，大理寺衙役合力将还未封钉的棺木盖子打开。郭安的尸体从棺木中抬出，然后褪去寿衣，平放在棺木边的凉席上。刑狱官员多少都熟悉前朝宋慈的《洗冤集录》，由衙门的忤作勘验尸体，填写尸格。那忤作在郭安死后不久就赶到现场勘验，大理寺公堂上的那份尸格正是出自他的手。当时，在咸定侯府中所有人都言之凿凿地说郭安是走路打了一个趔趄倒地后没多久死了，而尸体上确实没有找到外伤，又无法得知郭安在生前是不是患有疾病，最后在死亡原因上才勉强填写了一个"怀疑因跌倒而亡"。这次收到重新勘验郭安尸体命令时，忤作的心里也很忐忑，害怕是因为上次的勘验出现了差池。经过一个多时辰的勘验，郭安平躺的尸体上确实没有任何外伤的痕迹。当忤作把郭安的尸体小心地转过来，把尸体的背部向上的时候，发出"啊"的一声。忤作的惊叫让官员们再也等不下去，纷纷走上前来查看。难道那郭安还真是让人给害死的？尸斑是人死亡后血液坠积而成，一般出现在尸体未受压迫的低下部位，郭安死后就一直被仰面平放，他身体的尸斑按常理应该主要集中在后背侧，可是此时在郭安的身体上颜色最深的尸斑却是在腰间，呈紫蓝色，而背部的尸斑颜色很浅呈淡红色。出现这样的情况只能是在郭安生前身体出现大量失血，让原本应该沉积在后背的血液流到了体外或者其他地方，而郭安失血的位置显然就是在腰部，然而郭安的腰间皮肤上并没有明显的外伤，那就只能是内出血了！人的腹部组织软，腹部被打击有时看不出伤痕。郭安突然死亡的原因是腹部内脏破裂出血！郭安显然生前腹部被打伤，走回家时内脏出血还在进行，直至出血过多而趔趄倒地死亡！

从宋慈《洗冤集录》记载，我们至少可以了解到：

一是尸斑特点。宋慈介绍"凡死人项后、背上、两肋、后腰、腿内、两臂上、两腿后、两曲、两脚肚子上下有微赤色"，说明当时宋慈已了解人死后会出现"微赤色"尸体现象，以及尸斑分布在"死人项后、背上、两肋、两腿后"等的特点。

二是尸斑形成。宋慈介绍："验是本人身死后一向仰卧停泊，血脉坠下，致有此微赤色。"说明当时宋慈已了解人死后尸斑系血管内血液下坠所致。

三是无关外伤。宋慈介绍："致有此微赤色，即不是别致他故身死。"意思是，不要把尸斑误认为外伤；当然，也不能把外伤误认为尸斑。其区别的要点，就是"验是本人身死后一向仰卧停泊"。也就是说，尸斑与死后尸体位置有关。另外，与颜色有关，如果出现不能解释的"尸斑"，就要考虑是否是"别致他故身死"。

宋慈《洗冤集录》对后世法医学发展贡献很大，其中尸斑的形成特点及其原理就是一大贡献。

七一、死 后 分 娩

宋慈《洗冤集录·妇人》说："有孕妇人被杀，或因产子不下体死，尸经埋地窖，至检时，却有死孩儿。推详其故，盖尸埋顿地窖，因地水火风吹死人，尸首胀满，骨节缝开，故逐出腹内胎孕。孩子亦有脐带之类，皆在尸脚下。产门有血水、恶物流出。"

这段话的意思是，有的怀孕妇人被杀或因难产胎儿滞留在腹中而身亡者，尸体被顿放在地窖里，到检验时却在女尸旁发现胎儿尸体。仔细究其缘故，这大概是因为尸体埋在地窖，由于土质潮湿，以及地窖内温度高，尸体很容易腐败，产生腐败气体，头面部肿胀，浑身也膨胀增大，尸体的骨骼相连处的关节和骨缝被撑开，孕妇腹内的胎儿可以从腹部被挤压出来。这种胎儿也有脐带之类，都是在尸体的胯下。妇人的外阴部有血水、秽物流出。

一个有趣的现象是，宋慈在当时的知名度远远高于南宋的官员甚至皇帝，可在元朝人编纂的正史《宋史》里，对宋慈只字未提。现有关于宋慈的介绍，大都来源于南宋词人莆田人刘克庄的《宋经略墓志铭》。在刘克庄笔下，宋慈是一位"非礼勿视"背景下"重视验尸"的提刑官。在古代，做官就需要断案，断案就要验尸，验尸就需要检验知识，就要认识各种各样的尸体现象并进行合理解释，进而破案断狱。因此，宋慈遇到的第一个障碍就是"验尸"。在古代，检查尸体是件很辛苦的事。宋慈所处南宋时期，世人认为接触尸体很晦气。于是，验尸的工作一般由下等人担任。宋慈为官之初，面临的就是这样的大背景：官吏们对尸体与案发地点都是"遥望而弗亲，掩鼻而不屑"，因而是非混淆，冤狱丛生。身为刑狱之官，宋慈对这种现象深恶痛绝。他认为："狱事莫重于大辟，大辟莫重于初情，初情莫重于检验。盖死生出入之权舆，幽枉曲伸之机括，于是乎决。"意思是说，"大辟"即杀头，是最重的刑罚，这种刑罚则是由犯罪事实决定的，而犯罪事实必须经过检验才能认定，所以检验的结果往往是生死攸关的。于是，宋慈制定了一条标准，无论案发何处，检验官员都必须"躬亲诣尸首地头"。即便是尸味难闻，臭不可近，官员也"须在专一，不可避臭恶"。南宋深受理学思想影响，遵守"非礼勿视""内无妄思，外无妄动"的教条。在宋慈之前，检验尸体时，总是把隐秘部分遮盖起来。同样是学朱熹唯心理学哲学的宋慈，在做尸检时却重视实践。他告诫当检官员：切不可令人遮蔽隐秘处，所有孔窍，都必须"细验"，看其中是否插入针、刀等致命异物。宋慈还特意指出："凡验妇人，不可羞避"，应抬到"光明平稳处"。正是由于宋慈重视实践检验，重视证据，他在为官20多年时间里，破获无数案件，揭示了许许多多尸体现象，"死后分娩"就是其中一个。

元代王与也记载两个案例："元至治三年春，在崇德州石门乡有一位名叫沈观女的孕妇死了。殡葬人员给沈观女穿戴好衣服后，按当地风俗抬放入棺材内，沈观女是怀孕后死亡的，大家全都知道，入棺时也看得清清楚楚。入棺后，沈观女的亲属对死因有质疑，要求开棺验尸，当棺盖揭开后，只见腹中的死胎已掉落在裤裆里。虽然此案已经认真仔细的检验，没有发现其他异常的地方。同年夏天，有一位孕妇落水身亡，初次检验时见胎儿在孕妇腹中，她的亲属将尸体领回，但没有及时落土安葬，第二次检验时，死胎也从孕妇腹中掉落出来。上面两个案例，均是孕妇死亡后，没有放置在地窖内，然而死胎都从孕妇的腹中掉落出来，说明孕妇死亡会有"死后分娩"这一特殊的尸体现象。

从现代法医学角度思考，孕妇死后，因尸体腐败，尸体上产生了一些氨类、腐败气体如甲烷、氨、氮、硫化氢等。死后，大肠中多种细菌即产生腐败气体，使肠管高度胀起，腹部因此膨起。腹部气体进入血管，皮肤出现绿色斑块，称尸绿。腐败扩展到全身，出现明显的肿胀，面目全非，称巨人观。若孕妇死亡，因腹中腐败气体压力而使胎儿被挤压出，称死后分娩。尸体现象是人死后出现的正常现象，这种辨别能力是法医检验所必备的，否则会混淆是非，把自然现象当作暴力凶杀案件。此外，认识各种尸体现象，也是判断法医检验水平的标志之一。从上述分析可知，宋慈的描述非常科学、准确，换句话说，在南宋时期，宋慈就认识了"死后分娩"这一尸体现象并准确无误地加以描述，实在令人钦佩！

机械性损伤

七二、他 杀 疑 案

《洗冤集录·疑难杂说上》说：有一乡民，令外甥并邻人子，将锄头同开山种粟，经再宿不归。及往观焉，乃二人俱死在山，遂闻官。随身衣服并在。牒官验尸，验官到地头，见一尸在小茅舍外，后项骨断，头、面各有刃伤痕；一尸在茅舍内，左项下、右脑后各有刃伤痕。在外者，众曰："先被伤而死。"在内者，众曰："后自刃而死。"官司但以各有伤，别无财物，定两相并杀。一验官独曰："不然！若以情度情，作两相并杀而死可矣。其舍内者，右脑后刃痕可疑，岂有自用刃于脑后者？手不便也。"不数日间，乃缉得一人，挟仇并杀两人。县案明，遂闻州，正极典。不然，二冤永无归矣。大凡相并杀，余痕无疑，即可为检验，贵在精专，不可失误。

这个案例是这样的：有一家农民叫他的外甥和一个邻居的儿子，拿了锄头到山里去开荒种地。这两个小伙子上山后，两个晚上都没有回来。那个农民感到奇怪，就上山去看望，不料发现两人都已经死在了山上，急忙赶到当地官府来报案。官府接报后派出检验官员赶往山中，到了现场，只见在山上搭建的茅草小棚屋外面躺着一具尸体，脑后部位的颈椎骨被打断了，脸上、头上都有被砍的伤口。茅草小棚屋里面也躺着一具尸体，在脖子的左后部位、后脑右侧部位都有刃伤。两人的衣服、用品、农具等都没有缺少。参与检验的官吏们纷纷分析说：在外面的那个死者是首先被杀的，在棚屋里的那个死者是在杀了外面这个人后自杀的。主持检验的官员也觉得两个人都有致命伤，又没有短少财物，应该是两个小伙子年轻气盛，为了什么琐事争吵后起意互相伤害，结果一人下手太重，将另一人毙命，然后又觉得打死了人无法交代，再自杀身亡。所以打算以"两相并杀"结案。参加检验的只有一个官员持不同意见，他说："不然！如果只是以情理来推断情节，做这样'两相并杀'的结论或许也可以解释。按照检验的结果，在棚屋里死的那个人，脑后右侧的伤口实在可疑，难道有用刀割自己的脑后部位来自杀的？这样用手实在太不方便了。"他建议还是以谋杀案件组织侦缉，先不要以"两相并杀"的结论来结案。果然，没过几天，就抓获了一个罪犯，他承认和这户人家有仇，因此暗中上山袭击这两个小伙子。县衙门审理后搞清事实，向上一级州衙门报告，得到批准后将这名罪犯处死。宋慈感叹说，要不是这个检验官员的意见，这两个冤魂就永远不能安宁了。他告诫检验官员，凡是看上去像是"两相并杀"的案件，一定要杜绝一切可疑之处方才可以做出判断。尸体检验，"贵在精专，不可失误"。

从现代法医学角度思考，现场看到两具均为锄头刃伤致死的尸体，必须判断是否互殴所致，同时排除他人所为。当不能排除他人所为时，必须尽量从法医学角度恢复并研究致伤方式，这就是宋慈说的"参会归一"，也就是说"能解释得通，能自圆其说，并符合事实"，现在我们称之为"事件重建"，也就是找到这个案件受伤过程的最佳解释，从而找到真凶！

从案件来看，这个案件办案过程：一是受理一起两条人命的凶杀案；二是调查发现，两个死者系"二人开山种粟俱死在山上"；三是初验时发现，两个人都是被锄头刃伤所致；四是验尸还发现，一个死在"小茅舍外，后项骨断"，一个死在"茅舍内，左项右脑后刃伤"；五是几位官员都说"先被伤而死，后自刃而死"，也就是说，两人中一个把人锄死后另一人自杀；六是几位官员还说"各有伤，别无财物，定两相并杀"；七是只有一个初验官员不同意，理由是"岂有自用刃于脑后者？手不便也"，也就是说，从伤的位置、方向和力度来看，不可能脑后自己锄伤自己；八是再次验尸，各位官员感觉到不能自圆其说，而几天后抓获一个人，承认"挟仇并杀两人"，最后排除"两相并杀"；九是报州复验审查以"挟仇并杀两人"定案。因此，这个案件经过现场验尸、现场比对伤痕，讨论"两相并杀"还是"挟仇并杀"，最后以"挟仇并杀"报州一级官员复验并定谳。因此，该案是经过激烈的集体讨论后得出的鉴定结论，而且是一个提出异议官员的少数意见被采纳。

为什么官员如此对待检验结论呢？除了前面提到的检验错误视作诬告的法律问责制度外，宋代还有相应的检验职制。

这里主要介绍宋朝初验复验制度、出入制度和觉举制度。

初检。宋《庆元条法事类·检验》规定了亲属不在场的死亡、非正常死亡、杀伤死亡、囚犯死亡等应有官吏进行初检。宋慈说："有可任公吏使之察访，或有非理等说，且听来报，自更裁度。初验，不得称尸首坏烂，不任检验，并须指定要害致死之因。初检尸有无伤损讫，就验处衬簟尸首在物上，复以物盖。……交与复检。若是疑难检验，仍不得远去，防复检异同。"[见《洗冤集录》卷之二（六）初检]可见，"初检"除尸体检验外还包括现场调查和现场勘验，类似现在的"法医学现场"的内容；"初检"不是初步检验或初步结论，检验官吏要对检验负责并有明确的检验结论；"初检"完成后应保护现场、保护尸体；"初检"是一种检验程序，遇刑案或疑难案件的必须复检。因此，宋朝的初验制度，可以理解为"首检负责制"。本案初验经集体讨论得出结论报州复检。

复检。宋《庆元条法事类•检验》规定非正常死亡、杀伤死亡、囚犯死亡等应由官吏复检。宋慈说："与前检无异，方可保明具申。万一致命处不明，痕损不同，如以药死作病死之类。前检受弊，复检者乌可不究心察之，恐有连累矣。检得与前验些小不同，迁就改正，果有大段违戾，不可依随。更再三审问干细等人，如众称可变，方据检得异同事理供申；不可据己，便变易。复检官验讫，如无争论，方可给尸与尸亲属。无亲属者，责付本都埋瘗，勒令看守，不得火化及散落。如有争论，未可给尸，且掘一坑，就所簟物，异尸安顿坑内。上以门扇盖，用罨瘗作堆，周回用灰印印记，防备后来官司再检复，乃责看守状附案。"[见《洗冤集录》卷之二（七）复检]可见，"复检"同样包括尸体检验、现场调查和现场勘验等内容；复"检"不是重新检验，它是根据案件性质，按法令要求进行的；"复检"与"初检"的正确与否无关，检验官吏要对复检负责并有明确检验结论；"复检"完成后，如有争论应保护尸体；"复检"也是一种检验程序，杀伤等刑案或疑难案件是必须复检的，往往在差初检官时就申请复检[应复验者，并于差初检官日，先次申牒。"[见《洗冤集录》卷之一条令）]；"复检"没有明确的次数限制，因案件需要或发现问题或申诉引发官司等可启动二次以上复检。本案经州复检，采纳了县的初检，因为结论准确，没有进行再次尸体检验。

出入制度，这是宋朝的一种办案责任制。官吏利用职权虚构事实，陷人罪的，或把轻罪定重罪的，叫故入；有意为罪犯开脱罪责，或把重罪定轻罪的，叫故出；因工作的差错而办错案的叫失入、失出，均应受到与所出入的罪相等的处罚。宋慈列举："各依所欺（《刑统议》对诈病检验不实同诈妄）减一等；若实病死及伤不以实验者，以故入人罪论；若官司妄勘者，依入人罪法。"（见《洗冤集录》卷之一条令）该案不存在"故入""故出"情形，官员们主要担心造成检验的"失入""失出"，因为一旦定"两相拼杀"，而后来证明是"挟仇并杀"，就会使罪犯逍遥法外（失出），是要受处罚的。因此，办案官员十分谨慎。

觉举制度，这是宋朝对官吏犯某些较轻的罪实行自首坦白从宽处置的制度。也就是说，初检的官员自知初检有做手脚的时候或认为检验不正确或被敷衍纠正错误，在上级处罚之前，自己提出从宽处理的制度。宋慈认为检验的正确与否关乎案件的定性和判决，"率然而行，死者虚被涝漉"（见《洗冤集录》序），不可随意适用"觉举"。他说："即凭验致罪已出入者，不在自首觉举之例。"宋慈又根据宋朝法令规定进一步说明并提出自己的看法："嘉定十六年二月十八日勑臣僚奏，检验不定要害致命之因，法至严矣，而检复失实，则为觉举，遂以苟免。欲望睿旨下刑部看详，颁示遵用。今检验不实，则乃为觉举，遂以苟免。今看详命官检验不实或失当，不许用觉举原免，余并依旧法施行。奉圣旨依。"

"诸违制论者，不以失论。《刑统制》曰：谓奉制有所施行而违者，徒二年。若非故违而失错旨意者，杖一百。"（见《洗冤集录》卷之一条令）该案如果以多数官员"两相拼杀"的意见上报，当发现错误后，官员只有选择"觉举"，但上级也可以不采纳"觉举"给予处罚。这就是初检官员为何对案件再三斟酌、审之又审、慎之又慎的原因。同样，复检的官员还有上级的复检，如果出现差错，"与前检一致"，同样受处罚。

由于宋代存在初复检制度和约束官员检验行为的出入制度、觉举制度，使检验人员敬畏法律而勤勉做好鉴定，同时，检验制度包括首检负责行政问责，也包括自首减轻处罚，重者入刑。构成一整套负责、问责、民事、刑事法律规定，对今天的司法鉴定管理也有一定的借鉴价值。

七三、无 痕 之 验

宋慈《洗冤集录·疑难杂说上》说："凡尸在身无痕损，唯面色有青黯，或一边似肿，多是被人以物搭口鼻及罨捂杀；或是用手巾、布袋之类绞杀，不见痕。更看项上肉硬即是。切要者：手足有无系缚痕；舌上有无嚼破痕；大小便处恐有踏肿痕。"宋慈还说："凡被人以衣服或湿纸搭口鼻死，则腹干胀。若被人以外物压塞口鼻，出气不得后命绝者，眼开睛突，口鼻内流出清血水，满面血荫赤黑色，粪门突出，及便溺污坏衣服。"

宋慈在《洗冤集录》中大段大段地写关于身体上看不出痕迹，只有面部淤青肿胀或有半边脸肿，或眼睛突出来的，或口鼻流出清水或肛门粪便流出的情形，应该考虑"用手巾布袋之类或手捂口鼻或湿纸搭口"所致窒息死亡。这些死亡的特点是身体上无伤痕，认为这是刑讯逼供致人死亡，又是隐蔽杀人的手段之一。宋慈在《洗冤集录》中多出提及，特别是对"湿纸搭口鼻窒息死"的无痕之验介绍得十分详尽。

暴力致人死亡竟然不留伤痕，这是事实！

所谓"湿纸搭口鼻窒息死"，实际上是狱中刑讯逼供的一种酷刑！就是把吸水的宣纸或草纸或高丽纸（是一种用来糊窗户的韧性纸，因原产高丽而得名），沾水贴在犯人口鼻上。开始还通气，一张一张贴上，一张一张加湿，一步一步使人逐渐缺氧。而犯人耳能听，眼能看，手被捆绑，随着时间推移和窒息加剧，恐怖也不断加剧，许多犯人被逼供，也有许多犯人死于非命，是我国古代刑狱中的一种酷刑。

实际上，这种酷刑还是一种我国古代宫廷里专用并由太监施行的死刑方式。早些时候用于对太监、宫女、嫔妃或近亲大臣的秘密处死。方法是：把人仰面朝天捆绑在一张特制的"刑床"上，使他手脚身体脑袋都不能转动，然后用高丽纸沾水或鸡蛋清一层层糊在犯人的口鼻上，使其无法呼吸而窒息致死。这种宫廷刑罚叫"贴纸闷毙"，也叫"贴加官"，以后也用在刑狱中，主要是刑讯逼供。

但是，这种酷刑发明者就是因其"无痕难验"而设计的，口鼻贴湿纸致人窒息死亡，去除湿纸则无痕，看似很高明。然而，宋慈以其高超的技术，解决了这一类检验。

用现代法医学理论和实践来分析：用湿纸、手巾、衣物紧贴或捂住口鼻，用不透气口袋罩住口鼻可以致人窒息死亡。这是一种特殊的窒息方式。其特征是：①窒息征象明显，有"面色青黯""满面血荫赤黑色""眼开睛突"。其形成窒息机制是"出气不得"，属"闭塞呼吸道口所致窒息"。但是，这种"闷死"与用柔软物堵塞口鼻或呼吸道不同，也与单纯隔绝空气交换（箱内闷死）不同，其窒息方式是介于上述二者之间的情形。例如，用湿纸贴于口鼻时，由于单层湿纸仍可通气，与隔绝空气交换情形相似；随着湿纸层数增加，通气进一步受限，又出现与柔软物堵塞口鼻的情形相似；当完全压闭呼吸道口时，通气阻断，死亡时间相对较长，出现比一般窒息更为明显的情形，如"眼开睛突、面色青黯"的窒息征象。②口鼻部分泌物。宋慈描述为"口鼻流出清血水"。这是因为湿纸贴于口鼻引起通气受限，此时受害者加强呼吸运动，引起反射性口鼻分泌物增加。随着湿纸层数增加，时间延长，分泌物越来越多，形成一层覆盖于湿纸内面的"唾液膜"，把口鼻严严封闭住，即宋慈观察到的"清血水"。③呼吸道无异物。这是该方式窒息的另一特征，即口鼻内无泥沙、布团、棉纱等异物堵塞，当湿纸被掀去后只有窒息征象可资参考。因此，法医应对该类窒息方式有所认识。④损伤情况。有两种情形：一是"身无痕损"。这种情况多为严重损伤、疾病或昏迷时被人封闭口鼻，也可能手脚被人捆绑后湿纸封闭口鼻，如古代狱中刑讯逼供时使用。二是有"（面部）一边似肿""项上肉硬""手足缚痕""大小便处踏肿痕"等损伤痕迹。这是在贴湿纸时受害人挣扎、搏斗时留下的面部、颈部、手脚、阴部损伤。

七四、拦　刀　伤

　　宋慈《洗冤集录·杀伤》说："其被伤人见行凶人用刃物来伤人时，必然挣扎，用手来遮拦，手上一定有伤损。或有来护庇的，也一定手背上有伤着地方。如果行凶人在虚弱要害处一刃径行致命的，死人手上没有伤，刃的创伤必重。"

　　这段话的意思是，什么是"拦刀伤"？"拦刀伤"怎么检验？"拦刀伤"有什么意义？宋慈说，行凶人用刀伤人，被害人必然挣扎自卫，下意识地用手来护着自己，这时被害人的手就会被迎面而来的刀砍刺伤。只要被害人有这一拦刀保护自己的动作，也一定手背上有伤着的地方，称之为"拦刀伤"。那么，检查时没有发现"拦刀伤"，检验官员就要想到行凶人在被害人的要害部位一刃径行致命！也就是说，要么受致命伤人已死而没有"拦刀伤"，要么被伤后无力抵抗而没有"拦刀伤"，这时就得仔细检查致命刀创。

　　宋慈很明白地告诉大家："拦刀伤"顾名思义指的是被害人见行凶人用刀攻击以手"拦刀"时造成的损伤。就是说，被害人用手抢夺凶器或抵挡凶器而被刀所伤，常见于被害者前臂外侧、手背、手掌与手指之间等部位。这也是检验的要点和重点，其价值是，发现有"拦刀伤"就表明有搏斗存在，为典型的他杀伤。

　　按现代法医学介绍，宋慈所指"拦刀伤"就是现在的抵抗伤。所谓抵抗伤，是指被害人为保护自己头面、躯干等较重要部位免遭攻击，或与凶手搏斗抢夺凶器时造成的损伤，为典型的他杀伤。常见于死者前臂外侧、手背、手掌与手指之间等部位，肢体其他部位也可以形成。我们比较宋慈的定义和现代定义，二者何其相似！

　　前面宋慈已告诉我们什么是"拦刀伤"？"拦刀伤"怎么检验？那么，"拦刀伤"有什么意义呢？这里还得再提一下宋慈记载的"两个人在山上种地时同时受伤死亡"案件。当时几位官员认为"一个被害一个自杀"，但有一个官员认为"两个人的伤都在背后的项部，没有抵抗伤，都是被害"。由此，宋慈介绍"拦刀伤"有其意图，至少包括以下几个方面：

一是"拦刀伤"属于用手抵挡来刀保护自己所受的伤，系"下意识"动作；

二是"拦刀伤"存在表明发生了抵抗或搏斗；

三是"拦刀伤"属生前伤，手背、前臂等受伤部位生活反应明显；

四是没有发现"拦刀伤"，要注意查找致命伤，可能受致命伤时人已死或被伤后无力抵抗而没有"拦刀伤"；

五是有几个人同时受伤或死亡的，也要注意有无"拦刀伤"，有则发生搏斗，无则现场受控制；

六是两个人同时死亡的，无"拦刀伤"则不是搏斗，特别是发现二人自己不能及的项背部伤，系他杀；

七是"拦刀伤"可作为"现场重建"、有无搏斗的切入点，有利于恢复打斗现场、刻画凶手作案情形、被害者当时状况，有利于案情分析、破获案件和断案审判。

可见，宋慈对案件考虑之精到、检验之准确和水平之高超，令人叹服！

七五、刀 与 鞘

刀与鞘

宋慈《洗冤集录·杀伤》说："凡验刀枪刃砍挑的，要写明尸体在什么地方，什么方向，穿什么衣服，上面有没有血迹，伤的地方长阔深分寸，透肉不透肉，或肚肠出，脂膜出，作致命处。""如果是尖刃斧伤，上面阔长，内里必狭。""大刀伤，浅必狭，深必阔。刀伤处，它的伤痕两头尖小，没有起手收手轻重的分别。""枪刺的伤，浅则狭，深则穿透，伤痕带圆形。或只用竹枪尖、竹担扎着要害地方，疮口多不齐整，伤痕方圆不等。""凡验被快利物伤死的，要看死者原着衣衫上有没有破伤的地方，隐对伤痕血点可验。""凡检验疑难尸首，如果是尖刀物所伤穿透肢体的，要验看内外伤口的情况，伤口大的地方是穿入处，伤口小的地方是透过处。如果尸体已烂，要验看死者原来穿的衣服，对照伤到的地方。"

这段话意思是，检验刀伤刺创之类，要注明在什么地方发案，具体位置，还要注意穿什么衣服及衣服上的创口。案发地面的血迹要写清楚，衣服上的血迹也要写清楚，人体上的创口大小、深度，内脏有无流出都要描写。尖刀、大刀、枪刺都有其特点。特别注意的是衣服上的破损地方，要与伤口进行比对。刀挑伤使肠子脱出，一刀有二三个刀痕。这是因为人的肠子是盘在肚子里的，所以会撩划二三刀痕。还有，刀刺透肢体，内外伤口有别，伤口大的地方是穿入处，伤口小的地方是透过处。再强调一下，如果尸体已烂，要验看死者原来穿的衣服，对照比对。

宋慈除了检验看尸体创口外，再三强调检查衣服上的创口进行比对。因为凶杀作案一般在很短的时间内完成，受害者不会把衣服撩起来，然后让人来刺；或行凶中把被害人衣服脱光后再刺。而尸体腐烂的情形，只有衣服上创口能够留下证据。宋慈认为，检验刀类杀人案，要注意人体和衣服上所留刀创，如同"刀与鞘"的关系，可以比对！

如何验"创与刃"？如何把刀创检验变为"刀与鞘"的关系来理解？从上述我们可以看出，宋慈是把人体上被刀伤后形成的"创"比作"鞘"来研究，而把"刀枪刃砍挑"的刀作为与"创"对应的"刃"来研究，一创一刃，恰如"一鞘一刀"，对这种"创与刃"关系的研究，就是现代法医学中锐器伤的法医学致伤物推断。

宋慈说，"斧伤，上面阔长，内里必狭"；"大刀伤浅必狭，深必阔"；"枪刺伤浅则狭，深则穿透，伤痕带圆形"；"穿透伤，伤口大的地方是穿入处，伤口小的地方是透过处"。所以，宋慈把"创与刃"以"鞘与刀"关系进行研究，既形象又科学，迄今仍有借鉴价值！

七六、左手王二案

宋慈《洗冤集录·自刑》说："假如用左手把刃而伤，则喉右边下手处深，左边收刃处浅，其中间不如右边，盖下刃太重，渐渐负痛缩手，因而轻浅，及左手须似握物是也。右手亦然。""若用左手，刃必起自右耳后，过喉一二寸；用右手，必起自左耳后，其痕起手重收手轻。如他杀，刀伤处，其痕头尖小，无起手收手轻重。"

宋慈说的是，对颈部自刎而言，如果用左手持刀，喉右侧被切开处深，左边收刀处浅，中间的刀创不如右侧深。这是因为自杀切颈者，所持的刀大而重，切颈过程中疼痛使之缩手，因而比开始切时要浅。右手持刀自刎刚好相反。左手自杀切颈，自右耳后，过喉一二寸；右手自杀切颈，自左耳后，过喉一二寸；其特点是"起手重收手轻"。如果是他杀，刀伤创没有起手和收手轻重之分了。

根据宋慈《洗冤集录》表述，电视剧《大宋提刑官》从艺术角度编出一个故事，这里我们把他命名为"左手王二案"。

电视连续剧《大宋提刑官》介绍了一个案件，说的是：宋慈和白贤县令因"吕文周奸杀案"再一次去童家调查。在童家内房的窗台前，宋慈忽见王二老婆珠儿正在对门楼上向着童家方向东张西望。此时，宋慈忽然想起昨天王二老婆珠儿话中似有别音。于是，宋慈急急赶往王二酒店，听珠儿细说当时王传和几个读书人在此喝酒的情景。

正说着，王二突然上楼，说他想起来了，王传家住邻县凤阳。宋慈注意到王二鞋底沾着黄泥。

宋慈赶到凤阳，拿出扇子给王传看。王传看后说，诗是他作的，但扇面上的字却像出自他好友陈鉴的手笔。捕头王率捕快赶到黄泥岗陈鉴家时，却见陈鉴早已中毒身亡。现场遗留一股浓郁的酒香。宋慈注意到，捕头王鞋底上也沾有和王二一样的黄泥。于是，宋慈认定王二到过黄泥岗！此时，宋慈猛地想到了真凶正是酒店王二。

公堂上，宋慈告知整个案件的来龙去脉。王二因在楼上窗口窥见对门何氏美貌，趁童四出门在外，深夜潜入童家，意欲行奸，何氏拼死不从，王二遂杀何氏奸尸。事后，设下遗扇嫁祸之计，使吕文周蒙冤。眼看案情败露，又杀了为他扇面题字的陈鉴灭口。宋慈将案情推得如临其境。然而，王二说没有实证而不能定其死罪。

宋慈开棺验尸，死者刀伤右深左浅，刀尖方向向左，右宽而左窄，挑刀方向在左，正是王二这个左撇子所为。铁证面前，王二伏法，吕文周得以重见天日。

要知道宋慈如何判断王二为左利手杀人，还得了解一下何谓左利手。一般来说，以左手从事主要活动，惯以用左手的人，称左利手。左利手俗称左撇子。由于"左撇子"的说法带有明显的歧视色彩，特别是在欧洲，历史上曾称左撇子为"与魔鬼撒旦为伍者"，近年来这种称呼为许多人所厌弃，故需要一个中性的称呼，左利手的说法应运而生。

研究表明，左利手占总人口的二十分之一左右。左利手是一种奇特的生理现象，左利手是一个独特的群体。严格意义上的左利手是很罕见的。手的动作包括拉、抛、拧、握、持笔、用针等许许多多动作。有相当一部分人，不同的动作惯用手是不一样的。如有的人扔用右手，而接用左手；写字大部分人惯用右手，但持话筒惯用左手的人并不少。还有一些动作需双手协同，如刨镐、锄地、持锹、挥杆等。单手动作惯用某一侧手的人，双手动作的主导手有可能是另一侧的手。

影响左利手判定的另一个因素是后天纠正。几乎各个民族和不同时代，都有纠正左利手的习惯。在东方，手的最主要两项动作是用筷子和写字，对于天生惯用左手的人，前者多在儿时已在家中被强行纠正过来，而后者又往往在学校被强行纠正。不过不管如何纠正，这些人天生惯用手仍是左手。一般可以这样认为：左利手是写字或用筷子的天生惯用手。因此，这两项动作天生惯用左手而后天被强行纠正的人，仍视为左利手。

宋慈对左、右利手自、他杀人案的推断至少要告诉大家：

一是从起刀着力点来看，左利手自杀切颈从右耳后起刀，右利者在左耳后。左利手杀人者在受害者右侧颈部。清代咸丰四年（1854）许梿的《洗冤录详义》就按宋慈的检验方法对"鄂州民有争舟而相殴致死案"辨别是左利手还是右利手伤人。

二是从起刀走向看，左利手自杀切颈从右耳后往前颈部收尾，其切创口起始端比较深而收尾端比较浅。左利手杀人者，刀伤右深左浅，右宽而左窄，挑刀方向在左。上述的"左手王二案"就是依此断案。

三是从力道走向看，切颈自杀者，左利手切颈者，创口多见于右颈上方，斜下越过颈前部、止于颈部右侧喉结下方附近。左利手杀人者刀尖向左。上述的"左手王二案"也是如此刀痕走向。

四是从刀运行作用力看，自杀者切颈时刀的用力开始重，之后因疼痛而变浅，收刀更浅些。他杀没有上述情况，刀创均匀且深，没有"渐渐负痛缩手"情形。

五是从起刀收刀走向看，在致命性的切创附近，常见数条长短不一、深浅不等的平行创口，特别是在颈部喉结一二寸处刀痕呈几条浅创，称之为试切创或犹豫创，为一自杀的特征。左利手者正相反。他杀刀创没有试切创。

六是从刀伤分布部位看，左利凶手持刀杀人致被害人损伤集中在右侧，右利凶手致害则相反而集中在左侧。

七是从持刀力度看，切颈自杀者刀创的特点是"起手重收手轻"。如果是他杀，刀伤创没有起手和收手轻重之分。

从现代法医学角度思考，在推断和认定致伤物的同时，要分析其致伤方式方法，以进一步验证是否与损伤相符。这就是法医学上致伤方式方法的分析，包括力的方向、力的大小、损伤顺序和左利或右利手致害等。宋慈对左右利手自杀、他杀案的检验方法，是经过长期检验的积累而总结出来的，对今天法医学研究仍有实际意义。

七七、背 上 杖 疮

宋慈《洗冤集录·受杖死》说："背上杖疮，横长五寸，阔三寸，深五分。"

这段话的意思是，背上被荆杖击打后受刑，检验时可以看到"背上杖疮"，其横长五寸，阔三寸，深五分。这里"横长"和"阔"，指的是长和宽，"深"指皮下出血的厚度。

据《新唐书·刑法志》记载："太宗尝览《明堂针灸图》，见人之五藏皆近背，针灸失所，则其害致死。叹曰：夫箠者，五刑之轻。死者，人之所重。安得犯至轻之刑而或致死？遂诏罪人不得鞭背。"

意思是，有一回李世民在太医处看到一幅《明堂针灸图》，看到人体重要器官的穴位集中在胸背部，再看图中屁股部位的重要穴位却寥寥无几。李世民对这个重大的发现印象很深。后来，李世民对刑罚中的罚打作出了明确规定，对犯人不许打胸背部，而规定屁股作为罚打的指定部位。从此，唐朝在公堂上一通板子只打屁股就这么确立了下来。这是唐太宗因阅览医学图书而直接引发了"禁止鞭背"的行刑制度改革。

但是，唐代李世民的行刑制度改革在宋代并没有实行。至少在宋代还有击打背部的受杖刑罚。从法医学角度出发，我们从宋慈《洗冤集录·受杖死》记载可总结为以下几点：

一是唐朝"禁止鞭背"的行刑制度，在宋代并没有延续，背杖伤检验写入《洗冤集录》。

二是宋慈所描述的"背上杖疮"，就是他在书中其他地方所说的"竹打中空"。这种损伤现代称之为"中空性皮下出血"，是棍棒类工具高速作用于人体所形成的皮下出血特点，一般易在胸、背部及四肢等较宽阔的部位形成。该皮下出血中间可见白色的条状痕迹，而两边为暗紫色条状皮下出血。

三是宋慈明确表示，"背上杖疮"等大面积皮下出血也可以致人死亡，所以叫"受杖死"。

四是受杖是古代刑罚刑种之一，现代属于非法刑讯逼供。由于"打板子"也可能致死，是法医学检验对象之一，应引起高度重视。

七八、头 撞 伤

宋慈《洗冤集录·验他物及手足伤死》说："诸用他物及头额、拳手、脚足、坚硬之物撞打痕损颜色，其至重者紫黯微肿，次重者紫赤微肿，又其次紫赤色，又其次青色。""仔细看骨上，有青晕或紫黑晕，长是他物，圆是拳，大是头撞，小是脚尖。"

这段话的意思是，钝器打击属他物伤，如头额、拳手、脚足、坚硬之物撞打致人损伤，严重者呈紫黯微肿，次重者呈紫赤微肿，又其次者呈紫赤色，又其次者呈青色。骨上青晕或紫黑晕形状，长的是他物钝器伤，圆的是拳伤，大的是头撞伤，小的是脚尖伤。宋慈把常见钝器归纳为"头额、拳手、脚足、坚硬之物"四种，分别为"头顶伤、拳击伤、足踢伤和硬物打击伤"，其中头撞伤多次、多处提到。可见，宋慈十分重视头撞伤。

在古代，头撞墙（柱）是自伤（杀）手段之一。

董宣是东汉（公元 25～220）一位执法严格的官员。董宣在做洛阳县令时，公主的仆人杀人，犯了法，躲在公主家里不出来，无法抓捕。董宣听说公主的车要出来，就拦住了，当面杀了那个犯了死罪的仆人。公主认为，董宣在她面前杀她的仆人，是在欺负她。于是，向皇帝哥哥刘秀告状。刘秀很生气，把董宣叫来，要打死他。董宣也生气地说："皇上您很圣明，复兴了汉朝，但现在却放纵杀人，这怎么能治理国家呢？我不用你打，我自己先死吧！"说着就用头撞柱子，撞得头额流血。刘秀知道了事情真相，也就不杀他了。但让他给公主磕头，赔礼道歉。董宣就是不听，刘秀就让人按他的头，董宣双手撑地，挺着脖子。刘秀最后奖励了他，还给他加了个"强项令"的称号，意思是脖子刚强、不肯低头的县令。

另外，清代剧本《桃花扇》，讲述明末清初青年才俊侯方域与"秦淮八艳"之一李香君的爱情故事。根据《桃花扇》的记述，李香君是秦淮河畔媚香楼里的姑娘，十六岁那年巧遇参加赶考的侯方域并一见倾心，侯方域也为李香君的才情所吸引。但因战乱无法返乡筹钱。在好友帮助下，侯方域拿了阮大铖的一笔钱。然而，当李香君知道钱是奸臣阮大铖出的，立即返还财物。阮大铖决定报复他们，侯方域远走他方，而李香君却面临被恶霸强娶的危险。李香君宁死不从，以头撞柱，血溅到扇子上。侯方域的好友杨龙友提笔作画，将溅到扇子上的鲜红血迹，画成了朵朵桃花，成就了"桃花扇"。所以，桃花扇是李香君撞柱自杀的见证。

在古代，头撞人还是攻击他人的手段之一。

《水浒传》记载：杨志在过黄河时遇到风浪翻了船，被赶出了殿帅府。杨志身上没钱，只好卖掉祖传的宝刀。他在桥上站了一会儿，遇到一个叫牛二的流氓。那牛二走上前来，抽出杨志的刀，"你这刀卖多少钱？"杨志说："祖上留下的宝刀，要卖三千贯。"牛二撇撇嘴，"这把破刀有什么好，卖得这么贵？"杨志便介绍道："有三件好处：砍铁刀不卷、吹毛得过、杀人不见血。""杀人不见血"，牛二说："我不信"。牛二一把揪住杨志，"我偏要买你这把刀！""你要买，拿钱来呀。""我没钱！""没钱你干吗揪住我？"牛二耍无赖了，"我就要你这把刀！"杨志挣开身子，顺手一推，把牛二推了一跤。牛二爬起来，嘴里说着，"来呀，是好汉就砍我一刀呀"。一边用头来撞，一边就来硬夺杨志手里的刀。杨志气极了，牛二却又拳打脚踢。杨志便对众人叫道："大家都看见的，我杨志没办法才在这里卖刀，这流氓不讲道理要抢我的刀，还打我！"牛二说："打死你又怎么样？"杨志"火从心上起，怒向胆边生"，只见寒光一闪，流氓牛二倒在杨家的祖传宝刀下，刀刃上果然滴血不沾。杨志闯了祸不逃走，去大名府自首。

另据清代"周德章留养承祀案"记载：嘉庆五年八月初八秋审处奉旨，刑部上奏江西人周德章殴打十一岁男孩黄参才致死一案，江西巡抚等人已将该案审理查明，周德章之母齐氏现年八十岁，家里没有其他成年男子。现将该犯可以留养的情节奏明，是否可以将该犯改为缓决，等皇上下旨定夺。该案的情节是，男孩黄参才是代母亲向周德章索要欠款，周德章训斥他不应该催讨欠款，黄参才不依不饶，拉住周德章哭骂，周德章便顺手用手带烙铁吓唬并殴打黄参才，使得黄参才左脸受伤。黄参才愈加哭骂，仍拉住周德章不放，并用头撞他。周德章想要脱身，再次用烙铁吓唬并殴打黄参才，碰巧伤到黄参才脑后，他左耳根着地，顿时死亡。该犯两次随手用烙铁吓唬殴打，本案争端是由黄参才逼债所引起的，周德章并没有杀人的故意。

由此可见，我国古代头撞致人损伤相当常见，并有检验记载和检验标准。我国有一句成语"顶撞"，现在泛指对上级的顶撞，但其本意是指以头向前顶撞。用头撞人可致人损伤，也可自杀，如撞墙、撞柱自杀等。现代法医学书籍中，头撞人杀（伤）人或自杀（伤）的记载不多，有必要加以重视。

七九、是"砸"伤还是"磕"伤

宋慈《洗冤集录·验他物及手足伤死》说："诸以身去就物谓之磕。虽着，无破处，其痕方圆；虽破，亦不至深。"

这段话的意思是，凡是人的身体、四肢、头部碰到硬质的物体，检验的定义叫做"磕"。一般说来，皮肤没磕破的，其痕迹呈圆形；有破口的，其创口也不深。

为防止对损伤的描述有歧义，宋慈特地把所谓"磕伤"，讲得清清楚楚，以便日后检验时有依据，避免错案。宋慈的担心不是多余的，几百年后的清代作家曹雪芹著《红楼梦》时，就描写了有人故意把"砸"伤改作"磕"伤的案件，揭露了一起官场司法腐败案。

《红楼梦》里有个人物叫薛蟠，前后两次惹人命官司。第一次是在第四回"薄命女偏逢薄命郎，葫芦僧乱判葫芦案"，打死了冯渊；第二次是在第八十六回"受私贿老官翻案牍，寄闲情淑女解琴书"，打死了酒店的酒保。这第二次闹出的人命案件，曹雪芹花了很多笔墨详细描写了衙门里仵作修改检验报告的故事。

这次人命案件是薛蟠在得意楼酒店喝酒作乐。因为"当槽的"酒保张三前一天老是拿眼睛来偷瞟薛蟠带去的蒋玉函，心中甚是不快，就故意斗气找碴打架，拿碗砸酒保张三的头部。一下子砸下去，张三脑袋就开了花，当场咽了气。薛蟠被当地官府拿住，自认"斗杀"，招供在案。后来，薛姨妈、王夫人求了贾政托人与知县说情，凤姐又与贾琏花上几千银子，把知县、仵作和涉案证人等全都买通。

到当地知县正式开审时，所有的证人都改了口，都说没有看见薛蟠打人，而是"酒碗失手，碰在脑袋上的"。薛蟠供词也说："小的实没有打他，为他不肯换酒，故拿酒泼地。不想一时失手，酒碗误碰在他的脑袋上。小的即忙掩他的血，哪里知道再掩不住，血淌多了，过一会就死了。前日尸场上，怕太老爷要打，所以说是拿碗砸他的。只求太老爷开恩！"

知县叫仵作上报尸格，受了贿赂的仵作禀报说："前日验得张三尸身无伤，惟头顶囟门有瓷器伤，长一寸七分，深五分，皮开，囟门骨脆，裂破三分。实系磕碰伤。"于是，知县判决，薛蟠是"误伤"张三致死。

按照大清法律，"初无害人之意而偶致杀伤人"，是要比照"斗殴杀人"罪而"依律收赎"，就是拿钱财来抵消原来应该判处的刑罚，给予"被杀之家"办理丧事费用，折白银十二两。那对于"丰年好大雪"的金陵大户薛家来说，完全只是九牛一毛。

《红楼梦》这一故事里，仵作将原来的"砸"改为"磕"，就是完全改变了致伤的性质。宋慈《洗冤集录》所定义的磕伤，一般是没有创口的，留有痕迹，即使是形成了创口，"虽破亦不至深"，应该是个浅伤口。而张三的脑袋上的伤口"长一寸七分，深五分，皮开，囟门骨脆，裂破三分"，居然是自己硬把自己的脑袋"磕碰"到位于头顶的囟门骨开裂三分脑浆涂地的程度，所以只好说张三的囟门骨实在是"太脆"了。

曹雪芹笔下所描写的"砸"改为"磕"，实际上是抨击鉴定人受贿后"自行修改鉴定"，指出修改鉴定行为的背后有权钱交易。与修改鉴定同样情形的是"自行撤销鉴定"，其背后也有不可告人的目的，值得引以为戒。

八〇、致命伤之验

宋慈《洗冤集录·检复总说下》说："如死人身上有两痕皆可致命，此两痕若是一人下手，则无害；若是两人，则一人偿命，一人不偿命。""凡定致命痕，虽小，当微广其分寸。定致命痕内骨折，即声说骨不折，不须言骨不折却重害也。"

这段话的意思是，比如说尸体有两处伤痕，那么要认定致命伤；如果两处都是致命伤，都由一个人致伤，那么鉴定没有争议；如果被两个人打伤，一个人打伤处是致命伤，那么这个人要偿命，另一个人就不要偿命，全靠检验定夺。再比如，在聚众斗殴的情况下，死者身上往往伤痕累累。凡定致命伤，其痕迹虽小也要写出具体损伤情况。损伤导致严重骨折，可以致命；但不能反过来说，损伤没有导致骨折，就不能致命。

这里宋慈显示出一种司法检验人员特有的辩证思维。也就是说，检验人员需要利用自己的专业技术认定更重的伤处为致命伤。这是将哲学知识运用于法医学检案鉴定的典范。反之，除了有多处伤痕，也有的尸体没有伤痕，那么在案件中怎样处理呢？如果尸体上没有损伤，但死者脸色青瘀或者有一边肿胀，应该是被他人捂死的。从尸体痕迹的一些特殊情况说明尸体情况，宋慈在书中对此也有论述。像用手巾、布袋将人致死，尸体上看不到痕迹，但是脖子上的肉会僵硬。另外宋慈认为遇到这种情况，还要看看死者口中的唾液情况，喉咙有没有肿胀。对于这类案件由于案件本身较为复杂，检验人员更应该细致入微。没有伤痕的案件看似棘手，但尸体上依旧会出现面上颜色、身体状态的非常态，断不能草草结案。

宋慈至少要告诉大家几个问题：

一是致命伤确认的重要性。在审判中致命伤关乎定罪量刑，必须明确何为致命部位、致伤工具、致命伤等。

二是致命伤由谁所致。在审判中致命伤关乎给谁定罪量刑，必须注明是何人所为，只有一个凶手时，通过检验所发现的损伤情况要写清楚。

三是致命伤由多人造成的。在审判中致命伤关乎给几个人定罪量刑，孰轻孰重，检验很重要。如果被两个人打伤，一个人打是致命伤，那么这个人要偿命，另一个人不要偿命。

四是致命伤检验要有哲学思维。比如损伤导致严重骨折，可以致命；但不能反过来说，损伤没有导致骨折，就不能致命。

宋慈从审判实践出发，从定罪量刑出发，对司法鉴定提出要求，对今天仍有借鉴价值。

八一、皮　不　卷

宋慈《洗冤集录·杀伤》说："活人被刃杀伤死者，其被刃处皮肉紧缩，有血瘀四畔；若死后被肢解割截者，皮肉如旧，血不灌瘀，被割处皮不卷，刃尽处无血流，其色白。"

这段话的意思是，对于生前、死后刀刃伤的鉴别，活的人被刀砍伤致死的，检验时可以看到创口皮肉紧缩卷起，创口周围有出血；若是死后被肢解或头颅切下的，检验时就看不到创口皮不卷，创口周围也没有出血，是白色的。

明代有一个故事：有一个人看到侄儿非常富足，便想谋夺他的财产，于是把侄儿骗到家里，趁黑夜将他灌醉、杀死。这个人的儿子与儿媳感情一直不好，就想趁这个机会以捉奸为名把自己的儿媳一并除掉。于是，这个人就拿着刀闯进房中，砍下了儿媳的头颅。然后，又割下已死侄儿的脑袋向官府报告。尹知县把两个脑袋放在灯下仔细观看，只见一个脑袋颈上的皮肉向上紧缩，另一个却不见紧缩。尹知县就问："这两个人是同时被杀死的么？"答："是的。"又问："这妇女有子女吗？"答："有一个女孩，才9岁。"尹知县就说："你得暂时寄押在监狱里，等天亮后再审。"于是，立即连夜派人把女孩领到县衙来，和颜悦色地仔细询问，终于了解到真实情况。次日升堂，尹知县把凶手叫来，当堂指着两人颈部上的创口给凶手看，说："一个皮卷缩，一个皮不卷，你看怎么解释！"凶手只好低头认罪。

尹知县为什么看了死者颈上的皮肉收缩情况，就判断两个人不是同时被杀死的呢？原来尹知县正是根据刀创有无生活反应来判断是生前伤还是死后伤的。根据现代法医学研究，尸体上的损伤分为生前形成和死后形成，其区别就是有无生活反应。在形成创的损伤中，创口内有凝血块形成。死后伤，无生活反应。生前切断肌肉，则肌肉有明显收缩，创缘皮肤内卷，因此创口显著哆开。死后形成损伤，创口哆开很小，创缘没有收缩现象。生前受伤，局部组织因受刺激，数分钟后就开始出现炎症反应。可以见到局部发红、肿胀，出现炎症分泌物现象。通过检验损伤有无出血现象，肌肉组织有无收缩，皮肤有无卷缩，有无炎症反应等情况，从而可以推断损伤是生前形成还是死后形成。

八二、红　色　路

宋慈《洗冤集录·论沿身骨脉及要害去处》说："若骨上有被打处，即有红色路微荫；骨断处，其接续两头各有血晕色；再以有痕骨照日看，红活，乃是生前被打分明。骨上若无血，踪有损折，乃死后痕。"

这段话的意思是，生前死后被打的骨头是可以看出来的。假如被打骨头上粘着（刮不掉）的出血痕迹是鲜红的，尽管看上去很少，也可认定；假如生前被打骨折了，那么骨折断端的两头就有血晕色；假如把新鲜微小的出血或骨折断端的出血在阳光下观看，那么可以看到红色鲜活出血痕迹了。这些无疑是生前出血的证明。假如没有上述检验发现，就算有骨折，也是死后痕迹，也可能是伪造生前骨折。宋慈强调生前骨折出血是"红色路"，所谓"路"就是骨头纹路，也就是说出血痕就像骨的自身纹路一样刮洗不掉，而不是涂上去假造的。

明代海瑞熟读《洗冤集录》，刚到淳安上任时发现一起疑案，凶手虽然画押了，供词很像是屈打成招的。凶手叫邵时重，与被害人胡胜祖向来不和。报案说，半月前，胡胜祖到山上看自己的地，被邵时重用棍子打死。胡胜祖的两个弟弟胡胜荣和胡胜佑找到了尸体和凶器，两天后告到了县衙。海瑞下令开棺验尸。他让人把死者伤口处的头发剃掉。又拿了个磁片，在伤口骨头处不停地刮。又把尸体的嘴巴撬开察看，然后让人脱下尸体的衣服察看了半天之后，下令回衙开堂审案。海瑞让胡胜祖的兄弟重复了一遍案情之后，就开口问他，说你哥哥出事之前，是否生了重病？胡胜荣想了想说，哥的确病得很重。海瑞接着就问，那你们为什么两日后才来报案？胡胜荣说两日后才上山找到哥哥的尸体。海瑞突然一拍惊堂木，说道：我拿磁片刮了几下伤口，刮去表面的血迹之后，下面的骨头居然连红都不红。而且，伤口周围的肉很暗，也就是血不流了之后打出来的颜色。种种迹象表明，尸体上的血，包括伤口上、骨缝里，还有木棍上的，都是后来涂上去的血，并非"红色路"，而尸体头部所受的重击，则是在死后、在血液凝固后才发生的！原来，胡胜祖根本就是得病死的，但死了之后两天，他的两个兄弟打算利用哥哥的尸体陷害邵时重。

对人体软组织确定生前或死后伤比较容易，但是对骨质进行生前伤或死后伤的检验，历来是法医检验中的一大难题。根据宋慈的介绍，民国时期，林几教授就采取紫外线下对生前死后骨折进行观察，其所采取的骨荫的检验和板障出血的检验等方法收到效果。有些法医学者通过对颅骨铁元素含量的测定来探讨颅骨的生前伤与死后伤，并应用于检案工作中，取得新进展。由此可见，宋慈关于生前死后骨折的观察方法有实际应用价值，值得进一步研究。

八三、三木之验

古代刑具颈枷和手枷

何为"三木"？何为"三木"之验？

在古代，枷在犯人颈、手、足三处的刑具，分别称为颈枷、手枷和脚枷。因为刑具颈枷、手枷和脚枷都是木制的，所以古人又称为"三木"。按宋朝法律规定，重犯者（如叛逆、巨盗、杀人等）要戴颈枷和手枷，甚至颈枷、手枷和脚枷三者都戴的重刑刑具，而一般的轻犯（如殴斗、通奸等）只会选择其一。所以，"三木"借指受刑罚限制的罪因。既然"三木"指罪囚，那么"三木之验"，就是罪囚之验。

宋慈在《洗冤集录》中专门介绍"三木之验"：

一是"罪囚死"。宋慈说："凡验诸处狱内非理致死囚人，须当径申提刑司，即时入发铺。"就是说，按宋朝法律规定，凡在狱中死亡要求申报提刑司，同时由提刑官检验。

二是"受杖死"。宋慈说："定所受杖处疮痕阔狭，看阴囊及妇人阴门，并两胁肋、腰、小腹等处有无血荫痕。小杖痕，左边横长三寸，阔二寸五分。右边横长三寸五分，阔三寸。各深三分。大杖痕，左右各方圆三寸至三寸五分，各深三分，各有脓水。兼疮周回亦有脓水淹浸、皮肉溃烂去处。背上杖疮，横长五寸，阔三寸，深五分。如日浅时，宜说兼疮周回，有毒气攻注、青赤皮紧硬去处。如日数多时，宜说兼疮周回亦有脓水淹浸、皮肉溃烂去处，将养不较致命身死。"这里受杖死即受杖刑而死。"杖刑"是宋朝"五刑"之一。宋朝"杖刑"使用最多，原因是宋朝法律适用"折杖法"。宋律规定，除大辟（死刑）外，笞、杖、徒、流均可折合成杖刑而减轻刑罚。《宋刑统》记载：原笞刑十至五十下的分别折臀杖七至十下；原徒刑一至三年的，折背杖十三至二十下；原流刑二三千里的，折背杖十七至二十下。折杖法的实施，减轻了矛盾，但受杖死的增加了。宋朝的杖叫"官杖"，因统一使用荆木，故也叫"荆杖"。杖的规格也有规定，沿用五代周显德五年的标准，长三尺五寸，厚九分，以杖的宽度分小杖和大杖。宋慈提到被打板子后皮下"紧硬"：指皮下出血、肌肉间出血、水肿渗出严重，出现肿胀、皮肤发亮、触之坚硬。这种情况表明皮下聚积有大量血液。宋慈在文中还说，这种死亡在"日浅时"，即伤后不久。现代医学研究表明，大面积皮下、肌肉间出血可在短时间内（24小时）致失血性休克、创伤性休克死亡。但宋慈提到被打板子后"日数多时"死亡的情形，出现兼疮周回亦有脓水淹浸皮肉溃烂。这段话指伤后时间长，创周出现化脓感染和皮肉溃烂。现代医学研究表明，如果大面积皮下、肌肉间出血，伤后时间长（如超过24～48小时），出现肾衰的，应考虑"挤压综合征"死亡；如果有化脓、溃烂，可考虑继发感染死亡。

三是"因病死谓非在囚禁及部送者。"这是指罪犯是病死，不是因囚禁和发配期间死亡，提刑司要对死者进行尸体检验。

四是"荆杖侵及肾子而死者。"宋朝法律规定，受杖是一种刑罚，是一种皮肉伤的"体罚"，不得伤及内脏。但是往往处刑者有意要犯人死，而打击要害部位。"荆杖侵及肾子而死者"就是其中由宋慈点出的一个。这里"肾子"不是肾脏，而是男性睾丸。因此，囚犯被荆杖打死的，可能与狱中刑讯逼供有关，应该由提刑司进行尸体检验。

五是"被验死者是否囚犯或逃犯。"宋慈要求"先看其尸有无军号，或额角、面脸上所刺大小字体计几行，或几字？是何军人？若系配隶人，所配隶何州军字？亦须计行数。如经刺环，或方或圆，或在手臂、项上，亦记几个。新旧官杖疮疤，或背或臀？并新旧荆杖子痕，或腿或脚底？甚处有旧疮疖疤，甚处是见患？须量见分寸及何处有黥记之类，尽行声说。如无，亦开写。"因此，逃犯、军人、囚犯的检验由提刑司进行。

由上我们可以知道，一是宋朝对狱中死亡或囚犯服刑中死亡或囚犯受罚死亡或逃犯等检验都有明确的法律规定，应由提刑司进行检验，这表明狱中死亡是检验重点之一；二是狱中死亡或囚犯受罚死亡要注意有无刑讯逼供，其中包括囚犯被荆杖伤及荆杖侵及睾丸打死的情形；三是打板子出现大面积皮下出血的情形也会死亡，早期可能是失血性休克死亡，延迟一些时间死亡的可能是出现肾衰。换句话说，打板子也会死人。四是狱中死亡的还要注意新旧伤痕以确定多次、重复被打留下的伤痕。这些检验要领，在今天看来还有实际意义和研究价值。

八四、"杀子谋人"与张三驴杀婴案

宋慈《洗冤集录·附小儿尸并胞胎》说："有因争斗因而杀子谋人者，将子手足捉定，用脚跟于喉下踏死。只令仵作、行人以手按其喉，必塌，可验真伪。"

这段话的意思是，有因争斗而杀死自己孩子以诬告他人的案件，诬告者把自己孩子手脚捉住，用脚跟踩在喉下踏死。对此，只要令仵作行人用手按他的喉部，必定塌陷，便可以验出真伪了。宋慈这段话有两层意思：一是因争斗引起孩子死亡案件要慎重处置，存在"杀子谋人"的情形；二是因争斗引起孩子死亡案件，要在排除"杀子谋人"情形后，弄清楚孩子怎么死亡，比如孩子恰在争斗时摔死，是否与打斗有关，谨防诬告。

为了理解宋慈这段话的意思，这里举明代奇案"张三驴杀婴案"加以说明。

大明宣德六年，大兴县陈售显控告张三驴摔死了他的孩子，张三驴面对控告甘心认罪。案件奏报皇帝，宣德皇帝却发现案件疑点重重，要求重新审理。重新审理后发现张三驴是被冤枉的，那么陈售显为什么要诬告张三驴呢？杀死婴儿是要被判处死刑的，可张三驴却为何甘心认罪？宣德皇帝又是如何发现案件中的重重疑点的？

这个案件记载在《大明宣宗章皇帝宝训·卷之五》里。《大明宣宗章皇帝宝训》也称《皇明宝训》。《皇明宝训》与《明实录》一样，是明代官修正史，是辑录明代历朝皇帝言论和政事的史书。所谓宝训，即皇帝语录，按照内容分类辑录。这些内容实录中均有记述，文字也尽相同，"上曰"即"皇帝曰"。宝训集中了皇帝的言论，又分类开列，易检索，易读，作为"遗之子孙"的训条，既实用又方便。

《大明宣宗章皇帝宝训·卷之五》记载："宣德六年七月癸未，大兴县民张三驴，以役事敛里人陈售显财物相殴提曳，售显母抱未晬幼男奔救，失足跌仆地伤幼男首而死，遂诬告三驴击杀之行，在刑部论绞罪，三驴不能自明事闻。上曰，先亦有一事类此，婴儿在怀抱，非与斗者，安可击杀。宜复核。至是，刑部逮其亲邻及旁见者，皆云实跌伤死，非击伤也。遂论售类诬人死罪未决，当流。三驴科敛取财当徒以闻。上谕侍郎樊敬等，曰：尔等职司刑罚而往往轻率，如此，下人受枉必多矣。朕盖惭见卿等，卿等宁不自惭乎？敬等皆顿首。"

案件是这样的：宣德六年（1431）七月，王珣担任里长，负责收取百十户人家钱粮交官府。每年十一月前完成，否则，官府拿里长王珣是问，甚至杖刑。为了向官府交差，王珣当年雇请了一个叫张三驴的人，帮助催缴。张三驴是一个游手好闲的人，整天无所事事。这次被王珣雇为家丁，十分卖力。但因为连年干旱，作物歉收，农民负债，催缴钱粮遇到阻力。一天，张三驴到一户叫陈售显的家里收钱粮。张三驴要陈售显马上交了事，否则，要陈售显交"跑路费"。陈售显说，不是到十一月交齐吗？张三驴说，11 月要再来两次，"跑路费加倍"。陈售显知道张三驴是什么样的人，只是当了里长的家丁，仗势欺人，不理会他。张三驴发话，再不交，强行动手。陈售显也不示弱，说张三驴只不过是王珣里长的一只狗。二人话不投机，打了起来。这时陈售显的妻子也上前助阵，三人扭成一团。在屋内的陈售显母亲，听到争吵和扭打声，抱着不满一岁的孩子出来，被门槛绊倒，孩子从陈售显母亲手里甩出，摔到地面，头部着地死亡。陈售显及妻子、张三驴一看孩子摔死，都惊呆了。张三驴见势不妙，当场溜走。陈售显为了嫁祸于张三驴，编造事实，到大兴县衙状告张三驴打死了自己的孩子。县衙立即将张三驴逮捕归案。大堂用刑，张三驴熬不过，承认摔死孩子。大兴县逐级上报到刑部。刑部以"张三驴杀死婴儿判绞刑"，交给皇帝御批。宣德皇帝看后，对照先人"有因争斗因而杀子谋人者"的类似案件。但本案，婴儿在奶奶怀抱里，奶奶没有参与打斗，离二人打架有一定距离，卷宗也没有记载张三驴从奶奶手里抢下婴儿，怎么说张三驴打死婴儿呢？宣德皇帝御批复核。于是，刑部调查邻居及旁见者，大家都说婴儿系奶奶绊倒后脱手摔死，不是张三驴打死。这样张三驴死罪被免，以敛取财物被杖打一百流三千里。陈售显诬告反坐，杖打一百流三千里。

八五、醉饱后筑踏内损死

宋慈《洗冤集录·醉饱后筑踏内损死》说："凡人吃酒食至饱，被筑踏内损，亦可致死。其状甚难明。其尸外别无他故，唯口、鼻、粪门有饮食并粪带血流出。遇此形状，须仔细体究，曾与人交争，因而筑踏。见人照证分明，方可定死状。"

这段话的意思是，酒醉饭饱后被人膝顶足蹬腹部，会使内脏受伤而致命。这样死亡，不易查出死因，尸体外表看不出伤痕，只有口、鼻有食物外溢，肛门有带血粪便流出。遇到这种情况，应仔细问清死者曾与什么人交手争斗，因而被人膝顶足蹬腹部，要有目击者作证，并有尸体检验对照印证，才能作出结论。

实际上，宋慈介绍了一个案例：有一个酒醉饭饱的人，与他人发生争执，被打倒在地，腹部被拳脚相加，膝顶足蹬。醉汉倒地后再也没有爬起来，围观人一看，醉汉死了，于是报案。检验人没有看到尸体外观有什么明显损伤，只有口、鼻有食物外溢，肛门有带血粪便流出。经调查取证，证实死者生前醉饱时被人打击腹部，有目击者作证。宋慈认为，这种情况符合腹部内脏受伤

醉饱后被人踩踏内损致死

致使饱食的酒饭反流至口鼻，又堵塞了呼吸道窒息死亡。宋慈认为，"醉饱后筑踏内损死"是有外伤，被他人用膝顶足蹬腹部致内脏受伤而死，外伤是一种促进、诱发因素，用膝顶足蹬者要负相应的法律责任。

用现代法医学的术语，就是"腹部遭受外力致食物反流引起吸入性窒息死亡"或"殴

斗中食物反流致吸入性窒息死亡"。什么原因导致胃内容物反流至肺使人窒息死亡？宋慈解释说"醉饱后筑踏内损死"。现代法医学解释这一现象的形成机制是：胸腹部受到较强暴力，刺激迷走神经，使胃肠和腹壁肌收缩，腹压增高，贲门开放引起呕吐；同时由于自主神经功能紊乱，在呕吐时声门开放，在吸气状态时将呕吐物吸入呼吸道内引起窒息。这种情况也可以没有饮酒，但胃内要有一定的食物充盈。

在法医检案中，食物反流所致的吸入性窒息，常发生在意识丧失的情况下，如醉酒、一氧化碳中毒、癫痫、脑震荡等以及在斗殴中颈、胸、腹等部位受外力作用引起反射性呕吐致吸入性窒息死亡。较少见溺水引起胃内容物吸入致窒息死亡。偶尔见到，高度紧张的行窃者在逃跑中诱发中枢反射性呕吐致吸入性窒息死亡。

八六、打板子也会死人

宋慈《洗冤集录·受杖死》说："背上杖疮，横长五寸，阔三寸，深五分。如日浅时，宜说：兼疮周回有毒气攻注青赤、挞皮、紧硬去处。如日数多时，宜说：兼疮周回亦有脓水淹浸、皮肉溃烂去处，将养不较致命身死。"这段话的意思是，背杖创痕，横长五寸，宽三寸，深五分。如果离受杖刑不久死亡的，写明杖伤创周严重的皮下出血、肌肉间出血和水肿渗出，出现肿胀、皮肤发亮，触之坚硬。如果离受杖刑已数日之久后死亡的，写明创伤周围出现化脓感染和皮肉溃烂，因调养无效而死。这里"紧硬"，指皮下出血、肌肉间出血、水肿渗出严重，出现肿胀、皮肤发亮，触之坚硬。这种情况表明皮下聚积有大量血液。宋慈在文中还说，这种死亡在"日浅时"，即伤后不久。现代医学研究表明，大面积皮下、肌肉间出血可在短时间内（24小时）致失血性休克、创伤性休克死亡。"日数多时宜说：兼疮周回亦有脓水淹浸、皮肉溃烂……"这指伤后时间长，创周出现化脓感染和皮肉溃烂。现代医学研究表明，如果大面积皮下、肌肉间出血，伤后时间长（如超过24～48小时）、出现肾衰的，应考虑"挤压综合征"死亡；如果有化脓、溃烂，可考虑继发感染死亡。所以，宋慈认为打板子是会死人的。

古人说的打板子，有两层意思。

一是挨了笏板或被上级批评。所谓"笏板"，指古时候文武大臣朝见君王时，双手执笏以记录君命或旨意，亦可以将要对君王上奏的话记在笏板上。有这样一个故事：在北宋政治舞台上，丁谓与李迪不仅都是宰相，而且是在丁谓成功将寇准排挤出朝之后，先后被任命为宰相的。状元出身的李迪比较正派，又是寇准一条线上的人，所以李迪和丁谓共事不久，两人矛盾就开始激化，并很快闹得不可开交。李迪气愤不过，不仅当众责骂丁谓，而且举起手板要揍他。丁谓躲避及时，才没有挨"板子"。宰相在朝房大打出手，在场的人当然会劝和。但李迪坚决不与丁谓和好，执意要吵到皇帝面前，请他断个公道。这是天禧四年（1020）十一月丙寅日清晨发生的李迪打丁谓"板子"的事情。

二是被官府刑罚受堂杖或打板子。所谓"堂杖"指用大荆条、大竹板或棍棒抽击人的背、臀或腿部。自隋开皇新律始定为五刑（笞、杖、徒、流、死）之一。 杖作为刑种始自东汉。南朝梁武帝定鞭杖之制，杖以荆木制成，也称"荆杖"，分大杖、法杖、小杖三等。北齐开始设有杖刑，宋明清三代规定妇人犯了奸罪，必须"去衣受杖"，杖是用竹笤或木板而做，轻而易举就可以让人皮开肉绽。除造成皮肉之苦外，并达到凌辱之效。宋慈所指的"受杖"，就是刑罚"荆杖"。

杖刑可使人血肉模糊，十分残忍，近代曾发生过一次，还是慈禧太后下令干的。1903年，沙俄背信弃义，不但拒不履行 1902 年《交收东三省条约》中分期撤兵的约定，还提出新的"七条"强迫清政府接受。慈禧丧权辱国，欲与沙俄缔结《中俄密约》。事关中国命运，湖南人沈荩将探听到的《中俄密约》草稿寄给天津英文《新闻报》发表，世界舆论一片哗然，签约计划成为泡影，他也惹来杀身之祸。1903 年 7 月 21 日《大公报》刊出了沈荩被捕的消息，以后又连续发出了七篇报道，直到沈荩被杖毙。据 1903 年 8 月 4 日报道："拿来刑部之沈荩，于初八日被刑，兹闻是日入奏，请斩立决。因本月系万寿月，向不杀人。奉慈禧皇太后懿旨，改为立毙杖下。惟刑部因不行杖，此次特造一大木板。而行杖之法，又素不谙习。故打至二百余下，血肉飞裂，犹未至死。后不得已，始用绳紧系其颈，勒之而死。"1903年 9 月 16 日报道："当杖毙时，骨已如粉，未出一声。及至打毕，堂司以为毙矣。"

官府刑罚堂杖或打板子，这是古代的刑罚，现代早已不存在。但是偶尔发生一两起这样的事件，很多人还不大相信。

2000 年某日，某地法医接受委托，被要求对某嫌疑人在调查期间死亡进行法医学鉴定。现场位于某县招待所一间客房里。法医要求把尸体移到县医院的停尸房进行检验。

原来这是一起被怀疑为刑讯逼供致人死亡的案件。据说当地有开张洗浴店、洗头店、发屋或桑拿按摩之类，该死者男性，53 岁。生前先得到好处，还管抽成，同时还参与一些小生意，有强拿强用的行为，并有受贿的证据。为此，被举报后司法机关把他叫了进去。随即被关在某县招待所一间客房里，也就在这里审讯 3 天后，突然死亡了。

尸体解剖那天，下起大雨。天变得昏暗，早上九点好像是晚上七点一样。而且，本来夏天的天气是炎热的，因一大早刮风下大雨，又在停尸房，还觉得有点凉。解剖如期进行。

第一眼看去，死者有一个特征很明显，就是全身体表青一块紫一块，而且面积很大。但是在面部、手和足外露部位皮下出血不明显，在背部、臀部、上臂、下肢皮下出血很明显。有的地方，特别是两背部、两臀部，几乎整个都呈深蓝色。切开皮肤，发现皮下出血好像柏油一样，黑黑的，发着亮光。法医取了皮下出血的组织做病理切片。切开头皮和胸腹部皮肤，取了脑、脊髓、心、肺、心包、主动脉、肝、肾、脾等组织做病理切片。脑、脊髓、心及其他器官没有出血。心脏冠状动脉左前降支 3 级粥样硬化病变，全身呈贫血状态，皮下出血面积占全身体表面积的 37%，且较深，有的地方呈蓝色，说明打得比较重，且有的部位被反复打击，新旧出血都存在。毒物化验没有发现当地常见毒物。

法医的结论是钝性暴力打击致大面积皮下出血失血性休克死亡。

结论出来，有人不满意，说"打板子也会死人"？要求重新鉴定。

该案又委托某大学再作鉴定。某医科大学受理后，重新做病理切片检查。鉴定其主要死因系外伤打击致失血性休克死亡。结论与前检法医的结论一致。原来，某男被关在县招待所时，不肯招供，三天一直被用木板反复击打背部和臀部等处，致大量皮下出血。这个案件定性为刑讯逼供。三个参与刑讯逼供者都分别被判有期徒刑和刑事拘役。

八七、车 轮 拶 死

宋慈《洗冤集录·车轮拶死》说："凡被车轮拶死者，其尸肉色微黄，口、眼开，两手微握，头髻紧。凡车轮头拶着处，多在心头、胸前并两胁肋要害处便死。不是要害不致死。"什么是车轮拶死？拶，挤压的意思，如拶榨、拶压。所以，车轮拶死，即车轮碾压致死。那么，车轮拶死如何检验呢？在宋代，交通运输主要以牛、马等为动力，所以车轮拶死，就指牛马车致人碾压死亡。分析宋慈关于"车轮拶死"可以发现，宋慈重点是在研究车轮拶死的机制："凡车轮头拶着处，多在心头、胸前并两胁肋要害处便死。不是要害不致死。"即车轮与人体接触所致损伤及其原理。

唐太宗贞观年间，一起交通事故发生在西域重要的陆路交通枢纽高昌城。高昌城南门口是最热闹的地方，因为进出城的人都要经过这里。商人张游鹤的店铺就开在南门口的大道边。百姓史拂的儿子叫金儿，和曹没冒的女儿叫想子都只有 8 岁，两个孩童坐在店前路旁玩耍。他们没有想到的是，一场大祸正在慢慢降临。这一天，受雇于靳嗔奴的康失芬驾牛车把城里的土坯搬到城外。在搬运几个来回之后，当康失芬从城外返回行走到张游鹤的店前时，牛车突然狂奔起来，把两个孩子轧伤。这一事故怎么处理呢？两个被轧伤孩童的家长随后打起官司。先是史拂向官府提交的呈辞，说明自己儿子被牛车轧伤的事实，要求官府予以处理："男金儿八岁在张游鹤店门前坐，乃被行客靳嗔奴家人将车辗损，腰以下骨并碎破，今见困重，恐性命不存，请处分。谨牒。百姓史拂牒。"然后是曹没冒的呈辞，意思与史拂一样。高昌县接手这个案子的是一个名叫"舒"的人。接下去，舒开始了案件调查。他主要是查问康失芬。第一次，康失芬承认他赶牛车轧人的事实。第二次，舒询问康失芬，为什么不制止奔跑的牛车以至于伤人。康失芬回答说，牛车是借来的，他对于驾车的牛习性不熟悉，当牛奔跑的时候，他努力拉住，但"力所不逮"，终于酿成事故。第三次，舒问康失芬，既然事实如此，有什么打算。康失芬表示"情愿保辜，请郎中，将医药看待。如不差身死，请求准法科断"。 这个案件，"车辗损，腰以下骨并碎破"，说明小孩被牛车轮子从腰部碾压过去，致腰以下骨多处骨折，符合"不是要害不致死"的车轮拶伤的特点。

现代交通事故涉及飞机、轮船、汽车、火车等空难、海难、道路交通事故，但仍以道路交通事故为多见。牛、马车的车轮损伤如宋慈所记载，那么现代道路车轮损伤机制如何呢？

当人体受到车轮碾压时，它受到以下几个作用力：①人体倒地时对地面产生一个重压力，地面对人体产生一个与人体重压力大小相等、方向相反的支撑力，其两力作用点是路面与人体部位的接触点。当车轮不动压于人体上时，车轮的静压力就会通过被压机体部位传导到地面，地面相应产生一个与车轮重力＋人体被压部位重力大小相等、方向相反的支撑力。当车子行驶时它首先得克服其静摩擦力，然后克服滚动摩擦力才能不断前进。车辆行驶时处于变速运动中，前进中的车轮对阻挡它的机体产生一个冲量，其冲力 $F＝$ 质量×速度/作用时间，车辆在行驶中，冲力是很大的，因此碾压损伤均较严重。②车轮飞速前进碾压人体时，人体与车轮接触面受到一个滚动摩擦力，一个重压力和车轮回转力的作用。

人体与地面接触面受到一个静摩擦力，一个滑动摩擦力，一个车轮＋人体的重压力以及地面对机体的反作用力的作用。③机体在受上几种外力作用时，它就产生内应力，因车轮的大小不同和碾压部位的截面积不同而产生了不同的内应力。组成人体的组织主要是皮肤、肌肉和骨骼。皮肤和肌肉伸展性和弹性较强，骨骼抗压强度大，其应力接受了来自车轮和地面的作用力与反作用力，机体在两方面的力中受到挤压。

人体与地面之间的静压力，在没有外力情况下，经一定时间，机体触地面在重力作用下也会在皮肤上形成与地面形态特征一致的碾压伤。当车轮碾压机体时就增加了一个重压力传导到地面与皮肤之间，地面的反作用力就相应增大；碾压伤就更加明显。如行驶中的车轮的冲力未克服机体的静摩擦力，机体就不产生滑动，在皮肤与地面接触部位就不产生滑动摩擦时形成的擦伤。如克服了机体的静摩擦力，机体产生位移，滑动中机体与地面之间产生滑动摩擦，在皮肤上就发生擦挫伤而机体与车轮接触面只受到车轮的重力和滚动摩擦力，加之回转力的作用，皮肤上就形成碾压损伤，留下与车轮胎花纹相应的花纹状痕迹，或皮肤伸展创、撕裂创等。机体被压部位在轮胎与地面之间受到几个力的作用，如车辆质量大、速度快、冲量大，机体就会在滑动中受到碾压。车辆质量小、速度慢、冲量小时，机体就未克服静摩擦力产生滑动，机体就在静止中受到碾压，机体与地面接触部位形成碾压伤。

用上述原理分析宋慈《洗冤集录》车轮拶死，就会发现，宋慈的描述符合车轮与人体作用的力的科学原理，压力、冲力、摩擦力、碾压损伤都可解释，令人佩服。

在现代，交通运输已发展为机械为动力，所以损伤的严重程度远比宋慈时代大得多。但是，宋慈《洗冤集录》记载的"车轮拶死"是现代交通损伤法医学检验的基础。这里要说的是，宋慈所说的"车轮拶死"，是指被车轮碾压致死，属于道路交通意外事故，但在数百年前的交通与今天的交通不可同日而语。那时多是些马车，为马拉木质车轮；现代的道路交通则是以机动车为主。故无论是损伤的部位、类型，还是损伤的程度、范围，都与今天的道路交通意外损伤有很大的差别。尽管宋慈只有寥寥数语，但宋慈在那个时代就已注意到这类的损伤，并从损伤机制上研究，确实独具慧眼。

八八、雷 击 案

对雷电崇拜，起自上古。《山海经》描述雷公是司雷之神属阳，故称公，又称雷神。电母是司掌闪电之神属阴，故称母，又称闪电娘娘。汉、唐文人多记大雷雨后，雷神霹打不孝子和不法商人等故事，反映出古人对雷神既存敬畏心理、又寄托主持正义的愿望。早期记载，只有东汉王充《论衡·雷虚》对雷电、雷击人体损伤和形态的描述："夫雷，火也。火气剡人，人不得无迹，如炙处，状似文字。"同时还指出了雷击所致的其他烧伤表现："以人中雷而死，即询其身；中头，则须发烧焦；中身，则皮肤灼焚，临其尸上闻火气。"王充记载的尸体上雷击纹，被后人所采用。

宋慈《洗冤集录·雷震死》说："凡被雷震死者，其尸肉色焦黄，浑身软黑，两手拳散、口开、眼突，耳后、发际焦黄，头鬓披散，烧着处皮肉紧硬而挛缩，身上衣服被天火烧烂。或不火烧。伤损痕迹多在脑上及脑后，脑缝多开，鬓发如焰火烧着。从上至下，时有手掌大片浮皮，紫赤，肉不损，胸、项、背、膊上或有似篆文痕。"

为什么宋慈要介绍雷击案呢？宋慈介绍雷击案有什么意图呢？原来，宋朝法律规定，对不明原因死亡或怀疑他杀的尸体，要报官；接到报案的要在两个时辰内动身检验；检验不当或检验失实的要问责或追究责任；如果因错误检验而缉拿到"罪犯"，事后证明冤案，按宋朝法律被视作诬告，必须反其罪受处罚。可是，许多地保或官员并不认识雷击这一类损伤，经常会把雷击死误为打斗或被打死或其他原因死亡；而检验官员也经常出错或误检。比如，一具尸体卧尸荒郊野外，地保报案，验官受案前往检验。如果检验不知其所以然，必然登记在案，等待破案。州县定期侦破，但实际上是一个被雷击而死的自然灾害。为了查清事实，辨明是非，必须对自然灾害、意外事故以及故意伤害等各类案件全面检验，其中包括辨明雷击伤及其特征，以防止把自然灾害与涉案伤害相混淆，也避免真正的故意伤害伪装成雷击逃避法律处罚。此外，对野外无名尸也必须做雷击的鉴别检验。因此，宋慈经过长期观察，在《洗冤集录》中加入"雷震死"一节。此外，还加入了"虎咬死""蛇虫伤死""死后虫鼠犬伤"等章节，以满足检验的需要。

按现代法医学研究，雷电击纹是遭雷电击者的皮肤上可遗留红色或蔷薇色树枝状或燕尾服状斑纹的雷电击纹。事实上，正如宋慈所介绍的那样，雷击死的特征性变化是"紫赤，肉不损，胸、项、背、膊上或有似篆文痕"，这些特征是局部轻度皮肤烧伤及皮下血管极度扩张所致。宋慈用是"似篆文痕"来形容雷击纹，相当准确且形象，可见宋慈对雷击死已有相当研究。

八九、虎 咬 死

宋慈《洗冤集录·虎咬死》说："凡被虎咬死者，尸肉色黄，口、眼多开，两手拳握，发髻散乱，粪出，伤处多不齐整，有舌舐齿咬痕迹。虎咬人多咬头项上，身上有爪痕掰损痕，伤处成窟或见骨，心头、胸前、臂、腿上有伤处，地上有虎迹。"

这段话的意思是，检验被老虎咬死的尸体，可以看到以下几个特点：一是部位特点为"虎咬人多咬头项上"；损伤特征为"身上有爪痕掰损痕，伤处成窟或见骨，心头、胸前、臂、腿上有伤处，地上有虎迹"；尸体特点为"被虎咬死者，尸肉色黄，伤处多不齐整，有舌舐齿咬痕迹"；被害人惊恐状表现为"口、眼多开，两手拳握，发髻散乱，粪出。"

从宋慈描述来看，当时虎伤人还十分常见，否则，宋慈很难描述得如此生动、准确、到位。从宋慈生活的年代和工作地点看，宋慈主要在闽、粤、湘、赣等地，可以判断宋慈《洗冤集录》所记载的虎应该是华南虎。

汉人射虎、野猪与虎相拼的汉代墓砖拓片

前不久，福建省博物院展出"汉代墓砖拓片"，其中，汉代人射虎，汉代时野猪与老虎相拼等，引人注目。说明当时生态环境很好，老虎、野猪等是常见野生动物。汉人将虎称"大虫"，造字时将"闽"字，写成"门"字内加"虫"字，意思是"闽地范围内森林茂密，多大虫（虎）"。现代人解释"闽"字是"门里关只虫，出门便是龙"，不对。宋慈记载福建多虎是对的。

施耐庵《水浒传》第二十三回景阳冈武松打虎：武松途经景阳冈，至酒家沽饮十八碗，醉后欲行赶路。酒家告以冈上有大虫伤人，劝其勿行。武松不信，在冈上果遇大虫。只听得乱树背后扑地一声响，跳出一只吊睛白额大虫来。武松见了，大叫一声："呵呀！"从青石上翻将下来，便拿那条梢棒在手里，闪在青石边。那个大虫又饥又渴，把两只爪在地下略按一按，往上一扑，从半空里撺将下来。武松被那一惊，酒都做冷汗出了。说时迟、那时快，武松见大虫扑来，只一闪，闪在大虫背后。那大虫背后看人最难，便把前爪搭在地下，把腰胯一掀，掀将起来。武松只一躲，躲在一边。大虫见掀他不着，吼一声，却似半天里起个霹雳，震得那山冈也动。把这铁棒也似虎尾倒竖起来，只一剪，武松却又闪在一边。原来那大虫拿人，只是一扑，一掀，一剪。三般提不着时，气性

武松打虎

先自没了一半。那大虫又剪不着，再吼了一声，一兜，兜将回来，武松见那大虫复翻身回来，双手轮起梢棒，尽平生气力，只一棒，从半空劈将下来。只听得一声响，簌簌地将那树连枝带叶，劈脸打将下来。定睛看时，一棒劈不着大虫。原来慌了，正打在枯树上，把那条梢棒折做两截，只拿得一半在手里。那大虫咆哮，性发起来，翻身又只一扑，扑将来。武松退了十步远。那大虫恰好把两只前爪搭在武松面前。武松将半截棒丢在一边，两只手就势把大虫顶花皮地揪住，一按就将其按下来。那只大虫急要挣扎，早没了气力。被武松尽气力纳定，哪里肯放半点儿松宽。武松把只脚往大虫面门上、眼睛里只顾乱踢。那大虫咆哮起来，把身底下扒起两堆黄泥，做了一个土坑。武松把那大虫嘴直按下黄泥坑里去。

吴友如所绘"卞庄刺虎"

那大虫吃武松奈何得没了些气力。武松把左手紧紧地揪住顶花皮，偷出右手来，提起铁锤般大小拳头，尽平生之力，只顾打。打得五七十拳，那大虫眼里、口里、鼻子里、耳朵里都迸出鲜血来。武松把大虫打做一堆，却似躺着一个锦布袋。

从上文的"背后扑地一声响，跳出一只吊睛白额大虫来"和"一扑，一掀，一剪"，可以看出，"吊睛白额大虫"指的是华南虎，"背后扑地"指虎从背后咬人和"虎咬人多咬头项上"的特点，"一扑，一掀，一剪"都是造成虎伤人"创口不整齐"和"虎抓身上有爪痕掰损痕，伤处成窟或见骨，心头、胸

前、臂、腿上有伤处，地上有虎迹"等特点。宋慈的虎损伤特点和施耐庵虎伤人习性的描述是一致的。

宋慈《洗冤集录·虎咬死》记载的检验老虎伤人所见"口、眼多开，两手拳握，发髻散乱，粪出"，意思是，人见到老虎，眼睛睁大而惊恐，头发散乱，大小便失禁。古人云"谈虎色变"，不无道理。民间的"卞庄刺虎"绘画，实际上只是传说。这和小说故事的"武松打虎"是一样的，表达人要灭虎的愿望。

宋代虎多，出现了猎户行，所以打虎之类，交给猎户。由于虎多后会伤人，元、明代出现一种驱虎的办法，就是三人一组，将一种类似拒马枪的，由多根矛搭建的尖矛武器围

拒马枪

插在地上，遇虎时三人在矛外围成圈，然后缓慢缩成圈在围矛内，等待虎离开。一般成年虎看到围矛并不会扑过来，因为很容易腹部被矛刺穿。

明代地理学家、旅行家徐霞客在他的《徐霞客游记》里说："三十里，至梁皇山。闻此地於菟夹道，月伤数十人，遂止宿。"这里"於菟夹道"就是老虎挡道的意思。这样徐霞客所记载的有关梁皇山有老虎的记述，说明了梁皇山上老虎之多，虎患之重。《徽州府志》一府六县也有虎出伤人的记载。明永乐八年（1410），祁门多虎，知县路达号令百姓，

在老虎出没处设木栅、伏弩、药箭，不多时，抓获老虎、豹子 46 只，老虎伤人事件就不再发生了。明嘉靖十七年（1538），婺源多虎，伤人 200 多，捕猎无方，只得放火烧山来驱虎，结果引起森林火灾，火势延烧到县城，城东城西民居被烧 600 多家。

清初刘石溪在《蜀龟鉴》中，对清初死于虎患的人口做过粗略估计："自崇祯五年为蜀乱始，川南死于献（指张献忠）者十之三四，死于瘟、虎者十之二三，而遗民百不存一矣。川北死于献者十之三，死于摇黄（十三家）者十之四五，死于瘟、虎者十之一二，遗民千不存一矣。川东死于献者十之二三，死于摇黄者十之四五，死于瘟、虎十之二三，而遗民数万不存一矣。川西死于献者十之七八，死于瘟、虎者十之一二，而遗民十万不存一矣。"四川人口从明末的 380 多万到清初的 60 万，总计减少约 320 万，如果将"死于瘟、虎者十之一二"到"十之二三"进行折算，可知当时有三四十万至八九十万人丁"死于瘟、虎"。因此，当时整个川渝地区的华南虎，总数不下 1 万只！川渝虎患直到康熙末年才趋平缓，主要原因是"湖广填四川"而来的移民，在农作生产、开垦荒地的过程中，捕杀了大量的华南虎。

福建省永春县内有虎的明确记录，最早可以追溯到明朝洪武二十年（1387），当时"永春、德化老虎四出，白昼噬人，或夜入人家，阖门俱尽"（清乾隆《永春州志》记载）。到了民国年间，社会常年动荡，兵匪交加，民不聊生，而祸不单行的是，老虎伤人事件逐年有之。当时永春的《崇道报》《永春日报》《永声报》，所见关于老虎的报道就有将近 30 起，足见当时虎患之严重。如 1931 年 1 月 31 日《崇道报》的一则报道：有一只重 80 多斤的老虎在永春达埔准备吃一个小孩之际，被群众追赶，逃入一个墓穴，群众将墓穴口封住一部分，用烟火将其熏死，"其肉已被食而皮亦将被寝"。其后当地群众叶德舜等又在达埔大昌山安放虎橱，内放一羊为饵，结果捕到一只老虎。报道还说，叶德舜准备将此虎送到南

安的诗山公园进行展览。

不但山区虎踪不断，就是在人烟稠密的永春城区和附城，也有老虎侵扰。如 1932 年 2 月 27 日《崇道报》报道："廿三晚夜半，有猛虎侵入州内武庙前噬阿斗之母猪，拖至门外。城中发现老虎，亦云罕矣。"同年 3 月 12 日《崇道报》又报道："日前在东岳有虎母子共三只，逐夜入城，前曾噬去城内武庙前某甲之母猪一只。前夜有一虎子被人打死，老虎殊不甘心，时常在东岳一带出没，故入夜行人即有戒心。昨县政府亦出示通告：东岳有虎迹，夜间往来要须小心云。"

为防范虎患，民众在山上设置虎橱、虎阱等进行捕捉。虎患之严重也惊动了当时的国民党永春县政府，除了上述提到发布警示有虎的告示外，还曾悬赏捕虎。

1939 年 11 月 15 日的《永春日报》，以《县府悬赏，擒杀一虎给三十金》为题进行报道。当时县政府发贴布告，内容为："查本县各区靠近山林各乡，时有猛虎出没其间，靡特伤及牲畜，对于居民安宁，亦受重大威胁，本府有鉴及此，特定各乡民众有擒杀一虎者，可径报该管联保处，转由区署呈府，当即奖赏国币三十元，以示鼓励。"

1940 年 4 月 17 日《崇道报》以《虎与狼横行达埔湖阳，县府悬赏捕杀》为题进行报道。当时县政府的布告说："查本县靠山各乡，时有猛虎出没，靡特伤及牲畜，驯至白昼噬人，影响居民安宁，殊非鲜见。兹特悬赏捕虎，以示鼓励：能格杀毙百斤以上之猛虎，赏国币五十元；能格毙五十斤以上猛虎者，赏三十元；能捕捉五十斤以下小虎者，由本县长题字嘉奖。虎概归猎户发卖。事关地方安宁，望我各乡民众设法捕获，以绝祸患。"

除了县政府，当时的商界也曾悬赏捕虎。1941 年 11 月 8 日《崇道报》刊登了一则《悬奖猎虎》启事，内容为："吾永虎祸惨烈，尤以达埔一带为最，苟不亟早歼除，贻害何堪设想？同人等不揣棉力，爰集议猎虎运动，并醵资悬奖，深望健儿壮士闻风兴起，共除大患，是何切祷！"同时列出奖励办法："县境内不论何地或用任何方法猎得一虎者，奖国币六百元，并报请县府颁给奖状；猎得之虎抬到五里镇及城区游行示众后，其虎身仍归猎得者所有；领奖金处五里镇民生路李尧南。"落款为"五里镇商界同人启"。这是五里街镇商界的自发行为，其中倡议人李尧南曾担任过永春县商会会长。1942 年 3 月 31 日《永春日报》公布了五里街商界"第一期猎虎资金收支"情况，当时五里街镇各商号共捐国币 1800 元，支出亦为 1800 元，分别付给"洑江"、"华兴公司"、"寨子后"每家 600 元，可知当时这三个地方曾分别打到一只老虎。同时五里街商界准备第二期猎虎奖金，但金额降至每虎 300 元。到了解放初期，人民政府开展更大规模的"剿虎"行动，造成华南虎在永春绝迹。

据记载，20 世纪 50 年代，福建省顺昌县还组织了打虎队保护村民。其他地区也有类似报道，还出现了不少打虎英雄。

有一则笑话，那就是"周老虎案件"。陕西警方公开了在周正龙家里发现的一系列作案工具，包括制作精细的老虎脚抓的模具以及周老虎 PS 照片等。司法鉴定证明周正龙所谓野外老虎是年历画的老虎。

华南虎生活在我国，是中国特有的品种，雄兽平均体重可达 190kg，最大的测量记录是 270kg。从山东半岛到岭南广大地区，由于中国人口稠密，华南虎和人接触比较多，中国历史上描写的虎人斗争的故事大多说的是华南虎，"武松打虎"故事，"卞庄刺虎"绘画，就是实例。当然，以后成立的"打虎队""打虎英雄"，都加速了华南虎在野外的消失。最后报道一只野生华南虎在 1994 年被射杀，之后再没有确凿证据证明野生种群的存在。分布在中国各地动物园中饲养的华南虎，大约有 70 只，皆繁衍自 20 世纪 50 年代捕捉的 6 只华南虎，其基因组合的变化不足以维持此亚种。为拯救华南虎，让华南虎在占地 2 万多公顷的福建龙岩梅花山国家级自然保护区再现虎啸声，1998 年龙岩市投入 230 万元，从苏州动物园引进 3 只种虎，建立梅花山华南虎繁育研究所，开始人工繁育、风土驯化、野化训练和生态习性等方面的研究，率先启动了华南虎拯救工程。2000 年龙岩市又投入 1200 万元，在海拔 1250 多米的梅花山保护区边缘地带建设面积 330 公顷的"中国虎园"。种虎增加到 6 只，并建立了包括华南虎野化豢养区、草食动物区和森林植物区等在内的梅花山华南虎繁育野化基地。

读宋慈《洗冤集录》关于虎伤人的记载，想起 700～800 年前华南虎还活跃在中国大地上，可现在已难觅踪迹，让人心寒！这也更激起呼吁保护野生动物的想法，否则，许许多多野生动物也会像华南虎一样悄然离开人们的视野，那是多么悲哀的事啊！

烧死与检验

九〇、烧 猪 案

宋慈《洗冤集录·火死》说："凡生前被火烧死者，其尸口、鼻内有烟灰，两手脚皆蜷缩。缘其人未死前，被火逼奔争，口开气脉往来，故呼吸烟灰入口鼻内。若死后烧者，其人虽手、足蜷缩，口内即无烟灰。若不烧着两肘骨及膝骨，手、脚亦不蜷缩。若因老病失火烧死，其尸肉色焦黑或卷，两手蜷曲、臂曲在胸前，两膝亦曲，口、眼开，或咬齿及唇，或有脂膏黄色突出皮肉。若被人勒死抛掉在火内，头发焦黄，头面浑身烧得焦黑，皮肉搐皱，并无搐浆蜒皮去处，项下有被勒着处痕迹。"

宋慈说，凡是生前被火烧死的，仔细检查尸体的口腔、鼻腔，可以发现有烟灰。宋慈还对这种现象进行了解释，这是因为被害人未死以前，被火焰逼迫，呼吸紧迫，会张嘴吸气，因此会把烟灰吸入口腔和鼻腔。而死后被火烧的尸体口腔内就不会有烟灰。宋慈还指出经过火烧的尸体一般两手两脚都会蜷缩。但是，如果是在死后遭到焚烧的，而没有被火烧到两肘骨和膝骨的，手、脚不会蜷缩。《洗冤集录》又指出，如果是因为年老、患病无力逃离火场，致使被失火烧死的，其尸体的肉色是焦黑色，两手会蜷缩在胸前，两膝也是蜷曲，嘴巴和眼睛都睁开，或者牙关紧闭、或者是紧咬嘴唇。尸体的皮肤上往往可以看到破损，暴出黄色的脂肪。

在宋慈之前，已经有人利用动物实验来破案了。五代十国时期的吴国句章县（今浙江余姚市东南），有个妻子谋杀了自己的丈夫，然后又放火烧毁了房屋，说丈夫是被火烧死的。由于夫妻两人的关系一直非常紧张，丈夫的亲属怀疑是妻子杀了丈夫烧尸灭迹，到当地衙门去告发。句章县令张举受理案件，审问那个妻子，那个妻子坚决不承认。张举就叫人买了两头活猪，先杀一头，然后把这一死一活两头猪关在一个堆满柴火的棚屋里，放火烧屋。等到那头猪也死了，一起拖出来检验。那头先杀死的猪，嘴里没有烟灰；而那头活活烧死的猪，嘴里可以查到烟灰。于是再对那个丈夫的尸体进行检验，发现他的嘴里确实没有烟灰，说明是死了以后才遭到火烧的。那个妻子这才认罪。这个案例故事在当时非常有名。不久后周的和凝编《疑狱集》，就把这个案例以"张举烧猪"为名编了进去。宋朝人郑克编《折狱龟鉴》，专门搜集历史上各种著名案例，以供司法官员参考，也收入了这个案例。稍后的桂万荣将这两本书改编为《棠荫比事》，把这个案例命名为"张举猪灰"，后来法医检验上又叫"张举烧猪"。

不过，宋慈在《洗冤集录》写入烧猪破案的检验时，还讲出了其原理。宋慈说，活的人有呼吸，会呼叫，那么活的人在火场就会吸入烟灰。检验时就会看到死者口鼻有烟灰这样生前烧死的特征。如果是被人勒死后抛尸到火场焚烧的，因为常常位置颠倒，一般都会头发焦黄，脸面和浑身都一样烧得焦黑色，皮肉起皱，仔细检查脖子下方可能发现有被勒过的痕迹。被人用刀刃杀死后再纵火焚烧尸体及现场的，如果尸体肌肤已被火化，在勘查现场时要轻轻把尸体白骨拾起，如果是被杀死的，会有鲜血渗入地面。

宋慈强调，在勘查检验前，先要问清楚受害人生前所处位置，如果是杀死后曾经移尸的，尸体下方的地面就很难验出血色。宋慈知道被火烧过的尸体确实难以检验。因此他强调要注意勘查现场。在住家房屋火烧发现有尸体的，如果是在房屋内被烧死的，要注意到房屋的瓦片或盖顶的茅草灰烬总是在尸体上方，可是如果是被人杀死，或者是被人推入火场的，尸体下往往会发现瓦片或者是盖顶的茅草。还要参考尸体的头、脚方向，推断是否是被人抛尸或者是推入火场的。

宋慈还特地指出，对于焚死与焚尸的鉴别："凡生前被火烧死者，其尸口鼻内有烟灰，而手脚皆蜷缩。若死后烧者，其人虽手足蜷缩，口内即无烟灰。若不烧着两肘骨及膝骨，手脚亦不蜷缩。又死后投火者皮肤无水疱。"宋慈在《洗冤集录》中对现代法医学的生前烧死和死后焚尸作了十分准确的描述，对现代法医学仍有借鉴价值。

九一、作　闹

宋慈《洗冤集录·火死》说："凡验被火烧死人，先问原申人，火从何处起？火起时其人在甚处？因甚在彼？被火烧时曾与不曾救应？仍根究曾与不曾与人作闹？见得端的方可检验。"

这段话的意思是，检验被火烧死的尸体，应先问原报案人：火从哪里烧起？死者在起火时所处位置？死者为何在那里？死者被火烧时有没有人去救他？还要调查死者生前有无与人闹翻脸过？问清底细，才能检验。在宋慈看来，火烧死人检验，调查很重要，特别是对"作闹"的调查，有时可以找到纵火的原因，结合尸体检验，做出全面判断。

宋代郑克《折狱龟鉴》记载两个案件：

一个案件是，钱冶在潮州海阳县令任上，遇州中有大姓家中起火，经查，发现火源来自邻居某家，便将其逮捕审讯。然某家喊冤不服。太守将此案交钱冶审理。钱冶周密调查，某家与大姓人家曾有作闹，于是再到火场仔细寻找物证，结果发现引起火灾的一只木头床脚不是大姓家之物，却极像其仇家之物。于是，便带人去仇家，将床脚进行了比对，有了物证事实，仇家便供认了纵火并栽赃的犯罪事实。

另一个案件是，程琳担任开封知府时，皇宫内发生火灾。经调查，现场发现有裁缝用的熨斗，宦官便主观认定火灾是由熨斗引起的，并将裁缝交开封府审讯结案。但程琳认为，根据调查结果，并无作闹细节，此案疑点甚多。经过再次仔细勘查，发现后宫现场烧饭的灶靠壁板较近，日子一久，壁板就变得干燥异常极易引起火灾，最终查清了起火原因，裁缝被无罪释放。

这两个案例是《折狱龟鉴》中介绍的案件，作者郑克要阐述的是关于案情与求迹的观点。郑克的观点与宋慈一致："情"即指案情真相，"迹"即指痕迹、物证，"情迹论"强调的就是"重证据，轻口供"。这种理论是对自秦以来一直注重口供诉讼理论的新挑战。与"情迹论"理论有关的案例在《洗冤集录》和《折狱龟鉴》中比比皆是。因此，宋慈重视查情时所采用的方法，反对只做鉴定不做调查的思维。他强调物证在破案过程中的重要作用，但也反对片面重视物证。宋慈提出具体火场检验前调查："凡验被火烧死人，先问原申人，火从何处起？火起时其人在甚处？因甚在彼？被火烧时曾与不曾救应?仍根究曾与不曾与人作闹？见得端的方可检验。"郑克也一样，提出了"若词与情颇有冤枉，而迹与状稍涉疑似，岂可遂以为实哉"。宋慈对于历代治狱之道、破案之术和定案之法，在理论上较之传统物证观念有所突破。这在封建制度里，向"重证据不轻信口供"的现代刑诉理论前跨了一大步，是极为可贵的，至今仍有很大的借鉴意义。

机械性窒息

九二、八 字 不 交

宋慈《洗冤集录·自缢》说："自缢者索痕沿耳后发际，并在脑后分八字，索痕不相交。如取侧卧或俯卧位自缢者，索沟经过不同。索沟的深度因脚是否到地，死者的肥瘦以及绳索的粗细等不同而出现不同的索痕。如绳带缠绕颈上两遭，则有上下二道索痕，上一道绕过耳后入发际。今须仔细点检死人在身痕伤。一或差互，利害不小。"

这段话的意思是，上吊自杀的人，检验颈部吊痕沿耳后发际，并在脑后分八字，索痕是不相交的。所以，自缢的索痕通常被称作"八字不交"。取侧卧或俯卧位自缢者，索沟有所不同。如果绳带缠绕颈上两圈，则有上下二道索痕，上一道绕过耳后入发际。当现场检验尸体时，千万要注意检验死者身上有无伤痕。还要注意，被人勒死后假作自缢等情形，一旦出错，麻烦就大了！

电视剧《大宋提刑官》有这样一个故事：庄主李唐被人刺杀身亡。半夜出逃的李唐小妾柳氏被捕头王追回。现场遗落的匕首成了李唐小妾柳氏杀夫的证据。但柳氏怀有身孕，谋杀亲夫的动机不能成立。宋慈认为这是谋杀李唐者设下栽赃柳氏之计。为解开那把匕首之谜，宋慈进牢提问柳氏。柳氏却说其实真正把匕首交到她手上的是李唐大娘和氏。和氏有明显的作案动机，但案发日其人留宿娘家，却没有作案时机。这时，捕头王交给宋慈一支玉簪。宋慈讯问旧货店老板贾仁，贾仁说是案发日李唐大娘和氏失落在他家门前的。宋慈将大娘和氏捉拿归案。大堂上，大娘和氏虽然矢口否认案发日回过家，却说不清自己的玉簪怎么会失落在旧货店门口。小妾柳氏出示了一包大娘和氏亲手缝制的婴儿衣衫，大娘和氏杀夫嫁祸柳氏的作案动机也不能成立。为解开玉簪之谜，宋慈带着大娘和氏到旧货店对质。贾仁回忆，先听到脚步声后才看到大娘的父亲和魁身影从门前闪过。宋慈恍然大悟：谜底就在男女有别的一双鞋上！为解开那支玉簪之谜，宋慈赶到和家镇和员外府上，却意外发现严家厨娘竟是大脚。经追审，老厨娘却道出一桩怪事：案发夜，自己的一双鞋丢失，她看到戏班男优曾穿着女装夜半潜出严府。捕头王赶到男优住处，却发现男优已"悬梁"气绝。经宋慈检验，男优身上有伤，男优颈部"两道索痕，旧痕紫赤有血瘀，另一道死后移尸索痕只白色无血瘀"，系"被人勒死后假作自缢"。宋慈认定男优是他杀。由此，一位道貌岸然的父亲和魁处心积虑，杀婿祸女，欲霸庄园的案情浮出水面。进而一份陈年案卷又揭开了和魁三十年前谋杀和氏生父的悬置血案。

宋慈《洗冤集录》表述的自缢者缢沟"八字不交"记载与现代法医学的原理与内容完全一致。自缢，俗称上吊，指自己用绳索类套在自己脖子上悬挂于梁上自杀，所以民间也称之为"悬梁自尽"。

悬梁都是自尽吗？宋慈说不尽然！因为宋慈在他一生检验中发现太多太多的问题，对"悬梁自尽"的检验太有学问了！因此，宋慈在《洗冤集录》中对此作专门研究和介绍：

一是悬梁者可能是"有勒杀类乎自缢"，但"若被人勒死，项下绳索交过，手指甲或抓损"。

二是悬梁者也可能是"被人勒死后假作自缢"，但"其颈下索痕交过，绳索多缠绕数周"。

三是悬梁者也可能是"缢死后被人移尸别处，也可见两道索痕，旧痕紫赤有血瘀，死后移尸索痕只白色无血瘀"，也就是说该悬梁处不是原始现场。

四是悬梁者也可能是"被人隔物勒死，则绳索不交，但绳索平过喉下及颈部，与自缢者不同"，"被勒时争命，尸身四畔，或沿身上下有搕擦着痕"，也就是说死者是被勒死的，还有挣扎受伤痕迹，是勒死后被"挂到梁上"的。

五是悬梁者可能"亦有死后用绳吊起，假作生前自缢者"，就是说可能死于其他原因，如被毒死或掐死后被人吊起，伪装自缢现场。

六是真正悬梁自缢，要排除上述各种可能后，详细研究其索沟得出结论。"用细紧麻绳、草索在高处自缢，悬头顿身致死则痕迹深，若用全幅勒帛及白练、项帕等物，又在低处，则痕迹浅。"

九三、算杀假作自缢

宋慈《洗冤集录·被打勒死假作自缢》说："自缢、被人勒杀或算杀假作自缢，甚易辨。若被人打勒杀，假作自缢，则口眼开、手散、发慢。"

这段话的意思是，自缢、被人打后勒死或谋杀后假装自缢，这种情况容易辨别。如果被人打死、勒死而假装自缢，一般口张开，眼不闭，手张开，头发乱。这里"算杀"，指的是谋杀的意思，包括下药投毒。上面宋慈所说的伪装自缢有三种情形：一是被打后伪装自缢；二是被扼勒后伪装自缢；三是算杀（包括下药投毒）后伪装自缢。其实，伪装自缢还有一种情形，有下药投毒，也有绳索绞勒，以多种暴力致人死亡后伪装自缢的情形。

清代《王伸汉谋杀案》是一起发生在清朝嘉庆年间的官场谋杀案，官员查办贪腐，竟遭同僚雇凶下毒并勒杀伪装自缢，官场勾结、总督定案、进京告御状、开棺验尸等曲折的过程，与《杨乃武与小白菜案》、《杨三姐告状案》、《张文祥刺马案》并称清代四大奇案。

嘉庆十三年（1808），黄河决口，江苏淮安地区洪水泛滥，无数百姓流离失所，特别是山阳县（今江苏淮阴）田地被毁、房倒屋塌、灾情严重。嘉庆帝紧急拨给淮安府三十万两赈灾银，其中山阳县九万两。并要求两江总督铁保派出精干官员赶赴灾区，监督救灾钱粮发放。

这时，36岁的新科进士、候补知县李毓昌成为十一名查赈官员之一。李毓昌接到命令后，立即赶到重灾区山阳县。据《清史稿·列传二百六十五》记载，李毓昌"亲行乡曲，钩稽户口，廉得山阳知县王伸汉冒赈状"，很快就查清了山阳县县令王伸汉贪污赈灾银两万多两的具体事实。王伸汉对此大为惊恐，"赂以重金"，但遭到李毓昌的拒绝。王伸汉顿起杀机，买通了李毓昌的家仆李祥、顾祥、马连升，给李毓昌下砒霜，并制造了李毓昌上吊自杀的假象。《清史稿》这样记载："毓昌饮于伸汉所，夜归而渴，李祥以药（砒霜）置汤中。毓昌寝，苦腹痛而起，包祥（王伸汉的家仆）从后持其头，叱曰：若何为？李祥曰：仆等不能事君矣。马连升解己所系带缢之。"意思是下毒没死被马连升用自己裤带将李毓昌勒死后伪装上吊自杀。

山阳县县令王伸汉又重金贿赂淮安知府王毂和江苏巡抚同知林永升，同时又给了李祥、顾祥、马连升等人以妥善的安置。这样这起官场谋杀案就被伪造成李毓昌上吊自杀的假案。据《清史稿》记载，当时曾有仵作称"尸口有血"，疑似中毒，请求验毒。王毂竟"杖验者，遂以自缢状上"。

一个新科进士且刚上任不久，正值春风得意之时，怎么会不明不白地上吊自杀？况且此案发生于查赈的特殊敏感时期，岂能不引起应有的怀疑？但两江总督铁保见县、府、省三级官员都众口一词，便不再推敲，遂呈文上报都察院。

此后，李毓昌的族叔李太清代表亲属接灵枢回老家归葬，王伸汉害怕家属怀疑李毓昌的死因，表现得十分热情，赠送白银一百五十两，这个过于热情的举动反而引起了李太清的怀疑。在山东老家，家人在清理遗物时，发现了李毓昌亲笔的半页残稿："山阳知县冒赈，以利啗毓昌，毓昌不敢受，恐负天子。"

于是，李太清赶赴北京，一纸诉状告到了都察院。李太清长跪于中华门，一时间引来了上百人与之同跪，这便是当时轰动全国的"甲午申冤事件"。鉴于案件声势之大，都察院不得不将案件直接转奏给嘉庆帝。

据《清仁宗实录》记载，嘉庆帝发谕旨称李毓昌之死"疑窦甚多，必有冤抑，亟须昭雪"，并详细指出对此案的疑点："李毓昌在县署赴席，何以于回寓后遽尔轻生"；山阳知县厚赠李太清，"未必不因情节支离，欲借此结交见好，希冀不生疑虑"；"李祥等不过同僚厮役，（王伸汉）何以俱代为安置周妥？其中难保无知情同谋贿嘱灭口情弊"；最后强调"案关职官身死不明，总应彻底根究，以期水落石出"。

嘉庆帝决定异地办案，一方面令山东巡抚吉纶把李毓昌尸体运到山东省城详验，另一方面命立即把山阳知县及有关人证调集进京，由军机大臣会同刑部直接审讯。在济南，山东巡抚吉纶开棺验尸，确定李毓昌不是上吊自杀，而是死于砒霜中毒并勒死后伪装上吊。与此同时，刑部官员迅速将山阳县县令王伸汉等押赴北京，由军机处会同刑部联合审讯，案情很快审明。王伸汉、包祥、李祥、顾祥、马连升等人均承认，先投毒，见李毓昌未死就将其勒死后伪装上吊自杀。而且，王伸汉贪污赈灾银二万三千两，王毂受贿四千两，林永升受贿一千两，加上其他人的贪污，拨给山阳县的九万两赈灾银竟有 1/3 被各层官吏贪污。

鉴于这是一起特大冤案，嘉庆帝决定从重宣判，两江总督铁保"著即革职，发往乌鲁木齐效力赎罪"；江苏巡抚汪日章也被革职。案件的要犯山阳县县令王伸汉"斩立决"，淮安知府王毂判绞刑；江苏巡抚同知林永升革职，流放乌鲁木齐；王伸汉家仆包祥、李毓昌家仆李祥、顾祥、马连升一并处死。特别值得一提的是，嘉庆皇帝派刑部司官员将家仆李祥押赴山东即墨，于李毓昌墓前凌迟处死。

九四、隔 物 勒 死

宋慈《洗冤集录·被打勒死假作自缢》说："凡被人隔物，或窗棂或林木之类勒死，伪作自缢，则绳不交。喉下痕多平过，却极深，黑黯色，亦不起于耳后发际。"

这段话的意思是，凡是被人隔物，如窗棂或林木之类勒死而伪装自缢，检验时颈部没有"八字不交"索沟。颈部索沟多平过，很深，呈黯黑色，因隔物被勒，亦不起于耳后发际。

宋慈把这段话写入《洗冤集录》，其目的是要告诫后人，不要把颈部索沟不完整而认为是自缢索沟，关注有无被人隔物（窗棂或林木之类）勒死的可能。同样，勒死者的颈部至少有一圈封闭的索沟，有的可见到结扣，但有隔物（窗棂或林木之类），则索沟中断，宜注意。

宋代之后，官吏熟读宋慈《洗冤集录》用于实际办案。而民间也出现许多公案小说，不少也引入宋慈《洗冤集录》的断案内容。明代有一本书，叫《郭青螺六省听讼录新民公案》（简称《新民公案》）四卷。《新民录引》云："甘棠存召绩，镌石垂不朽，故纪公（按：指郭青螺）六省理人之政，每又概揭其一二于

被人隔物或木柱勒死

篇什，非贡谀也，欲俾公今日新民之公案，为万世牧林总者法程也，有志而喜，于是乎乐谭而镂之剞劂。"

《新民公案》中《猿猴代主伸冤》写的是方池因好赌倾家荡产，沦落为乞丐。后买了一只猴子，搬演做戏，积下了十三四两银子，买酒时被谢能看见。谢能谎称自己与方池为同乡，并将方池灌醉隔物勒杀，方池死后被丢入深潭，将其身上的银两全部掠走。此时，在方池身旁的猴子跳起来，将谢能的脸抓破。正好遇到郭爷路过此地，猴子"攀住轿顶，叫号不已"。后来，由猴子带路，打捞出方池的尸首。并且，将此事散播开，引来众人看热闹。郭爷正在为死者方池的颈部"索沟"纳闷，死者为何只在前颈部有索沟，而项部没有索沟？这是自缢还是他勒，为何尸体在水中？这时，猴子好像看出郭爷的心思，猴子在人群中认出了杀人凶手谢能，将他"耳鼻俱咬烂"。经过郭爷的审问，谢能对犯罪事实供认不讳，承认将方池灌醉，之后方池隔物被勒，怕不死又投入水中。猴子见案件已审明白，磕头拜谢，"遂大叫数声，撞阶而死"。郭爷见猴子有义，便将其同主人一起葬了，并立了一个"义猴石碑"来旌表猴节。

这个故事将人所遵从的节义道德规范移到了猴子的身上，猴尚且有节义，人而无义，安能称之为人？可与此对照的是公案小说中存在的大量仆人为谋财而害主人性命的现象，寄托着公案小说作者对当时社会人欲泛滥的抨击。

九五、肚　水　胀

宋慈《洗冤集录·疑难杂说上》说："昔有甲乙同行，乙有随身衣物而甲欲谋取之。甲呼乙行路，至溪河欲渡。中流，甲执乙就水而死，是无痕也，何以验之？先验其尸瘦劣、大小，十指甲各黑黯色，指甲及鼻孔内各有沙泥，胸前赤色，口唇青斑，腹肚胀。此乃乙劣而为甲之所执于水而致死也。当究甲之元情，须有赃证以观此验，万无一失。"

这段话的意思是，宋慈在实际检案中曾经遇到一个案件，有甲乙两人同行，甲看上了乙的随身衣物，想谋取归为己有。于是，甲招呼乙一道走，路至溪河，刚要渡过中流的时候，甲便捉住乙按到水中淹死。这自然是没有伤痕的，怎样检验呢？检验发现，死者尸身瘦弱，大小十指指甲各呈黯色，指甲及鼻孔内各有沙泥，胸前呈现赤色，嘴唇有青斑，肚腹鼓胀，肚皮拍着响，这就是乙比较瘦弱被甲按到水里而活活溺死的证据。要审问查明甲作案时的原始情节，要有赃证加以验证，就万无一失了。这里最有亮点的要数如何判断死者乙系生前溺死。仔细分析，"腹肚胀"最具画龙点睛之效。由于能判断出乙系被甲按到水中淹死，结合案情，认定甲谋财害命，继而破获案件。宋慈《洗冤集录》涉及溺死的内容很多，但几个文字出现得较多，如"肚皮胀""腹内急胀""肚子里有水胀"等，而对病死或被人殴打杀死推在水里的则是"肚内没有水，不鼓胀"，非常形象、生动、易懂。现实中，生前溺死的人应该是"肚水胀"，死后投尸则相反"腹不胀"，结合其他检验可作出判断。因为生前溺水，被溺水者要呼吸、喊叫，就会吸入更多的水和空气，以致"肚皮鼓起来"。其实，"腹肚胀"是大量水和空气在其中所致，所以"肚皮拍着响"。于是，宋慈下结论："凡检验，溺死，腹胀、内有水。"对于溺死征象，宋慈强调"腹肚胀，拍着响"。

举一个大家熟悉的《水浒传》故事：李逵在水中慌了手脚。张顺也不叫骂，撇了竹篙，叫声："你来，今番和你定要见个输赢。"便把李逵胳膊拿住，口里说道："且不和你厮打，先教你吃些水！"两只脚把船只一晃，船底朝天，英雄落水，两个好汉"扑通"地都翻筋斗撞下江里去。宋江、戴宗急赶至岸边，那只船已翻在江里，两个只在岸上叫苦。江岸边早拥上三五百人，在柳荫树下看，都道："这黑大汉今番却着道儿，便挣扎得性命，也吃了一肚皮水。当时宋江、戴宗看见李逵被那人在水里揪住，浸得眼白，又提起来，又纳下去，何止淹了数十遭。李逵正在江里挣扎。张顺带住了李逵一只手，直托上岸来。宋江看得呆了。半晌，李逵喘做一团，腹肚胀，口里只吐白水。

宋慈《洗冤集录》既有经验总结，又有形象描述，更有学理解释，深入浅出，深受后人喜爱。宋慈《洗冤集录》出版后，成为官府检验书籍，甚至成为考试科目。古代要成为官府官吏就要参加科举考试。考试中有一个叫做"结案式"的内容。这个"结案式"里包含有法医学检验的内容。官府官吏就是儒吏，科举考试所考"结案式"就是官吏办案必备相关知识，其中不少来自《洗冤集录》，主要包括检验法令、尸表检验、现场勘查以及一些案例等。比如，要重视命案，遇到命案时，一定要重视最原始的情况；原始的情况里，最重要的就是对现场和尸体进行勘查。官吏在命案发生多少时间一定要到现场，什么情况下，官吏检验不到位要受处罚；又比如，县官、州官，要验尸时，不能因为有臭味，远离尸体；再比如，具体检验方法上，什么吊死、勒死、掐死、溺死，要分清自杀还是他杀；各种损害，生前伤、死后伤、致命伤、致命部位，各种损伤如何检验，还有对雷击伤、火烧死、中毒进行生前死后的区别等。宋慈这些论述都是总结多年经验得出来的，而所发现的这些现象，实际上是规律性的东西，因此能流传至今，而宋慈也被世界公认为法医学鼻祖。

九六、屋　下　井

宋慈《洗冤集录·溺死》说："量井之四至，系何人地上？其地名甚处？"

这段话的意思是，对于溺死于井中的尸体，要考虑"自投井、被人推入井、自失脚落井"三种落井可能，要对井的现场进行测量，量井之四至，确定是何人地上，注明什么地方什么地名。在这段话的后面，宋慈还写道："对凡溺死之人，若是人家奴婢或妻女，未落水先已曾被打，在身有伤。"意思是，如果大户人家的奴婢或妻女，在家中的"屋下井"落水，而且，"未落水先已曾被打伤"，这种情形特别要注意"屋下井"现场的勘验。

古代"屋下井"有太多的悲情故事。在唐宋代，大户人家的奴婢或妻妾成群，把爱情故事演绎得死去活来！正如张籍在他的《怀别》中所讲的主人与婢女关系那样："君如天上雨，我如屋下井，无因同波流，愿作形与影。"意思是，主人你就像天上的雨水，婢女我就是屋檐下的井水。雨水从天上落下来，渗入地里成为井水，我们主仆俩虽然不是同一源流，但你我都愿意形影相随。

果真主人与婢女的爱情都是雨水和井水的关系吗？

其实，唐宋代的婢女与主人的关系是服从关系，爱只是婢女的心愿。对于主人的需要，婢女是没有任何拒绝权利的。由于婢女身份微贱，她们很难得到正式名分，即使为主人生了子女，也常常得不到承认。如《霍小玉传》中的霍母是霍王婢女，与霍王生了小玉。霍王死后，兄弟们根本不承认她们母女身份，把她们赶出府去，小玉只得做了妓女。

《全唐文》中有一件案子的判文：女子阿刘之母是蒋恭绰的婢女，她和主人怀了阿刘后被嫁出去，蒋死后，婢嫂不承认阿刘是蒋家后裔，让她当婢女，阿刘不服，上诉官府，结果败诉，还得做婢女。有的婢女已经嫁人，但还继续被主人所占有，如沈询镇潞州时，宠爱一婢女，夫人妒忌，把她许配给家人归秦，但沈询还继续占有她，归秦渐恨，竟伺机杀了沈询。婢女们还常常被几个男主人同时占有，如许敬宗宠爱一个婢女，儿子许昂也与之通奸；女奴却要受到主人宠爱，主人的四个儿子也都要染指。婢女在这种性关系的紊乱交织中，往往无所适从，甚至招来杀身之祸，成为性角逐的牺牲品。

还是再看看《霍小玉传》。该书中的李益虽对小玉确有感情，也曾谓玉曰："皎日之誓，生死以之，与卿偕老。"但是，与妓女结婚，李益怎敢向母亲提出这件事？假如提出来，又怎能为家庭所接受？最终，理智战胜了情感，生性懦弱的李益还是向门阀低头，向世俗屈服，接受了母亲的安排，与高门大姓卢氏表妹成亲。《唐律疏议》卷十四《户婚》云："诸卑幼在外，而尊长后为定婚，而卑幼自娶妻，已成者，婚如法，未成者，从尊长。违者，杖一百。"若李益固执地与小玉在一起，是为不孝。而唐宋律将"不孝"列为"十恶"第七条，处刑甚重。所以，李益抛弃了所爱之人，霍小玉命丧黄泉，这就是两人的爱情悲剧。从另外一个方面来说，即使小说中男子没有负心、薄情的行为，即使他们对感情忠贞不二，他们与作为贱民的女子结合也很难有完美的结局。《任氏传》中歌妓任氏与穷书生郑六相爱，任氏要求嫁给郑六，但郑六只肯与她同居，连个妾的地位都不肯给。《朝野金载》卷二百六十七记载，乔知之与婢女碧玉之间感情深厚，但因为士大夫与婢女不能成亲，难以结合。以致后来碧玉为武承嗣强纳不还。乔知之作诗《绿珠怨》，碧玉读诗后投入自家的屋下井而溺死。

婢女在当时也称作"侍妾""侍儿""使女""女奴""青衣"等。人们常将奴与婢连在一起，可见婢即奴，是处于最下贱的地位、供主人任意支配的物品。

唐宋代私家使用婢女极为普遍，即使有些小户人家也常有一两个婢女；至于高门大户，婢女常达上百人之多。如长安富商邹凤炽嫁女，陪嫁婢女有百人。除私家以外，寺院中也广泛使用婢女，很多尼姑、女冠都有婢女驱使。

这些婢女的来源，一是官婢被赏给私家，或陪嫁，或私人赠送、转让；二是被强掠为婢，或是被俘获的战俘；三是被出卖或典贴，这是婢女最大的来源；四是奴婢所生的女儿，她们一生下来就是奴婢，奴婢的子女生生世世为奴婢。

婢女侍候主人，绝对没有人身自由，她们的命运完全操纵在主人手中。

《红楼梦》里有这样一个故事：王夫人在里间凉榻上睡着，宝玉上去和金钏调情。宝玉上来便拉着手，悄悄地笑道："我明日和太太讨你，咱们在一处罢。"金钏儿不答。宝玉又道："不然，等太太醒了我就讨。"金钏儿睁开眼，将宝玉一推，笑道："你忙什么！金簪子掉在井里头，有你的只是有你的，连这句话语难道也不明白？我倒告诉你个巧宗儿，你往东小院子里拿环哥儿同彩云去。"宝玉笑道："凭他怎么去罢，我只守着你。"只见王夫人翻身起来，照金钏儿脸上就打了个嘴巴子，指着骂道："下作小娼妇，好好的爷们，都叫你教坏了。"

这便是金钏调情遭打的故事，这里面王夫人其实没有睡着觉，猛听得金钏如此言语，自然气不过。王夫人为何要打金钏？

其一，金钏儿睁开眼，将宝玉一推，笑道："你忙什么！金簪子掉在井里头，有你的只是有你的"，这话意思就是我早晚就是你的人，别急。但在王夫人眼里，这话却非常的刺耳，认为她指桑骂槐。"金簪子掉进井里"是说"薛家掉进自己挖的陷阱里"，金簪子暗喻宝钗也是有前例的，宝玉见十二钗图谶时，比喻宝钗的就是一股金簪。"有你的只是有你的"意思是黛玉是宝玉的，别人无可奈何。

其二，王夫人认定金钏在诅咒宝钗，不肯留金钏。

其三，认定金钏教坏宝玉。

金钏因为王夫人的责打而投屋下井自杀了！那么，这又是为何呢？

其一，婢女只有攀龙附凤才能出人头地，觉得离开贾府就没有了活路，投井解脱。

其二，婢女被逐就会迫于家庭和外界舆论的压力，被视为一个行为不检点的女人。

其三，婢女抗争命运，不满王夫人指责，以死来证明自己清白，发泄不满和愤怒。

红楼梦里的丫环们都属婢女，有的是世代为奴，有的是被卖进贾府。她们战战兢兢地活着，稍不知趣便有性命之危，晴雯重病被驱身亡，鸳鸯被逼悬梁自尽，瑞珠无辜为秦氏殉葬等都是如此，她们的死和金钏遭辱投入屋下井而溺死，没有区别。

说起"屋下井"，就要谈谈福州三坊七巷的井。有说，三坊七巷是我国明清建筑的"活化石"，可前不久一个考古发掘，发现三坊七巷始建于唐代，一口古井上载有唐人掘井年代和人名。三坊七巷里现存的"泔液境"，也称"甘液坊"，意即该水井里的水是甘甜的。所以，通过三坊七巷的井，可以了解三坊七巷的更多未知历史。

福州三坊七巷的小口屋下井

三坊七巷的井与其他地方的井还是有区别的：一是屋下井；二是石质井口；三是井口小；四是精致，有的有花纹；五是没有井栏。

井口小，防意外落水，也防投井自尽，这些古人在掘井时已考虑到了。

前面所述的《红楼梦》中金钏被王夫人打后投井自尽，说明井口较大。可三坊七巷没有记载丫环投井的事，因井口小。

另外，《清宫熙姬传》里宫女投井，尸体是横着打捞上来的，连手臂有伤都被太监看到，说明井口大。北京的大井胡同和七井胡同的井，都指的是胡同里居民共用的大井。

现在我们已明白，宋慈为什么如此重视"屋下井"现场的勘验和检验。

一是屋下井溺尸的背后可能隐藏着许多不为人知的秘密，需要进行家暴案情调查。

二是屋下井溺尸的现场勘验，包括"井之四至"及系何家人井，井边痕迹，"若是失脚，须看失脚处土痕"。

三是对于死于屋下井中的溺尸，要考虑"自投井、被人推入井、自失足落井"三种可能。

四是对于被打伤的婢女尸体检验很重要，证明生前被打或受辱。

五是婢女"若身有绳索及微有痕损可疑，则宜检作被人谋害置水身死"。

六是注意身上伤的部位和损伤情况，有的可能不是被打所致。宋慈列举说："投井死人如不曾与人交争，验尸时面目头额，有利刃痕，又依旧带血似生前痕，此须看井内有破瓷器之属，以致伤着。人初入井时，气尚未绝，其痕依旧带血，若验作生前刃伤，岂不利害。"

宋慈对井中溺尸检验的思维方法对现代法医学的水中溺尸检验仍有借鉴价值。

九七、枯 井 疑 案

宋慈《洗冤集录·溺死》说："诸溺井之人，检验之时，亦先问原申人：如何知得井内有人？初见有人时，其人死未？既知未死？因何不与救应？其尸未浮，如何知得井内有人？若是屋下之井，即问身死人自从早晚不见？却如何知在井内？"

这段话的意思是，对井里发现尸体的检验，要先问报案人，如何知得井内有人？开始发现有人时，人死了没有？既然知道没有死，为何不救？尸体还没浮出水面如何知道井里有人？如果是屋边的井，问问死者何时不见了？又怎么知道死者在井里？宋慈这段话的意思是，井在地面深处，如果地面上的人不是亲眼看到投井，而是事先知道井下有人，那么这个人值得怀疑！

宋代桂万荣《棠荫比事·向相访贼》记载：有个游方和尚经过一个村庄，天色已晚，他向一户人家请求借宿，被主人拒绝。他说在一个车棚里睡一晚。主人答应。当晚，有个强盗翻墙进入那户人家，过了一会，那强盗又带着一个妇女翻墙出来，还带了一个大包裹。那和尚半夜醒来，把这个过程看了个一清二楚。他不敢再睡，起身上路。慌不择路，这和尚一脚踏空掉井里，落在一个软绵绵的物体上，定下神一摸，却是个刚死的尸体。和尚又惊又怕，不自觉地把两手在身上擦了又擦。等到天亮后，和尚才发现自己是掉在一具被人杀死的女尸上，和尚自己两手和身上也都沾满血污。那户人家的主人早上发觉被盗，老婆也失踪，叫起邻居一起四处搜寻。听说有人杀人，投进井里。于是，家人赶到枯井找人。正好发现枯井边草地上有血迹，又听见和尚在井下喊救命，放下绳索把和尚拉上来，又拉出被杀的妇女尸体，把和尚痛打一顿后送到官府审讯。那和尚害怕刑讯再吃苦头，很快就承认了杀人罪。官府信以为然，就此结案，将和尚判处了死刑，等待执行。向敏中接管这个案子的审理，总觉得有疑问。枯井内黑摸摸的如何知得井内有人？死者家人如何知道枯井里有人？这个消息来自何方？况且，没有找到凶器，也没有找到赃物，很难定案。向敏中亲自审问和尚，那和尚只是叹气，说："这是我前世里欠了他的孽债，今世里只好偿还，没有什么好说的。"向敏中更加生疑，又连续几次提审，好言相劝，那和尚才把那晚的经过说了出来。向敏中问报案人及死者家人，都说听人讲枯井有女尸和奸夫。向敏中就指示搁置这个案件，秘密展开调查。他派出的一个官员化装成过路客商暗访那个村庄，在村庄里的小店用餐，和店里的老太太闲谈。那老太太听他说是从洛阳城里来的，就问那个和尚的案子怎么样了？那个官员假装说："那和尚昨天已经在市场上被杖毙了。"老太太叹息道：

"如果现在抓住了真正的罪犯该怎么办？"那官吏说："官无悔判，就算是判错了也要错到底。现在即使抓住了真的凶手也不会再追究了。"老太太说："那么现在说出来也不要紧了。实际上那个妇女是本村的一个小青年杀的。他勾引了那个妇女出走，实际上只是要她的财物而已。拿了钱财，就把妇女杀了，投到井中，放出风声，故意让死者家人知道。"官吏赶紧打听清楚那小青年的情况，回去报告。官府突然出动衙役公差，包围那户人家，进去一搜，杀人的刀子、那户人家的财物都被搜了出来。向敏中听取汇报后，立即下令释放了在押的那个和尚。这个案件平反的消息传开后，当地的老百姓都把向敏中奉为神明。

九八、挖 穴 埋 炭

宋慈《洗冤集录·自缢》说："若真自缢，开掘所缢脚下穴三尺以来，究得火炭，即是。"

这句话的意思是，如果真的是上吊自杀，在死者脚底下开挖三尺来深可发现坑穴，而坑穴里预埋有木炭，有坑穴和木炭应该是自己上吊。这里要说明的是，宋慈所说的"挖穴"和"埋炭"都是死者生前就做好的，自缢是在"挖穴"和"埋炭"之后，而自缢之后检验人员开掘时发现原来就有已开挖的穴，检查又有木炭埋在里头，因此推断这是真的自缢。

李时珍《本草纲目·人魄》记载："此是缢死人，其下有物如麸炭，即时掘取便得，稍迟则深入矣。不掘则必有再缢之祸。盖人受阴阳二气，合成形体。魂魄聚则生，散则死。死则魂升于天，魄降于地。魄属阴，其精沉沦入地，化为此物；亦犹星陨为石，虎死目光坠地化为白石，人血入地为磷为碧之意也。"按李时珍的观点，木炭是可以"聚魂"的，魂魄聚则生，但久了，木炭化了，魂魄散则死。因此，宋慈认为，民间这样说法就会使自缢者自己"挖穴埋炭"，以聚魂魄。

但是，既往不少近现代研究者对宋慈这一观点有看法：一是附会说，认为挖掘尸体脚下泥土约三尺深，可以寻到火炭的就是真自缢，这是一种附会。因生活、生产、火灾等原因，地下遗留木炭，可久埋不坏，与自缢没有关系。二是不科学说，若真自缢，开掘所缢脚下穴三尺以来，究得火炭即是等，是没有科学根据，甚至是荒诞不羁的。三是糟粕说，若真自缢，开掘所缢脚下穴三尺以来，究得火炭，即是。属糟粕，是必须加以扬弃的。四是无据说，若真自缢，开掘所缢脚下穴三尺以来，究得火炭，方是。完全是一种荒诞无稽之谈。地下有无火炭同自缢之间没有任何联系，不可能成为判断真假自缢的根据。

从社会民俗文化和民间传说角度可以解释"自缢者脚下有穴有炭"的现象。土葬是中国古代汉民族最主要的埋葬方式，土葬民俗中，有在墓坑或墓窖中垫木炭甚至在棺椁中放置木炭的习俗，存在"有土则生，无土则死"及木炭"聚魂魄"的说法。这样，再读宋慈《洗冤集录》"若真自缢，开掘所缢脚下穴三尺以来，究得火炭，即是"这段话，我们就不难理解为：假如要说真的自缢，在死者脚下泥土挖三尺来深，就会看到自缢者事先挖好的穴和放入的木炭，推究这是自己埋下的，那么自己上吊无疑。宋慈说的"究得火炭"就是推究木炭来源，推测是自杀者徘徊很久，最后挖穴并埋下木炭，自杀上吊。宋慈这样判断，是在对尸体排除他人所为的情况下所作出的结论，有一定的道理。不要理解自缢者脚下必有木炭，要根据民俗习惯、现场勘验、尸体检验及自杀心理等方面进行研究。本段话要结合上下文分析，在《洗冤集录》文中还有类似情况。因此，阅读《洗冤集录》要从历史、文化、民俗、法律、心理及科技等各个角度加以分析，不要单纯字面分析，那样就会有失偏颇，无法理解宋慈《洗冤集录》的真谛。

九九、曹　墨　案

　　宋慈《洗冤集录·溺死》说："诸溺河池，检验之时，先问原申人：早晚见尸在水内？见时便只在今处？或自漂流而来？若是漂流而来，即问是东西南北？又如何流到此便住？如何申官？如称见其人落水，即问：当时曾与不曾救应？若曾救应，其人未出水时已死，或救应上岸才死？或即申官，或经几时申官？若在江河、陂潭、池塘间，难以打量四至，只看尸所浮在何处。如未浮，打捞方出，声说在何处打捞见尸。池塘或坎阱有水处可以致命者，须量见浅深丈尺，坎阱则量四至。江河、陂潭，尸起浮或见处地岸并池塘、坎阱系何人所管？地名何处？"

　　这段话的意思是，溺死案件的检验，要先讯问原报案人，早晚看到尸体在水里的？看到时便只在现在的地方，或是从其他地方漂流而来的？如果是漂流而来，就问东、西、南、北方向？又怎样流到这里便停住的？怎样来报官的？假如称说曾看到其人落水，就问当时有没有救过？如果曾经救过，其人没有出水的时候就死了，还是救上岸后才死的？是看到后立即报官，或是过了几个时辰报官的？如果在江、河、陂、潭、池塘里面，难以打量四至的，只看尸首浮起在什么地方，如果尸未浮起打捞才出的，说清楚在什么地方打捞见尸。池塘或坎阱有水地方可以致命的，要量出浅深尺寸，坎阱则量明四至。江、河、陂、潭尸体起浮或发现处地岸，以及池塘坎阱，属于什么人所管？地名何处？

　　原来，这是宋慈对溺死尸体的现场调查和现场勘查。根据这段记载，《大宋提刑官》编辑了一段故事：曹墨案。

　　太平知县吴森水仅三天就破得一桩凶杀命案，凶犯曹墨供认因垂涎玉娘美色意欲夺爱而杀了其夫王四，并交出了杀人时所穿的血衣一件。一年后，宋提刑前往太平县视察狱事的路上，将一伙盗贼拿了个人赃俱获，给了鼓吹自己治县有方的吴知县一个难堪。在视察牢狱时，一位给待决死囚儿子喂食的白发老母令宋慈心动。宋慈突然问何故杀人，曹墨脱口而呼没有杀人。旋即又连连改口是他杀了王四。宋慈疑云在心；吴知县暗暗惊心。是夜，宋慈翻阅案卷，发现太平县疑案多多，愤然难抑。而吴知县却半夜悄悄来到死牢，对曹墨循循善诱，嘱其不得翻供，并许诺：只要坚持原先的供词，可免其一死。这时，电视里有个镜头：宋慈泡着脚，在心里想着案情，忽然双目一瞪。宋慈快马赶到当初来太平县路过的一条水中坝前：这是一条横卧水中的石坝，旱时作桥，汛时为坝，当初王四进山收取货银，这是必经之地，显然三天大雨，王四因过河而发大水溺死。宋慈恍然大悟，一年前的所谓谋杀王四案昭然若揭，而此时离曹墨的行刑日期仅存几个时辰！宋慈这一现场勘查，在问斩期限将至时救了被刑讯逼供认罪的曹墨一命。王四系自己落水溺死并非曹墨所杀。

　　为什么溺死案件要如此重视，因为溺死可能生前溺死也可能死后抛尸；为什么溺死的案情调查要如此强调，因为溺死可能是他杀也可能为意外；为什么溺死现场如此重要，因为即使已被定性为他杀并画押的案件仍可能隐藏着不可告人的目的。

宋慈对溺死的现场如何调查，又是如何勘查的呢？

一是入水地点。宋慈列出江、河、陂、潭、池塘、井等检验各不相同，对入水点的调查和勘验也不一样。

二是问讯。宋慈提出八问：一问原报案人，早晚看到尸体在水里的？二问看到溺尸时便只在现在地方或是从其他地方漂流而来的？三问如果是漂流而来，那东、西、南、北方向？四问尸体又怎样流到这里便停住的？五问怎样报官的？六问假如称说曾看到其人落水当时有没有救过？七问如果曾经救过，其人是没有出水的时候就已死了，还是救上岸后才死的？八问是看到后立即报官或是过了几个时辰报官的？

三是现场勘查。在江、河、陂、潭、池塘里面能明确现场四至的，要描述清楚；难以打量四至的，只看尸首浮起在什么地方，如果尸未浮起打捞才出的，说清楚在什么地方打捞见尸。

四是亲自勘验。对于池塘或坎阱有水的地方是可以致命的，要量出浅深尺寸，坎阱则量明四至。江、河、陂、潭尸体起浮或发现处地岸，以及池塘坎阱，属于什么人所管？地名何处？特殊现场，如曹墨案，宋慈赶到现场，一条横卧水中的石坝，旱时作桥，汛时为坝。于是认定，当初王四进山收取货银，这是必经之地，而三天大雨，王四因过河发大水而溺死。否决了被刑讯逼供认罪的曹墨案。

宋慈对溺尸检验在今天仍有借鉴价值，特别是其思维方式值得研究。

一〇〇、自　勒　死

宋慈《洗冤集录·自缢》说："凡因患在床，仰卧将绳带等物自缢者，则其尸两眼合、两唇皮开，露齿咬舌，出一分至二分。肉色黄，形体瘦，两手拳握，臀后有粪出。左右手内多是把自缢物色至系紧，死后只在手内。须量两手拳相去几寸以来。喉下痕迹紫赤，周遭长一尺余，结缔在喉下，前面分数较深。"

这段话的意思是，患病卧床者，仰卧床上，自己用绳子缢死。这样的尸体，两眼闭合，张嘴露牙，舌头露出牙一二分，皮肤蜡黄，身体瘦弱，两手握拳，大便流出，左右两手把绳子抓得紧紧的，死后仍握手中。检验时要记录两手抓在绳上的长度。尸体颈部索沟呈紫红色、长一尺多，结子在喉下，前面索沟深。宋慈这段话暗示，长期患病卧床者，对生活失去信心，自杀的可能性很大。因患病仰卧床上，自己用绳子缢死或索沟可能会"在喉下"，而且左右两手把绳子抓得紧紧的，死后仍握手中。宋慈要求检验时要注意自缢与他勒的区别。虽然这里宋慈没说"自勒"的可能，但死者左右两手把绳子抓得紧紧的，死后仍握手中的特点，结合长期卧床等，可资做出鉴定。

清代文晟重刊《补注洗冤录集证》记载：过去有个海陵的民工，因身患绝症意欲轻生，便用绳子自勒颈部，然后将笔杆插到勒套中绞紧，又将笔管置于下颌部位压紧后死亡。还好死在民工的工棚里，大家供词一致，没有疑窦而结案。事情是这样的，当晚同室6人围坐在一起，开始时这个想死的民工说："我患这样不治之症，不如早点死去的好。"就用绳子自己缠颈部。当时他还笑着问大家说："这样会死吗？"随即用笔管插到绳套内，又说："这样该可以了吧！"大家以为他在开玩笑，没有人上前阻止他。不一会儿，没听见声音，一看人已死去了！

这是个罕见自勒致死的案例，出自清末法医学者文晟（1844）之手。自勒死历来受怀疑，当绳套压闭颈部时，因缺氧而使人不能继续完成勒颈过程。所以自勒多不能完成。但在特殊情况下，如本例用笔管插入套，用下颌压紧而窒息死亡，可以解释，故清末法医学者文晟没有怀疑而定案。

这不禁使作者想起，20世纪40年代英国法医学者辛普森（Keith Simpson）报道的一名妇女因患严重空洞型肺结核长期不愈后，用长筒丝袜（长筒丝袜有弹性）在颈部自勒打结后自杀的案例。1941年夏，辛普森教授和另一位法医学家埃利克·加德纳教授对一个叫马乔里·费若斯的妇女之死产生怀疑。马乔里死于勒颈所致窒息，现场安静，身上无任何损伤，用一条长筒尼龙袜勒颈而死。这条尼龙袜在颈部绕了两周，又打了结，故加德纳教授认为被人勒死无疑。但辛普森教授认为本例还是可能自勒的。理由是尼龙袜和其他绳子不同，它有弹性且柔软。为了说服加德纳教授，也为了能让陪审团相信，辛普森教授决定在自己身上做自勒试验。他们找到一个地方，把门闩上。辛普森教授把同样型号的长筒尼龙袜迅速在自己脖子上缠绕两周扣紧，在失去知觉前打了结！此时加德纳教授发现辛普森教授脸发青，便迅速松开袜子，辛普森教授感到视物模糊不清，但成功了！最后，陪审团采纳了辛普森教授和加德纳教授的意见，该案例被认为是一种例外，因有科学试验，以自勒致死定案，排除谋杀（摘自辛普森著《法医生涯40年》）。

一〇一、假　作

宋慈《洗冤集录·疑难杂说下》说："世间多有打死人后，以药灌入口中，诬以自服毒；亦有死后用绳吊起，假作生前自缢者；亦有死后推入水中，假作自投水者。一有差互，利害不小。唯有生勒未死间，实时吊起，诈作自缢，此稍难辨。如迹状可疑，莫若检作勒杀，立限捉贼也。"

这段话的意思是，在实际检案中，发现不少案件是把人打死后用药灌入口中诬以自服毒；也有把人打死后用绳吊起伪装生前自缢；还有死后推入水中伪装自投水。一有差错，利害不小。特别是生前被勒未死被吊起伪装自缢，此种情况稍难辨。假如有他勒可疑痕迹就检作勒杀，立即缉拿凶犯。这里"假作"就是伪装的意思，意指伪装自缢、服毒和投水。宋慈讲实际案件中"假作"案时用了"世间"两个字，意思是不仅所举例子可以看到，其他案子亦如是。

明万历年间，各地监狱上报囚犯逃脱案件。山西巡抚吕坤发现系囚犯"假作死"骗过监狱，因此下令要求检验严格把关，并提出确定真死的方法。我国古代已经知道呼吸停止及脉搏停止确定死亡，吕坤首次提出了以"通鼻无嚏、勒指不红、两目下陷、遍身如冰"等四项所见为死亡的指征。什么意思呢？囚犯装死，好，用马鬃在"死人"的鼻孔拨动，如果"通鼻无嚏"，可能死亡。这还不够，再用麻线扎"死人"的手指，不见红肿，叫"勒指不红"。再看看有没有人死后脱水所致"两目下陷"和死后体温下降的"遍身如冰"尸体现象。检验上述四项齐全时，方可签发死亡报告。之后，因犯"假作死"骗过监狱逃脱的案件不再发生。事后，吕坤写了一本叫《实证录》的书，介绍了上述案件的来龙去脉。吕坤说，世间假作案不得不防。狱中重犯买通禁卒、医生，诈称病故，掌印官不亲自验看，委派去的官也嫌凶秽，不认真查看就报告真的死亡，等尸体抬出以后就脱逃。至于异端邪教，能够使脉搏停止，尤其不可信。凡验因尸，要求仵作必须通鼻子看没有喷嚏、勒指头不红、两目下陷、通身如冰的，才准剖结报死。如有串通帮助隐藏的，仵作应抵罪。还有的狱因脱逃，妄以其他人的尸体充数，假作捕获，几天后就谎报在监中死去，是官员的疏忽。这虽然是少有的事，也不可不知。从以上我们可以看出，"通鼻无嚏，勒指不红，两目下陷，遍身如冰"四项确定真死方法的发现是与当时为了防止因犯脱逃有关的。

宋慈《洗冤集录》中多处提到注意"假作"伤病死的问题，其用意十分明确：

一是案件多发。不仅有把人打死后用药灌入口中诬以自服毒、自己服毒诬人、把人打死后用绳吊起伪装生前自缢、死后推入水中伪装自投水、制造死后伤诬人，特别是生前被勒未死被吊起伪装自缢等，因此，法医要有这方面的识别知识，否则就会发生错案，出现冤案。

二是经验教训。宋慈强调"世间"千奇百怪，案件中的"假作"也会千奇百怪。历史上，孙膑装疯卖傻的故事就是例证。庞涓向魏王诬告孙膑私通齐国。魏王大怒"断其两足而黥之"，孙膑被削去了膝盖骨后，成了残疾人。孙膑思索着救己之法。一天，孙膑突然大叫一声，昏了过去，等别人把他弄醒时，他已经什么人也不认识了。孙膑捶胸揪发，两眼呆滞，一会儿把东西推倒，一会儿抓地下的脏东西往嘴里塞，一会儿伏地大笑，一会儿又仰面大哭。在猪圈中，孙膑哭笑无常，累了就趴在猪圈中呼呼大睡，醒来捡起猪粪、泥块往嘴里塞，毫无感觉的模样。孙膑靠装疯卖傻瞒过庞涓活了下来。一天，齐国大夫淳于髡出使魏国，孙膑知道后，就向他

战国时孙膑装疯瞒过庞涓

诉说了自己在魏国的悲惨遭遇。淳于髡秘密地把他藏在车中，将他偷偷地带回了齐国，免于杀祸。因此，在检验中"假作"伤病死的情形，无处不在，很可能手头中的案子就有。宋慈要说的是，法医不仅要有识破"假作"的知识，还要有认识"假作"的意识，也就是现在所说的证据知识和证据意识中的"两个识"。

三是检验重点。宋慈提出了伪装自缢、伪装服毒和伪装投水等检验重点，但是还有个重点地方，那就是监狱。狱中出现因犯伪装疾病、伪装伤残、装疯卖傻，甚至"装死"都有实例，战国孙膑装疯、明代因犯装死也是例证。当前，上述情形在实际案件中也不在少数。所以，要加强防范，避免类似情况发生。

宋慈《洗冤集录》中的这些案例和细节对当前司法鉴定仍有现实意义和重要价值。

中毒与检验

一〇二、王 臻 辨 葛

宋慈《洗冤集录·疑难杂说下》说："南方之民，每有小小争竞，便自尽其命，而谋赖人者多矣。"

这段话的意思是，在南方，有的人每为小小争竞，便自尽其命，打斗前就已服下毒，大多是企图诬赖他人。

宋慈说的这个案例，发生在南宋以前。后来南宋桂万荣写了《棠荫比事·王臻辨葛》一书，专门记载这个案例："王谏议知福州时，闽人欲报仇，或先食野葛而后斗，即死。其家遂诬告之。臻问所伤，果致命耶？吏曰：伤不甚也。臻疑反讯告者，遂得其实。"因为伤不重却死亡，引起怀疑。经调查系"欲报仇或先食野葛而后斗"。这是我国古代自服毒死的特殊类型诬告——以命复仇诬告。

"王臻辨葛"中的"葛"是什么毒？

宋慈在《洗冤集录·服毒》中记载："砒霜、野葛毒，得一伏时，遍身发小。"

砒霜会致人呕吐、腹泻，所以一天后脱水，外观上看，中毒者"遍身发小"。

野葛是什么毒？钩吻，别名野葛、胡蔓藤、断肠草、烂肠草。野葛中毒也有明显呕吐、腹痛症状，同样"得一伏时，遍身发小"，甚至死亡。宋慈说"小小争竞"而服下野葛，打斗后不久死亡，诬赖被打死。检验确实有被打伤，但不是致命伤，真正死因为服毒。

一〇三、斑 蝥

宋慈《洗冤集录·服毒》说："一云如是，只身体胀，皮肉似汤火疱起，渐次为脓，舌头、唇、鼻皆破裂，乃是中金蚕蛊毒之状。"

这段话的意思是，有这样一种说法，一个人身体发胀，皮肉似汤火疱起，渐次有黄色分泌物流出，舌头、唇、鼻破裂，这是中金蚕蛊毒的症状。"身体胀，皮肉似汤火疱起"，这是皮肤接触性局部损害的症状。据现代昆虫学研究，能引起这两种综合征的昆虫主要是隐翅虫科、芫蓍科、棒角甲科和拟天牛科四类甲虫。这些甲虫不少在幼虫为蛆形，成虫有一对带有金属光泽的坚硬被甲——翅，翅上有多种花纹，与古人说的"金蚕"相吻合。另一特点是这些甲虫的体液内含有芫菁素的毒质，当虫体被压碎后，口服可引起剧烈的胃肠刺激症状，表现为呕吐、腹泻，甚至脱水死亡；若把压碎的虫体液与皮肤接触能引起皮肤红斑、水疱，甚至溃烂、坏死。这些甲虫中的斑蝥为剧毒中药，曾用作堕胎剂或治疗月经不调。

《汉书》已有堕胎的记载，在西汉成帝时，皇后赵飞燕和妹妹赵合德姊妹专宠十余年，卒皆无子，但她们为了固宠，又逼迫怀孕宫人堕胎，"掖庭中御幸生子者辄死，又饮药伤堕者无数"。古代普通百姓因为生活贫困，不能养育更多的子女，也多有堕胎之举。

那么古代都有哪些堕胎的方法呢？古代女子堕胎方法一般有三种：第一种是药物堕胎，食用后导致流产，汉代张仲景《伤寒杂病论》就记载了这些药物，"堕胎为白药长"，南朝梁代陶弘景的《本草经集注》专设堕胎药一项，就收录了堕胎药方 40 余种，大多为峻烈利水剂，也许古人认为水能利下，胎儿也能打下；第二种是借用外力击打、挤压腹部，促使胎儿流产；第三种则是针灸流产；第四种是手术堕胎。有关手术堕胎的记载，始见于清代。清代江苏医家王孟英《王氏医存》说："稳婆见妇痛减，诳曰早系死胎，乃用钩达儿手足，零割而下，居功索谢。"王孟英对《沈氏女科辑要》所作的按语说："今有狡黠稳婆，故为恫吓，要取重价，脔而去之，索谢而去。"古代女子堕胎以药物方法为主。

古代的堕胎药最早叫"断产药"，根据怀孕的时间分为前中期的引产药和后期的下胎药。由于古代避孕技术有限，堕胎药开始是为养不起孩子的人使用的。之后，堕胎药有所拓展，比如南宋时期就有"然亦有临产艰难，或生育不已，或不正之属，为尼为娼，不欲受孕，而欲断之者。故录验方以备其用"的记载。此时曾经目的单纯的断产药已被称为堕胎药。宋代的《证类本草》，在它的堕胎栏目中收录药物 55 种，这些药物多为"活血化瘀"，"通畅五脏"，以及毒性较大的"攻伐类"药物。但实际上，它们以毒药为主，往往并非真正的堕胎药，只是对孕妇可能具有副作用，因此在后世经常将其称为妊娠禁忌药而不是堕胎药。譬如，宫斗戏里常常出场的麝香，其实原本是做解毒等用处，并未记载具有堕胎效果，现代的实验也未确认有堕胎作用。这 55 味堕胎药中，34 味源自成书于秦汉时期的中国最早的医学著作《神农本草经》。这 34 味药中一些是著名的毒药，其中的斑猫就是一种。

斑猫并不是猫，它是鞘翅目芫菁科下的一组甲虫。更广为人知的写法其实是斑蝥。它还有个名字叫"春药"，并与一个叫"苍蝇水"的名字联系在一起。当然，斑蝥并不是苍蝇，也不是苍蝇水的原料，只是由于中毒后出现生殖器充血兴奋现象才得了一个古怪的名字。

斑蝥中的主要毒性物质为斑蝥素，目前在皮肤病、肝炎及部分癌症的临床治疗中应用广泛，但有因误服、乱服而导致中毒甚至致死的病例，最常见的原因就是使用堕胎药的偏方。斑蝥素既可以通过口服，也可以通过皮肤及黏膜吸收进入人体。由于斑蝥素对皮肤、黏膜有强烈刺激作用，皮肤会红肿、起水疱，而体内诸如食管、胸膜、胃、肠壁都会出现糜烂、溃疡、出血。此外，口服斑蝥后，先是牙龈、鼻黏膜出血，口腔溃疡，继而生殖器官兴奋，女性子宫剧烈收缩，导致大出血和流产，有的甚至死亡。正是由于古代缺乏对斑蝥素的了解，片面看到其刺激生殖系统的副作用，才被错误地当成堕胎药使用上千年之久。

一〇四、鼠　莽　草

宋慈《洗冤集录·服毒》说："鼠莽草毒，江南有之，亦类中虫，加之唇裂，齿龈青黑色，此毒经一宿一日，方见九窍有血出。"

这段话的意思是，江南产鼠莽草，中毒类似中虫毒，口唇开裂，齿龈青黑，经一天一夜，可见口鼻眼出血。

为什么宋慈《洗冤集录》要记载"鼠莽草"这个毒物呢？因为在检验中发现有"鼠莽草"中毒的案件。不仅有投毒案件，也有自杀案件。宋代有个叫乔梦符的就写了一首诗，专门讲到服鼠莽草诬告人的自杀案件。

古代重视自服鼠莽草诬告人的检验

鼠 莽 草

乔梦符

闻有一草名鼠莽，食之随死不可医。

非惟自己爱毒烈，辄使妻儿常号悲。

本图将此报私怨，不知官府诚难欺。

人生乐国岂易得，轻命如此何愚痴。

县令惭无功及民，徒有勤恳形诸辞。

后来有问谁为此，但道东阳田家儿。

诗的大意是，听说有一种草名叫鼠莽，服下了就是请医生来也是没救的。服毒的人知道鼠莽的毒烈，也知道妻儿的悲痛。为了报私愤，一解心头之痕，服毒诬告人。但是，没想到，官府不是好欺负的，竟然揭穿了欺人事实。因为古书早有记载，县令有所知晓。人的一生不容易，这样轻生太愚蠢了。好好向县令讨公道就可以了，何必自杀呢？这是一个真实的案子，发生在浙江东阳田家儿这个地方。

我们看看《元典章·刑部四·自害》怎么记载的："今后，非因斗殴杀伤，自行投河、自缢及服食鼠莽草死者，如别无他故，官司无得理问。"

一○五、断 肠 草

宋慈《洗冤集录·服毒》说："广南人小有争怒，赖人，自服胡蔓草，一名断肠草，形如阿魏，叶长尖，条蔓生，服三叶以上即死。干者，或收藏经久，作末食亦死。"

这段话意思是，因小小争吵云南一带人有的会以死来诬赖人。怎么说呢？就是争吵后，自己服下胡蔓草死亡，这样家属就赖争吵的另一方。胡蔓草，又名断肠草。这种条蔓生毒草，新鲜时形状就像产自新疆的草药"阿魏"，叶长尖，服下三叶以上就会死去。晒干或储存药材，磨成粉末的，服食后也可致人死亡。

但是，断肠草中毒，更多是意外事件。2007年11月11日，福建省宁德市蕉城区人民医院一医生抢救断肠草中毒者后介绍说，一家三口误以为这种草药能治风湿病，跟猪蹄一起熬成汤喝，结果中毒了。2007年11月11日下午4时左右，59岁的霞浦县溪南镇下砚村村民莫义钦采了几株以前常用来熬猪蹄去风湿的草药"三角米"回家。草药切断盛在两个碗里，一碗给大儿子家，一碗莫老汉自己留着，都用来熬猪蹄晚上吃。傍晚6时许，莫老汉的老伴招呼莫老汉和二儿子、二儿子女友吃饭。身体虚弱的莫老汉的老伴没有吃那盆放了"补药"的猪蹄，二儿子及其女友则嫌汤太苦，只吃了一小块肉。莫老汉喝了一碗汤，还吃了好几块肉。大儿子一家也将猪蹄炖了，觉得味道和平时不一样。莫老汉说"草药就是这味道，吃了补"。于是，大儿子和大儿媳也吃了不少。莫老汉4岁的孙女儿看到汤黑黑的，没敢吃。晚上8时30分许，刚睡不久的莫老汉突然"哎哟哎哟"地喊起来，声音很凄惨。老伴赶紧开灯，看到莫老汉嘴唇发紫，脸色变青，几分钟后就没有了气。老伴赶紧叫儿子，两个儿子都说肚子很痛，人很难受。一家人叫了村里的车到德市蕉城区溪南镇卫生院。到了那里，大儿子的脸色突然变青，当场断了气。过了不久，他的妻子也因抢救无效死亡。霞浦县公安局、霞浦县卫生局等有关部门组织力量迅速赶到溪南卫生院。根据警方连夜从案发现场提取的炖汤及现场遗留的草药原样，认定莫老汉一家误服了断肠草。莫老汉的二儿子及其女友，当时吃的量少，但还是肚子很难受。霞浦县医院一名医生问生存者服了几叶。回答，有二三株，十几片叶子。

王充《论衡》里说："广人谓之胡蔓草，亦曰断肠草。入人畜腹内，即粘肠上，半日则黑烂，又名烂肠草。滇人谓之火把花，因其花红而性热如火也。"断肠草全身有毒，尤其叶片毒性最大。断肠草是藤本植物。其主要的毒性物质是葫蔓藤碱。吃下后肠子会变黑粘连，人会腹痛不止而死。断肠草主要分布在浙江、福建、湖南、广东、广西、贵州、云南等省份，喜欢生长在向阳的地方。

断肠草能杀人于无形，据文献记载，当年"尝百草，日遇七十二毒，得茶而解之"的神农氏，最后就是尝了断肠草断送了自己的性命的。李时珍《本草纲目》也有记载："断肠草，人误食其叶者死。"

宋慈《洗冤集录》不仅介绍断肠草为毒药；还介绍断肠草的外观，以便识别，避免意外中毒；特别是介绍了服用三叶以上新鲜断肠草叶片就可致死，这是中毒死亡服用"量"的标准，后人一直沿用。

一〇六、酒　望

宋慈《洗冤集录·酒食醉饱死》说："凡验酒食醉饱致死者，取本家亲的骨肉供状，述死人生前常吃酒多少致醉；及取会首等状：今来吃酒多少数目，以验致死因根据。""须是躬亲诣尸首地头"，"须是多方体访，切不可凭信一二人口说"。

这段话的意思是，检验官员必须亲自到发现尸体的现场验尸，必须多方察访，千万不要只凭一二人的说法就定性。对于在酒家里酒食醉饱致死的检验，强调要取得死者亲属的口供，载明死人生前常喝酒多少致醉；还要取得聚会的召集人及酒家老板的口供，喝多少酒，以确定死因。

宋时，把喝酒称"吃酒"。从宋慈介绍的"死人生前常吃酒多少致醉"和"今来吃酒多少数目"，可以说明当时喝酒多么时兴。这在《水浒传》中，武松、李逵、鲁智深"大碗吃酒"的情景就可以略见一斑了。多少人醉生梦死，甚

宋代酒家悬旗又称"酒望"

至文人墨客也流连于酒家。于是，宋时的酒家多于米店和布店。《水浒传》中提到"从孟州东门到快活林，卖酒的有十二三家，其间距离无非十四五里田地"，几乎是一里路就有一酒店了。李中《江边吟》有诗："闪闪酒帘招醉客，深深绿树隐啼莺。"意思是，在酒家的门口，有酒帘，有美酒，有歌声，有醉客。

宋时的酒帘就是"酒望"，指酒家悬旗。张籍《江南行》："长干午日沽春酒，高高酒旗悬江口。"作为一种标识，一般都高悬在酒家门首，非常醒目，使过往行人在很远处便能见到。标识一般用布缝制而成，大小不一，上面大书"酒"字。在酒旗上署上店家字号，或悬于店铺之上，或挂在屋顶房前，或干脆另立一根望杆，扯上酒旗，让其随风飘展，以达到招徕顾客的目的。

宋慈检验酒后死亡的尸体，找到酒店不难，现场有酒望作为标识。

电视《大宋提刑官》里有个案件：邹仁酒店的"酒望"迎风飘扬，生意火爆。杨易从家里找出一个包裹，到邹仁酒店当众打开，竟是百两白银。借着酒兴，杨易声称昨夜在城南门外将一商人推入枯井，夺得这百两银子。众人都把杨易当做酒后疯言。老板邹仁想上前劝说，却被杨易骂了回去。第二天一大清早，童非就去提刑衙门报案。宋慈说，世上真有杀人越货还到处张扬之人吗？但宋慈亲自去邹仁酒店察看，果然从井底捞出一具男尸。验尸发现系砒霜中毒。杨家大姐杨月儿认尸，死者果然是其夫崔成。宋慈升堂问杨易，杨易矢口否认自己曾在酒店扬言杀人。宋慈问这一百两银子何来？杨易说这银子本是他姐夫崔成带回的！宋慈带杨易到停尸房，死者正是杨易的姐夫崔成。丈夫被害，弟弟又涉嫌入狱，杨月儿整天以泪洗面。酒店的邹老板也前去看望。宋慈来到杨家，杨月儿跪求宋大人放了弟弟杨易。宋慈说要让杨易摆脱嫌疑，就得找到真凶。是夜，宋慈去狱中问杨易，家中有无见过砒霜？杨易说，姐姐买过砒霜，是为毒老鼠的。宋慈将童非释放。童非按宋提刑所嘱，在邹仁酒馆门外守株待兔，终于找了那架常给邹记酒馆送酒的驴车。宋慈从驴车的车轮缝隙中取出些许粘泥，正和他取自城南井边的泥土相符，从而证明了宋慈的推断。是夜，宋慈到邹记酒馆拜访邹仁，伙计说主人在后花园，宋慈相随到后花园，却不见邹仁身影。邹仁果然在杨月儿家商量着秘事。忽闻敲门声响起，邹仁欲从后门逃走，不料后门已被人上了闩。而前门开处，却见宋慈出现在门口，杨月儿几乎昏倒。邹仁与杨月儿作为"奸夫淫妇"被带上公堂。邹仁坦言与杨月儿有私情，却声称与谋杀丝毫无涉。宋慈依据种种证物，层层推理：事发当晚，邹仁毒死崔成，而后故意在酒客面前招摇，造成案发时不在现场的假象。巧缝杨易用百两银子当众吹牛，就将计就计，将崔成骗进酒店用酒灌醉，酒中下砒霜致崔成中毒死亡。然后，邹仁用驴车将崔成移尸城南枯井，意欲除了崔成，又栽赃杨易，从而夺得杨家房产来扩展他的酒馆。在证据面前，邹仁、杨月儿服罪。

从上面介绍可知，宋慈检验"酒食醉死"很重视现场调查、勘验，并排除投毒等可能。分析宋慈《洗冤集录》记载，至少有以下几点：

一是躬亲地头。这里地头就是现场酒望。宋慈说，到现场要做到两个必须，酒望检验也不例外：其一必须亲自去；其二必须多方察访。宋慈到酒家的目的有二，其一了解是不是第一现场；其二询问酒家喝酒人并对事实加以证佐。

二是强调调查。调查什么？两个"量"。一个"量"是"死人生前常吃酒多少致醉"，即死者生前到底有多少"酒量"；一个是"今来吃酒多少数目"，即本次死者到底喝了多少数量的"酒"。用这两个"量",判断是否酒精中毒。

三是检验中酒。通过上面调查、勘验后,宋慈要检验了。宋慈在《洗冤集录·服毒》介绍:"酒毒,腹胀或吐、泻血。"酒精中毒,除了在酒店,酒精气味浓,也调查了两个"量",还应看其呕吐物、排泄物中有酒味和吐泻血等。

四是中酒无伤。宋慈在《洗冤集录·酒食醉饱死》记载:"在身如无痕损,以手拍死人肚皮膨胀而响者,如此即是因酒食醉饱、过度腹胀心肺致死。"这就是说,对于喝酒死亡的,身上没有伤痕的,胃部充满酒精而腹胀,可以检验加以证明。

五是中酒内伤。但这种伤有时看不出来。宋慈在《洗冤集录·醉饱后筑踏内损死》记载:"凡人吃酒食至饱,被筑踏内损,亦可致死。其状甚难明。其尸外别无他故,唯口、鼻、粪门有饮食并粪带血流出。遇此形状,须仔细体究,曾与人交争,因而筑踏。见人照证分明,方可定死状。"也就是说,"醉饱后筑踏内损死"要通过调查和检验加以证实。

六是酒中投毒。如前面的案子就是。因为酒精可掩盖毒物的气味,使得投毒得逞;而一些无色无味的毒物,如砒霜、安眠药等毒物,投入酒中,更易投毒成功,法医学检验应该特别注意。

宋慈《洗冤集录》中有关酒精中毒的调查、勘验、检验及其思路,对今天仍有实际价值,值得深入研究。

一〇七、小官审大官

宋慈《洗冤集录·复检》说:"前检受弊,复检者乌可不究心察之,恐有连累矣。"

这段话的意思是,前检弊案是很复杂的,复检接受这样的案件要特别谨慎,一定要用心用脑。因为这样的案件,要是处理不好,就会受到连累!

实际上,法官断案经常会遇到"小官审大官"的事。下面有一首诗,很好地诠释了宋慈在《洗冤集录》中所说的含义。

难　做　官

自幼读书我为做官,谁知才高八斗我难做官,

皆因没一副好五官;兢兢业业做的是卖命官,却感动不了那皇帝大佬倌。

原以为,此番做得个官上官,谁知头上还压着官。

侯爷王爷他们官告官,偏要我这小官审大官。

明明是个被管的官,却要管那管官的官。官官管管,管管官官,叫我怎做官?

这是《徐九经升官记》里的一首诗。说的是,明朝两榜夺魁者徐九经,因相貌平平被贬为玉田县令。并肩王的内弟尤金与安国侯的干儿子刘钰抢亲,双方争夺李倩娘。两家势力强大,三法司纷纷退避三舍。并肩王保举徐九经为大理寺正卿断此案。

原来,李倩娘与刘钰早有婚约,倩娘在刘钰戍边之际被尤金看中,刘钰前去抢亲。徐九经探访侯府和王府,不寒而栗。一边是皇亲,一边是国戚,要么断送前程,要么葬送小命。毕竟是两榜夺魁者。次日,公堂之上,徐九经将倩娘断给两家,并让倩娘隔两月轮换

一次。倩娘性情刚烈，好女不侍二夫，愤而喝下"鹤顶红"当场昏死过去。于是，到场监案的并肩王和安国侯拂袖而去。

徐九经接着断案，说，尸首分两半，断于两家，每人各出一万大洋，厚葬。刘钰悲痛欲绝，说，愿出两万大洋，不愿倩娘尸首分离。可尤金袖子一甩，说，不干自己事，倩娘不是他的妻子，并画押具结，准备走人。

徐九经吼道，你走不了，责四十大板。尤金大叫，我是皇亲，谁敢责罚。徐九经说，重打！不久倩娘苏醒，刘钰才知道她饮下蒙汗药。二人终于团聚。

古代所指的蒙汗药，是用曼陀罗花制成的药物，有麻醉效果。

一〇八、砒　　霜

宋慈《洗冤集录·服毒》说："砒霜、野葛毒，得一伏时，遍身发小，作青黑色，眼睛耸出，舌上生小刺、绽出，口唇破裂，两耳胀大，腹肚膨胀，粪门胀绽，十指甲青黑。"

这段话的意思是，砒霜、野葛中毒，大概一昼夜发作。发作后，人会变小一圈。为什么？因为腹痛、腹泻不止。外观上，面色青黑，眼睛突出，舌生刺疱，嘴唇破裂，两耳肿大，腹部膨胀，肛门张裂，指甲发黑。

元末明初的小说家施耐庵，字肇瑞，号子安，兴化白驹场人（今属江苏）。一说祖籍福建泉州市，住苏州阊门外施家巷，后迁居当时兴化县白驹场（今江苏省大丰市白驹镇）。他根据民间流传的宋江起义故事，写了长篇古典小说《水浒传》。

施耐庵《水浒传》第二十四回："那妇人揭起席子，将那药抖在盏子里；把那药贴安了，将白汤冲在盏内；把头上银牌儿只一搅，调得匀了；左手扶起武大，右手把药便灌。武大呷了一口，说道："大嫂，这药好难吃！"那妇人道："只要他医治得病，管它什么难吃。"武大再呷第二口时，被这婆娘就势只一灌，一盏药都灌下喉咙去了。那妇人便放倒武大，慌忙跳下床来。武大哎了一声，说道："大嫂，吃下这药去，肚里倒疼起来！苦呀！苦呀！倒当不得了！"……何九叔看着武大尸首，揭起千秋幡，扯开白绢，用五轮八宝犯着两点神水眼，定睛看时，何九叔大叫一声，望后便倒，口里喷出血来，但见指甲青，唇口紫，面皮黄，眼无光。"

这里需要说明两点：一是宋慈《洗冤集录》中所提到的"伏"，不是"三伏天"的"伏"。《本草纲目》提到"蒸一伏时""煅一伏时"有其所指。《本草纲目》中的"一伏时"就是《圣济总录》所说的"一复时"。那么，"一伏时"究竟是多长时间？"伏"通"复"。"复"有周而复始之意。"一复时"等于十二个时辰，即二十四小时。所以，"一伏时"就是二十四小时，也就是"一昼夜"。二是砒霜中毒症状以宋慈介绍为准。宋慈是法医学家，治学严谨，专业一流。但施耐庵也说对一些，比如"腹痛""指甲青、唇口紫"等。

一〇九、红　丸　案

宋慈《洗冤集录·服毒》说："又有腹脏虚弱老病之人，略服毒而便死，腹肚、口唇、指甲并不青者，却须参以他证。"

这段话的意思是，还有一种情况，腹脏虚弱的人或年老病人，给药量不大，但只略服药就中毒而死，腹肚、口唇、指甲并不发青，需要参考其他用药史、身体虚弱情况以及发病前疾病症状等综合分析，做出判断。

宋慈这段话，在后来的明末宫廷中发生的一起"红丸案"得到证实。

万历四十八年（1620）七月二十一日，万历皇帝病死。太子朱常洛继位，改年号为泰昌，所以习惯把他叫做泰昌帝。八月初一日，泰昌帝在登基大典上，"玉履安和"，"冲粹无病容"，就是行走、仪态正常，没有疾病的征象。

朱常洛初即位的时候，是想做一个有为之君的。当初神宗大行敛财，宫中留有大量的银两。朱常洛在七月二十二日至八月一日之间，连续两次发内帑共计 160 万两，用来赏赐在辽东及北方的前线防军。同时，朱常洛命令撤回万历末年引起官怨民愤的矿监和税监，召回在万历一朝因为上疏言事而遭处罚的大臣，补用空缺的官职。像邹元标、王德完等一些正直敢言的大臣，先后下诏召回。这一切，都预示着新的政治面貌即将出现。

然而，宫中的郑贵妃似乎仍是朱常洛无法摆脱的阴影。他非但没有胆量去追查当年郑贵妃对自己的迫害，反而处处以先皇为借口，优待郑贵妃。神宗弥留之时，曾遗言于朱常洛，要朱常洛封郑贵妃为皇后。神宗离世的次日，朱常洛传谕内阁：父皇遗言，尔母皇贵妃郑氏，侍朕有年，勤劳茂著，进封皇后。卿可传示礼部，查例来行。此时，神宗原来的王皇后及朱常洛的生母王氏都已经去世，郑贵妃一旦变成皇后，在接下来的泰昌朝中，她就可能变成皇太后。礼部右侍郎孙如游上疏给朱常洛说：臣详考历朝典故，并无此例。既然朱常洛另有生母，郑贵妃怎么能封为皇后呢？朱常洛对此感到十分为难，于是将奏疏留中不发。后来，朱常洛收回了封郑贵妃为皇太后的成命。郑贵妃担心朱常洛会因前嫌而报复自己，采取了两方面的措施：一是勾结朱常洛所宠幸的李选侍，请求朱常洛立李选侍为皇后，李选侍则投桃报李，请朱常洛封郑贵妃为皇太后；二是向朱常洛进献美女，以取悦于朱常洛。朱常洛对于郑贵妃送来的美女，照单全收。据《明史》的说法，郑贵妃送来的美女数目是 8 名；《明史纪事本末》说是 4 名。但无论如何，喜爱美色的朱常洛面对美女，自然是夜夜纵乐。本来就因为生活压抑而虚弱的身体，骤然要承担如此多的政事，又贪恋美色，"退朝内宴，以女乐承应"，"一生二旦，俱御幸焉"，基本上累垮了。到八月初十日，身体就不行了，召医官陈玺诊视。八月十二日，一心想做一个好皇帝的朱常洛拖着病体接见大臣。大臣们见到皇帝形容憔悴，"圣容顿减"。十四日，便发生了崔文升进药事件。

崔文升本是郑贵妃宫中的亲信太监。朱常洛即位以后，升崔文升为司礼监秉笔太监，兼掌御药房。朱常洛患病后，郑贵妃指使崔文升以掌御药房太监的身份向皇帝进"通利药"，即大黄。大黄的药性是攻积导滞，泻火解毒，相当于泻药。所以，接下来的一昼夜，朱常洛连泻三四十次，身体极度虚弱，处于衰竭状态。后来，廷臣们对于崔文升进药的资格和所进药物是否符合医学原理两点，对崔文升进行猛烈的抨击。给事中杨涟说："贼臣崔文升不知医……妄为尝试；如其知医，则医家有余者泄之、不足者补之。皇上哀毁之余，一日万几，于法正宜清补，文升反投相伐之剂。"杨涟认为，朱常洛本来身体就虚弱，应当进补，而崔文升反而进以泻药，其心叵测。当时，朱常洛的生母王氏外家、原皇太子妃郭氏外家两家外戚都认为其中必有阴谋，遍谒朝中大臣，哭诉宫禁凶危之状："崔文升药，故也，非误也！"

八月二十二日，朱常洛召见首辅方从哲等大臣，六品的给事中杨涟也在召见之列。朱常洛看了杨涟很久，说："国家事重，卿等尽心。朕自加意调理。"之后，朱常洛下令，将崔文升逐出皇宫。八月二十九日，鸿胪寺丞李可灼说有仙丹要呈献给皇上。太监们不敢做主，将事情禀告内阁大臣方从哲。方从哲说："彼称仙丹，便不敢信。"接着，内阁大臣们进乾清宫探视朱常洛。朱常洛此时已着意安排后事，将皇长子交由阁臣小心辅佐，又问起自己的陵墓营建事宜。在安排好一切之后，朱常洛问："有鸿胪寺官进药，何在？"方从哲说："鸿胪寺丞李可灼自云仙丹，臣等未敢轻信。"朱常洛自知命在旦夕，遂抱着试一试的想法，命李可灼入宫献药。到中午时分，李可灼调制好一颗红色药丸，让皇帝服用。朱常洛服完红丸后，感觉还好，让内侍传话说："圣体用药后，暖润舒畅，思进饮膳。"

自吃了李可灼的"仙丹"后，朱常洛的病好似一下子被驱走了一半。两天来，他除了时常坐在龙案前养神外，居然还有两次走出了殿门。

在皇上的催逼下，方从哲引李可灼进宫献药，虽然当时就收到了效果，但凭他多年的阅历，总觉得这似乎是心理作用所致，并不一定是药的神效。回到府中后，就有几位心腹幕僚前来打听情况，他们都劝方从哲不要再引李可灼进宫。尤其是太医院的几位太医异口同声否定"仙丹"的作用，他们表示，如果首辅再引人送什么"仙丹"，他们就集体辞职了。

傍晚，皇帝就派人催仙药，并发下圣谕，如果内阁阻拦进药，就以抗旨欺君论处。他才无可奈何地将李可灼召到内阁，再三叮问，李可灼力保仙丹有神效，方从哲这才拉上韩火广一同陪李可灼进宫。

朱常洛命李可灼再进一颗红丸。尽管御医们都表示反对，但是朱常洛坚持要再服一颗。于是，李可灼再让皇帝服用了一颗红丸。李可灼看皇帝服罢药，跪请他上床休息，朱常洛却不在乎地摆了摆手说："用不着，朕今天精神很好，李爱卿献药有功，来日定当封赏。"服后，朱常洛感觉适安如前，没有什么不良反应。然而，次日（九月初一）五更，朱常洛便死去。

本来见好的皇帝，服了一颗并非御医进呈的红丸，在夜里猝然死去，这可非同小可。方从哲已预料到明早就会有无数指劾他的奏本飞进来，弄不好很可能被扣上一顶"弑君"的帽子。按旧例，皇帝驾崩，遗诏需由内阁首辅代拟。方从哲想来想去，觉得只有利用拟遗诏的机会，申明服用红丸是皇帝自己的意见，把责任全部推到大行皇帝身上才算上策。

果不出方从哲所料，皇帝的暴卒引起了整个朝廷的注意，要追查皇帝死因的奏折两天之内就达数百件。其中有的奏本已经公开指出，给皇帝服泻药的内侍崔文升，最初曾在郑贵妃属下任职，后来才由郑贵妃转荐给朱常洛。崔文升竟敢用泻药摧残先皇，其背后必有人指使。

于是方从哲迫不及待地征得了阁臣同意，颁布了由他亲笔起草的遗诏。遗诏中以大行皇帝的口吻夸奖李可灼，并诏赐银币。遗诏一下，群情鼎沸，朝臣们都知道遗诏出自首辅之手，无形中更把方从哲与红丸案紧密联系在一起了。

十月中旬，追查"红丸案"的呼声达到最高潮，礼部尚书孙慎行和左都御史邹元标上了两道令人瞩目的奏疏，孙慎行指出："从哲纵无弑君之心，却有弑君之罪。欲辞弑之名，难免弑之实。"这给追查"红丸案"元凶定了基调。捧着这两道奏本,方从哲双手不断地颤抖。

方从哲思来想去,他写了一道很长的奏本,一面仔细为自己辩解,一面十分诚恳地提出了退隐的要求。方从哲奏本递上去不到十天,天启皇帝的批准谕旨就下来了。十一月初,这位执政八年的老臣,在萧瑟的秋风中凄然离开了京城。但是悲剧并没有到此结束。

谢罪疏平息众怒,"红丸"成千古谜案。

就在方从哲离京后不久,又一批严查红丸案内幕的奏折送到天启帝的案头。

这天上午,天启皇帝正在群臣的奏折中寻找指控方从哲的本子,忽然发现一个非常熟悉的字体,仔细看来,却是方从哲从致仕的老家发来的。奏疏写得很恳切,疏中说:"自己年老愚昧,未能阻止庸官进药,罪不容诛。为表示谢罪,愿乞削去官阶,以耄耋之身远流边疆,以平朝臣之怨。"看罢奏折天启又有点同情这位老臣了,就把原疏发内阁度议。

在处理"红丸案"的过程中,方从哲是走一步错一步,只有这最后一道奏疏算是走对了。他上这道奏疏的目的一是以恳切的言辞、严厉的自责来平息公愤;二是希望唤起一些朝臣的同情,能替他说上几句话。结果两个目的都达到了。

但天启帝认为这种辩解并没有搞清"红丸案"的真相,一时难以决断。这时,一直缄默无言的阁臣韩火广终于站出来说话了。他把当时目睹的一切事实都详细地说清楚了。特别是方从哲当时左右为难的情景,被描绘得十分具体。最后,韩火广提出,"红丸"一案纠缠了一年多,但真正置先皇于死地的崔文升和李可灼到现在也没有处置,这两人虽然乱用药物,但也确实是奉旨进药,可以适当惩处,红丸一案则不宜继续深究。

韩火广在万历年间就是个有名的老成之臣,居官十余年处事公正,很受群臣景仰,入阁后又一直陪伴方从哲料理进红丸之事,说出的话是可信的。所以,他的奏折报上后,很快地使一场风波平息了下来。不久天启皇帝圣旨颁下,"将李可灼削官流戍边疆,崔文升逐出北京,发往南京安置"。

一场轩然大波到此总算结束。但其死因却一直是个谜。红丸案与梃击案、移宫案是明末三大疑案。

泰昌帝是八月初一继位,九月初一驾崩的。有人说是服红丸而死,也有人说与红丸无关;有人说旧病未愈,有人说是劳累所致;有人说是惑于女宠,是郑贵妃有意加害;有人说是用药差误。具体地说,朱常洛为什么在一夜之间猝然暴死?李可灼献的红丸究竟是什么?

为了回答这一问题,我们先了解仙丹、仙丹中毒等相关内容,再重温宋慈的观点,对"红丸案"进行分析。

何谓仙丹?仙丹是将多种化学原料放入丹炉等容器内,再经高温处理,最后提炼成的混合物。据称,道士用此法炼制仙药,服用后可羽化成仙,故此物名为仙丹。道家外丹黄白术在中国盛行了近两千年。

何谓红丸?仙丹也叫"金丹",其成分是红砒、汞、硫、碳、锡、铅、铜、银等。因其为含氧化物类矿物砷的红信矿石等,多为毒砂、雄黄等含砷矿石的加工制成品。所谓红信石,又名红信、红矾、红砒、红砒石,为不规则的块状物。其外观有黄色和红色彩晕,呈块状、具晶莹直纹、色红润。将红矾石研碎后与汞、硫、碳、锡、铅、铜、银等在丹炉内炼制成丸，就是所谓的"红色药丸"或"金丹"，"仙丹"只是道人仙家的包装名词而已。

何谓仙丹中毒？有人说服用金丹可以长生不老。正因为有了这些传说，我国才有了很多位皇帝，如隋炀帝杨广、唐太宗李世民、唐宪宗李纯、唐穆宗李恒及明世宗朱厚熜等人因服用含有砷、汞、铅的长生不老药"金丹"慢性中毒而未尽天年。这里要强调，"金丹"中毒都是慢性蓄积中毒，而不是像泰昌帝那样服了第二粒红丸就暴死！

现在我们看看泰昌帝朱常洛当时的情况：一是生活压抑而骤然要承担皇帝诸多政事致身体虚弱患病；二是贪恋美色纵欲致身体进一步虚弱；三是服下大黄等泻药出现一夜三四十次腹泻导致身体更加虚弱。可以说，泰昌帝朱常洛当时处于极度虚弱衰竭的状态。

宋慈前面关于"虚弱病之人，略服毒而便死"的观点很清楚，身体虚弱病之人，给药量不大，但只略服药就中毒而死，需要参考其他用药史、身体虚弱情况及发病前疾病症状等综合分析，做出判断。泰昌帝朱常洛即位，刚当皇帝不过 30 天，淫欲过度，"一生二旦，俱御幸焉。病体由是大剧"，精神劳瘁，司礼秉笔太监用泻药使病情加剧，鸿胪寺丞李可灼进仙方红丸，服药后死去。红丸，其实与想长生不老的明世宗朱厚熜等皇帝当初服用的红丸类似，是用信石（砒霜）、汞、硫、碳、锡、铅、铜、银调制而成，正好与当初崔文升所进的大黄药性相反。本就十分虚弱的泰昌帝朱常洛，在最后的岁月连遭性能相反而且猛烈的两味药物（其中含有砷、汞的红丸）的折腾，岂能不暴毙而亡！这就是"红丸案"朱常洛的死因。

一一〇、腹中毒蛇案

宋慈《洗冤集录·蛇虫伤死》说："凡被蛇虫伤致死者，其被伤处微有啮损黑痕，四畔青肿，有青黄水流，毒气灌注，四肢身体光肿，面黑。如检此状，即须定作毒气灌着甚处致死。""中虫毒，遍身上下、头面、胸心并深青黑色，肚胀或口内吐血，或粪门内泻血。"

这段话的意思是，凡是被毒蛇咬伤致死，其被咬伤处有毒蛇牙痕，四周肿胀，局部青黄水流出，身体四肢光肿，面黑。看到这样的症状和体征就应该考虑蛇毒致人死亡。但是，要是没看到毒蛇牙咬痕的，死者遍身上下、头面、胸部呈深青黑色，肚胀或口内吐血，或肛门内排血，也应考虑被毒蛇咬伤致死。

清代《留仙外史》记载了这个案例：进士出身的倪廷谟为安徽潜山县知县，廉明公正，号为"倪青天"。有一次出城到山区巡视，见一座新坟上爬满了苍蝇，顿生疑虑，找来地保一问，得知是当地一个新婚不久得急病而死青年的坟墓。倪廷谟就亲自到那位死者的家中查看，那家新丧夫的寡妇听见县官来临，大惊失色，连忙换上丧服干嚎着在室内迎接。倪廷谟见那寡妇"态度妖荡"，就认定她丈夫死得可疑，下令开棺验尸。可是验尸的结果，那个尸体不过骨瘦如柴，并无伤痕，只得盖棺封坟。那妇人厉声责问："县官以莫须有之罪开人之墓、启人之棺，该当何过？"倪廷谟只是笑着说："你说得对，我已经上书知府，请求免职。"倪廷谟向知府报告，请求批准宽限三个月，如果三个月过后还未破案，再罢他的官职。倪廷谟派人四出打探都无结果。倪廷谟亲自化装成一个算命先生下乡，到死者所在的村庄附近转悠。在附近的湖泊边，他搭上了一个打鱼的。那人姓万，虽然已六十四岁，仍然身手矫健，绰号"万年青"。倪廷谟和他谈得投机，晚上就在他家住宿，渐渐把话题引到死者身上。"万年青"说起自己白天打鱼，晚上则行盗，有一晚上那个青年家去偷东西，在窗外见青年的妻子和另一个男子正在把那个久病卧床的青年反身绑在床上，那男子把一条小眼镜蛇装在竹筒里，用香火来烫小蛇尾巴，小蛇怕烫，猛地一窜，沿着竹筒窜入了那青年的肛门咬一口，又进入腹部，尾巴还在肛门外。那青年惨叫一声，气绝身亡。倪廷谟得知原委，不动声色。第二天回到衙门，发签将"万年青"抓来，以将来不治他的盗罪为交换条件，要"万年青"递状告发那个寡妇。有了原告，办案更加方便，可以再次开棺验尸。由于正值三伏，天气炎热，尸体已经腐烂，果然可见尸体的肛门口有一条死蛇。那寡妇只得承认与表兄通奸，为谋财，设此毒计害死丈夫。于是，倪廷谟拟判那寡妇凌迟处死，通奸的表兄斩立决。

利用毒蛇杀人，现代案件有之，下面介绍一例。

1981 年 8 月 11 日，广州市郊区医生何某之妻谭某突然死亡。当天经市公安局法医鉴定为"银环蛇咬伤中毒致死，系他杀"。经立案侦查：谭某之夫何某会抓蛇。何某与医院某护士交往而使对方多次人工流产。因何某向谭某多次提出离婚，谭不同意，故何长期不回家。但在谭死前一连 3 个晚上，何突然与谭同居。后经公安机关侦查，在何某住地一卫生院宿舍搜出了装过蛇的布袋，并经警犬鉴别，该袋装过银环蛇。于是，公安机关于 1981 年 9 月 6 日将何逮捕。

广州市检察院于 1982 年 5 月 31 日提起公诉，市中级人民法院在同年 6 月收案受理，7 月 19 日将案件退回市检察院，要求补充直接证据。市检察院邀请了有关蛇毒专家勘验现场、开会研究，于同年 11 月 14 日函复市中级人民法院，认为何某用毒蛇杀妻无疑。

广州市中级人民法院认为，专家会议讨论意见属分析推断，不能作为定案依据，又于同年 12 月 8 日退回检察院补充侦查。市检察院认为，被告人如何抓蛇咬伤妻子的直接证据已无法再行查证，仍然坚持起诉。1983 年 7 月 2 日广州中院认为：何有杀妻的重大嫌疑，但其实施犯罪的直接证据不足，故不能定罪，应予释放。1983 年 7 月 9 日广东省检察院向省高级人民法院提出抗诉。

广东省高级人民法院要求法医室法医对该案进行鉴定。法医将原保存的谭某血痕进行检验，用抗蛇血清进行试验，结果证实谭某的血样中确实含有银环蛇蛇毒！广东省高级人民法院于 1995 年 5 月 18 日再次将何某逮捕，同年 7 月 20 日开庭审理。

法庭调查进一步查明：被告人何某长期与同医院某护士通奸，并致其多次怀孕堕胎，为达到与护士结婚的目的，向其妻提出离婚未果，遂起杀妻之心。1980 年 10 月 25 日，被告人乘其妻患病之机，自开处方，拿了中药，将事前煎好的"大茶药液酒"加入中药内，致其妻中毒，经抢救未死。1981 年 8 月间，何某抓得一条银环蛇，装入布袋带回家中，伺机作案。8 月 10 日晚，被告人回家乘其妻熟睡之机，用银环蛇咬伤其妻左腿。然后，将装蛇的布袋带回卫生院其住处藏匿。次日凌晨 3 时许，谭某中毒，被送卫生院救治，被告人何某竟然拒绝值班医生施行抢救措施。值班医生和该医院院长先后提出请蛇医治疗和送广州市抢救时，被告人又拖延搪塞，致其妻于 1981 年 8 月 16 日 6 时 50 分死亡。

法院认为：被告人何某的上述犯罪事实，有现场勘验笔录、证人证言和法医鉴定为证，被告人也供认不讳。法院以故意杀人罪判处何某死刑。

　　值得一提的是，这个案件原先法医鉴定考虑不周，以致案件反复。若当时查到死者血中含有"银环蛇毒"或"蛇咬痕"或"蛇抗毒血清抗体"等，案件审判就顺利多了，由此可见法医鉴定的重要性！

　　受此启发，笔者于1990年与其他法医同行一起研究蛇伤的法医学鉴定问题，经两年的合作研究获得成功，并获福建省科学进步奖二等奖。所以，法医源于实践，服务实践，又受实践启发，不断提高。

一一一、蛊　　毒

　　宋慈《洗冤集录·服毒》说："全蚕蛊毒，死尸瘦劣，遍身黄白色，眼睛塌出，上下唇缩，腹肚塌。"

　　这段话的意思是，检验金蚕蛊毒致死的尸体，发现死者外观极度消瘦，全身黄白色，眼睛塌陷，口齿露出，上下唇缩，腹肚凹塌。

　　这里宋慈只介绍检验所见，没有说明何为"蛊"？唐·孔颖达："以毒药药人，令人不自知者，今律谓之蛊毒。"明·王錂《寻亲记·遣奴》："下蛊毒，令人做鬼魂。"清·王士禛《香祖笔记》："两广云贵多有蛊毒。"清·林则徐《晓谕粤省士商军民人等速戒鸦片告示稿》："鸦片是比诸盗贼之用闷香，拐带之用迷药，妖邪之用蛊毒，以攫人财而害人命者，殆有甚焉。"

　　上文有三层意思；一是"蛊"为毒药；二是两广云贵多有蛊毒，"蛊"是制造的；三是"蛊"为妖邪之毒，是巫术。看来这种被称为"蛊"的并不是一般的毒物，带有神秘色彩。

古代做蛊

　　在古代，蛊毒的形态主要表现为4种：毒虫蛊、动物蛊、植物蛊和物品蛊。但更重要的是，附随其上的各种神秘观念。原始时代的蛊只是一种疾病名称，当时叫蛊疾，如《左传·昭公元年》所记晋侯得的病即为蛊疾。周代的蛊主要是指自然界毒虫。春秋战国的蛊，既有自然界的毒虫，也有人体中的寄生虫。先秦时代的蛊毒大多数是指自然生成的毒虫，主要有水蛊、蠱蛊和厉鬼之蛊等。

　　汉代以后人们把蛊毒与巫术联系起来，蛊毒开始变得复杂和神秘起来。汉武帝时的巫蛊之祸，造成历史上的最大冤案。东汉时有为蛊驱傩，魏晋南北朝时犬蛊传播狂犬病。隋代有以咒语唤来猫鬼巫蛊偷盗钱财的巫术，唐代以蛊在宫廷斗法。宋代有金蚕蛊。元代有挑生蛊，明代有稻田蛊、树蛊。清代广西有虾蟆蛊。

　　宋代以后，其流行地域逐渐南移并逐渐远离国家统治中心，主要在西南一带流行。信仰蛊毒的民族历史上都善于使用毒药。这些民族包括壮族、瑶族、苗族、布依族、侗族、黎族、水族、傣族、怒族、白族、纳西族、彝族、羌族、高山族、傈僳族、哈尼族、拉祜族、景颇族、普米族等。这些民族主要分布于中国南方的热带和亚热带地区，这也说明蛊毒的产生，有可能与多毒的地理环境有关。

　　这里要提提"养蛊人"，应该说，古代养蛊的人就是从事蛊术的人。以苗族为例，多为女性养蛊、放蛊，苗人也叫"蛊婆"。宋·周去非《岭外代答》，清·李调元《南越笔记》及张泓《滇南新语》等皆记巫蛊多为妇女所作。这样最初的"蛊"仅是指各种自然界的毒虫，随着神灵观念的引入，蛊也由简单发展到复杂，使蛊变得阴森恐怖。所谓"中蛊"则多由巫术进行日夜"咒禁"，加剧了折磨，因而得不到医治。"中蛊"也意味着慢慢死去。

　　对蛊毒的治疗，祖国医学也有研究，敦煌出土文献中有治蛊的记载。中医药也关注蛊病的治疗，明代《本草纲目》说：造蛊的人捉一百只虫，放入一个器皿中。这一百只虫大的吃小的，最后活在器皿中的一只大虫就叫做蛊，强调蛊毒并不神秘，可以治疗。清·王士禛《香祖笔记》记载"当归可解"。

　　现在我们回过头去看看宋慈对金蚕蛊中毒死亡的尸体检验。宋慈对蛊毒尸体的描述是脸色蜡黄，瘦骨嶙峋，两面颊凹陷，肚皮凹陷，皮包骨，牙齿外露，极度消瘦。简直是骨瘦如柴，薄如纸片。是什么原因使得死者如此消瘦？是疾病，是饥饿，是消耗，是毒性？在众多解释中，林则徐曾提到吸食鸦片"妖邪之用蛊毒"，确实吸食鸦片的人最后上瘾致死时也是极度消瘦的。但鸦片引入中国是近代的事了。那么，蛊毒是什么？

　　宋慈曾记载另外两种消瘦尸体：一是"形体羸瘦病死者"，指长期消耗性疾病而死的尸体；二是"病患求乞在路形体瘦劣死者"，指流浪者路遗饥饿死的尸体。这两种尸体，调查可以明确。由于蛊毒过程没有留下，十分神秘，不得而知。什么能使一个正常的人变成极度消瘦，以至于皮下几乎没有脂肪的外观呢？大致认为，不外乎限制摄入水分和食物，或令人服下毒物致呕吐和排泄而大量丢失水分，而且带以巫婆日夜"咒禁"，或继续"放蛊"（投毒），持续一段时间。因此，蛊中毒过程相当复杂，相当残酷，时间持续相当长。

　　我们虽然不能了解古代蛊毒巫术，但从宋慈记载尸体检验可略见一斑。今天，被视为巫术的蛊毒几乎绝迹，成为传说，但通过宋慈《洗冤集录》了解历史上的蛊毒还是有必要的，至少有助于揭开蛊毒巫术的神秘面纱。

一一二、蛇 腥 案

　　宋慈《洗冤集录·蛇虫伤死》说："凡被蛇虫伤致死者，其被伤处微有啮损黑痕，四畔青肿，有青黄水流，毒气灌注四肢，身体光肿、面黑。如检此状，即须定作毒气灌着甚处致死。"

　　这段话的意思是，被毒蛇或有毒昆虫咬伤或蜇伤致死的尸体，其伤处有被咬或蜇伤小黑痕，周围有青肿，流清黄水，躯干、四肢胀肿、发亮，面部变黑。如果检验时发现上述情况，要考虑身体某部位被毒蛇或有毒昆虫咬伤或蜇伤引起中毒致死。

　　宋慈生长在南方福建建阳，对毒蛇或有毒昆虫咬伤或蜇伤十分了解。但宋慈毕竟与众不同，他不仅描述的是蛇虫咬伤特征，而且是在《洗冤集录》中介绍，摆明蛇虫伤人也可能有"冤"，不可小视！

　　宋慈把"蛇虫伤死"写入《洗冤集录》就是要提醒后人，要注意意外蛇虫伤，更要注意利用蛇虫的杀人情形。宋慈这一观点的形成，还应追索到他出道福建长汀的经历。

据《长汀县志》载，南宋绍定五年（1232）宋慈任长汀知县，任内体察民情，微服私访。宋慈刚到长汀上任，前任知县留下一件发生在新婚之夜的杀人命案：长汀城外五里坪有一家人娶媳妇，洞房之夜，新郎与新娘入洞房不久，新郎身亡，前任知县审理时用了大刑，新娘子受不了，招供了；杀人凶手入狱并将于秋后问斩。宋慈接手后，认为此案有疑，于是开棺验尸；发现有一股蛇腥气。同时，在村中村民龚三的家中搜出毒蛇。案情终于大白，原来龚三是新郎的邻居，因贪图新娘美貌，起了歹心，用蛇毒杀新郎。20世纪70年代，一出《十五贯》的戏剧风靡全国，据悉，剧中的案情部分内容可在当年长汀找到其原型。

从上面介绍可知，法医学实际上源于生活，源于案件，在实践基础上升华提高。以"蛇腥案"为例，宋慈至少有以下认识：

一是有毒蛇类、有毒昆虫存在于自然界，毒素存于蛇虫体内；

二是蛇虫可以伤人，甚至可以致人中毒死亡；

三是如果是蛇虫伤人，用的是毒牙或蛰刺；

四是蛇虫伤可能留咬伤人痕迹，比如宋慈记载的"被伤处微有啮损黑痕，四畔青肿，有青黄水流，毒气灌注四肢，身体光肿、面黑"；

五是毒蛇有腥味，比如宋慈在长汀蛇腥案中"开棺验尸发现有一股蛇腥气"，这一特征有利于破案；

六是蛇虫伤人"毒气灌着致死"即蛇毒致人中毒死亡：中毒源于蛇咬伤、有蛇咬牙痕、四肢局部肿胀、全身肿胀、面部发黑；

七是结合现场勘验、仔细调查、法医检验，分析其为利用毒蛇咬人杀人。

原来，早在800多年前的南宋时期，宋慈就解开了法医学神秘的面纱：法医学是一个实实在在的应用科学。

病死与检验

一三、假　死

宋慈《洗冤集录》中救死方一章说："若缢，从早至夜虽冷亦可救；从夜至早稍难。""水溺一宿者尚可救，捣皂角以棉裹纳下部内，须臾出水即活。""中暍不省人事者，与冷水吃即死，但且急取灶间微热灰壅之，复以以稍热汤蘸手巾熨腹胁间，良久苏醒，不宜便与冷物吃。""冻死，四肢直、口噤、有微气者，用大锅炒灰，令暖袋盛，熨心上，冷即换之，候目开，以温酒及清粥稍稍与之。若不先温其心便以火炙，即冷气与火争，必死。""魇死，不得用灯火照，不得近前急唤，多杀人。但痛咬其足根及足拇趾畔及唾其面必活。""魇不省者，移动些小卧处，徐徐吃之即省。夜间魇者，元有灯即存，元无灯切不可用灯照。""惊怖死者，以温酒一两杯，灌之即活。""卒暴、堕颠、筑倒及鬼魇死，若肉未冷，急以酒调苏合香圆灌入口，若下喉去可活。"

　　宋慈《洗冤集录》中所说的溺、缢、冻、喝、魇、惊等，可能出现一种生命体征十分微弱的情形，若不抢救就可能死亡。上述呼吸、心跳极度微弱的情形即现代医学上所说的"假死"（apparent desth）。"假死"不是"假装死"，是法医学上一个很重要的概念。假死抢救成功有重要法医学价值，对了解案情、破案、断案都有重要意义！"假死"是指人的循环、呼吸和脑的功能活动高度抑制，生命功能极度微弱，其呼吸、心跳、脉搏、血压等生命体征用一般临床检查方法已经检查不出，外表看来好像人已死亡，甚至会将"尸体"处理或埋葬，而实际上还活着的一种状态，经积极救治，能暂时或长期复苏。这种状态称为假死。

　　司马迁《扁鹊仓公列传》中提到：一日，虢国太子突然出现"暴厥而亡"，这样举国上下悲哀奔丧，准备厚葬。正当人们忙碌太子后事时，有人提出有个叫扁鹊的"神医"可治百病，不妨请他看看。在太子"死去"半天时，恰好扁鹊来到虢国。随即扁鹊被请去，当问明情况后，扁鹊开始检查虢国太子。查毕，扁鹊断定，太子"鼻（孔）张"、"阴（部）有温"，虽"形静如死状"，实是"尸厥"。于是，扁鹊用针灸等方法使太子"死而复活"。在《说苑·辨物》里也有记载："扁鹊过赵，赵王太子暴疾而死。鹊造宫门曰：……太子之疾，所谓尸厥者也。以为不然，入诊之，太子股阴当温耳，耳中焦焦如有啸者声，然者皆可治也。"

　　这个例子介绍的是虢国太子"暴厥而亡"，但扁鹊查毕断定，太子"鼻（孔）张"、"阴（部）有温"，虽"形静如死"，实是"尸厥"。这一现象与现代法医学"假死"相同。

　　现代法医研究表明，假死是脑缺氧的结果，病人的呼吸和心跳极其微弱，所以往往被认为已经死亡。假死常见于各种机械窒息，如缢死、扼死、溺死等；各种中毒，如煤气（CO）、安眠药、麻醉剂、鸦片、吗啡中毒等；触电、脑震荡、过度寒冷、尿毒症、糖尿病或其他慢性消耗性疾病等。病人是真死还是假死，可以用下列简单的方法鉴别：一是用手指压迫病人的眼球，瞳孔变形，松开手指后，瞳孔能恢复的，说明病人没有死亡；二是用纤细的鸡毛或棉丝放在病人鼻孔前，如果鸡毛或棉丝飘动；或者用肥皂泡沫抹在病人鼻孔处，如果气泡有变化，说明病人有呼吸；三是用绳扎结病人手指，如指端出现青紫肿胀，说明病人有血液循环。

　　南宋时期，距今已800年了，宋慈在《洗冤集录》中就提出了生命体征微弱现象及其抢救方法，说明宋慈在当时对"假死"有较明确的认识，实在令人佩服！

——四、活　死　人

　　"假死"，古人也称"活死人"。近代亦有记载案例。

　　1899年1月2日，上海洋泾浜有一个车夫猝然倒地不省人事，巡捕雇车将其送到巡捕房，发现其身体冰冷，认为已死，而前来看视的人也说死了，就买了棺材入殓。次日，送殡。但到墓地，有过路人听到棺内有声响。打开棺材，发现馆内人还活着，死而复生。其实，此人病很重，极度虚弱，但没有死，而被认为死了。人命至重，不可粗心。清末吴友如用绘画在《点石斋画报》发表一则消息，取名"活死人"。

吴友如所绘"活死人"

清代阮其新在《补注洗冤录集证》中也介绍了吞食鸦片中毒和导致假死的实例，提出急性鸦片中毒容易陷入假死状态，应以尸僵、尸斑为真死的指征。此外，清代《洗冤录散证》有"假死入殓"的记录："服鸦片人的尸体，伏者居多，侧者亦常有，惟平俯者甚多。其故因为死者埋葬之后，鸦片毒退，仍复醒回，辗转棺中气闷而死的缘故。案件是这样的：光绪七年，广东省有个姓吴的穷人，因为家贫如洗、生活无保障而吞鸦片"死亡"。客店的主人不敢收敛，就派人去三水地方通知"死者"亲属。当亲属来到客店时，这个人已于一天前活了，这样一算，他"死去"已三天三夜。鸦片中毒死亡开棺检验尸骨时，往往见到人伏着的多，侧着的也不少，平卧的很少。这是因为当人被埋在土中后，鸦片的毒性慢慢退尽，而清醒过来。这样被埋的人便在棺材里辗转反侧，又不能出来，不久便由假死转而发生真死。所以，检验鸦片中毒埋藏的尸体骨架时，要么伏着，要么是侧着。实际上，服用鸦片中毒可以救活，这就是例证。这是一个服鸦片过量中毒假死不入殓而复苏的案例报告。该案例已论及鸦片是麻醉药物，中毒时陷入假死状态，但慢慢可复苏。这是从鸦片中毒的机制上加以论述的，具有法医学意义。此外，案例中还提出检验鸦片中毒被入殓的尸体为什么总是伏着或侧位，是中毒者复苏后活动而又不能自救所致。最后死亡并不是鸦片中毒，而是棺内缺氧。所以，假死情况下入殓，终于转为真死。该案例的思维方法符合现代法医学原理。

——五、伤 病 关 系

宋慈《洗冤集录·疑难杂说上》说："有年老人，以手掐之，而气亦绝，是无痕而死也。"

这段话的意思是，有一个老年人，一个歹徒还没用力掐就死亡，检查可以没有痕迹，其实是老人心脏有问题。这里有两层意思：一层意思是，大多数情况下，掐死人有口鼻痕迹和窒息征象，但少数情况下，老年人被掐致死，也可以没有痕迹；另一层意思是，宋慈提出"损伤与疾病并存的死因分析"问题，老年人之所以死亡这么快且没有痕迹，与本身存在疾病有关。换句话说，宋慈所遇到的这个老年死者，他的主要表现体表无明显损伤，检验看了多次也没查出原因。调查证人都说有被掐，歹徒也承认。宋慈分析，体弱、年龄大，可能有潜在的心脏疾病，这种个体与身强力壮的年轻人是有区别的。在年轻人身上，这种被掐可能不会死，可在羸弱老年人身上就会出现死亡，而且痕迹不明显。

什么是损伤和疾病与死亡关系的分析？在宋慈那个年代，因为不能做尸体解剖、组织病理学检验，只能凭尸表检查推断死亡原因。今天不一样，法医可以借助手术刀和显微镜解开死亡之谜。但宋慈的思路和现在还是一致的。

按现代法医学观点，损伤和疾病与死亡关系的分析有如下四种情况：

第一种是单纯因损伤致死。

这类死亡，损伤与死亡有直接因果关系，而与器质性疾病完全无关。因损伤严重，直接构成死因与疾病无关，如被打致心脏大血管破裂死亡。

第二种是外伤为主要死因，疾病为辅助死因。

对损伤与疾病并存的死亡，应具体分析死亡原因，判断损伤、疾病与死亡的关系，以明确责任。如前面宋慈所举的例子，老人没有被捂是不会死亡的，但因心脏有问题，则损伤亦为直接主要责任。

第四种是完全与外伤无关的死亡。虽有一定外伤，但与死因无关，而是由疾病引起的死亡。如一例年过 60 岁的老人，平时看上去身体还好，某日因故被人踢致左下肢皮肤损伤，一周后因严重的心脏病而死亡。法医学上，把死亡急骤、出人意料、自然死亡的情形称为猝死。本例老人就是因患严重心脏病而猝死，与一周前左下肢的皮肤损伤无关。

在实际检验中，法医所看到的死者都是不同的，每个死者都有共性和个性之分，损伤的共性存在于死者的个性当中。所以，法医在检验时一定要将损伤的共性和死者的个性有机结合，才能作出科学、客观、实事求是的鉴定结论。应该说，书本知识属于共性知识。例如损伤到一定程度，人才会死亡，它一定强调暴力状态、损伤工具、致伤部位、持续时间、打击次数、损害程度等。然而，实践中并非每个人都表现这样。像前面宋慈所遇到的老年人被捂，有时没有痕迹，与大多数情况下捂口鼻窒息死亡征象不相符。

因此，法医不但要重视死亡结果，还要留心死亡过程，分析个体与死因的关系。法医工作者是需要学习哲学等人文社会科学知识的。法医鉴定的死因分析充满了哲学道理。哲学的一个重要原理是"共性和个性"，反映了"案例记载和实际检案"的关系。由此，宋慈《洗冤集录》也深藏有哲学原理，值得深入研究。

一六、作　过　死

宋慈《洗冤集录·作过死》说："凡男子作过太多，精气耗尽、脱死于妇人身上者，真伪不可不察。真则阳不衰，伪者则痿。"

这段话意思是，凡男人纵欲过度，精气用尽、死于妇人身上的，必须查明其真伪。如果真是死于性交（也称为"腹上死"），则阴茎处于勃起状态，若非如此，则阴茎不会勃起。"因此，这种死亡被称为"作过死"。

为了理解宋慈《洗冤集录·作过死》记载这一内容，举一个日本的案例：

1984 年 11 月 3 日，日本东京都监察医务院解剖室里，上野正彦法医正在解剖尸体。灯光打在尸体上，围在解剖台旁的警官注视着法医手中的手术刀。法医用手术刀划开尸体的胸腹，将内脏一一取出，再仔细剖开内脏，认真检查。

上野正彦解剖的是一位肥胖老人的尸体。据说他是和一个年轻女人进入情人旅馆后，在性交中突然死去的。不过年轻女人趁乱逃跑了，法医无法了解详细的情况。

这位老人看起来像是病死的，但一想到那个逃跑的年轻女人，上野正彦又觉得有些蹊跷。三名负责调查案件的警官之所以会来到解剖现场，也正是这个原因。

这位老人的心脏肥大，他的大动脉和为心脏输送营养的冠状动脉都出现了重度硬化。上野正彦将尸体的头盖骨打开，并未发现外伤或者其他导致其死亡的病变，颈部也未出现异常。

在解剖的过程中，警方打来电话，站在上野正彦旁边的警官也因此了解到后续调查的情况。老人 69 岁，从事土木建筑行业。事发前天晚上，他和一个年轻女人走入一家情人旅馆。大约 1 小时后，前台接到女人的电话，电话中女人慌乱异常，基本听不懂她在讲什么。工作人员觉得事情有些诡异，于是立刻赶到他们的房间。在房间里，工作人员发现一个身材娇小的女人正在掩面哭泣，年纪大约 20 岁。被子上倒着一个身材肥硕的男人，一丝不挂地仰面躺着正在打鼾，但意识已经模糊了。工作人员当即跑出去拨打急救电话"119"，但再回到房间时却发现年轻女人已经不见了。救护车到达宾馆时，男人早已没了呼吸。没有人知道这个男人和女人叫什么，来自哪里，这是一起非正常死亡事件。

警方火速赶往现场展开调查。男人的脸上有明显的淤血，眼睑结膜下也出现了溢血点。他像是死于窒息，又像是死于突发疾病。

法医无法通过单纯的尸表检验来确定死因，只能将尸体送去进一步检验。上野正彦对死者的胃部进行了毒物检查，得到的结果呈阴性，可以排除服毒的可能。

上野正彦对负责调查案件的警官说："他大概是死于性交中的心肌梗死。"警官回道："估计卖淫女发现男人的情况不对，害怕牵扯到自己就跑走了。说她不负责吧，反正性质太恶劣，让我们也很难办。""法医，死者的妻子说她丈夫患有糖尿病，这十多年来都没有夫妻生活。这是真的吗？"

警官大概无法理解为什么男人会在性交中死去。上野正彦停下手里的活，与警察交谈起来。"糖尿病就像电线杆。""啊？那是什么？""就是在家里立不住，到了外面才站得直。"大家都笑了起来。"在家里立不住，到了外面才站得直。男人不过是拿糖尿病当借口骗自己老婆罢了。"

这时，警方也查出了年轻女人的身份。女人今年 18 岁，是咖啡厅的服务员。她和老人是今年春天认识的，相差 51 岁的两个人有时会发生关系，老人也会不时给她点零花钱。这次，老人确实是在性交中突发心肌梗死身亡的。

这种死亡其实并不少见。但在日本，人们并没有对这类死亡进行过专门的研究，上野正彦只得去医务院调查相关数据。通过调查，上野正彦发现每年都会发生将近 20 件该类事件，其中男性占绝大多数，但偶尔也会有女人死于性交。

根据上野正彦长期验尸、解剖的经验来看，年轻的男人一般都有纵欲的倾向，基本没有多少人会因此死亡。但老年人或有潜在疾病的人就不一样，可能会死亡。《洗冤集录》中说，如果真是死于性交，则阴茎处于勃起状态，如果不是，则阴茎不会勃起。上野正彦高度评价中国在这方面作出的努力。为了洗刷不白之冤，中国在日本镰仓时期就已经出版了这部含有大量法医学知识的著作。

上野正彦从宋慈《洗冤集录》中找到了这种死亡的最初说法。"作过死"、"脱阳死"指的就是这种死亡。在朝鲜半岛，人们还会用"腹上死"（死于妇人身上者）这个词来描述这种死。也许在很早之前，这个词就是经朝鲜再传到日本的。

更有趣的是，在台湾地区，人们将性交中的突然死亡称为"上马风"，性交后的死亡称为"下马风"，两者统称为"色风"。真不愧是讲究文字的地方，用的词都如此文雅，着实令人佩服。

在日本，其实并没有加以细分，只是通俗地称之为"腹上死"。也许是字面的原因，很多人误以为"腹上死"只是指性交中的猝死。但这种认识是不正确的，事实上性交后的死亡也应包含在内，"腹上死"也就是台湾人所说的"色风"。

此外，还有人把女性在性交中的死亡戏称为"腹下死"，这种说法很有意思，但完全是胡说的。而且，"腹上死"这个词描述的是死亡时的状态，并不是死亡的原因。

比如说，一个人因交通事故导致颅骨骨折或者脑挫伤而死亡，他的死亡原因就是颅内出血、脑挫伤，但人们之所以说他是交通事故死，只是为了描述当时的状态，并不是死因。所以，"腹上死"的死因是心肌梗死或者脑出血，因而厚生省（日本负责医疗卫生和社会保障的部门）也无法对"腹上死"的案例进行统计。想要得到相关数据，只能走访负责调查死因的监察医务院等机构。

一个人在性交中突然死去了，这有可能是非正常死亡。所以，遇到这种情况时，应该在接受了警方的问话后，将尸体交给法医进行尸体解剖。

但是，从这种事情的性质上来说，一般人都会出于害羞而支支吾吾。所以，反过来说，警察在调查中往往会怀疑那些明明身处死亡现场却在关键处闪烁其词的人。

作者报道过两例。其中一例是一位45岁的男性中年人，因妻子病逝多年一直未再婚；某夏天的夜晚与一女子在校园的树林中发生性关系时突发病亡。经尸体解剖发现其患有重症冠心病。在排除暴力死后鉴定其为性交过程中发生冠心病猝死，分析其紧张、激动和性交本身是发生猝死的诱因。这是因为性交作为一种生理活动本不会危及生命，但若原患有某种潜在进展性疾病却可诱发猝死。

碎尸与检验

——七、尸首异处

宋慈《洗冤集录·尸首异处》说："凡验尸首异处，勒家属先辨认尸首，务要仔细。""打量尸首顿处四至讫，次量首级离尸远近，或左或右，或去肩脚若干尺寸。""肢解手臂、脚腿，各量别计，仍各写相去尸远近。却随其所解肢体与尸相凑，提捧首与项相凑，围量分寸。""一般系刃物斫落。若项下皮肉卷凸，两肩并耸，系生前斫落；皮肉不卷凸，两肩并不耸，系死后斫落。"

这段话的意思是，在实际检验中，对于尸首异处这样的碎尸案，第一，要家属仔细辨认尸体；第二，在检验碎尸案时，要在现场将尸体的位置、方位测量清楚；第三，要测量碎尸的头颅与尸体躯干距离有多远，分离的头颅是在躯干的左侧还是右侧，离肩脚距离多少；第四，如果是肢解手臂或腿脚的，也要测量各自距离，并要分别作出各自离躯干的远近距离；第五，被肢解的四肢要与躯干相拼凑，再把分离的头颅与颈项相拼凑；第六，对于刀斧类砍落头颅的碎尸案，假如项部"皮肉卷凸"是生前砍下的，而假如"皮肉不卷凸"

则是死后砍下的。

电视剧《大宋提刑官》里有一个故事：杜松当堂喊冤，刁知县却也不怒，好言道若交不出李氏，只得将杜松收监，李氏何时出现本案何时具结。时隔半年之后，贾博古来催知县结案。刁光斗绵里藏针地问贾何以对此案如此尽心？贾只得再奉上一张银票。于是，刁知县便对杜松动了酷刑，但杜松死不认罪。宋慈下县暗访，路遇李丁运姐姐尸骨回家。宋慈问一堆尸骨何以就能确认死者是令姐？李丁说敢认下姐姐的尸骨，全凭一对祖传银镯。宋慈取镯细看良久，或有发现，遂假称高人，劝李丁停棺七日再下葬。李丁听从了。宋慈入城后，在茶肆听到议论，棺材店老伙计说李氏尸骨里藏着蹊跷。宋慈当即就去桃花渡作实地勘查，果然可疑。渡船上，又意外得知向官府报称找到李氏尸骨的正是这位以摆渡为业的船家。宋慈向杜松母亲探问事因。老人迟疑地说起一件事：去年夏天，她亲眼见儿媳玉儿与秀才老爷说些调笑之语。老人怕惹祸水，便将此事压在心里。宋慈赶到李丁家，对那具李丁接回的尸骨进行检验。结果发现，那是一具男子的碎尸尸骨。宋慈遂把贾博古作为本案最大的嫌疑人。

看了宋慈《洗冤集录》对碎尸案的检验，让我们看看现代对碎尸的检验，并进行比较。

现代法医学对碎尸的检验，一般多为无名尸，检验时除按无名尸要求外，主要如下：

一是详细了解发现当时的情况，抛尸现场的响动及有无谈话对话内容、口音等；现场的地形、地貌等是否隐蔽，交通工具能否到达，现场附近是否有停车痕迹等。

二是认真勘查抛尸现场，重点是勘验、考证和研究运载、包装物品，有无名称、代号、标记等，捆绑的绳索，加工材料质量、型号、打结方式等情况。

三是杀人手法。根据尸检所见头部有无打击伤、颈部有无卡扼伤痕；胸、腹部有无刺伤等，可推断杀人手法和可能死因。此外还应该注意是否为投放安眠药或者毒物、麻醉剂致死后再碎尸的。碎尸案中以打击头部、扼颈部和刺伤胸腹器官致死后碎尸为多见。

四是碎尸工具。根据各碎尸块断面的特征可推断碎尸工具的种类和性状。如断端创面窄小，皮瓣拖尾伤痕多，创面不整齐，则为刃面窄的，刀刃不够锋利的小型刀具切割形成；断端骨质如有锯痕，应测算出锯齿间距和锯路大小，常见的碎尸锯子多为钳工用的钢锯，检验鉴定时应注意鉴别，应尽量提取骨断面的金属粉末以备与侦察中获取的可疑钢锯的金属成分用扫描电镜进行元素分析，作定量对比检验。

五是犯罪的职业技能推断。根据碎尸解离法，如四肢关节、脊柱的解离干净利落，对关节面不造成明显损伤者，尤其是脊柱椎间关节，多为具有解剖知识，熟悉解剖部位者所为。

六是个人识别。碎尸案的罪犯抛尸灭迹往往不是在同一时间同一地点将全部尸块抛出，即使是一次性抛完，也常常是在不同的地点先后发现。因此，尸检时需提取血痕、毛发或者骨骼做血型检验，加以识别。必要时须将断端骨骼取下，供进一步发现或寻找到尸块时作断端吻合比对，以作出是否为同一个人的认定。

七是碎尸现场环境的推断。认真、仔细地提取碎尸块上的微量黏附物及包装物内的黏附物，送实验室做扫描电镜、质谱、离子光谱或者中子活化微量物证检验，可推断碎尸环境。

现代法医学把碎尸定义为用暴力手段将完整的尸体破坏分解成数段或者数块碎尸。碎尸的目的是为了便于移尸、抛尸毁灭证据，逃脱罪行。把宋慈《洗冤集录》介绍的古代碎尸案和现代碎尸案检验进行比较，不难看出二者检验手段和目的没有太大变化，只是后者科技含量更高些而已。从历史角度看检验力量，从现实角度看检验重要性。从这一点出发，真的要为宋慈叫好，宋慈奠定的法医学检验基础，至今仍有指导意义，他的法医思维一直受后人尊重！

昆虫与检验

——八、晒　镰　案

《洗冤集录》中记录了一些刑事案例和检验手段，的确是非常有效的检验手段，令人拍案叫绝。

《洗冤集录·疑难杂说下》说了一个晒镰刀的案子：有个官员在检验一具在大路边上被杀死的尸体时，开始怀疑这死者是途经此地的强盗杀死的。可是，后来点检死者的遗物，发现死者的随身衣物都在，没有什么财物损失。在尸体检验时，又发现死者遍身被镰刀所伤的伤口有十多处。这个检验官员说："强盗只是为了杀了人容易取财物，现在财物都在而伤口却多，莫非是为了什么冤仇而杀人的吧？"

那官员把左右的随从都支走，暗中把死者的妻子叫到跟前来问话，问道："你丈夫一向和什么人的冤仇最深？"死者的妻子回答说："我丈夫自来与人没有什么冤仇，只是近日有某某人和我丈夫为了债务上的问题，曾经说过总有一天要杀了我丈夫的话，不过并不是冤仇很深的人。"那检验官员打听了那人的住址后，派出一些衙役到那户人家附近传话："各家各户要把所有镰刀全部交出来，让大老爷来检验。敢有隐藏的，就一定是杀人贼，立刻就要抓起来彻底查究！"不久，居民交出的镰刀一共有七八十把。官员命令衙役把镰刀全都排列在地面上，这时正值盛暑季节，只见到很多苍蝇集中在一把镰刀上飞舞。

检验官员指着这把镰刀大声喝问："这是谁的镰刀？"居民们沉默了一会，忽然有一个人出来说这是他的，检验官员一看，果然是为了债务曾经和死者争吵，并宣称总有一天要行凶的那个人。检验官员厉声命令衙役把那人抓起来，带回去审讯。那人仍然嘴硬，连声喊冤枉。检验官员指着镰刀说："你自己好好看一看！其他人的镰刀都不引苍蝇过来，只有你杀人的镰刀血腥气犹在，苍蝇如此集聚，你还想隐瞒吗？"周围的人们听他一说，都不由得发声赞叹，而那个杀人者只得趴到地上叩头求饶，表示愿意服罪。

宋慈这一记载后来被人写成《大宋提刑官》故事。在"毛竹坞无头案"中，苍蝇充当了重要的破案线索。毛竹坞横着一具外乡人的尸体。提刑衙门接到报案后，宋慈亲领捕头王到现场验尸。毛竹坞出了命案，令村民惶惶不安。

村中族老担心怕从此毁了毛竹坞的名声，就商量着找宋大人诉说毛竹坞的百年好村风，暗示毛竹坞绝无杀人狂徒；宋慈也给老人们吃颗定心丸：若无确凿证据，绝不会妄断命案！老者离去，宋慈却对一家门前围聚的大群苍蝇看得入神，向瞎子阿婆打听后，知道那是众口皆碑的大善人何老二的家。

村中族老认为，老实巴交的和老二会杀人就等于太阳从西边出来。宋慈以事实说话，要求将各家的篾刀悉数收缴查验。宋慈在将军庙前开设公堂，公开审案。百余把篾刀摊放在地，苍蝇聚来，却只叮其中一把，而那把杀过人的篾刀上刻着何老二的名字，结果证明杀人凶手真的是何老二。

苍蝇的嗅觉非常灵敏，尤其是血腥味，苍蝇在动物死亡 10 分钟内就会赶到现场。因此苍蝇被誉为"死亡现场第一见证人"和"刑事警察的探案向导"。苍蝇的嗅觉感受器长得很怪，不仅在其口的周围触角上，而且在脚上分布着无数嗅觉。每个感受器都是一个小空腔，与外界大气相通，里面含有上百个神经细胞，嗅觉极为灵敏，特别是腥臭味。当一只苍蝇吸吮腥味后，就会放出一种招引同类的特殊气味的物质，因而苍蝇群集而至，越聚越多。我国古代官吏凭借经验，明白苍蝇嗜血逐臭的特点，从而利用苍蝇巧破奇案。

宋慈应用血腥味吸引苍蝇的原理，开创了法医昆虫学的先声。现代法医昆虫学就是在以后不断研究、实践、总结后才发展起来的。宋慈真不愧为法医学的鼻祖！

不过，这里还要提到的是，宋慈的故事，在全世界都受人推崇！美国电视剧《犯罪现场调查》（CSI）以其严密的现代法医技术破案吸引了全世界的观众。《犯罪现场调查》中的葛瑞森（Grissom）十分崇拜和敬仰宋慈，他将宋慈视作世界法医学鼻祖。其中一集葛瑞森给莎拉讲述了一个个关于宋慈的现场破案故事。其中，讲到昆虫破案故事时，就专门介绍："早在公元 1235 年，当时中国一个官员写的一本名叫《洗冤集录》的书，首次以实际案子介绍了运用昆虫学知识来推断犯罪行为的司法科学。"葛瑞森介绍的案子就是"晒镰案"。

一一九、鱼玄机杀人案

宋慈《洗冤集录·四时变动》说："夏三月：尸经一两日，先从面上、肚皮、两胁、胸前肉色变动；经三日，口鼻内汁流、蛆出，遍身胀，口唇翻，皮肤脱烂，胮[疹]起；经四五日，发落。"

这段话的意思是，在夏季的三个月中，尸体经过一两天，先从面上、肚皮、两胁、胸前肉色发生变化。经过三天，口鼻内液体外流，蛆虫出现，周身膨胀发臭，口唇翻张，皮肤脱烂，疱疹起。经过四五天，毛发脱落。

人死后，出现腐败，发臭，生蛆。这在宋代以前就有案子记载，鱼玄机杀人案就是一例。

鱼玄机，唐代四大女诗人之一，其诗作现存五十首，收于《全唐诗》，有《鱼玄机集》一卷。鱼玄机原名幼薇，字慧兰，生于唐武宗年间，五岁诵诗，六岁习作，七岁能背诵《诗经》，十一二岁小有名气。而最欣赏她的人，还是当时的大诗人温庭筠。在鱼玄机的父亲去世后，母女相依为命，搬到西安平康里妓院聚集地居

唐代女诗人鱼玄机

住，平日里做一些浆洗，用以糊口。温庭筠慕名而来，找到鱼玄机，让她当场以"江边柳"为题赋诗一首，小姑娘不慌不忙地念道：

江 边 柳

翠色连荒岸，烟姿入远楼；

影铺春水面，花落钓人头。

根老藏鱼窟，枝底系客舟；

萧萧风雨夜，惊梦复添愁。

温庭筠为其才华折服，做了她的老师。不久温庭筠离开长安，鱼玄机写下一首诗表达思念远人。

遥 寄 飞 卿

阶砌乱蛩鸣，庭柯烟雾清；

月中邻乐响，楼上远日明。

枕簟凉风着，谣琴寄恨生；

稽君懒书礼，底物慰秋情？

温庭筠和鱼玄机一直保持着介于师生与朋友之间的特殊暧昧关系。唐懿宗年间，温庭筠回到了长安。一天，二人到城南风光秀丽的崇贞观中游览，见到一群新科进士在争相题作。鱼玄机羡慕不已，悄悄在墙上题下：

云峰满月放春晴，历历银钩指下生；

自恨罗衣掩诗句，举头空羡榜中名。

这首诗被初到长安的名门之后李亿看到，他非常倾慕鱼玄机的才华，而且他又与温庭筠有一面之识，于是找到温庭筠，请他帮忙引见。在温庭筠的帮助下，李亿心满意足地把这个才女娶进了家门，并把她安置在林亭别墅里。但鱼玄机知道，温庭筠此时已抛弃了她。

李亿的原配裴氏不好惹，闻讯赶来，一进门，不由分说就把鱼玄机鞭打了一顿，没过两天，就逼李亿写下休书，把她轰了出去。李亿暗地里在曲江一带找到一处僻静的道观——咸宜观，又捐出一笔数目不小的油钱，把鱼玄机安顿在那里，"玄机"的法号就是观主给起的。

过了几年，李亿也抛下鱼玄机，和家小到扬州任官去了。鱼玄机深受打击，此时观主已经逝世，观中只有鱼玄机一人，她的寂寞可想而知。鱼玄机一改以往的洁身自好，尽情放纵起来。她在观中收了几个徒弟，充当侍女。在观外贴出"鱼玄机诗文候教"，顿时观中宾客盈门，香客文人与鱼玄机整日品茶谈诗，相貌英俊者则被她留宿观中。

有位有村姑到鱼玄机的咸宜观里烧香，哭诉被人所弃。鱼玄机写了一首诗送给她。

赠 邻 女

羞日遮罗袖，愁春懒起床。

易求无价宝，难得有心郎。

枕上潜垂泪，花间暗断肠。

自能窥宋玉，何必恨王昌？

有一天，观中来了一位身材魁梧、举止清雅的乐师陈韪打动了她的芳心。第二天夜里就悄悄前来，二人如胶似漆。

鱼玄机观中的几个徒弟渐渐大了，每天耳濡目染继承了不少鱼玄机的妖媚本事。一个叫绿翘的就与陈韪有了瓜葛。

一天，鱼玄机回来后，绿翘对她说："陈韪来找您，见您不在，就走了。"

鱼玄机心想陈韪每次都等她回来，今天为什么走了？再看绿翘面颊微红，头发蓬松，心下顿时明白了。

于是，她把绿翘叫进房内，令其脱下衣服仔细检查，发现胸前有指甲的抓痕。鱼玄机拿起藤条向她拍打，严厉责问。绿翘却反唇相讥，历数鱼玄机的风流韵事。鱼玄机一气之下抓住绿翘的脖子把她的头往墙上撞，等到她松开手时，发现绿翘已经气绝身亡。鱼玄机趁天黑把绿翘的尸体埋在院子里。

不料，一位客人在院中发现许多苍蝇聚在泥土之上，还见到蛆虫在翻滚，觉得非常可疑。血腥招蝇，疑有命案，于是报官。官衙中派人来检验，驱开飞蝇，挖开浮土，见到了蛆虫和绿翘的尸体。至此，案破。鱼玄机被带至公堂，问案官员叫裴澄。大堂之上，鱼玄机承认自己杀了人。此时的鱼玄机，一心求死。经过多人过堂，也有多人求情，最终鱼玄机杀人案被交给了当朝天子判决，结果是：斩立决。

据说，在处决前，鱼玄机说话了："我鱼玄机素来自命清高，与无数男子有染也是为了引起温飞卿（温庭筠，字飞卿）的注意，要让老师温飞卿再如最初一样关心、疼惜我。而温飞卿却越来越蔑视我。"说完，鱼玄机示意刽子手动手。

上述案例说明，早在唐代，我国已有利用蛆虫破案的例子，但并没有系统研究和全面总结。分析宋慈《洗冤集录·四时变动》，我们可以了解到，宋慈介绍的是夏天尸体腐败的规律，但"蛆出"并不是尸体本身变化，而是苍蝇在尸体上产卵孵出蛆虫。为什么宋慈要这样介绍呢？我们知道，我国古代有个成语叫"如蛆附骨"，意思是蛆虫总是在尸骨上爬来爬去，形容竭尽所能都无法摆脱。与"如影随形"意思一样，就好像影子老是跟着，比喻两个事物关系密切或两个人关系密切不能分离。宋慈把尸体现象和"蛆虫出现"联系起来，把法医昆虫学引入尸体检验，把前人案例和自己经验写入《洗冤集录》，大大提高了检验水平，这是宋慈在法医学上的又一重大贡献。

一二〇、死后虫鼠犬伤

宋慈《洗冤集录·死后虫鼠犬伤》说："凡人死后被虫鼠伤，即皮破无血，破处周围有虫鼠啮痕踪迹，有皮肉不齐去处，若犬咬则痕迹粗大。"

这里宋慈介绍昆虫、老鼠和犬三类动物对尸体的破坏。虫、鼠伤："破处周围有虫鼠啮痕踪迹，有皮肉不齐去处"；犬破坏尸体："痕迹粗大"；动物毁尸特点："皮破无血"。宋慈在《洗冤集录》其他章节还介绍蛆虫对尸体的破坏，并描述"鼻内汁流蛆出"，把"蛆出"和死亡时间及法医昆虫学等作了详细介绍。

在现代法医学实际检案中，动物对尸体的破坏，以上述昆虫、鼠和犬三类较为常见。此外，鸟类、水生动物毁坏尸体也时有所遇。认识动物对尸体的毁坏及其特点，注意与生前损伤或疾病的形态变化相鉴别。

一是昆虫对尸体的毁坏。蝇蛆、蚂蚁、蟑螂等多种昆虫都能毁坏尸体，其中最常见的是蝇蛆和蚂蚁。

蝇蛆对尸体的毁坏，在法医学检验中比较常见，而且蝇蛆生长迅速，对尸体软组织的破坏很快。在夏季，如果没有防蝇设备，苍蝇即能在死者口角、鼻孔、眼角、外耳道、肛门、外阴部、创口等处产卵。这些卵经10～30 小时，即可孵化成蛆。蛆虫能分泌

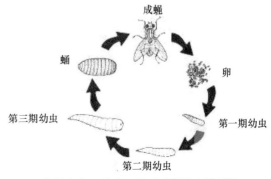

苍蝇由卵、幼虫、蛹至成蝇的生活周期

一种溶解蛋白质的液体，使尸体软组织溶解消失，而蛆则从中吸取营养逐渐长大，变成蝇蛹，进而成长为苍蝇。蝇蛆对尸体软组织破坏的速度是惊人的，在夏季，婴儿尸体在 6～8日内，成年人尸体在 3～4 周内，就会被蝇蛆吃尽软组织，而只剩下骨骼。蝇蛆毁坏尸体有蛆虫或蛹壳可见，容易鉴别。另外，根据苍蝇的生活史还可判断死亡时间。

蟑螂有很多名称，正式名称为蜚蠊，而根据不同品种，又有大蠊、小蠊、光蠊、蔗蠊、土鳖等名称或种名。蟑螂对尸体破坏的特点是多在口鼻眼等处见细小咬痕，因蜚蠊携带多种病原体如沙门副伤寒甲乙菌、铜绿假单胞菌、变形杆菌、青霉、黄曲霉等多种细菌，蟑螂啃咬破坏尸体后加速尸体腐败。

蚂蚁对尸体的破坏多发生在表皮剥脱或皮肤柔软的部位。有时形成皮肤咬伤，有时形成大小不等的圆形、椭圆形或近似方形的组织缺损，切开皮肤，有时可以见到蚂蚁群集。

二是鸟类对尸体的毁坏。乌鸦和鹰等鸟类亦可毁坏尸体，被称为墓地或天葬场猛禽。乌鸦和鹰等啄食尸体，可造成皮肤、肌肉缺损，边缘不整，深浅不一，有扭转、撕扯伤痕，有时可见鸟类爪痕。

三是水中动物对尸体的破坏。水中的鱼、蟹类动物，多咬食尸体的突出部位、软组织，可形成边缘不整齐的死后损伤。

四是陆上哺乳动物对尸体的破坏。老鼠咬伤尸体的特点是：多在眼睛、嘴唇周围，耳郭和其他暴露部位亦可见到。其损伤一般创口不大，创缘不整齐，有锯齿状啮痕，通常较浅，可达皮下肌膜。犬咬食尸体破坏性较大，有的甚至发生肢体断离。被咬伤的尸体呈撕裂状，创面肌肉纤维不整齐，骨质上可遗留犬齿咬痕；在尸体上可见条状犬爪搔痕，衣服上和现场可能遗留有犬毛。

动物毁尸，也称动物对尸体的破坏，在法医学上比较常见。认识动物毁尸，对法医学鉴定十分重要，对判别生前死后伤、人为或动物所致等有实际意义。从上面的资料可以看出，早在 700～800 年前，宋慈就注意到暴力伤、生前伤、死后伤及昆虫和动物对尸体破坏的研究，我们不能不佩服宋慈的智慧，不能不感到宋慈《洗冤集录》的现代研究价值！

一二一、昆 虫 记

宋慈《洗冤集录·四时变动》说："暑月，九窍内未有蛆虫，却于太阳穴，发际内，两胁，腹内先有蛆出，必此处有损。"

这段话的意思是，在夏天，当现场发现尸体时，检验官员不要只盯着眼、耳、鼻、肛门（阴道）孔窍里的蛆虫。要注意了，在九窍内没有蛆虫，却在太阳穴部位、发际内、两胁部或腹部发现蛆虫，而且这些部位先于九窍出现蛆虫的，必然这些部位有裂创出血的损伤！

为什么宋慈会这样推断呢？宋慈这些推断有什么价值呢？

苍蝇对血腥和尸臭很敏感，能通过嗅觉很快地寻觅尸体。据研究，苍蝇对尸体氮的灵敏度很高，0.04mg/L 的浓度即有反应。苍蝇产卵也是依赖嗅觉，通常在尸体口、鼻、肛门等孔道处或创口处产卵。所以，宋慈提到的"镰刀集蝇"、"九窍蛆出"等观察是正确的。特别是提到"九窍无蛆却在其他地方有蛆而断定该处有伤"的分析相当精辟，这对现代法医学尸体检验仍有借鉴意义。关于尸体上蛆虫的来源，许慎《说文解字》中称"蛆，蝇乳肉中虫也"，已认识到蝇与蛆有关系。宋代《续博物志》中记载："物腐则蛆出。蛆生蝇，蝇自生蛆，岂有穷乎。"这一观点进一步明确蝇与蛆的关系，但没有认识到是通过产卵孵化成幼蛆，成熟蛆，再化蛹为蝇这样的生活周期，是认为"蛆生蝇，蝇生蛆"，二者互为母体。直到李时珍《本草纲目》才澄清了这一事实："蝇，处处有之，夏出冬蛰，喜暖恶寒。蛆入土化为蝇，如蚕之化蛾也。"用蚕由卵到蚕幼虫，化蛹为蛾的生活周期来介绍蝇的生活史，是再恰当不过了！宋慈把镰刀集蝇和尸腐蛆出内容记载下来，特别是利用"镰刀集蝇"破案。可见，我国利用昆虫学断案的历史是相当悠的。国外法医昆虫学发展较迟，直到 17 世纪初，欧洲人还认为蛆虫是在适宜条件下在腐肉中自然产生。Francesco（1668）首先用实验证明腐肉中的蛆虫来源于蝇类所产的卵。正是这些昆虫学基础理论的研究，以后出现的昆虫学分类、生活史、生理学、地理分布等研究，于 18 世纪中叶在欧洲诞生了现代昆虫学，从而为法医昆虫学的诞生奠定了基础。

原来，人死后，蛆虫如影随形出现，马上到达尸体产卵出蛆，一般先在眼、耳、鼻、肛门（阴道）所谓九窍内出现。而创口有血迹时，苍蝇会先到达创口部位产卵出蛆。所以，当九窍内没有蛆虫，却在太阳穴部位、发际内、两胁部或腹部裂口发现蛆虫，而且这些部位先于九窍出现蛆虫的，必然这些部位有裂创出血的损伤。这就是宋慈的推断依据！这就是法医昆虫学内容。可见，我国早在 13 世纪就对法医昆虫学有深入研究了。

前文讲到，18 世纪中叶在欧洲才诞生现代昆虫学。但有人会说，欧洲有《昆虫记》。《昆虫记》，也叫《昆虫物语》、《昆虫学札记》和《昆虫世界》，是法国杰出昆虫学家法布尔的传世佳作，亦是一部不朽的著作。它不仅是一部文学巨著，也是一部科学百科。《昆虫记》被誉为"昆虫的史诗"，鲁迅把《昆虫记》奉为"讲昆虫故事"、"讲昆虫生活"的楷模。

西方人为这部 20 世纪出版《昆虫记》的书而感到自豪，因为它以人性关照虫性，是将昆虫世界化作供人类获得知识、趣味、美感和思想的美文，让世界读者领略昆虫们的日常生活习性及特征等。《昆虫记》作者被当时法国与国际学术界誉为"动物心理学的创导人"。在晚年，法布尔出版了《昆虫记》最后几卷，使其在欧洲各国，乃至在全世界，为广大读者所熟悉。

可是，法布尔的《昆虫记》还是没有中国宋慈《洗冤集录》出名，宋慈早在 13 世纪就用昆虫破案的故事，家喻户晓，而且，形成早期法医昆虫学。换句话说，《昆虫记》是一部科普读物，而宋慈《洗冤集录》是一部法医学著作。直到今天，我们还在津津乐道地谈论宋慈《洗冤集录》。

这里，再看看《洗冤集录》中有关法医昆虫学的记载和描述。

《洗冤集录》中有关昆虫学的内容达 15 处。在二～五卷中，涉及利用苍蝇生活习性检案的 3 处，利用蛆虫生长发育推断死亡时间的 2 处，蛆虫破坏尸体与验尸关系的 5 处，用蛆虫命名人体解剖学骨名的 1 处，服用有毒昆虫中毒症状的 2 处，有毒腺昆虫蜇人致伤亡的 1 处，死后昆虫对尸体破坏的 1 处。

1. 利用苍蝇生活习性检案

前文的晒镰案即是最好的例证。

2. 利用蛆虫生长发育推断死亡时间

宋慈说："盛热，尸首一日即皮肉变动，作青黯色，有气息。三日，皮肉渐坏，尸胀蛆出。口鼻汁流，头发渐落。"（见《宋提刑洗冤集录》卷二之十《四时变动》）宋慈说："秋三日，尸经二三日，亦先从面上，肚皮，两胁，胸前肉色变动。经四五日，口鼻汁流，蛆出，遍身肿胀，唇翻，疱疹起，经六七日发落。"（见《洗冤集录》卷二之十《四时变动》）

四时变动即指死后尸体在不同季节随死后经过时间而呈现的变化，即现在所说的尸体现象。这里宋慈把尸体现象与昆虫毁坏尸体编在一起，一直影响迄今，目前的法医学著作中还是把这一内容放在尸体现象一章中介绍。事实上，尸体现象和昆虫对尸体破坏不同。前者是人死后随着时间推移，在尸体上发生的死后变化；而昆虫破坏是人死后昆虫侵袭并嗜食尸体，与其他动物毁坏尸体属同一类型。法医学上，把尸体现象分为早期尸体现象和晚期尸体现象；又可分为几个阶段，即尸体微生物腐败阶段，尸体昆虫破坏阶段，尸体不完全白骨化阶段，尸体完全白骨化阶段。无论在早期或晚期尸体现象阶段，昆虫都不断侵袭尸体并破坏之。因此，人死后昆虫就参与破坏尸体不是因为尸体腐败后"尸胀"或"汁流"才"蛆出"，而是尸臭、血腥招引苍蝇产卵，然后孵化出幼蛆破坏尸体。尸体现象与昆虫侵袭虽然关系密切，但不能混为一谈。二者研究的条件方法不同，理论基础也不同。关于利用昆虫学知识推断死亡时间，宋慈已认识到"夏季三日"、"秋季四五日蛆出"的规律，即利用尸体出现蛆虫推断死亡时间。但蛆虫的不同种属、不同大小（蛆龄不同），不同的地理环境，不同温湿度条件下，其出现规律是不同的，可见宋慈的这一发现只是粗略的观察结果。从现代法医昆虫学的研究来看，暴露于空气中的尸体经历死后变化的每一阶段均有与之相应的节肢动物种类昆虫参与。

3. 蛆虫破坏尸体与验尸关系

宋慈说："复检，如尸经多日，头面胖胀，头发脱落，唇口翻胀，两眼迸出，蛆虫咂食，委实坏烂，不通措手，若系刃伤、他物、拳手足踢痕虚处，方可作无凭复检状申。如是他物及刃伤骨损，应冲洗仔细验之，即须于状内声说致命，岂可作无凭检验申上。"（见《宋提刑洗冤集录》卷二之七 《复检》）宋慈说："若避臭秽，不亲临，往往误事。遇检，切用猛闭口，恐秽气冲入。量杆四至迄，用水冲去蛆虫、秽污，皮肉干净，方可验。"（见《宋提刑洗冤集录》卷二之二十四《验坏烂尸》）宋慈说："尸首坏烂，被打或刃伤处痕损，皮肉作赤色，深重作青黑色，贴骨不坏，虫不能食。"（见《宋提刑洗冤集录》 卷二之十四《验坏烂尸》）。宋慈强调："凡检验无凭之尸，宜说头发褪落，曲鬓、头面、遍身皮肉，并皆一概青黑，皮坏烂，及被蛆虫哑破，骨殖显露去处。""凡验原被伤杀死人，经日尸首坏，蛆虫哑食，只存骸骨者，原被伤痕，血粘骨上，有干黑血为证。若无伤骨损，其骨上有破损，如头发露痕，又如瓦器龟裂，沉淹损路，为验。"（见《宋提刑洗冤集录》卷三之十八《论沿身骨脉及要害去处》）

宋慈在《洗冤集录》中5处提到验尸不能因蛆虫破坏而放弃，并认为蛆虫常不易破坏外伤所致骨折或骨膜、深部肌肉出血，应坚持验尸。这一观点是正确的。值得提及的是，宋慈在描述蛆虫取食尸体时用"哑食"一词也很讲究。"哑"即吮吸的意思，蛆虫取食尸体时由口内吐出含消化酶的唾液，使皮肤表皮层和真皮层溶化，然后吮吸其溶化的组织成分，使皮肤留下黑色的小圆洞。当然，宋慈在这里提出的用水冲洗蛆虫而不是收集培养研究以及"无凭检验"等是现在所不提倡的。

4. 用蛆虫命名人体解剖学骨名

宋慈说："尾蛆骨若猪腰子，仰在骨节下。男子者，其缀脊处凹，两边皆有尖瓣，如棱角，周布九窍。妇人者，其缀脊处平直，周布六窍。大小便各一窍。"（见《宋提刑洗冤集录》卷三之十七《验骨》）用蛆虫来命名人体解剖学骨名，说明当时对蛆虫认识较为普遍，这也可能是当时法医学能对尸体上蛆虫进行观察的科学基础。

5. 服用有毒昆虫的中毒症状

宋慈说："中虫毒，遍身上下、头面、胸心并深青黑色，肚胀，或口内吐血，或粪门内泻血。"（见《宋提刑洗冤集录》卷四之二八《服毒》）

宋慈介绍："金蚕蛊毒，死尸瘦劣，遍身黄白色，眼睛塌，口齿露出，上下唇缩，腹肚塌。一云如是：只身体胀，皮肉似汤火疱起，渐次为脓，舌头、唇、鼻皆破裂，乃是中金蚕蛊毒之状。"（见《宋提刑洗冤集录》）卷四之二八《服毒》）

虫毒，即指蛊毒。早在殷墟甲骨文中已有"蛊"字，其后《左传》《周礼》《汉唐律》以至历代医书都有蛊毒的记载。《本草纲目》蛊虫（下）说：造蛊的人把数百种毒虫装在器皿中，互相咬伤，最后生存的那一条就用来做蛊。又说蛊虫不止一种，有晰蝎蛊、蜣螂蛊、马蝗蛊、金蚕蛊、草蛊等。宋慈《洗冤集录》中把蛊毒症状加以介绍，以便检验人员识别。虽然蛊毒很多，但宋慈只重点提到金蚕蛊一种，并把这种蛊的两种症状加以描述。一种症状是"死尸瘦劣，遍身黄白色，眼睛塌，腹肚塌"，这是脱水的典型症状；另一种症状是"身体胀，皮肉似汤火疱起"，这是皮肤接触性局部损害的症状。按现代昆虫学研究，能引起这两种症状群的昆虫主要是隐翅虫科、芫菁科、棒角甲科和拟天牛科四类甲虫。这些甲虫不少在幼虫为蛆形，成虫有一对带有金属光泽的坚硬被甲——翅，翅上有多种花纹，与古人说的"金蚕"相吻合。另一特点是这些甲虫的体液内含有芫菁素的毒质，当虫体被压碎后，口服可引起剧烈的胃肠道刺激症状，表现为呕吐、腹泻，甚至脱水死亡；若把压碎的虫体液与皮肤接触能引起皮肤红斑、起疱，甚至溃烂、坏死。其中斑蝥为剧毒中药，曾用作堕胎剂或治疗月经不调。在宋慈年代已认识到某些甲虫捣碎物造成的两种不同途径的中毒症状，说明当时有关昆虫中毒的研究已达到相当的程度。

6. 具有毒腺的昆虫蛰人致伤亡

宋慈说："凡被蛇虫伤致死者，其被伤处微有啮损黑痕，四畔青肿，有青黄水流，毒气灌注四肢，身体光肿、面黑。如检此状，即须定作毒气灌着甚处致死。"这里宋慈把蛇、虫伤合并一处介绍，这些虫具有蛇那样的"毒"，并且常在四肢暴露部位伤人后留下"微损黑痕"，出现肿胀、坏死，全身中毒症状，甚至死亡。能使人出现以上症状的昆虫，主要是蝎、蜈蚣、毒蜘蛛、蜂类等。这些昆虫具有"毒器"和毒腺，如蜂类的蛰针、毒蜘蛛的肢、蝎子的腹部尾状钩、蜈蚣的颚肢。有毒腺昆虫通过毒器将毒腺液注入人体而致中毒。

7. 人死后昆虫对尸体的毁坏

宋慈说："凡人死后被虫、鼠伤，即皮破无血，破处周围有虫、鼠啮痕踪，有皮肉不齐去处，若犬咬则痕迹粗大。"（见《宋提刑洗冤集录》卷五之四八《死后虫、鼠、犬伤》）这里是指人死后易混淆较小的早期尸体破坏。宋慈把虫、鼠、犬伤三者放在一起介绍，鼠、犬有牙齿，其对尸体的毁坏与昆虫不同。从现代法医昆虫学研究来看，主要指蚂蚁和蟑螂。蚂蚁属膜翅目蚁科，有坚硬的咀嚼式口器，在温暖季节，暴露于砂砾地上的尸体常受到蚂蚁的侵袭。蚂蚁成群结队地在尸体上爬，造成类似擦伤、凹凸不平、地图状的浅表创面。蟑螂属直翅目蜚蠊科，具有发达的咀嚼式口器。蟑螂所致的皮肤损伤，常见表皮层剥脱呈细小、粗糙不平、颗粒状，边缘不整齐。侵蚀部位易干燥而呈皮革样化，但不像鼠、犬咬伤那样有深的、带有撕裂样的损伤，据此可以将二者区别开来。

由于篇幅所限，这里不全记载宋慈《洗冤集录》有关昆虫学的内容，但我们应记住早在 13 世纪就有位叫宋慈的中国人利用昆虫学知识破案，真了不起！这比《昆虫记》早了600 年，我们权且说宋慈《洗冤集录》里法医昆虫知识是 13 世纪的中国"昆虫记"，而且是实实在在法庭断案的"昆虫记"，我们应引以为自豪！

人文与检验

一二二、牡　丹　亭

宋慈《洗冤集录·序》说："疑信未决，必反复深思，惟恐率然而行，死者虚被涝漉。"

这段话的意思是，审查中发现疑点，就要反复思考，惟恐草率下结论，使死者无辜坐牢得不到昭雪。这里宋慈对"坐牢"一词，不用"监牢"、"牢狱"、"囹圄"，而用"涝漉"，有其用意。南宋时期，有个叫白玉蟾的诗人（1194 年生，字武夷散人，号如晦，福建闽清人），自幼聪慧，熟谙九经，擅长诗赋、书画，曾举童子科。及长，因讲义气，"任侠杀人，亡命至武夷"。白玉蟾有一首诗，就叫"涝漉"。

涝　漉
白玉蟾

火宅煎熬不自由，
就中涝漉几沉浮。
翻身得入清凉国，
也合甘心喫水休。

　　这首诗讲的是白玉蟾杀人后，天天做噩梦，就好像自己在火场中和监牢里煎熬，幻觉自己的魂魄飞到一个"清凉国"，又像是掉入泥潭"呛水窒息溺亡"。白玉蟾杀人后，亡命天涯，躲在武夷深山老林中，整天魂不守舍，如同在监狱中"涝漉"一样。

《牡丹亭》中的杜丽娘

　　古人对"梦"与"魂"有特殊理解。古人把"梦"分为是直梦、感梦、象梦等 10 种。把"魂"说成附在人体而存在的精神，如灵魂等。关于古人说的"梦"与"魂"，有不少故事，如明代的戏剧《牡丹亭》就是其中一个。

　　南安郡太守杜宝的女儿杜丽娘，耐不住读经的枯燥，在丫环春香陪伴下，到花园游玩。花园里姹紫嫣红、群鸟争喧的烂漫春光，突然使她感悟到青春的美好和短暂，引起无限伤感。杜丽娘年方二八，天生丽质，"一生儿爱好是天然"的自由生活。但礼教压抑了她的本性，扼杀了她的情愫。她想起《诗经》里自由自在的情景，突然悟出人生的真谛，发出"人不如鸟"的感叹。她感到环境的窒息，青春的易逝。然而，这样的天性和情感在当时是不合礼法的。一时间精神困倦，蒙眬睡去。梦中见一翩翩书生，手执柳枝与她幽会。醒来怅然，追思不已。再度寻梦，不见伊人。事实上，杜丽娘是把痴情化作梦境，在梦中突破牢笼，得到应该得到的一切。丽娘相思染病，临终前描下真容，把自己名字题于画上，埋于花园太湖石下。不久，杜丽娘香消玉殒，葬于牡丹亭边，建起梅花庵。三年后，广州书生柳梦梅赴京赶考，途经南安郡，因染病住进梅花庵。夜间，柳梦梅梦见一女子，自称杜十娘，忽而，翩翩离去。柳梦梅醒来，原来是一场梦。次日，柳梦梅病好了许多，在梅花庵里散步，在太湖石下拾到杜丽娘的真容画像，竟和梦中所见女子一模一样。柳梦梅焚香拜画。入夜，杜丽娘竟从画上走下来。柳梦梅遵杜丽娘之嘱，掘墓开棺，杜丽娘竟得复生。二人结为夫妻，同赴临安应考，又至扬州寻父。杜丽娘的父亲杜宝将柳梦梅当成掘墓之贼，痛打关押，也不信杜丽娘复生。后经反复验证，才信此事。最后，皇帝出面方得圆满成婚。

《牡丹亭》自问世后，家传户诵，产生了巨大的社会反响。《牡丹亭》是明代大戏曲家汤显祖的代表作。《牡丹亭》提出一个问题，梦是什么？魂是什么？古人对梦有虚无说、寄托说、现实说等，古代有祈梦破案、鬼神断案、梦中断狱、鬼魂托梦断案等，早期与检验有关的书籍《还魂记》等也许就是这类著作。

说到《牡丹亭》，还应说说北齐颜之推的《还冤志》。据颜之推《还冤志》记载案例三则：一是"吕庆祖案"："无期早旦以告父母，潜视奴所住，壁果有一把发，以竹钉之。又看其指，并见破伤，录奴语，验具伏。"二是"平桓玄后以刘毅为抚军案"："抚军昔枉杀我师，我道人自无报仇之理，然何宜来此，亡师屡有灵验，云天帝当收抚军于寺，杀之。"三是"汉世何敞为交址刺史案"："今欲发汝尸骸，以为何验？女子曰：妾上下皆着白衣青丝，履犹未朽也。掘之，果然。"

需要说明的是，《还冤志》书中三则案例记载，都提到检验的"验"，但是这三则案例或者故事的"验"，都是透过"冤魂"的告知才证实真凶是"谁"。就"验"的意义来说，其证明不是来自于前后相符的官员检验的"验"，或者物理上的检验，"洗冤"必须要靠"神迹"或者来自"冥界"的力量，看起来不科学，也不具备证据的基础。但是这种来自"冥界"的"验"以及作为破案启发的"冤魂"，到现代中国并没有消失。虽然不能作为呈堂证供，但是仍经常作为一种证据的类型而出现。"检验"在秦汉就有，到《唐律疏义》才具备完整的体系，检验开始具有法律的意义。但是"检验不实"这种罪在唐律不存在，在宋慈之前，办案的技术中已经包含检验，但是检验还不是办案主要依据的手段。从以上资料可以看出，北齐颜之推的《还冤志》只记载早期检验案例，但还不是检验著作。

宋慈深谙有关"梦"、"魂"等民间文化，但他在《洗冤集录》中已把其化作检验文化，如宋慈曾办过一个死者被杀死抛尸路旁的案子，开始疑盗者杀之，及点检沿身衣物俱在，遍身镰刀砍伤十余处。宋慈就说"盗只欲人死取财，今物在伤多，非冤雠而何？"这里"冤雠"就是指前世的仇人或"夙世冤家"。关于"秽"，宋慈所指"辟秽方"的"秽"不是"冤魂秽气"之类，而是腐败气体。用中草药"三神汤辟死气、苏合香丸辟恶气"。又如，宋慈《洗冤集录》说："多有人家女使、人力或外人，于家中自缢；其人不晓法，避见臭秽及避检验，遂移尸出外吊挂。""若避臭秽，不亲临，往往误事。"

一二三、窦　娥　冤

宋慈《洗冤集录·疑难杂说上》中，有一起原认为"两人相拼"后改为被人"挟仇并杀两人"的案件，宋慈介绍后说，如果没有检验正确，被杀的两个人就"二冤永无归矣"。

为了理解宋慈关于"洗冤文化"，下面介绍元代关汉卿的剧本《窦娥冤》。

窦娥自幼丧母，17岁结婚，不久丈夫病故，两代孀居，婆媳两人相依为命。一天，蔡婆去找赛芦医索债，赛芦医谋财害命，蔡婆被当地恶棍张驴儿所救。从此，张驴儿仗着自己救了蔡婆而逼婚强娶窦娥。蔡家不肯，张驴儿便想毒死蔡婆，霸占窦娥。不料，他准备的毒药误被其父饮下身亡。蔡婆为了免除灾祸，给了张驴儿十两纹银，让他买棺葬父。张驴儿却以这十两纹银为证据，诬称蔡婆用砒霜害死父亲。他买通当地县令，对蔡婆横施酷刑。

窦娥怕婆婆年老体弱，经不起折磨，只得含冤忍痛自己承担，被判处死刑。行刑时，窦娥发誓要申冤，并称"窦娥有冤对天说，六月天要下大雪"。果然，大热天下起了鹅毛大雪。窦娥冤情撼天动地。窦娥死后六年，她的父亲窦天章考取状元，路过山阳。当日深夜，他正在审阅案卷，忽然见到女儿窦娥前来，求父亲代女儿申冤昭雪。第二天，窦天章开堂审案，终于使冤案大白。最后，张驴儿和县令被判处死刑，赛芦医被发配充军，窦娥的冤案终于得以昭雪。

《窦娥冤》是元代关汉卿的戏剧代表作，这部以古代妇女窦娥的"冤"，以无赖泼皮的"诬"，以官场的"贪"，以申冤的"难"，最后才昭雪，透彻地展现了我国古代的洗冤文化。关汉卿笔下描述的洗冤文化，艺术地再现了推鞫、对证、审案、采信等检验内容，强调了证据说话，流传至今，影响深远。

一二四、从验女使看古代家暴

宋慈《洗冤集录·妇人》说："若富人家女使，先量死处四至了，便扛出大路上，检验有无痕损，令众人见，以避嫌。""被打若在生前，打处自有晕痕；如无晕，而骨不损，即不可指以为痕。""自缢若是奴仆，先问雇主讨契书辨验，仍看契书上有无亲戚，年多少？""病死若是奴婢，则须先讨契书看，问：有无亲戚？患是何病？""验自刑人，如是奴婢，即先讨契书看，更问：有无亲戚？及已死人使左手、使右手？并须仔细看验痕迹去处。""凡溺死之人，若是人家奴婢或妻女，未落水先已曾被打，在身有伤；今次又的然见得是自落水，或投井身死，于格目内亦须分明具出伤痕，定作被打复溺水身死。"

这段话的意思是，如果是富人家的使女，先量死处四至，然后把尸体抬到大路上检验。有没有伤损，使大家看见，以避免嫌疑。被打是在生前，伤处有皮下出血的晕痕，如果没有晕痕而骨又不损，就不可指以为伤痕。若是奴仆自缢，先向雇主要契书，看看契书上怎么写，有无亲戚，年龄多大。若是奴婢病死，则须向雇主要契书，看看契书上怎么写，有无亲戚，患何病。如果是奴婢自刎，向雇主要契书，看看契书上怎么写，有无亲戚，及已死人使左手、使右手？并须仔细看验身上损伤痕迹。凡溺死之人，若是人家奴婢或妻女，未落水先已被打，在身有伤；这次落水或投井身死，检验有伤痕，应定作"被打复溺水身死"。

为什么宋慈在《洗冤集录》中多处提到关于女使奴婢的检验呢？为什么在某些外伤、自杀或意外死亡的案件要"讨契书辨验"呢？这要了解宋代的社会制度、法律规定和社会风俗。

宋慈提到女使就是女仆。宋代奴婢指罪人及其眷属没入官府从事贱役。奴仆本为男女通称，后男称男奴，女称婢女。也就是说，女使、女仆、婢女、奴婢均指女性仆人，只不过来源有所不同。宋代的典身，实质是一种典卖行为。奴婢典身或典卖，是田宅典卖交易形态在劳动力市场上的反映。宋代的婢女常和妾连称，婢、妾身份趋于混同合一。有子之婢取得了与妾同等的法律地位。宋代一妻多妾，但《宋刑统》卷十三条规定："诸以妻为妾，以婢为妻者，徒二年。以妾及客女为妻，以婢为妾者，徒一年半，各还正之。若婢有子，及经放为良者，听为妾。""婢为主所幸，因而有子，即虽无子，经放为良者，听为妾。"此外，在宋代有法律意义上的官私奴婢存在，自然就有良贱制度。宋代良贱制内容，包括奴婢所生子女一律从母制，奴婢被当作私家财产买卖、转让。良贱制的存在与罪犯籍没为官奴婢制息息相关，良贱制与雇佣奴婢制并存。

宋律之中的"雇佣制"，妾、婢是有服役年限的。法律还规定此服役年限需连续计算，最多三年。也就是说，如果你买了个女人做妾、婢，一年后又转卖了，你转卖的只是"使用权"，她在新主人那儿再干两年，干够三年后，"所有权"又回到她自己手里，她自由了。但妾、婢是很难升职为妻的。于是，就有很多的妾，退而求其次，则转为婢女。

关于婢女，宋律规定，最高服役时间为十年。就是说妾转为婢女后，她可以继续服役七年，如果还是升职无望，又不愿走，宋人还有一个钻法律空子的办法，那就是转为"养女"，养女没有服役期限。这似乎就有乱伦的嫌疑了。宋代法律塑造了一个三层的等级体系：妻高于妾，妾高于婢。"妾婢"两个字是连用的，专门做劳役的女孩被称为"女使"，也就是"使女"的意思。

于是，宋代便出现了一种奇怪的现象：贫家之女自买自身做妾，游弋于不同男人之间，以寻求"发展"。《东京梦华录》上就有介绍京都市场上的买卖女人的经纪人："如府宅官员，豪富人家，欲买宠妾、歌童、舞女、厨娘、针线供过，粗细婢妮，亦有官司牙嫂，及引置等人，但指挥便行踏逐下来。"于是，就造就了宋代妾婢的特色：从某种意义上来说，做人妾婢实际上是宋代女人的一种打工方式，宋人的妾婢就是一群"宋代打工妹"。这就是宋代普通人的市井人生。关于这点，洪迈在他的著述里谈到一位官员在京城去买两个妾的故事。在中间人那里，他发现最年轻、最有才的女孩子只卖80贯，另外两个却卖到400贯和500贯。他问中间人，这种不同是为什么，中间人说3个姑娘都只能在合同期限内带走做妾；最年轻的姑娘的价格之所以便宜，是因为她合同的期限已经快到，只有半年了，另外两个还有整整3年的合同。换句话说，可以不必买妾而租一个。所以，宋代的妾婢概念，与明清时代是截然不同的。她们多了一份小范围的人身自由，少了从一而终的"贞节"束缚。以我们现代人的眼光来看，感到不可理喻。

有资料表明，在两宋三百多年之中，史料上记载的贞妇烈女只有274人，元代742人，而到了明代则激增到35 829人！而到了清代，仅安徽的一个县城就有2200多人。福建福安一个清代留下的贞节坊上，"彤管流芳"的字样十分醒目，青石刻牌坊上还有如何守节、如何教子和鲤鱼跳龙门的故事，栩栩如生。

福建福安的清代"彤管流芳"贞节坊

关于宋代女使的身份及其与主人关系的问题。一方面，宋代家内女婢称"女使"，"女使"、"婢"均属一个概念；另一方面，《宋刑统·户婚律》规定"奴婢同资财，合由主处分"，但女使和其他人一样享有身体权、财产权和婚姻家庭权。

一是人身权。《名公书判清明集·诱人婢妾雇卖》记载：有个叫梁自然的人，诱骗卓清夫女使碧云，藏匿在家，经隔五日，其妻阿陈将碧云髻剪下，诱去雇卖，致卓清夫有词。率追不出，却经府入词，称本县将祖母绷吊，以掩其诱人奴婢之罪。梁自然诱骗人家女使，后剪其髻，又诬诉县吏，系二罪俱发，合从重。照得在法，髡发，徒一年半。将梁自然照法比附，杖一百，仍押下县界。坐以髡发之罪。更合取自台旨。奉判府台判，从行。从上述文断可以看出，"髡发，徒一年半"为当时的法律规定，并没有因被"髡发"的是女使而使这条法律在此处变得不适用。而梁自然之妻"将碧云髻剪下"，犯了"髡发之罪"，是对碧云身体权的侵犯，受到了官府的惩罚。但是，在人身权方面，女使虽然有着身体权和不被强制雇佣、诱掠的部分人身自由权，并没有性自主权，可以被雇主占有和奴役，女使在雇佣期间是雇主附属。

二是财产权。《名公书判清明集·继绝子孙止得财产四分之一》记载：田县丞有二子，田世光登仕，抱养之子也，田珍珍，亲生之子也。县丞身后财产，合作两分均分。世光死，无子，却有二女尚幼。在法：诸户绝人有所生母同居者，财产并听为主。户绝者且如此，况刘氏者珍珍之生母也，秋菊者二女之生母也，母子皆存，财产合听为主。考之令文，诸户绝财产尽给在室诸女。又云，诸已绝而立继绝子孙，于绝户财产，若只有在室诸女，即以全户四分之一给之。刘氏自丞公在时，已掌家事，虽非婚礼，然凭恃主君恩宠，视秋菊辈如妾媵。然观其前后经官之词，皆以丞妻自处，而绝口不言世光二女见存，知有自出之珍珍，而不知有秋菊所生之二女。刘氏，丞之侧室，秋菊，登仕之女使，昔也，行有尊卑，人有粗细，爱有等差，今丞与登仕皆已矣，只是两个所生耳。秋菊之于二女，亦犹刘氏之于珍珍也，人情岂相远哉。县丞财产合从条令检校一番，析为二分，所生母与所生子女各听为主。内世光二女且给四分之三，但儿女各幼，不许所生母典卖。今既知条法，在室诸女得四分之三，而继绝男只得四分之一，情愿依此条分析。在刘氏、珍郎与秋菊、二女亦合存四分之一，为登仕香火之举。取联书对定，状申。根据上文内容，我们可以把田县丞的财产流向画一个图，登仕二女与秋菊得田县丞全部财产的八分之三，珍珍与刘氏得二分之一，刘氏、珍珍与秋菊、二女亦合存四分之一给继绝男。

三是婚姻家庭权。宋代婢女的婚姻状况有以下两种：其一，女使因给雇主生下孩子而留在雇主家，实际上被当做妾对待，但比妾的地位低一点，比普通女使高一点。其二，"官品得请者之女使，曾经有子者，听用荫如五品妾"是《庆元条法事类》中的规定。《名公书判清明集·罗柄女使来安诉主母夺去所拨田产》中的女使来安有子护郎后，拥有罗柄给她的"龙区田三千把"作为"口食"；即使在其子夭折后也有罗柄给的田产及"上手契要"，已经和其子拥有固定的田产，可见来安在儿子在世时已经有类似于妾的地位。

对《名公书判清明集》的分析我们可以看出，宋代女使在家庭中的地位对比唐代时"奴婢贱人，律比畜产"有了大的变化，宋代女使不仅拥有部分的身体权、人身自由权，还可以有限制地继承雇主财产，其子女可以和雇主的其他孩子平等地享有继承权，而且其为雇主生育子女后，在雇主家里享受类似于妾的待遇。但是，她们在雇佣期间并没有性自主权，即使在雇主的家庭中生下孩子并长期生活，还是会因其女使的身份受到歧视。因此，女使人身权、财产权及婚姻家庭权是不完整的。

以上表明，宋代妻、妾、婢可视作家庭成员，"验女使"可能就是"验家暴"。同时，可以解释为什么宋慈在《洗冤集录》中多处提到了关于女使奴婢的检验，并可以解释为什么宋慈在某些案件要"讨契书辨验"。事实上，宋慈对女使、女仆、婢女或奴婢死亡检验时，都提到"向雇主要契书，看看契书上怎么写"的字样，目的是辨明死者身份，确定案件性质，揭露犯罪事实。从宋慈《洗冤集录》介绍来看，主要有以下死亡需要检验：

一是验伤。宋慈强调，"若富人家女使，先量死处四至了，便扛出大路上，检验有无痕损，令众人见，以避嫌"。怎么检验痕损？宋慈说了："被打若在生前，打处自有晕痕。"原来宋慈要看是否生前伤和形成伤的两个特点。一个是"生前打处自有晕痕"。这个"晕"，就像太阳或月亮周围形成的光圈。按现在的话说，就是有生活反应的皮下出血。另一个是损伤部位，有的部位伤明显，法医一看这种"晕痕"就知道是拳击致眼眶损伤、皮下软组织出血。按现在的话说，就是"熊猫眼"。宋慈"验使女"确实对今天"家暴"鉴定有一定的启发。

二是自缢。如果使女死亡，宋慈认为可能背后隐藏着许多秘密。宋慈深谙宋代女使的身份及其与主人关系，可能人身自由或财产或子女或家庭地位受到不平等待遇，或使女个人受到辱骂等精神刺激等，所以宋慈除验自缢外，还考虑因家暴被逼自缢的可能，询问死者与主人的契约关系，并要看契书，经辨验后再进行下一步调查。宋代使女制度，在现代已不存在，但宋慈透过现象看本质的思维，仍值得借鉴。

三是病死。如果使女死亡，宋慈认为可能背后也有缘故。使女挨饿、受冻、羞辱，或在家庭中地位下降，长期受冷漠，言语刺激，类似现在的"冷暴力"，也可能病死。所以，宋慈也要看契书，经辨验后再进行下一步调查。

四是自刎。如果使女死亡，宋慈认为可能有受刺激自杀和被他杀两种情况。宋慈说："验自刑人，如是奴婢，即先讨契书看，更问：有无亲戚？及已死人使左手、使右手？并须仔细看验痕迹去处。"如果使女左利手或右利手却出现不符的"自刎"创口走向，以及身上有伤痕，这个案件就不是使女"自刎"，而是他杀！

五是溺死。如果使女投河、跳井溺死，宋慈说："凡溺死之人，若是人家奴婢或妻女，未落水先已曾被打，在身有伤；今次又的然见得是自落水，或投井身死，于格目内亦须分明具出伤痕，定作被打复溺水身死。"宋慈认为，使女先前被打受伤，忍受不了这种家暴而选择自杀，其原因要写清楚："被打复溺水身死。"

从宋代法律制度、社会风俗来阅读宋慈《洗冤集录》，你可以看到当年宋慈办案的思路、工作方法、鉴定目的，更主要的是看到宋慈的大师风范和给后人的启发。

一二五、员　　外

宋慈《洗冤集录·条令》说："诸缌麻以上亲因病死，辄以他故诬人者，根据诬告法，（谓言殴死之类，致官司信凭以经检验者）不以论，仍不在引虚减等之例。即缌麻以上亲自相诬告，及人力、女使病死，其亲辄以他故诬告主家者，准此。尊长诬告卑幼，荫赎减等自根据本法。""多有人家女使、人力或外人，于家中自缢；其人不晓法，避见臭秽及避检验，遂移尸出外吊挂。"

这段话的意思是，凡姻亲、旁系血亲以上的亲属因病死亡，而以其他缘故诬告别人的，按诬告法论处，指把病死说成被殴打死之类，以致官府听信已经进行检验了的，不适用法律规定的官荫减刑赎罪规定，也不在引虚减等从轻处理的范围之内。如果姻亲、旁系血亲以上亲属间自相诬告，以及男佣、女仆病死他们亲属乃以其他缘故诬告主家的，同此，尊长诬告卑幼，有关荫赎减等的规定，当然按照本法处理。曾经有雇主家的使女、雇工或外人缢死于家中，雇主不懂法，为避见臭秽及避检验，而移尸出外吊挂。这里有三点要说明。一是官荫减刑赎罪，指的是官吏有功于国或因公死亡，得荫其子孙入官，谓之官荫。有恩荫、难荫、特荫等种类。《通典·刑制下》：有官犯罪，无官事发，有荫犯罪，无荫事发，无荫犯罪，有荫事发，并从官荫之法。二是姻亲、旁系血亲以上的亲属与女使、人力的关系，后者也被视作家人，属于雇工性质，但雇主伤害雇工在从轻处理的范围之内。三是官荫指的是当官的人对家属的保护，但古代有捐官的先例，这种员外的官，在古代比比皆是，而且法律也有庇护，有必要做介绍。

员外本谓正员以外的官员，后世因此类官职可以捐买，故富豪皆称员外。历史上，员外郎原指设于正额以外的郎官员。晋以后指员外散骑侍郎（皇帝近侍官之一）。隋文帝开皇年间，于尚书省各司置员外郎一人，为各司之次官。唐朝贞观时期以前，科举考试的主考官由员外郎担任，全称是考功员外郎。唐宋沿置，与郎中通称郎官，皆为中央官吏中的要职。但是，南宋以后员外郎成为一种闲职，不再与科举相关，而渐渐和财富联系在一起。特别是明朝以后，只要肯花银子，地主和商人都可以捐得一个员外官职来做，但这是不管任何行政事务的虚名。所以，各地为贴补行政经费，给捐官的地主和商人一个虚职官衔。这样，左一个祝员外，右一个王员外，就不足为奇了。最著名的就是清代"红顶商人"胡雪岩。由于官员是捐来的，地方政府得到好处，官方也会给员外予以人身、财产、名誉等保护，甚至有一定的影响力和发言权。此外，在法律层面，员外雇佣的家奴、使女等受员外的侵害，法律以家事看待，往往处罚不重。

"杨乃武与小白菜"一案是清末四大奇案之一，当时闹得朝野耸动、家喻户晓。姿色出众的毕秀姑，人称小白菜，其夫被毒杀，却被贪污受贿的县令刘锡彤诬为与杨乃武通奸投毒谋杀，并且施用酷刑逼供，屈打成招，被迫承认了与杨乃武通奸谋杀了丈夫。

该案到了山穷水尽的时候，巨富胡雪岩，利用自己的声誉活动京官，赞助钱财，为此案最终昭雪立下了汗马功劳。最后，涉案不法官员，斩首的斩首，罢官的罢官，流放的流放，案件得到平反。胡雪岩是什么人？严格地讲就是一个员外，一个捐官的员外。不过，他是个有眼光的员外，一个有影响力的员外。福建有个侯官人王有龄，在道光年间，王有龄就已捐了浙江盐运使，但无钱进京。后胡雪岩资助了王有龄五百两银子，叫王有龄速速进京混个官职。后王有龄在天津遇到故交侍郎何桂清，经其推荐到浙江巡抚门下，当了粮台总办。王有龄发迹后并未忘记当年胡雪岩知遇之恩，于是，资助胡雪岩自开钱庄，号为阜康。之后，随着王有龄的不断高升，胡雪岩的生意也越做越大，除钱庄外，还开起了许多的店铺。胡雪岩，亦官亦商，是个"红顶商人"。在左宗棠任职期间，胡雪岩是管理赈抚局事务官员，但只出钱财不管人事。左宗棠晚年的成功中有着胡雪岩极大的功劳。这就可以理解，"杨乃武与小白菜"一案，胡雪岩一出面就起到关键作用。

古代地主乡绅富人都多多少少会给当地府衙捐款送钱,虽然不叫"员外",但也会得到照应,如前面讲到的福建陈福生案。

一二六、从县令崔东壁断狱考古说开去

宋慈《洗冤集录·初检》说:"告状切不可信,须是详细检验,务要从实。"

这段话的意思是,一切要自己亲自对告状事实调查、检验后才可信,只唯实。

这里介绍清代罗源县令崔东壁断狱、考古的故事,恰似宋慈这段话的真实写照。

黄莺儿

崔东壁

自到罗源,

史胥疲,

册籍繁,

差提饬锁真无偏。

谁说你冤,

哪管你贤。

文来总是言参办。

苦无边,

早知如此,

后悔杀从前!

这是清代罗源县令崔东壁的一首诗。崔东壁(1739~1816),名述,字武承,号东壁,河北魏县人。他23岁中举,五次会试都名落孙山,直到56岁时才获进士到福建罗源任知县。崔东壁接到调令就携妻带子千里迢迢上任,坐上了罗源知县的交椅。当上县官的崔东壁,认真学习《洗冤集录》,治狱之道了然于心。他吃穿与百姓无异,亲自接待访民,黎明起床办公,深夜处理公务。凡事必躬亲,不准奸猾史胥插手其间,隔绝上下之情,徇私舞弊。紧邻大海的罗源县,经常有海盗事件发生。其实真正的海盗并不多,大多是官兵与地方黑恶势力勾结在一起,一边劫掠民船钱财,一边以缉捕海盗为名,诬陷良民,冒功领赏,多有冤案。虽然崔东壁前任知内情,怕得罪地方黑恶势力,不敢过问。崔东壁不信邪,亲自调查,审理过问,逐一甄别,使几十个蒙受冤屈者重见天日。崔东壁的行为让制造冤案冒功领赏的人大为不满,便到省里诬告崔东壁徇私枉法。面对上级责难,崔东壁逐一陈述理由,据理力争:"卑职焉能杀人以媚人。"恼怒的上司要参劾崔东壁,幸而得到新任浙江巡抚汪志伊的同情,他才免遭参劾罢官到上杭当县令。官场凶险,崔东壁辞官回乡,这年他62岁。虽然远离官场,家徒四壁,生计艰难,可崔东壁将"问狱"改为"疑古"。一心把自己孜孜以求的考古学问汇集出书。但直到崔东壁离世八年后,才由他的学生陈履和于1824年刻成十九种五十四卷《崔东壁遗书》。据此,崔东壁被后人尊称为清代考古辨伪大家。胡适说"崔东壁是两千年来的一个了不起的疑古大家"。钱玄同将崔东壁与朱熹、颜元、章学诚并称为自宋代以来的四大考古学者。顾颉刚更是对崔东壁崇敬有加，点校《崔东壁遗书》。崔东壁所致力的是上古史范围，上起远古传说时代，下至春秋战国。他发现许多经典的传记和注疏与原文有出入，除《诗》《书》《易》《论语》外，都有谬误，就像断狱一样较真辨别。他治史如问狱，重史实、不盲从、考而后信、清除谬误。崔东壁主要著作有《考信录》（包括《考古提要》《夏考信录》《商考信录》《丰镐考信录》《洙泗考信录》、《孟子事实录》）46卷，其他文集16卷。20世纪初，日本人将《考信录》加上标点排印出来，在日本产生重大影响。

宋慈和崔东壁的人生经历还真的有些相似：一是宋慈大器晚成，40岁出道，崔东壁56岁；二是在嘉熙二年宋慈到福建剑州（今南平）任通判时曾因较真断案得罪过一些人，崔东壁也是；三是宋慈问狱始终躬亲办案，崔东壁也是；四是宋慈四任提刑官并著述问狱书籍《洗冤集录》成绩斐然，崔东壁不是做官料子，但也著有考古书籍《崔东壁遗书》；五是宋慈被誉为世界法医学之父，《洗冤集录》成为世界第一部系统的法医学著作，而崔东壁虽然没有宋慈出名，但也被誉为自宋代以来的四大考古学者之一；六是宋慈和崔东壁都是坚守人格、恪守道义、不唯上，不唯书，只唯实的人，做学问如此，做官也如此，而崔东壁比宋慈要艰难得多，好在他居于庙堂和处于江湖始终如一，才有《崔东壁遗书》问世。

一二七、杨三姐告状

宋慈《洗冤集录·检复总说上》说："凡到检所，唤死人骨属或地主，竟主，审问事因了，点数干系人及邻保，应是合于检状着字人。齐足，先令札下硬四至，始同人吏向前看验。""候检验讫，从实填写。一申州县，一付被害之家，一具日时字号入急递，径申本司点检。"

吴友如所绘的"开棺相验"

这段话的意思是，凡验官到验尸现场，传唤死者的骨肉亲属，或尸体所在地的土地主人、争讼人，询问案件发生的经过，点数一下关系人和邻人保伍等，应在验尸单上签字的人都齐全了，先令仵作吏役等丈量记录下尸体所在的东西南北四至，然后再同仵作吏役等人一起上前看验。等检验完毕，再由验官把检验情况据实填写。一份呈报州县，一份交付被害人家属，一份写明日时字号通过直接申报提刑司审查。宋慈这段话有两层意思：一是检验尸体要在案发现场公开进行，死者家属、土地主人、争讼人、邻人、保伍都可在场，当场检验、当场喝报死伤情况；二是验尸报告也是公开的，一份交州县，一份给被害人家属，另一份交提刑司审查。

宋慈这套检验方法，一直在宋、元、明、清代使用，甚至到民国初年还在沿用。

为了了解宋慈检验方法，这里将民国验尸名案《杨三姐告状》作专门介绍。

1. 告状

1918年春，高占英之妻杨二姐突然在高家死亡，杨家人觉得有冤。哥哥杨国恩和妹妹杨三娥（杨三姐）兄妹俩为杨二姐一直申冤告状。

杨三姐第一次告状，曾独自到官府闯堂喊冤。

杨三姐第二次告状，官府偏袒高家，杨三娥气愤至极，拔出怀揣的剪刀就要自杀。揣剪刀原意也并非为自杀之用，而是为了防身。因当时从甸子村到滦县县城有近百里的路程，又要走很多乡间小路，拦路抢劫的事时有发生，拿剪刀是为了自卫。

杨二姐被害后，高家的人跑到唐山等地躲避风头，只剩下高贵章和高占英在家中支撑门户。为逃脱罪责，他们仍四处活动，串通村、乡头面人物到杨家进行周旋。

高家找到一个杨三姐的姑表亲说和，说"高家把事办错了，高占英也挺后悔，可又没有卖后悔药的。再说人死了也活不了，该松松手就松松手吧，别一条道跑到黑。高家拿了个章程，若是答应不再告了，高家便豁出钱来，给杨家买二十亩地一头牛。这样若是还不中，高家就花钱给杨母买个丫头，侍候到终身"。

杨三姐说："没有那么大的福分！若想我们不告，除非重新给我二姐发丧，隆重的葬礼'开吊'，让高占英一步一磕头把我二姐送到坟里去。"高家也不会答应这个条件，如果答应就等于承认杨二姐是高家害的，"开吊"也会使高家人财两空。

2. 验尸

杨氏兄妹见在滦县不能为二姐申冤，便变卖了房产。甸子村较有正义感的财主、张各庄各商号都甘愿出钱支持杨氏兄妹上告。门庄杨氏家族每户捐一块大洋予以资助，最后天津高等监察厅决定开棺验尸。

开棺验尸那天是1918年农历七月初二，当时天降毛毛细雨，天津高等监察厅的官员们张贴布告，在高家坟地搭了一座凉棚，备了一口铁锅和消毒用的酒精，方圆数十里的人都赶来观看开棺验尸。

滦县政府临时花钱雇来两个要饭花子把棺材撬开，抬出杨二姐的尸体放在门板上，把头放在准备好的铜盆里。仵作用沾了酒精的棉球把头颅擦了几遍，在观察口腔时，还撬掉了几颗牙。杨家在场的人用剪刀豁开杨二姐尸身上的褂子，外边是毛蓝色，里边是棉衣。

尸体已经开始腐烂发臭，仵作检查得很仔细，连胳膊和每根手指都查看了。上身查完后，没发现什么疑窦，就宣布查无外伤，不再准备检查。在场的杨三姐不干，非得要仵作查完下身，为此和仵作争吵起来。

杨三姐一气之下冲到尸体旁，操起剪刀，嘴里念叨："二姐呀，我对不起你了！"一下子豁开杨二姐的裤子，结果在尸身裤裆里发现大量石灰，在二姐阴部插着一把杀猪刀。

高占英当时就吓傻了，晕倒在开棺现场。法警立即用手铐把高占英的双手铐上，锁在小车子的后面，押回天津。

3. 绞刑

由于高家重金贿赂官府，企图逃脱罪责，验尸后高占英被押往天津，关在警察厅监狱里。

高家为解救高占英出狱，忍痛将唐山商铺外兑了，说"宁可破产，也要保住老六，因为老六有文化、有出息"。他们拟将其嫂金玉定为真凶。还买通记者，在报上大讲"金玉出身青楼，心狠手辣，与二姐夺夫，乃置其一死"。又说高占英晕倒在开棺现场，因"未料金玉阴毒如此，悔不该被其勾引，苦恨不置云"。

杨以德于农历十月初八（1918 年 11 月 11 日）被免职。张汝桐接替直隶全省警务处长兼天津警察厅长。

杨三姐在天津，天天在警察厅门口等候，终于见到张汝桐本人。杨三姐一不哭，二不闹，只说三句话：第一句，凶器从杨二姐尸体下体取出，只能是丈夫行凶，绝不是妯娌所为；第二句，人命关天，杨厅长不接我的状子；第三句，请张厅长为民女做主。

张汝桐听完三句话，立即回答："我接!"于是，"杀人偿命，严惩凶手高占英"的诉状得以上交。

高家为了给高占英解脱罪责，卖了商铺卖首饰，继而变卖田产借外债，终至彻底破产。

到民国八年（1919）春末，案情仍无进展。此时，"五四"运动爆发。1919 年 8 月 15 日，杨以德重新任职直隶全省警务处长兼天津警察厅长。加之成兆才编写的《枪毙高占英》在各地上演后，鼓词、评剧"高占英被当场枪毙"的结局令观众大快人心，杨以德迫于外界的压力，案发一年半后把高占英处以绞刑。

4. 启示

以上是 20 世纪初著名作家成兆才于 1919 年秋写的《杨三姐告状》的剧本，这是一个民国验尸名案。该剧本先有鼓词《杨三姐告状》，后有评剧《枪毙高占英》，最后才定名叫《杨三姐告状》。杨三姐当年告状的诉状、判决书、验尸结果等材料数百页，建国后曾保存在河北省唐山市滦南县文化馆内。

当前，为防止受干扰，在一般情况下，刑事案件往往很少看到有家属代理人参加，更不会有公众或辩护律师的参与。反观宋慈将检验公开进行和检验文书一式三份向被害家属发送的做法，尽显公开、透明的特点，值得我们借鉴。

仵作与稳婆

一二八、无头女尸案

宋慈《洗冤集录·序》说："年来州县，悉以委之初官，付之右选，更历未深，骤然尝试，重以仵作之欺伪，吏胥之奸巧，虚幻变化，茫不可诘。"

这段话的意思是，近年来各地方衙门，把检验这样的重大事项交给一些新任官员或是武官去办理，这些官员没有多少经验，便骤然接手案子，如果再有仵作从中欺瞒，衙门中的书吏居中作梗，那么案情就会扑朔迷离，仅仅靠审问是很难弄清楚的。这里有两层意思：一是新任官员、武官、资历不够的官员不能胜任检验，要选有经验、负责任的官员进行检验；二是不能依靠仵作，验尸要官员亲自到场。从宋慈这段话来看，仵作是衙门里参与检验的人员，但又是被人提防的、地位低下的人员。清代姚德豫说："仵作也，贱业也，重任也。贱业也，人不愿担任，重任也，又不受信任。"姚德豫的观点与宋慈一致，千百年来仵作就是这样走了过来。换句话说，仵作不是官员，宋慈不是仵作，仵作是官府雇佣的人员，宋慈是对检验负责的官员。这在许多影视、小说或微博里都弄错了，这得从历史和具体案例说起。

五代《玉堂闲话》记载：有个经商在外的商人，妻子被杀，却遍寻不见头颅，妻娘家人抓住回家的女婿报官。受不住拷打的商人，糊里糊涂就认下杀妻死罪。然而，结案时，太守府衙里一名官员感到此案可疑。他游说太守，建议复查。太守便从境内所有的仵作行人着手，命令仵作行人必须说清近日替人安葬的可疑情节。有一位仵作报出，境内某大户豪绅办丧事，只说死了奶妈，可灵柩极轻，从墙头抬过，像是无物。太守便遣人挖墓开棺，果得一女人头！提出被囚商人辨认，并非妻首，太守收捕大户讯问，豪绅大户无奈地供出：杀了自家奶妈，后将头颅装棺埋葬，并以无头尸体假做商人妻，好将商人妻养于密室，案情告破，被判斩的商人亦被开释回家。这就是五代时仵作协助办案的较早文字记载。

北宋沈括《梦溪笔谈》介绍了这样一个案子，实际上也就是记载一名仵作的故事："红光验尸"。据沈括介绍：某地发生一起命案，知县到场验尸，可是就是看不到伤痕！后来，一个老仵作告诉知县，可把尸体抬到阳光下，张开红漆油伞，显见伤痕。知县照

田英所绘的"无头案"

老仵作的方法办了，果然看到伤痕。于是，判打人者死罪。沈括后来做试验，最后考虑这是红油伞的滤光原理。沈括把这一发现写入《梦溪笔谈》，命名为"红光验尸"。

光绪三十年十一月初六，河北府衙旁的壕沟中捞起一具无头尸，官员到场，刑仵检验无头尸体。初验头颈部间有锯齿状刀痕。死者年十七八岁。身上棉袄破，系无名尸。此非谋财害命，亦非因奸致毙，并无亲属认领尸体，破获案件，抓捕凶杀，实为不易。

尽管与刑名之学密切相关的检验知识与仵作司法实践在中国发源很早，有关现场勘查、尸体检验等属于法医学与刑侦技术的具体内容，却极少见于传统正史典籍文献中。

仵作也有民间的仵作和官府聘任的仵作之分。从五代时期，仵作营殡殓丧葬行当，到宋代充当衙门检验官员助手，到元、明代成为正式检验鉴定吏役，及至清代出现专门针对仵作的培养与奖励制度。成为法定检验吏的仵作，在官署内的地位始终没有提高，仵作的官方身份甚至被讥为"贱役"，成为不少人奚落和嘲讽的对象，仵作还被人

简称为"屠行"。

在宋代，官府衙门里仵作已参与具体办案，并有了明确的分工，仵作就是负责处理尸体，并在检验官指挥下大声喝报伤痕的。

到了元代时，官署修改了宋代检验官躬亲检验方式，规定案件均由检验官员躬亲监视，只让仵作验尸，且由仵作出具保证书，这在我国法医检验史上又是一个大的变化。

在明、清代，对勘验检察官的责任和处罚作了更进一步的规定。凡检验尸伤，若接到公文不去，至令尸体变化，或主管官员不亲临检所监视，只让吏卒检验，无论初检或复检，官吏检验不认真，以轻报重或以重报轻，增加或减少尸伤，确定死伤不实，致死原因根本不明，主管官员杖六十，机构负责官员杖七十，吏、典杖八十。仵作和具体参加检验官员，检验不实，杖八十。而且，明、清代的证据观念逐步强化。

再看看《大清会典事例》：凡衙门应役之人，除库丁、斗级、民壮仍列于齐民，其皂隶、马快、小马、禁卒、门子、弓兵、仵作、粮差及巡捕营番役皆为贱役。长随亦与奴仆同。其奴仆经本主放出为民者，令报明地方官，咨部存案。俟放出三代后，所生子孙，准与平民应考、出仕，京官不得至京堂，外官不得至三品。 即这些贱民本人及其三代子孙，不准参加科举考试，也不准出钱捐官；三代以后的子孙才可以应考、出仕（三品以下）。

仵作是我国古代官府检验命案死尸的人。由于检查尸体是件很辛苦的事，而且古代礼教盛行，因此一般在检查尸体的时候由贱民或奴隶检查尸体并向官员报告情况。清末改称检验吏，北洋政府时期仍有沿用。《清会典·刑部》规定："凡斗殴伤重不能重履之人，不得扛抬赴验，该管官即带领仵作亲往验看。"这就是说，仵作是官府所雇用的专门为刑事案件检验死伤的专业人员。之所以要官员带仵作"亲往验看"，还含有查勘现场之意。

在古代，仵作属三十六行之一，称"仵作行"。其实，官府聘用的仵作主要还是验非常死亡的尸体，验致死原因。一般的斗殴，检验方法比较简单。验尸便复杂得多，仵作要在没有解剖尸体的情况下，把详细的检验结果报告给上司，作断案的参考。

翻开《辞海》，"仵作"这一名词今天仅被简明扼要地解释为旧时官署检验尸体者；《辞海》（新版）说是旧时官署检验死伤之吏；《辞源》说是旧时官署检验刑伤之吏，宋已有之，见《折狱龟鉴》，清时改称检验吏；《辞源》（新版）的解释是以检验尸伤，代人殓葬为业的人；《现代汉语词典》解释是旧时官府中检验命葬死伤的人。 除此之外，再难觅到描述"仵作"的只言片语，然而，"仵作"却成为现代法医科学体系中不得不说的名词。值得一提的是，西方各国，尸体检验法律严格规定由法医进行，这是我国古代法医学与西方古代法医学的区别，直到20世纪30年代，我国现代法医学奠基人、福建福州人林几教授引进现代法医学，才改变了这一沿袭千年的历史。

一二九、稳　　婆

宋慈《洗冤集录》记载："若妇人有胎孕不明致死者，勒坐婆验腹内委实有无胎孕。如有孕，心下至肚脐以手拍之，坚如铁石；无即软。若无身孕，又无痕损，勒坐婆定验产门内，恐有他物。有孕妇人被杀，或因产子不下身死。"

这段话的意思是，假如妇女怀孕不明致死的，要请坐婆检验腹内确实有无胎孕。假如有身孕，心下至肚脐以手拍之，会觉有硬质感，其硬度如拍到铁一样；假如没有怀孕，就没有上述感觉了；假如没有身孕有没有损伤痕迹，那么稳婆就要检查阴道内有无异物。曾经有孕妇被杀，就发现在阴道内有异物插入的情形。还有一种情况是妇女难产，因产子不下身死。

明代"各犯发格式"曾记载检验官吏在请稳婆检验以后，向上司报告检验结果并发送罪犯的格式，其中记载："一名十三岁幼女被奸，告到官府，官府派官员检验并作出报告。具状告送司认拿李丁等前来。令稳婆王氏验得，十三岁女儿破身未久。通送南城兵马司，行拘地方甲并收车人及邻保等人到司，审勘得三女儿的年一十三岁，将年月日明白保结，连人复送回。又行取稳婆马氏，重复验得三女儿委的相奸不曾月余，上是最近破身。俱结状在官，取问罪犯。"（《钦颁辨疑律例昭代王章》卷首，明刊本）

讲到稳婆，要介绍一下我国历史上曾出现的一批人。所谓稳婆，或称坐婆，又称收生婆，是古代民间的一种职业。稳婆作为一种专门的职业，最初形成于东汉时期。唐宋时期，稳婆作为一种职业已非常盛行。

宋慈《洗冤集录》中所提到的稳婆，指的就是官府聘用验尸的专业人员。稳婆不是官府检验官员，只有遇到专门问题时才请来做鉴定。这和宋慈《洗冤集录·针灸死》中曾经介绍的"勾医人检验"相似。一旦发生"医案"，另请"别医"检验。宋慈还介绍稳婆验尸工作包括验处女、验阴道、验身孕、验难产、验伤损等。由此，我们了解到宋时官府检验也少不了稳婆，如办案时验女尸，常由稳婆出场以检验私处；对于女子遭人强奸，也总由稳婆进行探验；还验有阴阳人等。宋慈《洗冤集录》出版后，历代有所增补，主要案件遇到一些新的内容，比如清代王又槐嘉庆间搜集验案，附在馆本《洗冤集录》之后，名为《洗冤录集证》。其后，李观澜、瞿大夫、阮其新多次进行增删修订，并汇辑各种同类著作，称为《补注洗冤录集证》。这本书中就记载稳婆协助检验阴阳人的案例。王又槐《补注洗冤录集证》中所检验的阴阳人，是"遇阴则阳，遇阳则阴"。今天，我们从宋慈《洗冤集录》介绍，可以了解宋代检验情况，也了解到稳婆的作用，这对研究我国古代法医学历史和检验水平、检验方法都有历史价值。此外，古代对专业性问题，请专门人员进行协助检验以提高检验水平的做法，对今天仍有现实借鉴价值。

一三〇、阴　阳　人

宋慈《洗冤集录·妇人》说："凡验妇人，不可羞避。……勒坐婆定验产门。"

这段话的意思是，凡是检验妇人，不可羞避。要坐婆仔细检验妇女阴道。宋慈介绍了稳婆验尸工作包括验处女、验阴道、验身孕、验堕胎、验难产、验伤损等。为什么要仔细检查阴道呢？原因是还有可能出现阴阳人。

这里坐婆指的是稳婆。　稳婆，又称收生婆，是古代民间的一种职业，可分为民间稳婆、宫廷稳婆和官府聘用稳婆。

民间稳婆，最初应形成于东汉时期。唐宋时期，稳婆作为一种职业已非常盛行。本地境内，乡民以贡川"大儒里"为中心，建庙祭祖、人丁繁衍，基本沿袭中原文化，孕妇坐草临盆、婴孩落脐灸肉。稳婆踪影，已随处可见。生儿育女是生命繁衍、传宗接代的大事。无论是帝王之家还是平民百姓，对此都极其重视。孕妇尚未分娩，亲戚便送来彩盆，盛满绣制彩衣、生枣栗果。分娩之前，稳婆也被早早地请来。在她的指挥下，产房所有的窗户都被封死，门关帐挂，闲人不得出入。稳婆还会安排下手，在灶间烧几桶开水备用。

宫廷稳婆，除作为收生婆外，被选进内廷的稳婆还在宫廷选美时起着重要作用，不仅要参与辨别妍媸，而且要对女性作裸体检查，如皮肤、乳房、阴部等，要检查选入宫内的女子是否为处女。

官府聘用稳婆，办案时验女尸，常由稳婆出场以检验私处；对于女子遭人强奸，也总由稳婆进行探验；还验有阴阳人等。宋慈《洗冤集录》中所提到的坐婆，指的就是官府聘用验尸的。

宋慈《洗冤集录》是根据前人介绍和自己经验总结而成的。其中，五代和凝的《疑狱集》就是其参考书之一。《疑狱集》上说道：宋咸淳间，浙人寓江西，招一尼教其女刺绣，女忽有娠。父母究问，曰："尼也。"父母怪之，曰："尼与同寝，常言夫妇咸恒事。时偶动心，尼曰：妾有二形，逢阳则女，逢阴则男。揣之则俨然男子也，遂数与合。"父母闻官，尼不服，验之无状。至于宪司，时翁丹山会作宪，亦莫能明。某官曰："昔端平丙申年，广州尼董师秀有姿色，偶有欲滥之者，揣其阴，男子也。事闻于官，验之，女也。一坐婆曰：令仰卧，以盐肉水渍其阴，令犬舐之。已而阴中果露男形。"如其所验，果然，遂处死。这个故事后来经明代才子凌濛初改写，收入《初刻拍案惊奇》，至今读起来还让人惊叹。在明清小说中，这些时男时女的两性人往往被描绘成邪淫之徒，他们伪装隐秘，通过各种方式与妇人闺女接近，进而诱骗奸淫之。

宋慈《洗冤集录》出版后，历代有所增补，主要案件遇到一些新的内容，比如王又槐（清代）嘉庆间搜集验案，附在馆本《洗冤集录》之后，名为《洗冤录集证》。其后，李观澜、瞿大夫、阮其新多次进行增删修订，并汇辑各种同类著作，称为《补注洗冤录集证》。这本书中就记载了稳婆协助检验阴阳人的案例。

清道光二十四年出版的《重刊补注洗冤录集证》记载："吴县民马允生妻王氏，与金三观妻周四姐奸宿一案，验讯周四姐产门内从小生有软肉桩一条，与丈夫交媾，并不关碍，肉桩举发，即伸出有二三寸，粗如大指，可与妇人通奸。"

清·袁枚《新齐谐·假女》记载："贵阳县美男子洪某，假为针线娘，教女子刺绣，行其技于楚黔两省。长沙李秀才聘请刺绣，欲私之，乃以实告。李笑曰：汝果男耶，则更美矣。吾尝恨北魏时魏主入宫朝太后，见二美尼，召而昵之，皆男子也，遂置之法。蠢哉魏主，何不封以龙阳而畜为侍从？如此不特己得幸臣，且不伤母后之心。洪欣然就之，李甚宠爱。数年后，又至江夏，有杜某欲私之，洪欲以媚李者媚杜，而其人非解事者，遂控到官。解回贵阳，枭使亲验之。其声娇细，颈无结喉，发垂委地，肌肤玉映，腰围仅一尺三寸，自言幼无父母，邻有媚妇抚养之，长与有私，遂不剃发，且与缠足，诡言女也。邻母死，乃为绣师教人，十七岁出门，今二十七岁，十年中所遇女子无算。"这就是清代假女案。

清人吴友如的"时阴时阳"绘画，讲的是宁波石浦人王阿三，生有阴阳二具，即俗称"雌哺雄"。十三岁，父母爱其姣好令作女郎装束。至年十七岁，雇于沪上张彩云妓院为大姐，已两年。不久，被法国租界地的包探拘入捕房，送仁济医院黄春甫医生验视，确认其有阴阳二具。虑其女装有伤风化，送回原籍改作男装。

吴友如所绘的"时阴时阳"

和凝《疑狱集》、王又槐《补注洗冤录集证》、袁枚《新齐谐·假女》和吴友如"时阴时阳"绘画所检验是阴阳人。恰巧，20 世纪50 年代福建遇到一个，在此一并介绍。

在 20 世纪 50 年代中期，福建省仙游县度尾镇曾有这样一个人，中等身材，宽额头，尖下巴，后脑勺打个龟形发髻，外表模样地地道道是个女人。但她既能为女，又能为男，遇阳即为阴，遇阴即为阳。

她先后有过 3 个丈夫，并为丈夫们生下 6 个儿女，存活 3 个，夭折 3 个。她在为人妻、人母的同时，又奸淫了妇女 5 人，强奸幼女 1 人。这个阴阳两性人名叫林秀香。

既然两性人不管真性、假性，那也是爹娘所生，本人是无可奈何的，为何要枪毙呢？这是因为仙游县曾经出现的这个两性人如果仅属先天性发育异常，引人注目，也还罢了；偏偏她道德败坏，心地狠毒，为了达到永久奸占妇女的目的，发展到投毒杀人，致被奸妇女下体溃烂惨死，实罪无可逭，受到国家法律的严厉制裁。报道这个案例，可以增长人们的医学和法医学知识，并对复杂的犯罪现象有所警惕。

林秀香，1917 年出生于仙游县龙板农家，孩提时代，她与邻居女孩一道跳跳蹦蹦，嬉戏玩耍，同样天真烂漫，是众乡亲眼看着长大的姑娘。其时，她仅感觉阴道内有异物感，16 岁时月经来潮，同年嫁给本县剑山乡杨某为妻。婚后两年因婆媳不和而离家出走，寄居邻县惠安罗氏寡妇家。罗寡妇身边只有一个黄花闺女。从 20 岁起，林秀香发现自己生理起变化，贴近年轻女子就有性欲冲动。有一天突然觉得阴道内一阵奇痒，解裤一看，发现阴户内伸出一段像男人阴茎样的肉柱，即觉得性欲亢发；大约上十分钟，兴奋过后缩入阴户内，看不见，摸不着。起初她惊愕不已，以后想一想，转惊为喜："这不是天赐我玩弄女人的宝物吗！"

从此，便利用其女性外形做掩护，先后以罗寡妇的闺女和邻居的小女为猎物，引诱她们搞性关系。然而好景不长，她与这两个闺女的暧昧行为，不久就引起罗氏和邻里的警觉和反感。在惠安待不下去了，不走就要出事了，在她 22 岁那年，不得不忍痛割爱，依依不舍地离开两个闺女，被迫返回杨家。在与杨某夫妻生活期间，她怀过 6 胎，生下 4 个子女。

杨某病故那年，26 岁的林秀香即改嫁度尾余某。她既与余某过夫妻生活，为余家添了一丁，又偷偷勾搭邻居阿某之妻暗度陈仓，过着遇阳则阴、遇阴则阳的两栖性生活。没有不透风的墙。有一次林秀香回娘家，娘家人风闻变异，把她禁闭家中检查，第一次检查不出来；第二次派两名女子查看，果然发现她阴户内会伸出肉柱。娘家人认为不祥，把她赶出家门，余某闻知其情，也不要她了。

流落到东溪的林秀香，再次改嫁给何某为妻，27 岁那年又为何家生育一子。但对林秀香来说，丈夫不过是块牌子，她对与丈夫过夫妻生活不感兴趣，而喜欢接近女性；有了这块牌子，她奸淫妇女不易曝光。

有一天，她与村嫂（妯娌关系）去溪边洗衣服。那溪两岸浓荫，溪水清澈见底，时有野禽飞翔。她见鸳鸯双双戏水，触景生情，不觉潸然泪下。村嫂追问何故？她便诉说自己有男性本领，但被配作女性，实不甘愿，叹无女伴同眠共枕。村嫂开始不信，林秀香趁机勾引，与村嫂做试验，村嫂服了。

从此，妯娌两厢情愿，耳鬓厮磨，假凤虚凰，只恨相聚为晚。其间，林秀香察觉到村嫂聪明伶俐的养女在暗暗偷看她俩耍风情，便在这个 14 虚岁的幼女身上打主意，乘村嫂外出之机，将幼女抱到床上发泄兽欲。这些半阴半阳的鬼事在东溪传开后，群众在背后指指戳戳，她如芒刺在背，不得不与何某分居，迁往东岳乡帽山村。

林秀香 28 岁那年，其堂侄女陈氏与丈夫离婚回到帽山村娘家，恰好与她同住一屋，林秀香看这个堂侄女体态丰盈，颇有几分姿色，就千方百计诱陈氏同床睡觉，乘机奸污了她。后来两人相处亲密无间，难舍难分。村嫂得知此事，醋意大发，跑到帽山村大吵大闹，弄得满村风雨。奇闻便不胫而走，在帽山村传开了。林陈两人置村里人风言风语于不顾，我行我素地公开同居，渡过了 13 个春秋。期间，陈氏三次怀孕生育一子一女。有一度，陈氏感到食口人多，家庭生活步步艰辛，林秀香是个半男女，且已中年，如此混日子终非长久之计，因此常到外面走动，物色郎君，找到一位相好男子，露出重新组合家庭之意。林秀香道："你理家务喂牲畜，我种庄稼砍柴火，好好一个家，不能拆！"在林秀香的反对下，这桩好事就告吹。

林秀香 38 岁那年（1954 年）陈氏决心改嫁姚家。林秀香哪里肯答应，恶狠狠地说："我得不到幸福，你也休想得到。"就在陈氏临出嫁的前一个晚上，林秀香对她行奸时，偷偷地把毒药塞进其阴道，致使其阴部肿痛达几个月之久，陈氏还不知起因。陈氏到了姚家后，丈夫看她经常回娘家，一回去就被林秀香缠住，迟迟不归夫家，因而生疑，一打听，才知妻子被"人妖"缠住，气得火冒三丈，决定离婚，亲自把陈氏及随身衣物送回娘家，一刀两断。此举不啻"肉包子打狗"。林秀香喜不自胜，陈氏再度落入"人妖"怀抱。

转眼到了 1958 年，陈氏再也耐不住长期遮遮掩掩的不正常生活，又相中了一位如意郎君，好言与林秀香商量。年过 40 的林秀香先是强压炉火，讲了许多跟自己过下去的好话，也说了些硬话；后来又在邻里妇女面前散布威胁言词："倘若执意嫁人，定用毒药叫她下身溃烂。"可是这回陈氏去意已决，当这些软硬兼施的办法都不奏效的时候，林秀香遂狠下毒害之心。3 月 22 日晚上，重演故伎，趁着与陈氏做爱之机，用预先裹有砒霜的棉球塞入陈氏阴户，随即用她那特有的肉柱捅向深处，当天半夜，陈氏腹痛、腹泻，阴道发炎肿痛。次日晨，肿痛加剧，又拉又吐，经医治无效，延至 3 月 24 日傍晚气绝身亡。

好端端一个壮年妇女突然因下身疾病暴亡，那些听到林秀香散布威胁言词的邻居马上向公安机关揭发报案。地、县两级公安干警会同晋江地区中级人民法院法医火速赶至，开展调查访问，勘查现场，检验尸体。

法医检验，见死者指甲青紫，阴户肿胀，有水疱，阴道黏膜糜烂，有脓样分泌物。当即解剖，取得胃肝内脏，生前的呕吐物及旁边的泥土进行化验，均未发现有砒霜、生物碱及斑蝥等可以引起中毒的物质。鉴于群众揭发有听到"定叫她下身溃烂"的话，加上尸检所见阴道红肿现象可疑，法医遂又剖验尸体阴道，从中取出两粒内裹红色颗粒的棉球送检，化验鉴定是砷化物。据此认定阴道为毒物进入途径，死者系被人将砒霜塞进阴道，经黏膜吸收致急性中毒死亡。于是，仙游县公安局立即将林秀香拘留审查。

为查明犯罪嫌疑人是否两性人，法医对林秀香进行体检和妇科检查。经检查，林秀香身高 155 厘米，皮肤细腻，无男性的胡须，喉结不明显，乳房发育正常，膨隆下垂，腹部有对称性妊娠瘢痕，阴部外观与女性相同。对子宫、阴道进行指检、镜检，没有发现异常。但是，群言凿凿，而且陈氏确实与林秀香同居达十多年之久。同时林秀香本人经过教育，也承认错误，并对因阻挠死者嫁人不成，进行报复毒害致死一事供认不讳，并表示愿意配合。经过她用手指刺激，法医通过指检，才发现她阴道左后壁有花生米大小的息肉样隆起，稍加按摩即有勃起，呈杆状物，纵伏于阴道内，外观完全隐没；随指移动，其根部连在阴道外口内约 1 厘米，硬度类软骨，不甚光滑。又经动员林秀香本人，用手自己摩擦外阴、阴蒂两三分钟，见阴道内逐渐伸出直径约 1 厘米的白蜡烛样棒状物，露出阴道前庭 4.5 厘米长，末端呈卵圆形，无孔道。再令其继续摩擦阴蒂，从此尿道口流出多量较稀的乳白样分泌物。该分泌物经镜检，有上皮细胞、白细胞，未检见精子。

据此判断，林秀香确存两性的构造，但女性属为完整，男性属方面发育不够正常，阴道内伸出的勃起组织可与女性交媾。是否女性假性半阴阳，需解剖检验去证实；林秀香兴奋时阴部流出的分泌物既然没有精子，所以被害人陈氏与其长期交媾亦不可能怀孕。至于陈氏所生一子一女的血缘关系则无需深究考证。

林秀香，阴阳两性不自重，长期奸淫妇女，最后因阻止所占的妇女改嫁不成起杀心，故意害死人命。大千世界容怪奇，但国法难容。案情查实后，经报最高人民法院核准，判处林秀香死刑。1958 年 8 月 13 日，林秀香被押赴刑场，验明正身，执行枪决，使故意剥夺他人性命者得到应有的惩罚。

执行前，上海司法部法医学研究所专家赶赴仙游县，再次对林秀香进行活体检查，所见同以前检查的一样。当时也有不少人认为体检虽未发现精子，很可能由于受检当时的环境，给她压力，致不能正常射精，案犯可能是一个真性两性人。但在全面尸体解剖和组织切片检验后，发现除检见两侧正常卵巢结构外，无其他胚胎生殖腺（如睾丸等）发现。取其阴道左后壁畸形组织做连续切片显微镜下检查，其组织结构类似有勃起作用的阴蒂及海绵体。估计这就是形成男性生殖器的变异所在，因为生命结束，它也完全隐没了。最后，根据林秀香生前有过生育，体内仅有一种生殖腺——卵巢，无睾丸等胚胎性生殖腺，外阴部全同女性，仅在性欲冲动时，其阴道左后壁的畸形组织才勃起外露，用它与女性交媾，实质上是与女性间的反常性行为，性感满足后，流出的多量较稀的分泌物系从前庭腺等分泌出来，既然没有睾丸，也就没有精子。虽非真性两性人，属于极为罕见的女性假性半阴阳人。

一三一、验 处 女

宋慈《洗冤集录·妇人》说："如果是检验处女，丈量札记四至完毕后，抬出到光明平稳的地方，先令稳婆剪去中指的指甲，用棉絮扎裹指头，勒令死者的母亲及其他血亲并邻妇二三人一同看验。是与不是处女，令稳婆用所剪甲的指头插入阴户内。"

这段话的意思是，如果是检验处女，首先要对尸体周围现场进行勘验，记录备案；其次，把尸体抬出到光明平稳的地方；再次，令稳婆剪去中指的指甲，用棉絮扎裹指头，才能开始检验；再次，要把死者的母亲及其他血亲并邻妇二三人都叫来，一同到场看验；最后，对于"是与不是处女"的检验，令稳婆用所剪甲的指头检验。

《大宋提刑官》介绍一个案件：宋慈参与查一案件，薛庭松提出冯御史当主审，宋慈、吴淼水为副审。史府内，宋慈查验小凤尸体，见其衣衫被扯破，头发披乱。判断杀人凶器为单锋别骨刀，而非原先认定的史文俊随带长剑。接生婆用绵丝缠在手指上，查验出小凤仍是处女，排除了史对小凤施暴的指控。宋慈对唐二宝提问：那夜二更后才出现月光，如何看得见杀小凤的情景？唐有些惊慌，答非所问。宋慈再三追问唐的家境，唐越发惊慌失措，慌急而逃。衙役在后花园莲花池中摸出一把厨房用的别骨刀。宋认为这才是真正的凶器。史夫人向宋慈讲出小凤身世：十几年前，去郊外拜佛，遇一年轻女人，将她的女儿交托寄养。留有一块印章，有"偶得佳句共剪窗"几个字。郊外有人被杀。宋慈急急赶去，胡知府也同时到达。一妇人认出是其丈夫黑三，在醉花楼做事。宋慈进狱中询问史文俊。史说，一日在醉花楼，有部下送画给他，恰遇薛庭松及店主沈彪。史让丫环小凤转送画给薛。出门时，见一卖柴汉子倒在外面，夫人起同情之心，加上沈彪劝说，就让唐二宝入史府做事了。嘉州袁捷案尚有十万两银子不知去向，宋慈曾向袁妻追问银子送到京城的去向，袁妻只知经手人为酒楼店主，脸上有一块暗红的胎记。而醉花楼店主沈彪的脸上恰有一块暗红色胎记。宋慈至黑三妻处，追问唐二宝的去向。黑三妻犹豫不决。这个案子讲的是宋慈通过验处女找到突破口继而查到另一大案并破获的故事。

关于验处女，我们还得了解一下我国对这一方面的历史和文化，这样就更好理解和分析案子了。古代性行为是一种受习俗高度制约的行为。人们不仅对公开的、合法的性关系表现出极大的兴趣，而且习俗的规范试图渗透到生活的每一个缝隙之中。在《诗经》中，谈到许多妇女与情人们私奔的故事。当时离婚很容易，再婚也并不难，少女的贞操还不是人们特别关心的问题。随着儒学的兴起，特别是宋代的理学出现之后，妇女被认为要对社会道德负起责任，理学家强迫妇女生活在禁闭的世界里，寡妇再嫁是道德上的罪恶，极其珍视妇女的贞洁。此后，中国人对于妇女贞洁的崇拜也就成了一种心理上的痴迷。这种痴迷的一个恶劣的例子便是所谓的"洞房验贞"。这种习俗把新娘子的贞洁与否，变成了一种当场验明并有众人在一旁作证的赤裸裸的处女检验，可悲的是新娘不觉得是对自身人格的侮辱。该习俗已经扭曲了人们的心灵。洞房验贞在民间被称作"验红"、"授巾"，古已有之。一般是在结婚之日，由新娘之母送给女儿或者女婿的白色巾帕，以为初行房事时之用，民间也称"喜帕"。旧时，历朝订婚礼，都有授巾之礼。有的地方，授巾之后，新郎新娘关门入室，云雨做爱，而新郎的父母亲友则在门外静候，同房之后，新郎手捧朱盘，盘内放着所授之巾，盖以红帕，其所示新娘为处女新红，众人皆大欢喜，纷纷表示祝贺，并以烧猪送于新娘娘家。在此之前，娘家人一直惴惴不安，唯恐新娘不见处女红。由于处女膜是否破裂成为检验贞女的唯一标准，一旦未见其红，新郎与家人便要归因于新娘不贞，至少在心理上要产生很大的猜忌与不和，形成隔膜。轻者使新娘无言以对，受辱终身，在婆家和丈夫面前无地位，重者由媒人遣送女子返回娘家。

重视处女红，是中国社会的普遍观念。善于观察的文人们又把其赋予了浪漫的情调。王实甫的《西厢记》在记述了张生与崔莺莺的幽会之后，特别提及香巾。他写道："春罗儿莹白，早见红香点嫩色，灯下低晴觑，胸前着肉揣，畅奇哉，浑身通泰，不知春从何处来。"剧作家汤显祖在其《邯郸梦》那颇具艳丽色彩的对白中曰："好夫妻进洞房花烛，大河犯客樯，猛擒拿，无媒织女容招嫁。休计挂，没嗟呀，多喜檀郎蘸眼惊红乍，美人带笑吹银蜡。今宵同睡碧窗纱，明朝看取香罗帕。"陶宗仪的《辍耕录》记载了一个人娶新娘后未见处女红，文人袁可潜赠与如梦令一首："今夜盛排宴筵，准拟灵芳一遍，春已去时，问甚红深红浅，不见，不见，还你一方白绢。"

了解了我国古代历史和文化后，我们知道"验处女"实际上是"处女验"。从宋慈《洗冤集录》记载，我们了解到当时检验方法、检验人员和检验水平；还了解到检验时当事人家属应该在场，以及在理学盛行的南宋时期宋慈仍坚持躬亲检验断案和"不怕羞检验"的态度。现代检验已没有过去的许多禁忌，检验手段已很多，检验水平已大为提高。法医学上验处女主要鉴定处女膜是否完整和新鲜破裂或陈旧破裂，以判定是否强奸或性行为方面的法律问题。事实上，强奸案件的处女膜检查及会阴部损伤、精斑 DNA 检验及涉案的调查等鉴定手段比古代要先进、全面、可靠得多，但我们重温宋慈《洗冤集录》仍然倍感先辈敬业和科学态度，而宋慈《洗冤集录》在这方面的记载与描述仍值得后人学习、研究！

验隐蔽部位

一三二、火 烧 钉

宋慈《洗冤集录·检复总说上》说："仔细看脑后、顶心、头发内，恐有火烧钉子钉入骨内。"

这段话的意思是，尸体检验时，要注意后脑部、前囟门及头发内隐蔽部位，可能有"火烧钉"钉入颅骨内。

《大宋提刑官》把"火烧钉"案件作为电视剧的开场序幕。

火烧钉钉入
头部致死案

宋慈

宋慈在石桌上进入梦境

考生宋慈，考试结束，不知不觉伏在客栈的石桌上睡着了，进入了奇异的梦境。

沉吟般的吱吱声，巨大的黑漆衙门缓缓开启。暗黑的空间渐渐透出一丝白光，白光越来越强烈，竟是一个人形。英气勃发的年轻官员——宋慈身着上下无一丝杂色的白袍跨进高高的门槛。身后的大门又隆隆关上。

宋慈蓦然回头。眼前突现奇景：衙门内三步一对、五步一双，对面肃立的衙役依次亮起了手中的一只只白灯笼，竟没完没了，就像两条白练向着无极深处延伸开去。霎时天地间的一切都消隐无踪，只见一条无尽的灯廊甬道通向幽秘的深处。

他淡然一笑沿着白灯笼组成的灯廊大步向深处走去。

长廊的尽头终于出现一个模糊的黑点，渐渐清晰了，竟是一口暗红色的出土棺木。

宋慈在棺前站定，抬头四顾。高台上黑压压地站着许多人，衣着像是会审的官员们，一个个神态肃然地俯视着宋慈。

宋慈脸上透着自信："开棺！""且慢！"宋慈回头见身着黑色官服的岳父薛庭松站在他的身后。宋慈疑惑地问："岳父大人？"薛庭松面色严峻："贤婿你现在知难而退还来得及。""岳父大人，小婿言出必行，怎可半途而废？""贤婿啊，你已金榜高中名列三甲。何必为一个非亲非故的死人冒此风险呢！""岳父大人是怕小婿验无其果反而毁了前程？""此案验官无数，都是暴病而亡。你却怀疑有谋杀之嫌。你要敢打开此棺，成则一鸣惊人，败则前功尽弃！若无十成胜算万不可贸然开棺啊！"宋慈回答："不对！"

宋慈回头只见其父宋巩着一身暗红色官袍向他走来。

宋巩大声道："慈儿刑狱之道，最忌患得患失。事关人命，莫道十成胜算，但有三分疑问，就不该轻言放弃！"宋慈从怀中掏出一个手抄的录簿，跪下高声道："父亲身为推官三十七年，断案无数，孩儿用心收录于簿，早晚研读，终于悟出五字真言：人命大如天！"宋巩说："好吾儿，能悟出这番道理，便可放胆开棺。"宋慈一声令下："开棺！"棺盖隆隆开启，一缕白雾袅袅腾起。

几十个官员的脑袋围着一圈往棺内探望。

棺内一美貌女子安若熟睡之状。

又一缕白雾腾起，却见女尸龇牙咧嘴，呈初度腐败之状。

围在棺材旁的一圈脑袋，猝然如蝇群受惊，往后退。独剩下宋慈还凝神蹙眉地审视着尸体，猝然发话："验！"他打开一个检验工具箱，从中取出醋瓶净手，再取麻油，抹在鼻子两侧，又取皂角点燃，以醑醋泼地，"轰"的一声轻响，腾起刺鼻的白雾。

一旁的众官们纷纷捂鼻后退。

宋慈坦步缓缓从白雾上跨过，走向赤条条陈于草席之上的尸体。随后，专注于验尸作业。

宋慈耳边响起父亲的声音："验尸须在专一，不可避臭恶。人身本赤黑色，死后变作青色。其痕未见，有可疑之处，先将水洒湿，后将葱白拍碎，令开涂痕处，以醋蘸纸盖上，候一时久，除去以水洗其痕，即见。"声音方落，宋慈已按验尸要点验毕起身而立。

女尸裸尸洁白无痕。

黑压压密麻麻却鸦雀无声的高台上"呼啦啦"一阵乱响。官员们纷纷站起几十双闪动着疑问的目光，居高临下，齐齐地投向宋慈，急切地等待着验尸结果。

宋慈面如凝霜。

仵作齐声喝报："原尸遍体未见伤痕，验无他杀之嫌！""哗——"不满之声如潮掀起且呈愈演愈烈之势。

宋慈眼中忽然一亮，神情专注地俯下身去，朝尸体头部凝眉注目：尸体的头部黑发间似有细小白点蠕蠕而动。宋慈瞪大双眼见那小白点渐渐大了，竟爬出了一条蛆虫！

他顿然大悟："不！此人死于谋杀！"如潮的喧哗戛然而止，验尸场霎时又静如死谷。

静待良久，不知从哪个角落发出一声苍老而清晰的问话："何以见得？"立即引起几十个声音的同声响应："何以见得？"宋慈面向众官员侃侃而论："方才宋某验遍该尸，头上七孔无血，身上四肢完好；项背无痕，胸腹无疮，与原案所验并无二致。然而，在尸者发间却爬出了这条小小的蛆虫，这正是原判尸检的一大疏漏！"他以一枚铁针扎着蛆虫高高举着："诸位大人请看这可不是一般的蛆虫，肉体之上长此蛆虫，必然是因为苍蝇聚叮所致。"

一官员问："何以见得？"宋慈说："苍蝇嗜血聚于死者发间，说明死者发丛之内必有血腥。"另一位官员反诘道："死者若是被钝器击中头部而亡，必有大量流血，原审何以未见？"宋慈说："凶手杀人，用的并非钝器，而是火烧铁钉！用火烧铁钉钉入脑颅，虽有腥味，却无血流出。宋某断言，死者是被人用火烧铁钉钉入顶门穴致死！"一根烧得通红的长钉对准女子的顶门穴，"哐"地一锤钉入头部！

考生宋慈从睡梦中惊醒，"腾"地从床上坐了起来，下意识地伸手摸了摸自己的顶门穴，才醒悟刚才那惊险奇特的一幕，原来是自己的梦境。

其实，宋慈这个梦是真实的法医检验。不仅在宋慈法医生涯中遇到，并写入《洗冤集录》，而且在郑克的《疑狱集》也有记载。《疑狱集》有个"严遵疑哭"的故事。有一女人红杏出墙，伙同奸夫把自己的老公杀了。为掩人耳目，伪造失火致死。扬州刺史严遵，在一次巡行时路过该女子所在村庄。忽然，听到阵阵女子哭泣声，哭声虽然很大，但听者感觉并不"悲切"。于是，严遵便停下车来问个明白。妇人说："我丈夫不幸被火烧死了。"严遵觉得可疑，命令随从守在尸体旁边。结果发现一群苍蝇在死者头部回旋。严遵令人打开发髻一看，原来有一枚"火烧钉"钉入脑内。事实面前，妇女承认了杀夫的事实，被处死。

一三三、验 雕 青

宋慈《洗冤集录》说："看死人身上甚处有雕青、有灸瘢，系新旧疮疤？什么地方有黥记之类，全都要加以说明。如果没有，也要开写清楚。"

宋朝的"黥刑"和"墨刑"图

这段话的意思是，检验尸体时，要注意看尸体身上在什么地方有雕青和针灸瘢痕，还要看看是新旧瘢痕，以及尸体上什么地方有标记、花色图案的暗记之类，全部要记录、说明。如果没有雕青等存在，也要写清楚没有看到雕青的痕迹。

雕青，指在人体上刺花纹，并涂上青色。具体地说，雕青是有意识地将花纹、人物、动物、树木或花草等图案事先在人体上画好，然后用针尖刺入皮肤，擦蓝靛、墨汁、朱砂、烟灰或其他染料，再用醋涂布，使色素留于皮内而成。宋、元时期，雕青形成风俗时尚。雕青亦称"文身""札青""刺花"，古代还于人体上刺戳花纹作装饰，用青色染在花纹上，如宋代的史进、燕青等就以文身为美。现中国不少少数民族尚有此习俗，按本部族风俗，有性别、年龄、部位等限制，如独龙族等限女性；傣族等限男性；高山族男女均有文身。雕青，可以刺字，如岳母给岳飞刺"精忠报国"以明志；也可以文面、文身或手臂刺青，以示美；还可能是标志、群体标记等。

宋朝对罪犯还在前额或面颊部刺青充作军配，叫刺金或叫刺配，是罪犯的标记。《水浒传》中的武松，刺的是两行金印。强盗犯、窃盗犯在额上刺"盗""劫"等字样，脸颊上还往往刺有发配的地点。

实际上，文身是一种复杂的技艺，需要有一定的医学知识和艺术造诣。于是，就有专门为人文身的工匠。《水浒传》交代九纹龙史进时说道：其父"史太公又请高手匠人与他刺了这身花绣"，交代燕青时也说："卢俊义叫一个高手匠人，与他刺了这一身遍体花绣。"宋时称这种高手匠人为文笔匠、针笔匠或文墨匠人，有需求，就有市场，他们往往"设肆为业"，开出了文身的专业店。宋元之际，马可波罗到泉州，居然发现印度旅客特多，原来他们"特为刺青而来，盖此处有人精于文身之术"，其手艺居然名扬海外。撇开文身在人类学上的意义不谈，宋代的刺青似乎更多体现出当时人对男性形体美的一种审美观。不妨先举《夷坚志》为例："永康军有倡女，谒灵显王庙，见门外马卒颀然而长，容状伟硕，两股文绣飞动，谛观慕之，眷恋不能去。"

《水浒传》反映的无疑是当时的审美取向，以燕青为典型，对此多有着笔。第七十四回写到泰安州燕青智扑擎天雕时，说他"把布衫脱将下来，吐个架子，则见庙里的看官如搅海翻江相似，迭头价喝彩，众人都呆了"，反映的是一般市民对这种健美的肯定。第八十一回有一段李师师观看燕青文身的描写，以女性的视角对这种男性健美表示欣赏：数杯之后，李师师笑道："闻知哥哥有一身好纹绣，愿求一观如何？"燕青笑道："小人贱体，虽有些花绣，怎敢在娘子跟前揎衣裸体？"李师师说道："锦体社家子弟，那里去问揎衣裸体！"三回五次，定要讨看。燕青只好把衣服从胳膊脱下来，李师师看了，十分喜悦，用尖尖玉手，摸他身上。而《大宋宣和遗事》则记载了宋徽宗对佞臣文身的肉麻举止：人呼李邦彦做浪子宰相。一日侍宴，先将生绡画成龙文贴体，将呈伎艺，则裸其衣，宣示文身，时出狎语。上举杖欲笞之，则缘木而避之。李邦彦的文身有点类似现在的贴纸。但此事不见史料记载，而《宣和遗事》毕竟是话本小说，遂难信以为真。然而，据《挥麈录》说，睿思殿应制李质因梁师成引见而大受徽宗的宠幸，他虽是太宗时参知政事李昌龄的后代，却"少不检，文其身"，徽宗赐其号为"锦体谪仙"。"锦体谪仙"的赐号虽有调侃的味道，却也隐含怜爱之意。

雕青在宋朝比较普遍，有不同用途和作用，常作某一社会阶层、团体、职业或囚犯的标志。因此，引起检验的关注，宋慈在检验时强调要注明雕青、标记含义、花色图案及新旧程度等。在法医实际检验中，对有雕青的人可作为辨认的依据，在具体案件中可以进行死者辨别，因此成为检验的内容之一。从现代法医学出发，雕青多刺在上臂和前臂，也见于躯干和下肢。此种雕青终身不褪，故具有个体特征而作为个人识别的重要依据，是法医学检验的重要内容之一。因此，宋慈《洗冤集录》中关于雕青记载及其检验方法仍有现实意义。

一三四、验孔窍

孔窍，中医名，五官七窍与自然的沟通。又称洞孔，常指眼、耳、口、鼻等，即空窍。所以，过去所说的"七窍流血"中的七窍就指人头上的七个孔，即两眼、两耳、两鼻孔和口。

但是，张仲景《金匮要略方论》论述从耳、舌、鼻孔和前后二阴等孔窍局部投药，治疗狐惑、阴吹、带下、阴中生疮、猝死和鼻塞等六种病证。其所指孔窍就包括口、鼻、耳、眼、阴道、肛门等。

宋慈《洗冤集录》中的孔窍又是什么呢？

宋慈说："看验阴囊和妇人的阴户，以及两胁肋、腰、小腰等处，有没有血荫痕。"

宋慈又说："被残害死者，须检齿、舌、耳、鼻内或手足指甲中，有签制算害之类。"

宋慈告诫检官："切不可令人遮蔽隐秘处，所有孔窍，都必须细验，看其中是否插入针、刀等致命的异物。"并特意指出："凡验妇人，不可羞避"，应抬到"光明平稳处"。

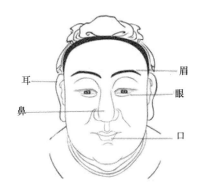

古代七窍指两眼、两耳、两鼻孔和口

宋慈进一步说："检妇人，无伤损处须看阴门，恐自此入刀于腹内，离皮浅则脐上下微有血沁；深则无。多是单独人求食妇人。""如男子，须看顶心，恐有平头钉。粪门恐有硬物自此入。多是同行人因丈夫年老、妇人年少之类。"

宋慈强调:"凡尸,在身无痕损,唯面色有青黯,或一边似肿,多是被人以物搭口鼻及罨捂杀。或是用手巾、布袋之类绞杀不见痕,更看顶上肉硬即是。切要者,手足有无系缚痕,舌上恐有嚼破痕,大小便二处恐有踏肿痕。若无此类,方看口内有无涎唾,喉间肿与不肿,如有涎及肿,恐患缠喉风死,宜详。"

宋慈说,在检验腐败尸体时,"更有暑月,九窍内未有蛆虫,却于太阳穴、发际内、两胁、腹内先有蛆出,必此处有损。""其余杀伤、病患诸般非理死人,扎四至了,但令扛至明净处,且未用汤水酒醋。先于检一遍,仔细看脑后、顶心、头发内,恐有火烧钉子钉入骨内。其血不出,亦不见痕损。更切点检眼睛、口、齿、耳、舌、鼻、大小便二处,防有他物。"

宋慈说:"应检验死人,诸处伤损并无,不是病状,难为定验者,先须勒下骨肉次第等人状讫,然后剃除死人发髻,恐生前彼人将刃物钉入囟门或脑中,杀害性命。"

从上面文字,我们可以看出宋慈在《洗冤集录》中所指的孔窍是"眼睛、口、齿、舌、耳、鼻、大小便二处",但还包括囟门、手足指甲、两胁肋等隐蔽处是否有针、钉等致害!也就是说,宋慈把孔窍作为隐蔽部位检查来理解,广义的人体隐蔽部位检查,还应包括头顶发髻内、两胁和手足指甲在内所有隐蔽部位的检查!宋慈在《洗冤集录》中多处提到"火烧钉子钉入骨内""粪门恐有硬物自此入""齿、舌、耳、鼻内或手足指甲中有签制算害之类""妇人阴门插入针、刀等致命的异物"等案例,表明宋慈检验非常重视尸体的全面检验、完整检验,有十分重要的实用价值!

清末,沈家本在天津任知府时曾检验一例"针扎致人死亡案":光绪十八年一月,天津县刘明的妻子王氏患病,请中医郑国锦看病,治愈。郑国锦见王氏美貌,乘间与王氏通奸。光绪十八年二月,郑国锦与王氏续奸,被王氏儿子刘黑儿看见,告知刘明。刘明因此生病。郑国锦决定乘刘明生病假以针灸为名,将其致死。三月十七日四更时,郑国锦乘刘明病重,骑压于刘明两胯,一手揪住上身,一手在刘明肚脐上一寸部位(水穴位)连扎三针。王氏一旁观看。刘明声喊,刘黑儿惊醒看见。郑国锦将针拔出,刘明移时死亡。郑国锦将尸棺殓,捏称病故,通知尸兄刘长清来津。刘长清信实,带刘黑儿将棺带回原籍埋葬。郑国锦与王氏成为夫妇,一同生活。天津县衙仍在查访该案,交天津知府沈家本复检。沈家本请京师仵作侯永讨论此案。沈家本率同静海县知县史善治到刘明原籍起棺检验。证实系针扎致死。郑国锦、王氏照律科罪结案。

宋慈关于"验孔窍"的思维,在现代仍有实用价值。下面介绍哑门注毒案件。

1982年6月3日,某市公安局检验一起案件。李某(女,24岁),因发热丈夫洪某送她去当地医院,诊断为"横断性脊髓病"。住院第4日死亡。由于死亡突然,死因不明,医院动员做解剖。法医检验时,发现小脑下部有灰色斑。颈后第1~3颈椎旁肌肉变黑。死者黄色针织运动衫的右侧小翻领及右侧袖肩部的前方

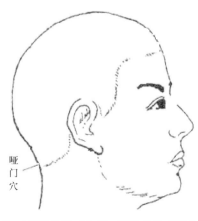

位于项部发际正中第1颈椎处的哑门穴

见到 5 处滴状灰色痕迹，经化验为硫酸（浓度 36%）。再查尸体颈后部，在第 1～3 颈椎及第 3～4 腰椎的肌肉、脊膜、脊髓及其周围组织呈暗红色，脊髓腔内出血呈褐色凝固状。肌肉、脊膜、脊髓、脊髓液均查出硫酸根！这是一起谋杀案！一起经颈 1～2 处（哑门穴）注入硫酸的离奇命案！法医鉴定结论出来后，洪某被捕。经审讯，洪某招供：因另有新欢，遂利用自己懂医之便杀妻。妻子李某发热时，在其第 3 腰椎处注入 0.5 毫升硫酸，致李瘫痪。死前当晚 23 时许，趁走廊无人，装作在床下拿盆洗手，准备好注射器吸入 0.5 毫升硫酸，然后，趁给李某翻身使成侧位，在哑门穴注入硫酸。出针后，李某就死去。作案后，洪某将注射器放在厕所窗台上，然后返回病床倒在李某身边装睡。翌日凌晨 4 时把注射器拿到医院门前马路上摔碎。这里要说明一下，哑门位于项部后发际正中第 1 颈椎下。因中医针灸治疗暴音、不语、癔症、癫痫等，故称哑门穴。哑门穴处于颈部重要生理位置，而哑门穴的深部就是颈髓，其周围是项韧带、项肌、斜方肌、颈半棘肌、头下斜肌、头后大小直肌、颈神经和枕神经通过处，是颈部活动枢纽。哑门穴注硫酸杀人罕见。

自杀案背后

一三五、自 杀 背 后

宋慈《洗冤集录·疑难杂说上》记载："人力、女使因被捶挞，在主家自害自缢之类。"

这段话的意思是，男佣、女仆因被责打而在主人家中上吊自缢，这一类案件属于疑难案件的检验。为什么宋慈把这一类检验归到疑难案件中去呢？因为宋慈认为，自缢检验不难，案件背后的原因更重要，可能长期被捶挞、虐待、受罚、冷遇等，必须通过检验和调查找到原因，使施暴者受到法律处罚。这是多么崇高的精神境界，也是值得我们今天深思的一个重要问题。

为了理解宋慈这段话，这里举二例说明之。

在日本，有个叫上野正彦的法医说过，自杀背后可能有着不寻常的原因，而"自杀"往往是最容易也最普遍的结论。

上野正彦对 20 世纪 70 年代的一起老人死亡事件印象深刻。这位失去了老伴的老人与儿子、儿媳居住在一起。某天早上，家人发现他在房间里悬梁自尽了。当问起自杀的原因时，老人的儿子与儿媳说，老人每天头痛不已，难以忍受病苦，因此决定自我了断。上野正彦听了这些话，第一感觉就是他们在撒谎！那一代日本老人，经历过战争、大轰炸及物质极度贫乏的时代，对于生存有着强烈渴求，心理强大得无法想象，怎么会因为头痛就选择结束生命。

事实是，这个可怜的老人退休后收入减少，身体也一天比一天差。很快，儿子与儿媳开始嫌弃老人，对他没有半点温情。老人被难以忍受的冷漠击倒了。警方调查后发现，老人整整花了一年时间考虑自己到底是应该活着还是死去。可是，他临死前写的遗书中没有半点抱怨，只有一句话："谢谢你们对我长时间的照顾。"儿子、儿媳看到这封遗书低下了头。

上野正彦说，这不是"自杀"，是最亲的人通过有意为之的"精神胁迫"，最后"杀"死了老人。

对于很多青少年"自杀"，上野正彦也认为另有隐情。自 20 世纪 90 年代以来，日本中小学生的自杀人数开始飙升，不少专家学者认为，这是因为"青春期的孩子无法确立自我意识"。对于这种观点，上野正彦极不赞同。

他经手的一起案件中，一个小学六年级学生与母亲一起自杀身亡。虽然警方判定两者都是自杀，但上野正彦到场后，却首先推测母亲系自杀，但孩子却不是。当时，孩子留下了一封遗书，上面写着："我要和母亲一起走。"这就是警方的依据。

不过，上野正彦却提出："小学生即使不如意，对世界的好奇心也远超成年人，而且从人生阅历来看，远远达不到看透人世的地步，不会这么轻易结束生命。"最后，详细调查与尸体检验证实，小孩的确是被胁迫写下遗书后遭母亲杀害的。

困扰日本社会的校园欺凌，也是导致青少年自杀的重要原因。警方在处理此类问题时，只要没有他杀与事故的明显证据，就作为自杀处理。但是，血案背后的隐情，不少是"被迫就范"。所以，真正原因不是自杀，而是他杀！

重温宋慈《洗冤集录》和上述案件，感触颇深：

一是在自杀案的背后往往隐藏着被迫、协助、施压和误解等原因。一个生命逝去，就无法再回来。法医不思考死者自杀的原因，不揭开血案背后的秘密，不对事件背景做调查，不让责任方承担相应的责任，这样的事情就会一次次重现。现在不无担忧的是，法医所面对的是一具具尸体，容易陷入仅靠尸体状态来判断情况的误区。其实，做出正确的判断必须分析背景。法医不应是冷冰冰的，而应是有血有肉的科学家，要从人类的情感出发来工作。也就是说，法医不能只回答死亡，要回答发生死亡的全过程，包括自杀的动因，有无被胁迫等。换句话说，自杀不是结果，不能说"自杀了结生命"，要说明"因何而自杀"，要透过现象看自杀的本质。

二是法医要有严谨的工作态度。即便有的案件一时找不出自杀的原因，也要写明真正的医学死因，留待调查，而不能用"自杀死"作为法医结论。"自杀死"这个词描述的是死亡的当时状态，并不是死亡的真正原因。比如，一个人自缢死了，这只是描述当时的死亡状态。事实上，自缢死中，也有可能是有人长期被捶挞、虐待、受罚、冷遇等，也可能杀人后伪装自缢。这就要求法医要有严谨的工作态度，甄别真伪。

三是法医是死者的代言人。不少人认为，在死亡案件中，法医的作用就是找到死因、死亡方式和致死工具就足够了。可是，法医应该有着自己的理解：法医是什么？法医是死者的代言人，有责任和义务把死者想说的话说出来！活着的人会撒谎，但死人不会。从检验尸体那一刻起，死人就开始告诉你"我为什么会死"、"临死前发生了什么"，这是一个没有名利、没有谎言的真实世界。也就是说，法医的任务是帮助死者说出真相，而不是只履行检验责职，完成鉴定了事。

医生与检验

一三六、从《洗冤集录》看宋代医生参与检验

宋慈《洗冤集录·札口词》说："凡抄札口词，恐非正身，或以他人伪作病状，代其饰说，一时不可辨认，合于所判状内云：日后或死亡，申官从条检验。"

这段话有点拗口，通常"抄札"指查抄没收。但这里宋慈所说的"抄札"应指引证解释。所以这段话的大意是，但凡把口供作为证词时，要注意有三种情况：一是卷宗里的口供者可能不是凶犯本人（正身），要深入调查；二是保辜案件中，卷宗里伤者病例记载的症状可能是他人的（伪作病状），要请经治医生参与；三是卷宗里可能他人偏袒一方当事人的口供（代其饰说），要实地询问。对于一时难以确定的，可在卷中载明：如果日后死亡报官，根据有关条令检验。这里需要强调的是，宋慈提出医生参与检验的目的，是为了保证证词的可靠性。

宋慈《洗冤集录》中提到医生参与检验的有以下几种：

其一，审查卷宗证词可靠性需要医生参与（见上）。

其二，保辜期限需要医生参与。宋慈《洗冤集录·条令》记载："诸保辜者，手足（殴伤人）限十日，以他物殴伤人者二十日，以刃及汤火伤人者三十日。折目、折跌肢体及破骨者五十日。限内死者，各根据杀人论。诸啮人者，各根据他物法。辜内堕胎者，堕后别保三十日，仍通本殴伤限，不得过五十日。其在限外，及虽在限内以他故死者，各根据本殴伤法。"

宋慈《洗冤集录·疑难杂说上》记载："斗殴有在限内致命，而实因病患身死。"这段话意思是，斗殴后在保辜期限内死亡，而经医生诊断确实是患病身死的。

宋慈《洗冤集录·疑难杂说上》还记载："缘打伤虽在要害处，尚有辜限，在法虽在辜限内及限外以他故死者，各根据本殴伤法。他故谓别增余患而死者。

另，宋慈《洗冤集录·验他物及手足伤死》记载："伤损条限，手足十日，他物二十日。""凡被打伤杀死人，须定最是要害处致命身死。若打折脚手，限内或限外死时，要详打伤分寸阔狭，后定是将养不较致命身死。"根据宋代"保辜"条款："诸保辜者，手足殴伤人限十日，以他物殴伤人者二十日，以刀刃及汤火伤人者三十日，折跌肢体及破骨者五十日。限内死者，各依杀人论；其在限外及虽在限内以他故死者，各依本殴伤法。"保辜是宋代沿用唐代的一个法律用语，意思是在伤害案件中，伤者伤势尚未确定时，先保留犯罪人的罪名，让其先为受害人筹钱医治，然后在一定期限之后，再量刑处理。据此规定，案件中保辜期限决定打人者今后会被判什么刑，要根据辜限之内受伤者的病情来判断。如果伤者"将养不较致命身死"以斗殴杀人论判死刑，如果没有死亡就会被判流放三千里。由于及时抢救，保住了伤者生命，也保住自己不被判重刑。这些案件，医生实际上参与或

协助检验，其断案依据就是医生的病例记载。对于伤害、交通肇事案件适用保辜制度，能够把人身伤害与责任挽救结合起来，责令伤害者、肇事者积极地为受害人进行治疗，最大限度地降低人身损伤后果，这一制度设计既科学化也人性化，值得今天借鉴。

其三，救人以保存证据需要医生参与。宋慈《洗冤集录·救死方》记载："五绝及堕打猝死等，但须心头温暖，虽经日亦可救。五绝者，产、魅、缢、压、溺。""惊怖死者，以温酒一两杯灌之，即活。""又屈死人两足，着人肩上，以死人背贴生人背，担走，吐出水即活。""魇不省者，移动些小卧处，徐徐唤之即省。"以上指"产、魅、缢、压、溺"五绝情形已出现假死现象，可以救活。关于假死的检验方法，其实是请医生一起进行的。宋慈把"救死方"写入检验书籍《洗冤集录》中，就是要从被救的人口中得到真实的证据，另外，宋代实行保辜制度，被害人未死，判处死刑就会减少。

其四，辨别疾病真伪需要医生参与。宋慈《洗冤集录·检复总说上》还记载："如斗殴限内身死，痕损不明。若有病色，曾使医人、师巫救治之类，即多因病患死。"这段话的意思是，检验尸体时，对于斗殴保辜期限内死亡，损伤情况不明的，假如发现死者有疾病外观，就要调查医生或巫师，如有经过救治或用药，便可考虑患病而死。由此可见，当时是有医生参与检验的，但系被动参与，有检验官员发现"有病色"时才要求调查医生救治过程。

其五，医疗纠纷需要医生参与。宋慈在《洗冤集录·针灸死》记载："须勾医人验针灸处是与不是穴道"，意思是针灸死亡的案例，要请医生看看"针灸处是与不是穴道"，以判断医生因针灸致人死亡的责任。这种由别的医生鉴定医生过错的做法在宋朝已经实行了；还有一种也可看作医生检验，那就是稳婆检验。

其六，强奸、堕胎等案需要医生参与。宋慈《洗冤集录·妇人》记载："令坐婆以所剪甲指头入阴门内，有黯血出是，无即非。若妇人有胎孕不明致死者，勒坐婆验腹内委实有无胎孕。如有孕，心下至肚脐以手拍之，坚如铁石，无即软。若无身孕，又无痕损，勒坐婆定验产门内，恐有他物。有孕妇人被杀，或因产子不下体死，尸经埋地窖，至检时，却有死孩儿。推详其故，盖尸埋顿地窖，因地水火风吹，死人尸首胀满，骨节缝开，故逐出腹内胎孕。孩子亦有脐带之类，皆在尸脚下。产门有血水、恶物流出。若富人家女使，先量死处四至了，便扛出大路上，检验有无痕损，令众人见，以避嫌。""令收生婆定验月数，定成人形或未成形，责状在案。堕胎儿在母腹内被惊后死，胎下者，衣胞紫黑色，血荫软弱；生下腹外死者，其尸淡红赤，无紫黑色及胞衣白。"稳婆检验，也是由检验官员邀请，主要是验处女、验身孕、验胎月、验产门异物、验产门外伤、验堕胎、验胎孕不明致死等。

其七，中毒案件需要医生参与。宋慈《洗冤集录·服毒》记载："又有腹脏虚弱、老病之人，略服毒而便死，腹肚、口唇、指甲并不青者，却须参以他证。"宋慈《洗冤集录》中不是所有中毒案件都要医生参与，只有过去有病、中毒量不大但却死亡的案件，要请医生或查病历看看是否"虚弱老病"及其程度。

其八，确定是否病死需要医生参与。宋慈《洗冤集录·病死》记载："患是何病?曾请是何医人?吃甚药?曾与不曾申官取口词?如无，则问不责口词因根据；然后，对众证定。如别无它故，只取众定验状，称说：遍身黄色，骨瘦，委是生前因患何疾致死。仍取医人定验疾色状一纸。如委的众证因病身死分明，原初虽不曾取责口词，但不是非理致死，不须牒请复验。"这里死者生前患何病、看病医生是谁、生前吃什么药等都要问。

既往认为，古代医生很少参与检验。但从宋慈《洗冤集录》记载可知，情况并不是这样：

一是从《洗冤集录》记载看，宋代医生参与检验包括协助审查卷宗证词可靠性、保辜期限、救人保存证据、辨别疾病真伪、医疗纠纷、强奸堕胎、某些中毒、某些病死等案件。

二是从《洗冤集录》记载看，宋代医生并不全是自己做鉴定，而是检验官员认为有必要或有疑问或怀疑伪造伤病等请医生参与检验，这些案件包括审查卷宗证词可靠性、保辜期限、救人保存证据、辨别疾病真伪、某些中毒、某些病死等。

三是从《洗冤集录》记载看，宋代医生参与检验是法律规定的，如强奸、堕胎等案的稳婆检验，也是由检验官员邀请，主要是验处女、验身孕、验胎月、验产门异物、验产门外伤、验堕胎、验胎孕不明致死等。

四是从《洗冤集录》记载看，宋代医生参与医疗纠纷的部分检验，如针灸死亡的案例，检验官员要请医生看看"针灸处是与不是穴道"，以判断医生因针灸致人死亡的责任。这种由别的医生鉴定医生过错的做法在宋朝已有先例，即所谓的"别医检验"。由此，别医检验在宋代已经实行，并在宋慈《洗冤集录》中有记载。

五是从《洗冤集录》记载看，宋代医生参与检验可做法律意义上结论使用的，包括医疗纠纷的部分检验、强奸堕胎等检验、保辜期限伤病等。

法医不仅要认识各种疑难问题、识别真伪，还要请医生协助检验并正确使用医生病案。这是作为一个优秀法医所必须具备的，也是宋慈《洗冤集录》一再强调的。

一三七、别 医 检 验

宋慈《洗冤集录·针灸死》针对针灸引发医疗纠纷提出看法："须勾医人验针灸处，是与不是穴道，虽无意致杀，亦须说显是针灸杀，亦可科医不应为罪。"

关于针灸致人死亡的检验。检验时必须请别的医生，把原来医生针灸处作记号，看是不是针灸的穴位。"针灸"是中医的专业术语，通过针灸而进行治疗是中医的一个重要的治疗方法。针灸治病一般不会对病人造成损伤或危害，但也偶见因方法不当，或针刺过度而致人死亡者。如针刺胸部不当，刺破胸膜而发生气胸致死等。宋慈在本节中虽然只写短短几句，但却是点睛之笔。"检验时必须请别的医生来检验"。这就是宋代医案的"别医检验"制度。

为了了解"别医检验"制度，我们来看看宋代一个医疗纠纷案件。

有个叫杜文浩的人，经过十年寒窗苦读，成为一名医生。在一次给人治伤后杜文浩被告到官府。病人家属在诊所门前闹了一整天。

原来，杜文浩看的病人是王捕快。王捕快受重伤后已二日不醒，家人已经为他摆灵堂准备丧事。王捕快妻子吴氏到公堂告医生杜文浩救治不力致人不醒。

可是，第三天，医生杜文浩把王捕快给救醒了。王捕快听说妻子和老爹到大堂告杜文浩，急忙催促部下抬他到衙门阻止这件事。

当抬到大堂时，王捕快看到吴氏，就想休妻。妻子听说王捕快要休她，就想撞柱寻死。

这时庄知县在大堂上说道："王捕快也在，重新升堂问案！"庄知县先问了王捕快事情经过，尤其是当时的伤势。

庄知县又请另一名远近闻名的外地医生为王捕快诊脉，这位医生看完病说道："王捕快脉象虽尚属危症，但好些了，伤势正在恢复。"

庄知县惊堂木一拍："本案已经水落石出，两造听判！"

庄知县望向刘老汉和吴氏："你二人还继续状告吗？"

刘老汉和吴氏磕头道："不告了！先前是误听人之言，诬告了医生，草民撤诉。"

庄知县点点头："嗯，念你二人诬告原非本意，刘老汉有病在身，吴氏刚才也知错以死明志，给三十掌嘴。免了你们处罚，这就下去吧！"

刘老汉和吴氏急忙磕头谢过，退到堂外。

庄知县问许四海："原告，你的人证已经全部翻供，物证也被证明是错的，另外两个原告也撤诉了，你呢？"

许四海道："学生撤诉！也不告了。"转身对杜文浩深深一礼："杜先生，赔罪了！"

啪！庄知县惊堂木重重一拍，喝道："原诉可撤，但你诬告之罪，又待如何？"

庄知县对许四海道："你当初状告杜先生的是庸医误杀人罪。杖责三十，赔偿苦主损失。"三十杖打完，许四海已奄奄一息，家人用门板抬下。

顺便说明一下，宋慈所说的"勾医人看验是与不是穴道"，表明医案鉴定时是邀请专业医生的，宋慈举例是对针灸而言的案例，必须要针灸专业的医生，这是第一层意思；第二层意思是"看验"两个字，表明是针灸领域能有"看验"水平的医生；第三层意思是"是与不是穴道"，这个医生要能看出症结所在，是与不是穴道！

这个医案，庄知县另请一名远近闻名的外地大夫当堂诊脉，确定病情。这就是宋代医案鉴定的规则，即发生医案，请"别医"鉴定。这个"别医"，一定是精通医术、公道的人，而委托者就是官府办案人。本案适用法律是诬告反坐（现在没有这条法律了），就是用诬告的罪名来对诬告者进行处罚。这样告状的人要有事实才能提出告状，否则要对自己的行为负责。许四海诬告就按所告之罪处罚诬告的人。因此，古代医闹、告状不多，加之医案医理高深莫测，一般老百姓知之不多，告起来很容易被认为是诬告。特别是"别医"鉴定这一环节，很奏效。现在医案鉴定混乱，有的不是很专业的人也做鉴定，势必达不到鉴定效果。由此可见，宋代的别医检验制度是值得借鉴的。

我们从另一个层面来看"别医检验"。大家知道，医学是不确定的科学，医生是担风险的职业。如果把大自然称作"宇宙"，那么人体就是"小宇宙"。医学对疾病并未完全了解，有的治疗方法还待完善，医生治病有一定的风险。医生看病不是"锁和钥匙"的关系，疾病与患者都有个体差异。为了能准确地判断医疗纠纷的是与非，应该请更高明、更专业的其他医生对医疗纠纷事件进行判断，这是对医学的深刻理解，也是对生命的尊重。

一三八、宋慈看重医生诊断

宋慈《洗冤集录·病死》说："患是何病？曾请是何医人？吃甚药？曾与不曾申官取口词？

如无，则问不责口词因根据；然后，对众证定。仍取医人定验疾色状一纸。"

这段话的意思是，死者因何病而死？曾请何医生看病？用何药？死前是否请官府做过口供？如果没有，就要问清怎么回事，仍然要以医生诊断报告为依据，并"对众证定"。宋慈这段话有两层意思：一是对突然死亡的案件，法医要尊重医生诊断，要从医生那里了解死者生前患什么病、就医情况、用药情况；另一层意思，患者的陈述情况是口头表达的或容易变动的，医生的诊断是书面固定的或真实记录的，法医要及时提取"医人定验疾色状一纸"，然后"对众证定"。

为什么宋慈对待患者得何疾病、因何病而死这件事如此看重医生的意见呢？因为对于疾病表现的症状，不懂医的人描述得大多不完整，而学医的人则记录就有针对性。所谓针对性，就是医生把相关症状归纳为某些疾病的症状学问，从而研究症状的辨别、发生机制、临床特点，最后开处方治疗。对医生而言，症状是向患者进行疾病调查的第一步，是问诊的主要内容，是诊断、鉴别诊断的重要线索和主要依据，也是反映病情的重要指标之一。疾病的症状很多，同一疾病可有不同的症状，不同的疾病又可以有某些相同的症状。另一方面，在实际办案中，宋慈发现患者或相关人出于某种目的，会夸大症状或隐瞒疾病，致使案件得不到公正处理。因此，宋慈看重病历，并"对众证定"，是有道理的。

为了加深理解宋慈这段话的含义，下面介绍两个案例加以说明。

乾隆年间，有一个医生叫黄庭镜，福建建瓯人，他在《目经大成》中有这样的记载：

案例一：有一个身患白内障的叫唐三流的乞丐，双目失明。黄庭镜分文不收，用"金针拨障法"为他医治白内障。手术后，黄庭镜问乞丐"能看见吗"，谁料，乞丐一口咬定"看不见"，还说眼痛，吵闹起来，要黄庭镜赔偿。敲了黄庭镜许多钱米而去。次年，唐三流由于白内障治愈，眼睛能视物，做了盗窃，被官府抓获。这个案例中唐三流为了讹诈，故意把手术后看得见，说成看不见。

案例二：有一名叫江望子的石匠，由于凿碑时被石子弹伤眼睛，得了白内障，愿意用四两银子请黄庭镜为他治疗。黄庭镜为他施针，金针一拨，内障即下。黄庭镜问石匠："你看得见吗？"石匠不答，想要赖账。黄庭镜灵机一动，就对石匠说："你品行不好，还是把内障拨回去吧。"石匠一听，急了，叫道："不要拨回去！我能看见！"马上交代家人取钱交给黄庭镜。这个案件中石匠为了赖账，故意隐瞒真实视力。

这两个案例，黄庭镜都有完整病例记载。唐三流手术后能视物而去盗窃，和黄庭镜病例对得上。同样，江望子石匠要不是黄庭镜怕他赖账提早说穿其隐瞒视力，日后石匠在重抄凿碑职业时，也可反证其视力恢复。由此可见，医生的病例记载的重要性。

这里引出了一个犯罪学重要概念：被害者学。宋慈在《洗冤集录》中举了很多例子，比如，明明病死却说成被人打死；明明自己服毒却诬赖他人；明明死后伤却伪装生前被打伤；把人打死后投入水中却伪装生前入水；把人打死后吊起却伪装生前自缢；在尸体上涂抹茜草染料来伪装生前殴伤皮下出血，等等。这些都是来自被害人或利用被害人的法医学检验问题，有的需要医生协助检验，有的需要查看医生的病例记载加以佐证。

被害者学研究的一个重要方面，是被害人与犯罪人之间的关系。在犯罪前，被害人和犯罪人之间往往存在某种关系，而这种关系的存在为犯罪的实施创造了一定的条件。被害者学也要研究被害人的心理活动、心理状态与犯罪人心理状态的关系。被害者学研究的另一方面，是研究被害人的心理特征及所处的社会环境，包括经济条件、生活需求等，按照不同的犯罪类型对相应的被害者的心理特征进行分析，目的在于查清犯罪产生的原因和条件。被害者学不仅要对被害人所产生的结果进行研究，而且还对被害人的自身原因进行研究。

我们从哲学的角度出发，来理解宋慈前面那段话。就会明白，宋慈是利用医生看病的辨证施治原理，采集病例报告来加强自己的心证。用哲学的话来说，这是抓住主要矛盾和矛盾的主要方面。法医学上，一个人死亡，肯定有其原因；医生看病，肯定要从其症状等发现其原因；医生用药，肯定要明确疾病后对症下药。这就是医生看病、用药的基本原理，所以宋慈看重病例的重要性。

再回头看宋慈讲的那段话，可把其分成几个步骤：第一步，了解患何病；第二步，调查请何医生看病；第三步，核对用什么药；第四步，研究医生下什么诊断；第五步，把自己观点和医生诊断进行综合分析，然后当场"对众证定"。宋慈思维缜密，严丝合缝，其心证和观点着实让人心服口服。这其实是宋慈公开调查、公开心证、公开观点的工作方法，是宋慈检验心证和法医观点积极释明的思想意识和工作观念，也是宋慈《洗冤集录》留给我们的有益启发。

一三九、验 胎 月

宋慈《洗冤集录·小儿尸并胞胎》说："按《五藏神论》：怀胎一月如白露，二月如桃花，三月男女分，四月形象具，五月筋骨成，六月毛发生，七八月动手，九月三转身，十月满足。"

这段话的意思是，《五藏神论》这本书有记载，怀胎一个月的胎儿就如同梅花露出白白花蕾那样大小，两个月如同桃花初开，三个月就可分出男女性别了，四个月胎儿已具形象，五个月有了胎儿的骨骼，六个月胎儿毛发长出来，七八个月手能动，九个月胎儿可有胎动、频发转身，十个月胎儿足月可分娩了。

电视剧《大宋提刑官》梁雨生案：楼家为女儿订亲喝酒至深夜。清晨家人急报：小姐死于后花园枯井之中，井中另有一未死男子，是在楼家教书的落魄秀才梁雨生。县令刘皓认定梁雨生谋财害命。宋慈审查该案，派人到枯井处查看，捡得一小儿饰物——狮形的铜挂锁。这时，宋慈想起梁雨生曾给死者一首《蝶恋花》诗："乱世姻缘多阻滞，水远山遥，难寄相思字。露白霞苍心事苦，宝钗光黯凭谁护?频年踏遍天涯路，侠骨柔情，要向伊人吐。喜有东风吹暗雨，月斜风定鸳鸯起。"宋慈认为，从诗内容来看，梁雨生并未与小姐接触，只在倾吐"心事"。而狮形的铜挂锁系小儿饰物，并非吐"心事"!宋慈告知刘皓此案有疑点。二人同去狱中探视梁雨生。宋慈问梁如何与小姐相约。梁说，与小姐只是隔墙遥望，从未私会。那夜喝酒后回房看到桌上有纸条，小姐约他私奔他乡，故急急赴约，谁知天黑，小姐落井身亡。自己好像被人推一下也落井。宋慈提出对小姐尸体进行检验。宋慈验尸发现，楼家小姐身怀有孕! 于是，宋慈再找梁，告知小姐怀有 5 个月身孕，梁大喊冤枉，说诗文是楼家小儿交丫环，再转小姐的。宋慈想到丫环是关键人物。再去楼宅，丫环已用剪刀"自杀"。宋慈细察其伤势,认为是他杀。又发觉丫环指甲内有血迹。宋慈要刘皓全城搜捕凶手,凡脸有破痕者都要细加询问。暗访发现,有一个脸上有抓痕的男人,走进一座破落小院。稍后,小姐继母楼夫人也走进去,与那名男子幽会。宋慈、刘皓及楼员外赶到时那名男子已倒地身亡,一看正是袁生。宋慈道出案件始末:梁雨生与小姐隔楼遥望而生情,写了一首情诗。梁雨生将情诗交学生宝儿送给小姐,宝儿给了丫环,丫环则给了袁生,袁又另抄一份当做已作送给小姐。小姐看后爱慕袁生,以身相许。袁生与她相约于订亲夜外逃。订亲之夜,梁雨生喝了许多酒,见小姐的留条,便毫不犹豫追至后花园,懵懵懂懂被人弄至枯井之下。宋慈揭出继母楼夫人才是元凶:借袁生之手,将小姐害死,另将梁雨生作为替死鬼,最后再弄死袁生。

如何判断胎儿月份呢?宋慈将《景岳全书·妇人规》收入法医检验中作为鉴定依据。《五藏神》论曰:一月如珠露,二月如桃花。"根据宋刑统关于堕胎胎儿"成形"与"未成形"分别处以不同刑罚的规定,宋慈利用《五藏神》记载的有关内容进行堕胎及胎儿月数的法医学鉴定,为刑罚轻重之界限提供科学依据。

宋慈《洗冤集录》还吸收印度医学有关"十月成胎"内容。在印度古代医学体系中,存在着两种主要的胎相观,即"生命吠陀"的主流是"十月成胎",而佛教医学多坚持"七日一变",但这两种理论之间又有联系。印度的"十月成胎"说,主要体现于宋明传本《耆婆五脏论》之中。《耆婆五脏论》译成汉文后,被附益了中医五脏理论。其妊娠学说内容来自《妇女大全良方》以及明代诸医书保存至今。印度的"七日一变"说,则被《简易方》《普济方》《医方类聚》《证治准绳》等所引述。这些反映出印度的"十月成胎"与"七日一变"对中医著作产生过一定的影响,另外在《洗冤集录》《本际经》《三元延寿参赞书》《父母恩重难报经》《新编目连救母劝善戏文》等书中留下了痕迹,说明我国医学、法医学对此也有所接受。

宋慈《洗冤集录》收入了包括堕胎、胎尸月份等检验内容,反映当时法律与医学的水平,特别是对胎儿月龄的判断在现在仍感到宋慈《洗冤集录》这部 13 世纪的检验书籍是相当全面和有价值的法医学巨著,并达到了相当水平。因此,研究《洗冤集录》,对了解我国古代法医学鉴定水平、知识框架和理论基础,以及对世界法医学的贡献,发展我国现代法医科学均有历史和现实意义。

救死与检验

一四〇、经 验 方

宋慈《洗冤集录·救死方》说:"推官宋定验两处杀伤,气偶未绝,亟令保甲,各取葱白热锅炒熟,遍敷伤处。继而呻吟,再易葱,而伤者无痛矣。曾以语乐平知县鲍 。及再会,鲍曰:葱白甚妙,乐平人好斗,多伤。每有杀伤公事,未暇诘问,先将葱白敷伤损处，活人甚多，大辟为之减少。出张声道经验方。"

宋慈这段话，说的是有个叫宋瑑的推官验过两起杀伤案件，当时见伤者还有一丝气息，就叫保甲拿葱白放在热锅里炒，敷在受伤地方，不久，伤者呻吟，再换葱白，伤者已不喊痛，救活了。这个方法宋瑑传授给江西乐平知县鲍旂。再遇到鲍时，鲍说："葱白好用，乐平人好斗，常把人打伤，每逢有杀伤案件，未暇诘问，就先用葱白敷伤口，被救活了不少人。打死了人要被判死刑，但被打的人救活了，被判死刑也就大为减少了。"这个方子出自《张声道经验方》。张声道（1150～1220），字声之，浙江瑞安人。南宋淳熙十一年（1184）中二甲第一名进士，曾任福建莆田知府等职，《经验方》就是张声道著作之一。

其实，宋慈《洗冤集录·救死方》不仅是按"杀伤"的要求及时抢救，还有各种中毒、外伤、猝死、梦魇、疾病、上吊以及中暑、醉酒等，只要还能救活就得抢救。

为什么宋慈如此强调对涉案的意外、暴力或疑为他杀的案件，抢救"气未绝"者的重要性呢？宋慈直白"每有杀伤公事，未暇诘问，先将葱白敷伤损处，活人甚多，大辟（被判死刑）为之减少"。原来是为了减少判死刑的人。

这里要介绍宋代的保辜制度。

保辜制度，这是宋朝法律《宋刑统》沿用唐律的一个规定，即斗殴伤人案件的被告要在一定"期限"内对受害人的伤情变化负责，如果受害人在期限内因伤情恶化死亡，被告应按杀人罪论处。这种制度叫"保辜"，所设期限叫"辜限"或"辜期"。

既然讲到唐律，就介绍唐代的一个案件。唐代宗李豫时期，中西陆路重要的交通枢纽西州（今新疆吐鲁番）的高昌城发生了一起车祸。高昌城南门口是全城最热闹的地方，因为进城出城的人们都要经过这里。一天，一个8岁的小男孩叫"金儿"和同岁的小女孩叫"想子"坐在张游鹤店前玩耍。这时一个叫康失芬的雇工正驾牛车把城里的土坯运到城外，一不小心，他的牛车把金儿和想子轧伤了。金儿伤势严重，腰部以下骨折，性命难保；想子腰骨骨折。小孩的父亲告官："男金儿八岁在张游鹤店门前坐，乃被靳嗔奴家雇工康失芬将车辗损，腰以下骨碎破，今见困重，恐性命不存，请处分。"随后，一个叫"舒"的官员接手了这个案子。他先是查问康失芬，第一次，康失芬承认他赶牛车轧人的事实无误；第二次，舒询问康失芬案情详情，康失芬回答说，牛车是他借来的，由于他对驾车的牛习性不熟悉，当牛奔跑的时候，他努力拉住，但"力所不逮"，终于酿成事故；第三次，舒问康失芬有什么打算，康失芬表示愿为伤者治疗，如果受伤的人不幸死亡，再按法律来处罚自己。舒最后同意了康失芬的这个意见。驾车伤人在唐朝是有专门法律规定的，《唐律疏议》卷二十六中，"街巷人众中走车马"一条规定："诸于城内街巷及人众中，无故走车马者笞五十，以故杀人者减斗杀伤一等。"这条法规的意思是：在众人中跑车马伤人的，比照斗杀伤之罪减少一等量刑。《唐律疏议》卷二十一中还有"保辜"条款："诸保辜者，手足殴伤人限十日，以他物殴伤人者二十日，以刀刃及汤火伤人者三十日，折跌肢体及破骨者五十日。限内死者，各依杀人论；其在限外及虽在限内以他故死者，各依本殴伤法。"保辜是唐代的一个法律用语，意思是在伤害案件中，伤者伤势尚未确定时，先保留犯罪人的罪名，让其先为受害人筹钱医治，然后在一定期限之后，再量刑处理。据此规定，康失芬案件的保辜期限是五十日，他今后会被判什么刑，要根据这五十日之内金儿和想子的病情来判断。如果金儿和想子只要有一个人死亡，他就会被判流放三千里，因他行车伤人，罪行比斗殴轻一个等级，斗殴杀人是死刑，减少一等就是流放三千里了。康失芬的及时抢救，保住了小孩生命，也保住自己不被判重刑。

宋慈《洗冤集录》对保辜制度有十分详细的介绍。宋慈强调，检验确定致伤物、致伤种类及其伤情对提请"保辜"和"辜限"是十分重要的。宋慈认为："诸保辜者，手足限十日；他物殴伤人者二十日；以刃及汤火三十日；折目折跌肢体及破骨者三十日，限内死者各依杀人论。其在限外，及虽在限内以他故死者，各依本殴伤法。"（见《洗冤集录》卷之一条令）宋慈又指出："《申明刑统》以靴鞋踢人伤，从官司验定，坚硬即从他物，若不坚硬即难作他物例。《刑统疏》非手足者其余皆为他物，即兵不用刃者亦是。诸啮人者依他物法。辜内堕胎者，堕后别保三十日，仍通殴伤限，不得过五十日。"（见《洗冤集录》卷之一条令）

从前面对宋慈有关各种外伤、中毒、猝死、梦魇、疾病、上吊以及中暑、醉酒等伤者抢救，到具体保辜，以及康失芬行车伤人案的介绍。说明早在唐、宋代我国的刑事诉讼制度已较为完善。对于伤害、交通肇事案件适用保辜制度，能够把人身伤害与责任挽救结合起来，责令伤害者、肇事者积极地为受害人进行治疗，最大限度地降低人身损伤的后果，这一制度的设计既科学、又有人性，值得我们深入研究。

一四一、救　死　方

宋慈《洗冤集录·救死方》说："魇死，不得用灯火照，不得近前急唤，多杀人。……魇不省者，移动些小卧处，徐徐唤之即省。……又皂角末如大豆许吹两鼻内，得嚏则气通，三四日者尚可救。"

这段话的意思是，魇死指夜间睡眠中猝死。遇到梦魇者，不能用灯火照，不能在其面前大声叫唤，这样会使其失去生命。夜间梦魇不省人事的，可稍稍移到小一些的卧室，慢慢地呼唤他，可以醒来。用皂角粉吹入两鼻孔刺激，打喷嚏后可以救活。经过这样的方法处理，对夜间梦魇不省人事达三四天的，还有救活的可能。现代法医学研究表明，这类睡眠中死亡多发生在青壮年、多为男性、死因不明，又称青壮年猝死综合征。用皂角粉吹入两鼻孔刺激打喷嚏，实际上是利用人对皂角粉刺激的条件反射，因为鼻黏膜受刺激，会引起条件反射性吸气，然后很快地由鼻孔喷出。这样使得梦魇者苏醒。

宋慈《洗冤集录》专门用一个章节的篇幅介绍救死方法，主要包括几种死亡情形：

一是魇死急救（见上）。

二是缢死急救。宋慈《洗冤集录·救死方》记载："缢死用皂角、细辛等分为末，如大豆许，吹两鼻孔。"意思是，吊死人放下来后，用皂角、细辛混合研磨成粉末，取些粉末通过笔管吹入鼻孔，刺激后可救活。

三是溺死急救。宋慈《洗冤集录·救死方》记载："屈死人两足，着人肩上，以死人背贴生人背，担走，吐出水即活。"这段话的意思是，把投水人的两足放在活人的肩上，头朝下，一会儿水吐出来人就活过来了。这种救活溺水者的方法现在还在使用。

四是猝死急救。宋慈《洗冤集录·救死方》："中恶客忤猝死，凡猝死或先病及睡卧间忽然而绝，皆是中恶也。又用皂角或生半夏末如大豆许，吹入两鼻救活。"意思是，突然死亡的，有的先是害病，当睡觉的时候，突然气绝身死，这就是卒中或猝死。用皂角或生半夏粉末吹入两鼻孔刺激，打喷嚏后可以救活。

五是冻死急救。宋慈《洗冤集录·救死方》记载："冻死，四肢直，口噤。有微气者，用大锅炒灰令暖，袋盛，熨心上，冷即换之。候目开，以温酒及清粥稍稍与之。"意思是，受冻的人，四肢僵直，嘴巴紧闭。尚存微弱呼吸的，可用大锅炒灰至温热，用袋子装好，熨在胸口上，灰冷后再换几次，直到苏醒。眼睛开后，让他喝点温酒和温稀粥，可以救活。如果不先使他身体转暖，却马上用火烤，那么冻僵的身体突然接触高温，必然加速死亡。

六是杀伤急救。宋慈《洗冤集录·救死方》记载："推官宋瓒定验两处杀伤，气偶未绝，亟令保甲，各取葱白热锅炒熟，遍敷伤处。继而呻吟，再易葱，而伤者无痛矣。曾以语乐平知县鲍旂。及再会，鲍曰：葱白甚妙。乐平人好斗多伤，每有杀伤公事，未暇诘问，先将葱白敷伤损处，活人甚多，大辟为之减少。"意思是，宋瓒推官验过两起杀伤案件，当时见伤者还有一丝气息，就叫保甲拿葱白放在热锅里炒，敷在受伤地方，不久，伤者呻吟，再换葱白，伤者已不喊痛，救活了。这个方法宋瓒传授给江西乐平知县鲍旂。再遇到鲍时，鲍说：葱白好用，乐平人好斗，常把人打伤，每逢有杀伤案件，未暇诘问，就先用葱白敷伤口，被我救活了不少人。打死了人要被判死刑，但被打的人救活了，被判死刑也就大为减少了。

作为法医学专业书籍的《洗冤集录》为什么要专门介绍救死方法呢？宋慈考虑了以下几个问题：

一是法律问题。宋代有保辜制度，伤者经治疗救活者，打人者不必判死刑。因此，杀伤案件，官员想方设法先救人，其中，"用葱白敷伤口"起到伤口消炎作用，有科学依据。

二是查明真相。救活伤者，可以了解到真实情况。同样，对上吊、溺水等，只有救活后才能问清案件真实情况。其中，"用皂角、细辛粉末吹鼻孔"刺激打喷嚏救活人，有科学依据。

三是避免纠纷。某些猝死、病死、魇死等，可能在做客时，也可能在治疗中，还有可能突然死亡有他杀可疑等，如果能救活猝死者，则可避免猜忌或误会。其中，魇死不能用灯火照，不能在其面前大声叫唤，而应徐徐唤醒，有科学依据。

四是背后原因。宋慈要求透过现象看本质。某些死亡，包括冻死、缢死、溺死都是隐藏有很深的背后原因的。人的生命是可贵的，为什么被冻死呢？是否被虐待？为什么上吊、投河呢？是否被逼迫？因此，救活人后就会知晓其背后的真正原因。其中，冻僵者不得马上用火烤而应慢慢使他身体转暖而救活，以及溺水者倒提吐出水救活，均有科学依据。

宋慈《洗冤集录》给后人带来的思考，真的很多很多。

环境与检验

一四二、验 尸 防 护

宋慈《洗冤集录·验坏烂尸》说："凡检尸，先令多烧苍术、皂角，方诣尸前。用麻油涂鼻，或作纸撚子搵油塞两鼻孔。""凡到检所，未要自向前，且于上风处坐定……令人将醋泼炭火上，其秽气自然去矣。"

这段话的意思是，到发现尸体的地方验尸时，不要急于就向前，先于上风处坐定，再请死者亲属说明事因，询问相关人员及邻里地保等，审问毕，每个人签字画押。这些事情做好了，把尸体周围四至划定保护好，才开始向前检验。将醋泼炭火上除去秽气。一般说来，验尸是要多烧苍术、皂角，然后再向前去检验尸体。用麻油涂鼻或作纸沾油塞两鼻孔也可起保护作用。

分析宋慈验尸防护方法，有以下几点：

一是对腐败气体的防护。宋慈说，到尸体现场不要急于就向前，先于上风处坐定，观察情况后再验尸。

二是对现场调查。宋慈认为，即使腐败尸体在，也不能简化现场调查，死人骨属、干系人及邻保，都要审问并签字画押。

三是对现场保护。宋慈认为，即使腐败尸体在，也要保护好现场，要划定好尸体现场的周围四至。

四是验尸时防护。宋慈到现场验尸步骤，除先"上风处坐定"外，次将醋泼炭火上除去秽气，再次"多烧苍术、皂角"减少空气尸臭，最后是用麻油涂鼻或作纸沾油塞两鼻孔也可起保护作用。

早在 700~800 年前，宋慈就注意到法医检验要注意防护，我们今天更应该要做到！更应该探讨尸体解剖室工作环境对工作人员的职业危害及防护措施。今天读来仍感有现代实用价值，特别是宋慈考虑到了工作环境的改善，充分体现了以人为本的人文关怀理念。

宋慈通过对尸体检验过程的观察和分析，认识到尸体检验人员长期工作在空气污染、生物感染、心理危害的环境中，为避免生物感染、防止身体疲劳等采用加强空气流通、空气消毒以及口鼻遮蔽等一系列防范措施，提高了对尸体检验工作危害的认识，增强了尸体检验人员的自身保护意识，减少环境污染等危害。

尸体解剖设施是现代法医鉴定单位的必备设施，长久以来，特别是在法医鉴定方面，起到了不可替代的作用。然而，随着社会进步，环保意识的加强，更由于新的疾病，特别是一些传染性强的疾病的不断产生，使承担尸检任务的单位和个人，不可避免地要应对并解决解剖间基础设施问题，使之能满足对环境保护以及对工作人员健康保障的需要。

目前，在我国许多基层法医机构的解剖间设施并未达到国家卫生和环保的要求。通常基层尸检室被安置到医院环境较差的太平间，常靠近焚烧炉和垃圾堆，周围环境极差，加之解剖间面积小，灯光灰暗，给尸检工作人员造成情绪上的压抑；有些解剖间基础设施条件差，只有水泥解剖台和冲洗池等残破设施，不利于消毒和排污。有些解剖室不仅结构陈旧、设备简陋，通风、排气、照明条件差，而且缺乏专门的污水处理设施，使含有大量血液及体液的污水直接排放到普通的下水管道，给疾病传播带来隐患，这些解剖间是无法应对特殊性疾病，特别是传染性疾病尸检需要的，应积极加以改善。

一四三、检验与考古

宋慈《洗冤集录·发冢》说："勒所报人具出：死人原装着衣服物色，有甚不见被贼人偷去。"

这段话意思是，对墓冢被盗挖的案件，到达现场时，要报案人开列清单，包括死人原装衣物及其所有陪葬物品。对清单中死人原装衣物及其所有陪葬物品被盗墓人偷去要注明，以便调查、核对、评估。所以，发冢重点在陪葬物品。也就是说，当时宋慈要清点丢失的陪葬物品，而陪葬物品除随身装束外，还有金银首饰及死者生前喜爱的所有物品、金银等，并加以评估，一旦抓到盗墓者就可以定罪量刑。而后者工作，类似于我们今天所说的考古工作。这样宋代检验又与考古工作联系了起来。也就是说，考古工作在宋代也归官府管。

为什么宋代政府要把墓葬品进行管理？为什么墓葬有如此多的物品？为什么清点是强调"死人原装着衣服物色"呢？原来，汉人祖先有"视死者如生人"、"事死如事生"的哲学理念。故入土时后人会给死者以金器、以马匹、以狩猎、以家园、以奴仆、以征战等布置或陪葬，甚至活人、畜陪葬。所以，宋慈明确要求，要检验"有甚不见被贼人偷去"。

现在明白了，所谓陪葬，就是指以器物、牲畜或人与俑同死者葬入墓穴，以保证死者亡魂的冥福。以人陪葬是古代丧葬常有的习俗，而陪葬与殉葬不同之处在于，它是等待活人正常死亡后以葬于墓中。其中，有的是死者的妻妾、侍仆被随同埋葬，也有用俑、财物、器具等随葬，他们死后会把生前享用的一切，包括美妻艳妾都送到坟墓中去。

宋慈主要讲"陪葬物色"即陪葬品。宋代陪葬品中可出现各种士兵及仆役俑，这是为了保证亡者安全和食品供应。不同身份和性别也决定陪葬品不同，陪葬品还包括谷仓，直到各式各样的工作坊，例如织布机坊。此外还有士兵、渔夫、旅行用的容器和有水池、绿荫的花园及陈设完备的住家等。宋代经常选择镜子作为陪葬品，放置在死者的脸旁、胸前，可见得镜子不只是日常用品，还具有象征意义。其他陪葬品，瓷器是古墓中常见之物，古人常用瓷器陪葬。武将可能有青铜的灯台、刃斧、金银玉器甚至生前车马等。

宋慈《洗冤集录·发冢》的记载，使我们了解了我国古代检验史。事实上，我国法医发展史与国外极为相似，比如英国的验尸官制度，同样是这样走过来的。英国的"验尸官"制度早期也有类似宋代发冢的检验职能。Coroner（验尸官）一词的原文来源于 crown（皇冠），意思是皇家的人与财产。"验尸官"制度产生于 1194 年的英格兰，验尸官的首要责任是调查非正常死亡事件或者其他存在疑点的死亡事件的死者身份、死因、死亡时间、财产没收等，调查、检验结束，将财产评估后充公，归还皇家。担任验尸官的人，必须是律师或者从业至少五年的医生。以前，验尸官可以通过问讯、调查决定犯罪嫌疑人的身份，移交正式的法庭接受审讯。但是，目前验尸官的职责只有"死因裁判"一项了。

通过宋慈《洗冤集录》，我们了解宋代检验制度，更主要的是理解了宋慈为什么再三强调担任检验的重大责任和检验人员的严格要求。检验对象不仅有死因认定，还包括财产确认，甚至发家考古的财产评估，不是什么人都可以胜任的。这样就可以体会宋慈所说的"审之又审，不敢萌一毫慢易心"的复杂心情。现代电视剧、戏剧、小说、评介、书刊等，只说宋慈验尸，其实太过局限，不够全面，但提到宋慈智慧、廉洁奉公及尽心尽力工作还是对的。

宋慈历史上确有其人，受人尊敬，他是中华民族值得骄傲的人。他确实像有些电视剧里演的那样，有点一根筋；但是，一个人要没有一根筋，也做不成大事。宋慈在现实生活中接触案子，接触尸体，接触盗墓现场，这在过去都是很低下的工作。但他很看重自己的工作，所以积累了很多经验。《洗冤集录》不仅仅是宋慈个人的思想，它还是七百多年以前我们整个中华民族检验经验的大总结。

清代诗人余小霞任三防县主簿时的署联为：

> 与百姓有缘，才来斯地；
> 期寸心无愧，不鄙斯民。

清代郑板桥任潍县县令时的诗《风竹图》：

> 衙斋卧听萧萧竹，
> 疑是民间疾苦声，
> 些小吾曹州县吏，
> 一枝一叶总关情。

但以上还不能表达宋慈的工作，用宋慈自己话比较好理解，检验是份内的事，"贵在精专"，做好这份工作就如"洗冤泽物，当与起死回生同一功用矣"。

骨骸与检验

一四四、红伞验骨案

宋慈《洗冤集录·验骨》说："若骨上有被打处，即有红色路微荫，骨断处其接续两头各有血晕色。再以有痕骨照日看，红活乃是生前被打分明。骨上若无血荫，踪有损折乃死后痕。"

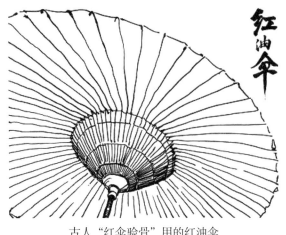

古人"红伞验骨"用的红油伞

宋慈记录了蒸骨验伤的方法。这个方法是：把一具尸骨洗净，用细麻绳串好，按次序摆放到竹席之上。挖出一个长 5 尺、宽 3 尺、深 2 尺的地窖，里面堆放柴炭，将地窖四壁烧红，除去炭火，泼入好酒 2 升、酸醋 5 升，乘着地窖里升起的热气，把尸骨抬放到地窖中，盖上草垫。大约一个时辰以后，取出尸骨，放在明亮处，迎着太阳撑开一把红油伞，进行尸骨的检验，这就是"红伞验骨"。

《大宋提刑官》根据宋慈《洗冤集录》的记载编出故事。在"杜松杀妻疑案"中，杜松的妻子失踪。半年后，一具白骨被挖出，疑为杜松的妻子。宋慈蒸骨验出是一具被人击中头部死亡的男尸，这里用到了《洗冤集录》中记录的蒸骨验伤的方法。在大堂上，刁知县声称愿替杜松供养老母，杜松感念知县恩德举笔正要画押，宋慈突然走上堂来，说是受杜母之托来打这场官司，指出杜松杀妻案是贾秀才为夺人之爱而设下的圈套，而刁光斗将错就错，不惜以百姓的生命换取钱财。最终，宋慈为杜松洗刷了冤情。

什么是蒸骨验伤？蒸骨的目的就是查找出血痕迹！因为人活着的时候被打，血液渗入骨质，会有血痕存在。

宋慈的"红伞验骨"是有根据的。在沈括（1031～1095）《梦溪笔谈》里介绍了这样一个案子。某地发生一起命案，知县到场验尸，可是就是看不到伤痕！后来，一个老者告诉知县，可把尸体抬到阳光下，张开红漆油伞，显现伤痕。知县照老者方法办了，果然看到伤痕。于是判打人者死罪。沈括后来做试验，最后考虑这是红油伞的滤光原理。沈括把这一发现写入《梦溪笔谈》，命名为"红光验尸"。

其实，沈括并不是最早发现"红光验尸"这一现象的人，发现者另有其人。

早在五代时期，有个叫和凝的人就把这一现象写在《宫词》中："天街香满瑞云生，红伞凝空景日明。"这里"红伞凝空景日明"指在红油伞下阳光透过使物体清晰可辨，他发现了这一物理现象。和凝（公元 898～955），五代时文学家、法医学家。梁贞明二年（公元 916）进士。曾取古今断狱、辨雪冤枉等事著《疑狱集》（公元 951）。

用伞能验出尸体的伤痕？这里有着严密的物理学的依据。尸体的伤痕不易发现时，可在中午用新的红油伞罩在用水浇了的尸体上，则伤痕可见。这新的红油伞实际上起了滤光器的作用，尸体伤痕的青紫处，在红光下比在白光下看得清晰。法医学上，北宋沈括和南宋宋慈都有红油伞下验尸、验骨的记载，至今没有其起源考证，也许就是受和凝"红伞凝空景日明"的启发吧。

原来，不透明物体的颜色，取决于它能反射哪种色光和用何种色光来照射它。而透明物体的颜色，是由这个物体所透过和反射的色光决定的。大多数透明体反射的色光跟透明的色光是相同的。当含有七种色光的太阳光照射红油伞时，除了红光能够通过以外，其他色光都被吸收了。皮肤下的淤血一般都是青紫色的，在白光（复色光）照射下，不容易辨别出来。而在红光照射下，方会呈现出黑色来。红油伞在李处厚手里成了一个滤色镜，成为验伤破案的有用工具。

由于古代法医学受限于尸表检验，不能切开皮肤研究是否皮下出血，只能利用当时其他学科研究成果进行有效的实验以提高检验水平。

宋慈比沈括的"红光验尸"又进了一步。他把受伤尸骨洗尽后在红伞下看"骨质血荫"，这是对活的时候被打骨折骨质内出血，其骨折部位红细胞破裂，释放出血红蛋白、血红素，在红油伞对阳光的过滤下，可以见到"红活生前伤"，如无血荫"踪有损折乃死后痕"。这一研究成果符合现代法医学生前伤的检验方法。从现代光学原理出发，太阳光有"赤橙黄绿青蓝紫"七色，利用阳光下新红油伞发生红外线吸收的原理，使死者身上的受伤伤痕和生前骨折得以显现，这个研究是符合现代光学科学原理的。

一四五、龟 胸 案

宋慈《洗冤集录·疑难杂说下》说："广右有凶徒，谋死小童行而夺其所赍。发觉，距行凶日已远。囚已招伏：打夺就，推入水中。尉司打捞，已得尸于下流，肉已溃尽，仅留骸骨，不可辨验，终未免疑其假合，未敢处断。后因阅案卷，见初焉体究官缴到血属所供，称其弟元是龟胸而矮小。遂差官复验，其胸果然，方敢定刑。"

这个案件是这样的：一个官员在广西任职时遇到一个案例，是对只剩骨骸的辨认和断案的典型案件。说的是：有个强盗，见路上有一个少年独行，就害死少年，抢走了少年的行李。过了一段时间，这个强盗被抓了起来，他自己供认说，那天路上把那个少年的行李抢夺过来，然后将少年推入河流。当地的县尉根据供词，在案发地点的下游河底发现了尸体，可是皮肉都已溃烂，仅剩下一具骸骨，无法检验，也没有办法来断定这确实是那个被害的少年。检验官员在处理案件时非常慎重，没有仅仅根据罪犯口供就确定死罪。后来调集了案件的全部卷宗，发现在初检官员的记录里附有受害人哥哥的一份证词，其中提到受害人是"龟胸而矮小"。检验官员详细了解情况后立刻派出官员再去复检受害人的骸骨，果然特征相符。这才放心地判决罪犯死刑。

从现代法医学角度出发，这一例属法医人类学中的个人识别。龟胸，也称"鸡胸"，是儿童时期严重缺钙引起的胸部畸形。具体地说，这是一种婴幼儿时期肋骨因缺钙引起胸部软化内陷而胸骨前凸的畸形，也叫佝偻病。利用这一特征，结合案情调查、供词和其他检验结果等作出科学、准确的判断。

从案件来看，这个官员办案过程：一是受理一起谋财害命案；二是调查发现，初验官员已验尸一次，有记录在案，该案件系陈案；三是罪犯已招供画押系抢到行李后就把人推入水中溺死；四是验尸发现死者的尸体已腐烂到不能辨认；五是综合手头材料尚不能肯定就是被抢溺死的小童，也可能有"假合"而不敢擅断；六是再次阅卷发现，初验的官员记载家属告知死者系"龟胸"；六是再次验尸，发现"其胸果然，方敢定刑"。因此，这个案件经过三次调查、三次验尸、三次审案，最后证据确凿了才肯定案。

一四六、蔡 人 骨

宋慈《洗冤集录·验骨》说："髑髅骨，男子自头顶到两耳连同脑后共八片（蔡州人有九片），脑后横有一缝，当正直下到发际另有一条直缝。"

这段话的意思是，不同人种的脑颅骨有别，汉人男子的头颅由八块颅骨组成。但是，金人的颅骨由九块颅骨组成，其脑后横有一骨缝，从这条缝的中点往下至发际，又有一条直缝。

电视《大宋提刑官》有个故事：南宋端平元年，山洪暴发。山间一座荒冢被山水冲塌，坦露出一具佩戴着一枚前皇太子玉佩的无名尸骨，案情震动朝野。经宋慈验骨推断，尸骨身份被渐渐引向十八年前死于意外大火的前太子赵泆。而据皇室记载，赵泆当年遇难之后，由宰相石开元亲自去湖州验明正身，并迎回皇陵下葬。为查明真相，宋提刑押上宋氏一家老少的性命，在皇陵动土开棺，果然验出惊天秘事——济王墓内的白骨，竟是一具怀胎十月的女尸，其髑髅骨（脑颅骨）进一步检验属汉人女性！又发现：收藏在重兵把守的天章阁的先帝遗诏竟然被盗。根据李佑淳生前留下的线索，王儒璋微服私访，又有新的发现：户部尚书伍德正是当年一手策划矫诏另立的已故宰相石开元之子！至此，济王遇难真相，昭然若揭。

宋慈生活在我国南宋时代，在讲"蔡人骨"时要简单介绍一下南宋历史。

北宋末年，金国的建立者是女真族，生活在我国黑龙江中下游和长白山地区。在辽统治初期，它还处于原始氏族形态，但随着人口的增加与铁器的大量使用，使其快速发展起来。到辽末年，女真族已成为北方一支不可小觑的力量。公元 1114 年，女真贵族完颜阿骨打誓师起义。次年，阿骨打称帝，建立了金王朝。金（1115～1234）成为我国历史上继辽之后的另一个少数民族政权，它在消灭辽之后，又消灭了北宋王朝，基本统一了中国北方。女真族领袖完颜阿骨打建立金国。金借口北宋收容金叛将，分兵南下，趋汴京。钦宗即位，与金人和议，金人解兵北归。次年，即靖康二年（1127），金人南下，攻陷汴京（今开封），掳走两宗北去，史称"靖康之祸"，北宋灭亡。

南宋（1127～1279）是中国历史上的一个朝代，赵构在临安（今杭州）重建宋朝，史称南宋，与金朝东沿淮水（今淮河），西以大散关为界。南宋与西夏和金朝为并存政权，相当长时间里是金王朝的藩属国。宋慈是南宋从事刑事断案的官员，自然只能在福建、江西、湖南、广东一带任提刑官，其举世闻名的《洗冤集录》就是在此期间完成的。

南宋偏安于淮水以南，是中国历史上经济及科技高度发达，但军事相对较弱的王朝之一，亦是中国历史上政治最黑暗的年代。金国打败北宋后建都（伪齐）于开封，但驻军则在蔡州（今河南上蔡一带），南宋人称金人为蔡人，意在金国为敌国，是一种贬义。

现在我们明白，宋慈所指的蔡人骨，即指金人（女真族人）的头颅骨。因在南宋时期，南宋多次北伐，金国也多次南下，双方各有死伤。这时检验官员需判别死者骨骸的人种等，这在战争年代十分常见。

按现代解剖学研究，人类脑颅由额骨一块、顶骨两块、枕骨一块、颞骨两块、蝶骨一块和筛骨一块组成，共计八块。这些骨块一同组成颅腔，整个脑部处于颅腔中。颅腔的顶部称为颅顶，颅顶前起眶上缘上方呈弓形隆起的眉弓，后抵上顶线和枕外隆凸，在两侧位置通过上颞线与颞区分界。颅顶的最前方是额骨，额骨通过冠状缝与后面的两块顶骨紧密结合；两块顶骨之间是矢状缝，顶骨之间还有被称为顶结节的光滑隆起，顶骨再通过人字缝与后方的枕骨相连。

由以上解剖学研究可知，脑颅是八块组成的，而宋慈认为"蔡人"颅骨的脑颅是九块。为何是九块，宋慈没有说明。"蔡人"颅骨的脑颅九块问题，是否为颅骨变异骨缝和骨块出现的情况，现在也不得而知。但宋慈提示是枕骨变异的可能："脑后横有一缝，当正直下到发际另有一条直缝。"是否为"金人"变异骨缝和骨块单独或并发的情况呢？据人类学研究，颅骨出现变异骨缝和/或骨块的比例为41.39%；人字缝骨、翼上骨、人字点骨、额缝和顶间骨出现的比例分别为 26.50%、11.15%、10.22%、9.31%、0.85%；两种或两种以上的颅骨变异骨缝和骨块共同存在的比例为15.81%；其他还有枕骨变异，但较少。所以，变异出现率最高的是人字缝骨；各种变异出现的比例可能因地域而变化；颅骨的变异可能与胚胎发育时骨化过程受到某种阻碍有关。

但是可以认为，宋慈当时已考虑用法医人类学（forensic anthropology）的知识解决个人识别问题，这具有很重要的法医学意义！

一四七、禁 止 发 冢

宋慈《洗冤集录·发冢》说："勒所报人具出，死人原装着衣服物色，有甚不见被贼人偷去。"

这段话的意思是，验发冢，要报案人写出死人原来穿什么衣服，什么物品陪葬，有什么被盗墓贼所盗。宋慈为什么这样描述"发冢"的检验呢？

发冢指发掘坟墓。古人保护祖坟，禁止发冢。古代法律也禁止发冢。中国古代社会，坟墓的保护状态往往影响民心和士气，素为社会各阶层所重视。

《史记》记载了许多因本国墓葬被敌方控制或毁坏造成的重大影响。如韩国先王墓葬所在地平阳距秦地仅 70 里，韩国恐惧秦人的破坏，不得不俯首称臣。又如在楚顷襄王二十一年（公元前 278），秦将白起攻下楚郢都，烧其先王墓夷陵，导致楚人丧失斗志。在燕齐两国的战争中，田单据孤城即墨抗战，曾经用计宣称："吾惧燕人掘吾城外冢墓，僇先人，可为寒心。"于是，"燕军尽掘垄墓，烧死人。即墨人从城上望见，皆涕泣，俱欲出战，怒自十倍"。这是因破坏宗族坟墓，反而激起对方斗志的一例，同样也说明先人冢墓在人们心中的地位。

史书还有不少因家庭墓葬遭破坏，士大夫因而辞官的事例。如《晋书·华谭传》记载，西晋时，"素以才学

古人重视保护祖坟禁止发冢

为东土所推"的秀异之士华谭，曾以父墓毁而去官；《晋书·何充传》记载会稽内史何充"以墓被发去郡"。《旧唐书》等史籍中也有同样的事例，如唐宣宗时东都留守柳仲郢因"盗发先人冢"，于是弃官回乡。中国传统农耕社会中，生者之居和死者之居往往相近相安。

白居易《朱陈村》诗写道："死者不远葬，坟墓多绕村。既安生与死，不苦形与神。"坟墓，曾经是能够长久寄托亲情的象征。

坟墓，有时又被认为具有某种能够预示宗族盛衰的神秘作用。历史上还多有"兵革乱离，而子孙保守坟墓，骨肉不相离散"之事（《宋史·孝义列传·姚宗明》）。坟墓成为凝聚宗族情感的一种文化标志。对于故土的钟爱之心，有时首先直接体现为对于家族坟墓的眷念。宋高宗建炎二年（1128），金人犯淮宁，地方长官向子韶鼓动士民抗敌时，就曾经大声疾呼："汝等坟墓之国，去此何之，吾与汝当死守！"（《宋史·忠义列传·向子韶》）在宗法制长期有规范性影响的中国传统社会，保护家墓，久已成为一种道德行为的准则。唐诗所谓"耕地诚侵连冢土"（杜荀鹤的《题觉禅和》），表明这种道德规范也对处于社会底层的劳动者形成了约束。禁止盗墓的法律，在先秦已经出现。如《吕氏春秋·节丧》中写道，厚葬形成风习，于是"国弥大，家弥富，葬弥厚"，而自然会因此诱发"奸人"盗墓行为，"上虽以严威重罪禁之，犹不可止"。可知当时对于盗墓，已经有"以严威重罪禁之"的惩罚措施。

汉代严禁盗墓的法律，也见诸史籍。《淮南子·氾论》写道："天下县官法曰：'发墓者诛，窃盗者刑。'此执政之所司也。"据说往往"立秋之后，司寇之徒继踵于门，而死市之人血流于路"，可知执法是严格的。张家山汉简《二年律令》中的《盗律》规定，"盗发冢"与伤人致残、讹诈、杀人及拐卖人口等同罪，都应处以磔刑。《太平御览》卷五五九引《汉赵记》曾记载了一位名叫张卢的男子在死后二十七日，有盗发掘其墓，张卢竟然苏醒的故事。说张卢复活后询问盗墓者姓名，郡县行政长官以为盗墓行为虽然原本属于"奸轨"，但是"张卢复由之而生，不能决"。豫州牧呼延谟将这一案情报告给皇帝，皇帝下诏说："以其意恶功善，论笞三百，不齿终身。"盗墓行为原本应当严惩，只是张卢因此意外复生，才使得断案具有了复杂性。有的法律史学者将这些资料看作当时有制裁"发墓"的法令例证。《魏书·高宗纪》也记载，北魏文成帝拓跋濬太安四年（公元458）冬十月，"北巡，至阴山，有故冢毁废，诏曰：'昔姬文葬枯骨，天下归仁。自今有穿毁坟陇者斩之。'"这也是"穿毁"冢墓已经被法令严厉禁止的证明。

唐代法律包括制裁盗墓行为的内容。它明确规定：各种盗掘墓葬者，罚处劳役，流放远方；已经打开棺椁的，处以绞刑；盗掘然而尚未至于棺椁的，判处徒刑三年。其墓葬已被破坏以及尚未殡葬而盗损其尸枢的，判处徒刑两年半；盗取死者衣服者，罪减一等；盗取墓中器物、砖、版者，与一般盗窃罪同样处罚。对于真正的"发冢"，处置是十分严厉的。同类罪罚，"刑名轻重，粲然有别"，反映了有关法律经多年实践检验而日臻成熟。对于冢墓、棺椁、尸身造成毁伤的行为都有不同的处罚条文。甚至是损害陵园墓茔内草木的行为，都要处以徒二年和杖一百刑罚（《唐律疏议》）。《金史·刑志》又记载金世宗大定十二年（1172），尚书省上奏，"盗有发冢者"，金世宗说：连功臣坟墓也有遭遇盗掘者，这是因为没有"告捕之赏"，所以犯罪者肆无忌惮。"自今告得实者量与给赏。"与刑罚结合的告密制度的建立，是为了切实有效地惩治盗墓行为。

在元代的法律中，有关于"发冢开棺伤尸，内应流者"，"杖一百七，发肇州屯种"等条文。《元史·刑法志》规定：官民人等但犯"发冢"之罪，也是与"强窃盗贼"、制造假币、劫掠拐卖人口以及"放火、犯奸"等"诸死罪"同样处罚的。

历朝政府除了颁布法律条文严厉打击盗墓之外，各级官员对于盗墓行径亦不宽贷也反映出社会主流文化对盗墓的痛恨。在民间，无论死者生前的行为如何，入土为安，保证死者不受打扰是民间的共同认识，舆论对盗墓乃至所有破坏墓葬行为的谴责，是由来已久的。相关现象，也体现出法律对盗墓行为严厉惩处的文化背景。历代除有法律和制度以保证墓葬安全之外，社会舆论也是一种强有力的保障武器。

各个时期的文献中可以看到不少有关盗墓者遭遇恶报的志怪故事。例如《异苑》卷七写道：苍梧王士燮，汉末死于交趾，埋葬在岭南边境，这座墓葬经常浓雾蒙被，屡经动乱，没有遭到发掘。晋兴宁年间，太原人温放之任刺史，"躬乘骑往开之，还即坠马而卒"。交趾太守温放之"乘骑往开"苍梧王士燮墓，亲自指挥盗掘，回程即"坠马而卒"。

清代《刑案汇览》的"发冢"案例涉及犯罪行为包括：毁损尸体行为、不当丧葬行为、破坏风水行为、破坏棺椁行为和从死者身上不义获利行为，绝非"盗墓"这一种犯罪行为所能涵盖。因此，"发冢"并不等同于"盗墓"。我国古代刑律对不同类型的"发冢"均科以重刑，反映出中国古人"慎终追远"的文化观念。"发冢"是我国古代法医学检验的重点对象之一。

因此，从我国传统文化角度，阅读《洗冤集录》，能够理解宋慈的真实原意和目的。

一四八、验　发　冢

宋慈《洗冤集录·发冢》说："验是甚向，坟围长阔多少。被贼人开锄，坟土野狼藉，锹锄开深尺寸见板，或开棺见尸。勒所报人具出：死人原装着衣服物色，有甚不见被贼人偷去。"

这段话的意思是，"发冢"就是"被掘冢或被盗墓"。那么，"检验发冢"就是"被掘冢或被盗墓"的情况，包括尸体和附属物品全面检验。先验墓的方位、朝向，墓围大小；其次，检验盗墓人从什么方向开挖，挖出的坟土四处堆放，开掘深多少尺寸，见棺板或开棺见尸。令报案人具报出死人原着衣服等数目，有什么不见，被贼人偷去了。

这里介绍一个案例：宋哲宗绍圣年间，开封府大户向氏在自家祖坟附近修建一间慈云寺。向氏系向太后的娘家，非寻常家族。时任户部尚书的蔡京欲巴结皇亲，便圈了一大块地给向氏，要求"四邻田庐"赶快拆迁，让给向氏修寺。有不少人家的良田被圈入，更有不少人家祖坟墓冢被划入而认为这无异于"发冢"，被拆迁的人家不服，到开封府告状。开封府法官范正平作出判决："所拓（拆迁）皆民业，不可夺。"维护了被拆迁户的利益。但被拆迁户还是不满意，"又击鼓上诉"，告到登闻鼓院，最后向氏被"坐罚金二十斤"。

老百姓非常重视祖坟墓冢，而官府也予以保护，私人不得"发冢"，除非国家需要。

为什么要验"被掘冢"呢？宋慈说了，这是法律对"尸体"的规定。为什么对墓冢如此重视？因为官府保护墓冢，并有法律规定。为什么宋慈《洗冤集录·发冢》检验对象包括尸体和附属物品？因为墓冢尸体、物品受法律保护；因被挖掘而涉案，其尸体、物品需检验。

那么，宋慈这里所说的尸体是指什么呢？

让我们看看，我国古人怎么看"尸体"的。《礼记·曲礼》："尸，人死未葬曰尸。在床曰尸，在棺曰柩。"《国语·晋语》："陈尸以示众曰尸。"也就是说，在什么场合可以看到尸体？我国古人是这样看的："在葬礼中，尸体不是尸体，而是死者，只有非正常下出现的尸体才是涉案需要检验的尸体。"中国刑法类文献中，提及三种尸体为不正常情形：发冢、诬告、检验。这样墓冢被发掘了，其尸体才成了检验对象。

因此，在讨论《洗冤集录》之前，我们要理解中国古人对尸体的认识。现在我们明白了，宋慈指的"发冢"是刑法文类中的一种类型。但是中国的"发冢"案例与西方社会史对于盗尸不同之处在于，中国的"发冢"不盗尸体，尸体仍是盗尸者眼中无法交换的东西，"发冢"窃盗要偷的并不是尸体本身，而是尸体亲属的社会经济地位所带来的陪葬品。所以，"发冢"侵犯了死者，也侵犯了死者的亲属，包括社会经济地位。

宋朝"发冢"的惩罚"与斗杀罪减一等"。宋慈记载"发冢"的案例，表明在当时"发冢"并不是罕见情形。"发冢"属于《刑律贼盗》的分类，因为窃取尸体或者墓冢内的财物，进而裸露尸体是被判刑的主要原因。

宋慈《洗冤集录》中还记载宋朝法律惩罚"拿尸体来进行诬告"的情形，例如"诈伤诬告"、"自缢诬人"、"服毒诬人"等。这类以尸诬告的例子也大量同时出现在关于诬告的条例中。而尸伤涉及区辨的问题，若是尸亲误判死因而告官，也算诬告。尸体代表一个证据，淹没可能的证据也会入罪，只要可能进入诉讼及司法程序中的尸体被埋葬，也是犯罪。

根据以上分析，我们可以理解宋慈《洗冤集录》中有关发冢、诬告和检验的真实含义，也能很好地阅读、理解宋慈《洗冤集录》这本巨著，同时，明白宋慈《洗冤集录》的实际价值。

一四九、钦 差 验 骨

宋慈《洗冤集录·检复总说下》说："近年诸路宪司行下，每于初、复检官内，就差一员兼体究。"

这里宪司是宋代官名，指诸路提点刑狱公事。景德四年置，负责调查疑难案件，劝课农桑和代表朝廷考核官吏等事，其中，检验是重点工作之一。这段话的意思是，近年来已形成惯例，在尸体初验、复验后，提刑司还得派官员对尸检进行专门研究，走访核实，如有必要，提请提刑官检验。

这段话有两层意思：按宋朝法律，"初验"由案发地县官负责检验，同时邻县"复验"，才能把检验报告上报到州或提刑官备案；另一层意思是提刑官也可以对"初、复验"主动调查，包括验尸复查。这样，一个死亡案件从法律层面就规定要进行多次检验，多次出具检验报告，如果提刑官介入，又多一次检验。而每年的巡查乃至刑部复查等，还会提出"检复"。由此可见，古代检验是"多次鉴定""多头鉴定""重复鉴定"，目的只有一个，就是"万无一失"。按宋慈的话说："唯恐率然而行，死者虚被涝漉。"

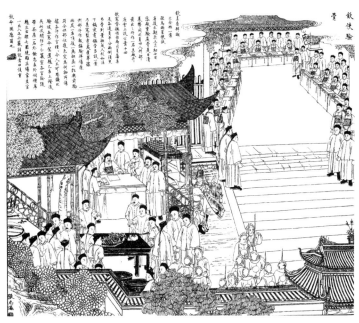

吴友如所绘的"钦差验骨"

现代一些人喜欢"一次鉴定"就能"一锤定音",认为"多次鉴定""多头鉴定""重复鉴定"不好。其实,这个不符合鉴定规律,也是"伪命题"。从人的认识论角度出发,鉴定人知识所限,对检验认识所限,可能鉴定有误,需要设置"初检"后"复检"的鉴定机制来救济,再请懂行和有经验的人进行审查,发现问题,及时再检验,而不能等待"申诉"后再复查。由于官府里法官对检验不熟悉,衙门里就得配有像"提刑官"那样的人来完成检验复查。这大概是宋慈《洗冤集录》中反反复复说的道理。

宋慈之后的几百年历史里,都是这样做的。

这里举一个清代"钦差验骨"的案子加以说明。

"钦差验骨"图(由清人吴友如所画),讲的是一个案子。五年前,湖北有个余姓的人与人发生斗殴,不久死了。经过初验、复验后当地官府定案与斗殴无关。余姓死后五年,开棺只剩一具骨骸。潘桌钦差于五月初七日重验尸体。当天清晨,钦差带刑部四人、仵作一人,升堂办案。潘桌钦差及各道官员平分居两侧。在右侧另有验尸堂,中间桌子上停放一具尸骨。仵作当场喝报伤痕及何物所伤,与前验区别等。这次验骨没有发现骨折等,维持了原来判决。

滴骨与验亲

一五〇、滴　骨　亲

宋慈《洗冤集录·论沿身骨脉及要害去处》说:"检滴骨亲法,谓如:某甲是父或母,有骸骨在，某乙来认亲生男或女，何以验之？试令某乙就身刺一两点血，滴骸骨上，是亲生，则血沁入骨内，否则不入。俗云'滴骨亲'盖谓此也。"

这段话的意思是，有一种检验方法叫滴骨验亲法。该检验方法是说，如果某甲是父或母，只有骸骨存在，有某乙前来认亲说自己是死者的亲生儿子或女儿，这要怎样来验定呢？可试令某乙就身上刺出一两点血，滴在骸骨上，如果是亲生的则血沁入骨内，否则不入，俗称"滴骨亲"，大概就是指这个说法了。

宋慈这段话里有"俗云"的意思是，过去民间就有这样的说法，宋慈只是把民间的"滴骨亲"做法加以介绍。

据三国时期谢承《会稽先贤传》记载：一名叫陈业的人，哥哥渡海死了，陈业前去认尸。但一起死的有五六十人，尸体腐烂不堪，从外貌、体态上已无法辨认。陈业于是割臂流血，洒于骨上，观察其反应。其中有一具尸骨，在陈业的血滴上后，很快沁入骨内，其余皆流出。陈业据此认定，这具尸骸就是他哥哥的。

据《南北史演义》第四十六回记载：南北朝时期，南梁朝豫章王萧综，也用"滴骨验亲"术，为自己做了亲子鉴定。萧综系南梁主萧衍次子（其实不是），其母吴淑妃，本系南齐东昏侯萧宝卷宠妃，萧衍篡南齐，入住建康，萧宝卷被废，南梁武帝萧衍将暗孕的吴淑妃占为己有。吴氏七个月生下萧综，宫中好多人私下说萧综是东昏侯萧宝卷的遗胎，但萧衍全然不知。后来，吴氏年暮垂老，色衰失宠。萧综十余岁时，夜间梦见一肥壮少年，亲昵地抚摩自己的脑袋，十分惊讶，次日就将梦境密告母亲，吴氏问及梦中少年如何形状，听萧综陈述的梦中少年情形，正与东昏侯萧宝卷相貌非常相像，就想起了前夫，不禁泣泪，将实情详细告知了萧综。之前一直认为自己是梁武帝萧衍之子的萧综，得知母子的身世，有些将信将疑，他听说常有人说过，用生人血滴死人骨，如果血渗入骨中，即断定为父子关系，反之，不为父子。他立即依法仿行，试验一下真伪，看看自己是不是东昏侯之子。他暗中召集手下几个心腹之人，悄悄来到东昏侯萧宝卷墓前，当即私下发掘，剖开棺木，取出骨骸，然后，抽刀割破自己手指，沥血滴在骨骸上试验，片刻，血液果然渗入骨骸之中。尽管如此，萧综还是似信非信，返回家中，如法炮制，再次试验其可靠性。他想出了一个与自己的儿子滴血试亲的极端做法。狠下心，将刚生下才一个多月的次子活生生地掀起摔死，埋葬数日后，派人在夜间将骨骸挖出取回，又把自己的手指割破，将血滴在儿子的骨骸上，结果，血液也和先前一样，照样渗入骨中，确认也是父子关系。经过两次亲自试验，萧综最终相信母亲诉说之事是真的，确信自己是东昏侯萧宝卷的遗腹子。从此以后，他便暗中谋划，企图推翻南梁萧衍，复辟南齐。他几乎每天都在静室中，默默地祭奠南齐祖宗，又偷偷地去南齐明帝陵前拜谒。对梁武帝萧衍，更是由怨生恨，离心离德，消极应付，伺机刺杀，始终不愿为萧衍卖命，最后萧综背叛梁武帝，投奔北魏，并为父亲东昏侯萧宝卷举哀发丧，服丧三年，改名为萧赞，以示与梁武帝萧衍脱离父子关系。梁武帝知晓内情后，引为奇耻大辱，气得七窍生烟，下诏削夺萧综官爵和属籍，废吴淑妃为庶人，不久，将她毒死了事。

根据宋慈的记载，《大宋提刑官》第十六集编排了这样一个案件：宋慈在查明一个案子后竟然牵出另一个案子。一位叫和魁的道貌岸然的父亲，处心积虑，杀婿祸女，欲霸庄园的案情浮出水面。进而一份陈年案卷又揭开了和魁三十年前谋杀和氏生父的悬置血案。

然而，在大堂之上，作为受害人的和氏却无法接受几十年认贼为父的事实。唯一知情严守秘密的老厨娘上堂作证，和魁却利用亲情百般狡辩。为揭穿和魁谎言，宋慈当堂用滴骨辨亲法，验证了和魁父女并无血缘之亲。在无以辩驳的事实面前，和魁终于瘫痪于地。此案具结，和魁伏法。柳氏生下一男儿，续了李家之脉，大娘小妾相拥而泣。

根据现代法医血清学原理，宋慈介绍的这一方法是不可靠的。不过，我们要从当时所处的时代进行科学评论，受科学技术的限制，当时不可能有现代这样的血清学和 DNA 技术。从宋慈介绍的方法，我们可以看到，宋慈确实想到包含"滴血验亲"在内的父权鉴定法医学验亲方法，以后血清检验方法的发展证明他的思路是正确的，所以这应该是早期亲子鉴定的萌芽，这无疑也是十分可贵的思想。当然，由于时代与环境的限制，《洗冤集录》中会有缺陷，也是可以理解的。

现代进行亲子鉴定比古代的"滴骨亲"要先进多了，可以利用医学、生物学和遗传学的理论和技术，特别是利用 DNA 技术，分析遗传特征，判断父母与子女之间是否是亲生关系。

目前进行亲子鉴定的原因主要有：一是遗产继承纠纷要确定是否亲生关系；二是强奸犯的认定；三是认领被拐卖儿童；四是抚养权纠纷；五是怀疑子女不是亲生；六是怀疑医院产房或育婴室调错新生儿；七是失散的家庭成员认亲；八是遇难者（空难、海啸等）身份无法辨认等。

在民事案件中，有时也可遇到家畜丢失或认领的纠纷，需要做 DNA 鉴定，笔者遇一例"亲牛鉴定"案件，介绍如下：

一日，某地因牛犊的归属无法确定，只好做了一回牛的亲子鉴定，牛犊纠纷案终于水落石出。该案审结后，福建省电视台记者还专门进行了采访，并播发了该案庭审和采访的全过程，社会反响很好。在电视节目的最后特别强调："法院审判需要科学手段，法医学就是为审判服务的法庭科学。希望大家像关心该案一样关心法医学，促进法庭科学的发展。"

2002 年春，某村村民张某将其养的一头母牛、一头牛犊、两头牛仔在草场放养。某日，张某到其草场查看时，只找到母牛和两头牛仔，牛犊不见了。此后几天，张某及其家人四出寻找牛犊。两周后张某在另一草场找到失踪的牛犊，正被两名村民往回赶，张当即将牛牵回本村。同日，另一村村民金某也发现自己家的牛犊失踪，并被告知是张某牵走的。金某便怀疑该牛犊是误被牵走的。次日，金某叫上三个村民一起到张某家，要认领被张牵走的牛犊。张则以牛犊系他所有而拒绝金某的要求。几天后，金某又约十余村民到张家，讨要牛犊，并将牛犊牵回本村。

当日，张某即向当地派出所报案要求解决牛犊之事。调查期间，张某说："2000 年 1 月间，我所饲养的母牛生了一头小公牛，该牛犊出生时有着红色的毛发，白色的嘴巴，四个牛蹄后面的毛发呈白色；一年后，牛犊的毛发变黑色，牛背有一红色的条纹。此后，该母牛又生两头牛仔。几年来，我都是将母牛、牛犊、小牛仔一起赶到该山上放牧的。"金某说："2000 年农历 3 月间，我饲养的母牛生了一头小公牛，它出生时毛发呈黑色，蹄后面呈白色，牛脊红色，白嘴巴。此后，该母牛也生两头牛仔（其中一头死亡）。我也是将母牛、牛犊、牛仔赶到该山上放牧。"两村村民也证实了张某、金某的说法。

调查组查看双方争执的牛犊时，发现其外观特征与张、金二人所说无异，无法确认其为何人所有。于是，请来当地有名的兽医徐某作鉴别，看后也无法确定。

一个月后，原告张某以被告金某非法侵占其所有的牛犊，侵犯了其合法权益为由，向县人民法院提起诉讼，要求判决确认牛犊系其所有、被告金某应予赔偿其误工损失补贴等。

县法院受理案件后，当即由两名法官组织调查，了解情况，获取有关材料，并决定在被告金某所在村开庭审理此案。同时，再次邀请兽医徐某作为此案的特殊陪审员。

法庭在开庭审理此案过程中，张称其牛犊阴囊左边有缺、已穿鼻，至于耳朵上的红色油漆是金新涂上的，还很黏稠；而金则说，其牛犊未穿鼻，至于该牛犊已穿鼻是张牵走后才穿上的。双方除了牛犊的外在特征外，均未能向法庭提供其他证据。法庭经合议后未当庭作出宣判，决定择日开庭审理。

那么，这头惹官司的牛犊到底为哪家的母牛所生呢？

人可以通过 DNA 鉴定——"亲子鉴定"来确认其基因遗传的血缘关系，那么，牛是否也可以通过 DNA 鉴定——"亲牛鉴定"来确认基因遗传的血缘关系呢？法庭了解到，原告、被告各自所有的母牛（即与该讼争牛犊存在母子关系的母牛）均在家。并到福建省高级人民法院法医室咨询，得到明确的答复意见："牛可以通过 DNA 鉴定确认遗传血缘关系。"

经法庭对原告、被告双方各自母牛、牛犊分别进行采血，由原、被告双方分别签字后冰冻保存，由法庭法警和法院法医携带血样送检。

几个月后，法庭第二次开庭公开审理。尽管天气阴冷，寒风阵阵，还不时飘着小雨，但是，法庭上座无虚席，连过道、走廊也挤满了人。人们竞相一睹全省首例给牛作 DNA 鉴定的牛犊纠纷案庭审过程。

根据权威部门的法医学鉴定，确定了该牛犊与被告金某的母牛不存在遗传关系而与张某的母牛在所有的检验标记中存在遗传关系。

在确定了牛犊的归属后，法庭再次对原告、被告双方调解，但未成功。于是，法庭对本案作出宣判："被告金某应该在判决生效之日起 5 日内将讼争的牛犊返还给张某。"

随着法锤的落下，这起历时近半年的牛犊归属之争宣告结束，在高科技 DNA 鉴定的帮助下，案件终于水落石出，村民张某通过法律诉讼维护了自己的合法权益。

下　篇

现代法医洗冤

一五一、现代洗冤

宋慈《洗冤集录·序》说："《洗冤集录》刊于湖南宪治；示我同寅，使得参验互考。如医师讨论古法，脉络表里先已洞彻，一旦按此以施针砭，发无不中，则其洗冤泽物，当与起死回生，同一功用矣。"

这段话意思是，《洗冤集录》是写给检验官员看的，也是检验的标准，其作用是"洗冤泽物"，如同医书那样起死回生！

林几（1897～1951），字百渊，
福建福州人

我国法医学史上有两个划时代的人物，一是南宋的宋慈，一是近代的林几。林几教授创办司法行政部法医研究所。他在我国历史上第一份法医学类杂志《法医月刊》上，提出用现代科学技术和理念破解法医难题，也就是"现代洗冤"。

林几在《法医月刊·创刊辞》上写道："本所林几所长就任以来，对于各种关于法医学的研究与实施，都是力图发展，以求真正的科学洗冤或现代洗冤。所以，本刊亦本着此旨，应命而生。至于本刊内容，当然不说是什么了不得的论著，但亦可作为一种研究的报告书。同时，因为它是刚出世的婴孩，希望各界能以同情的态度爱护，并用科学的眼光和研究的精神，加以指导。本刊幸甚，法医前途幸甚！"

1934 年 1 月 1 日，林几在《法医月刊》创刊号上发表题为《司法行政部法医研究所成立一周年报告》。这是法医研究所自 1932 年 8 月成立以来开展检案、研究、准备办刊、培养研究员、成立研究会以及法医研究所工作范围、经费开支、下一步工作计划等全面总结的公开报告，是我国法现代医学发展史上非常重要、珍贵的一份历史文献。该工作报告分以下六部分：缘起、布置和设备、职掌范围职务分配及系统、经费预算及支配、成立一周年经办事项、逐年计划。

林几在"缘起"里讲得非常透彻："夫法医之为专门科学，于司法设施上颇占重要。不独刑事检验为然，即所有人证物证均需科学的方法为鉴定之标准也。吾国法医人才感缺乏，故每逢疑难案件，辄无明确鉴定借以定谳。而外人方面更是借口我国司法不良，侵我法权。虽经交涉，终未收回。故为谋改进司法设施，亟应创立专门法医，以求适合科学之鉴定。庶可杜绝外人口实，而维护法律公允与尊严也。"也就是说，法医鉴定是维护公正与法律尊严的科学，必须要有科学方法和规范标准，这与宋慈"洗冤泽物"的提法完全一致。

林几还说："司法行政部有鉴于斯，遂有筹设法医检验机构计划。在中央政治会议第324 号决议案中，亦认有培育法医人才之必要。当经国府洛字第 268 号明令在案。民国十八年部委孙逵方开始筹备。十九年七月（1930 年 7 月）设法医检验所筹备处于上海，并在真茹购地建屋，久未就绪。至二十一年一月（1932 年 1 月）突以日兵压境，真茹被占，遂暂停顿。四月十三日，（林）几奉部命接任筹备，改名法医研究所。五月后，日兵始退。

收回所址，交涉结果，尚鲜损失。又以检毒、验伤、验病等急需仪器药品，乃于力求撙节之中，酌行购置。至七月一切粗全。八月一日法医研究所正式成立，迄今已一载。所有经过情形，并将来计划择要略陈梗概。虽不敢言成绩，而经验所得，事实俱在。"

林几将法医研究所布置、设备、职能、职务、经费等作全面介绍，并向全社会公开。同时，报告招收法医研究员、检验员和有关法医学课本和实验教程等，以及一年来研究员完成的14个论文课题研究。

当谈到经验案件时，林几介绍说："一年里，疑难案件95件，普通案件2200件。其中以验尸、验烟犯及人血检验皆在25%左右，人证、文证、验骨则在5%左右，少部分为勘验现场，如勘查制药厂（上海白脱尔贩制毒品案）等。各省案件情况为：江苏（包括上海）70%、山东5%、湖北4%、浙江4%、河北3%、广西3%、安徽3%、四川1%、江西1%、湖南1%，其他为各省送检案件。大部分为法院委托案件。"

林几报告中最为详细的是今后法医研究所逐年计划。现简要介绍如下：

二十二年（1933年）计划：增设X射线机、国外法医图书杂志、化验仪器，培养研究员、培养法院法医师，增设教育股，增开毒物圆，增设光学部。

二十三年（1934年）计划：公开研究成果、筹设讲堂实习室、创设法医研究所北平分所、增设宿舍、增设图书储藏室。

二十四年（1935年）计划：增设心神鉴定室、增设法医研究所武汉/广州/重庆三处分所、派员出国考察各国法医设施、设法医助理员训练班、购人证检查用器械。

二十五年（1936年）计划：增设侦查科、训练刑事警察、颁发法医检验标准、编订法科法医学和警科法医学课本。

二十六年（1937年）计划：办法医学校、扩大所内组织、增设学校宿舍、订立法医制度、分全国五大区分所（司法行政部法医研究所、北平分所、武汉分所、广东分所、重庆分所）。

这就是林几著名的法医研究所五年计划。除了法医研究所建设外，还有全国法医人才培养和筹建法医专门大学以及建设全国5个分所的法医布局和法医制度建设，更有法医检验标准化建设、法医学教材编制，甚至还有法学院、警察学院的法医教学和人才培养计划。所以，林几法医研究所一周年报告是一份非常值得研究的、中国现代法医学史上的重要文献！

可惜，林几于1935年夏离开法医研究所回北平医学院任教，他的计划并没有完全实施，但他的法医学学术思想、法医学教育思想和法医学制度设计，在中国法医学史上留下深深的烙印，时至今日，仍然留在中国几代法医学人的心中。

一五二、从哲学层面理解法医学

宋慈《洗冤集录》说："凡人死后被虫鼠伤，即皮破无血，破处周回有虫鼠啮痕踪迹，有皮肉不齐去处，若犬咬则痕迹粗大。"

这段话的意思是，有一个现象要知道，那就是人死后还会被虫鼠等损毁，其特点是"皮破无血"，没有生活反应。检查可发现"虫鼠啮痕"。假如死后尸体被犬类毁损，则咬痕粗大。这是宋慈从法医学角度谈了死后昆虫、动物对尸体的破坏。宋慈还说："盖死生出入之权舆，幽枉屈伸之机括，于是乎决。"意思是，从生到死，再到死后虫鼠犬伤，法医必须通过检验做出正确结论。换句话说，法医不但要判断生老病死原因，还要判断是否死后毁坏，毫不含糊，这是法医职业使然。但是，如果从哲学层面对法医学职业又是如何理解呢？

这里摘上一篇林几教授20世纪30年代写的题为《漫谈》的作品。

漫　谈
林　几
（一）

男女在恋爱期间，间隔时，彼此慕念不已；倘到脸儿相偎，腿儿相压之时，则更快乐至麻木而如置乎云霄。张君瑞说他见着莺莺的时候，即觉"心痒难扰"，这当然是一种最忠实的告白。细查其所以快乐至麻木而如置乎云霄以"心痒"的缘故，是由于男女彼此身上之"电子"相触而起。嗨！为要求这种"电子"相触之快感，全世界青年男女，不知犯了许多罪过？致力于电学者，何不从事此种"电子"研究与制造，廉价出售，以减少全世界青年男女对这种之犯罪行为？

（二）

"眉如春山，眼如秋水，颊如芙蓉，肌如凝脂，手如柔荑，齿如瓠犀"……此皆为赞美女人之佳句；自一般人视之，女人方位天下之至美；殊不知女人之眉，不过有"如"春山而已；女人之眼，不过有"如"秋水而已；女人之颊，不过有"如"芙蓉而已；……其美实在何能如春山、秋水、芙蓉……之真实。春天至矣，女人身上一切之美，均可于自然界求得，而且较之更为真实。青年男女，处此万物繁荣之时，何必揉碎芳心，搞乱情怀？倘能或如同投身于大自然之怀抱，寄情于山水花木鸟虫之间，其乐也，是何等的隽永，何等深沉呀！

（三）

我最怕人怕我，我不怕人辱我；我最怕人爱我，我不怕人恨我；爱我可以堕我之志，恨我可以长我之气；怕我者，必乘间于我中伤；辱我者，能使我奋发自强；是故，我平素恨怕我之人，爱辱我之人，恨爱我之人，爱恨我之人也。

（四）

信者多不贪生怕死：因为生与死在这种人心中，是善恶的报应、阎王的威权、轮回的定律。死，虽要离去人世界，但还有"鬼"世界；"鬼"世界亦如人世界之有荣华富贵，亲友党朋，是死犹生，何怕之有？不信者多半贪生怕死；因为"天竞地择"、"生理必然"是这种人对于生死的观念；死后黄土长埋，永不翻身；荣华富贵，盖棺备了；甚至有鸟啄其肉，犬齿其骨之惨，是死犹猪子入屠门，何堪设想？处今之世，随时随地均可使我人于死，诚怕人也！我愿轮回之说不虚，我愿"鬼"世界真实存在；果如我愿，我必不怕死。是则做人做"鬼"，具是一般，何怕之有？

林几从恋爱与犯罪、爱美与爱自然、爱恨与自强、信与不信，表达了人生观与世界观，科学与自信，精神与境界。林几确实是个受人尊敬的大学者、理论家、教育家和哲学家，

《漫谈》其实是他一生的真实写照。林几《漫谈》写于 1933 年夏，后发表于 1934 年春的《法医月刊》（连载）。林几的技术了得，文章也了得，这是公认的。其实，人们只知道他的学术文章，对林几的哲学思想，特别是林几教授对生、死、伤、病、生前伤、死后伤、人的思维、死后轮回、无神论、鬼神论的理解，人们却了解很少。

从前面《漫谈》一文，我们了解到林几如何理解法医职业：法医是活生生的人，是要有正义感的人才能胜任，不是所有从业者都能被认可的，因为法医是给生死下定论的人。林几是一个思想相当活跃的科学大家，他的散文也有深意，从哲学角度揭示了法医工作的科学、神圣。

一五三、骨 质 血 荫

宋慈《洗冤集录·论沿身骨脉及要害去处》说："凡验原被伤杀死人，经日，尸首坏，蛆虫咂食，只存骸骨者，原被伤痕血粘骨上，有干黑血为证。若无伤骨损，其骨上有破损，如头发露痕，又如瓦器龟裂沉淹损路为验。殴死者，受伤处不至骨损，则肉紧贴在骨上，用水冲激亦不去；指甲蹙之方脱，肉贴处其痕损即可见。"

这段话的意思是，检验原被伤杀死的人，经过一些时日，尸首坏烂，蛆虫咂食，只剩下骸骨的情形，原被伤的地方，血粘骨上，有干黑血为证，这就是"骨质血荫"。如果外表皮肤外伤不明显而有骨裂的，其骨上的鼓裂纹，有如头发丝样的痕迹，又像瓦器龟裂，损伤的纹路深沉不显，可为验证。被殴死的人，伤处出血便与肉紧贴在骨上，用水冲洗也下不来，以指甲剐剔才掉，出血与肉紧贴的地方，其伤痕便可看出。宋慈认为，生前骨折有"骨质血荫"，否则就不是生前损伤。

清代《洗冤录集证》记载这样一个案件：死者李光曾，检验记录，面色黄，两眼闭，上下牙齿咬紧，受撬开，致命为咽喉刃伤一处。刀创自右耳后至咽喉，长一寸四分，宽一分，皮肉哆开，深及食道、气道，起手重，收手轻。食道、气道切断，检验认定系左手持刀自刎而死。惟死者父亲李钺称被黄宝树鸡奸不遂杀死。赴京控告，抬棺要求检验。官员开棺检验，李光曾尸体皮肉腐化，小指脱落。李钺口称"小指被刀削去，必系黄宝树用刀破李光曾咽喉，李光曾用手迎护，要治罪黄宝树"。官员将宋慈《洗冤集录》记载摆于案上："若骨上有被打处，即有红色微荫，骨断处两头都会有血晕色。再以有痕骨照日看，红的是生前被打处。骨上若无血荫，即便是有骨折，也是死后的伤痕。"人活着的时候被伤，血液渗入骨质，会有骨质血荫存在。官员检验，实系腐烂脱落。棺内检出李光曾左右十指，骨节俱全，并非短少，无刀痕迹和骨质血荫。旋将李钺照诬告罪治，案件奏结。

清·陆以湉《冷庐杂识》：济阳县有个衙役，有一次抓了一个百姓，在押解半路上那百姓突然死亡。不久，死者家属就控告这个衙役谋杀。几经审理，那衙役几次翻案，不能确定。那户百姓喊冤不止。多年过去，上级命令新任知县朱垣会集有关各方进行尸骨检验，希望能够查清事实真相。当时那户人家丧葬很简陋，用一口柳木薄板棺材装了尸体，墓穴也只是一个浅土坑。已经几次开棺检验，棺板散架，坟土松动，再加上三四年来雨水渗漏，棺材早已腐朽，泥土填塞，成了个大土块。开始检验时仵作说："经过这么长时间，恐怕是没有办法检验了。"朱垣命令沿棺材周边挖下去，将包裹了整个棺材的土块小心翼翼地切割，用布带穿绑后抬出地面。在平地上架起木架，把这大土块放上去，仔细拆开棺材的边板，慢慢地把泥土全部拔除，暴露骸骨。再用草席包裹好骸骨，在地下的土坑里烧起火堆，烧一阵子，浇上酸醋，将骸骨放进去熏蒸。一个时辰后，仵作上前，解开草包，按照尸格顺序，一一喝报骸骨上有伤无伤。最后只有在尸骨的后脑勺部位，发现了一块一寸见方的紫血痕。在场的人们认为终于发现了凶杀的实情。朱垣听报，上前仔细观察了一阵，说："不是的，这块伤痕可以洗掉。"大家都感到好笑。朱垣也不争辩，只是叫人来用水洗刷，果然一洗，那块脑骨就变得雪白，一点伤痕也找不到。那户人家也不得不撤除起诉。事后有人问朱垣："在《洗冤集录》上也没有提到过这个办法，你是怎么看出来的？"朱垣回答说："真正的伤口的紫血色，一定是中心部位颜色深、周边部位颜色浅，就像是日月周围的晕轮一般。而这块血斑却是相反，颜色中心浅、周边深，这只不过是尸体在腐烂时血水渗出，污染了脑后部位而已。"该案上报，经核定，获批。

民国时期，林几教授曾办理一个影响很大的案子：许宝聚案。林几在德国留学时曾和德国著名法医骨病理学专家施米狄教授讨论骨伤问题。二人都认为：骨折或骨裂容易证明，但是否生前骨伤，抑或死后骨伤则难区别。林几说："骨折部位周围组织出血可证明生前伤，但死后时间久，周围组织已腐败，欲在枯骨上证明其为生前伤或死后伤则十分困难。按各国法医检验尸体，其尸体多新鲜，故经剖验可解决。但我国验伤送检尸体，多属已腐，甚至死后数年，方求复验。"

如何解决这一问题呢？林几在任法医研究所所长时，曾专门对此进行了研究。

他先是将犬 10 只，打伤致骨折，详细记录原伤部位，然后处死，分别埋于法医研究所后花园内。

经两年，待犬尸肌肉腐败后，再挖掘检骨，对照原来记录，在紫外线下观察。结果发现生前打伤骨折处可见土棕色荧光。然后，他再把未骨折处用锤击致骨折，也在紫外线下观察，结果见白色荧光。

他还发现生前打伤骨质有出血者，用刀刮、用水冲洗，出血斑痕均不能去除，因为骨质出血在深部。

林几用此办法解决了 30 例骨折案的生前死后判定。

1934 年 2 月 13 日，林几收到一个案子。死者叫许宝聚，死亡已 5 年，死者家属反复到法院告状。

受上海第二特区法院委托，开棺检验许宝聚尸体。

开棺见尸体只剩一骷白骨。经检查头骨有骨折。

为排除是否挖尸时被土工碰伤致骨折，林几将颅骨骨折处放在紫外线下观察，发现有土棕色荧光。

然后，用力锤击骨裂部上方，使骨裂部分延长，继续观察。

结果，在紫外线下原来骨折处出现土棕色荧光，而人工延长部分骨折处见白色荧光。

因此，林几下结论："许宝聚的头部生前受暴力打击。"

由于林几的科学鉴定结论，使累讼五年的案件很快得到解决。

事实上，林几教授是用现代科技手段研究并诠释宋慈观察到的"骨质血荫"现象，解决生前骨折问题。

林几把这一现象写成专著，题目为《骨质血荫之价值及紫外线下之现象》，并在中华医学会第二届大会上将此专著作为论文宣读，受到与会代表的重视。

一五四、碎　尸　案

宋慈《洗冤集录·尸首异处》说："凡验尸首异处，勒家属先辨认尸首，务要仔细。""打量尸首顿处四至讫，次量首级离尸远近，或左或右，或去肩脚若干尺寸。""肢解手臂、脚腿，各量别计，仍各写相去尸远近。却随其所解肢体与尸相凑，提捧首与项相凑，围量分寸。""一般系刃物斫落。若项下皮肉卷凸，两肩并耸，系生前斫落；皮肉不卷凸，两肩并不耸，系死后斫落。"

这段话的意思是，凡是检验"尸首异处"的碎尸案，请家属辨认尸首，辨认时要求千万仔细。首先，检验时，要测量好碎尸尸块的四至；其次，要测量头颅与尸体躯干的距离，头颅在尸体躯干的左侧还是右侧，与躯干的左右肩部有多少距离，与尸体的左右脚有多少距离；再次，对于肢解手臂、脚腿的，要另外详细测量记录，注明与离断的手臂、腿脚的距离；最后，把所解肢体与尸体躯干相拼凑，把头颅与项部相拼凑，颈部断端的周径也要测量。一般说来，头颅系刀、斧类剁下的，要注意生前还是死后所致。若项下皮肉卷凸，两肩并耸，系生前斫落；皮肉不卷凸，两肩并不耸，系死后斫落。

看了宋慈《洗冤集录》对碎尸案的检验，让我们看看现代对碎尸的检验，并进行比较。

现代认为，用暴力手段将完整的尸体破坏分解成数段或者数块的叫碎尸。碎尸的目的是为了便于移尸、抛尸毁灭证据，逃脱罪行。现代法医学对碎尸的检验，一般多为无名尸，检验时，除按无名尸要求外，主要如下：

（1）详细了解发现当时的情况，抛尸现场的响动及有无谈话、对话内容、口音等；现场的地形、地貌等是否隐蔽，交通工具能否到达，现场附近是否有停车痕迹等。

（2）认真勘查抛尸现场，重点是勘验、考证和研究运载、包装物品，有无名称。代号、标记等，捆绑的绳索，加工材料质量、型号、打结方式等情况。

（3）杀人手法：根据尸检所见头部有无打击伤、颈部有无卡扼伤痕；胸、腹部有无刺伤等，可推断杀人手法和可能死因。此外还应该注意是否投放安眠药或者毒物、麻醉剂致死后再碎尸的。碎尸案中以打击头部、扼颈部和刺损胸腹器官致死后碎尸为多见。

（4）碎尸工具：根据各碎尸块断面的特征可推断碎尸工具的种类和性状。如断端创面窄小，皮瓣拖尾伤痕多，创面不整齐，则为刃面窄的、刀刃不够锋利的小型刀具切割形成；断端骨质如有锯痕，应测算出锯齿间距和锯路大小，常见的碎尸锯子多为钳工用的钢锯，检验鉴定时应注意鉴别，应尽量提取骨断面的金属粉末以备与侦查中获取的可疑钢锯的金属成分用扫描电镜进行元素分析，作定量对比检验。

（5）犯罪的职业技能的推断：根据碎尸解离法，如四肢关节、脊柱的解离干净利落，对关节面不造成明显损伤者，尤其是脊柱的椎间关节，多为具有解剖知识、熟悉解剖部位者所为。

（6）个人识别：碎尸案的罪犯抛尸灭迹往往不是在同一时间、同一地点将全部尸块抛出，即使是一次性抛完，也常常是在不同的地点先后发现。因此，尸检时需提取血痕、毛发或者骨骼作血型检验，加以识别。必要时须将断端骨骼取下，供进一步发现或寻找到尸块时作断端吻合比对，以作出是否为同一个人的认定。

（7）碎尸现场环境的推断：认真、仔细地提取碎尸块上的微量黏附物，以及包装物内的黏附物，送实验室作扫描电镜、质谱、离子光谱或者中子活化微量物证检验，可推断碎尸环境，缩小侦查范围。

（8）在碎尸案的检验中，尤其应该注意交通事故、空难或者水中浮尸被大小机动船螺旋桨打击等所致的尸体肢体离断，或者是医院截肢所丢弃的肢体，与碎尸案相鉴别。

我们将宋慈《洗冤集录》介绍的古代碎尸案件和现代碎尸案件检验进行比较，不难看出二者检验手段和目的没有太大变化，只是后者科技含量更高些而已。从这一点出发，我们真的为宋慈叫好，宋慈奠定的法医学检验基础，至今仍有指导意义，他的法医思维一直还受后人尊重！

这里介绍林几教授处理的一例勒死后利用火车碾压碎尸的案件。这一例被林几收入《北平大学医学院法医鉴定50例》中，他把这一案件命名为"绞毙移尸案"！

1935年8月19日，北平大学医学院法医学教室主任林几教授应邀对一具"铁轨拐死案"的尸体检验。当时，铁路警方认为可能是卧轨自杀案件或意外事故，但有可疑之处。因为警方感觉现场出血不多。此外，案件现场在京津铁路的北京出口不远段，该现场不是事故多发段。

林几检查尸体时发现，尸体已被火车碾压成数截。颈部、躯干、四肢已被碾压离断，但"其压拐挫裂之窗口截齐，皮肉不生卷缩，出血微"。林几解释说，生前伤的特点是生活反应明显，如挫裂断端出血多、皮肉被碾压后发生卷缩、出血等。他断定离断的尸体是死后形成的。仔细检查尸体，林几发现颈部被压拐得最严重，在第三、四颈椎上有一横行的骨质出血，周围有出血灶。用水清洗发现项侧偏右的颈部皮肤上有半截绳索绞勒的残痕——半截勒痕！林几立即取下皮肤组织和颈部出血部位组织做病理切片检查，结果是生前伤！

发现这一线索后，林几立即通知警署：这不是卧轨自杀案，而是一起"绞勒杀人移尸案"，铁轨是移尸的第二现场。警署接到通知后立即组织力量侦破。调查证实，"罪犯杀人后，连夜将绞毙的尸体移枕铁轨上，火车开过，颅身分离"。与林几做出的"绞毙移尸，偷装卧轨碾死"的结论完全一致。

这个案件关键在颈项部半截索沟上。林几说，人的皮肤有很大的弹性和韧性，虽经火车碾压致"颈项勒痕大部分被毁"，但欲使其完全消失是极困难的。加之，被车碾压处"创口截齐，皮肉不生卷缩"，以此推断死后碾压并不困难。所以可以判断"死者系被勒后移尸铁轨无疑"。

一五五、倒 提 浸 缸

宋慈《洗冤集录·溺死》说："若身上无痕，面色赤，此是被人倒提水搵死。""如果尸首身上无痕，面色发赤，这是被人倒提起来用水闷死的。"

这常见于古代刑讯逼供。所谓"倒提浸缸"，就是将人倒挂梁上，绳子一头绑住犯人双腿，另一头由狱卒控制，犯人头接近缸水面。当狱卒松手时，犯人头浸入水缸水中，拉起时，离开水面。反反复复，浸缸呛水，非法获取口供或逼供，最后致人死亡。在古代，狱中用刑不仅十分残酷，而且刑种繁多。为了不让人发现伤痕，采取了许多隐蔽的刑种，其中"倒提浸缸"就是其中的一种酷刑！"倒提浸于水中窒息死亡"是一种特殊类型的溺死。正如宋慈所描述，"身上无痕，面色赤"，称之为"倒提水搵死"。

现代法医学奠基人林几教授称之为"渍死"。林几教授说："渍死，乃以头倒浸水中窒息溺死，吸水不多，口鼻有沫，然溺死外表微状。"

林几教授还举出另两种"渍死"的窒息溺死："一种叫'游湖非刑'，乃狱中用刑。将因醉饱后，裹以毛毯倒立于盛有灰水的桶中，不顷窒息死亡，而因灰水可使颜面血管收缩，故倒立浸水后，面不见青紫，身不见伤，外观似病死。还有一种叫'醍醐非刑'，亦为狱中用刑。系在水中掺入油烟、辣粉、粪便、煤油等，将人倒立水中窒息溺死。因水中有刺激物质存在，吸水少，死亡快，外表与'渍死'同。"

值得一提的是，宋慈所指的"倒提浸于水中窒息死亡"与现代法医学上的"非典型性溺死"不同，前者完全是人为造成的，而后者则是极少数落水人因冷水刺激反射性抑制死，二者应严格区分开来。在法医实践中，"倒提浸于水中窒息死亡"可见于杀婴或刑讯逼供等案件，应引起重视。

宋慈《洗冤集录》中有关机械性窒息的内容十分丰富，形成了现代法医学的基本知识框架，表明我国古代法医学的发达水平。《洗冤集录》不仅把机械性窒息作了分类介绍，如"自缢""被打勒死假作自缢""溺死""外物压塞口鼻死"等，又将机械性窒息的特殊方式加以研究，具有很高的学术研究价值和法医检案参考价值。

特殊方式窒息强调了死亡是如何形成和案件的性质或死亡方式（自杀、他杀或意外），特别是对事件重建很有帮助。如"倒提浸入水中窒息死亡"表明系他人所为和倒提浸入水中的方式窒息死亡，在杀婴或刑讯逼供等案件中常可遇到。掌握特殊方式窒息死亡法医学知识，无疑有益于提高检案水平，同时又助于拓宽法医学视野，因而具有重要的法医学实用价值。

宋慈《洗冤集录》是我国 13 世纪尸表检验的经验法医学专著，是我国古代法医学的瑰宝，也是世界法医学史上的巨著。用现代法医学理论与实践，特别是前沿不同学科知识对宋慈《洗冤集录》进行系统的学术挖掘和科学研究，有历史和现实意义！

一五六、僧衣兽骨案

宋慈《洗冤集录·验骨》说:"骸骨各用麻草小索,或细篾串讫,各以纸签标号某骨,检验时不至差误。"

这段话的意思是,验骨时,把收集到的骸骨各用小麻绳或细竹篾串好,每个骨头都分别用纸签详细标号。这样检验时就不会出现差错。这是宋慈对尸骨的法医骨学检验方法,从宋慈的介绍可以看出,一是现场的骸骨可能不只是一个人的,所以要做好标记,以便检验核对;二是现场的骸骨如果不只是一个人的情形,很有可能所检验的那些骸骨是男女混合在一起的,宋慈《洗冤集录·验骨》中已讲到男女骸骨的鉴别,所以要做好标记,以便检验核对;三是现场的骸骨如果不只是一个人的,会不会还有其他动物的骸骨,该篇也没有讲到人类骨与动物骨的鉴别,但在实际检案中,这种情况是可以出现的。

这里介绍民国时期林几教授办的一起民国奇案——僧衣兽骨案,方法如宋慈介绍。这是一起奇特的检验案件。

1932年11月26日,中央研究院代宜兴政府转送检材"和尚衣一件、毛巾一条、袜一双、菜刀刨刀各一柄、石灰尸骨各一包",注明此为法医学专门检验,委托司法行政部法医研究所"请验僧衣、菜刀、刨刀及石灰等件是否染有人血,尸骨是否人骨,入土已有几年"。

原来,这是江苏省保安步兵团报的案子。据江苏省保安步兵第四团第三营唐营长报称:"窃职营奉令移驻宜兴南门外'显亲寺'内后院般若堂,右首数间划为医务所。左首一间为寺僧堆置杂物,对锁甚故。医务所内看护兵常用住宿,间有病兵入住。近日每夜十时后,寺僧堆置杂物内常疑似哭声传出。看护兵疑神疑鬼,喧传已久,职有所闻,以事关迷信,力避虚妄,并传不得再任讹传。令后安静数日,未闻哭声。讵知本月九日晚间熄灯以后,又传哭泣声,在所士兵惊骇不已。经职查询室内系杂物,无贵重物品存储,又严密封锁,实属可疑。于十月十日上午督同寺僧、士兵启门查勘。室内堆积残破门窗户扇,以及桌凳等器具甚多,内中有棕棚一张,地板及墙角均有类似血迹,疑窦丛生。遂报团部,邀宜兴县政府公安局等各机关代表,莅临会勘。发觉内角部分土松浮,急于下午一时督士兵掘尺许,先发现洗面毛巾一块,有隐微血迹,并有僧衣标记,无柄菜刀及刨刀各一把,均污锈,大小骨骼数块,掘至三尺许,又发现尸骨一大堆。当即将尸骨、衣服、菜刀等件一并摄影存储,并将大略经过情形当场记录,由各机关代表签名作证,以昭慎重。窃查此案事属离奇,迹涉荒诞,也曾怀疑有人夜间作祟,唯证据确在,众目共观,又属可疑命案,不得不彻底根究。内中疑点甚多,颇费研猜。查室内仅系堆放杂物,不必严锁。又有如此多尸骨深埋,及证物发现。应移归司法机关办理,函送并附和尚衣一件、毛巾一条、袜一双、菜刀刨刀各一柄、石灰尸骨各一包,过县处置。"宜兴政府受案后,派员前往该寺查勘。勘得般若堂首房内墙壁上也有疑似血迹污点,提取带回附卷。查该案无事主及凶手可据,是否成为凶杀案,已就所得"僧衣、菜刀、刨刀及石灰等件是否染有人血,尸骨是否人骨全具亦系杂并,入土已有几年"等请验后方能定夺。宜兴政府遂把检材"和尚衣一件、毛巾一条、袜一双、菜刀刨刀各一柄、石灰尸骨各一包"送南京中央研究院查照办理。中央研究院致函并送证物至司法行政部法医研究所："本院尚无法医研究所研究之设备，对于法医检验等事项，本未便过问，因知贵所设备丰富，专家集中，代宜兴县转送贵所检验。办结请径复宜兴县政府。"

林几仔细看完案情介绍和发案经过后，决定开启物证，准备检验。林几主持检验，指定检骨由范启煌、汪继祖、李新民、康成、张积锺、鲍孝威、胡师瑗等负责，血迹检验由陈康颐、吕瑞泉、蔡炳南、陈安良、赵广茂、胡兆伟、陈豹等负责。

开启中央研究院寄来的邮包，发现物证系用白色粗布包裹，上书上海司法行政部法医研究所查收，以及南京中央研究院寄等字样。拆开后见内又有一层白色粗布包裹，上书南京中央研究院收，盖有宜兴县政府寄等字样。剪开包布，内系以报纸重裹，有报纸小包两件，包上束以麻绳，第一包上书有保安处第四团第三营"呈解'显亲寺'一案"枯骨等字样。第二包上书有保安处第四团第三营"呈解'显亲寺'一案"僧衣刀具等字样。以上证物由宜兴政府原封，中央研究院加封不误。

检验发现，枯骨为大小不等。椎骨一块，无椎体，左右横突大且扁平如翼，作蝴蝶状，椎孔正圆形，与人体椎骨比较完全不同，而与犬类同。肋骨作弓状扁平，弯曲度与人类大异，为食肉兽类。腭骨一块，其角度甚直，其三枚牙齿的牙根上附有黄色素沉着，尖端极尖锐，作短弧形，属食肉类犬牙。上颌骨八枚牙齿检查，其中五枚为白齿，较人类为大，白齿中央为尖状，而人类白齿中央扁平略陷。髋骨表面粗糙，上缘形状狭长，是为兽骨。胫骨下相连有三只距骨，大小比较，与人相差五分之一，故非人骨而为兽骨。股骨一块，其后面沟状陷没，人类为不等边四角形，故该骨决非人骨。管状骨二块，一管状骨经比较为鸡之左翼骨，另一小管状骨经比较为鸡之距骨。

衣服、毛巾等检查。上衣为扁领僧衣，呈淡灰色，两袖断缺，前后只存其半，有多处破孔和补丁。其领内有蓝紫污迹，在领下缘有黄污色迹。无霉烂气味，用力撕扯不破。一般衣服等久埋土中，似有酸类细菌作用，一定腐烂，稍动就破，故该衣埋入土中时间，必不甚久。僧裤、袜也同僧衣埋入土中时间不甚久。毛巾为灰色，一端绣有僧某二字。其入土时间不甚久。衣服、毛巾等污迹做化验。

菜刀、刨刀上生锈及污迹做化验。菜刀、刨刀入土时间较衣服毛巾等入土时间久。

显微镜检查：将骨磨成薄片作显微镜下哈佛管观察。枯骨的哈佛管小而数量多不整齐，人体数量少而整齐。将犬骨制成磨片发现与枯骨的哈佛管相同。而将鸡的骨作比较，发现与枯骨小管状骨相同。故认为枯骨系犬骨和鸡骨。

血清学检查：作污迹是否血迹预实验呈阴性，作可疑血痕实质性结晶实验也为阴性，作可疑污迹还原血红质实验，没有结晶存在，抗人体血清沉淀实验阴性，均注明并非人血。

最后，林几认定，僧衣、菜刀及刨刀等没有染血迹。送检枯骨非人骨，而为犬骨和鸡骨。关于入土时间，僧衣毛巾埋入土内为时不久，而枯骨入土已逾一二年。

这起被闹得沸沸扬扬的可疑凶杀案，加之夹杂有"夜半哭声"等，又发生在地方部队驻扎的寺庙里，在检验期间引起社会各界高度关注。不过，有个插曲，自从僧衣枯骨取走后，没有"夜半哭声"，军营平静，有人就怀疑原来的种种迹象是人为所致。司法行政部法医研究所鉴定结论出来证实系"僧衣兽骨"后，可疑寺庙凶杀案被撤销，而又有人推测系"近一二年僧侣在寺内夜半杀鸡宰犬饮酒作乐，僧侣不满意部队进驻而作祟"。

一五七、墓 土 验 毒

宋慈《洗冤集录·验骨》说："如服毒药骨黑，须仔细详定。"

这段话的意思是，如果一个人被毒药毒死了，那么死者的骨头是黑色的，必须仔细检验并结合案情等"详定"。在宋慈那个年代，还不能进行毒物分析化验，所以宋慈说"须仔细详定"。

施耐庵《水浒传》第二十五回"偷骨殖何九送丧，供人头武二设祭"：何九叔看着武大尸首，揭起千秋幡，扯开白绢，用五轮八宝犯着两点神水眼，定睛看时，何九叔大叫一声，往后便倒。话说当时何九叔跌倒在地下，众火家扶住，王婆便道："这是中了恶，快将水来！"喷了两口，何九叔渐渐地动转，有些苏醒。王婆道："且扶九叔回家去，却理会。"两个火家，使扇板门，一径抬何九叔到家里，大小接着，就在床上睡了。老婆哭道："笑欣欣出去，却怎地这般归来！闲时曾不知中恶。"坐在床边啼哭。何九叔觑得火家都不在面前，踢那老婆道："你不要烦恼，我自没事。却才去武大家入殓，到得他巷口，迎见县前开药铺的西门庆，请我去吃了一席酒，把十两银子与我，说道：'所殓的尸首，凡事遮盖则个。'我到武大家，见他的老婆是个不良的人，我心里有八九分疑忌。到那里揭起千秋看时，见武大面皮紫黑，七窍内津津出血，唇口上微露齿痕，定是中毒身死。我本待声张起来，却怕他没人做主，恶了西门庆，却不是去撩蜂剔蝎？待要胡卢提入了棺殓了，武大有个兄弟，便是前日景阳冈上打虎的武都头。他是个杀人不眨眼的男子，倘或早晚归来，此事必然要发。"

老婆便道："我也听得前日有人说道：'后巷住的乔老儿子郓哥，去紫石街帮武大捉奸，闹了茶坊。'正是这件事了。你却慢慢地访问他。如今这事有甚难处，只使火家自去殓了，就问他几时出丧。若是停丧在家，待武松归来出殡，这个便没什么皂丝麻线。若他便出去埋葬了，也不妨。若是他便要出去烧他时，必有跷蹊。你到临时，只做去送丧，张人眼错，拿了两块骨头，和这十两银子收着，便是个老大证见。若他回来，不问时便罢，却不留了西门庆面皮，做一碗饭却不好。"

何九叔道："家有贤妻，见得极明！"随即叫火家吩咐："我中了恶，去不得，你们便自去殓了。就问他几时出丧，快来回报。得的钱帛，你们分了，都要停当。若与我钱帛，不可要。"火家听了，自来武大家入殓，停丧安灵已罢，回报何九叔道："他家大娘子说道：'只三日便出殡，去城外烧化。'"火家各自分钱散了。何九叔对老婆道："你说的话正是了。我至期，只去偷骨殖便了。"

且说王婆一力撺掇，那婆娘当夜伴灵。第二日请四僧念些经文。第三日早，众火家自来扛抬棺材，也有几家邻舍街坊相送。那妇人带上孝，一路上假哭养家人。来到城外化人场上，便叫举火烧化。只见何九叔手里提着一陌纸钱，来到场里，王婆和那妇人接见道："九叔，且喜得贵体没事了。"何九叔道："小人前日买了大郎一扇笼子母炊饼，不曾还得钱，特地把这陌纸来烧与大郎。"王婆道："九叔如此志诚！"何九叔把纸钱烧了，就撺掇烧化棺材。王婆和那妇人谢道："难得何九叔撺掇，回家一发相谢。"何九叔道："小人到处只是出热。娘子和干娘自稳便，斋堂里去相待众邻舍街坊。小人自替你照顾。"使转了这妇人和那婆子，把火挟去，拣两块骨头，拿去统骨池内只一浸，看那骨头酥黑。何九叔收藏了，也来斋堂里和哄了一回。棺木过了，杀火，收拾骨殖，统在池子里，众邻舍各自分散。那何九叔将骨头归到家中，把幅纸都写了年月日期，送丧的人名字，和这银子一处包了，做一个布袋儿盛着，放在房里……

何九叔为什么要把武大的的酥黑骨头捡回去放到家里保存起来，并"写了年月日期，送丧的人名字"，就是怀疑武大是被毒死的，已备武松回来作为证物。可见，检验人员何九叔认定武大中毒的标准就是"骨头酥黑"，这和宋慈《洗冤集录·验骨》记载的"如服毒药骨黑"是一致的。

服毒药而死的人，骨头都会变黑吗？人死了三五年，尸体已经大部分腐烂，甚至白骨化，而又怀疑被人毒死，能否对尸体判定生前曾中毒？从我国法医尸检来源看，所检尸体多已腐，故在验尸、验毒方面也有所不同，需研究已腐尸体上各种生前中毒等问题。我国现代法医学奠基人林几就致力于这方面的研究，认为不能以是否骨黑做出中毒的结论，因为现代法医学与古代法医学不同，需要进行毒物分析后才能下准确的结论。

林几认为对高度腐败尸体，特别是只剩骨骸时，某些毒物仍有条件作出中毒的结论。

1935 年 12 月，江苏江阴法院受理一宗累讼三年的案件。尸体亲属诉死者系被妻子和奸夫毒死。法院无确实证据，未能下判，乃委托北平大学医学院法医学教室鉴定。林几受理此案后即会同法院对尸体开棺检验。发现棺木埋于潮湿地里，"尸体腐烂如泥"。林几嘱取相当尸体胃肠道分布地方的内脏残渣及其尸体下方的泥土，再取棺木周围泥土作对照，分别包装好带回做毒物化验，结果内脏残渣和肉泥均化验出有砷（砷：一种无色无味的晶体，剧毒。白砒，红砒、信石、鸡冠石是含杂质的砷氧化物），而棺木周围泥土中没有砷。结合法院提供的死者生前"消瘦，吐泻而死"资料，考虑其为砷中毒死亡，这便是"墓土验毒案"。

林几后来说："法医学验毒，原不仅限于采集尸体内脏及其内容物之化验。对于腐败如泥的内脏、残渣、枯骨、患者的呕吐物和排泄物、含毒药料（指中药炮制过程中不少需用砷、汞等做配料）、盛药器皿、饮食品及棺外泥土等，有时也应采样做检验。近十余年来对酗酒检验、麻醉毒瘾检验、生物碱毒及未知动植物毒等累有新颖之阐明。凡生物化学、生药学、毒物学、毒化学、细菌血清学、病理学，尤以分光镜光像及紫外光分析法之应用，益能增加验毒之判断也。"

林几还对自己所检验的中毒案件作了总结："中毒案件占所有案件的 27%，以砷中毒为最多见，约占中毒案件的 3/5。鸦片次之，约占 1/5。"

林几说，"盖吾华犹居农业社会、工业未兴，平民对用毒物常识素缺，购毒不便。唯农用肥料，多伴信石、鸡冠石用以杀蝗，故民间便于取用。且其致死量甚小，色味又微，便于置毒，遂多用以谋杀。而阿片、安眠药、盐卤等多用自杀，汞蓝、氰酸、钡盐、钩吻、乌头则多属误用，间或用以他杀"。

一五八、尸 蜡 之 验

宋慈《洗冤集录·白僵死瘁死》说："先铺炭火约与死人长阔，上铺薄布，可与炭等，以水喷微湿，卧尸于上。"

这段话的意思是，白僵尸检验时，先铺一层热炭灰，长阔约与死人相当，上铺薄布，可与炭灰大小相等，用水喷使微湿，平放尸体在上面。宋慈为什么要检验"白僵尸"呢？从后文中"其痕损必见"来看，宋慈验"白僵尸"是为验伤痕。这里宋慈没有介绍，什么是"白僵尸"，从字面上看，只知道"白僵尸"是尸体未腐败存放较久且尸体较完整的保存型尸体。

清代文晟（1844）报告了五例尸体长时期保存并未腐烂的实例。指出其原因多是由于"用泥沙掩埋，尸沾地气，经久不坏"。其中一例尸体用沙土掩埋经 189 日，发现时尸体仍然完好。文氏并介绍了潮州有一种人工的保存法："每用盐数斗淹尸，可经一两年不坏。"（《重刊补往洗冤录集证·辨四时尸变·续辑》）许槤研究得更清楚："白僵乃经久不烂之尸。余询之掩埋局及老件作云：僵尸有红黑白三种，红僵面色如生，皮肉红活，有无伤痕一览即知；黑僵周身灰黯，皮肉干枯贴骨，肚腹低陷，伤难辨认，即用酒醋拥，未见分明；白僵色白带黄，皮肉干朽而不贴骨，往往有沿身长白毛者，其伤痕全然不显。更有一种左半僵结而右半消化者，亦有上半僵结而下半消化者。"（引自《洗冤录详义·白僵》）这是一段极有价值的记载。陈东启认为，文晟所介绍的 5 例可怀疑木乃伊，许槤介绍的"红僵"类似马王堆女尸，"黑僵"是木乃伊，"白僵"与"半身僵结，半身消化"者可能是尸蜡化尸体（见贾静涛《中国古代法医学史》）。

对法医而言，确认是否勒死或缢死，在尸体尚未腐败时可以就颈部的索痕勒痕行走方向作出鉴定。若尸体已高度腐败、尸体表面痕迹消失，除下颌骨及颞骨乳突部或有绳索压痕出血（自缢）及第二、三颈椎后突有骨损（他勒）外，鉴别自缢或他勒有较大难度。若对死后数年、尸体不完全腐败形成尸蜡，能否鉴定他勒致死或自缢身死呢？林几认为，在一定条件下，可以做出鉴定！林几曾遇到这样一个案件，死者于 1932 年 6 月 11 日死亡，1934 年 9 月 27 日作出鉴定，案名"复验青浦张老四身死原因案"。林几在尸蜡上验伤，鉴定证实，青浦张老四系生前被人勒死！林几是怎样作出科学鉴定结论的呢？

大家知道，尸蜡指人死后，在特殊环境下，多见于埋葬在潮湿地方或浸泡在水中 1～1.5 年，尸体皮下脂肪组织因皂化或氢化后形成污黄色的蜡样物质，而使尸体得以保存，同样，也长久保存了生前损伤和个人特征。成人尸体成为尸蜡相当罕见。

案件是这样的：

1934 年 9 月 25 日，江苏上海地方法院以"复验青浦张老四身死原因"为由，送公函第 1611 号至司法行政部法医研究所。案称：奉江苏高等法院训令第 5092 号青浦张阿、杜氏等杀人上诉一案，关于被害人张老四是否勒毙抑系自缢身死非复验不足以昭信谳令。本院派员复验，正核办间复，奉江苏高等法院训令转奉司法行政部训令，知贵所业已成立，关于疑难检验均由贵所办理，以示慎重。青浦县政府将张老四尸棺运交贵所。请将开始检验时间现行函知本院，以便届时指派推事前往莅视。

1934 年 9 月 27 日 9 时 30 分，江苏上海地方法院派法警押同地保一名及尸亲二名，送尸棺一具到司法行政部法医研究所。上海地方法院推事沈佑启讯明尸棺无误，当即开棺。10 时 30 分检验，林几主刀，范启煌、汪继祖参与解剖。

尸体检验，尸身蓝色衣服已腐败，手撕立形破碎。全身大部分外观作灰污色，上附白色脂肪性尸蜡，臀部及胸颈部尤为显著。颈部外观检查：至颈部左方自喉部至项部有一平走宽 1.5 厘米、深 1.0 厘米压痕存在。项部解剖：项部皮肤见横行走向勒伤痕，深部肌层竟见呈淡红色一如新鲜之腊肉。用解剖刀剥离其上层腐败组织，在其下之肌肉发现有红色及淡红色斑迹。第二颈椎骨面亦发现有淡红色之斑迹。将该骨摘出，经询得推官及尸亲同意，转交本所详查并保留作证。在椎骨后面韧带均有出血痕迹。其右棘突面粗糙似有曾受外压力发生之骨磨损，其左棘突面有淡红色出血痕。

根据以上检查，林几认为，本案死者尸体呈尸蜡化保留生前损伤痕迹，其颈项部压痕系水平同样深浅行走的绳痕，且检见出血斑迹，证明其系生前勒绳痕迹，即生前被人勒死。

根据林几的结论，法院查清张老四被勒毙的过程，并作出判决，使数年的累讼得以正确定谳。

一五九、烫 尸 之 谜

宋慈《骨洗冤集录·验骨》说："上若无血，踪有损折，乃死后痕。血皆浸骨损处，赤色、青黑色，仍仔细验有无破裂。"

这段话的意思是，骨上如无血印踪迹，有损折，乃是死后痕。骨损的地方有出血，赤色或青黑色。还要仔细验看，有没有破裂。

为了了解宋慈的记载，这里用中国现代法医学奠基人林几办的一个案件来说明。

凶手作案后，常用各种手段掩盖其犯罪事实。可是，杀人后用沸水烫泼以毁灭尸体上致伤部位，却非常少见。

1933 年春，在上海市郊发现一具尸体。警察赶到现场，见尸体之头身分离，被截断的头颅面朝地板，颈部断端两侧皮肉模糊不清，周围有多量茶色般液体，血腥味极浓。

查验头部、躯干及四肢，无伤痕，唯颈部肉呈半熟状态，无法看清。

为确定其是否被杀毁尸或死前先伤所致，请求法医辨识真相。

林几检查尸体，发现颈部被烫泼呈半熟状，但有一依稀可辨的刺创口。

刺创的深部在颈椎骨上，仔细分离肌肉后发现颈椎附近有出血灶。

再检查断离的颈部两断面，其创面的肌肉均呈半熟状态，色白，皮肉不卷。

检查死者血液，血中酒精含量很高，达中毒量。

根据尸体检查，林几推断："此死者生前乃醉汉，被人用尖刀刺入颈部致大出血死亡。凶犯随即用刀平切颈部，同时，用沸水随切随冲、致两端创面皮肉呈半熟状，其所溢血液被沸水冲洗成茶色。颈部的刺创是致命伤，因系生前所致，故其深部组织有出血和骨质伤荫（指骨质里出血，是生前损伤的法医学证据），足资为证。"

破案后，凶犯供认了全部犯罪事实，印证了林几的推断。

林几深有感触地说："凶徒作案能力，随益猖獗。故防范及检验鉴定罪犯作案之技术，因之亦应日有阐明也！"

一六〇、糟 肉 验 毒

宋慈《洗冤集录·服毒》说："凡服毒死，仍须于衣服上寻余药，及死尸坐处寻药物器皿之类。"

这段话的意思是，凡是中毒的检验，仍然强调要收集衣服上的呕吐物、余药或药渣等，以及寻找装药物的器皿。这里宋慈提出寻找装毒药的碗、杯或药罐等器皿，目的就是要检验到底死者生前服下什么药，以及何种药物中毒；如果这些残渣或盛装罐没有检查出毒物，也可以作为中毒排除的依据。

为了了解宋慈的记载，这里介绍现代法医学奠基人林几教授办的一个案件加以说明。

福建民间有酒糟煮肉一道菜。酒糟，是酿酒剩下的渣，有经发酵的红曲、糯米等成分，因呈红色，又有酒的醇香味，烹调后的鱼肉，味道极好，很受欢迎。

美食红糟肉在民间流行，并未有中毒的说法。但是，1933 年 11 月 10 日福建省高等法院专程派人送"糟肉验毒案"到法医研究所作鉴定。

该案公函上醒目地写着："福建省闽侯地方法院南平分庭受理傅洪牛诉妻叶汪氏毒毙伊子（"伊"当时专指女性，"伊子"指叶汪氏的儿子）傅廷妹（男，16 岁）一案"，原告所指毒物乃红糟虾米猪肉。因"怀疑投毒，要求检验"。

随函送到一洋铁罐，内装红糟虾米猪肉。

林几向送检者询问，该案还有没有其他人中毒或死亡？

送检者回答，没有。

林几又问，煮糟肉时猪肉是否新鲜？

回答，刚从市场购回就下锅。

林几接着问，同买这猪肉的市民有无中毒？

回答，没有。

收案后，林几即召开讨论会，拟定检验方案。

林几说，本案怀疑投毒，所以我们要全面查一下，糟肉内有无毒物存在。若无毒物存在，应查有无食物中毒可能，主要是肉毒杆菌。虽然未发现其他死者或中毒者，但也有可能因居住分散未报案。

于是，大家意见一致，查两项内容，一是毒物中毒，二是食品中毒。

毒物由研究所化验室完成，而肉毒杆菌检查送上海商品检验局。

研究所毒物化验室的设备购自德国，在当时算先进的，能分离化验门类齐全的毒物。两天后，化验报告排除糟肉内有毒。

林几不放心。又取检材重新化验，证实检验结果可靠。

一周后，上海商品检验局的报告也寄到。检验结果未发现有肉毒杆菌和肠炎杆菌，但查出一种细长杆菌。

林几认为，需查明这种细长杆菌有无毒力，能否致动物中毒甚或死亡，建议作细菌培养和动物实验。

于是，把这一细长杆菌种植在肉汁培养基上进行培养。然后，分成两份，一份请商品检验局检查；一份研究所检查。

细菌培养72小时后，林几取细菌液1毫升注入豚鼠腹腔内，5天豚鼠不死。又取同量注入胸腔，2天未死。再取同量细菌液注入豚鼠静脉，5天仍不死。然后，收实验豚鼠，处死后做病理检查，结果没有发现致病改变。

上海商品检验局的结果也证实了林几的试验。

这样，林几才认为所培养出来的细长杆菌是非致命菌。

经过反复多次的检验，林几下鉴定结论："红糟猪肉内不含毒质，亦无肉毒杆菌，死者的死因另有别故。"

这是一个80多年前的中毒案件检验。该案不仅全面检查了毒物，还做了细菌培养、毒理学和动物试验，表现了林几的检案水平和认真负责的态度，也说明宋慈说的检验残余可疑毒物和盛装器皿检验的重要性，值得借鉴。

一六一、恐 水 疑 案

宋慈《洗冤集录·条令》说："他故谓别增余患而死。"

这段话的意思是，伤与病关系问题是检验中遇到的问题，伤是原因，病因叫做"他故"，确实并很重的情形，就把"他故谓别增余患而死"。这里要找出"伤与病"之间的关系，有时可能只知疾病，其实是受到外伤，甚至是动物咬伤后并发疾病，比如犬咬后的症状等，需要检验时加以鉴别。

为了理解宋慈这段话，我们举林几办的一个案子加以说明。

1950年7月10日，南京市中级人民法院送案件至国立南京大学医学院法医科。林几教授打开委托函："查本院受理南京市公安第三分局报告汪某某突然猝毙一案，经初步检查尸表，不能确定死孩汪某某死因，兹特将该尸体送您科解剖鉴定为荷。"

随案送到尸体一具，询明尸身姓名不误，当即交验尸室及病理室检验。

林几教授制定了详细的检验步骤：

一是询问。详细询问死孩父亲。据称："本人（死孩父亲）现年38岁，于19岁结婚后，第一、第二小儿均于二三岁时病死，此系第三个小儿，名汪某某，13岁。原配于1942年患霍乱死亡。1944年续妻，1946年生双胞胎女儿，出生3天就死去。汪某某系1950年7月7日下午4时死亡。当日晨他诉说肩膀酸痛。我问是否被人打了，他未答应。经用手按摩就说已好。当日午前去到外婆家午饭，至下午5时回家对继母说：外婆说扭颈，不要紧。晚饭（下午7时）即不思饮食，继母用万金油按涂项背。5日晨起，在屋里玩耍，三顿皆未肯食东西。至晚7时，我回家。他向我诉说吃开水就发呛，不能饮进。6日晨起，儿子向我说不想吃饭，饮水发呛。胸部觉堵，鼻不通气。曾去糟房巷第三卫生事务所挂内科号，由医生予以白药粉，当时叫他吸入，但他吸不进去。回家觉心难过，发冷、发抖，自用手按口鼻部。送至中医隋医生就诊，说是寒火积食，将药带回煎水，由儿子自端药水饮下。当饮时，见手抖，嘴抖，耸鼻摇颈，方能逼他饮下。饮后于下午2时睡下，至下午5时睡醒。全身发汗，说稍舒，气亦觉顺。到夜10时饮二煎药，喝时手抖，嘴抖，尚能说头遍药苦，二遍药不苦。乃入睡至下半夜（凌晨2时），喊继母到黑市买旧衣，并喊说：酒坛下有两条蛇，要弄死，不然不得了。还说：心烦！至凌晨4时许，自穿衣跑出。我追喊，他不听，越跑越快，奔到光华门后，返身回头跑回家。坐在屋里，嘴有血。7日7时，告知我顷吐血，心里难受。说后，又跑出，被拽回，对我撞、打、咬。此时，眼发直。我怕他中邪症，到张家（巫医）看香，饮以符水，坐在佛堂里，眼睛下垂，全身发软。回家时，全身发热。下午1时，心烦不定，爬起爬下，常要外奔，继之站立不起，胡喊，遗尿。此际，身软，约一刻钟在床上打滚乱喊，神志不清，叫之不应。曾两次发惊厥，虽缓过气，但已人事不省。到下午4时死亡。孩子生前常同狗玩，去年1月里，手曾被狗咬伤出血，腿裤亦被咬裂。"

二是尸表检查。死者汪某某，男性，13岁，身长133厘米，营养欠佳，皮肤作黄白色，干燥而缺弹性，头发黑褐色，细而柔软。尸僵在颈项部已缓解，而下肢尚存。尸斑浓厚，呈暗红紫色，分布于背侧，颌下、腋窝及鼠蹊（腹股沟）部均无淋巴结肿胀。颜面部耳、目、鼻、口各孔窍内均无针、钉等异物。两眼结合膜无溢血斑，瞳孔中度散大，角膜混浊。口唇黏膜干燥、青紫。颈部均无绳索痕迹及其他损伤。胸部、腹部呈青绿色，其左外侧部散在性表皮剥脱一处，长约5.5厘米，宽3厘米，表面及切开均无溢血征象，生殖器及肛门正常。两上肢正常。各指甲、趾甲青紫色。

三是尸体解剖。颅腔剖验：头皮未见出血、颅骨未见骨折。脑膜稍混浊，局部稍感肥厚，不易剥离，全脑稍肿胀，脑组织较软。右半球顶部淤血，小脑半球内下侧淤血。两半球腹面近延髓处有深压迹。切开海马角做一涂片。胸腔剖验：未见胸腔积水及异物。左肺下叶底面胸肺膜稍有粘连，心肺位置正常，气管正常，食道上端有活蛔虫一条。心脏重120克，心外膜有散在溢血点，切开右心房室，有少量凝血块。心乳头、肌肉柱、内膜、瓣膜均正常。肺切面樱红色，组织内多数炭末，手压之无气泡及水泡流出。腹部剖验：切开腹腔，内无腹水流出，未见粘连。脾皱褶正常。肾被膜易剥离，切面髓皮质界限显明，左侧淤血现象较甚。肾上腺切面呈淡白紫色。肝表面光滑，触之有硬感，胆囊内充满胆汁。胃内有蛔虫一条，黏膜充血。

四是病理检查。全肺高度出血、淤血，肺泡大小融合，肺水肿，间质可见少数炭末，近支气管有少数圆形细胞浸润，更可见巨细胞，各种白细胞，嗜酸性粒细胞，大量红细胞及渗出，是为卡他性出血性肺炎，更有心衰细胞出现。心肌染色不均，淡者多为无核。肝门脉中心静脉充血，多数肝小梁细胞间小出血，见有嗜酸性粒细胞。脾梁白髓显著。近于被膜下脾红髓部有小溢血。肾血管充血，肾小管间小出血，少数肾小球小出血。肾上腺髓质局部腺细胞间出血。小脑与大脑海马回浦肯野细胞及神经节细胞内，均见内基小体。海马角涂片也见内基小体，尤以小脑内为多。大脑、小脑切片组织皆见炎症和轻度充血。

林几教授分析认为：据询问死者父亲得悉，该死者汪某某生前常同狗玩，去年10月手腿曾被狗咬伤。本年7月初向父亲诉说颈膀酸痛，经用手按摩后即瘥，至后就不思饮食，喝水时发呛，胸部觉气堵，鼻不通气，心里难过，发冷，发抖，自己用手抓按口鼻部，饮中药时手发抖，半夜谵妄，出外乱跑，其父追回后心里难受，举止不宁，眼睛发直，至后爬起爬下，常要外奔，脚软，站立不起，胡喊，遗尿，在床上打滚，乱喊，神志不清，叫之不应，终至人事不省，在7日下午4时死亡，是该死者生前曾有被狗咬历史及恐水病（狂犬病）发作之症状。

林几教授进一步分析：根据尸表检查，死者汪某某皮肤作黄白色，干燥而缺弹性，尸僵在颈项部已缓解，而下肢尚存。尸斑浓厚，呈暗红紫色，分布于背侧，瞳孔中度散大，角膜混浊。口唇黏膜干燥青紫。胸部、腹部呈青绿色，各指甲、趾甲青紫色，该死者除显有夏日已死一日半以上的尸体轻度腐败征象外，并有内窒息死标征。其左外侧部散在性表皮剥脱一处，长约5.5厘米，宽3厘米，表面及切开均无溢血征象，显系轻微擦伤，而剖验其下内脏亦无内损，故不足以认定死因。其头部检查，不见损伤，颅骨未见骨折、头皮未见出血。脑膜稍混浊，局部稍感肥厚，不易剥离，全脑稍肿胀，脑组织较软。右半球顶部淤血，小脑半球内下侧淤血。两半球腹面近延髓处有深压迹，系为脑压增高压迫所致。其头部既未受伤，又何以此种征象，故应作进一步研究。

经将小脑与大脑海马回切片检查结果，在浦肯野细胞及神经节细胞内，均见狂犬病所特有之内基小体。海马角涂片也见内基小体，尤以小脑内为多。大脑、小脑切片组织皆见炎症和轻度充血，是该死者生前曾被疯狗咬啮之确证。即其他脏器之一般性充血、出血，亦与狂犬病之应有症状相符。其所以发生呼吸麻痹、心力衰竭，则由于狂犬病毒侵及大小脑中枢发炎之故。而胸腹部脏器在心外膜上有散在溢血斑点，是为塔雕斑，系在窒息时呼吸肌痉挛麻痹不能随意吸入氧气，而胸腔内压增高，各血管膨胀，其微细血管超过弹性者，即行破裂，发生此斑。且尸表所见唇、指、指甲、趾甲青紫，瞳孔散大，亦均可证明死者临死前曾发生呼吸困难。其内脏切片病理检查，果证明有肺水肿和卡他性出血性肺炎。其他内脏多有充血性及实质细胞小溢血，肾上腺则髓质充血出血均著，肺组织中见心衰细胞，肝中有嗜酸性粒细胞，是可证明死者临死前曾发痉、肺水肿、肺出血及腹腔内脏充血与出血，身体适应抵抗力减低，终至心脏、呼吸麻痹。

林几教授深入分析：狂犬病又名恐水病，乃被狂犬咬伤后其唾液中之狂犬病毒进入人体而起。此病毒由神经组织渐次传达于神经中枢，故狂犬咬伤之部位近中枢者，则发病迅速，远中枢者，则发病迟缓。一般被咬后，每经十数日之七八个月至一年余乃至二年较长潜伏期间，始突发作脑炎症状，发作后仅四五日至一星期即可毙命。该死者汪某某于去年10月间曾被疯狗咬伤，经过8月之潜伏期，在本年7月发作，呈狂犬病所特有的各种症状，如不思饮食，喝水时发呛，胸部气堵，鼻部不通气，心里难过，发热，发冷，发抖，常用手抓按口鼻，出外乱跑，举止不宁，站立不起，谵妄，遗尿，打滚，乱喊。虽经中西医诊治，均未见效。终因心脏停搏及窒息死亡。实则狂犬病眼下医学只能于被狗咬后速即针施狂犬病疫苗注射，并咬部消毒，始能防其发作。殆既发作，概属无效。

林几教授下结论：汪某某委系8个月前被疯狗咬伤，未曾注射狂犬病疫苗，致发作狂犬病猝毙，别无他故。

这是一份高质量的鉴定书，既有病史调查、发病情况、病程经过、就医情况，也有完整的尸表检查、尸体解剖和病理检验，同时对狂犬病流行病学、病因、发病、症状、尸体现象、病理改变及其机制都做了科学分析。只要看完鉴定书，读者就会对狂犬病了如指掌。这样的法医学鉴定书，即使在当下也不多见！办案单位收到林几教授这份高质量的法医学鉴定书后正确处理了该案。

一六二、银 钗 验 毒

宋慈《洗冤集录·服毒》说："凡检验毒死尸，间有服毒已久、蕴积在内，试验不出者，须先以银或铜钗探入死人喉，讫，却用热糟醋自下罨洗，渐渐向上，须令气透，其毒气熏蒸，黑色始现。"

这段话的意思是，凡检验毒死尸体，银或铜钗探入死人喉部，银针或铜钗就会变黑。如果服毒已久，试验不出者，就先以银或铜钗探入死人喉部，用热糟醋自下罨洗，渐渐向上，至气透后，其毒气熏蒸，黑色始现。这就是所谓"银针验毒法"。

有投毒的，就有防毒的。先秦的防范投毒是让动物、奴隶试吃。《春秋左传·禧公》记载："公至，毒而献之。公祭之地，地坟。与犬，犬毙。与小臣，小臣亦毙。"骊姬先在酒肉中投毒，再献给狩猎归来的晋献公。晋献公洒酒敬地，地上土隆起；拿肉喂犬，犬被毒死；给奴隶臣吃，奴隶臣也死了。古代动物试毒方法一直沿用迄今。

到了隋唐代，隋巢元方《诸病源候论》提出一种验毒方法："欲知是毒非毒者，初得便以灰磨洗好熟银令净。复以水杨枝洗口齿，含此银一宿卧，明旦吐出看之。银黑者是不强药；银青黑者是兰药；银紫班者是焦铜药。"《太平御览》卷七三五引《隋书·秦孝王俊传》载秦王妃崔氏性妒，"遂于瓜中进毒，俊由是遇疾，笃。含银，银色异，为遇毒"。

既然用柳枝沾银粉洗齿或含银可试毒或判断遇毒，那么，唐代王焘《外台秘要》用银钗或银针进行验毒应该有结果。方法是对怀疑中毒的人用银针插入喉内，"银色异，为遇毒"，这就是所谓"银钗验毒法"。

《诸病源候论》《太平御览》《外台秘要》不仅讲出"银钗验毒"，也讲出"银钗验毒法"的原理，即中毒者口含银变色。这个原理就是现在的"氧化还原反应"。

现在明白了，古装剧中的情景：皇宫中的嫔妃在用餐前用银饰插入食物中，或者太医将银针插入食物或酒中，用来检验是否有毒。假如银饰银簪子或银针变黑，说明食物或酒有毒，没有变化则说明是安全的。我们先不说其科学性如何，千百年来都这样试毒验毒。时至今日，还有些人常用银筷子来检验食物中是否有毒，存在着银器能验毒的传统观念，这也被当时法医检验引为准绳。

古代验毒的银钗

到了宋代，"银钗验毒法"已用于检验。银钗，又名银针或银探子，用银制成，长约一尺二寸，圆直如筷子而稍细，用来检验尸体。《大宋提刑官》里，宋慈将银针插进死者伤口，拨出来后银针变成了黑色，于是他认定"有毒"。

镜头一：《大宋提刑官·梅县疑案》，年轻宋慈意气风发，一心想着验尸验伤、释疑断狱的方法。那日金榜题名，而父母选定完婚的吉日也眼看要到了，真是双喜临门。正当一对新人行三拜大礼之际，一辆马车载回了宋父的遗体。宋府迎亲的喜堂顿时改成送丧的灵堂。在父亲遗体上看出异状的宋慈，逼老家院交出了本打算办完丧事再给他的父亲的遗书。原来，四十年刑狱从无错案的宋巩，却是因误断命案而服毒自杀以死谢罪的。在宋慈阅读父亲遗书时，透过信纸，镜头上出现了宋慈的父亲宋巩验尸的镜头：在"梅城谜案"中，宋巩随村人去检查被毒死的张三的尸体。他蹲在尸体前仔细验尸："男尸体壮，腹部有小疱成片，肤色青黑，双眼突出，嘴唇微裂。两耳略肿，肚腹膨胀，肛门肿胀，十指甲青黑，耳鼻眼角有紫黑血流出……"然后，宋巩取一根银针插入尸体喉头，少顷拨出银针呈黑色。张三的妻子张王氏问道："宋大人，我夫到底是怎么死的呀？"宋巩于是厉声说："是被毒死的！"

镜头二：《大宋提刑官·京郊女尸案》，夜色深沉，万籁俱寂。如意苑后院一幢造型奇怪的宅屋，独筑而立，像一只潜伏的巨兽。忽然，两个黑影一前一后从墙脊疾速而过，无声无息地落在院内。两人一打照面，便一同摸至门前，用手中刀具撬动门板。突然，某处有了响动，只听两人惨叫一声，当即毙命。天明时分，接到报案的宋慈赶来，只见宋慈把一银针探入伤口，再拔出来时，银针闪闪发亮的颜色已经被浊暗的黑色所代替：中毒！

元、明、清代一直沿用银钗验毒法，甚至到 20 世纪 30 年代初，我国部分边远地区还有使用。我们在写《中国近现代法医学史》《林几传》《中国法医学史》时引用了当年司法行政部法医研究所所长林几教授办的一个案例：

1934 年 5 月 31 日，甘肃省高等法院检察处送检"复验银针验毒案"，送检银针一枚，上有黑印两道，要求检验是否为毒质。

原来，甘肃省某县西金村村民陈某突然死亡，怀疑系某村民投毒。

当地县长因病，请某科长验尸，因无经验只看尸后便回县城。

次日，到甘肃省高等法院请检验员验尸，但村民阻拦云：尸已验过，不能再验。

因人命关天，县长抱病前往，此时人已死十余日，县长用银针探死者肛门，拔出后反复擦洗仍见银针上有两块黑斑。县长宣告死者系中毒身亡！

此案告至省法院，因无法认定，请求检验。

收到该案，林几仔细观察了银针。

该银针长 25.5 厘米，重 52.5 克，一端钝圆，一端银质薄，中央旁有一小孔。在银针末端中下段有两个分别为 1.5 厘米及 1 厘米的黑色污斑。

再仔细观察，在黑色污斑周围及其远离部位可见褐色和黄色污斑数处。

林几用擦镜纸轻轻擦拭，不见脱落。将氰化钾液滴至黑斑处，见黑斑消失。

再找其他黄色污斑一处，用氰化钾液数滴，也见消失。

又取过氧化氢液滴到其余污斑处，污斑也见消失。

将已擦洗的银针放入粪便中，数分钟拔出复见污斑。

刚好所里有腐败尸体解剖，林几把银针洗净后，按旧法将银针插入肛门，同样见污斑。

林几说，银针上的污斑是硫化银。因尸体腐败后，其体内产生的硫化氢能使银针表面变色。新鲜尸体未大量产生硫化氢，故发生变色少。而若探入深部，肛肠内有大肠菌群也会产生硫化氢，则可使银针变黑，但其是否为中毒，无科学证据。若需判定是否中毒，应将尸体的脏器做毒物化验。

林几的科学实验和分析说明很有权威性，使当地村民接受，避免了一场村民斗殴，法院也圆满审结此案。

此后，林几又检查了一宗由陕西南郑地方法院送来的"银针变黑验毒"案。林几同样给予检验及回答。林几感叹说，"银针验毒"在过去可能导致不少错案和冤案，应尽快纠正，避免再滥用。

后来，林几教授在《司法公报》《北平医刊》《医药学》发表《检验洗冤录银钗验毒方法不切实用意见书》，呼吁现代法医学发展要靠科学理论与实践，一切不符合科学的检验技术都应弃之不用。林几大力发展现代法医学研究，引进法医化学、法医毒物学、法医毒理学等技术，解决实际检案中毒问题，银钗验毒法才真正退出检验的历史舞台。

仔细分析我国古代流传下来的各类书籍中的有关文字记载便会发现，其中描述的毒物主要是砒霜，即三氧化二砷。这是一种剧毒物质，古人很早就对其特性有所了解，并且引入药典，在古代的药铺中都能买得到。同时，我国古代以农耕为主，砒霜用作毒鼠、杀虫等十分常见。正是因为砒霜是我国古代最常见、运用最广泛、取得最容易的剧毒物质，所以当时它被用于下毒谋杀也是顺理成章的。

这里有个问题，为什么古人会用银钗验毒法来验毒？难道《诸病源候论》《太平御览》《外台秘要》《洗冤集录》都错了？我们看看，古人"银钗验毒"的理论依据是银钗与砒霜相遇发黑。现在要问，以此判定有毒是否合理？其实，金属银的化学性质比较稳定，是不会与砒霜发生化学反应的，也就是说，砒霜不可能让银变黑。不过这并不能说明银钗无法鉴毒。

由于砒霜是由元素砷氧化而来，而砷是从各种含砷的矿中提炼出来，例如砷黄铁矿中含砷高达46%左右，是主要的制砷原料。这些制砷原料常与一些硫砷化合物和硫化物共生，其中还可能伴有自然硫。我国古代生产技术落后，提制出来的砒霜纯度较差，往往含有少量硫或硫化物等杂质。金属银遇到硫或硫化物就会起化学反应变成硫化银，呈黑色。这层黑色物质就成了鉴别是否有毒的标志性物质。原来，金属银虽然不能与砒霜发生化学反应而有所显示，可是它能与砒霜所含的杂质发生反应而生成黑色的硫化银，从而间接地显示出砒霜的存在。也就是说，银钗验毒的方法实际上是检测出了砒霜中的含硫杂质而已，并不是检测出砒霜本身。从这一点上说，古人还是很聪明的，但只能针对砒霜而已，其局限性很大，不能作为所有毒物检验方法。

到了现代，由于生产工艺大大改进，提炼的砒霜很纯净，不再含有硫和硫化物等杂质。所以，用银钗检验就不会有任何反应，这种验毒方法也就失去应用价值。当然，毒物上千种，不单单砒霜一种，杀虫药、毒鼠药、生物毒、植物毒、化学合成毒物，银钗验毒是不奏效的！但是，《洗冤集录》对于毒理学还是有许多贡献的，书中记载了各种毒物中毒症状，指出服毒者"未死前须吐出恶物，或泻下黑血，谷道肿突或大肠穿出；死后尸口眼多开，面紫暗或青色，唇紫黑，手足指甲俱青暗，口眼耳鼻间有血出"。书中附有许多切合实际的解毒方与急救法。现代法医学在中毒方面已发展成法医毒理学、法医毒物化学等分支学科，这些学科正是在千百年来，不断探索、不断研究、不断纠错基础上发展起来的。因此，我们不能忘记法医前辈的贡献！

一六三、箱 尸 疑 案

宋慈《洗冤集录·被打勒死假作自缢》说："凡检被勒身死人，将项下勒绳索……死后系缚者，无血，系缚痕虽深入皮，即无青紫赤色，但只是白痕。"

这段话的意思是，凡是检验被勒死的尸体，要注意颈项部的索沟勒痕。生前被勒致死，索沟周围出血，深入皮下，呈青紫赤色；死后勒痕，索沟周围没有出血，虽可深入皮下，但无青紫赤色，只是"白痕"而已。

为了理解宋慈这段话的意思，这里介绍林几办的一个案子加以说明。

1936年2月8日，北平东站，车水马龙，热闹非凡。在车站的行李房里，两个精致的箱子已寄存了数日。近日，伙计们在上班时常闻及异味。仔细检查发现异味来自两个箱子。经上级同意打开后，发现箱内是被肢解的碎尸块！遂即刻报警。警察送箱尸至北平大学医学院法医教室，要求判明两箱内的碎尸块是否为一具尸体，以及死者年龄、死亡原因、碎尸工具。

林几将碎尸在解剖台上拼凑后发现是一具完整的年轻男尸，年龄25～30岁，尸体被分成7块。查切创均未发现有生活反应（法医学上把生前受伤出现局部出血、创口裂开、炎症肿胀等称生活反应。无生活反应指没有以上变化，属死后伤）。各断面不齐，似菜刀类切割的形状。在颈部，发现有麻绳勒的索沟（索沟，指颈部被绳索压迫致皮肤上有下陷的痕迹，有时会呈现绳索的花纹，故名索沟）。索沟的皮肤及皮下有出血，第二、三颈椎还见骨质出血。血中查有酒精。

全面检查后，林几下结论：此系勒毙碎尸案。

后经证实："死者醉后被绞毙，因尸难运出，乃俊一日后，尸已冻僵。再用菜刀顺后项绞痕切下头颅，并切割四肢、躯干，分装二箱，送至火车站，拟运他埠灭迹。"

这是林几于1936年初春办的一个案子。

该案子发生在喧闹的北平东站，影响很大。加之，法医鉴定准确无误，宛如事件重建（指法医通过勘验现场、解剖尸体等方法推断罪犯作案手段和方式及被害人死亡成因，从而恢复事件发生的过程，也叫犯罪事实重建），案子得以神速破获，罪犯抓到后招供与林几鉴定书上所描述的完全一致，在北平引起了很大的反响，提高了北平大学医学院法医教室的声誉。

后来，林几给学生上课时，谈到这个案子，说："古代人办案强调'尸、伤、病、物、踪'，我们现代办案更应该借助法医科学进行检验，这样才能复原事实真相！"

一六四、尸 骨 鸣 冤

宋慈《洗冤集录·杀伤》说:"如生前刃伤,即有血汁,及所伤痕疮口皮肉血多花鲜色,所损透膜即死。若死后用刀刃割伤处,肉色即干白,更无血花也。盖人死后血脉不行,是以肉色白也。"

这段话的意思是,如果是生前刀伤,就有出血,及刀创处出血痕迹,伤及颅脑、胸腔、腹腔内脏可致死亡。如果是死后刀伤,创口呈"干白",更无出血痕迹。这是因为死后血脉停止运行,死后的刀创"肉色白"。

在林几当年法医档案里,司法行政部法医研究所沪字第 109 号鉴定书十分醒目。因为林几在案卷扉页空白处写有"检骨重要实例"6 个字。

翻开卷宗,我们看到,这是 1933 年 8 月 14 日山东高等法院送检的案件,随卷宗送到"尸骨一箱七十块",注明"函请鉴定该尸骨系属男性、女性、已死若干年月、有若干年龄、该骨有无中毒及被刀砍伤情形、是否一人之骨、有无短少等事由"。

这个案件确实是检骨案中重要实例之一,本案是枯骨陈案,除性别、年龄、入土年限等以外,还要判定是否生前受伤等问题。生前受伤者,因血液由血管损伤部位流出,其血红蛋白被组织吸收。如伤及骨膜及皮肤,有生活反应,表现有青色乃至青赤色出血斑,其血红蛋白入骨质内而洗刮不去,成为法医鉴定的依据。

这个案件是这样的,据山东高等法院第 635 号函称:"本院受理徐傅曾预谋杀人案上诉一案。据告诉人状称,被害人系于中华民国十九年(1930)旧历七月二十二日,被徐傅曾用酒灌醉推入炭井身死(嗣在本院据告诉人供称系徐傅曾用酒灌醉,伸手砍有二刀,即右肩砍一刀,腰部砍一刀,砍死以后,将尸身推入炭井等语)。案正在侦查,忽于中华民国二十年旧历九月二十日,矿工郭子英开办某炭井时发现尸骨不连之枯骨一堆,肌肉全部腐化,衣服仅剩一小布块。该尸骨在碳井土下三尺余深,始行掘出。经上诉人认,系被害人尸体。究竟该尸体是否实系被害人,有无中毒痕迹,该尸体如系推入碳井,经过一年余期间,能否全部腐化并入土三尺余深,抑系多尸骨(据郭子英供,井里常常发现头骨,哪一年都有,云云)。其实与解决本案有重要关联。本院因无法医设备,对该案零星尸骨,无法鉴定。素仰贵所法医精湛,设备完密,当能依据学理,详为鉴定。"

林几看完卷宗和鉴定要求,核对送检木箱内尸骨七十块,亲自检验,助手有范启煌博士、康成、汪继祖等。

检查所有尸骨,均为人类骨,发现在前额骨左右顶骨骨折,肩胛骨、左第二三肋、右第三四五六七肋骨折,左右髋骨、第三四颈椎、第四五腰椎骨折,左右尺桡骨骨折出血,属生前伤。

骨质人类学检查,根据所送检骨质粗糙及骨盆形状等,判断为男性。将全骨依次按人形排列、测量,推算死者身高为 165 厘米。依据检查,头颅骨缝愈合、牙齿坚固无脱落、智齿存在、椎体上下端软骨板化合等,判断其年龄为 25 岁至 30 岁。根据尸体腐败程度和骨折分化及发现尸体地点地理情况分析,尸体入土一年至一年半左右。

关于损伤情况，林几检查发现，在头骨破裂部证明有生活反应，后头骨及右颞骨、颅顶骨断缺，系曾经钝器巨大暴力从后击伤之证或于落井后被巨石抛压或未落井前被大石、斧头等钝器猛击，否则头骨不致形成如此巨大缺损及伤痕；左右肩胛骨碎裂，有生活反应，系生前巨大暴力压击所致或死者他部受伤未死，推落井后，身居俯位被人由上抛下的巨石击中，即可形成后头及肩胛骨如此损伤；肋骨损伤、髋骨损伤系生前打伤；椎骨上斜走行骨折裂伤系生前被刀砍伤痕迹。

林几认为，按以上伤型分析，死者似先被刀砍右胁部、腰部及左下腿部倒地后，同时更被殴击伤左右胁部，人尚活时被移抛炭井内，俯卧，又被巨石或钝器猛击头后及肩胛骨形成巨大骨损而致命。就是说，死者先被刃伤，有生前创口出血痕迹。证实先被刀伤，后被推入井中，又被活活用巨石砸死。

以上就是林几的鉴定结论。

林几通过法医学检验，复原了凶杀情况，把凶手作案经过活脱脱地展现在人们眼前，宛若把法官带到刑案案发现场。经过法院调查，案件事实印证了林几的鉴定结论。

案件真相大白后，山东高等法院按照林几的科学结论，严惩了罪犯。

事后，山东高等法院经办法官专门致函，对林几认真态度、精湛技术、严谨分析甚为折服并表示敬意！

一六五、移岸假缢

宋慈《洗冤集录·自缢》说："移尸事理甚分明，要公行根究，开坐生前与死后痕。"

这段话的意思是，移尸假装缢死，检验结论明确，要开列出生前与死后缢痕的证据，依法追究其法律责任。

清代祝庆琪《刑案汇览》记载"向童养妻图奸抠被阴户身死"一案："陕西人焦灵娃乘醉向童养未婚之妻张氏图奸不允，用手抠其阴户，张氏往前挣扎，不期该犯酒后指力过猛，致将张氏阴户拉透谷道，倒地流血不止，气息渐微，昏晕欲毙。该犯心慌，虑张氏身死畏罪，起意装缢掩饰。即将捆禁皮条挽成活套将张氏悬挂房顶横木上，装作自缢。"后经检验，发现"咽喉缢痕深入一分，色至紫红，其被缢之时气尚未绝，惟缢痕深入一分，色至紫红，是张氏被晕之时，虽明知必死而气究尚未绝，即与故毙妻命无异，将该犯照故杀妻律拟绞等因具题"。

为了理解宋慈这段话的内涵，这里介绍20世纪30年代林几教授经办的一个案子。

1933年12月6日，司法行政部法医研究所检验一个奇特的案件。

原告称，死者沈林华系被打死后，放到水中，再取出吊挂在树上；后又改说系被打伤后，放到水中泡死，再取出吊挂到树上；但被告坚持称，死者系自缢身死，与己无关。

当地地保告知：1933年11月29日夜里，看到尸体时，衣服潮湿，两脚踏地。地保称，报案人先是当地村民，也证明看到身上衣服潮湿，还看到脚有伤和手有刀伤。不久，死者兄弟也报案，报案情况与村民和地保报告一样。

江苏上海地方法院检察官称："案查1933年11月29日夜里，地保在上海姚家桥河边路旁树上，发现吊死一个衣服潮湿的尸体。究其死因如何，无从判别。相应将尸体一具送到法医研究所，请鉴定复函。"

法医很清楚，自缢与伪装自缢，其性质完全不同。林几教授除详细解剖尸体外，做了病理检查、毒物化验、指甲垢泥沙检验和其他物证检验。

检查：尸体男性，42岁，身长164厘米。头部未见损伤。颈部前面有极浅的绳痕一道（据原告说缢绳系用一根裤脚带接起来的）。在喉结上方斜向后方行走至两侧耳后，距耳根1寸余处，即全后头部侧面中央部平均呈微淡红色，最阔部位为2.2厘米，最狭部位为1.6厘米。在绳痕经过中只有轻微表皮剥脱。在口内检出一纸团，上有阿拉伯数字"23"二字。牙关紧闭，鼻翼、口唇附有泥沙。眼睑、面部、口唇、舌头苍白，无溢血现象。

由喉结起行纵切开解剖颈部，见绳痕深仅及表皮，尚未达及皮层。喉头部未见溢血，喉头结节、气管、甲状软骨及甲状腺毫无损伤，结构未破坏。喉部各肌肉也正常，毫无溢血、充血等生活反应现象。两侧颈动脉未见损伤。颈椎也正常，无溢血沾染及骨损存在。林几认为，据以上检查，似系死后加以缢绳现象，并非生前缢死。

心、肺、肝、脾、肾、胃、肠未见自身疾病病理改变。毒物检查：胃、肠内容物及血液、肝、肾、肺等未检出毒物。

心表面、胸膜、腹膜及肝肾表面没有溢血等。未见肺肿胀，肺内未见沙粒，胃肠内也无泥沙。胃扩大，内容物有500毫升，混有淡红色血性液体。全小肠内容物为半黏液软块状，呈赤色血性外观，其中血液含量较食物为多。肠内壁散在小溢血点。小肠无溃疡及糜烂面，至下部则全肠明显充血，其中一部分黏膜呈弥漫性紫色及红色，溢血斑极其显著。又在小肠下段可见几个鲜红色出血小点。大肠内容，上部为带血性，下部为黄色大便，至大肠下部充血现象渐次消失。左右手指甲缝附着物显微镜下检查发现有红色、黑色泥沙。气管、支气管未见泥沙、水草。肺泡内未见泥沙。胃内见多数破碎的红细胞、上皮细胞和食物，未见泥沙和水草。以上肺内无溺液和泥沙，胃、肠内容物为非溺死液而有胃肠出血现象，说明死者并非溺死。

林几分析，死者沈林华并非溺死、缢死、中毒或病死。关于胃肠内脏出血原因，既不由中毒，则应为暴力所致。但体外头部、胸部、腹部及阴部均未见伤痕，而胃肠内出血显著，应因腹内饱满，被数人轮番紧抱腹部，较长时间紧压摇摔，致体表无痕而胃肠内大出血，及至死亡。随后，数人将沈林华抛入河滨水中。旋因欲谋脱罪，遂更移尸上岸，悬于树上，假作自缢，即移岸假缢。

林几结论下后，江苏上海地方法院检察处逮捕了被告。后经招供，死者沈林华系被告店铺的伙计。1932年11月9日晚，沈林华饭后与店主激烈口角，被店主殴打。店主叫来其他伙计5人，将沈林华摔倒，随即将纸团塞入口中以防呼叫。然后，数人分别抱住沈林华悬空摇摔，且强力压迫胸腹部，历时半小时许。及至沈林华身体发软，店主见已死，将其抛入河滨。为躲避犯罪惩罚，店主又叫伙计将尸体移到岸上，悬吊于树上，伪装作自缢。因此，1933年11月29日夜里在姚家桥河边路旁树上，地保看到的是一个衣服潮湿的吊死之尸体。

一六六、烫 伤 案

宋慈《洗冤集录·条令》说："诸保辜者，以刃及汤火伤人者三十日。"

这段话的意思是，根据法律规定，刀伤及汤泼伤，保辜期限为三十日。所谓"保辜期限"指的是法律设定期限要求致害人负责给受害人治疗，在期限内把人治好了，减轻处罚。否则，按照法律规定处罚。"保辜期限"伤情或死因由检验官员鉴定。古人把高温所引起的灼伤叫汤火伤。其中，高温液体所伤的，称烫伤；被火焰所伤的，叫烧伤。烫伤烧伤，对皮肤造成组织的破坏有轻、中和重度之分，轻的有点水疱，经过十几天就会痊愈，不会有瘢痕。中等程度的除起疱外，会伤及皮下，中度可伤及肌肉，需要三十天左右治疗。这就是古人"汤火伤人者三十日"保辜期的由来。但严重的烫伤可致人死亡，往往引起纠纷，这里介绍林几教授鉴定的一个烫伤案例。

1950 年 5 月 13 日，国立南京大学医学院法医学科收到南京市中级人民法院委托函，并送柳某某尸体一具请求进行尸体解剖检验。

林几教授受案后认真阅读南京市中级人民法院委托函："本院受理新华日报来函报称：'本报记者柳某之女柳某某（女，二岁）寄养于圣心儿童医院，以该院照顾不力，于本月 10 日下午，小孩之两手全部、背部、面部被开水烫伤，延至 12 日下午 2 时，不治身亡，请予派员相验'。业经本院派员前往验明，确系因烫伤致死，但与该院之意见有出入。因该院认为死者系患肺炎致死。故为慎重起见，特将死者尸体送来贵科请予解剖验明：死者生前是否患有肺炎，即有肺炎，已否至致死程度；烫伤对肺炎有无影响，及死者发生肺炎之原因等，请予详细检查并出具鉴定书一份，尽速函复。"

随案，南京市中级人民法院文剑成法医送来圣心儿童医院病例、鼓楼医院病例、两家医院急救经过、生前所摄 X 线片及法院调查情况等。同时，尸亲送到尸棺一具。林几教授亲自带领法医启棺询明正身不误，当即将案件交法医学科验尸室、病理室进行检验。

林几教授是这样鉴定的：

第一，审查医院病例。

一是圣心医院。诊断证明书记载：烫伤，左上肢、面部、右上肢、背部二度烫伤。出现神志昏迷，痉挛，瞳孔散大，肺呈浊音。体温 39℃，呼吸 30 次/分，脉搏 140 次/分。诊断：肺炎病危，烫伤。

二是鼓楼医院。5 月 12 日上午 11 时来院。神志昏迷，抽搐，瞳孔反射消失，颈部硬，两腿柔软，烫伤两前臂、背部，体温 39℃，肺部有啰音。前晚 7 时烫伤，发生抽搐，X 线透视发现右边肺部有阴影。化验：白细胞 4.74×10^9/L，红细胞 5.85×10^{12}/L，血红蛋白 91g/L，多核性白细胞 84%，淋巴细胞 14%，单核细胞 2%。入病房后呼吸快，嘴唇发紫，行输氧、输液、注射青霉素、强心等治疗无效，于 5 月 12 日下午 1 时 30 分死亡。死亡诊断：肺炎、烫伤。

第二，走访医师。

一是走访圣心医院医师。由文剑成法医调查。圣心医院吴医师：12 日上午 8 时通知后去看病人，当时昏迷，腹部膨胀，体温 39℃，呼吸 30 次/分，脉搏 140 次/分。我建议用青霉素，但未用就转至鼓楼医院。诊断肺炎是后写上的，当时未确诊肺炎。

二是走访圣心医院护士。由文剑成法医调查。圣心医院汪护士：我是 5 月 12 日早 11 时换药，用磺胺软膏涂、苦味酸洗，再行包扎。吕护士：小孩吃饭穿衣都是我管。5 月 10 日晚 7 时告诉烫伤。5 月 11 日没有量体温，到 12 日天明就达 38℃，到其母亲早晨 6 时来时还吃了稀饭，不过 20 分钟后变得厉害。

第三，专家会诊。

一是南京大学医学院大学医院内科、放射科主任医师会诊。由文剑成法医调查。内科杨主任、张医师：肺右边有暗影，左边稍有，极轻，但绝无肺炎征象。放射科张主任：肺部无病理征象，在肺上之暗影乃多数小孩均有，此为肺结核初期传染现象，绝无肺炎征象，右部之暗影为肺门，并无关系。小孩所得之肺炎，多为小叶性肺炎，均在肺之下部。

二是中央医院小儿科、外科及放射科主任医师会诊。由文剑成法医调查，原签在法院档。小儿科高主任：右肺门阴影增大，呈肺炎状。外科许主任：无外科病症。放射科冯主任：X 线检查除右侧肺纹理增加外，肺野无重要病变。

第四，核实情况。

一是由文剑成法医于 5 月 15 日上午 11 时电话询问鼓楼医院外科主任查未入院前所上何药、如何处置，称："入院时烫伤部位用纱布包扎，内涂油膏。烫伤处皮肤呈红色，我们涂龙胆紫。"

二是由法医科记录死者父亲口述柳某某烫伤经过，称："5 月 10 日晚 7 时烫伤，11 日早 11 时 30 分接到电话，往探视，见两手臂缠纱布，脸上有烫伤，表皮剥脱。抱女后，发现胸部有绷带。此时无发烧，但哭声不对。11 日下午 6 时至 8 时同母再去，小儿疲困，尚能言语，要喝开水。只喝一匙，即不要再喝。未觉有热。12 日 7 时，母再去，未显有热，喂小半碗稀饭，要添，未给，饮以温开水。不久，忽然狂叫而发痉。9 时许得电话，报告小儿已昏迷，急赶往，见洗肠完毕，热至 39℃。11 时入鼓楼医院。12 时至下午 1 时又发痉，呼吸困难，经输氧强心处理无效死亡。"

第五，尸表检查。柳某某，女，二岁，身长 76.5 厘米，发育良好。尸斑暗红色，布于后身及胸部两肋侧。瞳孔散大，口唇微紫，无牙印痕或伤痕，头部无伤。右颊部有直向流注状三度烫伤，长 8.5 厘米、宽 3 厘米，表皮剥脱，创底潮红；左颊部有横向长 3 厘米、宽 4 厘米烫伤，周围潮红发炎。左手掌全部及内后臂部直达左肩后下侧至左臂上侧，背正中第八至第十肋胸椎处，皮肤有巨大流注状表皮剥脱，真皮蛋白凝固成痂及水疱性大片三度烫伤。右前臂内侧由手掌拇侧直达肘关节有流注状三度烫伤。手指指甲呈紫红色。各烫伤部涂有龙胆紫，未见其他药品残余存在。烫伤面积超过全身皮肤百分之十二。

第六，尸体解剖。口腔、咽喉、声带无水肿发炎等征象。心外膜、心包膜、心包腔未见异常。心室内有暗红色流动性血液，心内膜平滑，各瓣膜、心肌、腱索及主动脉均正常。切开气管，无异物及发炎征象，也无气水泡自支气管溢出，两肺表面呈淡白红色，动静脉分布明显，肉眼肺组织未显水肿、发炎征象，切面呈淡红色。肝、肾、脾、胆囊、胃肠切面肉眼无异常。

第七，病理检查。两肺轻度水肿，局部少数中隔破裂及淤血，似为死前心力衰竭现象。

肺泡内无炎症细胞浸润，无肺炎征象（该病理切片再送南大医学院病理科主任兼中央大学医学院检验科吴主任、教授会诊，得出以上报告）。肝小叶中心扩大，多数肝细胞脂肪性变，中央静脉大部扩张淤血。在门脉区血管见红细胞及白细胞，是烫伤后肝已起退行性变。脾肾无充血及发炎。肾上腺充血，髓质尤甚，且有局部小出血。

林几教授分析认为：据尸体及病理检查，死者幼女柳某某两颊、两臂、颈、背各部位三度以上烫伤达全身总面积百分之十二。其肺部仅有轻度淤血、水肿，肝已起脂肪变性，肾上腺充血，但无肺炎及其他病变。其肺部病变与唇、指甲发绀和血液不全凝固呈流动性等征象，可证明死者临死前曾因烫伤后内中毒引起轻度窒息，发生呼吸困难、心力衰竭猝毙。肝之征象可证明死者因烫伤后引起内中毒而发生退行性变，其在门脉区血管见紫颗粒之红细胞及嗜血白细胞，中央静脉大部扩张淤血，是为死者于烫伤后二日已起酸中毒，因酸性代谢物之积滞及脱水而致血中酸度增加，死前显心力衰竭之佐证。肾上腺充血，髓质尤甚，且有少部分出血，是可知该幼女烫伤后身体之适应已超过其自身调节能力，以上诸种尸体病理现象，恰与柳某某烫伤后的中毒临床症状及其时间相吻合，均足以证明确定柳某某系烫伤后酸中毒而毙命。

林几教授认为柳某某于 10 日暮在圣心儿童医院被沸水高度烫伤后，当夕并未发热，但当时延搁未经赶紧请正式医生处理，隔了一昼夜半至 12 日 8 时已生危症，体温高、昏迷、脉速、心悸、呼吸困难等危笃烫伤内中毒症状后，才请圣心医院吴大夫诊查，转至鼓楼医院时已 11 时，殆已陷入危急状态，午后死亡。圣心儿童医院吕护士称："小孩吃饭穿衣都是我管。5 月 10 日晚 7 时听人告诉柳某某烫伤了。"是则柳某某烫伤时，却无负责人在场照料，在当夕 7 时被烫伤亦不明了，以不及二岁幼女，言语步行尚未成熟，固不能随时脱离大人照顾。圣心医院殊有管理不善之嫌。

林几教授下结论：柳某某确系因受沸水重度烫伤致发酸中毒而猝毙。

这是一份林几教授亲自办理的医疗事故法医学鉴定。该份鉴定，有完整的几家医院病例、有医院走访、有专家会诊、有医护人员询问、有现场家属咨询、有 X 线片及病理切片讨论、有尸体检查病理检查等，各个环节、各个方面都考虑到，并加以分析、研究，是一份经典的医疗事故鉴定，今天读来仍感亲切！

值得一提的是，这个案件是林几教授病逝前半年办的一个案件。林几教授自走上法医生涯以来，就一直办案、研究和培养学生。尤其办案，从不间断。在我国，许多专业人员，一旦成为"负责人"后，就很少亲自办案。这和我国院校、科研机构或办案单位"行政化"不无关系。但林几教授坚持办案，为后人留下经典案例，这是许多"名人"所不及的。林几教授是公认的中国现代法医学奠基人，堪称一代宗师、法医楷模，是历史上留下众多法医学鉴定书的法医学家、教育家！林几教授青史留名，林几教授的事迹光彩照人，同样，林几教授办理的经典案例也流芳后世！

一六七、血 凳 疑 案

宋慈《洗冤集录·检复总说上》说："凡行凶器杖，索之少缓，则奸囚之家藏匿移易，妆成疑狱,可以免死,干系甚重。"

这段话的意思是,凡行凶器物,搜索慢一点,那些奸猾的囚犯,就会转移藏匿,反倒说自己冤枉,逃脱死罪。因而,致伤凶器检验,关系十分重大。这里宋慈提到的"凶器",可以是刀枪剑戟或菜刀、镰刀等锐器,也可以是棍杖、哨棒或石头、板凳等钝器,都要在现场搜索带回检验,稍迟会被转移藏匿起来。

为了理解宋慈这段话的内涵,这里介绍林几办的一个案件加以说明。

这个案件叫"血凳疑案"。

1933 年 6 月 27 日,司法行政部法医研究所收到江苏南汇县法院的委托鉴定函,对因王嘉如(弟)与王阿大(兄)妻通奸而弟杀死兄案,要求检验查明王阿大究竟因何身死。

这是一个因情杀人案!

司法行政部法医研究所鉴定书(沪字第 72 号)这样记载:"为鉴定事案准江苏南汇县法院第 184 号公函,内开案准侦查王嘉如被控因情杀死胞兄王阿大嫌疑一案。查王阿大究竟因何身死。迭经研讯事实未明,未予开棺检验不足以明真相而成信谳。惟王阿大于上年三月间死亡,今已越年余,尸体腐化。死者王阿大尸棺一具、原卷五宗。"

林几教授接到案卷后立即要求把致伤凶器一并寄来。江苏南汇县法院立即把致伤凶器"血凳一条"送来检验。

1933 年 6 月 27 日,法医研究所在剖验室,由林几博士主持,范启煌博士主检,张树槐、陈康颐、于锡銮、祖照基、赵广茂参加。检验从 6 月 27 日开始,直到 7 月 14 日才完成,并出具鉴定报告书。

开棺检验,发现尸骨已骨化,肌肉无存,发现第六期尸虫,可证明尸体为一年前。在尸体骨架长 165.5 厘米,推定该尸生前长为 170.5 厘米。

在头部右侧颞骨、下颌骨延至后头骨有高度骨裂伤,在后头部骨头也有骨裂伤,均有生活反应。肉眼可见头颅骨折呈"冰纹龟裂状",似为重力打击所致。头颅各骨缝愈合,考虑死者为青壮年。其喉软骨未化骨考虑其在 40 岁以下。右第六至第十一肋骨出血。头颅骨、骨盆大小径及形态可确认其为男性。耻骨弓骨端愈合证明其在 25 岁以上。

林几注意到木凳上血迹。血迹喷溅形态是现场重建的重要部分。当血液撞击物体表面,因物体表面结构和吸附性的不同而会产生不同的形态。从血迹喷溅形态可以推测犯案经过,受害者或嫌犯的相关资料等。从血迹的形状可以推测血液喷溅瞬间所在的位置,高度及角度。如果血迹是圆形,这表示血液自不远处滴落;如果是锯齿状,表示滴落的距离有一定高度;如果是惊叹号状,血液是沿着惊叹号尾端的小点位置撞击落下。

从血迹的形态和血滴大小,还可以区别血液喷溅的速度和力量。如果血液以低速射出移行,其力量很小,这种常见的血迹如受伤后血液滴落地面而造成;如果是中速,这表示力量中等,血滴边缘呈不整齐状,除主要的血滴外还会有一些散落的微小血点,一般来说,这种血迹来自打击,如棍棒、榔头、板凳击打等。

林几开始对木凳上血迹进行检查。凳长 115 厘米、宽 23 厘米、高 45 厘米。凳中央部均有深褐色点状血迹,凳前端发现多量呈褐色点状、锥状及分支状飞溅血痕。凳腿前面几左右两侧均附有长锥状血痕,血痕经血清沉降素反应表明为人血。

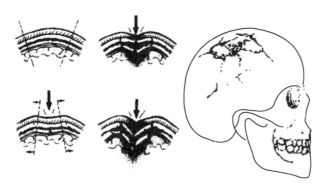

头颞部凹陷性骨折和不规则"冰纹龟裂状"骨折及出血

头部颞部大部分缺损及不规则"冰纹龟裂状"骨折出血，右肋骨之椎骨端出血，考虑头部、右肋部系生前被重击。木凳系作案致伤物。林几根据检查，进而分析：死者当时遭暴击时系弯腰俯身，凶手乘死者不备用凳猛击头部，发生致命伤，多量而喷于凳板面、一侧凳脚及凳板背面，血迹呈惊叹号状喷溅血迹。击伤头后，又击右胁部。死者其他身体无伤，无抵抗征象，故证明非出于凶斗而出于不备时逞其凶行。

"血凳疑案"因林几的精湛技术和科学检验破解了谜团，使因争嫂夺妻而杀害胞兄王阿大的胞弟王嘉如很快受到法律制裁！

林几一生不知检验过多少法医案件，不知为人世间多少疑难案件洗冤，但他始终认为这完全是法医职责所为，不足挂齿。林几曾写过一篇叫《漫谈》的散文，其中有一段话记录自己投身法医事业、为民洗冤的愉悦心情。林几这样写道："如同投身于大自然之怀抱，寄情于山水花木鸟虫之间，其乐也，是何等的隽永，何等深沉呀！"这和宋慈的《洗冤集录·序》里的一段话极为相似。宋慈把检验断狱比作"润物细无声"或"救人于水火"。宋慈这样写道："如医师讨论古法，脉络表里先已洞彻，一旦按此以施针砭，发无不中，则其洗冤泽物，当与起死回生同一功用矣。"

一六八、动脉之血

宋慈《洗冤集录·杀伤》说："活人被刃杀伤死者，其被刃处皮肉紧缩，有血荫四畔。"

这段话的意思是，活的人被刀伤致死，其被刀切割皮肉、血管就会紧缩，血从破裂的血管喷溅出来，四周有血迹。

为了理解宋慈这段话，这里介绍林几教授办的一个案子来加以说明。

1932 年 10 月 28 日，湖南湘潭地方法院以第 1366 号公函委托司法行政部法医研究所鉴定。

林几收案后，编定法医研究所鉴定号沪字第 121 号。

动脉被刀切割致血从破裂的血管中喷溅出来

据湖南湘潭地方法院公函称:"本院受理一杀人公诉案。案内证物为白汗衣一件、木片六块,其上有斑痕。究竟是人血或其他动物血,亟需鉴定,俾明真相。相应送检各件证物,函请贵所依法鉴定,并出具鉴定书,以凭核办。"

第一个步骤:林几认真阅读湖南湘潭地方法院公函,详细核对白汗衣一件、木片六块检材,仔细观察检材上血迹分布和形态特征。之后,将材料交物证检查处和血清检处进行检验。

第二个步骤:林几将检材进行编号,分别是第1号白汗衣,第2号、第3号、第4号、第5号、第6号、第7号为木片。第1号白汗衣袖口及衣领均无污垢,在其前后及衣肩部附有5处黄褐色污痕。分别将5处黄褐色污痕取材检验。第2号木片上有黑色污斑,其上端有"!"锥状淡褐色污痕一块。触之略隆起。又在该木片下端,亦有褐色污痕作块状。第2号、第3号、第4号、第5号、第6号木片见有不规则黑褐色污斑,分别取材检验。第7号木片上未见污斑。

第三个步骤:显微镜及分光镜检查。将证物各编号污痕,滴加溶剂,使其发生一种定型结晶,借以血红蛋白结晶之有无,证明血痕存在。

第2号、第3号、第4号、第5号、第6号均有结晶反应。第1号、第7号无结晶反应。

第四个步骤:生物血清学检查。先制作家兔抗人血沉降血清,将法医研究所制作的抗兔血清(血清沉降价达2万以上)进行血清沉降素反应实验。结果:第2号、第3号、第4号、第5号、第6号各木片均确定为人血痕,第1号(白汗衣上5处污迹)、第7号(木片)为阴性(不是人血痕)。

最后,林几下结论:第2号、第3号、第4号、第5号、第6号木片上黑褐色斑是人血。第2号木片上端人血血痕呈锥形状。凡切断活人动脉血液,可喷射着于平面上,多作锥状。该木片上之血痕应为杀人之溅血。即切断活人动脉之溅血,故应当有伤害他人性命行为之事实。

林几办理的这个案件,除了判断血液喷溅系动脉血证明是生前刀伤外,还检出非人血成分。早在20世纪20年代,林几的母校北平医学院病理实验室就接受法院委托开展法医学鉴定工作。当时,林几的老师徐诵明教授负责法医病理工作。

徐诵明教授曾告诉林几,自己曾办过山西高等法院刑事审判庭送检的案件。该案的证物为一件小褂,在衣服的领部和后背部等处有散在小褐色斑点。如果是动脉血,应该是喷溅的血迹。可是,该案只是散在分布的小褐色斑点。法院法官只是问徐诵明教授那些污斑是不是血迹,也没有顾到是不是人血或是不是动物血。徐诵明教授认为,这是法院法官没有法医常识的缘故。可是,作为鉴定人的徐诵明教授又不便作法官咨询以外的鉴定。于是,检验的结果认为确系血液,就这样鉴定下了。

后来,经过三四年以后,徐诵明教授到南京出差,遇到一位浙江老乡,老乡是在山西高等法院刑事审判庭当法官的。在谈话中,无意地谈到这件案子。老乡说,这案子的被告并不像是凶手,而且一点可疑的情形都看不出来。被告的家庭,有老母亲、妻子,被告一向在外经商。有一天回家发现,不知怎么他的妻子被杀。于是,邻人都说他有谋杀重大嫌疑,就把他告发了。但是,并没有其他可疑点,仅有的就是那个物证——衣服。后来,因为北平医学院检验结果是血迹,于是就有了罪名,差不多认为足以判他是凶手了。可是,根据各方面调查,并无其他凭据。而且,有些地方反而可以看出他决非凶手,但因为找不出反证来，所以还不会定谳。

这就是徐诵明教授说的案子。当年，山西高等法院法官委托北平大学医学院做鉴定，连人血和动物血都不在委托中注明！说明法医鉴定很重要，法院委托也很重要。法医鉴定来自司法，服务司法，所有从事司法实践的人都要有这方面的知识和思维。

一六九、月 饼 疑 案

宋慈《洗冤集录·服毒》说："若验服毒，用银钗皂角水措洗过，探入死人喉内，以纸密封，良久取出，作青黑色。"

这段话的意思是，假如验中毒，用银钗皂角水擦洗过，插入死者喉内，用纸密封口鼻后一段时间取出，银钗变青黑色，是为中毒。古代中毒案件不少是砒霜中毒，所以银钗验毒主要还是针对砒霜中毒。

在《水浒传》中，仵作何九叔私藏了两块武大郎"酥黑"的尸骨，向武松证明了武大郎死于中毒，而这也直接导致潘金莲和西门庆命丧黄泉。在《水浒传》中，武大郎被王婆和潘金莲用砒霜毒死，西门庆则试图用 10 两银子收买仵作何九叔，并将武大郎的尸首匆匆火化。不过幸好何九叔留了个心眼，自己存下两块尸骨，在武松逼问武大郎死因时向其解释道："这骨殖酥黑，系是毒药身死的证见。"

砒霜毒性剧烈，人类口服 0.005～0.05 克纯净的砒霜即可引起中毒，而口服 0.07～0.18 克即可致死。急性砒霜中毒多为一次大量摄入引起的，表现为剧烈呕吐、腹泻不止、口鼻及外耳道出血、全身抽搐、休克、昏迷等，严重者短时间内即可死亡。对砒霜中毒的症状，《洗冤集录》中是这样描述的：凡服毒死者，尸口眼多开，面紫黯或青色，唇紫黑，手足指甲俱青黯，口眼耳鼻间有血出。甚者，遍身黑肿，面作青黑色，唇卷发疱，舌缩或裂拆烂肿微出，唇亦烂肿或裂拆，指甲尖黑，喉、腹胀作黑色，生疱，身或青斑，眼突，口鼻眼内出紫黑血，须发浮不堪洗。未死前须吐出恶物，或泻下黑血，谷道肿突，或大肠穿出。

砒霜在人体内的分布有一定的选择性，对不同器官的亲和力不同。急性砒霜中毒时（比如武大郎），体液中砷的含量高；而慢性蓄积中毒时（比如拿破仑），砷主要分布于毛发，并非是骨骼。砷矿是制取砒霜的原料，在自然界中往往是与硫矿混合存在的。古代制取砒霜的工艺粗糙，因此制得的砒霜含有大量的硫化物。硫化物与银针反应，生成黑色的硫化银，附着在银针的表面，这才是银针变黑的真正原因。此外，这种方法在检测高度腐败尸体的时候，更是容易受到腐败气体的干扰，银针同样变黑，因此不够专一和准确。

砒霜的检出在古代纯属巧合，虽然中毒身亡有一些特定的尸体现象，但这只能作为一个大致的判断方向，不能作为决定性证据。只有对毛发、血液、呕吐物或胃内容物进行毒化检测后，才可真正判断死亡原因。

在国外，砒霜也是投毒或自杀的常用药。拿破仑就曾被怀疑砒霜中毒死亡。法国巴黎警察局毒物学实验室的负责人里科代尔对外表示，对拿破仑尸体上的头发进行检测，并且对拿破仑的每根头发的元素含量进行了上百次分段抽样测量，最终发现，其头发的砷含量都超过正常值的5～33倍。这一发现说明拿破仑很有可能是砒霜中毒而亡。因为在当时流行使用含有砒霜的防腐剂，因此砒霜是很容易得到的一种毒药。

从宋慈描述看，根据"银钗变青黑色"现象认定中毒，只能算是定性检验，也就是发现"银钗变青黑色"现象，怀疑中毒。但是，这是不够严谨的，那么现代法医学如何进行检验呢？我们举林几教授"月饼疑案"等几个案件加以说明。

1. 月饼疑案

1932年10月9日，南通县法院函请化验李某诉崔某谋杀案中月饼有无毒质？若有，系何毒质？并送上一块月饼。附案云："某原告诉被告卖给月饼，吃后即感口麻，自觉腹痛、头昏，遂告到本院。"

林几收到此案后先观察月饼，发现有一缺口，系口咬下之痕，呈弧形。该饼馅含有胡桃仁、白芝麻、红丝等成分。取少许碎成小块，经显微镜检查未发现晶体物质。保存月饼的五分之一，余做化验，结果查出砒霜。即砷，通称砒，古称信石。为白色粉末，无臭无味。造成砷中毒的主要是砷化物，特别是三氧化二砷。

动物实验，白鼠吃后第二天死亡。将白鼠解剖，内脏化验，也查出砒霜。

据此，林几认为月饼中含有毒物砒霜。

但是，他又说，根据案情所报，其吃月饼后的症状与砒霜中毒不符。因为食入砒霜出现中毒症状，一般在食后1～10小时不等；且砒霜无味，食入后口不发麻，一般不会"立即腹痛、头晕"。仅吃一口月饼至少不会有以上表现。

林几又说，砒霜中毒症状以呕吐、腹泻最为显著，此人却无此描述。

林几紧接着在鉴定书的说明中又说，经检查整个月饼是均匀的，无结晶，看来砒霜系溶化后放入月饼内的，并非买后放入，应是制饼者所为。

但是，林几又说：若为大批量生产，应大批人食后中毒，为何只有一块有毒呢？

因此，林几建议调查此案情，并应查明原告本人或亲属是否是制饼者。

最后，林几明确指出："所述'吃后即麻'不合学理；且'吃后即头晕头痛'一语大有研究价值。应另行详讯此假说。"

鉴定结论送到南通县，法院调查证实其原告与被告均为制饼者，为生意及地盘之事常闹纠纷。此次之原告以被告制毒饼之事诬告，出假证。

月饼疑案经林几周密的分析和法医鉴定，作出了科学结论，识破了"假证诬告"的伎俩。

2. 红糖白砒案

"红糖白砒案"即"冯清焕案"。

1934年4月13日，山东冠县政府以第991号公函送检司法行政部法医研究所，对冯清焕投毒杀人（未遂）案中证物红糖内是否含有毒质进行鉴定。法医研究所受案后，鉴定编号为沪字第184号。

据山东冠县政府称："案查本府受理冯清焕杀人未遂一案，兹据告诉人呈交证物红糖一包。供称：被害人于服用该红糖之后，当时呕吐等语。据此，本府即将该红糖使鸡吞下一块，该鸡亦死。内中究含何种毒质不得而知。相应函请贵所化验，以凭核办。"

林几受理案件后，召集连根南、李新民、陈安良、康成、陈康颐、鲍孝威等进行检验。

肉眼检查：红糖一包，重 20 克，粘和呈团块。取其少许，用蒸馏水溶解之，则红糖全溶解。其溶液中尚有多量不溶性之残渣，该残渣内包含有黑色或灰白色不溶性物质，静置片刻，均沉积于盛器之底部。用玻璃棒搅拌之，觉得有阻力，可推知该种沉淀物之性质极重，而非原来红糖含有少量之尘土所应有之现象也。再将残渣滤出，在显微镜下进行观察，得发现多量之白色结晶性粉末。

化学检查：作挥发性毒物、植物性碱质毒物、金属性毒物化验均为阴性。作砒霜毒性化验，顾特查特反应发生浓黄色之砒化银斑、马尔希反应发生显著黝黑色砒斑、杨格氏反应析出黑色砒霜沉淀。定量检查：作亚砒霜之定量检查，结果显示全材料中含 2.178 克砒霜。

林几结论：该送检证物之红糖内含有多量剧毒剂砒霜，为谋杀案。

3. 白面馒首案

这是河北保定地方法院送检的案例。

1934 年 10 月 11 日，河北保定地方法院以第 1256 号公函委托司法行政部法医研究所鉴定。

据河北保定地方法院公函称："查本院受理白面馒首杀人（未遂）一案。本院对于该证物之鉴定，认为疑难，有送贵所之必要。该案件事实：被告（甲）鞋工，与其父（乙）居住保定。被告原籍系曲阳县，在保定只父子二人，无他家属。被告甲与本年阴历六月十六日辞去鞋工不做，向店主（丙）所开面铺以洋一元购得白面十六斤，携之家，倾之罐存积。留于其父（乙）吃食，自往正定。隔约二日，其父（乙）将此白面制作食品，食后即呕吐腹泻，面部发肿。又隔一日，又食此面一次，亦呕吐，面发肿。其后又隔数日，其父（乙）因房东追讨租金，无法应付，遂将该面尚余十四斤全部转卖给沿街授馒首者（丁）。丁买得后全数做成馒首，沿街叫卖。有华昌鞋庄买该馒首六斤，该庄工友八人，食此馒首后，均呕吐、头晕，全身发烧，经二日治愈。该庄遂将剩余馒首三个，报经公安局转本院检察处。复将被告（甲）抓获，经本院检察处侦查结果，认定被告（甲）投毒意图杀人，提起公诉。相应将馒首三个送贵所化验，希出具鉴定书，函送过院，以凭核办。"

林几看检材，发现系无臭无味之干硬馒首。均匀研碎成粉末后，用放大镜检查之，其中未发现晶体结晶物质，其水溶性呈弱酸性反应。不含挥发性和强酸强碱之毒物。植物性碱类检查及重金属类毒物均为阴性。砒霜定性检查：顾特查特反应发生黄色之砒化银斑、来因反应发生砒化铜之灰黑色。两项反应检查结果，证明检材中含有砒霜无疑！定量检查，结果显示半个馒首中含有 0.0026 克砒霜。

林几结论：送来馒首三个，就其中一个化验，则半个内含砒霜 0.0026 克，该系剧毒剂，多用于他杀案件。来文所举各人所食后发生之症状，确与急性砒霜中毒相符，幸而含量少，食后即吐，毒质未全吸收，故不至于死人，但砒霜中毒后，对于健康殊有危害也。

一七〇、杀人堕胎

宋慈《洗冤集录·小儿尸并胞胎》记载："堕胎者，准律：未成形像，杖一百；堕胎者，徒三年。律云：堕，谓打而落。"

这段话的意思是，凡是堕胎的，按宋代法律处罚。如果堕下的胎儿未成人形，受杖一百；如果堕下的胎儿已成人形，判有期徒刑三年。宋代法律所说的堕胎，指的是人为因素包括药物、暴力、捆绑、人工引产、自行击打、孕者暴跳等所致胎儿离开母体。宋代对杀人堕胎处罚严苛，以后的元明清代也有类似规定，有关检验基本适用宋慈《洗冤集录》标准。

在 20 世纪 30 年代，堕胎也是受法律制裁的，属杀人范畴。因此，"杀人堕胎案"时有出现。问题是，堕胎可能是"游医"非法进行，可能是医生私自所为，可能是流产或早产，还可能是医学上治疗需要，特别是一些属于医学上不宜怀孕，需要医生人工流产以保住孕妇生命等情形，十分复杂。如何区别，需要法医认定。这在古代很难做到，这里举一例林几教授办的案件加以说明。

1933 年 2 月 25 日，司法部法医研究所受理一起"杀人堕胎案"的鉴定，经过多次集体研究、讨论作出鉴定，法医研究所鉴定编号沪字第 35 号。

事情是这样的：1933 年 2 月 25 日，长沙地方法院检察处函请法医研究所鉴定一起"杀人堕胎案"，随案寄来病例书等共计 4 件检材。

据长沙地方法院检察处介绍：原告（被害人家属）诉被告（湘雅医院）杀人堕胎一案，送经本处侦讯，两造情词各执，该医院诊治被害人之病例及体格检查书内，究竟会否因医院处理导致胎儿小产，因而危及生命，又第三期肺结核是否尚能怀孕至半年之久，均待鉴定，以资定谳。并希将该病例书译为中文见复。

看完委托鉴定函，林几感到长沙地方法院检察处已把该案定性为"杀人堕胎案"，其中"被害人家属"、"被害人"等文字均十分醒目。林几认真阅卷，先将病例译成中文，继而将病例记述及法院所询各点，分门别类进行分析。

病例记载（英文）：病人女性，18 岁，1932 年 10 月 3 日入院，1932 年 10 月 5 日死亡。入院诊断：肺结核、腹膜结核、妊娠。入院体格检查，体温 36.8℃，脉搏 140 次/分，呼吸 40 次/分。尿闭 46 小时，大便秘结一周。检查：极消瘦，贫血外观，腹部隆起，胸部两侧大水泡音显著，心音细微。子宫增大，胎儿细小，胎儿心音微细，于左下腹听诊得之。行通便、导尿后，病人觉轻快。有关治疗、用药、处理及医患间问话、回答及护士看护等都进行详细记录。医院诊断：入院时病状垂危，重症肺结核及六个月之妊娠，未成熟胎儿于第二日晚间产生，病者因衰竭而死亡。最后诊断：结核病三期，肺结核、腹膜结核、早产、病者因衰竭而死亡。

林几认为，孕妇入院时脉搏达 140 次/分（正常 70～75 次/分）、呼吸 40 次/分（正常 18～20 次/分），此种脉急、呼吸短促现象，皆可证明其心力不胜，疾病已属危笃。病人尿闭 46 小时、便秘一周，尿闭久有发生尿毒症之危险，医院导尿、通便是救急处置。如不救急导尿，无异于坐待病人尿毒症也。医院用药也得体适当，没有过误。病人入院时系患肺结核，并结核性腹膜炎，而同时有六个月妊娠。病人已到肺结核第三期，并发结核性腹膜炎，可发生早产。

林几进而分析，凡人既患肺结核，即不宜怀孕，致其体内营养被夺，对病人极为不利。即便幸而安全分娩，而母体往往因妊娠关系，病势日笃，故各国法律对一般堕胎虽视为犯罪行为，唯对有肺结核病等重笃疾病者，经医生证明后，堕胎不视为犯罪行为。由此视之，有肺结核者，原不能受孕，亦非不能生育，但有时亦可引起妊娠中断，发生早产流产之事实。本例按病情而论，其受妊之初症状可能较轻，故维持半年之久。但受妊后人体负担加重，致症益加重，其入院时贫血外观，虚弱，脉急、呼吸短促现象，皆可证明其心力不胜，疾病已属危笃。故知其入院时，症已危殆，再经早产、虚弱、衰竭，遂而死亡。

林几没有把本例认为是"杀人堕胎案"，而认为是肺结核重笃疾病引起早产，避免一起法律上误判。

一七一、金丹丸案

宋慈《洗冤集录·序》的最后一句这样说："贤士大夫或有得于见闻及亲所历涉，出于此集之外者，切望片纸录赐，以广未备。慈拜禀。"

这段话的意思是，各位贤良官员，如果在自己所见所闻以及亲身参与办理的案子中，发现有与本书中列举的审理勘查方法及案例例外的情况，恳请费神以片纸记录下来，惠赐予我，以便我把遗漏的案例增补进去。宋慈再拜禀告。宋慈这段话有两层意思：一是宋慈已把所见所闻整理出来，希望把此集之外遗漏的内容补充完善；二是宋慈认为，随着检验学的不断发展，可资检验和事例甄别都会提高，这是学科发展的必然，希望后人不断完善。

宋慈一语中的。这里以鸦片中毒为例加以说明。罂粟最早产于埃及，公元前 15 世纪即有种植。6 世纪初，罂粟向东传到了波斯。至少在公元前 2 世纪的古希腊名医加仑，就记录了鸦片可以治疗的疾病：头痛、目眩、耳聋、癫痫、脑卒中、弱视、支气管炎、气喘、咳嗽、咯血、腹痛、黄疸、脾硬化、肾结石、泌尿疾病、发烧、水肿、麻风病、抗毒虫叮咬等疾病。明朝列为藩属"贡品"，作为药物。

随着阿拉伯帝国的对外扩张，阿拉伯医生、学者与商人一起，追随着他们军队的足迹将鸦片的知识和贸易拓展到了马格里布、西班牙、印度及中国。但最初罂粟在中国仅作为观赏植物，据考证，李白的《姜薄命》诗中"昔日芙蓉花，今作断根草"中的"芙蓉花"即指罂粟花。唐乾封二年（公元 667）东罗马帝国遣使向唐朝廷献"底野迦"，这是一种"善除万病"的复方制剂，其主要成分就是鸦片。唐《新修本草》中记载："底野迦，味辛、苦、平，无毒。主百病……出西戎，云用诸胆作之，状似久坏丸药，赤黑色。胡人时将至此，亦甚珍贵，试用有效。"当时对鸦片研究较为深入的是阿拉伯人，9 世纪时阿拉伯学者已经开始出版鸦片及其制剂的书籍。稍后的宋朝《开宝本草》有"罂子粟"的记载，对罂粟的描述至为详尽，用途为治疗泻痢、脱肛不止。说明宋代把罂粟定性为药用，还未定为毒物。

尽管在宋朝时已有对于罂粟的药用，但古人对其药用非常谨慎，如宋代杨士瀛《仁斋直指方》："粟壳治痢，人皆薄之。"元代朱震享《金匮钩玄》也指出："鸦片其止病之功虽急，杀人如剑，宜深戒之。"明代医家龚廷贤所著《药性歌括四百味》更是总结为"粟壳性涩，洩痢祛嗽，劫病如神，杀人如剑"，意指其药效之强，毒性之巨。由于鸦片作为药材药效确切，它也成为外国商人向中国经常输入的商品之一，明朝时已将其列入药材项下征收进口税。但进口量很少，至清初时，每年输入的鸦片尚不足200箱。

明朝的鸦片仅作为药用，但随着烟草在东南亚种植及吸食，鸦片的服用方法开始改变，大约在明代万历年间，吸食烟草的习惯连同烟草的栽培技术开始传入中国，在17世纪上半叶，东南亚热带地区的苏门答腊人首先发明了服食熟鸦片的方法。很快，中国东南沿海的某些地区，尤其是厦门、台湾等海外贸易较发达的地区，也开始使用吸食法享用鸦片了。

到了乾隆年间，即18世纪中后期，中国已流行竹管（即烟枪）吸食鸦片了。这时鸦片逐渐改变了其作为药品的性质而变成了毒品，在当时，吸食烟毒不仅被当作一种时尚，而且烟毒已成为日常生活和人际交往中不可缺少的东西，"以大烟款待客人已成牢不可破之习惯"。与此同时，鸦片的进口量剧增，如乾隆三十二年（1767）达1000箱，嘉庆五年（1800）达4000箱。

1773年英国东印度公司制定鸦片政策，以向中国走私鸦片来平衡中英贸易中的逆差，从此鸦片大量流入中国。1834年，英国政府取消了东印度公司的贸易垄断权，私人商业团体纷纷从事鸦片贸易，使鸦片输入中国的数量空前增加。到了鸦片战争前的1837年，达到了3.9万箱。面对鸦片烟毒的泛滥这一社会问题，道光年间，经过社会各阶层的广泛讨论，清政府最终决定施行禁烟政策，采取控制鸦片来源、禁止国内吸食和贩卖鸦片等措施。

罂粟花，从观赏花到治疗泻痢；鸦片，从极少量的药用到改变使用方法大量吸食或注射而成为毒品。在近代，鸦片的毒害使鸦片成为法医学检验对象。

20世纪20～30年代，民间中成药中有不少是假药，更有甚者，有人竟利用制药之机，贩卖毒品，当局每每遇到可疑案子便送到法医研究所做化验，以辨是否毒品。

1933年6月13日，江苏高等法院第三分院函请法医研究所检验"金丹红丸"。

案由："查得某厂生产金丹红丸，疑有掺毒可能，现提取十粒送检，请出具证明。"

林几马上将金丹红丸送到毒物化验室，先取6粒化验，余4粒封存备查。化验分别检查出吗啡、金鸡纳霜（即奎宁，是从金鸡纳的树皮中提制出来，可治疟疾）、士的宁（又叫番木鳖碱，含于番木盆和吕宋豆的种子里，是很强的中枢兴奋剂）、海洛因。

于是，认定某厂生产的"金丹红丸"为违禁麻醉品的配合丸剂。

鉴定发出后，很快查封了这一厂家，其已销往全国各地的"金丹红丸"也追回、烧毁。

林几在此间还处理了不少同类案件。如淞沪警备司令部送来白粉，系沪火车站查获的贩毒犯某某企图外运的四大箱白粉，化验结果是乳糖、蔗糖加吗啡。

又如江苏高等法院受理某香料制造厂的香料掺毒案。查明系吗啡掺入香料中。

另一宗是一家工厂，十份香料中竟查出九份含吗啡，一份含海洛因。

还有，浙江吴兴地方法院送检的某某贩烟土（即鸦片。它是从罂粟果实中提取的，罂粟为两年生草本植物，花有红、紫、白等颜色，十分鲜艳。其果实呈球形，未成熟时，果实中有白浆，成熟干时成土褐色，是鸦片的原料。所以，又称烟土）案，查到烟土中有鸦片粉。

又如天津法院搜得某家里有"救苦金丹"。经化验为海洛因。

浙江高等法院送到一案要求对油漆进行检验，结果竟查出吗啡，系贩毒分子把吗啡和于油漆之中再漆于箱子表面，然后贩运。此案验毕，林几写道："该油漆之制造者实有大量制造吗啡之疑，即使原料非由该厂所出，然集此原料造假油漆而掺和吗啡，亦有贩毒之疑！"

由此可见，当时贩毒、吸毒在旧中国是何等猖獗，林几教授这位验毒能手为配合禁烟禁毒运动，尽心尽责，做出了很大贡献。

一七二、蒙药之谜

宋慈《洗冤集录·服毒》说："酒毒，腹胀或吐、泻血。如因吐泻瘦弱，皮肤微黑不破裂，口内无血与粪门不出，乃是饮酒相反之状。"

这段话的意思是，饮酒中毒，有腹胀或吐、泻血症状，加上酒的味道，可以判断出来。如果身体虚弱，有吐泻，皮肤微黑不破裂，外观像饮酒但没有吐、泻血症状。这也是中毒，但这是中什么毒？宋慈没说。宋慈没有武断下结论，也没有具体写出毒物名称，而是把实际工作中遇到的一种中毒检验情况如实写下来，供后人参考，待科学发达、检验水平提高，再解开谜团。这也是许多科学家的做法。

民间常有蒙汗药的传说，是否是真的？其成分是什么？宋慈说的那些"外观像饮酒但没有吐、泻血症状"的毒物是什么呢？这项工作留待林几完成。

1933 年 1 月，四川重庆警备司令部函请化验谜药（蒙汗药）。

案由："某日，加害人将蒙汗药混于饼内，受害人食后当即昏迷，现将此药送到贵所，望给检验。"

林几受案后，立即制订了鉴定计划。

一是看、闻。林几先肉眼看，再用显微镜观察，发现此药系花粉、植物茎及黄色类似花瓣的碎片等，闻有香气，尝有苦味、稍涩。

二是毒物分析。经化验，里面含有一种叫做苏来因的毒质和颠茄（多年生草本植物，叶子卵形，花淡紫色，结紫黑色浆果。根、叶含颠茄碱、莨菪碱和东莨菪碱，可提取制作镇痉、解痛、中枢兴奋剂）碱、莨菪碱和东莨菪碱。

三是做实验。用动物做实验，将毒物分析取得的液体滴入兔眼，见兔眼的瞳孔散大；将毒物分析取得的液体注入蛙腹腔，蛙行动变缓慢，呈麻醉状态。

四是专家会诊。林几又把剩余检材送到山东大学化学专家汤腾汉教授处检查，结果相同。汤腾汉教授也是福建人，药物化学家，祖籍福建龙海。1926 年毕业于德国柏林大学，1929 年获该校理科博士学位。次年回国。曾任山东大学教授，华西协和大学理学院药学系主任、教授，同济大学教授等。

林几的结论是，送来的蒙汗药是山茄子、龙葵和苦舌甘草的花粉和花茎叶。有毒成分是苏来因、莨菪碱,其作用是对中枢神经系统先兴奋后麻痹,即先使其活跃、兴奋,渐次发生幻觉、谵语,终至延髓中枢抑制而昏迷,甚至死亡。

山茄子,又名曼陀罗,主要有毒成分为莨菪碱、阿托品及东莨菪碱(曼陀罗提取物)等生物碱,它们都是一种毒蕈碱阻滞剂,竞争毒蕈碱受体,阻断副交感神经的支配作用。能阻断 M 胆碱受体,对呼吸中枢有兴奋作用,中枢作用以抑制为主,能抑制腺体分泌,对大脑有镇静催眠作用。明代李时珍在《本草纲目》中记录了"曼陀罗",并亲自口尝。李时珍把亲自尝试曼陀罗花酒的情景写进《本草纲目》:"相传此花笑采酿酒,令人笑;舞采酿酒,令人舞。予尝试之,饮酒半酣,更令一人或笑或舞引之,乃验也。"李时珍记载木本曼陀罗,全株有剧毒,其叶、花、籽均可入药,味辛、性温,药性镇痛麻醉。龙葵主要使人出现头晕、恶心、呕吐、腹泻、痉挛、呼吸麻痹等症状。甘草主要取其香味。南朝名医陶弘景说:此草最为众药之主,经方少有不用者,犹如香中有沉香也。

林几用精湛的技术,揭开了中国某些蒙汗药之谜,使这类案件在鉴定时有了较为可靠的检验方法。

一七三、夹 竹 桃

宋慈《洗冤集录·服毒》说:"凡服毒死或时即发作,或当日早晚;若其药慢,即有一日或二日发。或有翻吐或吐不绝。仍须于衣服上寻余药,及死尸坐处寻药物器皿之类。"

这段话的意思是,但凡服毒致死的,要么马上发作,要么当日早晚发作,如果药性慢的可隔一二日发作。中毒发作时有翻吐或呕吐不绝。这样的案件要注意服用什么药物,应该在衣服上寻找药物残渣,在死者死亡的地方及附近寻找药物器皿之类。这里宋慈讲毒物,讲中毒发病过程,也讲寻找药物鉴定。

夹竹桃属常绿灌木或小乔木。它的叶似竹,花如桃,所以称作夹竹桃。它的叶也有点像柳,因此也有人称它为"柳叶桃"。枝条下垂,三叉分枝,叶革质狭长,常常三叶轮生。夏至秋季开花,花色桃红、深红或白色,单瓣或重瓣,有香气,花期很长。另外,夹竹桃有抗烟雾、抗灰尘、抗毒物和净化空气的作用,同时,其片如柳似竹,红花灼灼,胜似桃花,花期又特别长,能从 5 月一直盛开到 11 月,是城市盛夏当家花卉。

可是,福州有句俗话叫"做女不做小老婆,带花不带夹竹桃"。夹竹桃名字好听,却有毒,甚至可致人死亡,宋慈就将其列入检验对象。

大概是宋慈《洗冤集录》记载的权威性及其检验方法的实用性,20 世纪 50 年代还用于对夹竹桃中毒的法医学鉴定。

1950 年 6 月 16 日,南京市中级人民法院送案至南京大学医学院法医学科,要求对死者陈美玉死因作出鉴定。据南京市中级人民法院文剑成法医介绍:"死者陈美玉,女,33岁。案发前,因丈夫取妾,正在闹离婚,已诉至法院,尚未结案。死者丈夫说,近期陈美玉患有疯癫病,听人说疯癫病可服中药单方治疗,用夹竹桃叶煮服治好,每一岁需服一叶。遂和其妾托人采夹竹桃叶一把。取 33 叶水煎,促陈美玉于 6 月 15 日下午 4 时服下。服药半小时后,陈美玉吐了两口。翌晨 2 时,陈美玉诉心里难过,早晨手足已冷,死亡。其娘家尸亲坚不肯将尸离家送验。故只好在当场解剖（由南京市中级人民法院文剑成法医参与解剖），取心、肺及内脏。另，提取心血200毫升及衣服上和服药器皿上药渣送验。"

尸体解剖所见：陈美玉，身长157厘米，瞳孔散大，颜面淤青，面部、颈部、两手臂稀布淡红色蔷薇丘疹，嘴唇发绀，尸斑呈鲜红色，右眼结膜有溢血点，全身血液不凝，肺、肝、肠系膜充血，肺呈鲜红色。心、肺切面呈桃红色。胃整个外表呈桃红色，从小弯部剪开，内充有夹竹桃碎叶，胃黏膜充血、溢血。镜下，肺血管高度淤血，肺水肿，部分肺泡内黏液浸染，部分肺泡间质有少量纤维素及白细胞，部分肺泡间隔破裂，见有心衰细胞、含铁血黄素。心脏部分心肌有少许黄褐色色素沉着颗粒。肾皮质髓质、肾小球血管淤血、出血。肾上腺髓质出血。血液、夹竹桃叶提取后做离体蛙心实验，呈毛地黄样作用。

林几教授认为，夹竹桃是常绿灌木，为观赏植物。夹竹桃叶毒理作用颇似洋地黄，但毒副作用更大。一般在服后数小时出现恶心呕吐、呼吸困难、心律失常而死亡。死者陈美玉于服33片夹竹桃叶之水煎剂后曾发呕吐，待睡至午夜2时，曾自喊"心里难过"。晨于往视，则手足冰凉，业已死亡。是因服入大量夹竹桃叶水煎液后进入心跳亢奋失调期，乃喊"心里难过"。旋即呼吸困难、痉挛，心律失常，陷入昏迷，至心停而死。根据尸体与病理检查，其征象有睑结膜溢血，颜面、头颈、两臂及肾、肾上腺、胃黏膜下均有小溢血点，各内脏高度充血，组织显红色，心扩大充血等皆由夹竹桃叶毒力对小血管收缩过甚，心搏阻力增大所致。全身发绀，肺高度淤血，肺水肿，全身血液不凝固，尸斑浓重。证明死时心搏先停，乃濒死期之内窒息一般征象。其肾上腺髓质出血，表明其死前曾有调节生命的征象；其肺内有心衰细胞，表明死前曾过度调节致心力衰竭。经将送检的物证夹竹桃叶水煎液、衣服上服药器皿上药渣及血液进行毒性毒力检查，做离体蛙心实验，呈毛地黄样作用。

林几教授做出鉴定结论：据前检验及说明，得鉴定死者陈美玉确系因内服水煎夹竹桃叶中毒死亡。林几教授在鉴定书中觉得还需要另加说明。他指出："查中医之内科方剂《验方新篇》及《本草》等，均未写有煎服与本人年龄相同龄数之夹竹桃叶，可以治疯癫的记载。故被告所供，取用夹竹桃叶33片，水煎后使该妇陈美玉一次内服之举，是否确实目的系为陈美玉治病，出于善意，殊有疑问。且该妇生前平日是否患癫狂，或因与夫妾对立，家庭不和，近日吵架，而被指癫狂，宜侦查明白以佐定谳！"

这是一份20世纪50年代林几教授完成的对夹竹桃叶中毒死亡案件的法医学鉴定，可能是我国最早的夹竹桃叶中毒死亡尸体解剖检验，也是迄今为止仍被认为完整的含有临床、尸体、解剖、病理、毒物检查、毒力实验和毒理分析在内的高质量法医学鉴定，其法医思维、检验手段和研究方法等方面都丰富了法医学的发展。林几熟读宋慈《洗冤集录》，对夹竹桃检验十分到位，其科学性、严谨性具在鉴定之中。

这个案例，后来被司法部司法鉴定科学技术研究所编入《鉴证实录·50 年代卷》（1912 年版）之中。在《鉴证实录·50 年代卷》引言中编者这样写道："50 年代，国立中央大学时期的鉴定档案转存于司法部法医研究所，使得我们现今可以拜读到法医学一代宗师林几教授出具的鉴定书。"确实，林几教授的科学态度，严谨作风，精湛技术，令人敬佩！

一七四、医师无罪

宋慈《洗冤集录·针灸死》说："虽无意致杀，亦须说显是针灸杀，亦可科医不应为罪。"

这段话的意思是，医生为别人针灸致人死亡的，虽然医生不是故意杀人，但也可判处医生"不应为罪"。医生的职责是治病救人，需要精研医术，不能因为医术不精，将针刺入不应该刺入的穴道而致人死亡。宋慈认为，这种"医误"是医生技术责任，而不是不可预料的事故，可"科医不应为罪"。

宋慈这段话是有其根据的。据《三国·志魏书·方技传》记载："督邮徐毅得病，佗往省之。毅谓佗曰：'昨使医曹刘租针胃管讫，便苦咳嗽，欲卧不安。'佗曰：'刺不得胃管，误中肝也，食当日减，五日不救。'遂如佗言。"据《素问·禁刺》记载："（针）藏有要害，不可不察。""（针）刺中心，一日死，其动为噫；刺中肝，五日死，其动为语；刺中肾，六日死，其动为嚏；刺中肺，三日死，其动为咳；刺中脾，十日死，其动为吞；刺中胆，一日半死，其动为呕。""刺跗上，中大脉，血出不止死；刺面，中溜脉，不幸为盲；刺头，中脑户，入脑立死；刺舌下，中脉太过，血出不止为喑。"

针害，即现在针灸致人死亡的医疗事故检验。关于针害的各种情形，秦汉时期已对"针刺"心脏、肝脏、肾脏、肺、胆囊、胃、脑等致人死亡有所了解，并认为针扎各脏器后死亡各不一样，但"入脑立死"，这对检验有实际意义。

医案鉴定十分复杂，必须分别对待，这里举林几教授办的几个案件加以说明：

1. 医师无罪案

1933年9月12日，江苏江宁法院送来"医术过失致死人命案"请求鉴定，并附送大小肠数尺。

案由云："某医师在给病人做腹部手术时，见病人肠有穿孔，即做缝合处理，术后七日病人死亡。病人家属告医师手术失误致肠穿孔死亡。"

林几收案后，收集死者病历。病历记载："病人发热两周入院，收内科治疗。当时，神志清，腹无压痛，腹软，体温40℃，血液培养出肠伤寒病菌。住院数日，突然腹痛，上腹尤甚，转外科会诊。检查：全腹痛，X线透视见膈下有气体，诊断为肠伤寒肠穿孔。经病人同意行手术治疗。手术开腹，发现腹腔有大量脓液，并且距盲肠部约一尺处有一穿孔。随即手术缝合治疗，手术成功，术后七日突然腹痛、发热，全身冰凉，死亡。"

当时，正值酷暑季节，天气炎热，尸体腐败很快。而死者系死后三天才做解剖。于是，当地法院提出，是否因腐败而致肠穿孔？还提出，若为"病本身造成穿孔，为何医师缝合后又复出现"，是否"尸解时牵拉致穿孔"？

林几分析了病历和案情，决定检查穿孔的肠子。所送的肠子装在一个大玻璃瓶里，封口有法院封条。

启瓶后，发现瓶中福尔马林液固定，未将肠子全部浸透，且未切开肠管，这样肠组织还在继续腐败。

于是，林几切开肠管，发现距盲肠一尺处有一缝合的已愈创口，其肠壁有厚的脓苔，呈黄色。

仔细检查肠管内壁，可见肠黏膜有多处糜烂面，有的呈"盆状"，肠黏膜呈灰色。可见到针头大小的小溃疡面，还见多数肿胀的淋巴滤泡。距盲肠 7 厘米处有一小穿孔，周围有多量脓苔。

林几检查完毕说："原来穿孔已缝合未再破，但其溃疡面很多，当时的病情未能控制，还在继续发展。检查中发现了一个新的小穿孔灶，是溃疡面多的附近中的一个，其肠壁有肿胀的滤泡，这是肠伤寒病继续发展再发穿孔的佐证。另外，死者肠壁及腹腔中有多量脓苔，是生前发生肠穿孔的证明，其死因是中毒性腹膜炎死亡。所以，医师手术无失误，病人死于疾病。

几天后，病理报告证实检见肠伤寒细胞，整个肠管呈急性肠炎表现和滤泡肿胀。

因此，林几下结论："验得肠上有一穿孔，系伤寒病之穿孔，非手术所致，亦非死后形成。其死因系肠伤寒穿孔致中毒性腹膜炎。医院治疗无误，方法不违反现代医术，故该院医师不负有医术过失之责。"

林几的结论澄清了事实，该"医术过失致死人命案"重新开庭审理。原告律师黄木翔看过鉴定书后也表示谅解。南京中央医院某外科医师被宣判无罪。

2. 医师有误

1934 年 6 月 28 日，山东地方法院检察处送来一宗"医师用药过失案"。

函述："本处受理张某诉某医院药房医师将三种药（阿司匹林、朱砂、柿霜）同时给两个月小女孩服用，致服药后即死。究竟该医生用药有无失误？死因如何？附送药方，请作鉴定。"

林几收案后立即复函，要求补充：①小孩患何病？②症状如何（包括病前及死亡前短暂时间的变化）？

回函：小孩患哮喘咳嗽，轻度发热。用药后 1 小时许即死亡。

林几了解病情和案情后，着手研究死亡原因。

首先，他分析了三种药的药理及毒理作用。

阿司匹林又名乙酰水杨酸，在酸中不分解，在肠中分解，为解热剂。

朱砂化学成分是硫化汞，可分解为金属汞及二氧化硫。

柿霜是柿子干燥后析出的果糖、蔗糖等。

但是，药方上朱砂和柿霜用量极少，而阿司匹林用量为半片。

林几分析说，小孩才两个月，用药量本应十分慎重。他认为，朱砂和阿司匹林都为乳儿不宜用药类。本例朱砂用量极少，且朱砂用熏吸，引起肺的汞栓塞为多见，胃肠者少见。阿司匹林用量对小孩很重要。一般一岁小孩一次只能用 0.037 克，两个月的乳儿只能用 0.01克，而该医师竟给药 0.25 克。林几认为，儿科对乳儿禁用阿司匹林，而某医师将超剂量的阿司匹林用于两个月乳儿，实属错误。这样，该小孩服药后，阿司匹林在肠子里分解形成水杨酸，出现酸中毒，特别是患哮喘的病儿尤为严重，最后造成脑功能和心功能均未发育完全的乳儿中枢抑制，死亡。

林几下鉴定结论：某医师实属不明医道医理，对乳儿使用禁忌药品，而又超过一般小儿之用量达 25 倍，实属业务上过失，应负责任。

3. 医案警言

治病救人是医生的天职。但医生和病人往往在医疗过程中产生纠纷，尽管为数不多，却很难杜绝。

林几所处的时代正是西方医学传入我国的时期。林几说，虽然近年手术及药品有划时代之进步，但因手术和药品所致医术过误则亦有所出现。"遂对其范围，自须更多予纠正"。

如何纠正呢？林几说："吾华医师法、医院诊所管理规则、防疫、医药等管理法令之颁行，对医药事业管理和进步有一定影响。"对于一些触犯法律的，"按刑法条文解释"。

至于医疗纠纷的"医事裁判"（民国时期把用医学知识解决法律上问题的科学叫裁判医学。医疗纠纷处理也叫医事裁判）。林几说："（医疗）诉讼之纠纷，徒增社会及个人损失。窃以运用医药有无过误，概属专门学技问题，学理精深，症变繁多，绝非法官及常人所能通晓。故宜先期交给医学研究机构、医学会或医师分会，群体研讨，裨佐定夺，方昭公允。"

林几大概是我国历史上较早提出成立医疗纠纷鉴定组织以处理医疗事件的倡导者之一吧！

林几一生处理过许多医疗纠纷案件，如"滥用麻醉（毒）品案"、"非法堕胎案"、"有意应用引赤发泡药或吐泻剂使病症加剧案"、"有意延误治疗、漠视病情、临危不救案"等等。但涉及利用"医术杀人"则十分罕见，他仅遇一例。

1936 年，林几在北平大学医学院任教。一天，他受委托到某埠某院对两具（一男一女）尸体进行检验。经尸解证实，女尸系"子宫穿孔，输异型血死亡"。男尸为"输异型死亡"。经案情调查证实："某医，为人堕胎（按当时法律，医师对非必须堕胎方能挽救生命之疾病者，不得接受堕胎委托），误致子宫穿孔，大出血，乃取妇夫之血液，擅行输血。未检血型，致突身死。遂再另取护士血液，注入该男，以致两人皆死，埋尸楼板下，潜逃旋获。"

林几一生曾多次参加医学法规修订工作，多次呼吁"加强医业之管理"。因为他感到医疗过误，"时常引起诉讼问题，多涉及医业道德，极易误催法纲"。

林几认为，医疗纠纷的发生，与法律不完整和医生职业道德及医生水平、管理等各因素有关。

他特别指出："照大体而论，新规则（指《医院诊所管理规则》）确能略加医业之管理，惜未能应时代之需要，以补救医师法（当时未公布，1943 年才制定《医师法》颁发）及现在社会上之缺憾耳。故当再厘定补助法规从事纠正。"

看来，林几十分重视法律对医生的约束和医生对法律的学习、遵守。因为只有这样才能尽量减少医疗事故的发生，以"保法律之庄严，增人民之幸福焉"。

一七五、刻画顽囚心理

宋慈《洗冤集录·检复总说下》说："凡体究者，必须先唤集邻保，反复审问。如归一，则合款供；或见闻参差，则令各供一款。"

这段话的意思是，案发时，官员先召集邻里、保甲，反复审问。如果他们的供词一致，就合成一张供状；如果各个说词不一，有"参差"，就让他们各自供述，对不实的供述，结合检验进行分析、研究。这里宋慈为什么提出对案件事实要"反复审问"？原因是，涉案凶犯可能有避重就轻或说谎心理在作祟。正如宋慈在同一篇另一段里记载的："顽囚多不伏于格目内凶身下填写姓名、押字。"实际上，这是宋慈在刻画顽囚狡诈心理！

为了理解宋慈这段话的内涵，这里介绍林几教授的一位学生经办的一个具体案件，从这位学生切身的体会，并从犯罪心理学角度加以分析。

林几曾写有一本《犯罪心理学》的书，其中大量刻画罪犯作案后的狡诈心理及其编出的各种谎言。林几教授的学生也多才多艺，有个叫张平的，林几教授就专门培养他研究犯罪心理学。张平后来写了一篇《由我童年绝食的故事来猜度一个伪伤者的心理变态》的文章，林几把其全文发表于《法医月刊》第三期上。

张平这样描述：我在童年时代，如果挨了父母严苛的责骂，并不曾听到谁的主使，便会不言不笑、不饮不食地到床上睡觉；结果，母亲会笑容可掬地到我床边，伸手抚摸我的额角："孩子，发烧吗？"我的本能主使我用仇视的眼光向她瞪一眼，再紧紧闭眼不语；她又伸手抚摸我的腹部："孩子，肚子不痛吗？"我总是沉默不语、一言不答；即是大半天以至整天皆如此静睡，而且不进饮食，心里并不想起床玩耍，肚里并不觉得饥饿，而且内心还充满着胜利的喜悦！

这是个简单的理由：当我受责骂的时候，处于严威之下，不敢反抗，然而内心却不肯即时屈服，于是就把"绝食"当做我向父母反攻的武器了。因为是有目的的绝食，自己觉得肚里越是饥饿，对父母的报复就越痛快。我可以忠实地说：在我每一次开始表演这一类故事的时候，并不曾知道父母爱子之心，用这样的手段使父母对我软化的道理，仿佛是出于本能的驱使——这虽然是我个人滑稽的故事，但是我想凡是倔强一点的人，在童年时代如我这一类滑稽故事，定也不少。因为"反抗"是人类——动物皆然——的本能；只要他是处于被压迫的环境下，不管他有没有道理，不管他有没有能力，他总要设法反抗，即使他力尽计穷，而他反抗意识永远不会消灭。因此，他反抗的手段，多半是异乎常情的盲动，是"越理"的精神状态，是不自觉的本能。俗语说的"人急造反，狗急跳墙"，未尝不是这个道理。所以，我们为人，遇事遇物，不能操之过急；如果操之过急，势必要得到这样一个物理的哲理的结果。

用器械自己伤害自己，希图陷害他人，这种畸形异常的举动也当然是出于一种"造反"、"跳墙"的心理。至于我童年绝食的故事，却出于反抗的本能。这种本能，在我个人方面确属细小的表现，但是这种细小的表现，却有供心理学家研讨引证的价值。

在此，我并不想把我这一个平凡的故事永志不忘，而是想依托这个故事的心理活动，来推测一个伪伤者犯罪的心理变态。

不论伪伤者伪伤的动机，是出于希图陷害他人，或希冀免受法律制裁，但总为一种压力而起——受压迫者，希图如此可以获得对方经济利益；受人之势力欺凌者，希图如此可以杀对方之势力而绳之以法；受法律威胁者，希图如此可以获得恕免……以法律来说，作为一个成年人，这种行为是犯罪；以人情来说，这种行为是可怜可悯的变态心理；以理智来说，这种行为又是愚昧的举动。这样的事实，据作者经历来说，以民风闭塞、交通不便的地方发生较多。交通便利的地方，文化发达，民性柔和而聪敏，是较少以牺牲自己的肉体而希图达到幻觉的目的的。然而，"反抗"是人类的本能，在一种特殊的环境之下，聪明人也有时会变糊涂。文化境域，也有时会变成野蛮的场所。我这样说，不是替伪伤者表示什么同情，我只是要肯定伪伤者的动机，是由于压力的发动；这种事实在法律上固不能不加以制裁而杜防之，但在情感上却是一种最悲惨的举动！

"就是我自己用小刀拉的吧，你们又将我怎么样？"这是一个伪伤者在败诉后说的一句话，然而，人们听来，这是一个悲痛的、绝望的咆哮！

这是不久前的一个案件：一个头皮开裂、鲜血狼藉的诉状人，持着一柄菜刀向法官哀诉：

"这个人将我的头颅砍开了，痛啊！法官，你要为我申冤！"他用手指着被告，用充满哀求和希望的眼神看着法官。

"你是受什么东西伤害了？据实说来。"法官问。

"他是用这菜刀砍的，痛啊！法官，你瞧这许多伤痕。"他伸手将菜刀给法官，低下头，将创伤给法官瞧。

"这刀上血是人血吗？"

"当然，是我头上的血。"

"你的头是被这刀砍的吗？"

"是的，他连砍几刀哩！"

"你的头不是你自己用刀砍开的吗？"

"当然不是，我不是疯子。"

"你现在当然不是疯子，当时不好说，至少上帝知道。"

"绝对不会这样的，法官。"

"那么，如果有这样的事，你是要坐牢的。"

"不会有的。"

于是，法官请法医师当场检验。

"自前头骨经颅顶骨至后头骨伤痕一条，作弧形，长13厘米，宽0.1厘米，表皮裂开，边缘整齐，伤达浅肌层。前头骨左侧，伤痕三条，长短相似，成'三'字形，伤害程度，与作弧形之一条相等，其余全身均无伤痕。"这是法医师所呈上的伤情检查报告。

"请法医师当场鉴定。"法官瞧完伤单之后，这样宣告。

"伤痕作弧形，而且边缘整齐，普达浅肌层，均未伤及骨，似非为菜刀砍杀现象；伤痕成'三'字形，排列整齐，宽度相等，更似非以菜刀用暴力砍杀之现象；以伤痕现象观之，更似踌躇伤，凶器似非菜刀而是小刀，有伪伤之嫌；头部伤多处，全身毫无损伤，可为于受伤时无抵抗之证，被伤而不抵抗，也可为伪伤之佐证。"法医如是说。

"我不服，我冤枉！"诉状人失望地说。

"你且说出你不服的理由来。"法官说。

"我说不出理由，我只知道我不是疯子，我是不会自己用刀拉开自己头的。"诉状人声音越说越低。"你既然没有理由，我当根据法医师的鉴定判断。"法官说。

"就是我自己用小刀拉的吧，你们又将我怎么样！？"

啊！这是一个何等悲痛的回答，何等绝望的咆哮！我们虽然不知道为什么他要做出这种愚昧而犯罪的行为，但我们可以肯定他是受了某一种压力。如果把我儿童时绝食故事来与他自伤比较起来：我的绝食，是出于儿时本能的趋势。他——一个成年人——的自伤，是环境所给与的一时性精神异常。我的绝食目的出于报复，他的目的也是报复。我的饥饿是在父母面前胜利，他的疼痛是希图害人获利。我的笑，是心花怒放，他的最后咆哮是不顾死活的心理变态。

一七六、镜　　鉴

宋慈《洗冤集录》记载："定而不当，谓以非理死为病死，因头伤为胁伤之类，各以违制论。""凡从树及屋临高跌死者，看枝挂所在，并屋高低，失脚处踪迹，或土痕高下。"

这段话的意思是，鉴定结论不恰当，指把非正常死定为病死，由于头伤致死而定为胁伤致死之类的情况，各按违制罪论处。而从高坠案件来说，就要看失脚处痕迹、土迹和跌下的树枝、房屋高度等。也就是说，嬉戏跌伤或爬树跌伤或从房屋跌下，要充分析是否意外伤后，再考虑有无被人推下的高坠伤。

这里宋慈提出了两个层面问题。

一是什么叫"定而不当"。宋慈只介绍"以非理死为病死，因头伤为胁伤之类"。但在《洗冤集录》其他地方，记载了意外受伤而定为打死或嬉戏意外致死等，若"定而不当"，就会出现冤案。比如应劭《风俗通义》就记载："汝南张妙拜望杜士，时杜士家人娶妇，酒后互相嬉戏。张妙把杜士捆绑起来，打二十八下，并系结足趾倒挂起，杜士遂死。鲍昱判决时说，二人无仇隙，酒后互相嬉戏，其本无杀害之意，应减去死刑。"这就是张妙意外致人死亡案。该案从犯罪心理学看，张妙无犯罪故意，杜士属互相嬉戏中意外死亡，鲍昱对过失犯罪宽宥的做法，与现代犯罪情节认定相似。

二是法医学是什么样一个学科？我国古代镜与鉴相通，《玉篇》云："镜，鉴也。"所以，鉴定，就是镜鉴，法医学关键是"鉴定如镜"，事实与检验要反映一致。郑克《折狱龟鉴》就是我国古代法医学著作。就是鉴定人不能夹杂私念，要"内心如镜"，才会"鉴定如镜"！鉴定人只有内心安静才能办事公正，否则就会造成冤案。我国古代法医典故、法医语言都围绕洗冤折狱这一主线展开。从先秦的惟刑之恤、在泮献囚、决狱审断，到出现《疑狱集》《内恕录》《折狱龟鉴》《洗冤集录》《无冤录》，其中不乏智慧、精华，给后人以启迪、教诲！

为了进一步理解宋慈所说的意思，这里介绍林几教授写的科普文章加以说明。

这篇文章是 1934 年 3 月 30 日林几在《法医月刊》第 4 期发表的"煤气中毒"。他写这篇文章的目的是告诫人们，冷天取暖一定要防止煤气中毒不幸事件的发生，鉴定也要正确无误。

下面是林几讲的故事：

开场白：现在是春深日暖的时候了，我这篇东西，仿佛是"明日黄花"无补于事。然而，时光如流水，去年冬天虽已过去，今年的冬天不是很快又要降临了吗？在上海大都市中所特有的鸽笼式的住房里，所发生的氧化碳中毒，哪一年没有记载？大概，我这篇东西，或不至于同六月穿皮袄一样的不合时令, 怡人笑话吧?

一椿中毒的故事: "唉啊! 顺子的娘! 你上哪儿去了? 直到这会儿回来。我的头好晕, 耳朵嗡嗡直响, 心慌发呕, 好像醉酒似的。"一个40多岁的男人, 躺在火坑上哼哼地说。

"别不是你又喝多酒了吧? 看你满脸通红的。"那屋门开处, 进来一位30多岁粉面鲜衣的妇人, 俏声地说。

那妇人更继续说: "我去厨房泡点浓茶给你喝, 定定心, 睡一觉就好了。"

她一面说着, 一面脱下外衣, 换了家常装, 就到隔壁厨房里去了。约莫半个钟头, 妇人提一壶开水回到卧室。

"哎! 屋里的气味, 比厨房里还大。"她将茶冲好, 对她男人说: "喝茶吧。"

然而, 炕上男人睡着了, 没有应答。

"你睡得真香, 泡茶工夫, 就睡着了。"她一面说一面走近坐在炕缘上, 喝了一口茶。

她看了看在炕上睡的儿子, 更微笑地说: "你看顺子也睡得这么香! 两个颊儿红得像胭脂。唉! 屋里气味真不好, 别是火太暖了吧。"

那妇人说着转身半倚着炕上, 用手理了理那小孩顺子所盖的被褥, 嘴里还说道: "乖乖, 好好睡。"

突然, 那小孩手足不住地抽起来。妇人于是喊起来: "顺子! 顺子! 你做什么梦? 别害怕, 娘在这呢!"

谁想, 顺子还是不醒, 大有要起惊风的样儿, 吓得那妇人把顺子抱起, 并大声叫她男人: "快起来! 快起来! 顺子病了, 惊风!"

说着, 一手去推那男人, 而男人仍然叫不醒, 好像毫无知觉似的。看那男人, 猪肝样的酱糟脸, 映着半明半暗的煤油灯下, 特别吓人!

"怎么啦!"说着, 一位60多岁的老太太推门而进。

"太婆, 顺子不好了! 抽风呢!"那妇人很凄惶地应答。

"你看! 他们都脸这么红, 还不省人事, 别是燻煤了!!"

"不妨事, 快快! ! ! 抬人到院子里! 媳妇也出去, 别也燻煤了!"老太婆说: "把屋门开大, 真不像个大人, 只知取暖, 窗户糊太死了, 要留点眼儿。"

不一会儿, 孩子他爹、顺子在院里醒了。

"还好早些知晓, 孩子他爹和顺子得救了! 不然, 顺子娘也会搭上命啊!"老太太说。

中毒理由: 凡木炭媒体等燃烧的时候, 煤如透了 (完全燃烧), 就会发生一种无臭无色助燃而比空气氧重、名叫二氧化碳的气体, 这种气体虽不会毒死人, 可是若空气里面含这种气体达一定量时, 人必定不能畅快地排出; 换句话说, 亦就是新鲜空气不能畅快吸入, 遂致体内二氧化碳多量蓄积, 其结果亦与吸入一氧化碳相同, 可以使人昏睡致死。所以, 二氧化碳可以作为燻煤的助凶。

凡木炭媒体等燃烧的时候, 煤如未完全透 (不完全燃烧), 亦会发生一氧化碳气体; 这种气体虽亦无色无味且无臭的, 然而, 如世上越是坏人, 越不摆在面上; 它的毒力确实很大: 它虽不帮着物体燃烧, 而却能自己燃烧; 如在煤火上所发生的青蓝火焰, 就是这个气体自己燃烧的现象。当它燃烧的时候, 能与空气里的气体化合, 变成二氧化碳。

其之所以有毒的原因, 是因为一氧化碳能与动物体内红细胞的血红蛋白结合; 倘若多量吸入这种一氧化碳气体，红细胞的血红蛋白都与它结合成氧化碳，变成碳氧血红蛋白，全身皮肤如樱桃红色，于是红细胞失去氧输送者的资格；大家想想，我们体内一时绝了氧气，难道不要死吗？像这种憋死的原因，不由于气道外边，所以医学上名称叫"内窒息"。

中毒后的疗法和症状：人们中煤气毒，先刺激中枢神经，于是初有头晕、呕吐，渐起抽风，再渐麻痹，后陷昏迷。若此种气体蓄积多了则致命。点煤气灯（水月灯），不通风，一氧化碳也会致人毙命。被煤燻而昏或死者，多吸入多量的一氧化碳、二氧化碳而不能吸入新鲜空气；要把燻闭的人迅速移到空气新鲜之处，揭开衣服，动动四肢助他呼吸；唯头疼、呕吐、疲惫、食欲不振等要数天恢复。其之所以死亡，多半于窒息后呼吸麻痹，脑出血。

预防方法：第一，住屋内，空气必须流通；在屋高处多开几个窗眼或用卷帘更好；第二，所燃烧的煤必须要烧透了（即烧红了）再置房中，或用有烟筒的炉子把气体接到屋外去更为妥当；第三，如在屋内炉上，放一壶开水，使水蒸气蒸发；或用一盆石灰水亦可，那么就可使煤气与石灰水结合，而就没毒了。

看了林几教授的科普文章，再理解宋慈的话就比较容易了。法医学上不少死亡，他杀、自杀或意外都有，要定而恰当，才不会办错案；定而不当，就会使人蒙冤；因鉴定错误使人遭受牢狱之灾的，宋慈说"以违制论"，不无道理。

一七七、一 线 之 光

宋慈《洗冤集录·疑难杂说上》说："不数日间，乃缉得一人，挟仇并杀两人。县案明，递闻州，正极典。不然，二冤永无归矣。"

这段话的意思是，没过几天，县里就缉捕到一人，这个人因为仇隙而杀了山上两个人。原来县里大多官员认为该案系两个人斗殴致死。好在其中一个官员认为是"挟仇并杀两人"，给了这两个死者"一线之光"，案件被压下来调查。否则，就会办错案。这次县里依法断案，推翻了原来的结论，并报到州府审批，真正罪犯才被处死。不然，这两个被仇杀的人就成了"冤鬼"，且"二冤永无归矣"。宋慈所举这个例子表明，正确检验十分重要，否则，冤案就在眨眼之间发生！

据说，人死之前，只有"一线之光"。如果是冤死的，就希望有人用"一线之光"为他（她）洗冤。由此可见，冤死的人是多么无助啊！

为人洗冤，是法医的职责。林几的学生张平有一首《星辰》的诗，就是抒发一位法医愿意牺牲自我、为人洗冤的"星辰照人"胸怀。这首诗，林几把它发表于《法医月刊》第 3 期。

星 辰

张 平

星辰漾天宇，

胎示我迷离；

籍彼生之力，

> 使我奋身起;
> 愿此一线光,
> 照澈兄与妹;
> 兄妹与我同行,
> 共挽车到天明。

张平完成这首诗后,刚好一个案子送来。林几安排他和汪继祖、陈伟、陈安良做解剖,范启煌、陶铨、胡兆伟、赵广茂负责病理检验,林几全程指导。

这个案件是这样的:

1932年11月23日上午8时,上海市警署送函至司法行政部法医研究所称:案查上海警署五区三警所呈报11月22日下午4时韩国人李昌练、桂锡仁向姚陈氏购买山芋,因调换山芋彼此口角。姚陈氏之子姚梅文、姚小济出来讲理,发生争斗,姚小济被韩国人桂锡仁一脚踢伤腹部大叫一声当场倒地,送同仁医院救治无效旋即身死。之前,已将凶犯韩国人李昌练、桂锡仁送交日本驻沪领事馆收讯,一面请地方法院派杨琦检察官到局派员会同日方派员检查。各方同意将尸体送司法行政部法医研究所详细剖验以明真相,并希冀出具鉴定书,俾可据理交涉而重人权等。随案送来姚小济尸体要求解剖检验。

法医研究所于1932年11月23日上午11时30分开始解剖,至下午2时30分结束。将尸体缝合入棺加封交原警。检验继续于1932年11月23日下午2时30分开始,至11月30日完毕,鉴定书编号为司法行政部沪字第13号,鉴定书连同解剖及病理照片一并交上海市警署。

尸表检查,脐部见长6.5厘米、宽5.2厘米皮下青紫色伤痕,余全身外表未见伤痕。其皮下青紫,左上方部分较多,右下方部分较少,青紫色上侧较淡,中间及两下侧较浓。林几认为,该部位如为脚扬起之踢挫伤,则其所显伤痕上侧色应较浓。可推定不为扬起之踢伤,而为重蹬踢挫伤,其暴力系正前面由上向下只有一下,故呈此伤形也。

病理检查,胸部心、肺、胸腺及各大血管等脏器未见异常,腹部胃、肝、脾、肾及胰腺等未发现异常。腹腔有异臭味,腹膜有黄绿色腹膜炎征象,回肠部有一裂创,显微镜下

观察其肠管裂创之上下部黏膜有出血。林几认为,确系肠管断裂出现腹膜炎,与腹部外伤有关。

林几的结论是,姚小济腹部系被蹬踢伤,死因系肠管被踢破致腹膜炎死亡。

在鉴定书的末端,林几与所有鉴定书一样,写上:此鉴定"公正平允,真实不虚"8个字,以示对鉴定负责。

最后,盖上司法行政部法医研究所公章和自己亲笔签名。

根据法医科学鉴定,上海市警署很快处理了这起伤害致人死亡案件。事后,张平说,昔日鲁智深三拳打死镇关西,如今有人一脚蹬死姚小济,要不是及时法医检查,确定姚小济系被蹬踢致回肠破裂腹膜炎致死,时过境迁,尸体高度腐败,证据湮灭,不知在不做尸体解剖的过去,有多少受害者蒙恨于黄土之下而无法洗冤。因为有法医检验,姚小济才得到了"一线之光",九泉之下才会安息的。

林几亲笔签名字迹

林几就是这样一个案件一个案件、手把手培养学生，不断办案洗冤，留下一线之光，可惜，因劳累过度，不幸英年早逝。

一七八、眼 盲 之 鉴

宋慈《洗冤集录·针灸死》说："须勾医人验针灸处，是与不是穴道。"

这段话的意思是，对因针灸死亡的检验，要请别的医生来看针灸部位是不是在穴位上，有没有偏差，是否按古法针灸。这时医生回答"是"与"不是"。"是"与"不是"指的是对与错，对在哪里、错在哪里、如何分析、如何处理均由检验官员决定。宋、元、明、清基本是这样的套路。

近代，外科手术引进我国后，发生的医患纠纷日增，过去检验模式不适应审判需要。20世纪30年代以后，特别是建国后，法律不仅要求鉴定人要回答对错，还要回答错在哪里，分析原因，供法院审判。尽管古今医案有很大差别，但检验思维还是一致的。

一九五一年四月十一日，南京大学医学院法医研究所所长林几教授收到安徽省芜湖市人民法院函。委托事由：函送方某眼病医治失明之文证请审查鉴定是否医术过误。

林几教授收到案件后开始进行文证审查鉴定。一九五一年四月十一日至一九五一年五月二十八日，历时一个半月时间，反复补充材料、核对病例、讨论案件、分析依据，才做出鉴定结论。林几鉴定十分严谨：

一是阅卷：芜湖市人民法院原于一九五一年元月二十七日委托芜湖市卫生局鉴定（刑字第76号）：为函请研究谢某某是否诊治有过失。卷一宗病例一件。本院受理方某诉谢某某伤害一案。该方某右眼失明，是否系谢某某诊治上的过失所致，认为鉴定必要，相应检同原卷及谢某某所呈病例，函请研究见复。原病例系西班牙文，请鉴定时译成中文，以凭处理为荷。

芜湖市卫生局于一九五一年二月五日函复芜湖市人民法院：兹接本市人民法院函请鉴定眼科手术纠纷一案，因本市眼科专门人才缺乏，未便草率鉴定，特请你院代委专家研讨见复。

二是补充材料：南京大学医学院法医研究所收到芜湖市人民法院函后，要求收集和补充材料。

一九五一年二月二十日南京大学医学院法医研究所林几教授函复芜湖市卫生局函转芜湖市人民法院：

（1）转来芜湖市人民法院一九五一年元月二十七日刑字76号函及附件均悉。

（2）经交本院法医科文证审查会研究。因材料过于简单，应再详调查，方能审查有无医疗过误。兹举疑点如下：

1）该天主教堂设备如何。是否能行眼科手术。

2）该病诊断对否。该病是否割治。

3）手术何以不留住院。

4）调查该员为何脱离干校。

5）在校与初离校时，左右两眼病情各如何。

6）离校至今数月内，两眼病情如何。曾请他医为诊治否。有无病例并调来审查。

7）谢某某施手术（虹膜截除术）时，曾否缝合创口（虹膜、角膜或结膜缝合术）。

8）何致创口破裂出血。病人有无自己抓碰或解去眼外裹包绷带。

9）手术后流出白水是否是因前房破裂致房水溢出。

10）右眼割治，何知影响左眼，有何征象。

11）现在右眼视力如何。前长白翳现增至多大。

12）拟应将病人送医学院的眼科专门医生诊断确实。

13）要原诊查和手术详细记录送检。

14）谢某某是否有正式医学院毕业文凭及专门眼科医师证书。

15）要查明手术前眼翳所在眼球，解剖学部位与治疗手术前后所有药物、分量、器械名称，并手术切开结膜（角膜或巩膜）长短位置的绘图。

一九五一年三月二十八日芜湖市人民法院刑字第二五八号复函。

你院函敬悉。兹将你院所提出疑问，经了解后，分述如下：

（1）院系门诊部，没有住院设备，但普通眼科设备比较齐全。

（2）该院对治方某之眼疾，据答在医治方面药物没有效力，只有施行手术有一线希望。

（3）手术后因为该员没有病房，故没有留下住院。

（4）方某在本市干校毕业保送到南京军大学习（开刀在先，离开本市干校在后），军大结业后，不知道什么原因没有分配工作。

（5）方某入干校时曾进行体格检查，该检查表没有查出眼疾。据该校医务所刘所长称：方某身体各方面都合格。眼虽有白翳，视力较差，也就取了。

（6）据方某称：离开干校后就没有医治。但在南京军大曾经医治过，没有开刀及病历。

（7）在施手术后没有缝合，是用压力使之愈合。

（8）开刀伤口破裂原因。据谢某某称：在开刀后第三天，他来换药。在开刀后的敷料上没有血液，但第三天来换药时才见敷料上有血液。他的伤口破裂，恐怕系他劳动震破，病人没有抓碰。

（9）方某现在的右眼凹陷，看不出瞳孔，外面可以看出刀疤存在。手术后流出水，可能是前房水溢出。

（10）左眼视力在距离六公尺十分之五。

（11）现在右眼视力全部失明。

（12）本市没有眼科专门医生，没有将方某送去诊治，不过方某的右眼已经完全失明。

（13）方某的诊断书已经送卫生局，想已转送你院。

（14）谢某某系 1926 年二十三岁时毕业于西班牙巴利阿多利德（Valladoid）大学，经该校考试合格，发有正式毕业文凭。

（15）治疗手术前后所用药品器械名称（略）、手术前眼翳在眼球何部及手术情况。

三是审查：国立南京大学医学院法医研究所林几教授将案件交文证审议室鉴定，并邀请国立南京大学医学院附属医院齐某某主任教授参加审查、讨论。

（一）芜湖市卫生局译谢某某治方某沙眼病状（原文为西班牙文）

病由：沙眼无严重血管充血。

病状：右眼因角膜全部被黏性白斑蒙盖住，眼视力已全失去，检查时患者右眼只能察觉窗外之微光，而不能辨别置于眼前的手指。

治疗：唯一可能的治疗方法即施行手术。且因虹膜前粘，若再延迟不治，必无痊愈希望。病人经过征询意见后，曾要求行手术。医师遂声明施行手术或亦无满意结果。唯实际上此右眼不行手术亦已失明，行手术如满意，尚有一线挽救希望。病人对此意见亦表示同意。同时，医师亦告诉病人，其左眼患同样病症，今后亦有同样危险。

施行手术：病人既已同意，医师于是给其右眼施行虹膜截除术，经过情形甚为良好，并未流血。于是患侧以纱布将伤口包扎后，遂令其乘车慢行回家修养二三日。

变化：二日后，病人返回本诊所换药，彼时纱布上已染有鲜血。揭开时发现伤口已开。虽未发炎，但已有少许液体外流。为防止发炎，并使伤口愈合，医师便在伤口处敷药，嘱咐病人每日来换药，至伤口愈合为止。八日后病眼伤口已愈合，毫无发炎征象。医师遂向其声明所行手术因不可预测的原因之变化，未获预期效果。

（二）诉状

方某一九五〇十二月十四日诉状。

原告人，方某，男，三十岁。安徽桐城人。芜湖市中二街一〇九号四楼皖南区党委招待所，干部。

被告人，谢某某（中文名），男，五十岁。西班牙人。芜湖市天主堂街二号天主堂医院，医科大学毕业，医师。

事由：为我的右眼被天主堂医院谢某某开刀伤害失明致残废，祈盼迅速传入到案法办，并勒令赔偿损失。由我去冬患眼疾时，两眼瞳仁下边各起一小点，又叫翳，可是两眼视力正常，并不减弱。今春考干校时，体格检查目力测试都能合格。恐因日久成根，即行医治。看了一个多星期，谢某某主治医师说，你的眼翳要手术开刀治疗才能根治。我当时以为把那小白点弄掉，问他能否包好、有无把握、有无痛苦。他说，我既然给你开刀，当然包好，当然有把握，动手术我要负责的，上麻药没有痛苦。因此，我就相信他的话，以为天主堂医院开刀是有把握的。哪知这次害我可不轻，在我右眼瞳仁上方大开其刀，预备开好右眼再开左眼，伤口又长又深，流的血很多，痛苦极大。只听谢医师啧嘴："坏了，坏了。"我问他，流血是否眼球破了。他说，开刀流血没关系。我换药休养都很注意，一切遵照他的话实行。因为开的刀口很大，收口也就慢些，我所受的痛苦真是说不尽。有时把左眼蒙起来，看右眼黑漆漆无光。我问谢医师为何开刀后没有光了，他说要等伤口长好后才有光。到了六月间，伤口渐收，还是没光。我又问他，谢医师说，你的眼睛开刀时流血很多，要经过相当时间血液才会恢复，然后才有光。我当时信以为真。在干校结业后，调度华东人民革命大学读书。可是，我的右眼还是没有光。经过大医院检查，说我右眼开坏了，不会有光了。同时，两眼筋脉相连，左眼也受伤。因为路远无法交涉，十一月，在华东人民革命大学结业后回芜湖，即与交涉。谢医师知道无法再欺，只有承认自己错误，说你眼已坏，是我的过失，现给你装一只假眼赔偿。由此说明他所施行的手术完全错误，否则他不会给我换一只假眼。实际上哪有这样便宜事，把我的好眼伤害了赔一只假眼就算了事吗。这是帝国主义过去压迫华人的老一套，现在是人民政府可不行了。我的右眼已被该医院伤害失明，左眼筋脉受伤，左眼昏花，现组织上以我眼睛残废不能工作，叫我回家休养。我是一个青年干部，正想为人民服务，乃以眼睛被该医院伤害，眼球坏了，现已陷下去了，以致残废，对革命事业、对个人前途损失太大。现在是个残疾人，不能工作，一家六口人靠我生活，如之奈何。唯有恳请钧院迅传谢某某到案法办。祈勒令该医院赔偿我的损失，终身生活费，以及家庭生活负担。并治该医师应得之罪，以免灾害我同胞，实为德便。

（三）辩状

事由：方某因右眼患翳失明，诬控伤害一案。

请求目的：①根据一般医院诊所之通例，给病人行开刀手术后所发生之其他不可预测值变化时，医师不能负责。②方某右眼患粘黏性白斑症，本属致盲危险，又开刀后经过七个多月始向钧院提起告诉，与伤害条款恐有未合。③已经经过街道调解而解决，并给以川资。补助装假眼费。有方某亲笔收据为凭，应请认为有效。祈予以不起诉之处分，给予诉讼者戒。

事实经过：一九五〇年三月间，有方某者因右眼患粘黏性白斑症（左眼亦患同样病症，甚轻），前来天主堂诊病所就诊。当经申诉人检查，系沙眼，血管充血，角膜上有大片白斑，遮盖整个瞳仁，状甚危险，视力几全无，仅能察觉窗户之微光。若置手指于病眼前，则不能辨别。其有无此第一次就诊时之病状，而为方某不能否认之事实（时有本诊所实习生程某某在场助理）。经诊治一星期后，毫无见效。病者始知病症的严重性。乃恳切要求设法，继而要求开刀手术。病人负自身之眼科严重疾病责任。为慎重计，曾作详细检查。根据诊断告知方某："不行开刀手术，此眼恐无希望，设若开刀恐有一线希望。但开刀后或好或歹，亦毫无把握。"方某经考虑后决心要求开刀，期获一线之希望。申诉人当令其履行一般医院诊所给病人手术之必要条件，要方某写保证书，寻具铺保，保证开刀后，若发生其他变化，诊所及主治医师概不能负责。请方某先行完成上项手续后方可进行开刀。而方某答以："我是革命干部，又是客居芜湖，寻不着铺保，好在我说话绝对负责，如行手术后发生不可预测之变化，那是我的命运，绝与贵院无涉。"申诉人见伊说话如此恳切而慷慨、肯负责任，信以为实。乃在4%普鲁卡因2毫升局部麻醉下，实行虹膜切除术，以减轻其痛苦。经过情形良好，也未见出血，乃以纱布包扎后，嘱伊乘人力车回家，绝不可徒步，以免伤口震动，并要适当休养，隔二三日再来换药。讵二日后，方某来所换药时，发现纱布上染有鲜血。情知有异，将纱布揭开，见刀口已裂，且略有液体在外流。申诉人为防止刀口发炎，使刀口结合，敷药处理。询其开刀后的休养程度。据方某说，开刀后是走回家的，无钱乘车。回校后，因团体活动，未好好休息。言之不胜感难，此诚开刀后未遵医嘱，未作适当之休养，而生变化之原因也。申诉人为免方某每日来劳顿，复派见习生程某某每日持药前往换药，约两月之久。方某于离芜调某地受训前日（五六月间），曾亲来诊所取药，带在身边，俾便更换。经再测试，视力已消失。方某当时未作交涉，表示事隔七个多月（距开刀时），于去岁（一九五〇年）十一月九日方某来所，声色俱厉、吵闹不休、改变初衷、多方恐吓、无理要求因失明而要求赔偿损失。当经本所负责人谭某某、平某某出面交涉，与之研究开刀前后之责任问题。彼则狡辩至再，未得要领，自行而去。（十日）上午，申诉人在应诊之际，方某再来，又由谭某某、平某某出面与之交涉，其所持理由与前面同。结果诊所以既未能合理解决，促方某可向钧院提起告诉比较合理，方某见此态度始有改变。他说："你们是慈善性质，为我也花了不少药和精神，自始就未取我分文药费和手术费。我现在近况不好，愿在双方友谊基础上，谋解决之道。我现在右眼已失明，外表难看，谋事不易。装一只假眼和回家川资具无，需要六七十石米，要诊所完全负责。"申诉人方知，方某居心叵测，益希依法解决之故，坚未接济。十一日上午，申诉人仍在应诊之际，方某又来，态度和言语稍缓，表示六七十石米有还价可能，且说申诉人本无责任，要求教会多多接济。如是，本诊所负责人为慎重计，特请附近进宝街街道委员芜湖医师公会、新芜路中心小组组长汪某某出面调解，并申明责任。如是，方某由六七十石，跌为三十石、再跌为二十石，又跌为十五石。当经本诊所负责人表明，接济川资和补助装假眼一共最多十石米，不能负其他责任。方某坚持要十五石，相持之下，仍难解决。汪某某见此无理要求，不愿调处，起身走至门外，为方某随而挽手而回。请证医师稍等片刻，十石大米方某才接济了。方某书亲笔收据一纸为凭，曰："本人因右眼患翳，开刀后受伤失明，经贵院补助装假眼费、食米十石。"此款，汪某某、谭某某、胡某某、丁某某等亲交于方某手。事实上从此解决了。钧院鉴检，予以不起诉之处分，而给诉讼者戒。实为公德两变，谨状。

（四）讯问笔录

（1）一九五〇年十二月二十六日芜湖市人民法院讯问笔录

问：年籍等项。

答：方某，三十岁，桐城人，家住芜湖市中二街一〇九号四楼皖南区党委招待所，高中毕业。中华人民共和国成立前做会计，中农。

问：为何状告谢某某。

答：去冬，我患眼疾，后生白翳。今年四月，到天主堂诊治，当时主治医师谢某某谓可以开刀并两星期内包好。讵料开刀后血流不止，一天坏似一天，到现在右眼完全失明了。

问：一点也看不见。

答：一点也看不见，眼睛伤口尚可检验。

问：开刀后日久未愈，曾否请他从速医治。

答：曾经问过他的，始而他说开刀流血过多，需长时间休养。继而则谓我眼无法诊断，拟代配一假眼。

问：是什么时候说的。

答：说代我配眼睛是最近我由华东人民革命大学回来以后的事。

问：什么时候回来的。

答：十一月八九号回来的。十号到他院里去，他并说我眼睛有无光，他还不敢说。不过，眼由他开刀的，他应该负责，叫我第二天去，代我装一假眼。

问：装假眼你答应了么。

答：我说装假眼怎能行。第二天我去，他说，假眼家里还没有，要到其他诊所去装。

当时由他找的人也在旁边。

问：那个人叫什么名字。

答：大约是姓汪的，他开寿勋诊所。那人说，替其他人装假眼要几十石米，现在为解决这问题，要十石米，由谢某某出，不过，我要写张条子，说明两方面今后没有事。

问：你写了没有。

答：我写过的。

问：假眼睛呢。

答：带来了（呈验）。

问：要求目的。

答：我眼睛他割坏了，他要负责，同时个人今后生活和家庭生活问题都很重要。

问：他将你眼睛割坏，是故意抑或过失。

答：我认为，他是故意的。今天，我是人民干部，他们仇视我们。

问：年籍等项。

答：谢某某，西班牙人，五十岁，住天主堂街二号，医师。

问：你来中国做什么事。

答：传教。

问：方某的眼睛是你诊的。

答：是的。

问：为什么把人家眼割坏了。

答：他去诊所的时候，一点也看不见，我没说开刀还有希望，不开刀是肯定瞎的。

问：你曾否说过包他两星期好。

答：没有。

问：你曾否要他写保字。

答：曾经要他写。他说，革命军人在此地熟人很少，不易找保。以后如有其他事情发生，本人完全负责。

问：他的眼睛可否看得见。

答：还能看见一点。

问：假眼是你代他配的不。

答：不是我们配的。方先生由南京回芜湖找到我堂子里，始而要我赔他六十石米，继而减到十五石米。我因无责可负，不愿付米，致生纠纷。后来，汪某某医师替他配一假眼，价值多少，我不得而知。我们只给方先生十石米，就没有过问。有他本人写的条据为凭（条据一纸当庭呈验）。

问：既然医术上无责可负，为什么给他十石米呢。

答：他再三要求给他路费回去。同事说以后不能做事。

问：不能做事，十石米就行了吗。

答：我们没有责任。

（2）一九五一年一月十二日芜湖市人民法院讯问笔录

问：年籍等项。

答：年籍在卷。

问：（方某）你到天主堂诊眼睛什么时候。

答：在四月里，日子我记不得了。

问：怎样看的。

答：先看一个礼拜，他说开刀可以好，开刀后我就回去。每天到他那里看。有时他也来看我，开刀的反应很凶，发烧。学校知道了，叫他到我那里看，他来我这里有三四天。

问：换药到什么时候。

答：到六月四五号就没有换。

问：为什么没有换呢。

答：伤口收了，不要换药了。

问：你看病可天天挂号。

答：开刀后没有挂号。

问：眼睛怎样。

答：开刀后就失明。

问：开刀有手续吗。

答：一万五千元的开刀费。

问：挂号费怎样。

答：一千元。

问：你的两个眼睛是一样的吗。

答：是一样的。那只开刀后坏了，这只仍然这样。

问：你什么时候同他谈这个问题。

答：十一月里我才同他谈这个问题。

问：你为什么回来。

答：华东人民革命大学学习后，到此地分派工作。

问：为什么没有工作。

答：组织上说我眼睛坏了，不能工作，没有派我。

问：这好的眼睛怎样。

答：那只开坏了，受了影响，这只亦不太好。

问：你同他谈过问题，结果怎样。

答：他看看没有办法，他愿意给我装一只假眼睛。这假眼值十石米，我亦愿意装。所以，我写了一张十石米的条子，把眼睛装好了。不舒服，我把它拿下来了。又同他交涉，他认为是过失，我认为他是故意。考虑结果，请求依法解决。

问：（谢某某）方某的眼睛是你替他诊的吗。

答：是的。

问：当时方某来诊，两只眼睛是一样吗。

答：不是一样。

问：开刀有记录吗。

答：内科有记录，外科没有（他不懂中国文字，以后他用西班牙文字记录的）。

问：这眼睛开刀的，有记录吗。

答：记录有的。是在医院里，房间里。

问：每个诊病都有记录。

答：外科小事情不记录。

问：两只眼是什么病。

答：他的右眼是白翳，完全遮住了。左眼没有完全遮住。一个在上面，一个在旁边。

问：应该怎么诊法呢。

答：不开刀完全看不见。

问：开刀怎样。

答：不开刀是看不见，开刀只有一点希望可以看得见，不纯有把握。

问：开刀后眼睛为什么小些。

答：开刀很好，当时没有流血。以后，他隔了几天才来，看到包扎纱布有点血，这些玻璃质流出来的，所以小些。

问：看不见是玻璃质流出来吗。

答：不是的。流出来不过眼球小一些。

问：血是怎样来的。

答：当时没有出血。以后，过了两天出毛病，伤口裂开出了血。

问：为什么起变化。

答：开刀后他没有休息，是震动才裂开出血的。

问：你招呼他没有。

答：我告诉他不要动。

问：这水流出来以后可以有办法去救吗。

答：没有办法。

问：伤口缝没有。

答：不能缝，只能用压力来压迫止血。

问：开刀是在翳子那里开的吗。

答：是的。

问：不问翳子在什么地方，一定在上面开吗。

答：是的，开刀等于开窗。在上面开，平行可以看得见。

问：开刀为什么可以看得见呢。

答：开刀把翳子剪掉以后就可以看得见。

问：条子在这里吗。

答：（当庭呈阅毕发还）有的。

四是说明：林几教授会同国立南京大学医学院附属医院齐某某主任教授及国立南京大学医学院法医研究所文证审查室四位专家反复研究，作如下分析：

（1）谢某某系一西班牙正式大学毕业的医师，但未能证明确系眼科专门医师。据谢某某供方某求诊时他系门诊眼科负责医师。

（2）其对眼科普通手术需要的药械尚属比较齐全。

（3）所诊断方某两眼系患愈着性（译文称粘黏性）白斑。右眼并有虹膜前愈着和沙眼及急性血管翳，似属正确无误。

（4）凡患愈着性角膜白斑者，因可能续发绿内障（又称青光眼），故必须尽早为之手术。所以，该医先对方某症状较重的右眼施行手术，在眼科学理上并无错误。

（5）所采用手术方法，即虹膜截除术：由角膜、虹膜移行部中上缘牵引虹膜截除，此种方法系在瞳孔外白斑未遮蔽部位另造一个人工瞳孔。在现代眼科学上多造在原瞳孔的左侧或右侧。因若造在上侧，人工瞳孔常被上眼睑覆盖一半，则对改进视力仍不能收全治效果。唯若他部白斑太大、太厚，不宜于人工瞳孔时，则在不得已情形下，始在原瞳孔上侧造人工瞳孔。故该医在原瞳孔上侧造人工瞳孔，如有不得已情况，是法也属可用。倘该创口不忽破裂（虹膜切除术要打开前房，故前房水应当外溢）。经一二星期后割部创口愈合，则该方某视力有可能部分恢复，但也可能治疗无效。

（6）唯按现代眼科疗法，对虹膜截除术之后，多常用于角膜上缘从结膜切口缝合（角膜并不加以缝合）。该医师应用截除虹膜后，对创口压迫法，使该部组织自己生长愈合。系较旧的眼科方法，而手术后若经剧烈运动，眼球受震甚至病人私自解下原来压迫部纱布绷带，或病人无意中及睡梦中，用手揉擦猛拭右眼，就极易致创口破裂、虹膜出血，则势必影响治疗效果，且虹膜截除之后，按新学理言之，原不宜加以压迫，因虹膜受压，往往愈易出血。所以，新法于施虹膜截除术后，不但不加纱布绷带紧压眼部，并将在眼窝外扣以铁罩。即用以防病人用手抚碰眼部，故旧法殊不如新法之对手术后眼的安全保障为多。往往当手术所给麻醉药药力消退后，病人感痛或解以示人。即可致创破出血。又病人如该眼内原病患白内障或绿内障，则施手术后尤易出血。

（7）唯若该病人留住医院，则不但有医护人员日夕照顾，不致放任病人手揉、运动或解开绷带，且即使突然手术后发炎、充血、破裂，亦得尽速再为处理。则该眼结果，当或不致如方某现在之劣。所以，在现代眼科学上，对此类有创口的破裂后出血，以致失明之虞的病人，必应容纳住院。无住院设备者最好勿擅自为手术，或介绍至有病床设备的医院住院。医师前往为之手术诊治，方属妥善。

（8）然查该病者右眼于谢某某为之诊治时，据医云原已失明，仅辨窗光。兹经治之后，虽未治愈，然亦不过失明。故对方某而言，其所添增损失，似非甚大。

（9）据双方口供及诉状所诉内容：方某手术后失明，何以时经七个月才对谢某某进行控诉，是否已经承认两方调解方法更为适当一点，似应予调查。

（10）按一般治疗原则，病人如住院手术，则手术后的预后，除不可预测或不可避免的事变外，医院医师须负全责。若病人并不住院，则在手术时及手术后，未离院时病人之预后，除不可预测或不可避免的事变外，应由诊疗医师负责。其他则医师因不可能日夕追随诊治病人，便难于负全责，查方某右眼手术后回家，竟不依医嘱坐车，而徒步数里，实大不当。且第三日方来复诊，始见创口破裂出血，若当三日前手术时或手术后当夜包裹眼部的纱布绷带发现鲜血，则方某应当时或第二日晨来院急诊。故方某右眼之创口破裂，似系在手术后第三晨或第二日夜里。如果确在这个时间，则自非门诊手术医师所应负的过失。不过，既未缝合创口，又放任病人自返，殊属有所未当。因按现代眼科学来说，要施此种手术：①必须让病人住院；②必须于切截后予以缝合。今谢某某医师对此两点皆未实行，就等于间接增加了病人右眼在手术后创口破裂的双重危险。

（11）然世界医学技术日新月异，时有进步。该医师系一九二六年毕业，距今已二十五年，所受医学既属较旧，则对现代眼科学新法了解自然较少，其不使用新法系由于未知有此新法，故其惯使旧法，遂无足怪。所以，吾人自不能强调该医必不能使用压迫愈合虹膜截创方法。盖使用压迫法本应未必定能发生手术后的创口破裂出血。况应用压迫法以前固亦尽有获得良好的实例。唯旧法远不如缝合切截创口比较为保险可靠而已。

（12）据方某控告谓："两眼瞳下各生翳，只一小点，两眼视力正常。春考干校时，体格检查目力测试都能合格。当手术时谢某某用刀太深，出血甚巨。且切伤筋脉，影响左眼。"而谢某某医师辩诉谓："手术前右眼瞳孔已全被白斑遮没，视力仅能察觉窗户之微光，不能辨别手指有无。手术时，局麻下进行虹膜切除，经过情形良好，也未见出血，纱布包扎后，嘱其乘人力车回家，不可徒步，以免伤口震动，并要适当休养，隔二三日再来换药。讵二日后，方某来所换药时，发现纱布上染有鲜血。揭视刀口已裂。"两造诉文及口供绝对相反，各说真伪，无从臆断，而去函征询。但卫生局调查及谢某某医师病历仍欠详明，只凭现有送审文证难作公评。最好寻方某当时日夕相处的学友及谢某某医师手术时在旁的医师、助手、护士分别加以侦讯，便可知方某手术时曾否大出血，谢某某医师手术时曾喷嘴（据方某诉文）说："坏了，坏了。"刀切过深否、过长否、出血多否、抑是三日后方某复诊时，才见出血，流出前房水。并询中间调解人，当方某往交涉时，谢某某医师承认错误否。又于方某手术回校时，同学在右眼纱布上见有凝黏血迹否。是否在手术后二三天同学才见其右眼流血。倘是手术时大出血不止，刀口深长，则该谢某某医师便应负医术过误责任，否则似无过误责任。只有未予虹膜截除创口缝合，且设立诊所既无住院设备，竟为动此种手术，两点就医术而言，小有未当而已。至于缺少诊治及手术详细记录，殊颇为有悖医院公例及医院诊所管理规定暂行条例。唯方某所诉用力太深、切割太长一节似属非实。因结膜、角膜、虹膜在该部位层层相接。其下即玻璃体、晶状体，用刀切深则被所移，则其下晶状体定将当时脱出。但就学理而言，此种手术时如非深切有误，出血一定不多。然当切开结膜、角膜时，前房水当时即应外溢。所以，疑方某第三日复诊时，除有大出血创口破裂征象，并有玻璃体或并晶状体均同脱出。据谢某某医师诉状："讵二日后，方某来所换药时，发现纱布上染有鲜血。情知有异，将纱布揭开，见刀口已裂，且略有液体在外流。"按眼内创口即破，虹膜出血即剧，则当时虽有前房水，亦应混于血液，不能辨出。何况前房水当系在手术时溢去，有何能等至手术后三天创口破裂，已大出血时发现，故疑谢某某医师所见"略有液体流出"，应是胶液状的晶状体，不是前房水，且不只是玻璃体。

（13）应于开刀后用依司林敷眼，使瞳孔缩小，亦不知一般滴以阿托品，使瞳孔散大休息的后疗法为合理妥善。

（14）方某左眼据谢某某医师及方某自说亦患白斑。又据谢某某医师所绘图，则方某右眼白斑已遮没瞳孔全部，左眼白斑亦已遮没瞳孔下半部，同时患有沙眼和血管翳。按沙眼严重时久，可使眼瞎。方某右眼已瞎，左眼瞳孔只余一半。故为方某个人及国家成员工作能率计，似应促方某速到大都市有专门眼科设备之医院急治左眼。测验眼力，如左眼视力增劣，若已不足六十分之六时，便需手术，否则终将两眼失明，再久恐益难治。况该左眼如果系愈着性白斑，就极可能续发绿内障。结果仍需手术，预后却是较差。而沙眼与血管翳亦需根治。

林几教授的结论为"有手术指征，但未留病人住院、未于切截后予以缝合是为不应有失误"，而病人"不依医嘱"也为不应有的失误。

最后，林几亲自签名：国立南京大学医学院法医科主任林几，并写上"上说明系据送审文证内容，按医学学理，予以公正平允之解释，需至说明者"。

林几教授这份万言鉴定书，把医疗损害原因、过程、结果，前前后后捋了一遍，思路清晰，说理到位，评判恰当，结论准确，是一个经典的医案鉴定。比之现在的某些鉴定，寥寥数言，真真假假，欲遮还迎，道是懂行，但言语之间总是说一句、收一句，不着边界又滴水不漏，"水很深"。所以，今天把林几教授 20 世纪 50 年代的一份鉴定记下来，希望引起共鸣。

宋慈《洗冤集录》对针灸致人死亡的检验与林几对本案"眼盲"的鉴定有相似的思维：

一是适应证问题。宋慈的"是与不是穴位"与林几检验反复强调的手术指征是一致的。

二是过误问题。宋慈的"是与不是穴位"另有一层意思，就是指涉案医生所施针灸法有没有错误。本案鉴定，林几强调有手术指征，但手术术式陈旧、手术创口只作包扎未行虹膜截创缝合及手术后没有留院观察等致创口破裂是其不应有的失误。另外，缺乏详细诊治和手术记录与医院诊所管理规定不符，也是不足之处。病人"不依医嘱"也是不应有的失误。

三是医生资格问题。宋慈的"是与不是穴位"还有一层意思，就是涉案医生有没有资格给病人针灸，为什么不正确的针灸会致人死亡？本案鉴定，林几同样明确询问并要求法院补充医师资格及其是否具专门眼科医师的行医能力，这也是医案鉴定的一大特点。

四是别医鉴定问题。宋慈说，"须勾医人验针灸处"，表明宋代已有请"别医"对涉案针灸致人死亡进行鉴定的做法。既往认为，明代才开始有涉医案件的"别医鉴定"，这是不对的。本案，林几教授也是受法院委托进行鉴定。林几教授还请国立南京大学医学院眼科专家齐某某教授一起讨论、分析案件，做出全面审查意见。

五是责任问题。宋慈说，"虽无意致杀，亦须说显是针灸杀，亦可科医不应为罪。"意思是，过失致人针灸死亡，按宋代法律"亦可科医不应为罪"。林几教授则认为，该案医生不属于故意致人眼盲，其"手术术式陈旧及手术后没有留院观察"等属技术层面的过误。

最后，法院按林几教授的科学鉴定，开庭审理，使案件得以满意结案。

值得一提的是，该案是林几教授最后经办的一个案例，非常珍贵。该案于 1951 年5 月 28 日办结，不久，林几教授因胆道出血住院，1951 年 11 月 20 日不幸病逝。林几教授终身办案，留下许多经典案例。从 20 世纪三四十年代的《法医研究所法医案例一百例专号》和《北平医刊法医案例五十例》及其法医档案，20 世纪 50 年代司法部法医研究所《鉴证实录》及其法医档案，都有林几教授亲自办案的卷宗和亲笔签名的鉴定。林几教授亲自办案和严谨的态度，一直受后人尊重，这一点与宋慈"躬亲检验"思想完全一致。

一七九、打架后服毒死亡案

宋慈《洗冤集录·服毒》说:"生前中毒而遍身作青黑,多日,皮肉尚有,亦作黑色。死后将毒药在口内假作中毒,皮肉与骨只作黄白色。"

这段话的意思是,生前中毒,全身变黑,经过几天还是黑色。死后将毒药灌入口内伪装中毒,皮肉与骨是黄白色。宋慈还介绍,有人打架前先服毒,打架后死了诬赖人。

世上无奇不有,宋慈《洗冤集录·疑难杂说下》就说:"凡检验尸首,指定作被打后服毒身死,最须见得亲切,方可如此申上。"换句话说,有人打架前没服毒,打架后才服毒致死,检验发现身上有伤痕,又有生前中毒证据。那么,这样的案件该怎么鉴定呢?

这里介绍林几教授20世纪50年代办理的一个案件加以说明。

一九五〇年七月九日,南京市人民法院法医室经初步检验,发现死者陈吴氏(女)尸表有伤,现场有一药瓶,怀疑中毒,死者有呕吐,小便排泄于被单上。因南京市人民法院法医室限于设备,不能完成化验。委托国立南京大学医学院法医研究所鉴定。

林几教授接到案件后,决定派副教授陈康颐、助教丁涛、技士吕瑞鑫前往尸家进行尸体解剖,采回内脏及其血液、胃内容物、现场收集到的毒物一瓶,送交国立南京大学医学院法医研究所法医病理研究室、毒物化验室进行检验。

尸表检查发现,全身皮肤呈灰黄褐色,背侧尸斑呈污褐色。上下眼结膜无溢血点。鼻孔内侧有淡黄褐色的液体流出,做颜面颊部浸染呈黄褐色,齿龈呈蓝紫色。左肘部有散在的表皮剥脱四处,每处如指尖大小。右臂内侧,有一长4厘米、宽3厘米的皮下出血。左右手指甲呈淡污紫色。肛门内侧有稀粪,甚多。

尸体解剖所见,两肺呈灰酱紫色,切面褐紫色,肺轻度水肿。血液不凝,呈酱油色,用分光镜检查,证明有异性血红蛋白光像。口、舌、咽、喉、食道黏膜呈黄褐色、肿胀。胃肠黏膜呈黄褐色,有充血及散在出血点。两肾高度充血,呈褐紫色,切面见出血。肾上腺髓质出血。子宫里怀五个月大胎儿一个。

病理检查所见,局部心肌间小溢血,肺充血、溢血,肺水肿。肝肿胀、细胞间出血颇著。脾红髓内出血。肾充血、出血。胃肠黏膜充血、出血。

毒物化验所见,内脏含有铬酸,定量测定,胃含铬323毫克,肝含铬86毫克,肾含铬64.95毫克。

现场提取药瓶检验,系铬酸钾盐溶液,与内脏化验的毒物一致。

林几教授根据尸体所见、毒物化验和病理检验作如下说明:

一是认定系重铬酸钾急性中毒。死者尸表与内脏病变、血液血红蛋白析出,与铬酸钾盐急性中毒征象一致,其服用量大,只在胃组织就含铬毒323毫克,与送检的现场提取药瓶毒物(红矾)一致。根据来文所述初步检验结果,证实死者生前曾呕吐、血尿,再据验尸结果,死者内窒息及异性血红蛋白等征象,故可知当饮服该红矾中毒后,必发生呼吸困难,皮肤发绀,因所服量太多,故毒力剧烈,死亡较速,本例中毒症状与重铬酸钾急性中毒一致。

二是打架后服重铬酸钾死亡。尸体检验见，左肘部有散在的表皮剥脱四处，每处如指尖大小。右臂内侧，有一长 4 厘米、宽 3 厘米的皮下出血，伤极轻微，绝非致命伤。左肘部四个指尖大小擦伤疑似他人抓握指印伤，右臂内侧伤疑似拳击伤，故该妇系打架后气愤之下内服重铬酸钾死亡。

最后，林几下结论，陈吴氏系于打架后内服大量红矾水（重铬酸钾）发生急性中毒毙命。林几教授的鉴定结论与案情调查完全一致，该案得以公正处理。

一八〇、醉酒后落水溺死案

宋慈《洗冤集录·服毒》说："酒毒，腹胀或吐、泻血。"

这段话的意思是，饮酒中毒，腹胀、呕吐及大便泻血。若醉酒后与人打架溺死，宋慈说："或因醉相打后头旋，落水淹死。"至于醉酒后没有打架，但又溺死于水中，宋慈没有介绍，只说："若因病患溺死，则不计水之深浅可以致死，身上别无它故。"也就是说，醉酒会出现呕吐，呕吐物吸入就会出现窒息，就好像因患疾病落水一样，水深水浅都可能吸入水而溺死，这种情况，检查身体可以没有伤痕。

为了理解宋慈这段话，这里举林几教授 20 世纪 50 年代办的一个具体实例加以说明。

一九五〇年七月十八日，国立南京大学法医研究所收到南京市人民法院法医室来函："本院受理华东军政大学第七总队来函报称：'该部上士陈某某同志于本月十八日晨在驻地附近水塘淹毙，死因不明，请派法医前往检验。'本院已前往检验。因天热（华氏 96 度，即 35℃）暴露在日光下，腐败过速（已趋巨人观外貌），外表溺毙征象不明显，口鼻腔有呕吐物溢出，为黏液和溺死液，食物残渣，内混有少量血液。并可闻到酒精之特殊气味。需实行解剖，以鉴定。本室限于设备不能完成本项工作。兹将陈某某尸体送至你所请受理鉴定。一是否生前入水溺毙，抑或死后移尸抛水？二是否酒后误咽窒息？三是否为单纯酒精中毒？有无掺入其他毒物？四是其他可能死因之推断。如须参考关于本案之材料，当随时送达。"

随函，南京市人民法院法医室林锡署法医会同该华东军政大学第七总队所派军官一名送陈某某尸体到国立南京大学法医研究所。于当场起棺迅明尸体正身不误。

接案后，林几教授开始紧张的工作。

一是询问死亡经过。经询问了解到，死者陈某某，系军人，为华东军大第七总队上士参谋，平素好饮酒。于一九五〇年七月十七日夜与二友人聚餐后忽然失踪。一九五〇年七月十八日在岔路口镇小池塘发现尸体。是日下午二时初验，气温为华氏 96 度（35℃）。

二是林几教授把案件交由验尸室、法医病理室、毒物化验室分别进行检验。

（1）尸表检验。陈某某，男性，生年 34 岁，身长 180 厘米，外穿衣服干净，体格强壮。尸体巨人观。压迫胸部，鼻腔有大量血水流出，口腔有大量食物残渣流出，带有浓烈的酒味。左膝内上侧有轻度表皮擦伤一处。尸斑多在头部，上半身仰面尤浓。是可知死者在水中，当是头重沉下，而身取俯位位置较高（或只头肩浸水），后捞尸入殓方改平仰位。

（2）尸体剖验。口腔、咽喉、食道内均有大量食物残渣。食道、黏膜充血。气管及支气管内也有食物残渣。显微镜检查未发现有泥沙水草。心脏、各瓣膜及主动脉无明显病变。肺中度膨大，高度淤血及轻度肺水肿。胃充盈多为食物，黏膜充血，未见泥沙水草。十二指肠无多内容物。肝、脾、肾正常。

（3）病理检查。肺内填充大量淡红色同质浆液及颗粒状物质，考虑系死后误咽入的呕吐物及吸咽水塘污水。心、肝、肾未见异常病理改变。

（4）胃内容物显微镜检查。将胃内容物显微镜检查，见有未消化米饭颗粒、韭菜、辣椒、肉等物，酒气甚浓。

（5）毒物化验。胃内容物及内脏除查出酒精外不含任何其他毒质。

三是法医学分析说明。

（1）据检验，死者陈某某尸体上无致命伤痕，尸斑多在头部，上半身仰面尤浓。是可知死者在水中，当是头面向下，身体俯位，头项上身在水下较低、下半身浮于水面较高姿势。其左膝擦伤一处，应为跌扑时左膝先磕地所成伤。

（2）据尸体解剖、病理检验及毒物化验，可证明死者生前必饮大量酒，大醉中呕吐。呕吐物充填气管、支气管及肺泡，以致窒息。同时，前扑水塘，头肩俯下，浸入水中，吸入污水，全身未经挣扎，即已身死。胃内容物及内脏检查，除查出酒精外，不含第一属（其他挥发性毒物）、第二属（有机毒物）、第三属（金属毒物）、第四属（强酸强碱），证明其酒精中毒，无其他毒质。

四是下结论。林几根据检验下鉴定结论，死者陈某某系因当夕饮食多量醇酒、食物，沉醉中呕吐及误吸入肺，遂发窒息。当昏迷朦胧之际，俯扑水塘，头面向下，吸入污水，瞬息毙命，身无生前致命损伤，并非由于其他毒物之中毒。所饮酒内，亦未见混合他毒。

以上鉴定系：公正平允、真实不虚，需至鉴定者。

落款：国立南京大学法医研究所主任教授林几。

时间：一九五〇年七月二十八日。

这份鉴定发出后，原先怀疑有否"酒内掺入其他种毒物、死后移尸抛水及其他可能死因"得以排除，调查结果与林几教授推断完全一致，最后按"醉酒溺死"妥善处理。

一八一、猝毙原因

宋慈《洗冤集录·疑难杂说上》说："斗殴有在限内致命，而实因病患身死。""凡验因争斗致死，虽二主分明，而尸上并无痕损，何以定要害致命处？此必是被伤人旧有宿患。"

这段话的意思是，打架后在保辜限内死亡，而实际上是因病患身死。凡是检验这样的案件，虽然两个人打架的事实很清楚，而死者身上并没有损伤痕迹，怎么能定出致命伤呢？这种情况，必然是被伤人自身患有疾病而猝毙。宋慈说的只是外伤比较轻而自身病比较重的一种情形。实际检案中，有的时候情况比较复杂，有严重外伤而又有疾病的情况屡有发生，其猝毙原因就要全面检查、综合分析了。

这里介绍林几教授20世纪50年代办的一个案件加以说明。

1950 年 8 月 24 日，南京市人民法院致函国立南京大学医学院法医研究所称："本院受理南京市公安局第一分局中山路派出所报告，辖区居民沈某某于晚间骤然猝毙，经本院法医室初步检查，发现死者两侧乳房下部有广泛钝挫伤，皮下出血明显，外表显蓝紫色伤晕，但是否由此而波及内脏致内损死亡，抑或尚有其他猝毙之内因存在，须实行剖验及病理切片之检查。本院法医室限于设备及技术，

中国政法大学证据科学研究院内的林几塑像

未能完成是项工作，特将尸体送您法医研究所，请准予受理鉴定。旋由南京市公安局第一分局中山路派出所民警二人、死者沈某某房客多人，与南京市人民法院法医林锡署押送到尸体一具。林几教授讯明尸身姓名不误，当即安排工作：

一是将尸体交由国立南京大学医学院法医研究所验尸室施行尸检及解剖。

二是询问。据南京市公安局第一分局中山路派出所民警称，死者沈某某，女性，32 岁，江苏省苏州市人。居家缝纫，住中山路派出所辖区内张家菜园九号附四号。在抗日战争时期，沈某某曾嫁某朝鲜人为妻，至日本人投降后，复于李某姘居。最初生活阔绰，渐渐经济拮据。至后感生活困难，因此，二人经常口角。于半月前沈某某曾被姘夫殴打，事后二人同至本市人民法院要求离婚，经人民法院判决脱离同居关系。沈某某被姘夫暴打之后，下身阴道即发生出血，已有半个月。于死亡前二日，曾请某卫生所医师来家诊病。据医师诊断，系子宫出血，打了一针，不知药名。于死亡前一天（即 8 月 23 日）晚上再次被姘夫殴打，翌日（即 8 月 24 日）早晨九时许，发现沈某某已毙。

三是尸表检查。死者营养欠佳，皮肤灰黄白色，干燥而缺弹性。尸斑轻微，仅见于背正中部、肩胛下部、背腰部及骶骨部。颈前部在喉头上方之左右两侧均见皮下出血及表皮剥脱，其中，以右侧为著，皆呈椭圆形，其表皮剥脱系向后方向行走，应为指扼伤印，剥脱皮肤下有出血性瘀斑。左右季肋区相当于第 6、7、8 肋骨处各有皮下溢血一处，长 8 厘米、宽 6 厘米，均呈淡蓝而稍带紫色。阴道内有褐色液体。右上臂外侧部相当于三角肌部有擦伤一处，长 2 厘米、宽 1 厘米，呈青色。其下方有淤血，长 2 厘米、宽 1 厘米。右手背部肿胀，皮下出血呈蓝色。

四是尸体解剖。死者舌根位置未见异常，喉部未见水肿，喉骨、舌骨未见骨折，胸前左右两侧相当于第 6、7、8 肋骨处均发生肌肉内出血，尤于右侧部深达肋间肌肉。胸腔内未见积血。气管内有少量泡沫及黏液。心外膜作散在点状出血斑甚多。左心室内有红色凝血块。两肺表面有溢血斑点，切开两肺挤出泡沫样液体。胃内有内容物约 150 毫升，呈糜粥样半流动体。胃肠肝肾脾未见异常。腹腔未见积血。子宫如梨大。两侧输卵管上端，均作囊泡状。左侧三个囊肿，其中间的一个囊肿大小如枣子，内为凝血块；两端者大，内均为黑褐色血样液体 70 毫升，右侧一个内黑褐色血样液体 50 毫升。此四个囊肿均为出血性卵巢囊肿。子宫颈口周围作黑褐色，子宫内有少量黑褐色血液。

根据上述调查询问、尸表检查和尸体解剖，林几教授作以下三点说明：

第一，据前询问市公安局第一分局中山路民警得悉，该死者沈某某生前曾被姘夫李某殴打后，下身阴道出血，半月以来迄未止住，于死亡前二日请某卫生所医师来家诊病，认为子宫出血。复据剖验结果，其子宫两侧输卵管出血性卵巢囊肿，左有三个，右有两个，皆有黑褐色血液。渐次，经过输卵管、子宫、阴道向外排出。该死者生前下身阴道出血即系因有此病之故。此种慢性出血虽非致死原因，但可促进体力衰竭，长久发生高度贫血，易生猝厥毙命。

第二，据前检查结果，该死者沈某某皮肤作灰黄白色，干燥而缺弹性。尸僵尚存在于眼睑、下颌、颈项及上肢各部。全身尸斑轻微，仅见于背侧，此为长期出血后应有之现象。该死者颈前部在喉头上方之左右两侧部，对称各现皮下出血及向后走行的表皮剥脱，应为单手义摄的两指扼伤之伤痕。唯未见指甲压痕，似乃隔着衣服或手巾以指端所扼压，而死者舌根位置未见异常，喉部未见水肿，喉骨、舌骨未见骨折，当系凶手压时用力不剧，呼吸道压闭不全，时紧时松，同时更因胸部受伤，胸肌剧痛，适引起呼吸运动之困难，或凶手当时更以身体坐压该妇胸部，贫血体弱，久行挣扎（右臂手有伤可证），但终无法抗避凶手之压迫，随而在呼吸长期困难之下，呼吸渐微，心搏停止，陷于死亡。所以，其心外膜下有明显溢血点（塔雕斑布满心之前壁），右心室内含鸡脂样凝血块，两肺散在溢血点，切开两肺挤出泡沫样液体（是为窒息时所发生的急性肺水肿之征），气管内泡沫，是为迁延性窒息征象。故得证明该沈某某于死亡之前，颈部曾受单手之扼压，气道时张时闭，而胸肌受伤，呼吸困难不畅，历时颇久，呼吸渐微，乃发生迁延性窒息，故全身有显著的窒息死之一般征象。又其胸前左右季肋区相当于第6、7、8肋骨处各有皮下溢血一处，长8厘米、宽6厘米，均呈淡蓝而稍带紫色。将皮肤向左右剥离，均发现肌肉内出血，尤于右侧部深达肋间肌肉。其暴力之强可想而知，以其伤痕之位置、形态、大小、色泽等而言，可能发觉死亡前夕即8月23日夜间，被人用拳击伤重。其余右上臂等伤痕均系抵抗伤痕迹不得认作死因。

第三，综上所述得悉该死者沈某某生前患出血性卵巢囊肿，发生慢性出血已半月，迄未止住，致体力日益虚弱，已陷高度贫血，在死亡前夕应曾被人击伤左右季肋部引起猝厥，同时被人扼压颈部，呼吸运动不畅，发生迁延性窒息，随而毙命。又据尸体征象（尸僵、尸斑及胃内食糜）死者死亡时间当在当夜十二时以前下午六七时以后。

最后林几下结论：沈某某应系患有出血性卵巢囊肿，出血已历时半个月，体质虚弱，高度贫血，而当夕左右胸侧更受打击之挫伤，发生猝厥，同时颈部被扼，经长时间呼吸困难，发生迁延性窒息，随而毙命。

这个案件鉴定结论，与司法机关调查和被告人招供完全一致。一个人死了，只留一具不会说话的尸体。法医以精湛技术、科学检验恢复了死者受伤的全过程，甚至凶手打人的手段和暴力程度，以及死者生前疾病与受伤的关系，被打时间及死亡时间，仿佛在屏幕上放映电影一样展现在人们眼前。这样的鉴定让人信服，被告不会有异议，死者也不会有冤了。换句话说，在这起案件中，加害时只有被告和被害两人在场，被告缄口不言，被害已经死亡，也没有目击者。但尸体本身就像目击者一样，向人们诉说着事情的真相。而法医的工作就是研究尸体上的蛛丝马迹，还原死者死亡真相。

一八二、一刀三两痕

宋慈《洗冤集录·杀伤》说："又如刀剔伤，肠肚出者，其被伤处，须有刀刃撩划三两痕。且一刀所伤，如何却有三两痕？盖凡人肠脏盘在左右胁下，是以撩划着三两痕。"

这段话的意思是，在杀伤中有一种利器可以致人远距离受伤，那就是枪矛伤。枪是以坚韧而有弹性的材料，如白蜡杆为柄，以带侧刃的枪刺为尖，最主要的攻击手段是刺和撩划。不管是骑在马上攻击，还是在地面持枪攻击，都可以借助枪矛的长度而远距离中伤对方。所以宋慈说，枪矛刀剔伤，肠肚出者，其被伤处，可以看到枪矛刀刃撩划三两痕。为什么枪矛刀剔伤会出现一刀三两痕？因为人的肠子盘在左右胁下肚子里，枪矛刀刃刺入肚子穿透撩划肠子而出现一刀三两痕了。千万不要把肠子三两痕看作刺了三两刀，这是枪矛刀刃撩划所致。

这是冷兵器时代的枪矛伤特点，但宋慈讲出了其原理。其实，现代火器伤的特点也一样，只是距离更远，杀伤力更强，击中肠子一枪三两创，其原理是一样的。只是枪矛刀剔伤以持枪人为动力远距离击伤对手，而火药枪则以火药为动力，并有火药的射伤特点。

火药枪的出现，对人的伤害及其特点成为近现代法医学鉴定的重点内容之一。下面介绍林几教授20世纪30年代经办的一个案件加以说明。

1933年10月15日，福建高等法院第一分院函请鉴定某杀人案被害四人系何枪伤所致及枪击距离。林几收案后，编定法医研究所文证审查说明书沪字第15号。

据福建高等法院第一分院第1143号公函称："案查本分院受理杀人一案，共死三人伤一人。死者据验断书所载：（甲）一人系顶部偏右受子弹入口一处，皮破卷缩，呈焦黑色，圆径九分，弹由左耳根出，炸裂伤一处，皮破卷缩，参差不齐，圆径2.2厘米。（乙）一人系发际偏右受子弹入口伤一处，皮破血出，斜长1.2厘米，宽0.7厘米，皮肉卷缩，呈焦黑色，弹由左颌出，炸裂一处，肉绽卷缩，参差不齐，圆径3厘米，破口呈焦黑色。（丙）一人系囟门受子弹入口炸裂伤一处，脑盖骨碎翻至耳后止，计4.4厘米，脑浆全部外流，皮肉卷缩骨突。伤者（丁）据伤单记载，系右胁部受枪弹入口伤一处，皮已稍结疤，圆径2厘米，近右腋下右手肘出，出口圆径4厘米，各呈焦黑色。手术记录肠子破三处，为子弹击穿所致。唯此种枪伤，有谓长枪发射力大，裂口亦大，短枪发射力小，裂口亦小，故在甲、丙二人中，认甲系短枪子弹所中，丙系长枪子弹所中，又在脑旁中弹，因枪弹性质较脑为硬，故能穿透，若在囟门中枪弹，两者均属坚硬，则无论所中者为铅弹、为钢弹，只能炸裂。有谓枪弹在头部均能穿过，必铅弹方能炸开脑盖。有谓死者甲、乙、丙三人中，均属长枪子弹所中。乙、丙二人子弹入口较甲为大，认系土制铅头开花子弹所中。因铅头子弹发射时系旋转，入人身尚能转，故其创口必大。钢头子弹发射时系直射，故创口比铅弹为小。至中弹脑部，若非铅弹开花子弹，其创痕不致如此之重。究竟按验断书所载，死伤四人，是否系长枪所中，抑或手枪（左轮手枪）亦可致同样之伤，乙、丙二人是否肯定系铅弹击中。若子弹中在囟门，是否需铅弹方能致脑盖骨翻碎，抑或钢弹亦能致验断书所载之伤，均有详细调查之必要。事关专门学识，相应专函送请贵所查照，希即鉴定，函复过院，以凭核办。"

林几仔细阅卷后，制定检验方案。

首先，将原卷请军械学专家、司法行政部法医研究所名誉技术专员胡天一教授研究，并回答相关问题。胡天一教授回函：以枪弹头制造质料，概分为四类，即钢心弹头、钢弹头、铅弹头和达姆弹头。伤口以钢弹头所致者为最小，铅弹头所致者甚大，因铅头出枪口后变为极不规则形状，例如达姆弹头（钢壳铅芯）所致则更大，且不易痊愈。盖子弹发射后，其后部每平方厘米受 2000～3000 帕气压的压力，钢壳开裂，铅芯外出，变成极不规则之形状。无论何种弹头，出枪口时，皆因枪膛内来复线关系而有旋转力，似与所致伤口大小无何关系。若在同一远距离射击，则长枪与短枪所致伤口尚可分别，且子弹往往不能穿透人体。若在同一近距离发射，则伤口较大，不易分别系何种枪所致之伤。照函示各节而论，似为较近距离发射。照函各节推想，似系铅弹头所击中。子弹在囟门，脑盖骨碎，无论何种子弹，皆属可能。

其次，林几用法医弹道学原理进行研究。林几分析，我国所常用之步枪口径多为7.92毫米，较近距离发射射入口可达9.0毫米。然手枪中旧式左轮手枪口径也近7.92毫米，故其所形成之射入口大小可与长步枪相似也。四个被害中三死一伤，甲、乙、丙各被害人枪伤之射入口均较小，射出口均较大，是乃较近距离射击表征。各被害人中枪部位而论，可确定为被杀，绝非自杀。其发射距离，甲乙射程在十数步至数十步，甲较乙为远，而距离丙最近，但其枪口亦非紧贴于囟门，至多五至十步以内。故其射入口炸开较大，头盖骨炸碎翻至耳后，系因头盖骨腔内原充满脑浆，其压力本系平衡，一时压力将充满头盖腔内液体压向周围，形成外翻之巨大创口。是乃脑液之反动压力也。按此原理，无论用何种子弹，如压力甚大，击碎头盖骨，均可形成巨大外翻之炸裂伤，实不一定如来文之验断书所云"系土制铅头开花子弹所中"也。但按各创口状态而论，应系枪弹伤也。据甲、乙、丙三尸中伤部位及子弹出入口弹道走向而言，甲、乙受伤时应系俯卧位，或蹲位，他人于甚近距离，自头顶向下射击。故甲、乙、丙三人似为被捉后之被处置者。而丁之伤部及子弹弹道方向而言，丁当系侧身在跑时被他人用枪从右前方约千米距离射击所致。因急跑，故握拳屈肘，于是枪弹乃经过右胁肋致肠子击破后斜向上穿右腋下，再斜向穿及右肘。

最后，林几下结论：死伤四人之伤口皆为长步枪或旧式左轮手枪所致，均为铅弹所中。无论何种子弹，如近距离射击，头顶均可形成头盖骨破碎外翻之伤型。甲、乙、丙所受射击系较近距离射击，丙尤近，不过数步以内，均为他杀。丁乃跑走时所受远距离之射击。甲、乙、丙受射击时系俯卧位或蹲位，系被捉后受处决者。

一八三、木乃伊尸体上验伤

宋慈《洗冤集录·杀伤》说："凡验杀伤，先看是与不是刀刃等物，及生前死后痕伤。"

这段话的意思是，检验被人打死的尸体时，首先要看致伤物"是与不是刀刃等物"，其次要判断伤痕是"生前"还是"死后"形成的。宋慈这样的观点，一直是后人的检验标准。但宋慈介绍的主要是死后不久新鲜尸体的检验，保存型尸体是否有检验条件，宋慈没介绍。

人死后发生死后变化，经过一段时间呈白骨化。但有的尸体因掩埋的地点和气候等变化，可能尸体呈木乃伊样改变。林几曾经历一起木乃伊尸体上验伤、验骨、验毒的法医学检验。

那是1933年8月8日受理的案件。

浙江鄞县地方法院检察处发函司法行政部法医研究所称："本院受理原告诉被告伤害其胞妹钱贵珠致死一案，请求依法开棺检验。业经庭讯，原告称其胞妹钱贵珠系被告毒死、打死及禁闭虐待而死。而被告称其妻钱贵珠系生病而死。双方各执一词。被害人钱贵珠系民国十六年七月（1927年7月）死亡，迄今历时六年之久，究竟是否被毒毙，或因伤而死，抑或系因病而死，自非经化验手续不足以明真相。相应将被害人尸首一具装入木箱，以本院封条固封，外钉铅皮，派本院法医送请贵所查收。烦请依法鉴定死因，填其鉴定书函复过处。"

受理案件后，林几主持鉴定，并指定祖照基、陈康颐、胡兆炜、陈安良、谢志昌、张成镳、陈豹等进行检验。

送检尸体系装于木箱内，外包以铅铁。表面封识不误。箱内为尸首一具，除发腐败呈火腿臭外，无著明之异臭。其皮肤尚完好，外形大部分呈木纤维褐色，小部分呈深褐色皮革样，而内脏腐败消失。肌肉干燥作肉松状，四肢形态如常，皮肤干燥，而手足骨尚未脱离。该足形状为内翻足（缠足），按以上检查所见，有木乃伊化之征象。

仔细检查木乃伊化尸体皮肤表面，尸长150厘米，尸表未发现有刀刺、砍的痕迹。检查尸骨：头颅额部见染有褐色血痂痕迹，刀刮不去。后颅顶部见染有褐色血痂痕迹，刀刮不去。左右两颞骨略有隆起。右侧前头颅及颅顶骨发现骨折裂开，呈线样骨折，略有弯曲。骨折有中断，上下不贯通，末尾有分歧。骨折周围附有明显血痂，故考虑应为受钝器暴击伤所致，系致命伤。其他，第九肋骨有一线样骨折有血痂附着，为非致命伤。

毒物化验：挥发性毒、强酸强碱类化验为阴性。生物碱类如防己素、苦味酸、秋水仙碱类为阴性。安眠药类化验为阴性。重金属类毒物为阴性。动物实验也为阴性。说明未发现中毒迹象。

林几结论：被害人尸体已干枯呈木乃伊样，在其前额两颞及头顶有骨折、血痂附着，系钝器打击之致命伤痕，左第九肋前段线性骨折较轻不至于致命，而化验未检见任何毒质。

根据林几教授的法医鉴定结论，法院很快对该历时六年之久的案件作出公正审判。

一八四、验濒死伤

宋慈《洗冤集录·死后仰卧停泊有微赤色》说："凡死人项后、背上、两肋、后腰、腿内、两臂上、两腿后、两曲、两脚肚子上下有微赤色。验是本人身死后一向仰卧停泊，血脉坠下，致有此微赤色，即不是别致他故身死。"

这段话的意思是，人死后在项后、背上、两肋、后腰、腿内、两臂上、两腿后、两曲、两脚肚子上下会出现淡红色斑。如果是尸斑，就不是其他原因死亡；如果排除尸斑，要考虑其他原因死亡。这里宋慈所说的"微赤色"，就是现代法医学所说的死后尸体现象之一的尸斑。

从宋慈《洗冤集录》记载，我们至少可以了解到：其一尸斑特点。宋慈介绍"凡死人项后、背上、两肋、后腰、腿内、两臂上、两腿后、两曲、两脚肚子上下有微赤色"，说明当时宋慈已了解人死后会出现"微赤色"尸体现象，以及分布在"死人项后、背上、两肋、两腿后"等的尸斑分布特点。其二尸斑形成。宋慈介绍："验是本人身死后一向仰卧停泊，血脉坠下，致有此微赤色。"说明当时宋慈已了解人死后尸斑系血管内血液下坠所致，即尸斑形成原理。其三无关外伤。宋慈介绍："致有此微赤色，即不是别致他故身死。"意思是，不要把尸斑误认为外伤；当然，也不能把外伤误认为尸斑。其区别的要点就是"验是本人身死后一向仰卧停泊"。也就是说，尸斑与死后尸体位置有关。另外，与颜色有关，如果出现不能解释的"尸斑"，就要考虑是否是"别致他故身死"。宋慈《洗冤集录》对后世法医学发展贡献很大，其中尸斑的形成特点及其原理就是一大贡献。

我国古代检验由官员完成，直至清末、北洋军阀时期才改由专门检验人员行使，称"检验吏"。至民国时期，根据1912年民国政府颁布的《刑事诉讼律》规定："遇有横死人或疑为横死之尸体应速行检验，检验得发掘坟墓，解剖尸体，并试验其余必要部分。""根据现场勘查和尸体检查，法医应提出死亡时间"，所以始出现法医师和法医检验员。

但是，民国初期法医严重缺乏，不少地方法院仍然由旧时留下的检验员经过培训从事法医工作。培训机构称为"司法讲习所"。培训内容包括法律、法令、理化和法医学等，其中，法医学第一个要掌握的内容就是尸斑和外伤的区别。培训者中不少是学医的，以致学员开玩笑地说："郎中看外伤，法医看尸斑。"

以后，又选拔合格人员在全国各地高等法院讲习所学习，并补充至高等以下审判庭任法医。讲习所培训开设法医学、指纹学、心理学等课程，并颁行内容简略的《检验新知识》一书。其间，北平、浙江等地大学也进行个别培训。

直至1932年，司法行政部法医研究所成立，聘留德博士林几教授为第一任所长，才开始正式培养法医。

到了建国初期，法医人才仍然缺乏。林几教授再次在南京培养法医人才，上的第一课也是有关尸体现象中尸斑的鉴别。刚好有一例外籍白种人尸体做解剖，由陈康颐主刀，林几观看，丁涛、吕瑞鑫当助手。林几教授请学员也去观看解剖。

林几拉胡炳蔚过去，指着尸体肩部说："这是濒死时受的伤"。"这种伤不易看到，因为是白种人，轻微出血尚可辨识。"

林几说："尸体检验中对尸斑与外力造成皮下出血的区分很重要，特别是濒死伤。尸斑是一种死后尸体现象。皮下出血则是由于钝器物打击身体表面，挫伤了皮下组织中的血管，血液积聚在皮下组织中，这是一种生前损伤的特征，是认定钝器物致伤的依据。皮下出血是因为血管受损破裂，而尸斑是血液下坠的结果。识别二者注意从部位上看，尸斑是在尸体的低下部位出现，受压部位可形成条状或不规整的苍白色压痕或红白相间的纹状尸斑；而皮下出血则仅在受钝器打击的部位才出现，无损伤的部位则不出现。"

林几教授以这具外籍白种人尸体为教材，又强调一下："尸斑出现在尸体低下部位，外伤是皮下出血。尸斑是尸体现象，外伤有炎症生活反应。这些在显微镜下可以看到，如果受伤局部有炎症细胞可以区别开来。"

检查内脏时，林几戴上手套，仔细观察每一脏器，并一一讲解。

检查完毕，林几高兴地说："解放了，在境内，外籍尸体也由我们中国人来检查。这在过去，不可思议。"

一八五、猝死也有季节性

宋慈《洗冤集录·四时变动》说："盛热，尸首经一日，即皮肉变动。盛寒五日，如盛热一日时。"

这段话的意思是，尸体腐败四季都不一样。夏季盛热，死后 24 小时尸体就开始腐败；冬季盛寒时 5 天才腐败。不能把 24 小时内称早期尸体现象，24 小时后称晚期尸体现象。

这里宋慈提出了一个尸体腐败"四时变动"季节性规律的问题。

尸体腐败有季节性规律性，猝死有季节性规律吗？这是现代法医学奠基人林几教授提出的问题，研究表明猝死也有季节性规律。

何谓猝死？林几解释说："指一个外表看起来似乎健康的人因患有潜在的疾病或功能障碍而发生突然意外的非暴力死亡。多有某些诱因，如狂喜、恐惧、剧烈运动、轻微外伤等。有时发生在睡眠中或休息中。猝死是自然疾病引起死亡，本不涉及法律，但因发病突然、死亡急速、死因不明，或怀疑自杀、他杀，或怀疑中毒而成法医学鉴定的对象，而且在法医学尸体检查中占有重要地位。"

林几感到，过去这类案件错判较多，甚至有的对找不到死因的尸体不做全面尸检，就"判为心脏猝死，精神反射致死"。

对于"人命关天的医政检案，岂能如此草率行事"。林几说："近各国法医学界，因病理及临床学大有进步，对内因猝死之原因已不能如从前作模棱两可之验断矣！"

如何对不明原因死亡的尸体作详细检查并下正确结论呢？

林几查阅了大量资料，他发现德国人海利许氏、法国人马鲁伯氏、日本人小南氏及奥地利人威伯尔氏都对本地区的法医鉴定中不明原因死亡的案例做过统计。

从这些资料中可以看出，国外不明原因死亡的疾病依次以心、脑、肺、消化系统为主，其中冠心病竟占三分之一。这引起了林几的注意，于是他开始潜心研究中国的发病情况。

他以自己工作过的北京、上海为基地，广泛收集案例，统计发案率。他发现不明原因猝死案例，自 1932 年 8 月至 1937 年 7 月北京、上海两地 5 年检案 2000 多例中，占 3%，与欧美各国统计的发案率 2%～3% 相似，其他为外伤 46.5%，中毒 27%，窒息 23.5%，则与欧美各国有所不同。

林几进一步研究了猝死发病与诱因以及季节的关系，发现"暮夜、中宵、七至九月间最常见"。

从年龄上看，年轻人大多有外力诱因，但其暴力不足以引起死亡。老年人多无外来诱因，约占总数七分之二。男性中，以酒精中毒诱发猝死多见，女性多见于子宫破裂、分娩期猝死等。而"血行系统（心血管系统）及肝肾功能病变的劳动者及老人，多因过度劳累疾病发作突然死亡"。

此外，即使我国猝死案例发病率在总体上与国外相近，但病种上却有所不同。我国20世纪 30 年代心血管疾病中除以梅毒心脏病变多见外，脑梅毒及其他脑膜炎也不少。消化道疾病中，以肠穿孔（可能与肠伤寒引起穿孔有关）、脾脏自发破裂多见，其次为霍乱、伤寒急死等，值得一提的是，酒精中毒诱发猝死的比例很高，占19%。

这些统计数据反映了当时的中国医疗卫生条件和社会现状，特别是反映了当时梅毒以及其他传染病，如伤寒、痢疾、霍乱等在国内的传播及酗酒现象的存在。目前则以冠心病猝死为最多见。这一研究不仅对法医学检案有实际意义，对医疗防范也有指导意义。

林几通过多年检验，总结说："原因不明猝死要详细检查，完整尸体解剖，了解体内潜在疾病或特异体质。外来因素有恐吓，轻微外伤乃至剧笑、饥渴、过劳等，皆可引起内在原因之突然发作死亡。"

林几说："内在原因为猝死之基础，而外在原因则不过为内因发作之诱因而已。"

林几以科学的态度探讨不明原因死亡的奥秘，是对中国法医界的一大贡献。

一八六、法 推 洞 垣

宋慈是福建人，他写的《洗冤集录》的影响力却远远超过宋慈的著书初衷。先是在国内流传，后在国外传播。因此，宋慈成为中国乃至世界的法医学鼻祖。

这里有个故事：1873 年英国剑桥大学东方文化教授嘉尔斯（H.A.Giles）在宁波传教时，见官府升堂时案桌上摆着一本书，不时认真阅读翻看；官员被派到现场验尸时也带着这本书，随时翻阅参考；官员现场验尸回来，还在翻阅这本书。嘉尔斯教授很好奇，就问宁波的一位朋友。这位朋友就带他到官府，问官员"为什么一直看这本书呢"。嘉尔斯教授这么一问，才明白，这本书叫《洗冤集录》。

后来，嘉尔斯教授才知道，宋慈《洗冤集录》一经刊出，即不胫而走，宋之后元、明、清历朝检验官吏无不作为办案必备之书，甚至成为考试内容，并收入四库全书目录。在清代，官府还专门校对出版官方检验标准《大清律例校对洗冤录》。事实上，《洗冤集录》出版后 700 多年里，历代重刊、再版可以查证的就达 39 种之多。其中，以王与的《无冤录》、孙星衍的《宋提刑洗冤集录》、许槤的《洗冤录详义》等影响较大。在国外，《洗冤集录》传至邻邦及欧、美，各种译本达 9 国 21 种之多。其中，朝鲜 3 种、日本 8 种、越南 1 种、荷兰 1 种、德国 2 种、法国 3 种、英国 1 种、美国 1 种、俄罗斯 1 种。

一般说来，史学家的评价是中肯的。著名世界科学技术史学家李·约瑟博士（Dr.Joseph Needham，1900～1995），在他的《中国科学技术史》一书中指出："宋慈是世界最早的法医学奠基人。"他对《洗冤集录》评价时说："宋慈著的《洗冤集录》（1247）是所有文明中最早的一部法医手册，比奠定欧洲法医基础的福图那托·菲德里和保罗·扎西亚的著作要早得多。"

从李·约瑟博士的评论，我们可以看出，宋慈是个受人尊敬的科学家，与历史上狄公、包公等许许多多流传断狱故事人物不同，宋慈是个活生生的法医检验先驱，是世界最杰出的法医学家。他和《洗冤集录》都是实实在在、有据可查、有书记录的。宋慈和他的《洗冤集录》，将永远载入世界科技史之中。

透过李·约瑟博士和林几教授的评论，我们可以看到，《洗冤集录》是最早的世界法医学著作，宋慈是最杰出的世界法医学之父，这是中国人的骄傲，中华民族的骄傲！在数千年的历史长河里有多少杰出人物乃至权倾一世、盛极一时的帝王将相若干年后大多会化为灰烬，有如大浪淘沙，所剩只有几人而已！帝王将相尚且如此，一般人物在历史上几无留下痕迹的机会。但是，宋慈不同，历朝历代、不分语言国界、不分种族肤色，大家迄今还在研究他、怀念他，以不同的方式寄托对他的敬仰！他和他的《洗冤集录》将永远留在世人心中，永远载在世界科技史册上！历朝历代、不分国界语言、不分人种肤色，大家迄今还在研究他、怀念他，以不同的方式表达对他的敬仰！

细嚼李·约瑟博士的评论，我们可以看到，宋慈的名字已镌刻青史。

不问为什么，因为历史已作出回答，事实已作出回答，专家已作出回答。

福建还有一个令人骄傲的人，他叫林几。林几博士从崇拜老乡宋慈到被公认为中国现代法医学奠基人，从留学回国到创办中国第一个法医研究所，从法医检验到著书立说，走的是和宋慈一样的道路，做的是和宋慈一样的工作，一生和宋慈一样只干法医鉴定这一件事，他成了现代宋慈。史学家也有评论：在中国历史上有两个划时代的法医人物，一个是南宋的宋慈提刑，一个是现代的林几教授。

其实，当年法学界评价更为具体。1933 年，林几教授创办历史上第一部法医学杂志《法医月刊》，法学家读后，眼睛为之一亮。时任司法行政部部长的罗文干就挥笔写下题词"法推洞垣"四个字。

"法推洞垣"中的"法推"指法官，"洞垣"指清代陈士铎医学著作《洞垣全书》。这是对林几主编《法医月刊》的褒奖，意即法医学"洗冤"如同医书《洞垣全书》一样起死回生。深层的意思是，要成为一个刑案好法官，或者刑事法官要办好案子，要有法医学知识，要研究法医学，要应用法医学。同时，为了避免办错案，还要把法医学书籍为法官手头的工具书和断案技术标准。

罗文干题词"法推洞垣"

今天读来，受益良多。

一八七、从文化角度谈我国历史上两个划时代
法医人物的出现

2014 年 5 月 3 日，福建省图书馆主办了一次马照南先生的以"福建文化对中华文化三次大贡献"为主题的讲座。大致内容：福建文化对中华文化的第一大贡献——海洋文化与南岛语族迁移。马照南先生说，福建是中国海洋文化的重要发源地。福建文化对中华文化的第一次大贡献，突出表现在"海洋文化与南岛语族"的影响力。距今 5000 年左右，南

岛语族的祖先在离开中国大陆福建东南沿海以后，开始了漫长的南移，在到达的每一个岛屿上扎根之后，又有更多的人继续利用独木舟航行。直到距今 1000 年左右，南岛语族的后代才完成了这一横跨太平洋的海上移民壮举。南岛语族的后人与各个岛屿上的原住民文化进行碰撞和融合，彼此改变了自身的文化。迄今，南岛语系是目前最大的一个语系，人口约有 2.7 亿。比如，闽方言包括闽南语、福州话等语言，脚都叫"ka"，南岛语系的 1000 多种语言里，大部分有关腿或脚的词叫"ka"。近几十年以来，福建考古部门和美国、澳大利亚等国家的有关机构，在福建沿海，进行了多次的合作挖掘，从福建霞浦、平潭岛、昙石山、晋江、东山都发现南岛语族考古现场。平潭壳丘头遗址发现了目前最早的段石锛，有 6000 年左右的历史。壳丘头，就是南岛语族最早离开原乡的起点。马照南说，从壳丘头文化、昙石山文化，到 2200 年之前的闽越国文化，到连江独木舟、蛋民、妈祖文化、海丝、郑和下西洋等，福建海洋文化，一以贯之、一脉相承，对中华文明产生了重大的影响。福建文化对中华文化的第二大贡献——朱子理学与法律文化。马照南引钱穆先生所说："在中国历史上，前古有孔子，近古有朱子。此两人，皆在中国学术思想史及中国文化史上发出莫大声光，留下莫大影响。旷观全史，恐无第三人堪与伦比。"马照南认为，正是福建人朱熹带领中国进入了"四书"时代，也就是成熟发展的中华文化新时代。朱子理学在中华文化发展史上完成了对儒家文化的消化与吸收，使中华文化在哲学层面、道德层面、价值观层面走在前列，并使儒家思想法律化，进一步完善了中华法系。朱熹用了 40 年的时间编注确立了"四书"，而且是在福建确立的。福建文化对中华文化的第三大贡献——闽都文化与走向世界。福建文化对中华文化的第三次大贡献，是以林则徐、严复为代表的近代闽都文化。闽都文化开启救亡图存、走向复兴的新时代，而且在与西方文化的交融中以"壁立万仞"的文化自信和"睁眼看世界"、"海纳百川"的胸襟努力实现对西方文化的消化与吸收，为实现文化复兴增添底气，提供了经验。

这次讲座，勾起了人们对历史人物出现的思考。宋慈和林几是公认的我国历史上划时代的法医人物，他们二人都是福建人，应该结合历史进程和文化演变来研究。我们发现，福建文化的第二次大贡献和第三次大贡献正是这两个划时代法医人物出现的年代。虽然，马照南先生也没有就福建文化对中华文化三次大贡献出现的原因进行论证，但文化的印记给了我们很大的启发。

南宋时期出现宋慈，其《洗冤集录》是中华文化的一部分，我们前面已作专门介绍，这里说说林几。

从文化角度出发，福建首府福州市自古就有"海滨邹鲁"美誉，历代状元 26 名，进士 4000 多名。1842 年 8 月，中英签署《南京条约》，规定福州于清道光二十三年（1843）辟为"五口通商"口岸之一。近代史是中国的屈辱史，也是惊醒国人的时代。福州人以一种走向世界、改变现状的姿态示人，出现了不少"科学救国"的仁人志士。福州因而又成为近代史的一个重要城市。走在福州的老城区，不时会撞见近代名人故居。民族英雄林则徐祠堂故居、北大第一任校长翻译家严复故居、清末船政大臣沈葆桢故居、文学家冰心故居、辛亥革命烈士林觉民故居。福州还有一个远离城市喧嚣的海港马尾，在中国近代史中更为著名。清末中法马江海战、五口通商标在外国航海图上的"罗星塔"，马限山上的炮台和山上的英国领事馆、监狱，还有清末设立的"总理船政事务衙门"，这是中国海事与现代造船的鼻祖。福州市内有座乌山，摩崖石刻遍布。福州的三坊七巷更是文化底蕴深厚，一座三坊七巷半部近代史。"谁知五柳孤松客，却住三坊七巷间"，三坊七巷人杰地灵，是出洋留学、出将入相的所在，历代众多著名的政治家、军事家、科学家、文学家、诗人从这里走向辉煌。近代以后的重要历史事件，如虎门销烟、洋务运动、戊戌变法、五四运动、一二·九运动、卢沟桥事变等，都是中国历史发展的关键点。从"三坊七巷"中走出的许多人物都在这些事件中扮演了时代推手的重要角色，特别是福州人勤奋、爱国、求学、善包容、不服输的精神表现得淋漓尽致。值得一提的是，中国现代法医学奠基人林几教授，也是从"三坊七巷"走出去的。

从清末民初法律制度出发，我们可以看到司法检验制度发生的变革。同治十三年（1874），林则徐女婿两江总督沈葆桢于杨乃武案后上折《请免仵作马快两途禁锢疏》："将仵作照刑科书吏一体出身，马快照经制营兵一体出身，俾激发天良，深知自爱，养其廉耻，竭其心力，庶命案盗案来源易清。倘仍作奸犯科，自有加等惩办之法。"意思是给予仵作一个出身，但这个建议因清廷复议"格于例"而没有被采纳。因此，近代最早提出"仵作比照书吏"的是福州人沈葆桢，但时隔30多年后才有官员再提议案。将仵作改作检验吏是晚清与之前各朝古代法医学发展的最大区别之一。宣统三年（1911）《刑事诉讼律（草案）》出台。该草案"酌采各国通例，实足以弥补传统中国旧制之所未备"。其中，出现"鉴定人"字样，这是中国历史上首次提到检验人员的称呼。民国初期，虽然出台民事、刑事诉讼法，规定法医鉴定人制度，但外国人在华治外法权存在和鉴定人匮乏，法医鉴定步履艰难。

林几（1897~1951），字百渊，福州人，出生在三坊七巷竹柏山房的一个书香家庭。祖父林春溥是一位清末著名的教育家、史学家、著书《竹柏山房丛书》。父林志钧，早年留学日本，曾任北京法政专门学校教务主任、司法部司长参事、清华大学教授等职。林几5岁入私塾，从小在"竹柏山房"长大。关于"竹柏山房"，林几祖父林春溥在《自序竹柏山房》道："竹柏山房者，嘉庆癸酉先舅氏秋坪公所题，予旧居斋额也。公所居距予居不一里，暇辄与先君子相过从，谈道讲艺无虚日。予以斋名为请，公曰：左太冲诗'峭菁青葱间，竹柏得其真'子庭前有竹有柏，可以名斋矣，为篆书'竹柏山房'以赐。"可见其文化底蕴之深！林几10岁随父林志钧到京，入新学。1916年留学日本学法政，因参加爱国游行被迫回国。1918年考入北平医学专门学校，毕业后留校任病理学助教。1924年由校方派往德国维尔茨堡大学医学院学习两年，专攻法医学，后又在柏林医学院法医研究所深造两年。1928年毕业，获医学博士学位。是年回国后，受北平大学医学院之聘，筹建法医学教研室，并任该室主任教授，他边教学边研究，同时承办了各省市法院送来的法医检验。1932年受司法行政部委托，到上海筹建法医学研究所，任所长。林几积极培养法医学人才，从医学院毕业生中招收法医学研究生，培养两年结业，由司法行政部授予"法医师"证书；受理全国各级法院送检的有关法医检验、鉴定案件，创办《法医月刊》；建立学术组织"法医学研究会"，成绩斐然。1935年林几重返北平大学医学院法医学教研室任主任教授。抗战爆发，随北平医学院辗转西安、汉中、南郑等地教学。1939年任中央大学医学院教授，建立法医科，开办法医学专修科培养人才。1949年筹办全国法医高级师资班，1951年夏开班教学，不幸于1951年冬病逝于任内。我国现代法医学的开创和奠基始于林几，我国现在的老一辈法医学家大多是林几的学生和他的学生培养出来的，我国现在不少法医学基地和高校法医系是他的学生建立起来的。林几以爱国责任心和顽强的毅力，使我国迈向现代法医学的行列，我们要记住他的名字和功绩。特别要强调的是，林几靠什么取得如此辉煌的成绩？是靠他极强的历史自觉性，靠他骨子里的深切爱国情怀，靠他持之以恒的实际行动！在林几那个年代，多少人中途退却离去，可是林几没有，这是最根本的文化力量！

20 世纪 30 年代，史学家蒋廷黻在他的《中国近代史》中说："近百年的中华民族根本只有一个问题，那就是：中国人能近代化吗？能赶上西洋人吗？能利用科学和机械吗？能废除我们家族和家乡观念而组织一个近代的民族国家吗？能的话，我们民族的前途是光明的；不能的话，我们这个民族是没有前途的。"林几教授认为，中国是有前途的，中国有辉煌的古代法医学历史，虽然近代落后了，但能赶上西方，能利用科学和仪器，发展中国现代法医学。在强大的中华文化感召下，在他的努力下，中国法医学逐步走向了现代化！

由此，时代造就了林几，文化培养了林几，我们要为中国继宋慈之后又出现林几而感到骄傲！

历史是有温度的，它的载体就是文化。愿更多的人来共同欣赏、研究法医文化。

参 考 文 献

陈新山，张益鹄.1990. 性交诱发猝死 2 例. 中国男科学杂志，4（1）：46-47.

冯雪.2016. 我国古代法医学检验制度对当代法医学鉴定的启示. 法医学杂志，32（2）：137-142.

洪丕谟.2001. 唐朝法医检验. 中国司法鉴定，1（1）：64-66.

黄瑞亭.1994. 法医昆虫学研究进展. 法律与医学杂志，（1）：18-25.

黄瑞亭.1995. 法医青天——林几法医生涯录. 北京：世界图书出版公司，30-96.

黄瑞亭.2004.《洗冤集录》与宋慈的法律学术思想. 法律与医学杂志，11（2）：123-126.

黄瑞亭.2006. 宋慈《洗冤集录》与宋朝司法鉴定制度. 中国司法鉴定，22（1）：57-60.

黄瑞亭.2010. 对《洗冤集录》中特殊方式窒息死亡探讨. 中国法医学杂志，（6）：461-463.

黄瑞亭.2012. 法庭科学真谛. 证据科学，20（4）：489-499.

黄瑞亭.2012. 我国仵作职业研究. 中国法医学杂志，27（5）：441-443.

黄瑞亭.2013. 我国古代法医语言的现代借鉴价值. 中国司法鉴定杂志，70（5）：114-118.

黄瑞亭.2014. 林几. 厦门：鹭江出版，126-199.

黄瑞亭.2014. 林几教授与他的《实验法医学》. 中国司法鉴定杂志，75（4）：110-114.

黄瑞亭.2015. 法医月刊办刊特色与历史作用. 中国法医学杂志，30（5）：114-115.

黄瑞亭.2015. 我国古代诬告检验的现代研究价值//常林. 法庭科学文化论丛，2：33-45.

黄瑞亭.2016. 宋慈及《洗冤集录》产生的历史文化条件. 中国法医学杂志，31（4）：127-130.

黄瑞亭，陈新山.2005. 百年中国法医学. 中国法医学杂志，（5）：318-319.

黄瑞亭，陈新山.2008.《洗冤集录》今释. 北京：军事医学科学出版社，234-244.

黄瑞亭，陈新山.2011. 话说大宋提刑官. 北京：军事医学科学出版社，123-157.

黄瑞亭，陈新山.2015. 中国法医学史. 武汉：华中科技大学出版社，136-143.

贾静涛.1981. 中国古代法医学史. 北京：群众出版社，67-68.

林几.1936. 法医学史略. 北平医刊，8：22-27.

刘京菊.2008. 吾道南矣——道南学派之考辩. 孔子研究，2：17-25.

昴巍.2014. 宋慈卒年考. 中国司法鉴定，75（4）：115-117.

钱宗豪.2006. 宋慈与中国司法鉴定. 中国司法鉴定，22（1）：61-62.

沈敏.2012. 鉴证实录（50 年代司法鉴定案例精选）. 北京：科学出版社，173-294.

王立民.2001. 中国法律制度史. 上海：上海教育出版社，156-163.

王溥.1978. 五代会要（卷八）·丧葬上. 上海：上海古籍出版社，137.

吴冬.2016. 仵作研究评述. 中国法医学杂志，31（3）：324-326.

徐忠明.1996.“仵作”源流考证. 政法学刊，（2）：23-27.

杨奉坤.1984. 仵作小考. 法学，（7）：42-43.

杨奉琨.1988. 疑狱集·折狱龟鉴校释. 上海：复旦大学出版社，1-15.

殷啸虎.2001. 中国古代司法鉴定的运用及其制度化发展. 中国司法鉴定，1（1）：61-63.

余德芹.2010. 元明时期法医学文献整理研究. 贵阳：贵州中医学院硕士学位论文，5.

俞荣根.2000. 中国法律思想史. 北京：法律出版社，185-211.

俞荣根，吕志兴.2006. 中国古代法医：宋（慈）学——宋慈及其《洗冤集录》. 中国司法鉴定，22（1）：55-56.

张友渔.1985. 中国大百科全书（法学）. 北京：中国大百科全书出版社，555-556.

Huang Ruiting.1992. Professor Lin Ji（1897-1951）. Forsenic Science International，5：53-54.

附录 1　国内流传的《洗冤集录》各种增补本、校译本和注释本

《宋提刑洗冤集录》现存最早的版本是元刻本；

《宋提刑洗冤集录》兰陵孙星衍重刊本或称《岱南阁丛书》本；

《永乐大典》中辑出的 2 卷本；

《明清所著洗冤录增补及注释十七种》十七种五十六卷、附录四种四卷；

《洗冤集说》八卷　清陈芳生撰（清康熙 26 年丁卯刻本，1687）；

《洗冤汇编》一卷、附录一卷　清郎廷栋撰、清杨朝麟重订（清康熙 49 年甲辰，
　　1784）；

《洗冤集录》四卷　清曾恒德撰（清康熙 53 年戊申，1788）；

《洗冤录集证》五卷　清王又槐辑、清李观澜补释（清嘉庆元年丙辰，1796）；

《洗冤录全纂》四卷、附录一卷　清华希高辑（清嘉庆 8 年癸亥经德堂刻本，1803）；

《洗冤外编》一卷、续录一卷　清吴家桂辑、清王有孚辑续录（清嘉庆 12 年丁卯，
　　1807）；

《洗冤录辨正》一卷　清瞿中溶撰（清道光 7 年丁亥，1827）；

《洗冤录解》一卷　清姚德豫撰（清道光 11 年辛卯，1831）；

《洗冤录全纂》六卷　清李观澜辑、清阮其新补注（清道光 11 年辛卯，1831）；

《洗冤录集证》（又名《童氏洗冤录集证》）四卷　清童濂删补（清道光 23 年癸卯，
　　1843）；

《洗冤录详义》四卷、首一卷　清许梿编（清咸丰 4 年甲寅，1854）；

《洗冤录检验总论》（又名《祥刑古鉴》）二卷、附编一卷　清宋邦僖编辑（清同治
　　刻本）；

《洗冤录摭遗》二卷　清葛元煦撰（清光绪 2 年丙子，1876）；

《洗冤录摭遗补》一卷　清张开运撰（清光绪 2 年丙子，1876）；

《洗冤录义证》四卷　清刚毅编、诸可宝校（清光绪 17 年辛卯江苏书局，1891）；

《补注洗冤录集注》五卷　清曾慎斋注（清宣统元年己酉文瑞楼石印本，1909）；

《洗冤录歌诀》一卷　清辑（清宣统元年己酉甘肃官报书局铅印本，1909）；

《不碍轩读律六种》清王有孚辑（清嘉庆 12 年丁卯，1807）；

《洗冤外编》一卷、续录一卷　清吴家桂辑、清王有孚辑续录；

《急就方补遗》一卷　清王有孚辑；

《秋审指掌》一卷　清王有孚辑；

《折狱金针》一卷　清吴家桂辑、清王有孚录；

《刺字会钞》一卷　清王有孚辑；

《慎刑便览》一卷　清王有孚辑；

《一得偶谈》一卷　清王有孚撰；

《丛书集成（初编）》1937年商务印书馆；

《〈洗冤集录〉点校》1958年法律出版社；

《〈洗冤集录〉校译》1981年上海科学技术出版社，贾静涛点校本；

《〈洗冤集录〉今释》2008年军事医学科学出版社，黄瑞亭、陈新山注释本；

《话说大宋提刑官》2011年军事医学科学出版社，黄瑞亭、陈新山编著。

附录 2　宋经略墓志铭

（南宋·刘克庄）

余为建阳令，获友其邑中豪杰，而尤所敬爱者曰宋公惠父。时江右峒寇张甚，公奉辟书，慷慨就道，余置酒赋词祖饯，期之以辛公幼安、王公宣子之事。公果以才业奋，历中外，当事任，立勋绩，名为世卿者垂二十载，声望与辛、王二公相颉颃焉。公没且十年，而积善之墓未题，其孤奉故左史李公昂英之状来曰："先君交游尽矣，铭非君谁属？"宋氏自唐文贞公传四世，由邢迁睦，又三世孙世卿丞建阳，卒官下，遂为邑人。曾大父安氏，大父华，父巩，以特科终广州节度推官，赠某官，母某氏，赠某人。公少耸秀轩豁，师事考亭高第吴公雄，又徧参杨公方、黄公榦、李公方子，二蔡公渊、沉，孜孜论质，益贯通融液。暨入太学，西山真公德秀衡其文，见谓有源流，出肺腑，公因受学其门。丁丑，南宫奏赋第三，中乙科。调鄞尉，未上，丁外艰。再调信丰簿。帅郑公性之罗致之幕，多所裨益。秩满，南安境内三峒首祸，毁两县二寨，环雄、赣、南安三郡数百里皆为盗区。臬司叶宰惩前招安，决意剿除，创节制司准遣阙辟公。时副都统陈世雄拥重兵不进；公亟趋山前，先赈六堡饥民，使不从乱。乃提兵三百倡率隅总，破石门寨，俘其酋首。世雄耻之，逼戏下轻进，贼设覆诱之，兵将官死者十有二人。世雄走赣，贼得势，三路震动。公欲用前赈六堡之策，白臬使，数移文仓司。魏仓司大有置不问，闻公主议，衔之。公率义丁力战，破高平寨，擒谢宝崇，降大胜峒曾志，皆渠魁也。三峒平，幕府上功，特改合入官。臬去仓攝，挟忿庭辱，公不屈折，拂衣而去。语人曰："斯人忍而愎，必召变"。魏怒，劾至再三。不旋踵魏为卒朱先所戕。闽盗起，诏擢陈公进韡为招捕使，陈公用真公言，檄公与李君华同议军事。主将王祖忠意公书生，谩与约分路克日会老虎寨。王、李全师从明溪柳杨，公提孤军从竹洲，且行且战三百余里，卒如期会寨下。王惊曰："君智勇过武将矣。"军事多咨访。时凶渠猾酋掎角来援，护军主将矛盾不咸。公外攘却，内调娱，先计后战，所向克捷，直趋招贤、招德，擒王朝茂，破邵武者也。杀严潮，降王从甫，与李君入潭州瓦砾，百年巢穴一空，唯大酋丘文通挟谋主吴叔夏、刘谦子窜入石城之平固。公与偏将李大声疾驰平固，执文通、叔夏、谦子以归。昭德贼酋徐友文谋中道掩夺，併俘友文以献，大盗无漏网者。先是，魏劾疏下，陈公奏雪前诬，复元秩。汀卒囚陈守孝严，婴城负固。陈公檄公与李君图之。既至，先设备，密写抚定旗牓。公与李军坐堂下，引郡卒支犒，卒皆挟刃入，李公色动，公雍容如常，命臬七卒，出旗榜贷余党，众无敢哗。辟知长汀县。旧运闽盐，踰年始至，吏减斤重，民苦抑配。公请改运于潮，往返仅三月，又下其估出售，公私便之。再考，朝家出二枢臣视师，曾公从龙督江淮，魏公了翁督荆襄，曾公辟公为属。未至而曾公薨，魏公兼督江淮，遣书币趣公，宾主懽甚。每曰："赖有此客尔。"结局，独辞赡家发路黄金五十星。通判邵武军，摄郡，有遗爱。通判南剑州，不就。杭相李公宗勉擢貳天府，除诸军料院。浙右饥，米斗万钱，毗陵调守，相以公应诏。入境问俗，叹曰："郡不可为，我知其说矣，强宗巨室始去籍以避赋，终闭粜以邀利，吾当伐其谋尔。"命吏按诉旱状，实各户合输米，礼致其人，勉以济糴。析人户为五等，上焉者半济半糴，次糴而不济。次济糴俱免，次半糴半济，下焉者全济之。米从官给，众皆奉令。又累乞蠲放，诏阁半租。明年大旱，祷而雨。比去，余米麦三千余斛、镪二十万、楮四十万。擢司农丞，知赣州。当路以要官钩致，遽公不答，劾免。后要官果有坐附丽斥者。起知蕲州，道除提点广东刑狱。名节制摧锋军，实不受令。公请缓急得调遣，从之。南吏多不奉法，有留狱数年未详覆者。公下条约，立期程，阅八月决辟囚二百余。移节江西，赣民遇农隙率贩鹾于闽、粤之境，名曰盐子，各挟兵械，所过劖掠，州县单弱，莫敢谁何。公鳞次保伍，讥其出入，奸无所容。举行之初，人持异议。事定乃大服。谏省奏乞取宋某所行下浙右以为法。兼知赣州，旴属盗窃发，言者归咎保伍，经筵有为公辨明者，章格不下。蜀相游公似大拜，以公按刑广右，循行部内，所至雪冤禁暴，虽恶弱处所，辙迹必至。除直秘阁，核湖南。会陈公以元枢来建大阃，兼制西广，辟公参谋。以公手疏岭外事宜缴奏，宸翰："宋某所陈确实可用，若能悉意助卿保釐南土，旌擢未晚。"鬼国与南丹州争金坑，南丹言鞑骑追境，宜守张皇乞师。公白陈公："此虏无飞越大理、特磨二国直擣南丹之理。"已而果然。进直宝谟阁，奉使四路，皆司臬事，听讼清明，决事刚果，抚善良甚恩，临豪猾甚威。属部官吏以至穷阎委巷、深山幽谷之民，咸若有一宋提刑之临其前。擢直焕章阁、知广州、广东经略安抚，持大体，宽小文，威爱相济。开阃属两月。忽感末疾，犹自力视事。学宫释菜，宾佐请委官摄献，毅然前往，由此委顿。以淳祐九年三月七日终于州治，年六十四，秩止朝议大夫。明年七月十五日，葬于崇乐里之墓窠。娶余氏，继连氏，皆封。国宝、国子乡贡进士。秉孙，正奏名，未廷对，皆力学济美。二女，长适登仕郎梁新德，次适将仕郎吴子勤。三孙宪、㸅、湘，并将仕郎。公博记览，善辞令，然不以浮文妨要，惟据案执笔，一扫千言，沈着痛快，讠建健破胆。砺廉隅，峻风裁，然不以己长傲物，虽晚生小技，寸长片善，提奖荐进，寒畯吐气。每诵诸葛武侯之言曰："治世以大德，不以小惠。"其趣向如此。性无他嗜，惟善收异书名帖。禄万石，位方伯，家无钗泽，厩无驵骏，鱼羹饭，敝缊袍，萧然终身。晚尤谦挹，扁其室曰"自牧"，丞相董公槐记焉。昔张禹、马融皆起书生，既贵，或后堂练丝竹管弦，或施绛纱帐，列女乐，其尤鄙者至以金盆濯足，甚哉居养之移人也! 惟本朝前辈宋宣献、李邯郸好藏书，唐彦猷好砚，欧阳公好金石刻，公似之矣。余既书公大节，又著其细行于末。公讳慈，惠父字也。铭曰："其儒雅则遵、毅也，其开济则瑜、肃也，其威名则颇、牧也，其恩信则羊、陆也，敌将扼吾吭而干吾腹也，上方备边，宜而忧襄、蜀也。哀哉若人之不淑也，求之之难也而夺之之速也。脱车之辐而踠骥之足也，嗟后之人勿伤其宰上之木也。"

附录3 探访宋慈故里昌茂坊

2016年4月13日，宋慈故里福建建阳崇雒乡昌茂坊举行《世界法医学奠基人宋慈》邮票首发式。邮票首日封吸引了不少村民，宋慈纪念园人头攒动。虽然下着小雨，但村民打着伞，等待仪式开始。邮票首发式在崇雒乡昌茂坊这样一个乡村发行，这在我国还是第一次。作者作为"纪念邮票首发式"的特邀嘉宾，提早1小时到场，也着实被这场面和人们对宋慈的喜爱所感动。

宋慈邮票首日封在宋慈故里福建建阳崇雒乡昌茂坊发行

在崇雒昌茂坊，问及村民这里的古代名人，无一例外地大家都提及宋慈。宋慈的故里正是在今昌茂坊一带，宋慈的墓地就坐落在昌茂坊附近。

会前探访昌茂坊村发现该村的村民很热情，看到背着挎包的"外乡人"，就问："啊，你们是去看宋慈墓吧！""今天宋慈邮票首发式，一人可领一份首日封。"我们说，时间还早，想到村里走走。话刚讲完，有个20多岁的小伙子把我们带到村里。

在村口，一座高高耸立着的门楼映入眼帘，高有8米左右，宽有4米，圆弧形的门，走进去是一条小巷，两侧是栋栋古老的房子。门楼是青砖贴面，青砖比常见的砖块要大出许多，透露出几许古意，门楣上刻着"高藩其昌"四个大字。"高藩其昌"四个字是砖雕，在明清时期很时髦。据说这座门楼是清朝时期的建筑，有300年的历史了。

宋慈墓地坐落在建阳昌茂坊附近

这个小村及周边一带，在古代是很出名的，旁边的一条小溪叫芹溪，也有九曲之称。宋朝时，朱熹从五夫里往返于建阳考亭书院讲学，都是走这条水路。朱熹是这样描写芹溪九曲的：

九 曲 棹 歌

朱 熹

武夷山上有仙灵，山下寒流曲曲清。

欲识个中奇绝处，棹歌闲听两三声。

一曲溪边上钓船，幔亭峰影蘸晴川。

虹桥一断无消息，万壑千岩锁翠烟。

二曲亭亭玉女峰，插花临水为谁容。

道人不作阳台梦，兴入前山翠几重。

三曲君看驾壑船，不知停棹几何年。

桑田海水兮如许，泡沫风灯敢自怜。

四曲东西两石岩，岩花垂露碧绿毵。

金鸡叫罢无人见，月满空山水满潭。

五曲山高云气深，长时烟雨暗平林。

林间有客无人识，矣乃声中万古心。

六曲苍屏绕碧湾，茆茨终日掩柴关。

客来倚棹岩花落，猿鸟不惊春意闲。

七曲移舟上碧滩，隐屏仙掌更回看。

却怜昨夜峰头雨，添得飞泉几道寒。

八曲风烟势欲开，鼓楼岩下水萦回。

莫言此地无佳景，自是游人不上来。

九曲将穷眼豁然，桑麻雨露见平川。

渔郎更觅桃源路，除是人间别有天。

可惜的是，现在这样的景色已不复过往了。人们只知道武夷山九曲，已经不知道芹溪九曲了。而现在问及有多少人记得朱熹《九曲棹歌》，当地人都会摇头说"不知道"。然而，更多的人都会对宋慈业绩说上一两句。当地还有人写下诗来感叹：

崇雉村乡处处芳，宋慈故地验名彰。

芹溪九曲游人爱，朱子千回享誉香。

如是庵前燃禧火，孔山砚上有仙乡。

千年百载含春露，燕鹤迎人展翅扬。

走进昌茂坊，就可看到"福隆菴"和"慈航普济"字样的一所没人住的房子。在房子的对面，村民告知那里有宋慈夫妇的塑像。只见宋慈头戴宋代的官帽、身穿官服，旁边是一个端庄的宋慈夫人。真没想到，宋慈逝世700多年后还有村民给他塑金身供奉。而我了解到的是，这个村里没有一家姓宋。

建阳昌茂坊"福隆菴"和"慈航普济"砖雕　　　建阳昌茂坊"福隆菴"对面村民塑的宋慈夫妇的泥像

　　进入村庄中央，看到一座新建的房子。村民指着地下一对抱鼓石和枕石，抱鼓石呈圆扁形，枕石则呈长方形，抱鼓石架在枕石上方，说是宋慈家族当年留下的，也许有价值。还告知，这一对枕石的前面有"王"的字样，宋慈当年在这里算最大的官了。因无人认领，而就放在自家大门口了。事实上，这对石墩就是"门当"。古代汉族传统建筑门口多放置呈扁形的一对石鼓，因为鼓声宏阔威严、厉如雷霆，人们认为其能避鬼而推崇。"门当"也有讲究，形状有圆形与方形之分，圆形为武官，象征战鼓；方形为文官，形为砚台。宋慈为四任提刑官，去世前为广东经略安抚使（掌管一路之军事行政），这对

建阳昌茂坊宋慈家族当年所留的抱鼓石和枕石

石墩对宋慈似乎还挺恰当的。不过，是否就是宋慈家留下来的，还得请考古专家考证。

　　宋慈的墓地坐落在一个朝着田野的小山包上。这座墓曾经在700多年漫长的时间里无人知晓，直到1953年才被村民发现，上报政府相关部门后引起重视，从而被评为省级文物保护单位。昌茂坊村民说，村里有几十个姓，就是没姓宋的。确实，1249年宋慈去世以后的至今700多年时间，他的后人消散在何处，是个谜！

　　在我国历史上，《宋史》对他只字未提；《四库全书》对他"始末未详"；《建阳县志》也不多写，明嘉靖版的仅存六字，清道光版的不过百字；及至建国后的《中国通史》也没有宋慈名录。有人用这样的对联来凭吊宋慈，真是恰如其分：

渴望流芳，

未竟一技，

结果鲜花零落。

不求闻达，

永存一业，

必然绿树成阴。

庆幸的是，应该感谢刘克庄，这位宋慈的好友、词人，因其介绍宋慈的生平事迹才使之重见天日。宋比刘年长一岁，见面于建阳县，刘尊宋为兄，对宋的为人、才学、见识都十分佩服。三十余年后，也是宋慈去世十年之后，刘克庄惊闻宋慈逝世，遂为宋慈撰写了《宋经略·墓志铭》。原文是："余为建阳令，获友其邑中豪杰，而尤所敬爱曰宋公惠父。时江右峒寇张甚，出奉辟书，慷慨就道，余置酒赋词祖饯，期之以辛公幼安、王公宣子之事，公果以才业奋历中外，当事任，立勋绩，名为世卿者垂二十载，声望与辛（弃疾）、王二公相颉颃焉。……再调信十簿，帅郑公性之罗致之幕，多所裨益，秩满，南安境内三峒首祸……枭司叶宰惩前招安，决意剿除，创节制司，准遣阙辟公。" 假如刘克庄当年没有留下这篇宝贵的墓志，宋慈的生平事迹，世人就无从知晓。

而如今，一部电视连续剧《大宋提刑官》，掀起了人们对宋慈的重新认识。然而，这种认识却是来自于艺术形式的电视连视剧，在一定程度上脱离了真实层面的理解，虚化了宋慈的真实面目。宋慈是实实在在的一个人，《洗冤集录》是实实在在的一部法医学巨著，这些显然与历史上狄仁杰、包公等不同，不能虚化他，更不能神话他。在中国，能成为世界公认的科学家的屈指可数，宋慈被称为"世界法医学鼻祖"，这是中国的骄傲！

宋慈墓坐落在建阳崇雒乡昌茂村旁，墓旁有一棵大樟树格外引人注意。该墓为石砌穹隆形封土堆，坐西北朝东南，面积约 1000 平方米。1955 年经组织力量多方寻找，终于得寻断碑"慈字惠父宋公之墓"，地点与道光《建阳县志》所载相符，1957 年和 1982 年县政府拨款对墓地进行全面修整，拓宽墓道，建亭。中国法医学会的学者、专家曾多次到此祭祀宋慈，并立碑为记，碑文曰"业绩垂千古，洗冤传五洲"。加筑围墙，植树绿化，现列为福建省级重点文物保护单位。又一说，断碑于 1978 年修缮复原后藏于建阳宋慈博物馆内，宋慈墓的墓碑是复制石碑。现在宋慈墓已成为"宋慈纪念园"。"宋慈纪念园"五个字由当年福建省委书记陈明义所题，对联是"法医鼻祖业绩垂千古，大宋提刑洗冤传五洲"。2010 年福建省以革命老区县专项补助建设项目兴建宋慈纪念馆。该馆坐落在宋慈纪念园内。政府还在宋慈陵园旁征 18 亩莲塘。据村民说，宋慈纪念馆修后，还准备在莲塘上建木栈道和亭子，到时播《大宋提刑官》主题曲《满江红》："千古悠悠……"

宋慈墓为石砌穹隆形封土堆，坐西北朝东南，墓碑 1982 年立，碑文"宋慈惠父之墓"

1984 年中国法医学会为宋慈立碑纪念

上午十点，拜谒宋慈和首日封发行的仪式开始，我们和昌茂坊村民告别。临走时，一个村民握着我们的手说："宋慈纪念园属昌茂坊的，你们到建阳只要一提到昌茂坊就可以找到宋慈墓。"看来，这里村民为出了个宋慈而感到无比自豪和骄傲！我们告诉村民，宋慈属于昌茂坊，属于中国，属于世界！

后　语

《宋慈说案》一书写完后，还有话要说。南宋时期，福建建阳人宋慈著书《洗冤集录》，举世瞩目，宋慈因此被公认为世界法医学奠基人。有关宋慈及其《洗冤集录》研究，如本书前面所述。但是，从历史人物和宋慈人文研究出发，感觉到我们后人还有许多事情要做，特别是下几个方面需要进一步完善：

一是宋慈何时出生？宋慈出生在美丽的福建建阳，这没问题。但宋慈出生年份只知是1186年，具体时间是几月几日并不知道。2016年4月13日邮票发行时，说纪念宋慈诞辰830周年，其实1249年4月13日这天是宋慈的逝世日，也就是宋慈逝世"忌日"，而不是出生日。宋慈的童年如何，如何成长，如何求学，我们所知甚少。所以，我们要研究，要寻找，要挖掘，要考证。

二是宋慈的后人如何？在建阳似乎目前没有找到下落。宋慈整个家族不见了，到哪儿去了，为什么离开建阳，何时离开或迁走，或发生了什么变故，亦或其他什么原因，迄今仍然是未知数。所以，我们要研究，要寻找，要挖掘，要考证。

三是宋慈的原始办案卷宗，哪怕是后人保存或档案馆保存，现在似乎难以找到。宋慈的原始办案卷宗，也叫宋慈"办案行状"，是研究宋慈检验的重要依据。我们现在所能研究的是他写的《洗冤集录》，而不是"办案行状"，有其天然不足。所以，我们要研究，要寻找，要挖掘，要考证。

四是宋慈的生平。宋慈一生只做一件事，就是"四叨臬寄"，专攻法医学检验。有关事迹，主要是根据刘克庄先生的墓志铭和宋大仁先生的研究，有些细节似乎还没有足够的考证。比如，广州狱案，宋慈8个月审了200件，没有行状和史料记载，也就是说，是词人刘克庄的转述。又如，宋慈的家谱、年谱的研究，也有类似情况，有的可能是宋大仁先生的"推敲"。有的小说或电视剧把宋慈"神化"了，科学鉴定变成了"神验"，也偏离了本源，主要还是对宋慈了解不够的缘故。而这些都要进一步探索并加以补充、完善。所以，我们要研究，要寻找，要挖掘，要考证。

五是宋慈墓要恢复到宋代原样，包括墓丘和墓碑。目前，宋慈墓的陵园需要整修，特别是墓丘要体现宋代的风格，墓碑碑文是宋理宗的亲笔字迹，要复制后替换"宋慈惠父之墓"现有墓碑，应改为"慈字惠父宋公之墓"。因为这里有一段历史，宋慈去世后，宋理宗赵昀特赐"朝议大夫"，誉他为"中外分忧之臣"，并亲自手书墓碑"慈字惠父宋公之墓"。

让我们从基础做起，对历史负责，还原真实的宋慈，进而研究宋慈，学习宋慈。

南宋时期出现宋慈及其《洗冤集录》是中华文化的一部分，是历史必然和文化传承至一定阶段的产物，更是中华文化结晶和法医文化遗产。

时代造就了宋慈，文化培养了宋慈，我们要为中国出现宋慈而感到骄傲！

历史是有温度的，其载体是文化。希望大家来共同欣赏、研究法医文化！

黄瑞亭　陈新山
2017年5月